Anselm Grün

Das große Buch der Evangelien

Anselm Grün

Das große Buch der Evangelien

Jesus – Wege zum Leben

KREUZ

Neu bearbeitete Ausgabe einer Zusammenstellung
der Evangelienauslegungen von Anselm Grün:
Jesus – Lehrer des Heils, Stuttgart 2002
Jesus – Weg zur Freiheit, Stuttgart 2003
Jesus – Bild des Menschen, Stuttgart 2001
Jesus – Tür zum Leben, Stuttgart 2002

www.kreuz-verlag.de

Umschlaggestaltung: Christian Langohr
Umschlagfoto: © suze / photocase.com
Autorenfoto: © Vier-Türme-Verlag

Satz: de·te·pe, Aalen
Herstellung: fgb · freiburger grafische betriebe, Freiburg
www.fgb.de

Gedruckt auf umweltfreundlichem, chlorfrei gebleichtem Papier
Printed in Germany

ISBN 978-37831-3475-9

Inhalt

Jesus – Weg zur Freiheit
Das Evangelium des Markus

Jesus – Bild des Menschen
Das Evangelium des Lukas

Jesus – Tür zum Leben
Das Evangelium des Johannes

Vorwort

Jedes Mal, wenn ich einen Evangelientext auslege und über ihn predige, nehme ich das vorliegende Buch zur Hand. Ich habe viel Herzblut in die Auslegung der vier Evangelien hineingelegt und viele biblische Kommentare gelesen, um beim Verfassen dieses Buches auf dem aktuellen Stand der theologischen Wissenschaft zu sein. Zugleich wollte ich aber eine Sprache finden, die der heutige Mensch versteht. Ich habe mir immer die Frage gestellt: Wie kann ich die Erzählungen der Evangelien und all die Erkenntnisse, die die wissenschaftliche Exegese über sie erarbeitet hat, so beschreiben, dass sich die Menschen heute davon angesprochen und berührt fühlen? Es war für mich selbst eine spannende Arbeit, bei der ich sehr viel auch für mich gelernt habe.

Allerdings ist diese Arbeit noch lange nicht abgeschlossen. Bei jeder Predigt und jedem privaten Bibelstudium lese ich auch den Urtext der Bibel neu und entdecke immer wieder andere Aspekte, die mir bisher entgangen sind. Jede Bibelauslegung ist subjektiv, ist ein Gespräch zwischen dem Leser und dem Autor des biblischen Textes. Da ist es zu wenig, nur das zu wiederholen, was ich einmal geschrieben habe. Ich muss vielmehr dieses Gespräch immer wieder neu suchen. Dennoch enthalten die Gedanken, die ich für dieses Buch im Dialog mit den exegetischen Kommentaren erarbeitet habe, für mich auch heute noch Anregungen, mit einem unverstellten Blick an die biblischen Texte heranzugehen.

Was mich beim Verfassen der Evangelienauslegungen vor allem fasziniert hat, war die Erkenntnis, dass jeder der vier Evangelisten die gleiche Botschaft Jesu verkündet, dass sie diese Botschaft aber in vier verschiedene Verstehenshorizonte hinein auslegen. Jeder Evangelist hatte andere Leser und Leserinnen vor Augen. Und jeder steht auch persönlich in einer anderen Situation. So hat schon damals jeder Evangelist nicht nur das aufgeschrieben, was andere ihm überliefert haben. Er hat sich vielmehr die Mühe gemacht, die Geschehnisse um Jesus und seine Worte so zu formulieren, dass seine Adressaten von diesem Jesus fasziniert waren und dass sie ihn als Weg zum Leben verstanden haben. Für mich gibt es keine Wertung der vier Evangelien. Jeder Evangelist hat seine eigene Botschaft für seine eigenen Leser und Leserinnen vor Augen.

Matthäus schreibt für Judenchristen. Er sieht Jesus als den neuen Mose, der uns die Weisungen Gottes auf neue Weise auslegt. Aber Matthäus kann man nicht allein auf dem jüdischen Hintergrund verstehen. Er hat einen weltweiten Horizont. Das zeigt sich schon zu Beginn seines Evangeliums, wenn erzählt wird, dass die Weisen aus dem Osten kommen, um Jesus anzubeten. Sie bezeugen, dass Jesus die Weisheit von Ost und West, von Süd und Nord in sich verkörpert. Die acht Seligpreisungen habe ich inzwischen als Antwort auf den achtfachen Pfad Buddhas als achtfachen Pfad Jesu zum gelingenden Leben ausgelegt und von Neuem die Weisheit entdeckt, die in diesen Worten steckt. Es ist eine Weisheit, die uns heute einen konkreten Weg zeigt, wie mitten in der Zerrissenheit der Welt das Leben gelingen kann. Am Ende des Matthäusevangeliums sendet Jesus seine Jünger in die ganze Welt hinaus. Sie sollen allen Menschen die Botschaft Jesu verkünden und alle zu seinen Jüngern machen.

Durch die Christen soll die Welt mit dem Geist Jesu erfüllt und dadurch menschlicher und versöhnter werden.

Markus war der erste Evangelist. Er hat als erster den Weg Jesu beschrieben. Und er versteht auch unser Christsein als »Auf-dem-Weg-Sein«. Der Weg Jesu beginnt mit dem großen Erfolg in Galiläa. Alle Leute laufen Jesus nach. Er heilt die Kranken, treibt die Dämonen aus. Und alle hören ihm gerne zu. Dann macht sich er mit seinen Jüngern auf den Weg und belehrt sie. Dieser Mittelteil zeigt aber, dass wir als Jünger Jesu immer wieder neu die Belehrung Jesu nötig haben. Denn auch wir sind wie die Jünger damals blind. Wir verstehen Jesus immer noch nicht. Markus liebt das Paradox. Die Jünger sehen und sehen doch nicht. Sie hören und hören doch nicht. Der dritte Teil ist dann die Leidensgeschichte: Jesus geht nun seinen Weg allein in das Leiden, in den Bereich der Finsternis, in den Bereich der bösen Mächte, der feindlichen Sadduzäer und Römer, die ihn schließlich grausam am Kreuz umbringen. Aber dieses scheinbar aussichtslose Ende ist zugleich der Anfang seines Sieges. Der Schrei Jesu am Kreuz ist ein Siegesschrei über die Macht der Finsternis. Jetzt hat für immer das Licht gesiegt, haben die Liebe und das Vertrauen den Hass und die Angst überwunden. Der leuchtende Engel, der im Grab den Frauen verkündet, dass der Herr auferstanden ist, bildet den krönenden Schluss der Passion. Doch selbst dieser Engel in seinen leuchtend weißen Gewändern kann die Frauen noch nicht ganz überzeugen. Sie laufen in Schrecken davon. Das Ende des Markusevangeliums bleibt offen. Markus will uns davor bewahren, die Worte Jesu und sein Handeln getrost nach Hause zu tragen. Sie wollen uns aufschrecken, damit wir uns auf den Weg machen und immer wieder von Neuem den Weg Jesu meditieren, damit unser Weg nach und nach zu seinem Weg wird.

Markus spricht zu Christen, die eher aus dem Umfeld Roms kommen und sich daher mit jüdischen Traditionen nicht so gut auskennen. So spricht er seine Botschaft auch zu uns, die wir nicht vertraut sind mit der jüdischen Denkweise.

Lukas ist der Evangelist, der am besten die griechische Philosophie und Literatur kennt. Er möchte all das, was er von Jesus gehört und gelesen hat, als griechischer Geschichtsschreiber systematisch zusammentragen und den Griechen verständlich machen. Daher schildert er Jesus als die Erfüllung der griechischen Sehnsucht nach Weisheit. Er bezeichnet Jesus als den wahrhaft Gerechten, nach dem sich schon Platon, der größte griechische Philosoph vierhundert Jahre vor Jesus gesehnt hat. Jesus erfüllt das Bild des gerechten Menschen, der in sich gerecht und richtig ist und sich auch durch Feinde nicht von seiner Gerechtigkeit abbringen lässt. Und Jesus ist der betende, der meditierende Mensch, der die Sehnsucht griechischer Mystik erfüllt. Schon in den Kindheitsgeschichten Jesu stellt ihn Lukas als Gegenprogramm gegen den römischen Friedenskaiser Augustus dar. Seine Aussagen haben immer auch eine politische Sprengkraft. Lukas schreibt sein Evangelium aber auch an den griechischen Mittelstand, an die Großgrundbesitzer, Kaufleute und Handwerker. Daher ist ihm der Umgang mit den Dingen dieser Welt, mit Geld und Reichtum, mit der Verwaltung der irdischen Dinge ganz wichtig. Sorgfältig mit den Dingen umgehen und den Reichtum mit den Armen teilen, das ist für ihn Kennzeichen wahrer Spiritualität. Lukas beschreibt Jesus als den »archegos tes zoes«, als den Anführer zum Leben und als den Anleiter zum gelingenden Leben. Er stellt Jesus als Vorbild für uns hin, als Bild, das wir immer tiefer in uns einbilden sollen, damit sein Geist auch unser Denken und Handeln prägt. Dann werden wir fähig, wie Petrus und Johannes einen Gelähmten zu heilen, wie Stephanus selbst unseren Mördern zu vergeben und wie Paulus all die Leiden in Zuversicht und Hoffnung zu ertragen und bei all dem wahrhaft gerecht zu bleiben.

Lukas ist ein wunderbarer Erzähler. Er erzählt uns die schönsten Geschichten des Neuen Testamentes, etwa die Geschichte von den Emmausjüngern oder das Gleichnis vom verlorenen Sohn. Er gilt als Maler und Arzt. Lukas vermag so zu erzählen, dass ein Bild in unseren Augen entsteht. Und er schreibt so, dass seine Worte eine heilsame Wirkung haben. Seine Sprache entspricht der Sprache Jesu, von der die Emmausjünger sagen: »Brannte uns nicht das Herz in der Brust, als er unterwegs mit uns redete?« (Lk 24,32) So wollen seine Worte uns die Liebe vermitteln, die von Jesus ausgeht. Und er möchte uns in Berührung bringen mit der Quelle der Liebe, die auf dem Grund unseres Herzens schon in uns sprudelt.

Das Evangelium des *Johannes* galt schon seit jeher als das besondere, als das mystische Evangelium. Johannes spricht eine ganz andere Sprache als die anderen Evangelisten. Er übernimmt die Sprache der Gnosis. Gnosis war zu seiner Zeit eine breite Strömung innerhalb und außerhalb des Christentums. Es war die Sehnsucht nach mystischer Erfahrung, die Sehnsucht nach Erleuchtung, die Sehnsucht, dass der Mensch ganz und gar von Gottes Geist und Gottes Liebe erfüllt und geprägt werde. Johannes übernimmt die Schlagworte der Gnosis wie: Licht und Leben, Wahrheit und Weg. Aber er kritisiert die Gnosis auch und zeigt, wie sie allein in guter Weise gelebt werden kann. Zum einen braucht die Gnosis die Liebe, sonst bläht sie sich auf. Zum andern bindet Johannes die wahre Erleuchtung an Jesus Christus. In ihm ist das Licht der Welt erschienen. Jesus ist die Wahrheit und der Weg und das Leben. Jesus erfüllt all das, wonach sich die Gnosis sehnt.

Aber wir müssen uns auf die Worte Jesu einlassen, um in ihm die Wahrheit zu erkennen. Für Johannes geht es vor allem um den Glauben. Glauben ist für ihn ein Sehen, ein Schauen, letztlich ein mystisches Schauen. Wir sollen im Fleisch das Wort Gottes schauen, im Lamm Gottes die Sünden wegtragende Liebe Gottes erblicken und im Kreuz die Herrlichkeit Gottes erkennen. So lädt uns Johannes ein, immer wieder auf Jesus zu schauen und wie die Jünger in sein Haus einzutreten. Jesus lädt auch uns ein: »Kommt und seht!« (Joh 1,39) Jesus wirkt sieben Zeichen, in denen die Herrlichkeit Gottes aufleuchtet, angefangen von der Hochzeit zu Kana über die verschiedenen Heilungswunder bis hin zur Auferweckung des Lazarus. In diesen Zeichen erkennen wir, wer Jesus ist. In Jesus feiert Gott Hochzeit mit uns. Da wird unser schalgewordenes Wasser in den Wein der Liebe verwandelt. Wir werden eins mit Gott. Das verwandelt den Geschmack unseres Lebens. Jesus antwortet auf diese sieben Zeichen mit sieben Bildworten. Das letzte Bildwort ist: »Ich bin die Auferstehung und das Leben.« In den Bildern wird uns klar, wer Jesus ist. Wenn wir diese Bilder in uns einbilden, kommen wir in Berührung mit dem ursprünglichen Bild, das Gott sich von jedem von uns gemacht hat. Wir schauen auf Jesus, aber im Schauen auf Jesus entdecken wir auch unser eigenes Wesen, unsere eigene Wahrheit. Johannes hat uns lange Reden Jesu und häufige Zwiegespräche mit den Juden überliefert. In diesen Zwiegesprächen geht es nie nur um die Zweifel der Juden, sondern um unsere Zweifel, wer dieser Jesus denn eigentlich sei. Daher müssen wir auch das Johannesevangelium immer wieder neu lesen und meditieren, um mehr und mehr das Geheimnis Jesu zu erkennen.

Wie die anderen Evangelisten berichtet uns auch Johannes den Weg Jesu durch die Passion und erzählt uns drei Auferstehungsgeschichten. Doch bei Johannes geht Jesus als der souveräne König durch die Passion. Er steht vor Pilatus. Aber eigentlich steht Pilatus vor ihm. Pilatus erscheint als der schwache und ängstlich um seine Macht bangende Herrscher, während Jesus von sich behauptet: »Mein Königtum ist nicht von dieser Welt.« (Joh 18,36) Weil es nicht von dieser Welt ist, kann es ihm die Welt auch nicht streitig machen. So geht Jesus den Weg ans Kreuz als einen Weg zu seiner Erhöhung als König. Das Kreuz ist gleichsam der Königsthron. Am Kreuz – das ist das johanneische Paradox – leuchtet Gottes Herrlichkeit auf. Da leuchtet für immer die Liebe auf, die stärker ist als der Tod und stärker als der Hass der Menschen. Diesen Sieg der Liebe zeigt uns Johannes auch in den drei Auferstehungsgeschichten. Da erfährt Maria von Magdala, dass das Wort der Liebe, das Jesus zu ihr spricht, den Tod überdauert. Sie begegnet dem Auferstandenen als dem, der ihre Sehnsucht nach Liebe erfüllt. Jesus vermittelt am Abend des Auferstehungstages den Jüngern seinen Geist als vergebende Liebe. Thomas erkennt eine Woche später, als er seine Finger in die Handwunden Jesu und seine Hand in seine Seitenwunde hält, dass die Liebe wirklich stärker ist als der Tod. Die dritte Auferstehungsgeschichte schließt Johannes mit dem Zwiegespräch Jesu mit Petrus ab. Jesus fragt dreimal den Petrus, ob er ihn liebe. Und als Petrus auf dem Hintergrund seiner dreimaligen Verleugnung dreimal seine Liebe beteuert, wird er zum Hirten eingesetzt. Die Liebe ist das, was die Jünger auszeichnet. Wenn sie wie Petrus Jesus bedingungslos lieben, dann werden sie zu wahrhaften Zeugen seiner Auferstehung.

Jeder wird immer wieder neue Schätze entdecken, wenn er die Bibel liest. Meine Gedanken, die ich zu einzelnen Texten der vier Evangelien und zu ihren verschiedenen theologischen Sichtweisen geschrieben habe, erheben keinen Anspruch auf Vollständigkeit. Sie wollen nur Anregungen sein, selbst die wunderbaren Texte der Evangelien zu lesen und zu meditieren, um darin Jesus zu begegnen, der der Weg zum Leben ist. Jesus ist der Lehrer des Heils, der Lehrer der Weisheit, wie unser Leben gelingt. (Matthäus) Jesus ist der Weg zur Freiheit. Er befreit uns von allen trüben Geistern, die unser Denken verdunkeln möchten. (Markus) Jesus ist das Bild des wahren und gerechten Menschen, das wir immer mehr in uns einbilden sollen. (Lukas) Und Jesus ist die Tür zum Leben. Wenn wir ihn betrachten, dann geht uns auf, was Leben ist, was Liebe ist. (Johannes)

So wünsche ich den Lesern und Leserinnen dieses Buches, dass sie sich von meinen Gedanken anregen lassen, sich beim Meditieren der biblischen Texte ihre eigenen Gedanken zu machen. Meine Auslegungen wollen die Texte nicht festlegen. Sie sind nur ein Weg unter vielen, diese zu verstehen. Jeder muss seinen eigenen Weg finden, wie er die Worte der Evangelien immer wieder von neuem für sich versteht. Dabei wird er erkennen, dass er die Worte je nachdem, in welcher Situation er sich befindet, auf neue Weise versteht. Die Worte sprechen in jede Situation anders hinein. Daher müssen wir – wie es uns Markus empfiehlt – immer wieder von neuem die Evangelien in die Hand nehmen, um sie zu lesen, zu meditieren und in ihnen Jesus selbst zu begegnen, der für uns die Quelle des Heiles ist, der Wegweiser zum gelingenden Leben, die Tür zum Leben, der Weg, die Wahrheit und das Leben.

Anselm Grün

Jesus – Lehrer des Heils
Das Evangelium des Matthäus

Einleitung

Das Matthäusevangelium gilt als das kirchliche Evangelium. In der frühen Kirche war das Matthäusevangelium das beliebteste. Es wurde am häufigsten beim Gottesdienst vorgelesen und interpretiert. Die frühe Kirche hat verstanden, dass für Matthäus die Kirche bzw. die konkrete christliche Gemeinde der Ort ist, an dem Jesu Wirken weitergeht. Nur wenn die Kirche richtig von Jesus erzählt, wenn sie seine Botschaft versteht und wenn sie seinen Weisungen folgt, kann sie für diese Welt zum Zeugnis für Christus werden. Nur dann ist sie der Ort, an dem Christus als der von Gott Erhöhte heute in dieser Welt zu wirken vermag.

Der Verfasser

Wer der Autor des Matthäusevangeliums ist, können wir nicht sagen. Die meisten Exegeten nehmen an, dass es ein gebildeter Judenchrist der zweiten Generation war. Er spricht ein gutes Griechisch. Als Judenchrist ist er zugleich offen für die Heiden, denen das Evangelium in gleicher Weise gilt. Vermutlich hat der Verfasser, der sich Matthäus nennt, das Evangelium zwischen 80 und 90 n. Chr. in Antiochien geschrieben, einer Stadt, in der die Christen gemeinsam mit Juden, Griechen und anderen Volksgruppen zusammen lebten.

Das Milieu, in dem der Autor das Evangelium verfasst hat, war ein hellenistisch-jüdisches. Dabei war das jüdische Element stärker. In keinem anderen Evangelium finden wir eine so starke Auseinandersetzung mit dem jüdischen Gesetz wie bei Matthäus. Kein anderer Evangelist hat Jesus so sehr innerhalb des Judentums dargestellt. Jesus ist der, der das Gesetz authentisch auslegt.

Doch zugleich finden wir in keinem Evangelium eine solch scharfe Kritik an den Juden, vor allem an den Pharisäern und Schriftgelehrten. Das hatte oft unheilvolle Wirkungen in der Auslegungsgeschichte. Manche polemischen Stellen wurden dazu missbraucht, einen christlichen Antisemitismus zu entwickeln, der jedoch dem Matthäusevangelium diametral entgegengesetzt ist, denn dem Evangelium ist es ein großes Anliegen, die Kontinuität zum Judentum zu wahren. Die christliche Gemeinde ist die legitime Nachfolgerin der jüdischen Synagoge. Jesus ist ein Lehrer, ähnlich wie die jüdischen Rabbis, doch er zeichnet sich durch eine Lehre aus, die dem wahren Willen Gottes entspricht.

In Jesus hat sich die Verheißung erfüllt, die Israel gegeben wurde. Jesus steht daher nicht gegen Israel, sondern in seinem Volk. Er legt den Willen Gottes für sein Volk authentisch aus und erfüllt durch sein Tun, was Israel in seiner Glaubensgeschichte, die oft auch eine Geschichte des Abfalls von Gott war, immer wieder verheißen worden ist. Daher hat kein Evangelist so viele Stellen des Alten Testaments zitiert wie Matthäus. Ihm genügt es nicht, nur den Glauben seiner Leser zu stärken. Es ist ihm auch ein Anliegen, diesen Jesus Christus als die Erfüllung der Verheißungen des AT zu verstehen. Matthäus leitet seine Schriftzitate immer mit den Worten ein: »Denn es sollte sich erfüllen, was durch den Propheten Jesaja gesagt worden ist.« (4,14; ähnlich 1,22; 2,15.17.23; 8,17; 12,17; 13,35; 21,4; 27,9) In diesen so genannten Erfüllungszitaten wird die Theologie des Evangelisten und sein Verständnis von Jesus sichtbar: In Jesus leuchtet das Licht Gottes für die, die im Dunkeln leben. (4,14) Jesus verwirklicht das Bild, das Jesaja vom Gottesknecht gezeichnet hat. Wenn Jesus Kranke heilt, so erfüllt sich darin, was vom Gottesknecht gesagt wird: »Er hat unsere Leiden auf sich genommen und unsere Krankheiten getragen.« (8,17) Jesus geht behutsam mit den Menschen um. Er zankt und schreit nicht. Er zerbricht nicht das geknickte Rohr, sondern richtet es auf. (12,17–21) In seiner Lehre verkündet Jesus, »was seit der Schöpfung verborgen war«. (13,35) Er öffnet uns die Augen für die Wirklichkeit der Schöpfung, für das Geheimnis Gottes, das in der Schöpfung erkannt werden kann, vor dem die Menschen aber ihre Augen verschlossen hatten. Jesus führt uns ein in das Geheimnis Gottes und das des Menschen. Er ist der sanfte und friedfertige König, der gewaltlos die Herrschaft Gottes aufrichtet. (21,4f.)

Die manchmal harte Polemik gegen die Pharisäer und Schriftgelehrten ist aus der geschichtlichen Situation zu verstehen, in der das Matthäusevangelium entstanden ist: Nach dem jüdischen Krieg waren allein die Pharisäer die bestimmende Gruppe im Judentum. Die Sadduzäer, Zeloten und Essener bestanden praktisch nicht mehr. Die von den Römern besiegten Juden versuchten, sich in der Synode von Jamnia neu zu formieren. Auf dieser Synode wurden die Judenchristen offiziell aus der Synagoge ausgeschlossen. In das Achtzehnbittengebet wurde folgende Bitte aufgenommen: »Den Abtrünnigen sei keine Hoffnung, das vermessene Königtum mögest du eilends ausrotten in unseren Tagen, die Christen und Häretiker mögen augenblicks umkommen, getilgt werden aus dem Buche des Lebens und nicht verzeichnet werden zusammen mit den Gerechten.« (Grundmann, 32) Vor diesem geschichtlichen Hintergrund ist es verständlich, dass Matthäus die Kritik Jesu an den Pharisäern zu den Weherufen verschärft und dabei über Jesus weit hinausgeht. Manche Punkte der scharfen Kritik an den Pharisäern und Schriftgelehrten sind zeitbedingt, und dürfen uns nicht dazu verleiten, ein einseitig negatives Bild von diesen jüdischen Gruppen zu zeichnen. Auf der anderen Seite stehen die Pharisäer und Schriftgelehrten für Matthäus auch als Bild für die Gefahr, dass sich in der christlichen Gemeinde ähnliche Gruppen von Lehrern entwickeln, die sich über das Gesetz stellen und den Menschen nicht mehr die Botschaft Jesu, sondern ihre eigene Verkündigung vermitteln.

Die Exegeten vermuten hinter dem Autor des Matthäusevangeliums eine Schule von christlichen Lehrern, die die Schriften des Alten Testaments heranzogen, um das Geschehen um Jesus zu deuten und zu verstehen. Matthäus steht sicher nicht allein. Was er schreibt, ist Ausdruck der Gemeindetheologie. Dennoch ist er ein einzelner Autor, der sein Evangelium kunstvoll aufgebaut und sorgfältig niedergeschrieben hat. Dabei schreibt er ein gutes Griechisch, bezieht sich aber immer wieder auf hebräisches Denken und hebräische Poesie. Er benutzt typische Stilmittel wie die Antithese, den Kontrast, die Wiederholung bestimmter Formeln, und rundet seine Erzählungen und Reden gerne mit einer Formel ab.

Matthäus schreibt das Evangelium für seine Gemeinde, die schon im Glauben unterrichtet ist. Ihm geht es daher nicht mehr um das Problem, wie der Mensch zum Jünger Jesu wird, sondern wie er sein Jüngersein bewähren kann. Es geht ihm nicht darum, wie der Mensch zum Glauben findet, sondern wie er aus dem Glauben lebt. Daher ist bei Matthäus die Alternative nicht, wie im Johannesevangelium, Glauben oder Nichtglauben, sondern Kleinglauben oder starker Glauben. Er will mit seinem Evangelium den Glauben seiner Gemeinde stärken.

In der Jüngerschaft sieht Matthäus das Wesen des Christen. Wenn er in seinem Evangelium von den Jüngern erzählt, sind sie für ihn immer schon Typos, Urbild des

Christen. Wie die Jünger sind auch die Christen gefährdet, Jesus zu verraten, ihn nicht zu verstehen, ihn falsch zu sehen oder in ihr eigenes Bild hineinpressen zu wollen. Daher zeichnet Matthäus seiner Gemeinde das Bild Jesu vor allem auch als das des Richters, dem sie Verantwortung schuldig sind. Dieses Bild erscheint uns heute als bedrohlich. Bei vielen Bibellesern werden Ängste wach, wenn sie vom Endgericht lesen, in dem die Guten von den Bösen geschieden werden. Das Bild des Gerichtes benutzt Matthäus jedoch nicht, um den Lesern Angst einzujagen, sondern um sie auf die Konsequenzen ihres Handelns hinzuweisen. Die Grundtatsache unserer christlichen Existenz ist, dass wir von Gott bedingungslos geliebt sind. Aber die Erfahrung dieser Liebe muss sich auch ausdrücken in einem Leben, das dem Willen Gottes entspricht. Wenn wir Jesu Worte und Gottes Willen missachten, dann leben wir an uns selbst vorbei, dann verletzen wir uns selbst. Die Predigt vom Gericht ist also eine Mahnpredigt: »Nimm dein Leben ernst! Es ist einmalig. Du kannst dein Leben auch verschlafen. Wach auf und lebe wirklich! Lebe so, wie es Gottes Willen und deinem wahren Wesen entspricht!«

Matthäus als Lehrer

Matthäus versteht sich als Lehrer, der in seiner Gemeinde auftritt, um auf die Fragen und Probleme zu antworten, die die Mitglieder im konkreten Miteinander beschäftigen. Als Lehrer zeigt sich Matthäus in den fünf großen Reden, die er Jesus in den Mund legt. Matthäus ist Systematiker. Er ordnet die vielen Worte, die er aus dem Markusevangelium und aus der Logienquelle übernimmt, zu großen Reden zusammen. Die fünf Reden erinnern an die fünf Bücher Mose. Jesus ist der neue Mose. Er verkündet das Gesetz, das Mose den Israeliten überliefert hat, auf neue Weise und legt es für die christlichen Gemeinden aus. In seiner Lehre verbindet Matthäus das Alte und das Neue, die Heilige Schrift, wie sie Israel überliefert worden ist, mit der Botschaft Jesu, die die Heilige Schrift authentisch auslegt. Viele Exegeten glauben, dass Matthäus in 13,52 ein Selbstportrait von sich gezeichnet hat: »Jeder Schriftgelehrte also, der ein Jünger des Himmelreiches geworden ist, gleicht einem Hausherrn, der aus seinem reichen Vorrat Neues und Altes hervorholt.« Matthäus scheint im jüdischen Rabbinat aufgewachsen zu sein, doch er ist ein Jünger des Himmelreiches geworden. So holt er aus dem Alten der jüdischen Tradition und dem Neuen der Botschaft Jesu alles hervor, was ihm für die Belehrung der Gemeinde hilfreich erscheint.

Matthäus ist ein fähiger Lehrer. Er ordnet sein Material systematisch zueinander. Dabei benutzt er bewusst die Zahlensymbolik. Er liebt die Zahl drei als Bild für die Vollkommenheit und Fülle (dreimal vierzehn Generationen 1,2–17, drei Weisen der Frömmigkeit 6,1–18). Eine andere wichtige Zahl ist ihm die Sieben, die Zahl der Verwandlung (sieben Gleichnisse in Kapitel 13 und sieben Weherufe in Kapitel 23). Die Zehn ist ein Bild für die Ganzheit. Matthäus kennt zehn Wunder Jesu, in denen Jesus den Menschen wieder so herstellt, wie er von Gott her gedacht war, und ihn, den Verletzten und Zerrissenen, heilt und ganz macht. Die Zwölf ist die Zahl der vollkommenen Gemeinschaft. So wählt Jesus zwölf Apostel aus.

Zwei Aspekte sind mir am Lehrer Matthäus wichtig: Matthäus ist sich bewusst, dass es nur einen wahren Lehrer gibt: Christus. Daher soll sich niemand in der Gemeinde Lehrer nennen. Die Gemeinde ist eine Bruderschaft und eine Schwesternschaft. Keiner soll sich über den Anderen stellen. Auch wenn es in der matthäischen

Gemeinde Ämter gegeben hat, treten sie zurück hinter die Gemeinschaft der Brüder und Schwestern, die miteinander auf dem Weg sind und gemeinsam auf den Lehrer und Meister Jesus Christus hören. Die kirchliche Tradition hat diese Sicht des Autors dadurch vertieft, dass sie das Evangelium dem Matthäus zugeschrieben hat, der ja ein Zöllner war, und als Zöllner und Sünder von Jesus berufen wurde. Der Schriftgelehrte, der das Evangelium schreibt, ist sich seiner Herkunft bewusst. Er ist als Zöllner Jünger Jesu geworden und von Jesus unterwiesen worden. Er ist Bruder unter Brüdern. Für jeden Prediger und jede Predigerin ist das Bild, das Matthäus vom alleinigen Lehrer Christus und von sich selbst als berufenem Sünder zeichnet, eine Mahnung, sich nicht über andere zu stellen, sondern mit ihnen gemeinsam das Geheimnis Jesu und seines himmlischen Vaters zu meditieren und zu erklären.

Der andere Aspekt zeigt sich in der Komposition des Matthäusevangeliums: Einer Rede folgt immer ein Handlungsgeschehen. Den Worten Jesu folgen seine Taten. Was Jesus tut, interpretiert und bestätigt das, was er sagt. Worte und Taten ergänzen einander und legen sich gegenseitig aus. Jesus ist nicht ein Lehrer, der ein System von Geboten aufstellt, sondern einer, der die Lehre durch sein eigenes Leben bestätigt und bekräftigt. Daher ist seine Lehre nie moralisierend. Sie legt vielmehr sein eigenes Handeln aus. Umgekehrt konkretisiert Matthäus durch die Beschreibung der Taten Jesu, wie seine Lehre zu verstehen ist. Der Bergpredigt (Kapitel 5–7) folgen zehn Wunder (Kapitel 8 und 9). Damit stellt Matthäus eine Beziehung zum Auszug Israels aus Ägypten her, bei dem nach jüdischer Tradition 10 Wunder geschehen sein sollen. Die Bergpredigt und die 10 Wunder bestätigen, dass Jesus – wie es die Kindheitsgeschichte schon andeutet – der neue Mose ist, der sein Volk in das Gelobte Land, in das Himmelreich führt. In Jesu Lehre und in seinen Krankenheilungen leuchtet das Licht auf, das den Menschen, die im Schatten des Todes wohnen, Heil bringt. Der Aussendungsrede (Kapitel 10) folgen Erzählungen, die beschreiben, wie Jesus seine Sendung versteht (Kapitel 11 und 12). Der dritten Rede über die Gleichnisse des Himmelreiches (Kapitel 13) folgen Geschichten, die das Kommen des Himmelreiches konkretisieren, wie die Brotvermehrung, der Wandel Jesu über das Wasser, das Messiasbekenntnis des Petrus und die Verklärung Jesu, in der das Himmelreich den Jüngern aufleuchtet. Der Rede über das Zusammenleben in der Gemeinde (Kapitel 18) folgen Konkretisierungen in der Szene über die Ehescheidung und das Loslassen des Reichtums (Kapitel 19) und im Gespräch über Herrschen und Dienen in der christlichen Gemeinde (20,20–28). Der letzten Rede – den Worten gegen die Schriftgelehrten und Pharisäer (Kapitel 23) und der Rede über die Endzeit (Kapitel 24 und 25) – folgt die Erzählung von der Passion und Auferstehung Jesu. Passion und Auferstehung Jesu interpretieren die Rede von den letzten Dingen. Im Tod wird das Wirken Jesu für die ganze Menschheit, für den ganzen Kosmos von Bedeutung, und die Erscheinung des Auferstandenen vor den Frauen und den Jüngern und seine abschließende Offenbarung auf dem Berg nehmen seine Wiederkunft vorweg. Dieser Jesus, der durch den Tod hindurchgegangen ist, ist schon wiedergekommen. Er ist nun bis an das Ende der Zeiten bei den Jüngern. Er ist der Immanuel, als der er in der Vorgeschichte (1,23) verheißen wurde, der »Gott mit uns«. Die endgültige Wiederkunft, von der Jesus in Kapitel 24 spricht, vollendet nur, was in der Auferstehung schon geschehen ist.

Matthäus ist nicht nur ein Lehrer, der uns Lehrreden Jesu überliefert. Er lehrt vielmehr als einer, der die Worte und Taten Jesu kunstvoll miteinander verbindet und so das Geheimnis Jesu Christi deutet. Auch seine Erzählungen sind Lehre. In ihnen wird deutlich, wer dieser Jesus Christus für uns ist: der Retter und Heiland, der Messias, der das neue Gottesvolk um sich sammelt und es durch diese Zeit hindurchführt in das Himmelreich, das jetzt schon angebrochen ist, und das in der Vollendung der Welt allen offenbar werden wird. Jesus lehrt nicht, weil er eine besonders gute Ausbildung in der Deutung des Alten Testaments erhalten hat, sondern weil er eine tiefe spirituelle Erfahrung gemacht hat. Jesu Bewusstsein ist geprägt von der Erfahrung, dass Gott sein Vater ist und dass er Gottes Sohn ist. Er möchte uns durch seine Lehre teilhaben lassen an seiner Erfahrung und auch uns spüren lassen, dass wir Söhne und Töchter Gottes sind.

Die ethische Dimension des Matthäusevangeliums

Matthäus ist kein Lehrer, dem es nur um die »korrekte Lehre« geht. Sein Anliegen ist die Ethik. Kein anderer Evangelist hat die Botschaft Jesu so sehr als ethische Herausforderung verstanden wie Matthäus. Christ sein erschöpft sich für ihn nicht darin, dass man die richtige Glaubensformel bekennt und richtig betet. Entscheidend ist, dass das Verhalten des Christen seinen Glauben widerspiegelt. Matthäus geht es dabei nie nur um das Verhalten des Einzelnen, sondern um das konkrete Zusammenleben in der christlichen Gemeinde. Wie die Gemeinde miteinander lebt, darin wird für die Außenstehenden sichtbar, ob sie für Christus Zeugnis ablegt oder aber Christus nur verdunkelt. Für Matthäus ist es vor allem die Feindesliebe und die neue Gerechtigkeit, an denen die Welt ablesen kann, dass durch Jesus Christus etwas Neues in diese Welt gekommen ist, das die ganze Welt verwandelt und sie zu heilen vermag. Aber er leidet auch daran, dass die Christen oft genug diesem Anspruch nicht entsprechen. Daher muss er sie immer wieder mahnen, sich auf die Weisungen Jesu einzulassen und sie in der Tat zu befolgen. Die frühe Kirche sah in diesem neuen Verhalten, das die Christen an den Tag legten, einen Beweis für das Einzigartige, das durch Jesus in die Welt gekommen ist. Daher war das Matthäusevangelium am weitesten verbreitet. In der Reformationszeit trat es zurück und Paulus trat nun in den Vordergrund, der die Rechtfertigung allein aus dem Glauben verkündet. Es war eine andere Zeit. Nun ging es nicht mehr um das Zeugnis der Christen in einer heidnischen Umwelt, sondern um den Kern des Christentums. Dieser besteht in der Erfahrung der ungeschuldeten Gnade, die uns in Jesus Christus begegnet ist.

Matthäus versteht sich nicht als Vertreter einer neuen Gesetzlichkeit. Für ihn ist die Verkündigung der ethischen Botschaft Jesu eine Lebenshilfe für die christliche Gemeinde, denn »in einer Welt, in der alle sittlichen Maßstäbe ins Wanken gekommen sind« (Grundmann 36), ist es für die Gemeinde überlebensnotwendig, dass sie eine klare Weisung für ihr Verhalten erhält. Das Gesetz, das Jesus authentisch auslegt, ist für Matthäus nicht etwas, das den Menschen überfordert und der Sünde überführt, wie es Paulus erfahren hat. Für ihn ist die richtige Auslegung des Gesetzes vielmehr eine »Hilfe Gottes für die Gemeinde, um seinen Willen zu erkennen und ihn zu tun«. (Grundmann, 38) Matthäus übernimmt dabei die Theologie des Alten Testaments, für die das Gesetz eine Wohltat Gottes ist. Es ist Segen für die Menschen, und vermittelt ihnen wahres Leben. Aber das Gesetz Gottes – so meint Matthäus – ist von manchen jüdischen Lehrern falsch ausgelegt worden. Daher braucht es die authentische Auslegung der Tora durch Jesus, um den wahren Willen Gottes für uns Menschen erkennbar zu machen, den Willen, der das Heil und das Leben des Menschen will. Jesus legt keinen Wert auf die Ritual- und Kultgesetze. Ihnen steht er eher kritisch gegenüber. Von Jesus wird nicht berichtet, dass er am Tempelkult teilgenommen hat, doch er geht offensichtlich regelmäßig in den Synagogengottesdienst.

Jesus konzentriert das gesamte Gesetz auf das Doppelgebot der Gottes- und Nächstenliebe und verschärft die Nächstenliebe zur Feindesliebe. Das ganze Ziel des Gesetzes besteht darin, dass der Mensch fähig wird zu lieben, »da nur der liebende Mensch in vollkommener Weise am Leben teilhat«. (Limbeck, 276) An der Liebe wird der Mensch im Endgericht gemessen, und an der Liebe wird deutlich, ob die Christen dem Anspruch Jesu folgen oder nicht. Doch Jesus ist nicht nur der neue Gesetzgeber, sondern zugleich der Helfer und Retter derer, die ihm nachfolgen. Er steht ihnen bei. Er sagt ihnen seine heilende und helfende Nähe zu, alle Tage bis zur Vollendung der Welt.

Schon im Lukasevangelium haben wir die ethische Dimension der Botschaft Jesu kennen gelernt. Doch Lukas und Matthäus setzen die Akzente in ihrer ethischen Auslegung der Worte Jesu anders. Lukas, der aus dem mittelständischen Milieu einer griechischen Stadtgemeinde kommt, ist vor allem am Teilen des Besitzes interessiert. Für ihn ist die größte Verfälschung der christlichen Botschaft, wenn Christen sich an ihren Besitz klammern. Die Armut ist da die notwendige Antwort.

Matthäus sieht die Hauptgefährdung des Menschen im Streit und im Riss, der durch die menschliche Gesellschaft geht. Dieser Riss wird durch Hass und Gegenhass immer tiefer und spaltet letztlich die Welt. Daher ist die wichtigste ethische Forderung die Bereitschaft zur Vergebung und Versöhnung, das wichtigste Gebot das der Liebe, das auch die Liebe zu den Feinden mit einschließt. Statt mit Gewalt auf Konflikte zu reagieren, rät der Jesus des Matthäusevangeliums zu Gewaltlosigkeit und Liebe. Er gibt in seiner Passion selbst ein Beispiel dafür, dass sein Verzicht auf Gewalt und Macht die Welt im Tiefsten verwandelt und heilt.

In der Geschichte des Christentums ist das Matthäusevangelium oft gesetzlich ausgelegt worden. Man argumentierte, die Gebote, wie Jesus sie in der Bergpredigt auslegt, überforderten den Christen. Matthäus warnt selbst in seiner Kritik an den Pharisäern vor solch gesetzlicher Auslegung seines Evangeliums. Die konkrete Weisung, die er im Geist Jesu verkündet, ist für ihn Ausdruck einer spirituellen Erfahrung, der Erfahrung, dass wir durch Jesus Söhne und Töchter Gottes geworden sind. Wer in der Tiefe seines Herzens erkannt hat, was es heißt, in und aus Gott zu sein, der wird sich anders verhalten. Die konkreten Weisungen Jesu sind für ihn Ausdruck der geistlichen Erfahrung, aber zugleich immer wieder ein Test, ob seine Erfahrung stimmt oder ob er Gott nur für sich selbst vereinnahmt hat. Die religiöse und die ethische Dimension gehören für Matthäus zusammen.

Diese innere Verbindung tut auch uns heute gut. Mystik ohne Askese macht krank, genauso wie Askese ohne Mystik den Menschen innerlich zerreißt. Matthäus zeigt uns Jesus als den Heiland, der unsere Wunden heilt. Bei Matthäus sind es oft zwei Blinde und zwei Besessene, die Jesus heilt. Mit der Erweiterung auf zwei Kranke zeigt Matthäus, dass mit einem von beiden immer wir selbst gemeint sind. Matthäus verzichtet darauf, das Wunder der Heilung so ausführlich zu beschreiben wie Markus. Ihm geht es allein um die heilende Begegnung mit Jesus. Ich begegne dem heilenden Jesus, wenn er in der Bergpredigt den Willen Gottes authentisch auslegt, wenn er mir das Wort der Heilung zuspricht und mich mit seinen heilenden Händen berührt. Der Jesus, der von mir ein neues Verhalten fordert, ist zugleich der Jesus, der meine Leiden auf sich genommen und meine Krankheiten getragen hat. (Vgl. 8,17)

Das Matthäusevangelium als Botschaft für uns heute

Was kann uns Matthäus heute sagen? Einmal zeigt es für mich das Ringen um die Kirche. Die Kirche hat ihren guten Ruf weithin verloren. In der Presse interessiert man sich meistens nur für die negativen Nachrichten aus dem kirchlichen Bereich. Die Kirche darf nicht nur um sich selbst kreisen, sondern sie ist Sauerteig für diese Welt, Salz der Erde und Licht der Welt. Sie hat eine Sendung für die ganze Welt und darf sich ihrer Verantwortung für diese nicht entziehen. Gerade heute, da Hass nur Gegenhass erzeugt, da die Gewalt oft genug religiös begründet wird, zeigt uns das Matthäusevangelium einen Weg, wie die Feindschaft durch Liebe überwunden und die Gewalt durch Gewaltlosigkeit besiegt werden kann. Wenn die Kirche die Weisung des Matthäus befolgt und ein neues Miteinander im Sinne Jesu einübt, dann wird sie für diese Welt ein Hoffnungszeichen, dass Frieden möglich ist. Wie die Kirche das Miteinander lebt, ist nicht nur etwas Äußerliches: Darin drückt sich die Kraft ihres Glaubens an Jesus Christus aus. Er will auch heute durch die Kirche wirken. Das war die Botschaft der frühen Kirche. Jesus hat an einem konkreten Ort in Palästina gelebt. Er will auch heute an konkreten Orten erfahren werden. Die Kirche – so hat es Matthäus geahnt und nach ihm viele Kirchenväter – soll nach dem Willen Jesu der Ort sein, an dem er durch die Zeiten hinweg in dieser Welt erfahrbar sein möchte. Durch die ihm nachfolgenden Christen will Jesus diese Welt verwandeln und heilen.

Ein zweiter Aspekt, der mir am Matthäusevangelium hochaktuell erscheint, ist die ethische Dimension seiner Botschaft. Obwohl der Begriff »Spiritualität« heute zunehmend an Bedeutung gewinnt und ein regelrechter »Boom« dieser Geisteshaltung erkennbar wird, trägt sie sehr oft narzisstische Züge. Man kreist nur um sich und seine spirituellen Erfahrungen, das eigene Verhalten jedoch ändert sich nicht. Frank Visser, der niederländische Übersetzer von Ken Wilbers Büchern, findet es sehr beunruhigend, »wie regressiv in Amerika weitgehend Spiritualität aufgefasst wird«. (Wilber, 15) Es geht nur um Gefühle und nochmals Gefühle. Ken Wilber gibt ihm Recht. »Vieles von dem, was man in Amerika eine »spirituelle Renaissance« nennt, ist in Wirklichkeit eine Rutschbahn ins Prärationale – narzisstisch, egozentrisch, selbstverherrlichend.« (Ebd. 16) Dagegen setzt Matthäus auf eine Spiritualität, die sich in konkretem Verhalten ausdrückt, die durch ihr Verhalten diese Welt mitgestaltet und sie wie Sauerteig durchdringt und verwandelt. Spiritualität erweist sich erst dann als echt, wenn sie zu einem neuen Miteinander befähigt. In spirituellen Zentren, in denen man nur über Spiritualität spricht, sind die Beziehungen oft chaotisch. Weil alles als spirituell begreifbar verstanden wird, übergeht man die emotionalen Verstrickungen und gerät gerade so immer tiefer in sie hinein. Matthäus hat ein eigenes Kapitel über das Miteinander in der Gemeinde geschrieben (Kapitel 18), damit sie sich nicht in enthusiastischen Gefühlen verirrt, wie das am Ende des 1. Jahrhunderts in manchen christlichen Kreisen der Fall war und mit heutigen Entwicklungen zu vergleichen ist.

Der dritte Aspekt, der mich am Matthäusevangelium fasziniert, ist die Betonung der Barmherzigkeit. »Barmherzigkeit will ich, nicht Opfer.« Dieses Wort aus dem Propheten Hosea (Hos 6,6) zitiert Matthäus gleich zweimal: in 9,13 und 12,7. In 9,13 heißt es wörtlich: »Geht und lernt, was es heißt: Erbarmen will ich und nicht Opfer.« »Geht und lernt«, das ist eine rabbinische Schulformel. Matthäus will damit sagen: »Geht in die Schule Jesu. Das Wichtigste, was ihr darin lernt, ist die Barmherzigkeit. Gott ist barmherzig. Er will nicht dein Opfer, dass du dich selbst klein machst, dass du dich selbst zerstörst. Er will, dass du aus Dankbarkeit für die Barmherzigkeit, die du von Gott erfährst, zu dir und zu den Menschen barmherzig bist. Bei aller Herausforderung durch das Gesetz, das Jesus auf das mitmenschliche Verhalten hin verschärft hat, soll sich der Christ immer der Barmherzigkeit Gottes sicher sein, auf die er sich verlassen kann. Nicht der fanatische Christ, der überall die Einhaltung der Gebote fordert, sondern der barmherzige entspricht dem Willen Jesu.

Auslegung

Die Vorgeschichte (1–2)

Matthäus erzählt nicht wie Lukas die Kindheitsgeschichte Jesu, sondern setzt zu Beginn dessen Stammbaum. Matthäus beginnt ihn mit den Worten: »Biblos geneseos Jesou Christou.« Es heißt eigentlich: »Das Buch von der Entstehung Jesu.« Matthäus bezieht sich dabei auf Gen 2,4: »Das ist die Entstehungsgeschichte von Himmel und Erde.« Der Evangelist will mit diesen Worten das Geheimnis Jesu ausdrücken. Er will beschreiben, wie es zu Jesus gekommen ist, und welche Bedeutung dieser hat. Die Geschichte Israels begann mit der Verheißung an Abraham: »Durch dich sollen alle Geschlechter der Erde Segen erlangen.« (Gen 12,3) In Jesus erfüllt sich diese Geschichte, und Gott schafft in ihm zugleich einen neuen Anfang. So wie Gott im Anfang Himmel und Erde erschuf, so schuf er in Jesus den Menschen, der Sinn und Ziel der Schöpfung ist. Jesus erfüllt, was Abraham verheißen war: Er wird zum Segen für alle künftigen Geschlechter.

Seit jeher haben die Exegeten gerätselt, was die vier Frauen bedeuten, die im Stammbaum extra erwähnt werden. Es sind Tamar, Rahab, Ruth und Batseba, die Frau des Urija. Tamar war die Schwiegertochter Judas. Da sie sich von Juda ungerecht behandelt fühlte, begegnet sie ihm als Dirne, um von ihm schwanger zu werden. Rahab war die Dirne, die den Israeliten die Eroberung Jerichos ermöglicht hat. In der alten Exegese wurden die vier Frauen als Sünderinnen gesehen. Doch das entspricht nicht der Absicht des Evangelisten, sondern eher den Vorurteilen der Exegeten. Alle vier Frauen sind Ausländerinnen. Matthäus zeigt somit mit dem Stammbaum schon zu Beginn seines Evangeliums, dass Jesus die gesamte Menschheit angenommen und auch den Heiden das Heil angeboten hat. Die vier Frauen verweisen auf Maria, die fünfte Frau. Sie passt genauso wenig in den Stammbaum wie die vier übrigen Frauen, denn der Stammbaum zielt ja auf Joseph und nicht auf Maria. Aber von ihr wird gesagt, dass aus ihr Jesus geboren wurde, »der der Christus genannt wird«. (1,16) Maria ist die fünfte Frau. In ihr kommt zur Vollendung, was in den anderen vier Frauen angedeutet wurde. In den Frauen durchbricht Gott den Stammbaum. Es kommt eine Unregelmäßigkeit in die planmäßige Abfolge. Hier zeigt sich Gottes überraschendes Wirken, das sich nicht nach menschlichen Maßstäben richtet, und es wird deutlich, dass Christus die Geschichte mit allen Höhen und Tiefen, mit allen Wegen und Umwegen angenommen und erlöst hat. In Maria gipfelt Gottes überraschendes Handeln: Mitten in der Geschichte von Heil und Unheil setzt er einen neuen Anfang. Das könnte man auch symbolisch deuten: Maria ist die fünfte Frau. Den fünf Büchern Mose stehen die fünf Frauen gegenüber. Fünf ist die Zahl der Venus, der Liebesgöttin. Die Liebe vollendet das Gesetz. Vier Schritte führen in der Entwicklung von der Mineralwelt über die Pflanzenwelt und Tierwelt zum Menschen. Der fünfte Schritt ist der Überschritt zum Göttlichen. In Maria überschreitet die Menschheit sich selbst und mündet in Gott, indem Gott selbst in ihr Mensch wird.

Matthäus hat den Stammbaum kunstvoll aufgebaut: dreimal vierzehn Generationen. Beides sind symbolische Zahlen. Drei ist die Zahl der Vollkommenheit. Vierzehn ist die Zahl der Heilung und Verwandlung. Vierzehn helfende Götter gibt es in Babylon. Jesus hat die Menschheit durch seine Geburt aus ihrer Zerrissenheit befreit und sie miteinander verbunden. Durch seinen Eintritt in diese Welt hat er die menschliche Geschichte geheilt, die oft genug eine Unheilsgeschichte war. Die drei Vierzehnergruppen markieren den Höhepunkt der Heilsgeschichte in David, den Tiefpunkt im Exil und schließlich die Erfüllung in der Ankunft Jesu Christi. Alle Höhen und Tiefen der Geschichte Israels werden durch Jesus Christus durchschritten und verwandelt.

Dem Stammbaum lässt Matthäus fünf Geschichten folgen, die die Umstände der Geburt Jesu und das Geschick des neugeborenen Kindes erzählen. Hier erscheint wieder die Fünf als Gliederungsprinzip. Die Fünf bezieht sich auf die Vollendung des Menschen. In Jesus wird der Mensch, der durch die Sünde sich selbst entfremdet wurde, wieder ganz und heil. Matthäus erzählt die Geburt Jesu auf dem Hintergrund biblischer Vorbilder: Jesus ist der zweite Mose. Er erfüllt das Wort, das Mose zu Israel gesagt hatte: »Einen Propheten wie mich wird dir der Herr, dein Gott, aus deiner Mitte, unter deinen Brüdern, erstehen lassen.« (Dtn 18,15) Matthäus will nicht nur Geschichte erzählen, sondern er deutet die Geschichte, indem er die Geburt und die ersten Jahre Jesu auf dem Hintergrund der Mosegeschichte beschreibt.

Die Parallele zu den jüdischen Erzählungen von der Geburt des Mose, wie sie zur Zeit des Matthäus in Israel weit verbreitet waren, beginnt mit der Sorge, die sich Josef um seine Verlobte Maria macht, als er erkennt, dass sie schwanger ist. (Vgl. Limbeck, 33) Auf die außereheliche Schwangerschaft stand der Tod durch Steinigung. Josef ist ein gerechter Mann, doch er folgt nicht blind dem Gesetz. Er verbindet seine Gerechtigkeit mit Barmherzigkeit. Das ist für Matthäus ein wichtiges Motiv. Wenn Josef nur auf die Erfüllung des Gesetzes ausgewesen wäre, hätte er Maria zur Steinigung führen müssen. Doch er will nicht dem Gesetz, sondern dem Menschen gerecht werden. Er ist Vertreter einer pharisäischen Haltung, die Gerechtigkeit mit Barmherzigkeit koppelt. So will er Maria durch einen Scheidebrief aus dem Verlöbnis entlassen und dadurch sowohl dem Gesetz als auch seiner Verlobten gerecht werden. Doch mitten in diesen menschlichen Überlegungen tritt Joseph im Traum ein Engel entgegen. Dieser deutet ihm, was geschehen ist, und was sein Verstand nicht zu verstehen vermag: Das Kind, das seine Verlobte erwartet, ist vom Heiligen Geist. Joseph erscheint in diesem Traum wie ein Freund Gottes, den der Engel einweist in dessen geheimnisvolle Pläne mit seinem Volk. Das Kind, das Maria gebären wird, wird für das ganze Volk von Bedeutung sein. Joseph wird aufgefordert, Maria zu sich zu nehmen, damit ihr Kind, jüdischem Recht entsprechend, sein Sohn wird.

Und dann erklärt der Engel das Geheimnis des Kindes: Es entspringt dem göttlichen Schaffen, dem Wirken des Heiligen Geistes. Doch rechtlich wird Joseph als sein Vater eingesetzt und soll ihm daher den Namen geben. Matthäus deutet diesen mit: »Denn er wird sein Volk von seinen Sünden erlösen.« (1,21) Das Volk meint hier nicht nur Israel, sondern die ganze Menschheit, also auch die Heiden. Jesus schafft sich als der Sohn Davids ein neues Volk, und wird es aus den Banden der Sünde befreien. Hier klingt von vornherein ein wichtiges Motiv des Matthäusevangeliums an: Jesus verkündet nicht nur die Vergebung, sondern er spricht die Vergebung der Sünden den Menschen vollmächtig zu. Er erlöst die Menschen von ihren Sünden, in die sie sich verstrickt haben, die sie von der Gemeinschaft mit Gott getrennt haben.

In Jesus wird die messianische Verheißung erfüllt: »Seht die Jungfrau wird ein Kind empfangen, einen Sohn wird sie gebären, und man wird ihm den Namen Immanuel geben, das heißt übersetzt: Gott ist mit uns.« (1,23)

Gott schafft in der Geburt Jesu einen neuen Anfang für alle Menschen. Er lässt Wirklichkeit werden, was er dem Volk Israel immer wieder durch die Propheten verheißen hat: dass er Jerusalem neu errichten wird, dass das Alte vergangen und Neues geworden ist. In Jesus wird Gott selbst bei uns und mit uns sein. Gott wird nicht nur im irdischen Jesus bei seinem Volk sein, sondern auch im erhöhten Jesus, und zwar alle Tage bis an das Ende der Welt. So wird mit der Geburt ein Heilsgeschehen in Gang gesetzt, das bis zur Vollendung der Zeit weiter wirkt. In Jesus hat Gott seine Zusage gegeben, immer und ewig bei und mit uns sein zu wollen. In der Beschreibung der Geburt Jesu zeigt Matthäus seine Kunst, den Anfang mit dem Ende zu verbinden. Was in der Geburt begonnen hat, wird in der Abschiedsrede des auferstandenen Christus bestätigt: »Ich bin bei euch alle Tage bis zum Ende der Welt.« (28,20)

Dieser sorgfältige Aufbau des Matthäusevangeliums zeigt sich auch in der Geschichte von der Huldigung der Sterndeuter. Die Sterndeuter fallen vor dem göttlichen Kind nieder, wie am Ende des Evangeliums die Jünger vor dem Auferstandenen niederfallen, um ihm zu huldigen (proskynein – ein Wort, das Matthäus allein der Huldigung vor Jesus vorbehält).

Seit jeher haben die Menschen die Geschichte von den Magiern aus dem Orient geliebt. Die Magier sind ursprünglich persische Priester, aber auch Sterndeuter, Astrologen, Weise, die ein übernatürliches Wissen besitzen. Sie haben einen Stern gesehen. Die Astronomen wissen um ein Zusammenrücken von Jupiter und Saturn im Sternbild der Fische, das im Jahre 7 v. Chr. stattfand. Da der Jupiter der Königsstern und Saturn der Stern Palästinas war, konnten die babylonischen Sterndeuter darin durchaus erkennen, dass in Israel ein Königssohn geboren wurde. Sie kommen mit der Frage nach Jerusalem:

»Wo ist der neugeborene König der Juden?« (2,2) Sie bezeichnen Jesus mit den gleichen Worten, die am Ende den Gekreuzigten ausweisen werden. So blitzt hier wieder die Gestaltungskraft des Matthäus auf. Die Weisen der Welt erkennen in Jesus den König der Juden und beten ihn an. Sein eigenes Volk wird Jesus den Römern gerade deswegen ausliefern, weil er ihr König ist.

Die Magier treffen auf den amtierenden König der Juden, einen grausamen Tyrannen, der seine eigenen Söhne wegen des Verdachts auf Verrat hinrichten ließ. Jerusalem hofft auf den neugeborenen König. Der mächtige König Herodes hat Angst vor einem Kind. Er erschrickt. Diese Motive haben nicht nur die Legende, sondern auch Johann Sebastian Bach in seinem Weihnachtsoratorium aufgegriffen. Bach lässt den Sopran singen: »Nur ein Wink von seinen Händen stürzt ohnmächt'ger Menschen Macht. Hier wird alle Kraft verlacht!« Die Legende hat sich vor allem um die Personen der Magier gerankt und ihre Lebensgeschichte ausgemalt, und sie hat den Weg als Bild für unseren Pilgerweg gedeutet. Wie die Magier folgen wir dem Stern unserer Sehnsucht, der am Horizont unseres Herzens aufgeht. Er führt uns oft verschlungene Wege, bis wir an das Ziel kommen, zu dem Haus, in dem die Mutter mit dem Kind ist, zu dem Haus, in dem wir wahrhaft zu Hause sein können. Die Magier werden in der Legende zu drei Königen, einem jungen, einem alten und einem dunkelhäutigen. Alle Bereiche des Menschen müssen sich auf den Weg machen, um in der Krippe das Kind zu finden und es anzubeten. Wenn die Könige das Kind anbeten, sind sie am Ziel ihrer Pilgerschaft, da sind sie wahrhaft daheim, weil sie vor dem Geheimnis niederfallen.

Die Magier öffnen ihre Schatzbehälter und bringen dem neugeborenen König Gold, Weihrauch und Myrrhe. Gold und Weihrauch entsprechen den Gaben, die Jesaja in 60,6 aufzählt. Alle drei Gaben werden auch als Weihegeschenke dem Sonnengott dargebracht. In Jesus Christus ist die wahre Sonne aufgegangen, die diese Welt erhellt. Die Kirchenväter haben die drei Gaben der Magier symbolisch ausgelegt: Gold gilt dem Kind in der Krippe als dem wahren König, Weihrauch seiner Gottheit, und Myrrhe weist hin auf seinen Tod am Kreuz. Oder aber die Gaben sind Bilder der Gaben, die wir Jesus darbringen sollen. Gold verweist dann auf unsere Liebe, Weihrauch auf unsere Sehnsucht und Myrrhe auf unsere Schmerzen, auf die Wunden, die wir mit uns tragen. Wir brauchen keine Leistung zu erbringen, sondern sollen an die Krippe bringen, was wir immer bei uns haben: unsere Liebe, unsere Sehnsucht und unsere Wunden. Myrrhe ist aber nicht nur ein Bild für die Schmerzen. Als Heilkraut steht es auch für die Heilung unserer Wunden. Indem wir unsere Wirklichkeit dem göttlichen Kind in der Krippe hinhalten, heilen unsere Verletzungen, und unsere Sehnsucht kommt an ihr Ziel. Wir bringen nicht nur Liebe, sondern erfahren in dem Kind die menschgewordene Liebe Gottes. Sie lässt uns mitten in der Fremde dieser Welt zu Hause sein. Sie schenkt uns Unbehausten Heimat.

Die Flucht nach Ägypten und der Kindermord, den Herodes angezettelt hat, zeigen, dass Matthäus die Geburt Jesu in Parallele zur Geburt des Mose erzählt. Mose wurde auch vor den Nachstellungen des Pharao gerettet, der die Tötung aller männlichen Kinder der Hebräer befohlen hatte, weil er aufgrund einer Ankündigung seiner Astrologen Angst vor der Geburt eines Befreiers für Israel bekam. Wie Mose muss Jesus in die Fremde fliehen, bis Gott ihn zurückholt. Ägypten war der Zufluchtsort für die Israeliten. Ägypten galt auch als Land der Zauberei. Manche jüdischen Schriften werfen Jesus vor, er habe in Ägypten die Zauberei gelernt. Andere deuten es so, dass Jesus auch die Weisheit Ägyptens in sich aufgenommen und sie mit der jüdischen Tradition verbunden habe. Jesus wird nicht in eine heile Welt hinein geboren. Um ihn herum ist Mord und Gewalttat, Intrigen der Herrschenden, Vertreibung und Elend. Jesus muss ins Ausland fliehen und dort als Asylant leben. Das hat heute neue Aktualität. Jesus ist in eine Situation hinein geboren worden, die der unseren gleicht. Er hat das Menschsein in allen Höhen und Tiefen erlebt. Er hat alles angenommen, und so konnte er alles erlösen.

Die Vorgeschichte Jesu schließt mit der Bemerkung, dass Joseph sich auf Befehl des Engels hin in Nazareth niederließ. Nazareth war ein unbedeutender Ort in Galiläa. Dieses wiederum war das Mischland, in dem Juden und Heiden gemeinsam wohnten. So zeigt schon der Aufenthaltsort Jesu, dass er sich für beide gesandt weiß. Matthäus deutet nun den Namen Jesu: »Er wird Nazoräer genannt werden.« (2,23) Die Exegeten sind sich nicht einig, ob das nur die Herkunft aus Nazareth meint oder ob darin eine tiefere Bedeutung liegt. Am nächsten liegt die Deutung, dass Nazoräer auf den »jungen Trieb« (hebr. Nezer) hinweist, von dem Jesaja in 11,1 verkündet hat: »Aus dem Baumstumpf Isais wächst ein Reis hervor, ein junger Trieb aus seinen Wurzeln bringt Frucht.« Israel gleicht dem abgehauenen Baumstumpf. Es ist auf seinem Weg mit Gott gescheitert, doch Gott setzt gerade dort, wo die Menschen am Ende sind, einen neuen Anfang. Er lässt in Jesus einen jungen Trieb hervorblühen, der die ganze Menschheit verjüngt und erneuert. Für Matthäus bedeutet Nazoräer, dass Jesus der wahre Messias ist. Und mit diesem Namen begründet er, warum der Messias, entgegen den jüdischen Erwartungen, aus Nazareth kommt: Nicht nur Jesus wurde Nazoräer genannt, sondern auch die Christen, die Jesus als Messias bekannt haben.

Die Versuchung Jesu (4,1–11)

Matthäus erweitert die kurze Erwähnung der Versuchung Jesu bei Markus zu einer auch für uns Christen typischen Versuchungsgeschichte. Jesus erweist sich in den Versuchungen wahrhaft als Sohn Gottes. Er ist dem Vater gehorsam und lässt sich vom Satan nicht dazu verlocken, seine Sohnschaft für eigene Zwecke zu missbrauchen. Matthäus zeigt, wie Jesus ganz Mensch geworden ist, in allem versucht wie wir. Der Geist selbst führt Jesus in die Wüste, in den Herrschaftsbereich der Dämonen. Jesus stellt sich bewusst der Einsamkeit. Indem er seinen Aufenthalt in der Wüste mit Fasten verbindet, steigert er die Begegnung mit dem Unbewussten, mit den Dämonen und den Anfechtungen, die in der Schutzlosigkeit des einsamen Fastens in uns aufsteigen. Der Versucher ist der Teufel, der diabolos, der alles durcheinander bringt. Der Teufel ist für Matthäus einer, der das menschliche Denken verwirrt. Er bringt in die frommen Worte zerstörerische und egozentrische Motive. Er vermischt das Gute mit dem Bösen. Das zeigt er dadurch, dass er Worte der Bibel benutzt, aber in einem Sinn, der mit der Heiligen Schrift nichts mehr zu tun hat. Er mischt in die Worte der Bibel seine teuflischen Absichten.

Die erste Versuchung besteht darin, alles für sich zu gebrauchen, alles zu konsumieren. Diese Versuchung bedeutet heute weniger, möglichst aus allem eine essbare Speise zu machen. Vielmehr ist die gefährlichste Versuchung, dass wir alles konsumieren, dass wir auch das Heilige für uns gebrauchen. Alles muss uns etwas bringen, selbst der Glaube, selbst das Gebet. Alles wird an seiner Nützlichkeit gemessen, alles dient uns und der Befriedigung unserer Bedürfnisse. Wir haben verlernt, das Heilige heilig sein zu lassen, unantastbar, unserem Zugriff entzogen. Jesus soll seine Sohnschaft dazu missbrauchen, alle seine Bedürfnisse zu befriedigen. Doch Sohn Gottes sein ist mehr als die Befriedigung von Essen und Trinken. Jesus verweist den Versucher auf das Wort der Schrift, dass der Mensch von jedem Wort lebt, »das aus Gottes Mund kommt«. (4,4) Der wahre Hunger des Menschen ist geistig. Von Worten, die Gott spricht, kann man leben. Worte können meine Seele wahrhaft nähren.

Die zweite Versuchung bezieht sich auf die Vereinnahmung Gottes. Gott soll dazu missbraucht werden, das eigene Selbstwertgefühl zu steigern. Das Gefährliche an dieser Versuchung ist der Missbrauch der biblischen Worte. Der Teufel versucht Jesus mit dem Hinweis auf das Psalmwort, dass Gott seinen Engeln befohlen habe, ihn auf ihren Händen zu tragen. Man kann Gott missbrauchen, um bei den Menschen Anerkennung zu gewinnen. Dann geht es nicht um Gott, sondern nur um das eigene Ego. Wenn das Heilige missbraucht wird, dann wird das Wertvollste des Menschen zerstört. Diese Gefahr ist heute groß. Gott wird für den eigenen Kampf gegen die Feinde eingesetzt. Er soll einem helfen, die Feinde zu besiegen. Gott wird herangezogen, um die eigene Rechthaberei zu begründen. Jesus ist dieser Versuchung nicht erlegen. Er kontert mit einem anderen biblischen Wort: »Du sollst den Herrn, deinen Gott, nicht auf die Probe stellen.« (4,7) Wenn ich meinen spirituellen Weg dazu nutze, vor den Menschen besondere Kunststücke zu vollbringen oder Fähigkeiten zu entwickeln, mit denen ich mich über sie stelle, dann stelle ich – so meint es Jesus – Gott auf die Probe. Ich missbrauche Gott für mich selbst, für mein eigenes Ego. Vieles, was heute auf dem spirituellen Markt als Weg zu größerer Erfahrung verkauft wird, stärkt nur das Ego, anstatt es für Gott aufzubrechen.

Die dritte Versuchung ist die zur Macht. Der Teufel zeigt Jesus alle Reiche dieser Welt. Er könnte Herrscher über alle Welt werden, wenn er nur vor dem Teufel niederfällt und ihn anbetet. Diese Versuchung wurde in vielen Märchen als Teufelspakt beschrieben. Der Mensch steigert seine Macht, indem er sich dem Teufel verschreibt. Doch solches Verschreiben hat immer seinen Preis. Der Mensch verliert seine Freiheit, oft genug auch seine Liebe. Er wird kalt. Er stirbt in seiner Seele. Für Matthäus ist die Versuchung zur Macht die gefährlichste. Er wird Jesus in seinem Evangelium als den beschreiben, der auf alle Macht und Gewalt verzichtet, der gewaltlos auf die Gewalt der Menschen reagiert und gerade so seine Sohnschaft im Vertrauen auf den himmlischen Vater bewährt. Jesus wehrt die Versuchung zur Macht ab, indem er das Wort aus dem Buch Deuteronomium zitiert, mit dem Mose das Volk Israel ermahnt hat, dem wahren Gott zu dienen: »Vor dem Herrn, deinem Gott, sollst du dich niederwerfen und ihm allein dienen.« (4,10) Alle drei Schriftworte, mit denen Jesus dem Teufel antwortet, stammen aus dem Buch Deuteronomium. Damit zeigt Matthäus, dass Jesus die gleichen Versuchungen durchschritten hat, die das Volk Israel bei seinem Auszug aus Ägypten erlebt hat. Jesus erliegt der Versuchung nicht. So wird er zum Begründer des neuen Gottesvolkes, das ihm auf dem Weg der Bewährung folgt.

Auf den scharfen Befehl Jesu: »Weg mit dir, Satan!«, weicht der Satan zurück. Doch die Versuchung am Anfang des Wirkens Jesu ist noch nicht zu Ende. Matthäus zeigt das an zwei Stellen seines Evangeliums. Das »Weg mit dir, Satan!« wiederholt Jesus gegenüber Petrus, als dieser ihn davon abhalten möchte, den Weg des Leidens zu gehen. (16,23) Der Freund wird für Jesus zur Versuchung. Am Kreuz sind es die Feinde, die Jesus versuchen. Sie wiederholen die Einleitung der drei Versuchungen: »Wenn du Gottes Sohn bist« (4,3), indem sie Jesus verspotten und ihn auffordern: »Wenn du Gottes Sohn bist, hilf dir selbst, und steig herab vom Kreuz!« (27,40) Im

Kreuz gipfelt die Versuchung, und zugleich besteht sie Jesus dort endgültig. Als Jesus den Versuchungen in der Wüste widerstanden hatte, weicht der Satan, und Engel kommen und dienen ihm. Der Berg der Versuchung wird zum Berg des Paradieses. Dort, wo wir der Versuchung widerstehen, ist für uns Paradies. Da erfahren wir Gottes heilende und liebende Nähe, wie sie sich in den Engeln ausdrückt. Weil Jesus am Kreuz der letzten Versuchung nicht nachgibt, wird er in der Auferweckung von Gott in das Paradies versetzt, in die Herrlichkeit beim Vater.

Die Bergpredigt (5–7)

Die Bergpredigt ist die erste große Rede Jesu. Wohl an keinem Text haben sich die Ausleger so aufgerieben wie an ihr. Dabei wurde immer wieder die Frage behandelt, ob die Gebote, die Jesus dort verkündet, überhaupt eingehalten werden können. In unserer Zeit wurde darüber diskutiert, ob man mit der Bergpredigt Politik machen könne. Seit jeher hat man diese Rede Jesu als die entscheidende Botschaft des Neuen Testaments verstanden, und kein Christ kann an diesem Text vorbeigehen, ohne sich von Jesus fragen zu lassen, ob er bereit ist, sich auf diese Weisungen einzulassen.

Matthäus hat die erste und längste Rede aus Jesusworten sehr kunstvoll gestaltet und gegliedert. Genau in der Mitte der Bergpredigt steht das Vaterunser. Alle Forderungen der Bergpredigt sind um dieses zentrale Gebet gruppiert, das Jesus seinen Jüngern geschenkt hat. Ich möchte nicht die gesamte Bergpredigt auslegen, sondern sie verstehen als Einheit von Gebet und Tat. Was Matthäus in seiner Komposition zum Ausdruck bringt, hat für mich eine theologische Bedeutung. Die Forderungen Jesu sind nur erfüllbar als Antwort auf das Gebet und als

Ausdruck der Gebetserfahrung, dass unsere Existenz ihre Wurzel im Vertrauen von Söhnen und Töchtern ihrem himmlischen Vater gegenüber hat. Matthäus sieht Gebet und Arbeit, Beten und Handeln in einem. Darin wird seine Theologie der Gnade sichtbar. Das neue Tun, das den Christen auszeichnet, strömt aus der Erfahrung des Gebetes. Die Grundlage des Gebetes ist die Erfahrung, dass wir Söhne und Töchter Gottes sind, bedingungslos geliebt von Gott, unserem gemeinsamen Vater, von Gott als unserer wahren Mutter. Wer sich im Gebet als Sohn und Tochter des himmlischen Vaters erfährt, der wird seine Erfahrung in einem neuen Verhalten ausdrücken. Wenn das Gebet sich nicht im Tun äußert, bleibt es wirkungslos und wird zum narzisstischen Kreisen um sich selbst. Das Gebet, so wie Matthäus es verstanden hat, will uns zu einem neuen Tun verlocken, einem Tun, das für die ganze Welt heilsam ist und den Riss, der die Menschen voneinander trennt, überbrückt und ganz macht.

Das Vaterunser beginnt mit der vertraulichen Anrede »Vater«. Das griechische »pater« ist wohl eine Übersetzung der für Jesus typischen Anrede Gottes mit »Abba«, das »lieber Vater« bedeutet. Die Anrede Gottes als Vater war sowohl für Juden wie Griechen möglich. Und doch haben die Jünger wohl etwas von der vertrauten Weise gespürt, mit der Jesus seinen Vater zärtlich anredete. Wir Menschen dürfen uns diesem liebenden und barmherzigen Vater als seine Söhne und Töchter nähern und ihn vertrauensvoll bitten um das, was unsere Sehnsucht zutiefst erfüllt.

Die erste Bitte lautet: »Dein Name werde geheiligt.« Der Name Gottes umfasst sein Wesen und seine Heiligkeit. Gottes Name wird entweiht, wenn die Menschen Gott und seine Gebote missachten. In der Bitte »Dein Name werde geheiligt« wird Gott gebeten, selbst einzugreifen in diese Welt, in der nichts mehr von Gott sichtbar ist, dass er seine Heiligkeit und Herrlichkeit offenbaren möge. Die Herrlichkeit Gottes aber wird sichtbar im Menschen, wenn er Gottes Bild in sich entfaltet. So hat es schon Irenäus gesehen: »Gloria dei – homo vivens: Die Herrlichkeit Gottes ist der lebendige Mensch.« Luz versteht die Bitte als Selbstaufforderung an die Beter: »Lasst uns den Namen Gottes heiligen.« (Luz, 343) Vermutlich ist beides gemeint: Gott soll selbst seinen Namen heiligen, aber der Beter, der diese Bitte an Gott richtet, muss das Seine dazu tun, dass Gottes Name auch durch ihn selbst und durch die Art und Weise, wie er lebt, geheiligt wird.

Dieser Bitte entsprechen die acht Seligpreisungen. Sie beschreiben den neuen Menschen, der nach dem Bild Jesu gestaltet ist. In ihnen beschreibt Jesus, zu welcher Haltung der Mensch fähig ist, der sein Vertrauen auf Gott setzt und seine Sehnsucht auf ihn richtet. Es sind ethische Haltungen. Der Mensch muss sich um sie bemühen. Die Seligpreisungen zeigen, dass sich diese acht Haltungen und Verhaltensweisen lohnen, dass sie den Menschen jetzt schon glücklich machen. Jesus spricht nicht einfach den Armen das Glück zu, sondern denen, die bereit sind, alles loszulassen und sich an nichts zu hängen. Er preist nicht einfach die Hungernden selig, sondern die, die nach der Gerechtigkeit hungern. Wenn der Jünger Jesu sich um diese Haltungen müht und in sie hineinwächst, dann wird Gott darin verherrlicht. Zugleich wird der Christ dadurch glücklich, selig. Das griechische Wort »makarios« ist ursprünglich den Göttern vorbehalten. In den acht Haltungen der Seligpreisungen hat der Mensch teil an Gottes Herrlichkeit und Glück. Darin wird Gottes Name geheiligt, er wird sichtbar im Menschen, der auf neue Weise zu leben versteht.

Die acht Haltungen, in denen sich der Mensch als Sohn und Tochter Gottes und als Bruder und Schwester Jesu erweist, sind: die Armut im Geiste (eine geistige Haltung, in der ich alles loslasse und mein Vertrauen auf Gott setze), die Trauer (in der ich es aushalte, mich betreffen zu lassen von meiner eigenen Unzulänglichkeit und vom Zwiespalt zwischen dem barmherzigen Gott und meinem achtlosen Verhalten), die Gewaltlosigkeit (in der ich sanft umgehe mit mir und mit den Menschen), der Hunger nach Gerechtigkeit, die Barmherzigkeit, die Reinheit des Herzens (innere Lauterkeit), Frieden stiften und die Bereitschaft, um der Gerechtigkeit willen verfolgt zu werden. Es sind letztlich acht Tugenden, die der Mensch braucht, damit sein Leben taugt, damit es gelingt. Es sind andere Haltungen als sie in griechischen Tugendkatalogen aufgezählt werden. In diesen Haltungen wird die Gestalt Jesu und das wahre Bild des Jüngers Jesu sichtbar. Alle diese Haltungen werden von Gott belohnt. Das Bild des Lohnes dürfen wir nicht äußerlich verstehen. Die Tugenden tragen ihren Lohn vielmehr in sich. Wer ein reines Herz hat, der wird fähig, Gott zu schauen. Wer in seinem Herzen arm ist, dem gehört jetzt schon das Himmelreich. Er ist jetzt schon offen für Gott und erfährt in Gott die Erfüllung seiner Sehnsüchte.

»Dein Reich komme.« Diese Bitte bezieht sich auf die Worte der Bergpredigt, dass die Christen Salz der Erde und Licht der Welt sind. (5,13–16) Indem die Christen zum Salz der Erde werden, wird Gottes Reich auf Erden sichtbar. Das Salz hat eine vierfache Bedeutung: »Es bewahrt vor Fäulnis, würzt fade Speise, reinigt die Opfer ebenso wie das neugeborene Kind, und es hat schließlich seine Bedeutung für den Bund zwischen Gott und den Menschen und zwischen verschiedenen Menschengruppen.« (Grundmann, 137) Wenn sich die Christen vom Geist Jesu leiten lassen, dann haben sie eine wichtige Funktion für die ganze Welt. Sie bewahren die Menschen davor, innerlich zu verfaulen, zu verderben. Der Anspruch von Jesu Botschaft hält den Menschen lebendig, sodass er nicht verdirbt. Die Christen sind wie das Salz in der Suppe. Sie geben sich nicht zufrieden mit dem Sich-Anpassen an die äußeren Verhältnisse, und wer von Jesu Geist durchdrungen ist, hat eine reinigende Auswirkung auf seine Umgebung. Da klärt sich etwas um ihn. Er lässt sich nicht von den Emotionen der anderen trüben. Schließlich haben die Christen die Aufgabe, Verbindungen zu schaffen zwischen den verschiedenen Menschengruppen. In all diesen vier Auswirkungen des Christseins auf die Welt kommt das Reich Gottes bei den Menschen an.

Die Christen sind das Licht der Welt. Ihr Licht leuchtet in der Welt, wenn die Menschen ihre guten Werke sehen und daraufhin den Vater im Himmel preisen. In der kleinen und unbedeutenden Gemeinde soll Gottes Licht aufleuchten und die Welt erhellen. Auch darin kommt Gottes Reich zu den Menschen. Es kommt also durch uns. Das ist eine wesentliche Aussage, die Matthäus immer wieder verkündet. Er verbindet das Reich Gottes immer mit »dikaiosyne«, die nicht die Gerechtigkeit im Sinne des Paulus meint, sondern das richtige Tun des Menschen. Wenn der Mensch richtig handelt, wenn er Jesu Gebot erfüllt, dann kommt das Reich Gottes in diese Welt. Im Bild des Lichts meint Jesus nicht nur den Einzelnen, der für Gottes Licht durchlässig ist, sondern auch die christliche Gemeinschaft, die durch ihren Umgang miteinander, der von Vergebung und Versöhnung geprägt ist, ein Licht ist für die Welt. Wenn zwei oder drei miteinander Gottes Liebe verwirklichen, dann geht von ihnen etwas aus, das die ganze Welt verändert.

»Dein Wille geschehe, wie im Himmel, so auch auf Erden.« Diese Bitte wird erfüllt in den sechs Antithesen, in denen Jesus die neue Gerechtigkeit, die er von seinen Jüngern verlangt, ausführlich beschreibt. Sechsmal stellt Matthäus der Auslegung der alttestamentlichen Gebote durch jüdische Lehrer die Auslegung Jesu entgegen, die er mit göttlicher Autorität vorträgt. In dem neuen Verhalten, das Jesus von seinen Jüngern erwartet, drückt sich ihre Gerechtigkeit aus, die weit größer sein soll als die der Schriftgelehrten und Pharisäer. (5,20) In den Antithesen stellt Matthäus das Wort Jesu den Worten gegenüber, die den Alten, d.h. der Sinaigeneration gesagt worden sind. Er löst das Gesetz des Alten Testaments nicht ab, sondern erfüllt es. Jesu Worte sind die Tür, durch die wir eintreten müssen, um den Sinn des göttlichen Gebotes im Alten Testament zu verstehen. Die Mitte des Gebotes ist die Liebe. »Die Liebe ist die Erfüllung, nicht die Abschaffung von Gesetz und Propheten (5,17).« (Luz, 250) Jesus geht es weder um eine Verschärfung des Gesetzes noch um seine Aufhebung, sondern um das eigentliche Anliegen, das jedem Gebot zu Grunde liegt. Er zeigt uns einen Weg, nicht beim Buchstaben des Gesetzes stehen zu bleiben, sondern das ursprüngliche göttliche Anliegen darin zu erkennen. (Vgl. Limbeck, 85f.)

Früher hat man die Antithesen der Bergpredigt häufig antijüdisch ausgelegt, doch das ist ein Vorurteil. Viele der Antithesen Jesu sind innerhalb der jüdischen Diskussion um das Verständnis des Gesetzes verständlich. Jesus zeichnet sich durch Radikalität aus, indem er zum einen die Liebe in das Zentrum aller Gebote stellt, zum andern die Gebote so auslegt, dass sie die ganze menschliche Person betreffen, vor allem sein Herz. Es ist nicht bloße Gesinnungsethik, die Jesus hier verkündet, sondern eine Ethik, die ein neues Verhalten verlangt, jedoch ein Verhalten, das aus einem Herzen kommt, das sich ganz und gar für Gott geöffnet hat. Jesus fängt bei den Gedanken und Gefühlen an. Wer sich nur äußerlich an das Gebot hält, in seinem Herzen aber von Zorn und Bitterkeit erfüllt ist, der ist nicht gerecht, der ist nicht von Gottes Liebe erfüllt. Daher kommt es zuerst darauf an, das Herz von Zorn und Groll zu reinigen. Das gelingt aber nur, wenn der Mensch Frieden schließt mit dem inneren Gegner. (5,21–26)

Bei der Auslegung der Antithesen ist es hilfreich, die Worte Jesu nicht nur auf der Objektstufe zu deuten, sondern auch auf der Subjektstufe. Wenn Jesus uns auffordert, mit unserem Gegner Frieden zu schließen, solange wir noch auf dem Weg sind, so meint das wohl auch, dass wir mit dem inneren Gegner ins Gespräch kommen und uns mit ihm aussöhnen. Sonst kann es sein, dass uns der innere Richter (das Über-Ich) in den Kerker unserer Selbstvorwürfe und in das Gefängnis unserer Zwänge und Ängste wirft. Wenn wir erst einmal in diesem inneren Gefängnis stecken, kommen wir nicht mehr so leicht heraus. Das sieht man bei vielen Skrupulanten, die immer wieder um ihre Schuld kreisen und keinen Weg finden, aus ihrem Kerker auszubrechen. (5,25–26) Wenn Jesus sagt, dass wir das rechte Auge ausreißen sollen, wenn es uns verführt, und die rechte Hand abhauen sollen, ruft er sicher nicht zur Selbstverstümmelung auf, denn die war für Juden verboten, und hier hat Jesus sicher jüdisch gedacht. Das rechte Auge ist das, was alles beurteilt und bewertet, das alles haben und durchdringen will, das alles bloßstellt und veröffentlicht. Die rechte Hand ist die, die alles in die Hand nimmt, die alles »machen« möchte, die glaubt, auch innerlich alles machen zu können, was sie will. Diese bewusste Seite muss zurückgeschnitten werden, damit die linke, die unbewusste Seite zu ihrem Recht findet. Das linke Auge ist das Auge, das noch zu staunen vermag, das schaut ohne zu bewerten, das eins wird mit dem Geschauten. Die linke Hand ist die Hand, die empfängt, die Beziehung schafft. Wer einseitig nur aus seiner bewussten Seite heraus lebt, der gerät schon jetzt in die Hölle seiner unbewussten Bedürfnisse und Kräfte, die ihn zerfleischen. Alle Worte Jesu sind Worte, die uns zum Leben einladen und uns davor bewahren möchten, einseitig oder selbstzerstörerisch zu leben.

Am meisten wurden die Worte Jesu über die Vergeltung und über die Feindesliebe diskutiert. Jesus rät nicht zur Passivität, sondern er zeigt Wege, wie wir das Böse kreativ besiegen können. Die vier Beispiele, die er in 5,38–42 aufzählt, sind keine Gebote, sondern Konkretisierungen einer Liebe, die das Böse überwindet. Wer sich von Gott bedingungslos geliebt weiß, der hat es nicht nötig, um sein Recht einen Prozess zu führen oder mit Gewalt gegen den Gewalttätigen zu reagieren. Er weiß sich von Gott geschützt. Auf die Backe zu schlagen ist bei den Juden weniger ein Zeichen von Gewalt als viel mehr von Entehrung. Wer sich von Gott geehrt weiß, braucht um seine Ehre nicht besorgt zu sein. Er kann selbst den Mantel weggeben, den er doch für die Nacht als wärmende Decke braucht. Und wer in Gottes Liebe ruht, wird den römischen Besatzungssoldaten, der ihn nach damaligem Recht zwingen konnte, eine Meile mit ihm zu gehen, dadurch zum Freund machen, dass er zwei Meilen mit ihm geht. Er wird die Feindschaft nicht annehmen, sondern im Andern den möglichen Freund sehen. Es sind Verhaltensweisen, die den ewigen Kreislauf von Gewalt und Gegengewalt, von Hass und Gegenhass, von Verletzung und Wiederverletzen durchbrechen und neue Möglichkeiten des Miteinanders schaffen.

Die Kirchenväter haben die Feindesliebe, die Jesus in der sechsten Antithese fordert, als das wahrhaft neue Kennzeichen der Christen gesehen und gepriesen. Auch die Heiden haben sich über dieses neue Gebot gewundert. Die Liebe zu allen Menschen, selbst zu den unfreundlichen und unsympathischen, findet sich ebenfalls im jüdischen und griechischen Denken. So sagt Marc Aurel: »Auch die zu lieben, die sich gegen uns vergangen haben, das ist uns als Menschen besonders aufgetragen.«

(Gnilka, 192) Die stoische Philosophie begründet die Feindesliebe mit der inneren Freiheit und der Verwandtschaft aller Menschen. Auch der Buddhismus kennt die Feindesliebe. (Gnilka, 191) Es geht also nicht darum, das christliche Gebot der Feindesliebe dazu zu missbrauchen, sich über andere Religionen zu stellen. Vielmehr geht es darum, die spezifische Begründung der Feindesliebe bei Jesus anzuschauen und zu verstehen: »Ich aber sage euch: Liebt eure Feinde und betet für die, die euch verfolgen, damit ihr Söhne eures Vaters im Himmel werdet.« (5,44f.) Jesus zeigt, dass eine Weise der Feindesliebe das Gebet für den Feind ist. Im Gebet halte ich den Feind Gott hin und überlasse ihn Gott. Er soll an ihm wirken, was ihm und seiner Seele gut tut. Wer den Feind liebt, der bringt damit zum Ausdruck, dass er Sohn und Tochter Gottes ist. Die Feindesliebe ist also Kennzeichen der Kindschaft Gottes. Mit der Feindesliebe ahmen wir Gottes Verhalten nach, der seine Sonne über Guten und Bösen aufgehen und es über Gerechte und Ungerechte regnen lässt. (5,45) Zugleich wachsen wir durch das Praktizieren der Feindesliebe in eine neue Nähe zu Gott hinein. Indem wir anders mit dem Feind umgehen, erfahren wir Gott auf neue Weise. Das neue Verhalten ist für Matthäus nie nur Ausdruck des neuen Seins, sondern zugleich der konkrete Übungsweg in die Erfahrung des neuen Seins hinein, in die Erfahrung des barmherzigen Gottes, dessen Söhne und Töchter wir sind.

C.G. Jung hat Jesu Aufforderung zur Feindesliebe so gedeutet, dass wir zuerst den Feind in uns selbst lieben müssen. Erst dann werden wir fähig, auch den Feind außerhalb von uns zu lieben, denn dann werden wir im Feind, der uns Böses will, einen Bruder und eine Schwester sehen, die genauso von zerstörerischen Antrieben beherrscht ist wie wir selbst. Wir entdecken in ihnen das Böse, das wir auch in uns erkannt haben. Feindschaft entsteht oft durch Projektion. Der andere projiziert das, was er bei sich selbst nicht annehmen kann, auf mich. Wer sich selbst kennt und annimmt, der nimmt die Projektion wahr, ohne sich von ihr bestimmen zu lassen. Er wird nicht zum Feind dessen, der seine feindlichen Seiten auf ihn wirft. Er sieht im anderen den, der sich danach sehnt, mit sich und seinem Leben in Frieden zu sein. Die Feindesliebe bedeutet nicht, dass man dem Feind nicht Grenzen setzen darf. Es tut dem Menschen nicht gut, seine zerstörerischen Tendenzen unbeschränkt auszuleben. Er braucht die Grenze, die andere ihm setzen, aber zugleich braucht er die Liebe, die das Feindliche in ihm zu heilen vermag.

Wer den Feind liebt, der hat teil an der Vollkommenheit Gottes. Das griechische Wort »teleios« heißt nicht nur vollkommen, sondern ungeteilt, ungebrochen, ganz, vollständig. Gott ist vollkommen, weil er sich dem Menschen in ungeteilter Liebe zuwendet. Wenn der Mensch sich auf »das vollkommene Gesetz der Freiheit« (wie Jakobus das Gesetz Jesu nennt, Jak 1,25) einlässt, dann bekommt er Anteil an Gott, der in sich ganz und vollkommen ist. Auch hier müssen wir die Spannung beachten, dass die Erfahrung des vollkommenen Gottes ein neues Verhalten ermöglicht, dass aber auf der anderen Seite das Verhalten, zu dem Jesus uns aufruft, auch zu einer neuen Gotteserfahrung führen kann. Wer die Weisungen Jesu befolgt, der bekommt es mit dem wahren Gott zu tun. Seine selbstgemachten Gottesbilder fallen zusammen. Er erfährt Gott als den himmlischen Vater, der ihm den Rücken stärkt, der ihm Mut macht, in einer zerstrittenen Welt eine Spur der Versöhnung zu legen. Das Verhalten, das Jesus von uns fordert, ist nicht das angepasste Verhalten dessen, der nicht auffallen möchte, sondern das reife Verhalten eines Sohnes und einer Tochter, die sich vom Vater geliebt und gestützt wissen. Weil der Vater ihnen den Rücken frei hält, können sie neue Wege der Liebe und des Friedens gehen. Die Fähigkeit zur Feindesliebe erwächst aus dem Gebet, das Jesus seine Jünger gelehrt hat. Und die Liebe zu den Feinden ist Antwort auf das Gebet, das die Christen täglich sprechen, und in dem sie sich für Gott öffnen, damit Gottes Geist immer mehr von ihnen Besitz ergreift, damit Gottes Wille immer mehr in ihnen und durch sie geschehe und so diese Welt heilt und sie verwandelt wird.

Nach der Zusammenfassung der Antithesen im Wort von der Vollkommenheit unterbricht Matthäus die Reihe der Jesusworte, die der Bergpredigt zu Grunde lagen. Das wird deutlich, wenn wir die Bergpredigt mit der Feldrede bei Lukas vergleichen. Nach dem Wort, das Lukas mit »seid barmherzig, wie es auch euer Vater ist« übersetzt, folgt sofort »Richtet nicht!« (Lk 6,36f.). Matthäus schiebt hier das 6. Kapitel ein, ein Lehrgedicht über drei Formen der Frömmigkeit, die die Juden über das Gesetz hinaus praktizierten: das Almosengeben, das Beten und das Fasten. Jesus übernimmt diese Weisen der Frömmigkeit, aber er kritisiert sie zugleich. Sie sind nur sinnvoll, wenn sie von innen heraus getan werden und nicht, um von den Menschen gelobt zu werden.

Beim Almosengeben soll die linke Hand nicht wissen, was die rechte tut. Ich gebe, weil es daran ist. Ich verzichte darauf, mein Geben zu berechnen und mir etwas darauf einzubilden. Immer wieder verweist Jesus auf das Verborgene: Das Almosengeben und Fasten soll im Verborgenen geschehen. Das gute Tun soll nicht nur vor den Menschen verborgen bleiben, sondern vor dem eigenen Ego. Ich soll das Gute nicht tun, damit ich mich gut beurteilen kann. Der innere Beurteiler in uns soll von unserem Tun nichts mitbekommen. Es soll einfach aus uns fließen, weil es daran ist, nicht, weil wir uns durch ein gutes Verhalten über andere stellen können.

Der Beter soll in die Kammer gehen und die Tür zuschließen. »Dann bete zu deinem Vater, der im Verborgenen ist.« (6,6) Es ist nicht nur die äußere Kammer, die mein Beten den Blicken der anderen entzieht, sondern auch die innere, in die ich mich beim Beten zurückziehen soll: Es ist die Kammer des Herzens. Das wahre Gebet erklingt in der verborgenen Kammer meines Herzens. Dort bin ich eins mit Gott. Aber ich reflektiere darüber nicht, ich bin einfach in Gott. Darin besteht das Geheimnis des Betens. Beten heißt für Jesus: Gott das Verborgene meines Herzens hinhalten. Der Vater sieht in das Verborgene. Indem ich es ihm hinhalte, wird er es mit seinem Licht der Liebe erleuchten und verwandeln. Es heißt aber auch, dass ich Gott alles hinhalte, auch das, was mir selbst verborgen ist, das Unbewusste. Gottes Licht soll in alle Abgründe meiner Seele fallen, damit alles in mir von Gott berührt und verwandelt wird. Das Beten des Jüngers Jesu soll nicht in vielen Worten bestehen, nicht im Plappern wie bei den Heiden (6,7). Es soll nicht aus dem Leistungsdruck erfolgen, Gott mit Gewalt zu einem Tun zu drängen. Vielmehr entspringt das Gebet des Christen aus dem tiefen Vertrauen, dass Gott weiß, was der Mensch braucht. Mitten in diese Unterweisung über das christliche Beten setzt nun Matthäus das Vaterunser. In diesem Gebet Jesu erfährt der Christ, was wahres Beten ist. Aber zugleich – so zeigt das Vaterunser als die genaue Mitte der Bergpredigt – erfährt er in diesem Gebet auch, wer er selbst im Tiefsten ist: Sohn und Tochter Gottes. Hier erfährt er, wie das Verhalten aussieht, das seinem Sein entspricht.

Die Bitte »Unser tägliches Brot gib uns heute«, wird interpretiert durch Jesu Worte über das Almosen, Beten und Fasten und durch das Lehrgedicht über die Sorglosigkeit (6,19–34). Die Exegeten haben darüber gerätselt, wie das Wort »epiousios« zu übersetzen ist. Die wahrscheinlichste Übersetzung ist: »Unser Brot für morgen gib uns heute.« Die Bitte »gehört in eine Situation sozialer Bedrängnis, in der die Nahrung für den folgenden Tag nicht einfach selbstverständlich vorhanden ist«. (Luz, 347) Meinrad Limbeck plädiert dagegen, »epiousios« zu übersetzen mit »zum Dasein nötig, das Notwendige«. Dann würde die Bitte heißen: »Unser notwendiges Brot gib uns heute.« (Limbeck, 107) Wenn wir diese Bitte durch das ganze 6. Kapitel deuten, dann heißt sie: Ich darf Gott um alles bitten, was ich brauche, aber zugleich soll ich erkennen, wo Gott anderen das zum Leben Nötige durch mich geben möchte. Es ist also kein passives Bitten, sondern ein Beten, das mich in Verantwortung nehmen kann. Im Fasten erkenne ich, dass ich nicht nur vom Brot allein lebe, sondern dass Gott meinen tiefsten Hunger stillt. Das Fasten relativiert das Essen und macht mich zugleich sensibel, dass ich dankbar und achtsam esse und im Essen Gottes Gaben genieße. Die Bitte um die Nahrung darf nicht zur ängstlichen Sorge werden, die mein Herz völlig besetzt. Jesus verweist uns in unserem Angewiesensein auf Nahrung und Kleidung auf die Vögel des Himmels und die Lilien des Feldes. Er will die Maßstäbe zurechtrücken, die unser Leben bestimmen. Nicht die Sorge für Nahrung und Kleidung soll uns bestimmen, sondern die Sorge um das Reich Gottes: »Euer himmlischer Vater weiß, dass ihr das alles braucht. Euch aber muss es zuerst um sein Reich und um seine Gerechtigkeit gehen; dann wird euch alles andere dazugegeben.« (6,32f.) Die Sorge um den Lebensunterhalt und die Arbeit, die diesen Unterhalt sichert, gehören zum Menschen. Doch ob der Mensch wahrhaft Mensch ist, das entscheidet sich daran, dass er sich um das Reich Gottes und seine Gerechtigkeit sorgt. Wenn Gott im Menschen herrscht, dann wird er wirklich Mensch, dann ist er wahrhaft frei. Wenn Gott im Menschen herrscht, dann wird er fähig zu einer neuen Gerechtigkeit, dann zeigt sich Gottes

Herrschaft auch in einem neuen Verhalten. Darum geht es, und nicht um das ängstliche Kreisen um sich selbst.

»Vergib uns unsere Schulden, wie auch wir vergeben haben unseren Schuldnern.« Diese Bitte interpretiert Matthäus einmal durch den Zusatz zum Vaterunser und dann durch die Aufforderung, nicht zu richten. Unmittelbar nach dem Gebet entfaltet Matthäus die Vergebungsbitte: »Denn wenn ihr den Menschen ihre Verfehlungen vergebt, dann wird euer himmlischer Vater auch euch vergeben.« (6,14) Hier wird deutlich, dass das Beten nicht folgenlos bleibt. Es wird vielmehr gebunden an das Verhalten des Menschen, an seine Bereitschaft, dem Mitmenschen zu vergeben. Die Vergebung wird gekoppelt an das Nicht-Richten. Vergebung würde verfälscht, wenn sie mit einem Urteilen und Verurteilen verbunden wäre. Wenn ich dem anderen vergebe und ihm zugleich vermittle, dass er eigentlich schuld ist, dann spiele ich mich als der Gerechte und Großzügige auf, der bereit ist, dem armen Sünder zu vergeben: Es entsteht ein ungesundes Gefälle. Vergeben wird beim anderen nur dann als heilend und befreiend ankommen, wenn ich mich nicht über ihn stelle. Dazu ist der Verzicht auf jedes Richten, Urteilen und Bewerten nötig. Das Richten bezieht sich nicht nur auf das Verhalten anderer, sondern zunächst einmal auf mich und mein Verhalten. In der geistlichen Begleitung erfahre ich immer wieder, wie viele Menschen sich selber ständig richten und bewerten und verurteilen. Ich komme auf meinem Weg zu Gott nur dann weiter, wenn ich darauf verzichte, das, was in mir ist, zu bewerten. Es ist einfach so, wie es ist. Erst wenn ich es annehme, kann es sich wandeln. Wenn ich es verurteile, wird es sich in meinem Unbewussten verstecken und gerade dann in mir auftauchen, wenn ich nicht damit rechne. Nur wenn ich aufhöre es zu bewerten, ermögliche ich dem, was mir so unangenehm erscheint, sich zu wandeln. Ich halte es dann Gott hin, und Gottes Geist kann es verwandeln. Wenn ich mich nicht mehr bewerte, dann lerne ich allmählich, auch den anderen und sein Verhalten nicht zu bewerten. Ich nehme es, wie es ist. Ich versuche, den anderen zu verstehen. Ich sehe in seinem Verhalten die Sehnsucht nach Leben und Liebe. Dann erhebe ich mich in der Vergebung nicht über ihn, sondern ich lasse sein Verhalten bei ihm. Ich gebe es ihm zurück, ohne es zu bewerten. Ich verzichte auf die Vergeltung. Vergebung heißt: den andern lassen, wie er ist. Er darf so sein. Ich bete für ihn, dass er seinen Frieden findet, aber ich stelle mich nicht über ihn, sondern fühle mit ihm in seiner Not, in seiner Sehnsucht, mit sich selbst in Einklang zu kommen.

»Führe uns nicht in Versuchung, sondern rette uns vor dem Bösen.« Viele stoßen sich daran, dass Gott uns in Versuchung führen kann. Schon Origines übersetzt die letzte Vaterunserbitte daher: »Lass uns der Versuchung nicht erliegen.« Und Tertullian übersetzt: »Lass nicht zu, dass wir in Versuchung geführt werden.« (Luz, 349) Schnackenburg meint, der Sinn dieser Bitte sei: »Lass uns nicht in Versuchung geraten.« (Schnackenburg, 67) Der griechische Übersetzer des aramäischen Vaterunsers hatte dieses Problem offensichtlich nicht. Wir können diese Bitte nur verstehen, wenn wir Beten und Handeln zusammen sehen. »Der Mensch bittet um etwas, was er durch sein Verhalten bestimmt.« (Luz, 349) Wir dürfen also Gott nicht die Schuld zuschieben, wenn wir in Versuchung geraten. Wir bitten Gott darum, dass wir selbst aktiv werden und uns nicht in Versuchung führen lassen.

Eine andere Frage ist, was unter Versuchung zu verstehen ist. Die frühen Mönche schätzen die Versuchung als Erprobung des Menschen. Wie der Sturm den Baum zwingt, seine Wurzeln immer tiefer in die Erde zu treiben, so stärkt die Versuchung den Mönch in seinem Kampf um das Gute. Wenn wir die letzte Vaterunserbitte durch die Bergpredigt selbst interpretieren, dann bieten sich die Verse 7,13–23 als Deutungsmuster an. Versuchung würde dann darin bestehen, den breiten Weg zu gehen, der in das Verderben führt. Der breite Weg ist der Weg, den alle gehen. Nur den anderen zu folgen, tun, was alle tun, führt den Menschen ins Verderben. Jeder muss seinen eigenen Weg gehen. Die Versuchung besteht dann darin, nicht selber zu leben, sondern sich leben zu lassen. Die eigentliche Versuchung ist die Verweigerung des Lebens. Die andere Weise der Versuchung wäre die Verwirrung. Das ist angedeutet in der Warnung vor den falschen Propheten, die wie harmlose Schafe daherkommen. Jesus warnt hier vor geistlichem Missbrauch, vor der Verführung durch falsche Propheten. Grundmann meint, mit der Versuchung sei die Gefahr des Abfalls gemeint. Daher übersetzt er so: »Lass uns nicht hineingeraten in die Situation des Abfalls, sondern reiße uns von dem Bösen weg.« (Grundmann, 203)

Die Exegeten haben darüber diskutiert, was mit dem Bösen gemeint ist, ob es der Böse, der Teufel ist, vor dem Gott uns bewahren soll, oder das Böse. Heute plädieren die meisten Exegeten dafür, dass das Böse gemeint ist: böse Gedanken, Begegnungen, Leiden, Drangsale, böse Menschen und der böse Trieb. Gott möge uns vor der Macht des Bösen erretten und bewahren, damit das Bild in uns zur Geltung kommen kann, das Gott sich von jedem von uns gemacht hat. In den letzten beiden Bitten des Vaterunsers geben wir unsere Angst zu, unsere Kräfte könnten in der Versuchung oder vom Bösen überfordert werden. Wir halten unsere Angst vertrauensvoll Gott unserem Vater hin, damit er uns nicht überfordert, sondern uns in den Turbulenzen und Gefährdungen unseres Lebens in seiner Liebe bewahren möge.

Die Bergpredigt schließt mit dem Bild vom Haus auf dem Felsen. Wer Jesu Worte hört und danach handelt,

»ist wie ein kluger Mann, der sein Haus auf Fels baute«. (7,24) Es genügt nicht, die Worte Jesu nur zu hören, sie müssen auch getan werden. Hören und Tun werden vor allem im Buch Deuteronomium immer wieder zusammen gesehen. So wie Mose stellt Jesus die Jünger vor die Alternative, »zwischen Leben und Glück oder Tod und Unglück zu wählen (30,15)«. (Gnilka, 281) Wer Hören und Tun verbindet, der ist klug. Er weiß, wovon das Gelingen des Lebens abhängt.

Johannes Chrysostomus hat dieses Bildwort so gedeutet, dass der, der in Christus gründet, durch nichts verletzt werden kann, weder durch Stürme noch durch Wasserfluten. Weder Beleidigungen noch die Projektionen, in denen andere ihr Unbewusstes auf mich werfen, können mich verletzen, wenn ich mein Haus auf das Wort Jesu baue, wenn ich mich von Jesus her definiere und nicht vom Urteil der Menschen und ihrem Verhalten mir gegenüber. Wenn ich dagegen mein Haus auf Illusionen aufbaue, etwa auf der Illusion, von allen anerkannt und bei allen beliebt zu sein, wird es sofort zusammenfallen, wenn ein Mensch mich kränkt oder verletzt. Jesu Wort will mir den wahren Grund zeigen, auf dem mein Haus fest stehen kann, ohne dass es die Verletzungen anderer zum Einsturz bringen können: Es ist Tatsache, dass ich Sohn oder Tochter Gottes bin, bedingungslos geliebt. Wenn ich auf diesem Felsen mein Haus baue, wird mein Leben gelingen. Menschen können mich noch so sehr verletzen, mein Haus wird nicht einstürzen.

Die Aussendungsrede (10)

Die zweite große Rede Jesu ist die Aussendungsrede an die Jünger im Kapitel 10. Matthäus hat für diese Rede verschiedene Worte Jesu zusammengestellt, die bei Markus und Lukas in einem anderen Kontext auftauchen. Aus der Komposition des Matthäus wird ersichtlich, wie der Evangelist die Sendung der Jünger begreift: Nicht nur Jünger, die Jesus damals in die Städte Galiläas ausgesandt hat, sondern auch alle, die heute als Christen in diese Welt geschickt sind, sind darunter zu verstehen. Die Zwölf, die er aussendet, sind Typos für die Jünger künftiger Zeiten. Im Auftrag Jesu sollen sie genau das tun, was Jesus getan hat, und sollen nach dem Bild gestaltet werden, das Jesus verkörpert hat. Es sind zwölf Apostel. Die Zwölfzahl taucht hier zum ersten Mal auf. Zwölf steht für die Beziehungsfähigkeit und für die Gemeinschaft. Die Jünger Jesu treten als Gemeinschaft auf, sie repräsentieren das neue Israel. Sie sind Bild für die Gemeinde, für die Matthäus schrieb. Jesus brachte es fertig, so unterschiedliche Menschen wie Juden und Griechen (drei tragen griechische Namen), Zöllner (römerfreundlich) und Zeloten (römerfeindliche Partisanen), arme und reiche Fischer (Simon und Andreas waren einfache Fischer, Jakobus und Johannes arbeiteten in einer Fischereifirma, vgl. 4,18–22) miteinander zu einer Gemeinschaft zu formen, sodass sie in Frieden zusammenlebten und im gleichen Auftrag handelten. Diese Kunst Jesu, Menschen verschiedener politischer und gesellschaftlicher Richtungen zu einem gemeinsamen Auftrag zu verbinden, bräuchten wir heute in unserer Kirche, da die verschiedenen Strömungen eher gegeneinander als miteinander arbeiten.

Der Auftrag, den Jesus den Jüngern gibt, spiegelt die Sendung wider, die Jesus selbst erfüllte. Die Jünger verkünden die gleiche Botschaft wie Jesus: »Das Himmelreich ist nahe.« (19,7) Bei ihnen fehlt nur der Aufruf zur Umkehr, da sie als Jünger selbst der Umkehr bedürfen. Jesus fordert die Jünger auf, genauso wie er selbst Kranke zu heilen, Tote aufzuwecken, Aussätzige rein zu machen und Dämonen auszutreiben. (10,8) Sie sollen das tun, was Matthäus im 8. und 9. Kapitel von Jesus berichtet hatte, nämlich dass er nicht nur das Wort vom Reich Gottes verkündet, sondern auch Kranke geheilt hat. In Jesu Heilungen sieht Matthäus das Wort des Propheten Jesaja erfüllt: »Er hat unsere Leiden auf sich genommen und die Krankheiten getragen.« (Jes 53,4; 8,17) Weil Jesus die Krankheiten der Menschen auf sich genommen hat, sollen die Jünger in seinem Namen die Kranken heilen.

Schon die Kirchenväter hatten mit diesem Satz Schwierigkeiten, weil sie sich nicht als Wundertäter erlebten, sondern als Menschen, die selbst der Heilung bedurften. Trotzdem darf man den Auftrag Jesu nicht überspringen. Die Seelsorge, zu der Jesus uns sendet, muss eine therapeutische Seelsorge sein. Kranke heilen heißt nicht unbedingt, dass die Kranken körperlich gesund werden. Aber unsere Botschaft und unser Umgang mit ihnen soll ihnen Hilfe und Trost sein, dass sie ihre Krankheit annehmen können und sich von ihr für Gott aufbrechen lassen.

Viele Menschen sind auch heute tot. Sie funktionieren und stürzen sich in Hektik, aber innerlich sind sie tot. Als Christen haben wir den Auftrag, die Toten aufzuwecken, dass sie wieder lebendig werden, dass sie sich selbst spüren, dass sie mit ihrer Seele in Berührung kommen, dass das Leben in ihnen wieder strömt. Aussätzige rein zu machen, das heißt, den Menschen zu vermitteln: »Du bist willkommen. Du bist bedingungslos angenommen. Es ist gut, dass es dich gibt. Du bist gut, so wie du bist.« Und Dämonen auszutreiben, das heißt, die Menschen zu befreien von krankmachenden Lebensmustern, von kränkenden Gottesbildern, von den Projektionen, die andere auf sie werfen und die damit das Bild trüben, das Gott sich von den Menschen gemacht hat.

Die Anweisungen Jesu, die Jünger sollten keine Vorratstasche, kein zweites Hemd, keine Schuhe und keinen Wanderstab mitnehmen (10,9f.), scheinen zeitbedingt zu sein und sich nur an die Wanderprediger der Frühzeit zu richten. Doch auch in diesen Worten steckt ein Anspruch an uns. Wir haben das Wort Gottes nicht als Besitz, den wir weitergeben können. Wir sind Pilger auf dem Weg und auf der Suche nach Gott. Nur als suchende Pilger können wir weitergeben, was wir selbst immer wieder von Gott empfangen. Es geht nicht um unsere Fähigkeiten, die wir mitnehmen, sondern um unsere Durchlässigkeit für den Geist Gottes. Jesus befreit uns von dem Leistungsdruck, dass unsere Verkündigung bei allen Menschen ankommen muss. Mit unserer Botschaft sollen wir den Frieden verkünden, und Frieden in die Häuser der Menschen bringen. Wir sollen die Menschen nicht überfordern, sondern denen, die in sich zerrissen sind, die in Unfrieden sind mit sich selbst und mit ihrer Umgebung, einen Weg des Friedens zeigen. Doch wenn Menschen diesen Frieden nicht wollen, sollen wir uns nicht den Kopf zerbrechen und alle Schuld bei uns suchen. Wir sollen sie lassen. »Dann wird der Friede zu euch zurückkehren.« (10,13) Wir werden nicht enttäuscht weitergehen, sondern in innerem Frieden. Wir lassen den Menschen ihre Freiheit und gestehen auch uns selbst die Grenzen ein, die wir bei der Verkündigung der Frohen Botschaft erfahren.

Mit einem Rätselwort beschreibt Jesus die Sendung der Christen in die Welt: »Seht, ich sende euch wie Schafe mitten unter die Wölfe. Seid daher klug wie die Schlangen und arglos wie die Tauben!« (10,16) Als Schafe unter Wölfen sind die Christen wehrlos der Gewalt von aggressiven Menschen preisgegeben. Sie sollen sich nicht wehren. Doch Jesus lässt sie in dieser Situation trotzdem nicht ohne Schutz. Er fordert sie zur Klugheit und zur Arglosigkeit auf. Das scheint sich zu widersprechen, und die meisten christlichen Ausleger haben sich auf die Arglosigkeit und Lauterkeit der Taube gestürzt. Das entspricht eher dem christlichen Ideal: ohne Nebenabsichten, ohne Verunreinigung durch die Aggressionen der Gegner in der Reinheit des Herzens zu leben. Doch Jesus verweist uns auch auf die Klugheit der Schlange. Origenes deutet die Klugheit der Schlange so, dass die vom Menschen angegriffene Schlange sich zusammenrollt und ihren Kopf schützt. (Vgl. Luz, 2,110) So solle der Christ seinen Kopf, den Glauben, schützen. Doch die Schlange ist seit jeher Symbol für die Weisheit der Natur und für die Sexualität. Bei den Juden war sie Urbild der Sünde, bei anderen Völkern Symbol für Lebenserneuerung und Lebensenergie. Jesus verwendet dieses im Judentum eher negative Symbol positiv. Die Christen sollten klug wie die Schlangen sein. Sie sollen in Berührung sein mit ihrer Vitalität, mit der Weisheit der Natur, mit der Energie ihrer Sexualität. Sie sollen sich nicht nur von hohen Idealen leiten lassen, sondern aus der Weisheit der Instinktwelt heraus leben, aus der natürlichen Schlauheit der Schlange. Wer mit sich im Einklang ist, der muss sich nicht gegen jeden Angriff verteidigen. Er entzieht sich wie die Schlange dem, der ihn angreifen möchte. Wir fühlen uns ja immer dann angegriffen, wenn jemand etwas anspricht, was wir bei uns selbst nicht annehmen können. Wer alles in sich, auch das Schlangenhafte, mit dem reinen Auge der Taube ansehen kann, für den ist alles rein. Er vermag unter Wölfen zu leben, ohne von ihnen zerrissen zu werden. Ihre Aggressionen können ihm nichts anhaben.

Die Christen sollen sich nicht vor den Menschen fürchten. »Denn nichts ist verhüllt, was nicht enthüllt wird, und nichts ist verborgen, was nicht bekannt ist.« (10,26) Hier liegt der Grund der Furchtlosigkeit: das Wissen um das Verborgene in mir. Wenn ich keine Angst habe vor den geheimen Gedanken und Leidenschaften meines Herzens, dann können mir auch Menschen keine Angst einjagen, wenn sie darauf aus sind, die Geheimnisse meines Herzens auszuspionieren. Wenn ich das Verborgene in mir Gott hinhalte und darauf vertraue, dass sein Licht das Verhüllte enthüllt und das Dunkle erhellt, dann vermag ich ohne Angst zu leben. Gott, der mich mit allen Abgründen meiner Seele kennt, ist die wahre Befreiung von menschlicher Angst. Matthäus gibt noch einen anderen Weg an, sich von der tief in uns liegenden Angst zu befreien: »Fürchtet euch nicht vor denen, die den Leib töten, die Seele aber nicht töten können.« (10,28) Die Menschen können mich nur äußerlich verletzen. Sie können meinen Leib schlagen, sie können mich emotional verletzen. Aber meine Seele, den inneren Raum meines Herzens, den können sie nicht angreifen. Es gibt in mir etwas, das der Macht der Menschen entzogen ist. Dort in meiner Seele wohnt Gott. Und wo Gott in mir wohnt, kann kein Mensch mich verletzen. Der Glaube an den Gott, der meine Seele schützt und in meiner Seele wohnt, befreit von der Angst vor Verletzung, Demütigung, Entehrung und Tötung. Selbst der Tod kann den innersten Kern meiner Person nicht zerstören, denn der ist in Gottes Hand.

Matthäus stellt das Wort Jesu, dass er nicht gekommen sei, den Frieden zu bringen, sondern das Schwert (10,34f.), in einen ganz anderen Zusammenhang als Lukas. Für Matthäus gehört dieses Wort in die Unterweisung der Jünger. Wer sich auf den Weg Jesu einlässt, wer sich von Jesus in diese Welt gesandt weiß, der erfährt, dass er nicht überall Frieden bringt, sondern auch das Schwert. Schwert ist hier kein Bild für Gewalt, sondern für Scheidung. Das Wort Gottes, das wir verkünden, ist wie ein zweischneidiges Schwert: Es scheidet in uns die Gedanken. Es deckt uns auf, wo wir Gedanken des Verderbens denken und wo Gedanken des Heils. Das Wort ruft zur Entscheidung auf: Es ist kein unverbindliches Wort, das man sich anhören und genießen kann. Das Wort Gottes will durch unsere Verkündigung in das Herz des Menschen eindringen und dort eine Scheidung vollziehen zwischen Gedanken, die

Leben bringen und solchen, die dem Menschen schaden. Das Wort der Verkündigung will die Zuhörer aufrufen, sich für Gott zu entscheiden und sich von allem Widergöttlichen zu distanzieren.

Matthäus stellt auch das Wort von der Kreuzesnachfolge in seine Aussendungsrede. Wer sich als Jünger Jesu in die Welt gesandt weiß, der muss dazu bereit sein, den Tod als letzte Konsequenz auf sich zu nehmen. Ursprünglich war das Wort vom Kreuz auf sich nehmen sicher so gemeint, dass der Jünger mit dem Martyrium rechnen musste. Doch schon die frühen Kirchenväter haben dieses Wort spirituell gedeutet. Das Kreuz auf sich nehmen heißt dann, zum Leiden, das einen trifft, ja zu sagen. Ein Kartäusermönch spricht von der Kreuzigung der Laster und Begierden. Die frühen Mönche verstanden sich als Kreuzträger. Für mich heißt das Wort Jesu: Wenn ich mich auf den Weg Jesu einlasse, dann werde ich dem Kreuz begegnen. Das Kreuz kann im Leiden bestehen, das mich trifft. Es kann aber auch das sein, was mich durchkreuzt. Ich brauche mir gar nichts auszusuchen, was mich näher zu Gott bringt. Das Kreuz ist der königliche Weg zum Geheimnis Gottes und seiner Liebe. Kreuz ist alles, was mir in die Quere kommt, was ich mir selbst nicht wähle. Es kann meine Empfindlichkeit sein: Wenn ich sie auf mich nehme, mich mit ihr aussöhne, mit ihr ins Gespräch komme, dann wird sie mich zu Gott führen. Sie wird mir meine Illusionen nehmen, dass ich mich durch Askese und Gebet unempfindlich machen könnte. Sie zerbricht das Idealbild, das ich mir von mir aufgebaut habe. Sie bricht mich auf für Gott. Je älter ich werde, desto klarer wird mir, welche Weisheit in diesem Wort Jesu steckt. Ich muss mir den Weg zu Gott nicht selber wählen, er selbst schickt mich auf den Weg. Auf diesem Weg begegnet mir immer wieder das Kreuz, gerade dort, wo ich es nicht vermute. Wenn ich es auf mich nehme, wird es mich wie Jesus in die bedingungslose Liebe Gottes führen, der mich gerade dort, wo der Nullpunkt ist, aufrichtet und aufweckt zu neuem Leben.

Matthäus schließt die Aussendungsrede mit ähnlichen Worten wie die Bergpredigt: »Als Jesus die Unterweisung der zwölf Jünger beendet hatte, zog er weiter, um in den Städten zu lehren und zu predigen.« (11,1) Nach allen fünf Reden führt Matthäus mit solchen Worten zum folgenden Erzählstoff weiter (7,28; 13,53; 19,1; 26,1). Mit diesen Überleitungen verleiht er den fünf Reden ein besonderes Gewicht. Von diesem Stilmittel her ist es wahrscheinlich, dass der Evangelist die fünf Reden auf dem Hintergrund der fünf Bücher Mose verstanden hat.

Während Matthäus in der Bergpredigt das Verhalten des einzelnen Christen im Auge hat, beschreibt er in der Aussendungsrede die Gestalt der Kirche. Sie führt das Leben und die Sendung des irdischen Jesus über seinen Tod hinaus weiter. »Für Matthäus ist die Kirche also jesusgestaltig.« (Luz 2,154) Sie verkündet die Botschaft Jesu aller Welt, und übernimmt Jesu Lebensgestalt. Matthäus geht es weniger um die Lehre, die die Jünger verkünden, als um ihre Praxis. An ihrem Verhalten wird Jesus in der Welt sichtbar. Die Kirche hat teil am Leiden Jesu. Sie ist für Matthäus keine Institution, sondern eine Gemeinschaft von Geschwistern: Alle sind Jünger und Jüngerinnen, Schüler und Schülerinnen des einen Herrn und Lehrers Jesus Christus.

Die Abgesandten des Täufers (11,1–19)

Johannes hatte Jesus getauft. Jetzt kommen ihm, da er im Gefängnis sitzt, Zweifel, ob dieser Jesus wirklich der ist, auf den er gewartet hatte, denn dieser predigt ja offensichtlich anders als er selbst. Er beginnt mit der Zusage des Heils und nicht mit der Bußpredigt, mit der sich Johannes hervorgetan hat. Matthäus stellt uns Johannes den Zweifler als Vorbild hin. Wenn wir wie Johannes zweifeln, ob Jesus der ist, auf den wir gewartet haben, dann stoßen wir durch den Zweifel hindurch zum wahren Glauben vor, dann geht uns auf, wer dieser Jesus wirklich ist. Johannes schickt seine Jünger zu Jesus, um ihn durch seine Zweifel hindurch herauszufordern, sich selbst den Menschen zu erklären. Die Antwort, die Jesus den Fragestellern gibt, zeigt uns, wie Jesus seine Wunder und seine Verkündigung verstanden hat. Matthäus verzichtet darauf, die Reaktion des Johannes auf die Antwort Jesu zu berichten. Es geht ihm auch nicht mehr um Johannes, sondern um die Leser. Im 8.und 9. Kapitel hat Matthäus die Wunder Jesu und seine Verkündigungstätigkeit berichtet. Jetzt geht es darum, das, was die Menschen von Jesus hören und an ihm sehen, an sich heranzulassen und sich für diesen Jesus zu entscheiden. Jesu Wunder sind nicht nur Taten, die seine Größe zeigen, sondern sie sind Anruf, sich für das Heil zu entscheiden, das in Jesus sichtbar geworden ist. Jesus verweist in seiner Antwort auf die Verheißungen des Propheten Jesaja, die in seinem Wirken Wirklichkeit werden: »Blinde sehen wieder, und Lahme gehen; Aussätzige werden rein, und Taube hören; Tote stehen auf, und den Armen wird das Evangelium verkündet.« (11,5) Die vielen Kranken, die Jesus heilt, sind Zeichen für die Heilszeit, für die Zeit des Messias. Der Leser muss sich entscheiden, ob er diesem Jesus glaubt oder nicht. Nach den Berichten über die Heilungen rufen die Jünger zur Entscheidung des Glaubens auf. Jetzt ist es Johannes der Täufer, der dem Evangelisten Anlass gibt, die Leser zu dieser Entscheidung für Jesus einzuladen. Sowohl im 10. wie im 11. Kapitel geht es dabei um ein Werben um Israel. Israel soll sich für Jesus entscheiden, denn Jesus hat seine Jünger gerade zu seinen

Kindern gesandt. Johannes als Vertreter Israels zeigt, dass es den Heiligen Schriften entspricht, sich auf Jesus einzulassen und ihm zu vertrauen.

Nach der Antwort Jesu auf die Frage der Johannesjünger wendet sich Jesus an das Volk, und er beginnt mit drei Fragen seine Rede über Johannes den Täufer. Mit seinen Fragen lockt Jesus das Einverständnis seiner Zuhörer hervor. Sie stimmen mit ihm überein, dass sie nicht in die Wüste gezogen sind, um ein Schilfrohr oder einen Mann in feinen Kleidern zu sehen. Beides könnte eine versteckte Anspielung auf den ungeliebten König Herodes sein, der auf seine Münzen ein Schilfrohr prägen ließ und feine Kleider trug. Mit seiner Kritik an Herodes hat Jesus die Hörer auf seiner Seite. Doch darum geht es ihm nicht. Er möchte sie neugierig machen für die Gestalt des Täufers. Er ist mehr als ein Prophet. Er ist der Bote, von dem der Prophet Maleachi gekündet hat. Er ist Elija, der wiederkommen und das Ende der Zeit ankündigen soll. Und: »Unter den von Frauen Geborenen ist kein Größerer aufgestanden als Johannes der Täufer.« (11,11) Und doch gehört Johannes der alten Zeit an. Wer im Reich Gottes ist, wer sich von Jesus für das Reich Gottes öffnen ließ, der ist größer als Johannes. Er ist nicht nur Zeuge für das Reich, sondern Teilhaber. Johannes tritt in der Kraft des Elija auf, um Israel zur Umkehr zu bewegen. Jesus nimmt Johannes den Täufer als Kronzeugen für das Kommen des Reiches Gottes, um seine Zuhörer zur Entscheidung herauszufordern.

Rätselhaft war für die Ausleger seit jeher das Wort: »Seit den Tagen Johannes des Täufers bis heute wird dem Himmelreich Gewalt angetan; die Gewalttätigen reißen es an sich.« (11,12) Die frühe Kirche hat diesen Vers asketisch verstanden. Das Himmelreich rauben die, die hart an sich arbeiten, dem Götzendienst abschwören und mit ihren Leidenschaften kämpfen. Doch der ursprüngliche

Sinn ist wohl anders. Johannes hat durch Herodes Gewalt erfahren. Alle, die das Himmelreich verkünden, Johannes, Jesus und Jesu Jünger werden die Gewalt derer erfahren, die sich gegen das Himmelreich sträuben. Die Gewalttätigen wie Herodes und alle Mächtigen, die sich gegen die neue Botschaft wehren, möchten das Gottesreich gewaltsam wegnehmen. Ihr Widerstand richtet sich gegen das Gottesreich, doch Gottes Herrschaft wird sich durchsetzen. Jesus sieht in Johannes sein eigenes Schicksal und die Drangsale, die seine Jünger treffen werden, voraus. Zugleich bekundet er seine eigene Entschlossenheit, dem Reich Gottes zu dienen. Mit diesem Wort will er seine Jünger stärken, sich nicht durch die Gewalt abschrecken zu lassen, die ihnen von seiten der Welt entgegentritt.

Nun vergleicht Jesus die gegenwärtige Generation mit Kindern, die spielen wollen, sich aber nicht einigen können. (11,16f.) Die einen wollen Hochzeit spielen, die anderen Beerdigung. Die einen wollen Trauerlieder singen, die andern zu fröhlichen Liedern tanzen. Jesus vergleicht die Menschen mit den Kindern, die nicht wissen, was sie wollen. Sie wollen alles und können sich nicht festlegen. Von Jesus möchten sie das, was sie an Johannes getadelt haben, und umgekehrt von Johannes das, was sie an Jesus vermissen. Man kann sie nicht zufrieden stellen. Ganz gleich, wie Jesus sich verhält, er stößt auf Ablehnung. Wenn er wie Johannes auftreten würde, würde man ihm einen Dämon andichten. Aber jetzt, wo er mit den Sündern isst und trinkt, nennt man ihn einen Fresser und Weinsäufer und einen Freund der Zöllner und Sünder. »Und doch hat die Weisheit durch die Taten, die sie bewirkt hat, recht bekommen.« (11,19) Jesu Wunder sind Taten der göttlichen Weisheit. In ihnen drückt sich Gott selbst aus. Die Weisheit ist in jüdischen Texten manchmal wie eine Person beschrieben. Sie ist Ausdruck des heilsamen Waltens Gottes. Johannes Chrysostomus hat die Weisheit Gottes mit einem Jäger verglichen, der ein Wild von zwei Seiten einkreist, um es zu fangen. »So bot Gott Israel einerseits den Weg der Askese, andererseits den der Geselligkeit an, um es zu gewinnen.« (Luz 2,190) Jesus ist nicht der typische Asket. Er ist der Mensch, der mit den Menschen isst und trinkt, der ihre Freude teilt und ihre Herzen zur Freude bewegt. Jesus hinterlässt einen anderen Geschmack als die harten Reden Johannes des Täufers. Doch wir Christen haben diesen Geschmack der Freude und der tanzenden Freiheit noch nicht verinnerlicht. Wir fallen immer wieder in die Bußpredigt und die asketische Gesinnung des Johannes zurück.

Der Jubelruf Jesu (11,25–30)

Der Jubelruf Jesu und seine Einladung an die Mühseligen und Beladenen wurde in der Exegese als Perle des Matthäusevangeliums bezeichnet. Im einleitenden Gebet drückt Jesus seine vertraute Beziehung zum Vater aus. Er dankt ihm, dass er durch ihn, seinen Sohn, sich den Unmündigen geoffenbart hat. Jesus verkündet das Reich Gottes gerade den Armen, Einfachen und Deklassierten, den Männern und Frauen in Galiläa, den armen Leuten auf dem Land. Nicht denen, die von ihrer Ausbildung her Anrecht auf das Wissen um Gott haben, offenbart sich Gott in Jesus, sondern den Ungebildeten, Einfachen, Einfältigen. Jesus lässt diese Menschen in seiner Verkündigung teilhaben an seinem vertrauten Verhältnis zum Vater. Er ist der Sohn, der als einziger den Vater wirklich kennt. Das Kennen des Vaters durch den Sohn wird von der frühen Kirche mystisch ausgelegt. Erkennen ist immer auch lieben, eins sein, in den anderen eingehen. Es ist eine zärtlich liebende Beziehung zwischen Vater und Sohn.

Der Sohn führt nun auch die Christen ein in diese liebende Beziehung zum Vater. Er lässt sie teilhaben an seiner mystischen Erfahrung des Vaters. Meister Eckhart hat diesen Text so verstanden: Unsere Seligkeit besteht in der Erkenntnis Gottes, im Einswerden mit Gott. Der Weg zu diesem Einswerden mit Gott ist der Sohn und das Wort, das der Sohn uns anvertraut hat. (Vgl. Luz 2,216)

Die mystische Erfahrung, in die Jesus uns einführen möchte, deutet er durch sein Einladungswort an alle Mühseligen und Beladenen: »Kommt alle zu mir, die ihr euch plagt und schwere Lasten zu tragen habt. Ich werde euch Ruhe verschaffen.« (11,28) Diese Einladung Jesu ähnelt manchen Weisheitsworten, etwa denen in Jesus Sirach 51,23–29. Bei der Weisheit können die Menschen Ruhe finden, während die Torheit voller Lärm ist. Die Weisheit wendet sich gerade an die Ungebildeten, und ihr Joch ist leicht. Matthäus zeigt mit diesem Jesuswort, dass Jesus der wahre Lehrer der Weisheit ist. In ihm haben wir teil an der Weisheit, nach der sich sowohl Juden wie Griechen schon immer gesehnt haben. Er verkörpert die Weisheit der ganzen Welt. Daher können wir Jesus erst ganz verstehen, wenn wir seine Worte im Dialog mit den Weisheitslehren anderer Religionen und Kulturen anschauen.

Jesus wendet sich an die, die sich abmühen und Lasten tragen. Die Ausleger haben das verschieden interpretiert: Die einen denken an das jüdische Gesetz als Last, doch Jesus hat das Gesetz nicht aufgehoben, sondern ausgelegt. Es ist eher der Leistungsdruck, der das Gesetz zur Last macht. Wenn ich unter dem Druck stehe, alles richtig machen zu müssen, dann beugt mich diese Last zu Boden. Augustinus deutet das Wort so: »Was auch immer hart ist in dem, was uns auferlegt ist: Die Liebe macht es leicht.« (Luz 2,220) Die Befreiungstheologie deutet die Last als Ausbeutung durch die Mächtigen und Reichen. Psychologen würden die Last als Belastung durch die Verletzungen der Vergangenheit verstehen oder als innere Lebensmuster, die uns nach unten drücken, etwa das Muster, immer die Schuld bei sich zu suchen, sich ständig zu entwerten und unter Druck zu setzen. Für manche ist auch ihre Frömmigkeit zu solch einer Last geworden. Jesus will keine Spiritualität verkünden, die uns belastet und niederdrückt, sondern einen spirituellen Weg aufzeigen, der uns zur Ruhe führt, auf dem wir in Einklang kommen mit uns selbst, auf dem wir wahren Frieden finden.

Jesus verheißt uns nicht nur diese Ruhe, er zeigt uns auch einen Weg dorthin. Wir sollen von ihm zwei Haltungen lernen, damit wir Ruhe finden für unsere Seele: Erstens die der Güte und Sanftmut, die geduldige Freundlichkeit sich selbst und den Menschen gegenüber. Wer Ruhe finden will, der muss gut zu sich sein. Er muss aufhören, gegen sich selbst zu wüten. Wenn er mit einem milden Blick auf alles schaut, was er in sich entdeckt, sobald er die Aktivitäten aufgibt und still wird, dann wird er wirklich ruhig. Wer voller Zorn gegen das kämpft, was in der Stille in ihm auftaucht, der wird nie zur Ruhe kommen.

Die zweite Haltung ist die der Demut. Demut ist der Mut, hinabzusteigen in die eigene Menschlichkeit, in die Abgründe der Seele. Jesus ist von Herzen demütig. Er ist hinabgestiegen in die Tiefen der Erde, aber er hat sein Herz dabei nicht vergessen. Er hat alles, was er in sich selbst und in unseren Tiefen erblickt, mit einem gütigen Herzen angeschaut. Wer diesen Weg Jesu geht, der erfährt, dass Jesu Last leicht ist und dass sein Joch nicht drückt. Jesus richtet auf, statt uns niederzudrücken. Er schenkt uns innere Freiheit und Leichtigkeit statt Schwere und Depression. Er verkündet Barmherzigkeit, und nicht Opfer. (Vgl. 9,13 und 12,7. Matthäus zitiert beide Male Hos 6,6.) Der Christ soll nicht Opfer von Gesetzlichkeit werden, er soll sich nicht auf dem Altar seines Perfektionismus selbst zum Opfer bringen, sondern barmherzig mit sich umgehen. Die Barmherzigkeit ist die eigentliche Haltung, die Jesus mit seinem ganzen Sein und mit seinen Worten den Jüngern vermitteln will.

Die Rede über das Himmelreich (13)

Im 13. Kapitel hat Matthäus eine Reihe von Gleichnissen zu einer großen Rede zusammengefasst. Dabei leitet er auffallend häufig Gleichnisse mit der Formel ein: »Mit dem Himmelreich ist es ...« Während bei Lukas diese Einleitung nur zweimal vorkommt, gibt es im Matthäusevangelium 10 Himmelreichsgleichnisse. Mit den Gleichnissen vom Himmelreich will Jesus den Menschen sagen: Du brauchst das Himmelreich nicht in der Zukunft zu suchen. Es ist jetzt schon da, wenn du auf Erden so handelst, »wie es dem königlichen Willen Gottes im Himmel entspricht«. (Limbeck, 189) Die Gleichnisse sind voller Bilder. Über das Himmelreich, über die Herrschaft Gottes, über Gottes heilende und befreiende Gegenwart unter uns kann man nur in Bildern sprechen, jedoch in Bildern, die die Herzen der Menschen berühren und etwas in ihnen bewegen. Ich möchte nur kurz auf einige Gleichnisse eingehen.

Das erste Gleichnis ist kein Himmelreichsgleichnis. Jesus sitzt im Boot, während das Volk ihm zuhört. (13,2) Das Sitzen ist eine typische Haltung des Lehrers. Jesus erzählt nun einfach vom Säman, der Samen aussät. Ein Teil des Samens fällt auf den Weg, auf felsigen Boden und in die Dornen. Das Gleichnis richtet sich an die christliche Gemeinde. Alle Christen haben das Wort Jesu gehört, das im Bild des Samens beschrieben wird. Doch bei manchen Christen ist die Seele wie ein Weg: Sie können nicht still stehen bleiben, sie haben keine Tiefe. Alles bleibt an der

Oberfläche, alles ist öffentlich. So kann das Wort Gottes nicht eindringen. Die Vögel fressen den Samen auf. Die vielen Gedanken, die in ihnen herumflattern, hindern das Wort Gottes, in die Seele einzudringen. Vor lauter Gedanken über Gott hat Gott keine Chance, in unser Herz zu gelangen.

Der felsige Boden ist Bild für Menschen, die sich von Gottes Wort begeistern lassen. Aber sie haben keine Ausdauer. Das Wort dringt nur in die Emotionen ein, in die äußere Schicht. Die Tiefe des Herzens bleibt davon unberührt. Die Dornen sind Bilder für die Leidenschaften und auch für die Verletzungen, für die Stacheln, die uns verwunden, mit denen wir uns selbst verletzen. Die Dornen lassen den Samen nicht aufkommen. Jesus sagt, die Dornen ersticken die Saat. Sie wuchern über sie, sodass sie keinen Raum zum Atmen hat. Wer von Sorgen gequält wird oder wer ständig in seinen eigenen Wunden wühlt, der hindert die Saat am Wachsen.

Der meiste Samen aber fällt auf das fruchtbare Erdreich. Dort bringt er reiche Frucht, hundertfach, sechzigfach, dreißigfach. Bei jedem geht die Saat anders auf. Hier wird deutlich, dass Matthäus Hören und Tun zusammen sieht. Christliche Existenz muss Frucht bringen in einem neuen Verhalten. Doch es ist noch ein anderes Bild, das hier aufscheint. Lebendigkeit und Fruchtbarkeit sind Zeichen echter Spiritualität. Wer sich von Gott verwandeln lässt, der zeichnet sich durch Fruchtbarkeit aus, von dem geht Lebendigkeit aus, Phantasie und Kreativität. (13,4–9)

Das Gleichnis vom Unkraut unter dem Weizen erzählt uns nur Matthäus. (13,24–30) Man kann es verschieden auslegen: Die erste Auslegung betrifft die Gemeinde. Matthäus erzählt dieses Gleichnis Jesu bewusst gegen die Rigoristen in der Gemeinde. Offensichtlich gab es in der Gemeinde, in der Matthäus wirkte, Christen, die die reine

Kirche wollten. Alle Sünder sollten ausgestoßen werden. Doch Jesus wehrt sich gegen diesen Rigorismus. Die christliche Gemeinde wird bis zuletzt zusammengesetzt sein aus Weizen und Unkraut. Jesus spricht hier vom Lolch, der dem Weizen sehr ähnlich sieht. Wer den Lolch zu früh jätet, reißt damit häufig auch den Weizen aus, weil die Wurzeln beider verflochten sind. Wenn Lolch und Weizen gereift sind und Frucht tragen, kann man sie besser unterscheiden. »Aus diesem Grund ließ man in Palästina den Lolch teilweise bis zur Ernte stehen. Erst der Schnitter, der das Getreide mit der Sichel schnitt, ließ den Lolch fallen und verhinderte damit, dass das Unkraut auch noch in die Garben kam.« (Limbeck, 190) So wie ein guter Schnitter soll auch die Gemeinde Gute und Böse wachsen lassen. Es steht ihr nicht zu, die Bösen auszurotten. Das wird Gott selbst bei der Ernte tun. Gott allein steht das Urteil zu, nicht den Menschen.

Man kann das Gleichnis aber auch als Bild für die menschliche Seele sehen. Die Seele ist dann der Acker. In der Nacht, in der wir schlafen, in der wir unbewusst dahin leben, sät der Feind das Unkraut aus. Sobald wir am Tag bewusst auf den Acker unserer Seele schauen, bemerken wir, dass da der Weizen neben dem Unkraut wächst. Wenn wir das Unkraut ausreißen möchten, würden wir den Weizen mit herausziehen. Dann würde gar nichts wachsen. Wir sollen nicht perfektionistisch auf unsere Fehlerlosigkeit fixiert sein, denn der Preis für diesen Perfektionismus ist die Unfruchtbarkeit. Da wird auch kein Weizen wachsen, und zuletzt haben wir nichts, das wir ernten können. Nur wenn der Weizen und das Unkraut zusammen wachsen, wird der Weizen aufblühen. Allerdings dürfen wir das Unkraut auch nicht wuchern lassen. Es muss beobachtet, notfalls zurückgeschnitten werden. Nur ausreißen können wir es nicht. Tief in unserer Seele ist eine Tendenz, alles Fehlerhafte in uns auszuradieren.

Doch dann wird unsere Seele unfruchtbar, kann auch das Gute nicht mehr wachsen. Es braucht viel Geduld und Gelassenheit, um beides in uns gedeihen zu lassen. Und es bedarf der Freiheit vom inneren Zwang, alles bewerten zu müssen. Ich verzichte darauf, den Weizen und das Unkraut zu bewerten. Ich lasse es wachsen und überlasse Gott, dem Herrn der Ernte, das Urteil über Weizen und Unkraut.

Die beiden Gleichnisse vom Senfkorn und vom Sauerteig erzählt uns Matthäus gemeinsam mit Lukas. (13,31–33) Die Kirchenväter deuten das Senfkorn oft als Glaube, der in den inneren Menschen ausgesät wird. Auf einmal wächst er zu einem Baum. Andere lehnen sich an ihn. Um ihn herum entsteht Gemeinschaft, und die Vögel des Himmels nisten in den Zweigen des Baumes. Lebendigkeit und Leichtigkeit, Offenheit für den Himmel sind Zeichen für einen Menschen, der vom Glauben durchdrungen ist. Der Sauerteig, der – wie es im Griechischen wörtlich heißt – unter drei Sat Weizenmehl gemischt wird, ist für Augustinus ein Bild für die Liebe, die alles in uns durchdringt. Dabei haben die Kirchenväter die drei Sat Mehl allegorisch ausgelegt, und zwar als die drei Bereiche im Menschen: Das Denken, das Fühlen und das Begehren bzw. der Körper, die Sinne und die Vernunft. Alle Bereiche müssen in uns vom Glauben oder von der Liebe durchdrungen werden. Dann werden wir Brot für andere. Es ist eine Frau, die den Sauerteig in das Mehl mischt. Die Frau ist Bild für die weibliche Seite im Menschen, die ein Gespür hat für Ganzheit, für Neugeburt, für Verwandlung. Das Mehl kann auch Bild sein für das, was uns zwischen den Fingern zerrinnt. Wir haben manchmal das Gefühl, dass unser Leben wie Mehl ist. Wir können unsere Gedanken und Gefühle nicht fassen. Es ist soviel in uns, das nebeneinander liegt, ohne miteinander verbunden zu sein. Das Unbewusste in uns ist wie Staub, der sich auf alles legt.

Wir wissen nicht, woher er kommt, und doch wird alles davon staubig. Wenn der Sauerteig der Liebe alles in uns durchdringt, wird das Vielerlei, das Auseinanderstiebende, das kaum Greifbare zu einer Einheit. Über Nacht wird alles durchsäuert und es kann zum Brot werden, das andere nährt.

Die kurzen Gleichnisse vom Schatz im Acker und von der kostbaren Perle, die ein Kaufmann fand und um deretwillen er alles verkaufte, erzählt uns nur Matthäus. (13,44–46) Beide Gleichnisse verwenden Bilder, die aus vielen Volkserzählungen und Märchen bekannt sind. Das Evangelium ist so kostbar, dass es sich lohnt, um des Evangeliums willen alles zu verkaufen, was man besitzt. Die Kirchenväter haben diese Gleichnisse bildhaft erklärt. Der Schatz im Acker ist Christus, der in den Schriften verborgen ist. Christus ist auch ein Bild für das wahre Selbst. Das wahre Selbst, das unberührte Bild Gottes in mir, liegt im Acker verborgen, in der Erde, im unansehnlichen Boden. Ich muss in der Erde graben, im Schmutz meines Lebens, um das wahre Selbst zu finden. Aber wer mit seinem innersten Kern in Berührung kommt, mit seinem göttlichen Kern, für den ist alles andere unwichtig. Er findet darin das wahre Leben und kann alles übrige verkaufen.

Auch die Perle wird von den Kirchenvätern oft als Christus selbst gedeutet. Wie die Perle in der Muschel heranwächst, so wird Christus aus dem jungfräulichen Schoß Mariens geboren. In der griechischen Mythologie wurde Aphrodite, die Göttin der Liebe, aus der Muschel geboren. So überbietet Christus, die menschgewordene Liebe, die griechische Liebesgöttin. Wie die Perle in der Muschel, so ist Christi Gottheit im Fleisch verborgen, auch in meinem Fleisch. Wenn ich Christus in mir finde, dann habe ich den wahren Reichtum gefunden, den inneren Reichtum der Seele, der alles andere aufwiegt. Dann hänge ich nicht mehr an meinem Besitz, an allem, was ich bisher erreicht habe. Alles kann ich lassen, um die kostbare Perle zu bekommen.

Auch das Gleichnis vom Fischernetz (13,47–50) steht nur im Matthäusevangelium. Es ist ein Gerichtsgleichnis. Das Netz ist Bild für die Kirche, in der gute und schlechte Fische gefangen sind. Doch wie die Fischer die guten von den schlechten Fischen trennen, so werden es am Ende der Welt die Engel Gottes mit den Menschen machen. Es ist ein Mahngleichnis, das die Christen auffordert, alles daran zu setzen, zu den guten Fischen zu gehören. Es liegt an ihnen, durch ihre Entscheidung für das Gute unter den guten Fischen zu sein. Mit dem Bild des Gerichts will Matthäus uns kein Bild des strafenden Gottes vor Augen führen, sondern nur auf die Konsequenz unseres eigenen Verhaltens hinweisen. Es hängt auch an unserem Einsatz, an unserer Antwort auf das Wort Jesu, ob wir zu den guten Fischen gehören.

Im Vers 13,52 charakterisiert sich Matthäus selbst. Es ist eine Art Selbstportrait, wenn er schreibt: »Jeder Schriftgelehrte also, der ein Jünger des Himmelreiches geworden ist, gleich einem Hausherrn, der aus seinem reichen Vorrat Neues und Altes hervorholt.« Matthäus ist ein Schriftgelehrter, einer, der die Heilige Schrift studiert hat. Er ist ein gebildeter Mann. Er gleicht einem Hausvater, der einen Schatz verwaltet. Er holt aus diesem Schatz des göttlichen Wissens Neues und Altes hervor. Er verbindet das Neue der Botschaft Jesu mit dem Alten der Heiligen Schrift, die ihm vorgegeben ist. Der christliche Schriftgelehrte braucht die Fähigkeit, die Botschaft Jesu im Licht des Alten Testamentes zu lesen und zu verstehen. Matthäus geht es darum, die Kontinuität der Botschaft Jesu mit dem Inhalt der Heiligen Schriften des Alten Testamentes aufzuzeigen. Heute würde man diese Fähigkeit erweitern. Es geht nicht nur darum, die Verbindung zwischen dem Alten Testament und dem Neuen Testament aufzuzeigen, sondern Jesus als den zu verkünden, der die Weisheit aller Völker verkörpert und sie zur Fülle bringt.

Der Gang Jesu über das Wasser (14,22–33)

Auf dem Wasser wandeln zu können war seit jeher eine Sehnsucht der Menschen. Im Traum können wir über das Wasser gehen. Bei den Griechen war es allein den Göttern vorbehalten, über das Wasser zu gehen. Menschen ist es nicht möglich. Es gibt eine buddhistische Geschichte, die lange vor Christi Geburt entstanden ist, in der ein Bruder, der auf dem Weg ist zu seinem Meister, über das Wasser geht. Der Gedanke an Buddha lässt ihn über das Wasser schreiten. Doch als er mitten in den Fluten aufhört an Buddha zu denken, beginnt er zu sinken. Er weckt in sich wieder intensive Gedanken an Buddha und gelangt ans andere Ufer. (Vgl Luz 2,410) Solche Parallelen sprechen nicht gegen die Geschichtlichkeit dieser Szene. Sie zeigen aber, wie die Geschichte von Jesu Seewandel auf die Jünger und auf die Leser des Matthäusevangeliums gewirkt hat. Jesus geht durch alle ihre Nöte mit und befreit sie von ihrer Angst. Das vertrauende Denken an Jesus lässt die Jünger über die Wasser ihrer Angst und Unsicherheit, ihrer Bedrängnisse und Gefährdungen schreiten.

Die Jünger Jesu werden in ihrem Boot von den Wellen hin und her geworfen. Das griechische Wort basanizo drückt menschliches Leiden und Qualen aus. In der Nacht werden wir gequält von Zweifel und Sinnlosigkeit. Wir erfahren uns haltlos, das Wasser geht uns bis zum Hals, die Wellen unseres Lebens werfen uns hin und her. Wir bekommen Angst. Doch je mehr wir die Zähne zusammen beißen und mit aller Kraft rudern, desto schlimmer wird es. Wir können unser Boot nicht mehr steuern. Wir sind den Wellen ausgeliefert. Matthäus drückt das noch in einem anderen Bild aus: »Sie hatten Gegenwind.« (14,24) Das ist in unserer Sprache ein Bild für Situationen, in denen alles gegen uns ist: Die Menschen, das Schicksal. Alles wird schwierig. Wir müssen uns mit aller Kraft dagegen aufbäumen, um nicht unterzugehen, und doch können wir gegen den Gegenwind nicht ankommen.

In der vierten Nachtwache kommt Jesus auf dem Wasser den Jüngern entgegen. Die vierte Nachtwache ist in der Bibel die Zeit des hilfreichen Eingreifens Gottes. Beim Schilfmeer verwirrt Jahwe die Ägypter in der vierten Nachtwache. Sie kann aber auch ein Bild sein für die Krise der Lebensmitte, die mit der Zahl vierzig in Verbindung gebracht wird. In der Lebensmitte verlieren wir den sicheren Boden unter den Füßen. Da toben in unserem Unbewussten die Stürme des bisher Verdrängten. Doch zugleich ist die Lebensmitte die Zeit der Wandlung. Wenn Jesus über das Wasser schreitet, dann wandelt sich das Schicksal der Jünger. Zunächst jedoch bekommen sie Angst: Sie meinen, es sei ein Gespenst, das ihnen da entgegenkommt. Gotteserfahrung ist nicht immer nur angenehm, sie kann uns erschrecken, sodass wir Angst bekommen. Doch Jesus zeigt ihnen, wie Gott, der barmherzige Vater, dem Menschen begegnen möchte: »Habt Vertrauen, ich bin es; fürchtet euch nicht!« (14,27) Der Gott Jesu ist der, der uns von der Angst befreit, der uns zum Vertrauen einlädt. Mit dem Wort »Ich bin es« erinnert Jesus an die Offenbarung Jahwes am brennenden Dornbusch. In Jesus offenbart sich Gott selbst, der Gott, der das Volk Israel aus Ägypten herausgeführt und sicher durch das Rote Meer geleitet hat.

Petrus bekommt auf einmal Mut, als er Jesus erkennt. Im Vertrauen auf seine helfende Nähe wagt er es, aus dem

Boot zu steigen. Das Boot kann Bild für das Ego sein, aus dem wir ausbrechen müssen. Wenn das Ego durch das Unbewusste durcheinander geschüttelt wird, müssen wir aussteigen aus der eigenen Enge und die eigenen Grenzen übersteigen. Das Boot kann auch Bild für die Gemeinschaft sein. In der tiefsten Krise können wir uns nicht darauf verlassen, dass uns die Gemeinschaft trägt. Da gilt es, selber auszusteigen und sich auf den Weg des Vertrauens zu machen. Solange Petrus auf Jesus schaut, vermag er auf dem Wasser zu gehen. Der Blick auf Christus trägt uns mitten in der Unsicherheit unseres Lebens. Doch sobald Petrus auf die Fluten blickt, geht er unter. Wenn wir auf die Probleme fixiert sind, wenn wir nur noch die hohen Wogen sehen, versinken wir. Petrus schreit: »Herr, rette mich!« Matthäus erinnert mit der Schilderung der Angst des Petrus und mit seinem Gebetsruf an Psalm 69. In diesem Psalm beten die frommen Juden – und auch die Christen sollen mit diesen Worten beten – um die Errettung aus dem Wasser, das uns bis zum Hals steht und uns zu verschlingen droht. Jesus streckt seine Hand aus und ergreift den Petrus. Seine Antwort gilt nicht nur dem Petrus, sondern allen Christen, die in ihrem Glauben schwach geworden sind: »Du Kleingläubiger, warum hast du gezweifelt?« (14,31) Kleinglaube ist ein typischer Ausdruck im Matthäusevangelium. Er steht für die Christen, an die Matthäus sich wendet. Sie sind gläubig, aber ihr Glaube ist schwach. Er vermag sie nicht zu tragen, wenn sie von Wellen und Stürmen hin und her geworfen werden. Jesus ist mitten in der Nacht unseres Lebens, mitten in den Stürmen, die uns bedrohen. Er will unseren Glauben stärken. Wenn wir Jesus vertrauen und uns von ihm im Glauben stärken lassen, dann kann unser Glaube Berge versetzen, dann vermögen wir, über das Wasser zu gehen, dann sind wir getragen, auch wenn uns der Boden unter den Füßen weggezogen wird, wenn Menschen uns verlassen, wenn uns der Besitz entzogen wird, wenn alles um uns in die Brüche geht.

Jesus steigt nun zusammen mit Petrus ins Boot, und sofort legt sich der Wind. Petrus ist aus dem engen Boot seines Ego ausgestiegen. Wenn Jesus nun mit ihm ins Boot einsteigt, dann ist Petrus nicht mehr in der eigenen Enge. Für C.G. Jung ist das ein Bild, dass er vom Ego zum Selbst gelangt ist. Das Selbst ist die Mitte der Person. Im Selbst ist Gott schon anwesend. Zum Selbst gelangen wir nur, wenn wir Gott in uns hineinnehmen. Wenn wir zu unserem Selbst gelangen, wenn wir Christus in unser Boot einsteigen lassen, dann legt sich der Wind, dann vergeht die Unruhe, dann kommt unser Herz zur Ruhe. Mir erzählte ein beruflich hoch gestellter Manager, der schon lange aus der Kirche ausgetreten war und mit Gott nichts mehr zu tun haben wollte, er habe Gott nicht vermisst, aber er sei von einer schrecklichen Unruhe hin und her getrieben worden. Eine Bekannte sagte zu ihm: »Du landest noch in der Psychiatrie mit deiner Unruhe.« Dieser Mann kam in seiner Ruhelosigkeit für einige Tage ins Kloster. Da wurde er von den Worten der Psalmen so berührt, dass er sich für Gott öffnete. Jetzt fand er Ruhe. Als ich mit diesem Mann sprach, ging mir der Sinn des Seewandels Jesu neu auf. Wenn Jesus in mein Boot steigt, dann werde ich ruhig, dann verwandelt sich mein Leben, dann verliert sich die Angst vor den Stürmen und Wogen meines Lebens. Dann erfahre ich Frieden mitten in der äußeren Unruhe. So ist diese Geschichte eine tröstliche und helfende Geschichte, die uns mitten in unseren Turbulenzen anspricht. Goethe nannte diese Szene »eine der schönsten Legenden, die ich vor allem lieb habe«. (Luz 2,411) Der Glaube hilft uns, mitten in den größten Schwierigkeiten ruhig unseren Weg zu gehen. Wer glaubt, den trägt auch das Wasser. Er geht nicht unter, wenn die Wellen um ihn toben.

Das Messiasbekenntnis des Petrus (16,13–28)

Die Gestalt des Petrus spielt im Matthäusevangelium eine wichtige Rolle. Manche Exegeten meinen, Petrus sei vor allem in der syrischen Kirche die bestimmende Autorität gewesen, und dort sei auch das Matthäusevangelium entstanden. In der katholischen Exegese wurde dieser Text immer wieder herangezogen, um den Primat des Papstes zu begründen. Doch heute rücken auch die katholischen Exegeten von dieser Deutung ab. In der evangelischen Exegese wurde Petrus häufig als Typus für den gläubigen Jünger gesehen. Heute sind sich die Exegeten darüber einig, dass Petrus durchaus nicht nur Typus für jeden Jünger ist, sondern auch als geschichtlich einmalige Gestalt eine Sonderrolle bei der Entstehung der Kirche hatte. Matthäus sieht Petrus als den, der eine ökumenische Brückenfunktion zwischen Judenchristen und Heidenchristen hatte. (Vgl. Luz 2, 469f.) Als diese geschichtlich einmalige Gestalt war Petrus aber zugleich ein Urbild jedes Christen. Der Christ ist wie Petrus glaubend und zweifelnd, Jünger Christi und zugleich Christi Widersacher, bekennend und verratend, stark und schwach, liebend und feige. Doch entscheidend ist die Bindung an Christus. Wenn der Jünger sich wie Petrus immer wieder an Christus wendet und Christus als den Messias bekennt, dann ist er wahrhaft Jünger im Sinne Jesu und im Sinne des Matthäusevangeliums.

Jesus fragt seine Jünger, für wen die Leute ihn halten. Die Antwort der Jünger verweist nicht nur auf die damalige Zeit, sondern sie zeigt, dass auch wir heute Jesus nicht immer als den sehen, der er wirklich ist. Auch wir geben in unserem Herzen oft eine Antwort, die hinter dem eigentlichen Christusbekenntnis zurückbleibt, zu dem uns Matthäus einladen möchte. Wir halten Jesus für Johannes den Täufer. Johannes ist der große Asket. Askese gehört sicher zum christlichen Glauben, doch wenn die Askese im Vordergrund steht, übersehen wir Entscheidendes bei Jesus, den man ja den Fresser und Weinsäufer nannte. Wenn Verzicht immer besser als Genießen ist, wenn Askese zur Lebensverneinung wird und zu einer latenten Aggressivität gegenüber anderen führt, dann verdunkelt sie uns den Blick auf Jesus. Elija ist der große Prophet, der aber zugleich in sehr rigoroser Weise für den reinen Glauben kämpft und dabei alle Baalspriester tötet. Jesus ist der größte Prophet, unterscheidet sich von Elija aber dadurch, dass er die Andersdenkenden nicht vernichten, sondern gewinnen will. Er predigt nicht gegen sie, sondern lädt sie ein, in das Himmelreich einzutreten. Er gibt jedem die Chance umzukehren und sich von Gottes Liebe zum Festmahl einladen zu lassen. Leider sind in der Kirchengeschichte immer wieder die aggressiven und besserwisserischen Aspekte des Elija aufgebrochen und haben Christen zu unheilvollen Kämpfen gegen Andersgläubige verführt. Jesus ist nicht Elija.

Jeremia ist der leidende Gerechte. Auch Jesus wird den Weg des Leidens gehen. Doch Jeremia erinnert uns an die Gefahr, das Leiden zu verherrlichen und eine masochistische Lebensauffassung zu entwickeln. Für den Masochisten ist Leiden immer besser als Glück. Doch Jesus ist nicht gekommen, damit wir leiden müssen, sondern damit wir selig, glücklich werden. Auf dem Weg zum inneren Frieden und zur Freude wird uns Leiden begegnen. Dann sollen wir nicht fliehen, sondern das Leid auf uns nehmen und durchstehen. So können wir ohne Angst den Weg zum Leben gehen.

Auf die erste Frage Jesu haben alle Jünger geantwortet. Doch auf die Frage: »Für wen haltet ihr mich?« antwortet allein Simon Petrus: »Du bist der Messias, der Sohn des lebendigen Gottes!« (16,16) Der Messias ist der, der sein Volk aus der Gefangenschaft befreit. Jesus ist also wesentlich der, der in die Freiheit führt. Für das Matthäusevangelium ist er vor allem der Sohn Gottes, der gehorsame und liebende Sohn, der seine Sohnschaft durchhält gegenüber allen Versuchungen des Satans. Jesus ist Sohn des lebendigen Gottes. Dieser Ausdruck »theos zon« ist in der Missionsverkündigung zu einer wichtig gewordenen Gottesbezeichnung geworden. Er meint den Gott, der im Unterschied zu den toten Götzen lebendig ist und Leben schafft, der in der Geschichte handelt und dessen Handeln etwas in Bewegung bringt. Für mich kommt in diesem Wort zum Ausdruck, dass der Gott Jesu ein Gott des Lebens ist, und dass wir ihm nur dort begegnen, wo wir selbst lebendig sind. Jesus kommt es darauf an, dass wir das Leben finden. Wer nur am korrekten Bekenntnis festhält ohne das zu erfahren, was er bekennt, der hat Gott nicht verstanden. Jesus richtig sehen und durch ihn Gott erkennen heißt frei werden, Sohn werden und lebendig werden.

Jesus preist den Petrus selig. Er hat den Glauben bekannt, der wirklich dem Geheimnis Gottes und dem Geheimnis Jesu entspricht. Zu diesem Glauben will Matthäus alle Christen einladen. Die Verheißung Jesu an Petrus wurde in der Kirchengeschichte sehr kontrovers ausgelegt: »Du bist Petrus, und auf diesen Felsen werde ich meine Kirche bauen, und die Mächte der Unterwelt werden sie nicht überwältigen.« (16,18) Die Ostkirche folgt der Auslegung des Origines. Der Felsen, auf den Jesus seine Kirche baut, ist der Glaube des Petrus. Wenn die Christen wie Petrus glauben, dann ist die Kirche auf einen Felsen gebaut, und die Pforten der Unterwelt werden sie nicht überwältigen. Da können noch so viele dunkle Mächte in ihr und um sie herum aufbrechen: Die Kirche wird daran nicht zugrunde gehen.

Augustinus deutet das Wort anders. Der Fels, auf dem die Kirche gebaut ist, ist Christus. Paulus hat Jesus Christus den Fels genannt. (1 Kor 10,4) Vom Fels Christus (= petra) hat Petrus seinen Namen. Die Deutung des Augustinus hat das Mittelalter geprägt. Daneben gab es die römische Deutung, die das Wort auf Petrus und nach ihm auf das Papsttum deutet. Diese Deutung geht auf Papst Leo den Großen zurück, der den Text aber weniger juristisch als spirituell deutet. Die Kirche ist dann auf den Felsen gebaut, wenn Petrus mit seinem Bekenntnis im Papst als dem Repräsentanten der Kirche lebendig bleibt. Mir persönlich sagt die Deutung des Origenes am meisten. Jesus preist Petrus selig wegen seines Glaubens und wegen seiner Einsicht. Er sieht im Bekenntnis des Petrus eine Offenbarung Gottes: Gott selbst hat dem Petrus diese Einsicht gegeben. An diesem Glauben müssen sich die Christen messen. Es ist aber kein Glaube, der nur durch Worte bekannt wird, sondern durch das Leben, durch ein Leben, das geprägt ist von der Freiheit der Söhne und Töchter Gottes, von der Erfahrung ihrer göttlichen Würde, und von der Erfahrung der Lebendigkeit, die vom Gott Jesu Christi kommt.

Auch Vers 19 ist oft kontrovers gedeutet worden. In der katholischen Exegese wurden die Binde- und Lösegewalt auf die Beichte bezogen. In der Beichte vermag der Priester die Sünden zu vergeben. In der protestantischen Exegese wurde dieses Wort vor allem auf die Predigt gedeutet. Die richtige Predigt löst die Bande, in die Menschen verstrickt sind, sie schließt die Tür zum Himmelreich auf. Matthäus selber zeigt uns, wie wir dieses Wort verstehen sollen: Schon die Schriftgelehrten hatten die Schlüsselgewalt zum Himmelreich, doch ihnen macht Jesus den Vorwurf: »Ihr verschließt den Menschen das Himmelreich.« (Mt 23,13) Petrus und mit ihm die Jünger Jesu sollen die Gebote Gottes so auslegen, dass die Menschen in dieses Reich Gottes eintreten können. Der wahre Petrusdienst, den Matthäus hier vor Augen hat, besteht darin, die Lehre Jesu authentisch zur Geltung zu bringen und das Gesetz Gottes für die konkrete Situation des Alltags so auszulegen, dass es mit dem Wesen des Menschen übereinstimmt und es ihm so möglich ist, in das Himmelreich zu gelangen.

Es sind zwei Bilder, die Matthäus hier verwendet. Das eine Bild ist das der Schlüsselgewalt. Wer den Schlüssel hat, der schließt das Tor zum Leben auf. Das andere Bild bezieht sich auf das Binden und Lösen. Ursprünglich bedeutet das Binden und Lösen bei den Rabbinen, eine Lehre für erlaubt bzw. für verboten zu erklären. Aber es kann sich auch auf richterliches Tun beziehen. Dann heißt es: bannen und den Bann aufheben, in die Gemeinde aufnehmen und aus ihr ausschließen. Es kann sich aber, wie die Deutung im Johannesevangelium (Joh 20,23) zeigt, auch auf die Sündenvergebung beziehen. Ich möchte die beiden Worte lieber persönlich auslegen. Der Glaube, den Petrus verkündet und für dessen klare Vermittlung die Nachfolger des Petrus sorgen sollen, bindet mich an Christus. In der Bindung an Christus werde ich frei von den Banden, die mich oft genug gefesselt halten. Der wahre Glaube löst mich also von krankmachenden Gottesbildern, von einschränkenden Lebensmustern, aus der Macht der Dämonen, die mich bestimmen möchten. Die Bindung an Christus löst mich von Fesseln der Unfreiheit und Angst, er löst mich letztlich von der Verstrickung in das eigene Ego.

Auf das klare Christusbekenntnis des Petrus und auf seine Seligpreisung durch Jesus folgt eine Gegenszene, eine Kontrastgeschichte. Matthäus liebt den Kontrast. Er ist ein durchgängiges Stilmittel, das wir in seinem Evangelium immer wieder beobachten können. Jesus erklärt seinen Jüngern, dass er leiden müsse. Petrus nimmt ihn beiseite und macht ihm Vorwürfe: »Das soll Gott verhüten, Herr! Das darf nicht mit dir geschehen!« (16,22) Doch Jesus weist ihn schroff zurück: »Weg mit dir, Satan, geh mir aus den Augen! Du willst mich zu Fall bringen; denn du hast nicht das im Sinn, was Gott will, sondern was die Menschen wollen.« (16,23) Es ist ein hartes Wort Jesu. Wenn wir Petrus als Typus für den glaubenden Menschen sehen, dann gilt dieses Wort auch uns. Es ist schön, an Jesus zu glauben, der uns in die Freiheit und in die Lebendigkeit führt. Doch offensichtlich kommen wir in seiner Nachfolge nicht um die Frage des Leidens herum. Es geht nicht nur um das richtige Bild von Jesus, der die Erwartungen des Petrus an ihn enttäuscht, sondern auch um das rechte Verständnis des Christseins. Ob wir wollen oder nicht, das Leiden wird uns treffen, spätestens im Tod. Ein Verständnis des christlichen Weges, der das Leiden ausklammert, geht an Jesus vorbei. Natürlich haben wir in der Kirche das Leiden oft genug in den Mittelpunkt gestellt und haben dadurch bei manchen eine masochistische Leidenssucht hervorgerufen. Doch wir dürfen auch nicht ins Gegenteil fallen und dem Leiden aus dem Weg gehen, sonst bauen wir uns Luftschlösser. Jesus möchte uns gerade auch dort begleiten, wo wir von Menschen vieles erleiden, wo wir den Händen der Menschen ausgeliefert sind, wo wir dem Tod begegnen.

Auf den Einwand des Petrus und auf seine scharfe Zurechtweisung durch Jesus bringt Matthäus Jesusworte, die uns in das Geheimnis der Jesusnachfolge einweisen möchten. Es sind Worte, die oft kontrovers diskutiert worden sind und viele Menschen irritiert haben. Wie sind sie zu verstehen? »Wer mein Jünger sein will, der verleugne sich selbst, nehme sein Kreuz auf sich und folge mir nach.« (16,24) Vor allem das Wort von der Selbstverleugnung ist oft genug missverständlich ausgelegt worden als Selbstverneinung, Selbstverbiegung und Selbstentwertung. Doch das ist nicht damit gemeint. Das griechische Wort »aparneisthai« heißt: »nein sagen, sich weigern«. Wer Jesus nachfolgt, muss nein sagen zu egozentrischen

Tendenzen seiner Seele, die auch das Göttliche noch vereinnahmen möchten. Gerade auf dem Hintergrund der vorigen Szene, in der Petrus das Leiden am liebsten abschaffen möchte, verweist das Wort Jesu auf die Annahme des Lebens, so wie es ist. Wir dürfen Gott nicht für uns vereinnahmen und ihn dazu missbrauchen, immer »gut drauf« zu sein, immer glücklich zu sein. Wer Gott erfahren will, braucht Abstand zu seinem Ego. Die Mystiker haben dieses Wort richtig verstanden: Wer Gott in sein Ego zwingen will, der missbraucht Gott, der geht am wirklichen Gott vorbei. Gott ist größer als das Ego. Es geht nicht darum, das Wort Jesu nur asketisch auszulegen, als ob wir alle Leidenschaften abtöten müssten, aber wir brauchen innere Distanz zu der Tendenz in uns, die alles haben, alles vereinnahmen, alles für sich gebrauchen möchte, die immer nur um sich kreist, die auch Gott noch zu sich hinabzieht. Wer auf sein kleines Ich fixiert ist, dem geht es nur um »angstvolle Selbstbewahrung« (Drewermann). Wer Christus nachfolgt, dem weitet sich das Herz, der hält sein zerbrechliches Ich Gott hin. Wirkliche Gotteserfahrung ist nur möglich, wenn wir unser Ego loslassen. Wenn Gotteserfahrung dazu dient, das Ego aufzublähen, dann wird der Mensch blind und er gerät in die Irre. Das Wort von der Selbstverleugnung ist also kein asketisches, sondern ein mystisches Wort. Es zeigt Jesus als den Lehrer mystischer Weisheit. Jesus will seine Jünger in eine Spiritualität führen, die Gott Gott sein lässt und die Wirklichkeit so sieht, wie sie ist, ohne Gott und die Wirklichkeit für sich vereinnahmen zu wollen.

Von der Tempelsteuer (17,24–27)

Matthäus überliefert uns zwei Geschichten von der Steuer: die Erzählung von der Eintreibung der Tempelsteuer in 17,24–27 und die Szene von der kaiserlichen Steuer in 22,15–22, die er mit Markus und Lukas gemeinsam erzählt. Bei der kaiserlichen Steuer geht es um das Verhältnis des Christen zum Staat. Der Staat hat keine wirkliche Macht über den Menschen, denn er ist Gottes Bild. Er ist von Gott geschaffen und gehört Gott. Daher hat er sein Leben, sein Herz, seine Seele, alles, was seine Person ausmacht, Gott zurückzugeben. Dem Staat braucht er nur zurückzugeben, was er von ihm empfangen hat: die staatlichen Einrichtungen wie Bildung, Krankenpflege, die Verwaltung von Staat und Gemeinden. Grundlage dieser Freiheit gegenüber dem Staat ist die Gottebenbildlichkeit des Menschen. Bei Matthäus ist die Lehre von der Gottebenbildlichkeit, die schon im Alten Testament angelegt ist (Gen 1,27), umgeformt in das Bild der Gottessohnschaft. Die Christen sind Söhne und Töchter Gottes. Sie bewähren ihr Sohnsein und ihr Tochtersein darin, dass sie sich in erster Linie Gott verpflichtet wissen. Der Staat ist in seinen Belangen nur für das äußere Miteinander verantwortlich. Das sollen die Christen akzeptieren, jedoch den Staat nicht verabsolutieren.

Bei der Erzählung von der Tempelsteuer geht es um eine rein jüdische Steuer. Die jüdischen Behörden treiben die Tempelsteuer, eine Doppeldrachme, ein, um den Tempel unterhalten zu können. Nach rabbinischer Meinung hat die Tempelsteuer eine sühnende Wirkung. Sie ist Ausdruck dafür, dass man Tempel und Gesetz ernst nimmt und davon sein Heil erwartet. Die Erheber der Tempelsteuer wenden sich nicht direkt an Jesus. Offensichtlich trauen sie sich nicht, mit ihm darüber zu diskutieren. Sie wenden sich an Petrus, der auch hier wieder stellvertretend für die Jünger und die christliche Gemeinde antwortet. Petrus bejaht die Frage, ob der Meister die Tempelsteuer zahlt. Doch dann belehrt ihn Jesus mit einer eigenartigen Frage: »Was meinst du, Simon, von wem erheben die Könige dieser Welt Zölle und Steuern? Von ihren eigenen Söhnen oder von den anderen Leuten?« (17,25) Auf diese Frage kann Petrus nur antworten: »Von den anderen!« Es ist logisch, dass die Könige die Steuern nicht von ihren eigenen Söhnen erheben. Jesus folgert nun aus dieser allen bekannten Tatsache: »Also sind die Söhne frei.« (17,26) In diesem kleinen Satz wird deutlich, wie Jesus die Jünger und Jüngerinnen sieht, und wie Matthäus in der Nachfolge Jesu das Wesen der christlichen Existenz und der kirchlichen Gemeinschaft versteht. Die Christen sind freie Söhne und Töchter Gottes. Sie gehören direkt Gott zu. Sie brauchen daher dem Tempel keine Steuern zu zahlen. Sie sind frei vom Tempel und vom Gesetz, frei von dem ganzen Ritualwesen und von der Erfüllung der vielen kleinlichen Gebote. Jesus sieht offensichtlich in der Freiheit das Wesen des Menschen. Der Mensch darf sich nicht versklaven durch die Einhaltung vorgeschriebener Riten und Gebote. Diese können ihm zwar helfen, seine Beziehung zu Gott auszudrücken. Aber der Mensch ist nicht für den Tempel und nicht für das Gesetz da. Er ist von Gott geschaffen. Er ist Sohn und Tochter Gottes, das macht sein Wesen aus und macht ihn frei. Die Kirche hat diese Freiheit der Kinder Gottes nicht sehr betont, daher spielt die Szene von der Tempelsteuer in der Auslegungsgeschichte keine große Rolle.

Matthäus hat diese Szene direkt vor die Beschreibung der Ordnung und des Lebens der Gemeinde gesetzt. Damit deutet er an, wie er christliche Gemeinde, wie er Kirche versteht. Sie besteht aus freien Söhnen und Töchtern. Sie darf sich nicht wieder versklaven lassen durch enge Vorschriften und Gesetze. Das Wort Jesu bleibt ein Stachel für das Selbstverständnis der Kirche: Immer wieder fiel sie in das alte Denken zurück, das Jesus in dieser Szene von der Tempelsteuer überwunden hat. Sie hat ihre Gesetze als Willen Gottes tabuisiert. Sie hat den Menschen Angst gemacht, dass er nicht zu Gott kommt, wenn er die kirchlichen Gebote nicht erfüllt. Damit aber hat sie Jesu Intention gründlich missverstanden. Die Botschaft Jesu heißt: »Du bist frei. Du bist Sohn und Tochter Gottes. Du musst dich nicht durch Erfüllung der Gebote zum Sohn oder zur Tochter Gottes machen. Du bist es schon. Du musst dir das nicht verdienen, was du bist.« Doch wenn diese freien Söhne und Töchter Gottes miteinander leben wollen, dann brauchen sie auch wieder Regeln, die das Leben ordnen. All diese Ordnungen dürfen aber nicht zum Gesetz werden. Jede Gemeinschaft, nicht nur die kirchliche, sondern auch jede Firma, jedes therapeutische Team, jede spirituelle Gruppe ist in Gefahr, sich einer Ideologie zu verschreiben. Man verschanzt sich hinter hohen Idealen und vergisst das Miteinander, die menschlichen Konflikte, die Emotionen, die uns das Zusammenleben oft erschweren. Wer sich hinter einer Ideologie versteckt, der macht die Menschen abhängig, zu Sklaven von irgendwelchen Normen und Prinzipien. Jesus will den freien Menschen, und alle Regeln für das Zusammenleben müssen von der Freiheit des Menschen ausgehen.

Wenn der Mensch wahrhaft frei ist, dann kann er sich auch Regeln beugen, ohne seine Würde dabei zu verlieren. Das zeigt Jesus, indem er den Petrus auffordert, an den See zu gehen und einen Fisch zu fangen. Im ersten Fisch, den er fangen wird, wird er ein Vierdrachmenstück finden. Damit kann er die Tempelsteuer für sich und für Jesus bezahlen. Jesus begründet das folgerndermaßen: »Damit wir aber bei niemand Anstoß erregen.« Wer frei ist, der ist auch frei, wenn er sich äußeren Regeln beugt.

Wenn er sich beugt, dann, um die Menschen nicht zu verletzen und nicht Anstoß bei ihnen zu erregen. Manche Menschen würden unsere Freiheit als Willkür und Gesetzlosigkeit, als Anarchie verstehen. Daher ist es klüger, sich manchen Regeln zu unterwerfen. Aber das geschieht aus der Freiheit heraus, und nicht aus Angst, sonst bestraft zu werden oder das Heil Gottes nicht zu erreichen. In dieser kleinen Szene kommt somit etwas Grundsätzliches zum Vorschein: Jesus versteht den Menschen als freien Sohn und freie Tochter Gottes. In ihrem Umgang miteinander soll diese Freiheit Ausdruck finden. Der Mensch ist frei von der Angst, ob er das Heil findet oder nicht. Er ist schon im Heil. Er ist schon bei Gott. Doch diese Erfahrung der Freiheit und Würde braucht dann die Bereitschaft, sich auf die anderen und auf die Gemeinschaft mit ihren Strukturen einzulassen.

Die Gemeinderegel (18)

Im 18. Kapitel stellt Matthäus Jesusworte zusammen, die das Leben der christlichen Gemeinde regeln sollen. Schon im 10. Kapitel hat Matthäus von der Kirche gesprochen. Während es dort aber um die Sendung der Kirche nach außen ging, behandelt er hier das Zusammenleben der Christen. Für Matthäus ist die Kirche wesentlich Gemeinschaft, in der es Konflikte und Spannungen gibt. Er beschreibt noch keine Ämter innerhalb der kirchlichen Gemeinschaft. Sicherlich hat es in der Gemeinde solche Ämter gegeben. Matthäus wusste darum, dass diese Ämter leicht missbraucht werden können, dass es auch unter Christen um die Frage gehen kann, wer der Größte ist. Daher schärft er den Amtsträgern, aber auch der Gemeinde ein, dass vor allem die Barmherzigkeit das Miteinander bestimmen soll. Statt sich groß herauszuspielen, soll die Gemeinde auf die Kleinen achten, auf die Unbedeutenden und Verachteten. Und wenn einer sich verfehlt, soll die Gemeinde auf die Suche gehen nach dem verlorenen Schaf.

Matthäus hat das Gleichnis Jesu vom verlorenen Schaf (18,12–14) anders gedeutet als Lukas. Im Lukasevangelium beschrieb Jesus mit dem Gleichnis sich selbst. Er ist uns Menschen, die wir uns in den Abgründen dieser Welt verirrt hatten, nachgegangen und hat uns liebevoll auf die Schulter genommen, um uns zum Vater zu tragen. Er hat uns, die wir uns verloren haben, wiedergefunden, damit wir uns bei ihm selbst finden könnten.

Im Matthäusevangelium will das Gleichnis die christlichen Vorsteher darauf verpflichten, dass sie sich nicht zufrieden geben mit denen, die sowieso in der Gemeinschaft sind, sondern dass sie gerade denen nachgehen sollen, die sich verfehlt haben und vom wahren Weg abgewichen sind.

Ich möchte nur auf zwei Texte der Gemeinderegel kurz eingehen. Der erste Text von der Verantwortung für den Bruder (18,15–20) bereitet vielen Exegeten große Probleme, denn da ist nicht nur von der Sorge für den anderen die Rede, sondern auch vom Ausschluss. Doch in erster Linie geht es um die Verantwortung füreinander. Die Zurechtweisung des Bruders hatte im Judentum eine lange Tradition. Matthäus übernimmt in seiner Gemeinderegel Formulierungen der jüdischen Überlieferung. Sie schärft dem Einzelnen die Verantwortung ein, den Bruder auf ein Verhalten aufmerksam zu machen, das das Zusammenleben der Gemeinschaft stört. Im Vers 15 heißt es – gegen die Einheitsübersetzung: »Wenn aber dein Bruder gegen dich sündigt, so geh und stell ihn unter vier Augen zur Rede!« Es geht also nicht um die Sünde an sich, sondern um ein Verfehlen gegen den Bruder oder die Schwester. Wer von der Sünde des anderen betroffen ist, der soll mit ihm sprechen. Er soll ihm aber keine Moralpredigt halten, sondern den Sachverhalt von seiner Seite aus ansprechen, vor allem aber die Verletzung und Kränkung mitteilen, die das Verhalten des anderen bei ihm ausgelöst hat. Dann heißt es: »Wenn er auf dich hört, hast du deinen Bruder gewonnen.« (18,15) Wörtlich heißt es: »Wenn er dich hört.« Er soll nicht in erster Linie auf vorwurfsvolle Worte hören, sondern auf mich. Ich soll mich zu Gehör bringen, anstatt mich hinter sachlicher Argumentation zu verstecken. Wenn der Bruder mich hört, wenn eine Beziehung entsteht zwischen ihm und mir, dann habe ich ihn gewonnen.

Nur wenn das Gespräch nicht gelingt, soll ich noch einen oder zwei hinzuziehen und einen neuen Versuch starten, mit dem Bruder ins Gespräch zu kommen. Ich soll nicht über ihn reden, sondern mit ihm. Ich soll meine ganze Kunst darauf verwenden, mit ihm ins Gespräch zu kommen, ihm unter dem Schutz der kleinen Gruppe die Möglichkeit geben, sich von seinem Fehlverhalten zu distanzieren. Nur wenn er sich verschließt, wenn er gar nicht hören will, was die anderen zu sagen haben, soll ich es der Gemeinde sagen. Das Hauptaugenmerk soll darauf gerichtet sein, den Bruder zu gewinnen, ihn wieder in die Gemeinschaft zu integrieren. Doch wenn er sich selbst verschließt, schließt er sich auch aus der Gemeinschaft aus. Matthäus sagt nicht, dass dieser Ausschluss endgültig sein soll. Vielleicht ist er nur – wie es viele Ausleger der frühen Kirche gesehen haben – ein Ausschluss auf Zeit, damit der andere zur Einsicht kommt. Wie die Gemeinde sich gegenüber dem Bruder verhält, das hat auch eine religiöse Dimension. Es ist auch im Himmel so. Hier wird die Binde- und Lösegewalt nicht den einzelnen Amtsträgern zugeschrieben, sondern der Gemeinde als solche. Die Gemeinde hat die Vollmacht, den Bruder von der Sünde zu lösen und ihm zu vergeben. Aber sie kann die Sünde auch

»behalten«, beim anderen lassen, sie stehen lassen. Binden heißt für mich, dass der andere an seine Sünde gebunden bleibt, dass er mit ihr zusammenwächst. Er hat im Gespräch keine Distanz zu sich und seinem Verhalten gezeigt. Die Gemeinde zieht daraus die Konsequenz, dass sie die Sünde beim anderen lässt, bis er so weit ist, sich von ihr zu distanzieren.

Die Vollmacht, Sünden zu vergeben und sie zu behalten, kann nur dann richtig ausgeübt werden, wenn sie ins Gebet eingebettet ist. Daher folgt auf das Wort vom Binden und Lösen die Zusage, dass dem Gebet der Gemeinde alles möglich ist: »Alles, was zwei von euch auf Erden gemeinsam erbitten, werden sie von meinem himmlischen Vater erhalten. Denn wo zwei oder drei in meinem Namen versammelt sind, da bin ich mitten unter ihnen.« (18,19f.) Hier wird die eigentliche Vorstellung von Gemeinde deutlich, von der Matthäus sich leiten lässt. Christus selbst ist in der Gemeinde gegenwärtig. Die Gemeinde ist der Ort, an dem Christus in dieser Welt sichtbar wird. Daher muss sie sich immer wieder darum bemühen, den Geist Jesu in ihrem Miteinander zu verwirklichen. Wenn sie einen Bruder ausschließt, muss sie wissen, dass Jesus mitten in der Gemeinschaft der Ausschließenden ist, und zwar der Jesus, der die Frommen immer wieder ermahnt hat: »Barmherzigkeit will ich, nicht Opfer.« (9,13) Die Gemeinde soll im Gebet darauf vertrauen, dass Gott den Bruder, den die Gemeinde nicht zu überzeugen vermag, zur Umkehr bewegen wird. Entscheidend ist für Matthäus bei aller Verwandtschaft zu rabbinischen Gemeinderegeln, dass in der christlichen Gemeinde der Geist Jesu erfahrbar wird. Dieser zeigt sich aber gerade dann, wenn sich die Gemeinde um die Schwachen und Kleinen kümmert, wenn sie dem verlorenen Schaf nachläuft und wenn sie den Bruder, der sich in der Sünde selbst verfehlt und die Beziehung zu den anderen stört, wieder für das Leben und für die Gemeinschaft gewinnen will. Die Gemeinschaft der Kirche ist für Matthäus der Ort, an dem Christus in dieser Welt sichtbar wird, an dem der erhöhte und auferstandene Menschensohn unter den Menschen weiter wirkt und sie für das Leben gewinnen möchte.

Die wichtigste Voraussetzung dafür, dass christliche Gemeinschaft gelingen kann, ist die grenzenlose Vergebung. Petrus meint, er sei schon großmütig, wenn er auf seine Frage, wie oft er vergeben solle, selbst die Häufigkeit andeutet: »Bis zu siebenmal?« (18,21) Bei den Juden war es üblich, zwei bis dreimal einem Menschen zu vergeben, der gegen einen gesündigt hat. Petrus ist durchaus bereit, die Pharisäer mit seiner Vergebungsbereitschaft zu übertreffen. Doch Jesus verweist ihn auf die grenzenlose Vergebung. Sieben kann auch die Zahl der Vollkommenheit bedeuten. Dann fragt Petrus nicht danach, wie oft er vergeben müsse, sondern ob seine Vergebung vollkommen sein sollte. Die Antwort Jesu »nicht siebenmal, sondern siebenundsiebzigmal« würde dann von Petrus »vollkommen-vollkommenste, grenzenlos-unendliche, unzählbar-wiederholte Vergebung« (Luz 3,62) erwarten. Jesus geht es in erster Linie um die Maßlosigkeit der Vergebung. Die bezieht sich einmal auf die Zahl, zum anderen aber auch auf die Art und Weise der Vergebung. Die Vergebung soll vollkommen sein, sie soll mit ganzem Herzen geschehen und nicht nur mit dem Willen. Sie soll hinabreichen bis in die Tiefen des Unbewussten hinein. Und vollkommen ist sie dann, wenn sie an Gottes Vergebung teilhat.

Wie die Vergebung zu verstehen ist, die Jesus meint, zeigt Matthäus im Gleichnis vom gnadenlosen Schuldner oder vom »Schalksknecht«, wie Luther es übersetzt. (18,23–35) Das Gleichnis lebt von der Gegenüberstellung der großen Schuld, die der erste Schuldner, der wohl ein griechischer oder römischer Statthalter gewesen sein muss, dem König gegenüber hatte, und der minimalen

Schuld des anderen. Der erste Schuldner schuldet 10 000 Talente. Das entspricht etwa 40 Millionen Euro gegenüber 66 Euro, die der andere schuldet, also 600 000-mal weniger. Zehntausend ist für die damaligen Verhältnisse die größtmögliche Zahl, die man sich denken kann. Ganz Galiläa hatte nur ein Steueraufkommen von 200 Talenten. Der erste Schuldner wird also nie und nimmer seine Schuld begleichen können, auch nicht durch die damals bei den Römern und Persern übliche Schuldhaft. Mit diesem ersten Schuldner vergleicht Jesus uns. Gott hat Erbarmen mit uns. Er erlässt uns alle Schuld. Wir aber sind kleinlich und unbarmherzig, wenn uns ein Bruder nur ein wenig schuldet. Doch wer angesichts so großzügiger Vergebung unbarmherzig gegenüber dem ist, der gegen ihn gesündigt hat, der wird den Folterknechten übergeben. Jesus nennt den zweiten Schuldner »Mitknecht«. Er ist unser Mitmensch, der mit uns im gleichen Dienst steht, der gemeinsam mit uns der christlichen Gemeinde zugehört. Jesus mahnt uns: »Ebenso wird mein himmlischer Vater jeden von euch behandeln, der seinem Bruder nicht von ganzem Herzen vergibt.« (18,35)

Hier wird wieder deutlich, dass es Jesus bei seiner Antwort an Petrus nicht um die Quantität der Vergebung geht, sondern um die Qualität. Es geht um die vollkommene Vergebung, um die Vergebung, die aus dem ganzen Herzen kommt. Wie geht das? Wir müssen das Erbarmen Gottes in unser Herz dringen lassen, in alle Winkel unseres Herzens, dass es keine Ressentiments mehr gibt. Viele meinen, das sei nicht möglich. Sie möchten ja vergeben, spüren aber in sich noch Wut und Schmerz und Trauer. Für mich heißt die Vergebung aus ganzem Herzen, dass ich die vergebende Liebe Gottes gerade in diese negativen Gefühle hineinfließen lasse. Ich darf die Vergebung nicht nur mit meinem Willen vollziehen. Dann würde das Herz nicht mittun. Es wäre immer noch von Bitterkeit und

Hass erfüllt. Damit wir von ganzem Herzen vergeben können, müssen wir die Vergebung Gottes in ihrer Grenzenlosigkeit wahrnehmen, und uns von ihr zur Vergebung befähigen lassen. Wenn ich in der Tiefe meines Herzens erfahren habe, dass ich bedingungslos angenommen bin mit meiner Schuld und meinen Verfehlungen, dann wird die Vergebung auch aus meinem Herzen fließen. Aber ich darf meine Gefühle nicht überspringen. Ich muss sie verwandeln lassen, damit alles in mir an der Vergebung teilhat.

Das Gleichnis von den Arbeitern im Weinberg (20,1–16)

Jesus versteht die Kunst, so zu erzählen, dass er die Hörer in Bann hält und dass er sie zugleich provoziert. Das Gleichnis von den Arbeitern im Weinberg ärgert die meisten Hörer. Arbeitgeber sagen: »So könnte ich nie mit meinen Arbeitern verfahren. Jesus hat doch keine Ahnung vom heutigen Geschäftsleben.« Arbeitnehmer identifizieren sich mit den Arbeitern aus der ersten Stunde und ärgern sich über die, die erst in der letzten Stunde zur Arbeit kommen. Doch nicht nur Arbeitgeber und Arbeitnehmer stoßen sich an diesem Gleichnis. Christen, die sich darum bemühen, die Gebote Gottes zu halten, sich für die Kirche zu engagieren, ihre Pflichten als Christen zu erfüllen, sind ungehalten über die, die sich an kein Gebot halten und trotzdem in den Himmel kommen. Gerade dort, wo ein Gleichnis uns ärgert, kann Umdenken geschehen. Jesus holt uns mit dem Gleichnis dort ab, wo wir stehen. Er macht uns neugierig. Zugleich verwandelt er unsere Sehweise: Er öffnet uns die Augen für das Geheimnis des Lebens und für das Geheimnis Gottes. Gott ist so anders, als wir ihn uns vorstellen. Er handelt anders, als wir es erwarten. Gottes Gerechtigkeit lässt sich nicht berechnen wie ein Lohnsystem in einem Industrieunternehmen.

Jesus schildert eine Situation, die im Arbeitsalltag Palästinas üblich war. Ein Bauer sucht Saisonarbeiter für seinen Weinberg. Viele große Bauernhöfe wurden damals mit Tagelöhnern bewirtschaftet. Sie waren billigere Arbeitskräfte als Sklaven. Der Arbeitstag beginnt am frühen Morgen. Der Bauer weiß, wo er Arbeiter findet. Und er lädt die, die am Marktplatz stehen, zu sich in den Weinberg. Als Lohn vereinbart er einen Denar. Das war der übliche Lohn für eine Tagesarbeit. Dass der Bauer um die dritte Stunde, also um 9 Uhr nochmals auf den Marktplatz geht, um Arbeiter zu dingen, ist normal. Doch dass er noch zweimal Arbeiter anwirbt, ist schon eher ungewöhnlich. Völlig aus dem Rahmen fällt es jedoch, dass der Weinbergbesitzer um die 11. Stunde wiederum ausgeht, um Arbeiter zu suchen. Es ist genau eine Stunde vor Arbeitsschluss. Das hat keinen ökonomischen Wert. Das Anwerben der Arbeiter um die 11. Stunde schildert uns Matthäus lang und breit. Er zeigt damit, dass hier das eigentliche Ziel des Gleichnisses liegt. Nur mit diesen Arbeitern fängt der Bauer ein Gespräch an: »Was steht ihr hier den ganzen Tag untätig herum?« Und sie antworten: »Niemand hat uns angeworben.« (20,7)

Jesus kann offensichtlich spannend erzählen. Die Spannung steigert er, indem er beim Auszahlen des Lohnes zuerst die kommen lässt, die er zuletzt eingestellt hat. Ihnen gibt der Weinbergbesitzer als Lohn einen Denar. Das ist ein guter Lohn, zumal der Bauer mit ihnen gar keinen Lohn ausgemacht hat. Aber dieser Lohn weckt in den Arbeitern der ersten Stunde Begierden. Obwohl mit ihnen ein Denar als Lohn vereinbart worden ist, erwarten sie nun mehr. Und sie murren, weil auch sie nur einen Denar bekommen. Sie sind nicht zufrieden, sondern vergleichen sich mit den anderen Arbeitern, die weniger gearbeitet haben. Ihre Antwort ist voller Symbolik, und man spürt, dass Matthäus diese Antwort den eifrigen Christen in den Mund legt, die sich darüber aufregen, dass Jesus auch Sünder beruft, dass in der christlichen Gemeinde auch Menschen Platz haben, die nichts vorzuweisen haben. »Diese letzten haben nur eine Stunde gearbeitet, und du hast sie uns gleichgestellt; wir aber haben den ganzen Tag über die Last der Arbeit und die Hitze ertragen.« (20,12) Aus diesen Worten wird deutlich, was die Christen bewegt und wie sie ihr Leben verstehen. Sie sind nicht dankbar dafür, dass sie Arbeit haben, dass ihr Leben gelingt, sondern sie vergleichen sich mit anderen. Sie sehen nicht dankbar auf das, was sie bekommen haben, sondern blicken auf die Geschenke, die Gott auch anderen zuweist. Das Vergleichen macht neidisch und blind für das, was für mich angemessen und gut ist. Und die Christen verstehen ihr Leben als Last und Kampf in der Hitze des Tages. Sie sehen nicht die Lust an der Arbeit, den Erfolg, die Ernte, die sie einbringen und genießen dürfen. Sie sind auf die Lasten fixiert, auf das Schwere, auf die Mühsal, die das Leben mit sich bringt.

Der Bauer spricht den Wortführer mit dem vertrauten Wort »Mein Freund« an. Er verweist ihn auf die Vereinbarung und stellt ihm und mit ihm auch dem Leser, der sich über diese Erzählung ärgert, die Frage: »Darf ich mit dem, was mir gehört, nicht tun, was ich will? Oder bist du neidisch, weil ich (zu anderen) gütig bin?« (20,15) Diese Frage sitzt wie ein Stachel im Herzen des Wortführers, aber ebenso im Herzen des Hörers und des Lesers. Mit dieser Frage beschreibt Jesus sein eigenes Wesen und das Wesen Gottes. Gott ist gütig, aber seine Güte lässt sich nicht verrechnen. Sie ist ungeschuldet. In der Reformationszeit hat man dieses Gleichnis als Sieg der Gnade über alles Lohndenken ausgelegt. Aber das ist wohl auch zu einseitig, denn der Bauer gibt ja jedem, was gerecht ist, was er sich verdient hat. Die Gerechtigkeit Gottes, die im Tun des Weinbergbesitzers aufscheint, übersteigt jedoch alle Berechnung.

Einige Kirchenväter haben dieses Gleichnis als Bild für die Lebenszeit des Einzelnen ausgelegt. Manche Menschen sind von Geburt an Christen, andere bekehren sich in der frühen Jugend, manche erst als Erwachsene oder sogar als Greise. Und die Kirchenväter mahnen dann die Christen der frühen Stunde nicht nachzulassen in ihrem Eifer, während sie den Spätgetauften Trost und Zuversicht zusprechen. Jeder soll seinen eigenen Weg gehen und auf seinem persönlichen Weg Gott dienen, ohne sich mit anderen zu vergleichen. Als Lohn bekommen alle einen Denar. Der eine Denar ist nicht nur der damals übliche Tageslohn, sondern zugleich ein Bild für das Ganzwerden und Einswerden mit Gott. Mehr als Einswerden gibt es nicht. Das ist das Ziel des menschlichen Lebens. Der Weg zu diesem Ziel ist verschieden, für den einen kürzer, für den anderen länger. Diese Deutung war ein Versuch, den Sinn des Gleichnisses in die jeweilige Zeit hinein zu interpretieren. Doch was ist der heutige Sinn dieses Gleichnisses? Mich stellt es vor die Frage, wie ich mein Leben als Christ verstehe. Verstehe ich es nur als Leistung, als mühsame Arbeit, während doch das eigentliche Leben darin besteht, untätig herumzustehen? Oder glaube ich daran, dass durch die Gemeinschaft mit Christus mein Leben sinnvoll und gut wird? Auch die Herausforderung durch die Arbeit kann dem Menschen einen tiefen inneren Frieden schenken, das Gefühl der Sinnhaftigkeit seines Lebens. Wer untätig am Markt herumsteht, ist sicher nicht glücklich. Er fühlt sich oft genug überflüssig. Sein Leben ist sinnlos. Gerufen zu werden, berufen zu werden, geworben zu werden, das macht erst den Wert des Menschen aus. Wenn ich mich auf die Arbeit einlasse, die mir zugemutet wird, ohne mich mit anderen zu vergleichen, dann werde ich beim Arbeiten eins mit mir, eins mit Gott und eins mit den Menschen. Und mehr brauche ich nicht zum Leben. Wenn ich aber von dem, was ich tue, wegschaue und auf die anderen sehe, mich mit ihnen vergleiche, dann bin ich innerlich gespalten und unzufrieden.

Ich höre immer wieder von Christen, dass sie ihr Leben nur als Verzicht verstehen. Die Nichtchristen hätten es besser: Sie brauchten sich an keine Normen zu halten, sie könnten einfach so dahinleben. So eine Sichtweise will Jesus mit seinem Gleichnis in Frage stellen. Sind für den Christen wirklich die Normen das Wichtigste? Liegt sinnvolles Leben nicht darin, in der Gemeinschaft mit Christus den Weg der Menschwerdung zu gehen und zu wissen, dass die Arbeit an mir selbst schon den Lohn in sich trägt? Der Lohn ist nicht etwas Äußeres, das am Ende des Tages ausbezahlt wird, sondern er steckt schon im sinnvollen Leben. Zugleich will Jesus uns durch dieses Gleichnis vor dem Denken bewahren, dass wir uns Gottes Lohn erkaufen könnten. Es kommt nur darauf an, sich von Gott rufen zu lassen. Wann dieser Ruf erschallt, das hängt nicht von uns ab. Wie viel wir arbeiten und uns mühen müssen, das liegt nicht in unserer Freiheit. Das ist allein Gottes Sache. Entscheidend ist, dass wir das Vergleichen aufgeben. Wer sich mit anderen vergleicht, wird blind für den Reichtum seines eigenen Lebens und unzufrieden mit sich selbst. Die Arbeiter der ersten Stunde waren ja froh, dass sie angeworben wurden. So hatten sie die Gewissheit, dass sie ihre Familie ernähren konnten. Gerade durch die provozierende Art, wie Jesus von dem Bauern und seinen Tagelöhnern erzählt, lässt er den Hörer und Leser nicht in Ruhe, sondern zwingt ihn, genauer hinzuschauen, woraus und wozu er denn eigentlich lebt, und wie er sein Leben im Weinberg Gottes versteht.

Das Gleichnis vom königlichen Hochzeitsmahl (22,1–14)

Martin Luther hat über das Gleichnis vom königlichen Hochzeitsmahl nicht gerne gepredigt. Er nennt es ein »schrecklich Evangelium«. (Luz 3,249) Er meint, der zürnende Gott, der den Eingeladenen in die äußerste Finsternis wirft, kann doch nicht der Vater Jesu Christi sein. Doch auch hier gilt: das Gleichnis lässt uns nicht in Ruhe. Es setzt einen Überlegungsprozess, einen Umdenkungsprozess, eine innere Verwandlung in Gang. Ein Gleichnis – so sagen uns die Sprachwissenschaftler – ist ein Sprachgeschehen. Indem wir uns auf ein Gleichnis einlassen, geschieht etwas mit uns, da ändert sich unsere Sichtweise vom Leben, da wandelt sich unser Gottesbild und unser Menschenbild.

Man kann dieses Gleichnis auf verschiedene Weise deuten. Die übliche ist die heilsgeschichtliche Deutung. Der König, der zum Hochzeitsmahl seines Sohnes einlädt, ist dann Gott, der seinen Sohn Jesus auf die Erde schickt, damit er mit den Menschen Hochzeit feiert. Die Diener, die zum Hochzeitsmahl einladen, sind die Propheten, aber auch die christlichen Glaubensboten. Für einen jüdischen Hörer war es eine Unverschämtheit, dass die Geladenen nicht kommen, denn zum Hochzeitsmahl des Königssohnes geladen zu werden ist eine große Ehre. Die Einladung ergeht auch schon lange Zeit vor der Hochzeit. Die Diener erinnern an die längst geschehene Einladung mit dem Hinweis, dass jetzt alles bereit ist zur Hochzeit, dass es Zeit ist zu kommen. Gott hat Geduld. Er schickt seine Diener nochmals und lockt die Eingeladenen durch die Schilderung des vorbereiteten Hochzeitsmahles und der leiblichen Genüsse. Doch sie kümmern sich nicht um sie. Hier sind weder die Juden im Allgemeinen noch die Pharisäer gemeint, sondern Menschen, die dem Ruf der Propheten und christlichen Glaubensboten nicht folgen, weil ihnen andere Dinge wichtiger sind: der Besitz (der eigene Acker) oder das Geschäft, der Erfolg. Dass andere Eingeladene die Diener umbringen, erscheint uns übertrieben. Aber hier spielt Jesus auf den Prophetenmord an, der in der Geschichte Israels verbreitet war. Manch ein Prophet, der im Namen Gottes sprach, wurde umgebracht, weil sein Wort Umkehr verlangte und daher die Menschen in ihrer Selbstzufriedenheit störte. Dass der König sein Heer aussendet, um die Mörder zu töten, scheint den Rahmen der Einladung zum Mahl zu stören. Vermutlich ist hier die Zerstörung Jerusalems gemeint, die Matthäus als Gericht für die Abweisung Jesu versteht. Nun schickt der König seine Diener nochmals aus, dass sie bis an die Eckpunkte der Straßen, bis an die Enden seines Reiches gehen und alle einladen, Gute und Böse. In der Kirche sind also Gute und Böse. Es gibt keine soziale oder moralische Bedingung, um in das Himmelreich einzutreten. Alle sind eingeladen.

Doch dann kommt der Kontrast, der viele ärgert. Der König sieht sich die Gäste an. Einer hatte kein Hochzeitsgewand. Manche Exegeten meinen, das Hochzeitsgewand sei ein geschenktes Gewand. In Israel sei es Brauch, dem Eingeladenen auch ein Gewand mitzugeben, mit dem er bei der Hochzeit erscheinen könne. Dann wäre das Hochzeitsgewand der geschenkte Glaube. So wird es vor allem in der protestantischen Exegese ausgelegt. Doch Luz meint, diese Auffassung vom geschenkten Gewand sei exegetisch nicht haltbar. Beim antiken Hochzeitsmahl musste man nicht mit einem festlichen, sondern mit einem sauberen Gewand erscheinen. Man musste sich also für die Hochzeit vorbereiten, indem man sein Gewand wusch. Von den Kirchenvätern wurde dieses Gewand verschieden gedeutet: Als die Heiligkeit des Fleisches (Tertullian), als die guten Werke (Hieronymus), als die Liebe (Augustinus) oder als Christus, den die Getauften als Gewand anziehen. Im Gleichnis ist vermutlich gemeint, dass die Einladung reines Geschenk ist, dass der Eingeladene aber seinen Beitrag zu diesem Geschenk leisten muss, indem er sein Gewand säubert, indem er sich um ein »reines Leben« müht. Das Geschenk bedarf einer Antwort. Nur wenn ich mit meiner ganzen Existenz antworte, nehme ich das Geschenk ernst und achte den Schenker. Das Mahl, bei dem Gute und Böse teilnehmen, ist ein Bild für die Kirche, die immer aus Guten und Bösen besteht. Es ist nie die reine Kirche, sondern immer schon die gemischte Kirche, die Kirche der Sünder. Der Sünder hat darin auch Platz. Aber er muss sich mühen, sein Gewand zu reinigen. Wer auf das Geschenk der Gnade nicht antwortet, der wird in die äußerste Finsternis geworfen. Das ist ein Bild für das Endgericht.

Man kann das Gleichnis aber auch als Weg der Menschwerdung für den Einzelnen auslegen. Diese individuelle Auslegung – man könnte sie auch die tiefenpsychologische Auslegung nennen, die alles auf der Subjektstufe auslegt, als Bild für den inneren Weg des Menschen zu Gott – geht auf Origenes zurück. Er stellt diese persönliche Auslegung neben die kirchliche. Beide haben ihre Berechtigung. Origenes deutet das Gleichnis als die »durch die geistliche Hochzeit bewirkte Gemeinschaft des Logos als Bräutigam mit der Seele als Braut«. (Luz 3,247) Durch die Begegnung mit dem Logos empfängt die Seele Unsterblichkeit. Die wahre Begegnung und Einswerdung mit dem Logos geschieht in der Kontemplation, in der geistgewirkten Schau Gottes. Wenn man das Gleichnis so auslegt, dann hat es für jeden eine aktuelle Bedeutung. Es beschreibt den inneren Weg der Selbstwerdung und der Einswerdung mit Gott. Jeder von uns ist zum Hochzeitsmahl geladen. Unsere Berufung als Christ heißt nicht nur, dass wir Gottes Gebote erfüllen, sondern dass wir eingeladen sind, mit Gott in Jesus Christus eins zu werden. Das Ziel unseres Lebens ist die Selbstwerdung, in der wir eins werden mit unserem göttlichen Kern. Doch oft genug gehen wir achtlos mit dieser Einladung um, wir kümmern uns nicht darum. Das erste Mal überhören wir die Einladung, die in den leisen Impulsen unseres Herzens ergeht. Wir ahnen, dass unsere eigentliche Berufung darin besteht, uns in Gott hinein fallen zu lassen, mit Gott eins zu werden. Aber Gottes einladende Stimme ist so leise, dass sie nicht eindringt in unser Bewusstsein. Oder aber – so beschreibt es die zweite Einladung – wir haben wichtigere Dinge im Sinn: die Mehrung des Besitzes und das Streben nach Erfolg, die Geschäfte des Alltags. Ja, manchmal töten wir die inneren Impulse einfach ab. Sie sind uns unangenehm. Sie lassen uns keine Ruhe. Also betäuben wir sie mit Aktivitäten oder töten sie, indem wir sie mundtot machen.

Es ist das Ego, das die Diener des Königs tötet. Das Ego will sich nicht stören lassen in seinem egozentrischen Streben. Doch der König sendet seine Diener nochmals aus. Alles in uns wird eingeladen. Die, die an den Straßen herumstehen, das sind die Armen. Das Arme in uns ist offener für Gott als das Erfolgreiche. Die Diener sollen das ganze Reich durchstreifen und dorthin gehen, wo die Straßen enden. Alle Bereiche unserer Seele, unsere gesamte Lebensgeschichte, auch die Randzonen unseres Unbewussten, alles in uns ist eingeladen, mit Gott eins zu werden. Nichts wird ausgeschlossen, auch das Böse nicht. Das ist eine tröstliche Botschaft. Die einzige Bedingung, die Gott uns stellt, besteht darin, dass wir achtsam mit seiner Einladung umgehen, und dass wir alles, was in uns ist, in Beziehung zu ihm bringen. Das Hochzeitsgewand bedeutet für mich, dass ich den einladenden König achte, dass ich das, was ich habe, auch wenn es noch so arm und zerrissen ist, sorgfältig behandle und es in Beziehung bringe zur Hochzeit. Es geht um Achtsamkeit und Behutsamkeit. Ich muss das Böse nicht aus mir tilgen, aber ich muss es wahrnehmen und es umkleiden mit dem Gewand der Liebe. Ich muss auf alles, was in mir ist, mit einem liebevollen Blick schauen, es Gott hinhalten. Dann darf ich teilnehmen am Hochzeitsmahl. Dann kann alles in mir eins werden mit Gott. Wenn ich jedoch achtlos umgehe mit dem, was ich habe und bin, dann werde ich herausgeworfen aus dem Mahl, dann falle ich aus meiner Mitte und gerate innerlich in Finsternis. Das Übersehene wird zu einer Dunkelheit, die mich verschlingt. Es wird mich innerlich zerreißen. Das ist mit Heulen und Zähneknirschen gemeint. Wenn ich nicht bereit bin, meine Wahrheit anzuschauen und Gott hinzuhalten, wird sie mich zermahlen, zerknirschen. Dann wird mein Leben zu einem Heulen und Klagen. Das Böse wird in mir zu einer Quelle der Traurigkeit und des Weinens, der Verzweiflung und Sinnlosigkeit.

Matthäus betont in seiner Deutung des Gleichnisses, das Jesus erzählt hat, den Vorrang der Gnade vor allem menschlichen Streben. Aber zugleich fordert er den Menschen auch heraus, auf die Gnade zu antworten, durch sein Handeln, durch die Verwandlung seiner Gesinnung und durch die Bereitschaft, das Geheimnis der Gnade ernst zu nehmen. Darin wird wieder sein Bild von der Kirche und vom Menschen sichtbar: Die Kirche ist keine Gemeinschaft der Vollkommenen, sondern der Guten und Bösen, der Starken und Schwachen, der Bewussten und Unbewussten. Der Kirche und den kirchlichen Leitern steht es nicht zu, Menschen aus dem gemeinsamen Gastmahl auszuschließen. Das wird der König, das wird Gott selber tun am Ende der Zeiten. Wie die Kirche ist auch der Mensch nicht eindeutig, sondern voller Gegensätze. Im Menschen gibt es Gutes und Böses, Licht und Dunkel, Bereitschaft und Verweigerung. Matthäus mahnt uns bewusst wahrzunehmen, was in uns ist, und darüber das Kleid zu ziehen, das Gott uns anbietet, das Kleid bedingungsloser Liebe, die uns annimmt, wie wir sind. Wenn wir unbewusst so weiter leben, ohne das beste Kleid anzuziehen, das uns zur Verfügung steht, dann wird unsere Lebensverweigerung zur Selbstzerstörung, zum Heulen und Zähneknirschen.

Worte gegen die Schriftgelehrten und die Pharisäer (23)

Die Weherufe Jesu gegenüber den Schriftgelehrten und Pharisäern wurden in der Geschichte des Christentums immer wieder als Rechtfertigung antisemitischer Haltungen herangezogen. Daher müssen wir heute vorsichtig sein, diese Worte Jesu zu deuten. Dieses Kapitel hat sicher dazu beigetragen, ein Zerrbild des Judentums und der Pharisäer zu entwickeln. Geschichtlich ist die Schärfe dieses Kapitels erklärbar aus dem Ausschluss der christlichen Gemeinde durch die Schriftgelehrten auf der Synode von Jamnia nach der Eroberung Jerusalems. Nach der Zerstörung Jerusalems waren die Pharisäer die einzige religiöse Gruppierung, die im Judentum übrig blieb und es prägte. Die Gemeinde des Matthäus hat den Ausschluss aus der Synagoge schmerzhaft erlebt. Jesus selbst hatte durchaus gute Beziehungen zu Pharisäern: Er diskutierte mit ihnen und wurde von ihnen zum Mahl eingeladen. Er hat sich auch mit ihnen auseinandergesetzt und sah manches anders als sie. Aber jüdische Ausleger betonen, dass die andere Meinung Jesu durchaus innerhalb der pharisäischen Auseinandersetzungen um das rechte Verständnis des Gotteswillens blieb. Es war kein Bruch Jesu mit der jüdischen Tradition, sondern eine besondere Akzentuierung bestimmter Auslegungsmöglichkeiten. Auch manche Kritik in diesem 23. Kapitel an einzelnen Schriftgelehrten wurde so von jüdischer Seite ähnlich geäußert. Geschichtlich hat das Judentum nur überlebt, weil die Schriftgelehrten und Pharisäer nach der Katastrophe im Jahre 70 »das gesamte Leben in strengste Vorschriften eingefügt und so die alte Tradition bewahrt« haben. (Schweizer, 291) Umgekehrt musste sich die junge Bewegung Jesu, »die die Gegenwart des Geistes, den Neuaufbruch der Prophetie, die große Befreiung zur Liebe erfahren hatte« (ebd. 291), ebenso radikal von dieser pharisäischen Neuinterpretation des Judentums abgrenzen.

Wenn wir heute das 23. Kapitel und die Weherufe gegen die Pharisäer auslegen, dann müssen wir es im Sinn des Matthäus tun, der immer schon die christliche Gemeinde im Blick hatte. Matthäus leitet Jesu Rede mit den Worten ein: »Darauf wandte sich Jesus an das Volk und an seine Jünger.« (23,1) Die Worte Jesu sind also an die christliche Gemeinde gerichtet, und nicht an die Schriftgelehrten und Pharisäer. Matthäus schrieb das 23. Kapitel nicht, »weil es ihm abschließend um ein besonders negatives Urteil über die Pharisäer gegangen wäre, sondern weil er seine christlichen Leser zu einem ganz bestimmten Verhalten bewegen wollte«. (Limbeck, 256) Es geht ihm nicht darum, die damals lebenden Pharisäer zu verunglimpfen, sondern auf die Gefahr hinzuweisen, die sich in jeder religiösen Gemeinschaft breit macht: die Gefahr, sich hinter Vorschriften und Geboten zu verstecken, die Gefahr, andere geistlich zu missbrauchen, unter religiösem Vorwand Macht über andere auszuüben, und die Gefahr, durch Moralisieren von seinen eigenen menschlichen Schwächen abzulenken, den anderen Bürden aufzuladen, die man selbst nicht zu tragen vermag. In der Kirchengeschichte sehen wir diese »pharisäischen« Tendenzen immer wieder durchbrechen. Da gibt es die ärgerliche Kluft zwischen Anspruch und Wirklichkeit. Da traten immer wieder Moralisten auf, die den Menschen Höllenpredigten hielten, selbst aber nicht lebten, was sie anderen vorschrieben. Für mich ist das Kapitel 23 hochmodern, denn es zeigt uns die Gefahr geistlichen Missbrauchs auf, der heute vor allem in spirituellen Gruppen, in fundamentalistischen Kreisen und in sektenähnlichen Gemeinschaften weit verbreitet ist.

Jesus bestätigt die Autorität der Schriftgelehrten und Pharisäer. Was sie lehren, ist durchaus richtig. Doch er wirft ihnen vor, dass sie keinen Finger rühren, »um die Lasten wegzuschaffen« (nicht wie in der Einheitsübersetzung: »um die Lasten zu tragen«). Sie unternehmen nichts, um das Gesetz so auszulegen, dass es dem Menschen nicht zur unnötigen Last wird. Sie haben kein wirkliches Interesse am Menschen, weil sie ihr Leben nicht teilen, sondern sich über sie stellen. Diese Gefahr bestand nicht nur damals für die Pharisäer, sie stellt sich vielmehr jedem Schriftgelehrten und Theologen, jedem Seelsorger und jeder Seelsorgerin. Jesus mahnt uns, unsere Verkündigung daraufhin zu befragen, ob wir wirklich an den Sorgen und Nöten der Menschen teilhaben oder ob wir uns damit begnügen, eine abstrakte Theologie und überfordernde Moralvorschriften zu verkünden, die dem Menschen nicht gerecht werden. Jesus will eine barmherzige und keine menschenverachtende Theologie, eine barmherzige Moral und keine, die knechtet und ein schlechtes Gewissen hervorruft.

Die Worte Jesu gelten nicht nur für die Amtsträger in der Kirche, sondern für jeden Christen, für jeden, der sich auf einen spirituellen Weg macht, denn wir alle sind in Gefahr, zu beten und zu meditieren, um von anderen gesehen zu werden. Das geschieht bei uns sicher nicht so äußerlich, dass wir nur in die Kirche gehen, um von anderen anerkannt zu werden. Der Kirchgang ist heute kein Weg mehr, um Anerkennung zu bekommen. Bei allem spirituellen Tun schleicht sich jedoch leicht die Haltung ein: »Ich bin besser als die anderen, die so unbewusst leben. Ich habe mehr Tiefe. Ich gehe den richtigen Weg.« Und schon stelle ich mich mit meiner Spiritualität über andere. Ich missbrauche meine Frömmigkeit, um mein Selbstwertgefühl zu steigern, um meinen inneren Problemen aus dem Weg zu gehen und um mich besser zu fühlen. Anstatt mich meiner Menschlichkeit zu stellen, identifiziere ich mich mit hohen spirituellen Idealen. Das gibt mir das Gefühl, etwas Besonderes zu sein, ein spirituelller Mensch zu sein, der es nicht nötig hat, sich mit Banalitäten auseinander zu setzen. In diesem Sinn verstehe ich die Verse 5–7. Sie warnen mich vor dem religiösen Narzissmus, dem es nur um die eigenen Gefühle geht, der Gott für das eigene Wohlbefinden benutzt.

Ab Vers 8 wendet sich Jesus direkt an die christliche Gemeinde und ihre Leiter: »Ihr aber sollt euch nicht Rabbi nennen lassen; denn nur einer ist euer Meister, ihr alle aber seid Brüder.« Rabbi ist ein Ehrentitel und heißt »mein Gebieter« oder »mein Großer«. Vermutlich wurde diese Anrede nicht nur für Pharisäer verwendet, sondern auch innerhalb der christlichen Gemeinde. Matthäus kämpft nicht gegen die Schriftgelehrten in der christlichen Gemeinde, denn jede Gemeinde braucht auch Gelehrte, die sich in der Heiligen Schrift auskennen und sie für die Gemeinde auslegen. Das Matthäusevangelium zeigt uns, dass es in der Gemeinde damals Schriftgelehrte gab, war doch der Evangelist selbst ein Schriftgelehrter. Matthäus wendet sich gegen die Vorliebe mancher Schriftgelehrter für Titel und Machtansprüche. Die christliche Gemeinde besteht ausschließlich aus Brüdern und Schwestern. Alle stehen gleich unter dem einen Lehrer: Christus. Das Wort »adelphoi = Brüder« meint sowohl die Gleichheit der Christen als auch ihre Solidarität untereinander.

Die Christen sollen sich auch nicht gegenseitig »Vater« nennen. Mit Vater bezeichnet man nicht nur den leiblichen Vater, sondern auch Respektspersonen, Lehrer und Wohltäter. Der Christ soll sich nicht zum Sohn oder zur Tochter von Menschen machen. Er ist vielmehr Sohn und Tochter Gottes. Ihm verdankt der Christ sein Leben, nicht einem Menschen, nicht einem Guru. Es ist offensichtlich eine weit verbreitete Gefahr, dass sich Menschen von einem Meister abhängig machen, dass sie glauben, ihm würden sie ihr Leben, ihre Erfahrung, ihre Spiritualität, ihre Heilung und Rettung verdanken. Wenn wir durch Menschen neues Leben erfahren, kommt es immer von Gott, dem wahren Vater. Der letzte Satz scheint eine Wiederholung zu sein: »Auch soll ihr euch nicht Lehrer nennen lassen; denn nur einer ist euer Lehrer, Christus.« (23,10) Rabbi ist ja auch schon der Lehrer. Doch hier verwendet Matthäus das griechische Wort »kathegetes«. Offensichtlich bezieht sich Matthäus hier auf die griechisch gebildeten Glieder seiner Gemeinde. Der Ausdruck »kathegetes« wurde für Aristoteles gebraucht. Es meint den Lehrer der Philosophen, den »geistigen Berater und Gewissensleiter«. (Grundmann, 486f.) Kein Mensch darf über unser Gewissen bestimmen. Das ist allein Sache Gottes und Sache Jesu Christi. Kein geistlicher Begleiter darf uns sagen, was wir tun müssen, sondern allein Christus. Christus ist der innere Lehrer, der innere Meister, der uns auf Gott unseren Vater verweist, von dem wir alles Leben haben.

Die Worte Jesu in Mt 23,8–10 sind eine ständige Mahnung an jeden Christen, sich nicht von Menschen abhängig zu machen. Sie sind aber auch ein bleibender Stachel für die Kirche, die sich im Laufe der Jahre doch zu einer hierarchischen Kirche entwickelt hat. Offensichtlich ist es nicht möglich, auf Strukturen zu verzichten. Dennoch bleibt die Kirche mit ihrer Hierarchie unter dem Wort Jesu. Luz rebelliert zurecht dagegen, den Widerspruch zwischen Anspruch und Wirklichkeit in der Kirche dadurch aufzulösen, dass man die Macht vorschnell als Dienst bezeichnet und die Hochgestellten mit Bruder anredet. Es bedarf einer grundsätzlichen Infragestellung kirchlicher Macht und Machtstrukturen. Offensichtlich kommt keine Gemeinschaft ohne Machtstrukturen aus, diese müssen aber immer wieder relativiert werden und sich unter den einen Gott und einen Lehrer und Meister Jesus Christus stellen. Wenn man in der Kirche zuviel vom Dienst des Bischofs und des Papstes spricht, verschleiert man die Macht, die dann de facto oft unkontrollierter und radikaler ausgeübt wird als in weltlichen Bereichen, wo man die Macht beim Namen nennt und gerade so begrenzt und relativiert.

Die Weherufe möchte ich nicht im Einzelnen auslegen, sondern sie als Warnung vor geistlichem Missbrauch verstehen, der heute vor allem in der persönlichen geistlichen Begleitung, aber auch bei manchen spirituellen Gurus innerhalb und außerhalb der Kirche geschieht, die ein Geschick haben, Menschen für Christus zu begeistern, die Begeisterung aber unbewusst ausnutzen, um die Menschen an sich zu binden. Matthäus rechnet damit, dass es auch in der christlichen Gemeinde Schriftgelehrte gibt, die die Botschaft Jesu im Blick auf das Alte Testament auslegen. Auch für die christlichen Schriftgelehrten gilt der Weheruf, dass sie zwar über das Himmelreich reden, aber nicht in es eintreten. Sie lassen sich nicht wirklich auf Gott und seine Herrschaft ein. Sie möchten mit ihrem Reden über Gott herrschen und wissen genau über Gott Bescheid. Weil sie selbst nicht eintreten, hindern sie auch ihre Schüler, ins Himmelreich einzutreten. (23,13)

Der zweite Weheruf (23,15) zielt auf spirituelle Lehrer, die andere von sich abhängig machen und sie dadurch zu blindem Fanatismus verführen. Diese Erfahrung haben damals sicher nicht nur die Christen gemacht, denen gegenüber die von jüdischen Missionaren neu Bekehrten besonders hart auftraten. Diese Erfahrung gilt auch heute. Fanatische Anhänger spiritueller Lehrer sind intolerant. Sie lassen sich für alles Böse missbrauchen: Sie werden zu Selbstmordattentätern, sie beschimpfen Andersgläubige, sie sind unduldsam und rechthaberisch.

Der dritte Weheruf fällt aus dem Rahmen. Matthäus verzichtet auf die sonst immer gleiche Einleitung. Jetzt spricht er nur die »blinden Führer« an und deckt ihnen auf, wie sie den Sinn des Religiösen verfälschen, indem sie sich an kleinliche Vorschriften halten, beispielsweise unter welchen Umständen ein Eid eine absolute Gültigkeit hat. (23,16–22) Uns scheint diese Auseinandersetzung fremd zu sein. Aber wir erleben heute ähnliche Verzerrungen des Religiösen. Da werden äußere Regeln wichtiger als der Sinn der Frömmigkeit. Oft genug wird durch solche kleinlichen Festlegungen das zwanghafte Denken genährt. Menschen werden in religiöse Zwänge hineingeführt, aus denen sie nur schlecht wieder herausfinden.

Das vierte Wehe bezieht sich auf die Abgabe des Zehnten, die durch die Schriftgelehrten gegenüber dem ursprünglichen Gebot aus dem Buch Deuteronomium (Dtn 14,23) verschärft worden ist. Jesus ist nicht gegen die Praxis des Zehnten. Man könnte sagen: Er ist nicht gegen die Kirchensteuer. Aber er macht den Schriftgelehrten den Vorwurf, dass sie vor lauter Kirchensteuerregelungen das Eigentliche vergessen: »Gerechtigkeit, Barmherzigkeit und Treue.« (23,23) Das Entscheidende bei allem religiösen Tun besteht für Jesus wie für Matthäus in diesen drei Haltungen, die das Hauptgebot der Liebe umschreiben. Ohne Liebe nützt alles religiöse Tun nichts. Das karikiert Jesus mit dem Sprichwort, dass die Pharisäer beim Weintrinken zwar die Mücken durch ihr Sieb (oder Tuch, wie es damals üblich war) abhalten, doch das Kamel, das wie die Mücken als unreines Tier galt, verschlucken. Durch ihre Fixierung auf Kleinigkeiten merken sie gar nicht, wie sich in ihre Frömmigkeit Unreines mischt, ja wie sie sich am Kamel verschlucken.

Das fünfte Wehe nimmt das Reinigen des Bechers als Bild für den Menschen. Es hat wenig Zweck, nur das Äußere zu reinigen. Der Mensch soll nach innen schauen. Dort sind Raub und Maßlosigkeit. (23,25) Das bezieht sich einmal auf die Habgier der Pharisäer, die das Gut den Armen rauben. Aber es könnte auch eine spirituelle Gefahr bedeuten. Man möchte Gott für sich besitzen. Die Spiritualität wird missbraucht, um die eigene Maßlosigkeit zu bestätigen und sich vor anderen besonders interessant zu machen. Man begnügt sich nicht mit seinem Menschsein, sondern möchte sich mit spiritueller Ideologie über alles stellen, letztlich sogar über Gott. Jesus ist sensibel für den Missbrauch Gottes. Gott will im Menschen herrschen. Er lässt sich nicht dazu benutzen, dass der Mensch sich über sein Menschsein erhebt.

Das sechste Wehe führt diesen Zwiespalt zwischen Innen und Außen fort. Hinter der äußeren Fassade von Reinheit liegen im Innern des Herzens tote Knochen herum, Unreinheit, Gesetzlosigkeit und Heuchelei. Hier geißelt Jesus eine Art von Frömmigkeit, die auch in heutiger Zeit weit verbreitet ist. Bei manchen frommen Menschen erschrickt man vor dem Unrat in ihrem Herzen. Da sind wirklich tote Knochen, da ist der Hang zur Nekrophilie, zum Verwesen, zum Zerstören. Da ist viel Totes in ihnen begraben. Daher geht von ihnen ein Geruch des Todes aus. Ihre Frömmigkeit dient nicht dem Leben, sondern dem Tod. Sie verbreiten durch ihre Aggressivität um sich herum nur Zerstörung und töten alle Keime des Lebens ab. Sie haben Angst vor dem Leben und geißeln es sofort als unmoralisch. Solche nekrophile Frömmigkeit erkennt man an der Sprache: Es wird ständig von Tod und Teufel, von Untergang und schrecklichem Gericht gesprochen.

Der letzte Weheruf behandelt das Verhältnis zu den Vätern. Die Pharisäer distanzieren sich von den Prophetenmorden ihrer Väter, aber Jesus wirft ihnen vor, dass sie nur deren Maß voll machen. Hier wird der kritische Umgang mit der Vergangenheit thematisiert. Wir müssen heute sensibel damit umgehen, wem aus der Vergangenheit wir Denkmäler bauen, wen wir als Vorbild hinstellen. Wenn wir die Märtyrer verehren, kann das auch dazu führen, dass wir sie als Alibi nehmen gegenüber den mörderischen Tendenzen, die wir in uns genauso haben wie die Mörder der frühchristlichen Heiligen oder die Henker der Widerstandskämpfer im Dritten Reich. Wenn wir Theologen als Heilige verehren, müssen wir zugleich kritisch hinsehen, was sie mit ihrer Theologie bewirkt haben, ob von ihnen Segen ausgegangen ist oder Unheil, sonst wiederholen wir die Geschichte. Wir möchten uns zwar von den negativen Taten unserer Väter distanzieren, merken aber nicht, dass wir genauso sind wie sie. Das gilt schon von der persönlichen Vatergeschichte. Wer ganz anders sein möchte als sein Vater lebt oft unbewusst die Seiten aus, die er beim Vater ablehnt. Gleiches gilt von der Geschichte eines Volkes oder einer Kirche. Jesus will uns zur kritischen Distanz gegenüber der Vergangenheit aufrufen und zur Gewissenserforschung, ob wir nicht genauso sind und handeln wie die Prophetenmörder aus unserer Geschichte.

So sind alle sieben Weherufe Mahnungen an uns, unser Gewissen zu erforschen, wo wir unsere Spiritualität missbrauchen, um uns vor anderen gut darzustellen bzw. wo wir andere von uns abhängig machen, um mit unserer Religiosität Macht über sie auszuüben. Keine religiöse Gruppe ist vor geistlichem Missbrauch geschützt. Dieser Missbrauch kann sich in konservative und progressive Gruppierungen einschleichen, in kirchliche Bereiche und in die New-Age-Szene. Überall gibt es Menschen, die auf ihrem spirituellen Weg nicht frei werden von ihrem Ego, sondern denen ihre Spiritualität dazu dient, ihr Ego aufzublähen und es unangreifbar zu machen gegenüber jeglicher Kritik. Die Lateiner sagten schon: »Corruptio optimi pessima = Wenn das Beste verdorben wird, ist es am schlimmsten.« Wenn die Spiritualität missbraucht wird, entsteht für die Menschheit größtes Unheil.

Das Gleichnis von den zehn Jungfrauen (25,1–13)

Wohl kaum ein Gleichnis hat in der Auslegung und in der Kunstgeschichte eine solche Wirkung entfaltet wie das von den zehn Jungfrauen. Schon im 4. Jahrhundert werden in Rom auf einem Fresko die klugen Jungfrauen dargestellt. Dic Romanik und Gotik bildet die klugen und törichten Jungfrauen vor allem auf Marienportalen ab. Offensichtlich gaben sowohl die klugen als auch die törichten Jungfrauen den Lesern und Beschauern die Möglichkeit, sich mit ihnen zu identifizieren. Das Gleichnis spielt auf jüdische Hochzeitsbräuche an. Doch zugleich gibt es darin Motive, die den damaligen Hochzeitsritualen widersprechen, so etwa das Motiv der verschlossenen Tür.

Man kann das Gleichnis auf verschiedene Weise auslegen. Ich kann es verstehen als Schilderung des letzten Gerichts oder meiner Begegnung mit Christus, dem Bräutigam in meinem Tod. Dann will mich das Gleichnis ermahnen, bewusst zu leben und wachend das Kommen des Herrn zu erwarten.

Ich kann es aber auch auslegen auf das Kommen Jesu in jedem Augenblick. Wenn Jesus kommt, dann feiert er Hochzeit mit mir, dann werde ich ganz eins mit mir selbst, dann werden die Gegensätze in mir: Mann und Frau, Licht und Dunkel, Tag und Nacht, Gott und Mensch miteinander eins. Dann feiere ich das Fest der Selbstwerdung und der Einswerdung mit Gott. Das ist das Ziel unseres

Lebens. Es ist geprägt von Freude, von Fest und Feiern. Das Gleichnis beschreibt uns den Weg zum Fest unserer Selbstwerdung.

Zehn Jungfrauen machen sich auf den Weg, um den Bräutigam abzuholen und zur Braut zu führen. Sie nehmen Fackeln mit, wohl Gefäßfackeln, »bei denen auf einer Stange ein Feuergefäß aufgesteckt war, in dem vermutlich ölgetränkte Lappen brannten«. (Luz 3,471) Diese Fackeln hatten eine kurze Brenndauer. Man musste ständig Öl nachgießen, damit sie länger brannten. Die Jungfrauen warteten mit ihren Fackeln vermutlich im Haus der Braut. Als nun der Ruf erschallt, dass der Bräutigam kommt, machen sie ihre Fackeln zurecht. Da erst merken die törichten Jungfrauen, dass sie kein Öl mitgenommen haben. So können ihre Fackeln nicht brennen oder nur ganz kurz. Die Exegeten, die von Öllampen ausgehen, deuten diese Szene so, dass die Öllampen die ganze Zeit gebrannt haben. Die törichten Jungfrauen haben einfach nicht mit der Verzögerung des Bräutigams gerechnet. Die anderen Exegeten meinen, die Jungfrauen hätten erst beim Ruf, dass der Bräutigam kommt, ihre Fackeln angezündet. Dabei merkten die törichten Jungfrauen, dass sie kein Öl dabei hatten. Sie hätten den Tanz bei der Abholung des Bräutigams gar nicht zu Ende tanzen können. Im ersten Fall bezieht sich das Törichtsein auf das Nichtrechnen mit der Verzögerung der Wiederkunft Christi. Im zweiten Fall würde töricht sein heißen: gedankenlos in den Tag leben, nicht sorgfältig mit dem umgehen, was für meine Aufgabe wichtig ist, die Fackeln nur halb ausstatten, unzuverlässig sein. Ich schließe mich der zweiten Meinung an. Die klugen Jungfrauen bereiten sich sorgfältig für den Brauttanz vor, die andern nur schlampig und halbherzig.

Die Gegenüberstellung von klug und töricht ist typisch für Jesu Gleichnisse. Da ist der kluge und der törichte

Mann, der sein Haus auf den Felsen bzw. auf Sand baut. (7,24–27) Da ist der törichte reiche Mann, der nicht mit seinem frühen Ableben rechnet. (Lk 12,16–21) Und da ist der ungerechte Verwalter, der gelobt wird, weil er klug ist. (Lk 16,1–18) Das griechische Wort für töricht »moros« heißt: »stumpfsinnig, dumm«. Es bezeichnet ein Handeln, das der Sache nicht angemessen ist, einen Mangel an vernünftiger Überlegung. Torheit kann eine Macht sein, die den Verstand verwirrt und den Menschen zu wahnwitzigem Verhalten verleitet. (Bertram, 837f.) Das griechische Wort für klug, »phronimos«, kommt von »phrenes = Zwerchfell, das Innere des Menschen, Bewusstsein, Verstand«. Die klugen Jungfrauen sind also die, die sich von ihrer inneren Einsicht leiten lassen, die einen gesunden Menschenverstand haben. Bei Plato ist der kluge und besonnene Mensch immer auch der gute, während der törichte der böse ist. Wer besonnen ist, der richtet seinen Sinn auf das Göttliche. Im Gleichnis sind die törichten Jungfrauen die, die ihre Augen vor der Wirklichkeit verschließen, während die klugen Jungfrauen die Lage richtig einschätzen. Für sie ist die äußere Realität ein Bild für die innere Wirklichkeit, für ihre Beziehung zu Gott.

Wenn Jesus sein Gleichnis auf dem Hintergrund jüdischer Hochzeitsbräuche erzählt, haben die Zuhörer sicher die Ohren gespitzt, denn die Erzählung von einer Hochzeit lässt bei jedem Zuhörer das Herz höher schlagen. Jesus zieht die Zuhörer mit seiner Art zu erzählen in Bann. Doch dann verfremdet er die Hochzeitsszene. Er provoziert seine Zuhörer. Er macht sie hellhörig und bei manchem erzeugt er Ärger, wenn er auf einmal davon spricht, dass die klugen Jungfrauen sich weigern, den törichten von ihrem Öl zu geben. Noch heute reagieren viele Hörer auf diese Verhaltensweise der klugen Jungfrauen sofort mit einer moralischen Verurteilung. Warum teilen die klugen Jungfrauen ihr Öl nicht mit den törichten? Das ist doch Egoismus. Sie hätten doch ihre Freude mit den anderen teilen sollen. Jesus beurteilt aber das Verhalten der klugen Jungfrauen nicht. Es ist einfach so. Jesus appelliert mit dem Gleichnis an die Zuhörer: »In dem Augenblick, auf den alles ankommt, könnt ihr euch nicht auf die anderen verlassen. Wenn ihr unbewusst lebt, dann könnt ihr euch nicht damit herausreden, dass die anderen euch die Augen öffnen.« Es ist ein Mahngleichnis, das ähnlich wie ein Mahntraum zu deuten ist. Da wird nicht das Verhalten anderer gerechtfertigt, sondern die Konsequenz des eigenen Verhaltens aufgezeigt. Wenn ich unbewusst in den Tag hinein lebe, dann stehe ich im entscheidenden Augenblick mit leeren Händen da.

Seit jeher haben sich die Ausleger Gedanken gemacht, wie man das Öl deuten solle. Viele deuten Öl als die guten Werke, die zum Glauben (dafür stehen die Fackeln) hinzukommen sollen. Augustinus deutet das Öl als die Gesinnung, aus der heraus der Christ handeln soll. Das Öl ist für ihn Bild für die Liebe. Die Gesinnung kann ich mit anderen nicht teilen. Die klugen Jungfrauen können den törichten nicht von ihrer Liebe mitteilen. Ich kann Brot und Wein mit anderen teilen, weltlichen und geistlichen Besitz. Aber ich kann meine eigene Gesinnung nicht dem anderen aufdrängen. Sie ist Aufgabe jedes Einzelnen. So ist für Augustinus das Gleichnis Mahnung, in uns die Liebe zu wecken, die schon in uns ist, von der wir aber oft genug abgeschnitten sind. Eine Frau, die über das Öl in ihrem Leben nachgedacht hat, meinte in einer Runde: Mit Öl werden die Speisen verfeinert, und mit Öl salbe ich meinen Körper. Sie sah im Gleichnis die Erlaubnis Jesu, sich selbst etwas zu gönnen, gut mit sich umzugehen und nicht ständig mit einem schlechten Gewissen herumzulaufen. Jeder wird das Öl anders deuten, je nachdem, welche Erfahrung er damit gemacht hat. Und es ist legitim, dass jeder sich von seinem Erfahrungshorizont aus in das Gleichnis hineinmeditiert.

Die klugen Jungfrauen verweisen die törichten auf die Händler, bei denen sie das Öl kaufen sollen. Seit Augustinus wird diese Aufforderung der klugen Jungfrauen ironisch verstanden. In der Nacht gibt es gar keine Möglichkeit, bei den Händlern einzukaufen. Da sind die Läden verschlossen. Dann würde Jesus mit diesem Bild sagen: Im entscheidenden Augenblick können wir nicht kaufen, was wir nie in uns entwickelt haben. Die Liebe lässt sich nicht kaufen. Sie muss in uns wachsen. Wir müssen an ihr arbeiten, damit sie all unser Handeln bestimmt. Andere Exegeten gehen davon aus, dass bei einer Hochzeit das ganze Dorf auf den Beinen und es daher auch möglich sei, bei Händlern Öl zu kaufen. Dann wäre allein das Motiv der Verspätung tragend. Wenn ich nicht im Augenblick lebe, wenn ich mich nicht klug auf das einlasse, was gerade dran ist, dann komme ich für das Entscheidende im Leben zu spät.

Die törichten Jungfrauen stehen vor verschlossenen Türen. Das jüdische Hochzeitshaus steht normalerweise für alle Gäste offen. Da kann man zu jeder Zeit kommen. Das Motiv der verschlossenen Tür und des Zuspätkommens verfremdet also die Erzählung von der Hochzeit. Aber es sind wichtige Motive, die häufig in unseren Träumen auftauchen: Zuspätkommen bedeutet im Traum, dass ich noch in Problemen meiner Vergangenheit hänge, dass ich noch zu sehr mit den Verletzungen der Vergangenheit beschäftigt und so unfähig bin, im Augenblick zu leben. Und verschlossene Türen weisen darauf hin, dass ich keine Beziehung habe zu meinem Inneren, zu meinem wahren Selbst. Im Judentum sind die verschlossenen Türen sprichwörtlich für verpasste Gelegenheiten. (Gnilka, 352) Wenn ich von Zuspätkommen und von verschlossenen Türen träume, bedeutet das nie, dass das so sein muss. Es sind vielmehr Mahnträume, die mich auffordern möchten, aufzuwachen, mich auf den Augenblick einzulassen und in Berührung zu kommen mit meiner Seele und meinem Herzen. Wenn ich zu lange unbewusst draußen in der Welt herumlaufe, ohne Beziehung zu meinem Selbst, dann kann es sein, dass es irgendwann einmal zu spät ist. Ich bin so sehr von mir getrennt, dass ich keine Beziehung mehr aufbauen kann. Damit es nicht so weit kommt, erzählt Jesus dieses Gleichnis.

Wir sollen wachsam sein, im Augenblick sein. Wir sollen die Augen öffnen, damit wir die Wirklichkeit erkennen, wie sie ist. Und wir sollen klug sein. Die Klugheit wird von den Kirchenvätern dahingehend verstanden, dass wir die Worte Jesu nicht nur hören, sondern sie auch befolgen. In diesem Sinn hat Matthäus das Gleichnis Jesu vom klugen Mann, der sein Haus auf den Felsen baute, an den Schluss der Bergpredigt gesetzt. Für Matthäus bedeutet christliches Leben nie nur, irgendwelchen Ideen zu folgen, sondern konkret im Alltag die Worte Jesu zu erfüllen und ihnen mit Werken der Liebe zu antworten. Glaube und Werke gehören für Matthäus zusammen. So entfaltet er uns eine andere Theologie als Paulus. Er setzt einen Akzent, den er seiner Gemeinde immer wieder in Erinnerung ruft. Der Glaube braucht Ausdruck, sonst zerfließt er.

Das Gleichnis vom anvertrauten Geld (25,14–30)

Das Gleichnis vom anvertrauten Geld erregt in vielen Hörern Unwillen. Sie haben instinktiv Mitleid mit dem dritten Knecht, der zu kurz gekommen ist, nur ein Talent bekommen hat und dafür auch noch bestraft wird. Jesus lädt sie bewusst dazu ein, sich mit dem dritten Knecht zu solidarisieren, um ihnen die Augen dafür zu öffnen, wie

Leben wirklich gelingen kann. Wenn wir wie der dritte Knecht unser Talent vergraben, verweigern wir unser Leben. Oft genug ist dieses Gleichnis von Auslegern missbraucht worden. Von Lehrern ist es instrumentalisiert worden, um die Schüler zu mehr Leistung anzutreiben. Sie sollen ihre Talente entfalten. Doch Jesus geht es in diesem Gleichnis nicht um Leistung, sondern um das Thema Vertrauen und Angst. Die beiden ersten Knechte wirtschaften mit den Talenten, die ihnen der Herr anvertraut hat. Sie werden nicht für ihre Leistung belohnt, sondern für ihr Vertrauen. Wer mit Geld wirtschaftet, geht immer auch ein Risiko ein, dass er das Geld verliert. Es gibt kein Wirtschaften ohne Risiko. Wer das Risiko scheut, der vergräbt sein Talent wie der dritte Knecht. Das Gleichnis erzählt uns genau, warum der dritte Knecht sein Talent vergraben hat. Er fühlt sich zu kurz gekommen, benachteiligt gegenüber den anderen Knechten. Er hat weniger bekommen als sie. Er vergleicht sich mit ihnen und verweigert sein Leben, weil er nicht so gut ausgestattet worden ist wie seine Mitmenschen.

Der zweite Grund, warum er sein Talent vergräbt, ist sein Gottesbild: »Ich wusste, dass du ein strenger Mann bist; du erntest, wo du nicht ausgestreut hast; weil ich Angst hatte, habe ich dein Geld in der Erde versteckt.« (25,25) Der dritte Knecht hat das Bild eines strafenden und richtenden Gottes vor Augen, eines strengen Herrn, der keinen Fehler durchgehen lässt. Vor diesem Gott hat er Angst. Jesus will den Hörern sagen: »Wenn du so ein negatives Gottesbild hast, wenn Du Dir Gott als strengen Buchhalter vorstellst und als einen willkürlichen Gott, der erntet, wo er nicht gesät hat, dann wird dein Leben jetzt schon Heulen und Zähneknirschen sein. Und wenn Du Angst hast vor Gott, dann wird die Angst dich jetzt schon lähmen und dich am Leben hindern. Ein krankes Gottesbild macht dich krank.«

Der dritte Grund, warum der letzte Knecht sein Talent vergräbt, ist das Sicherheitsdenken. Weil er sich benachteiligt fühlt, will er auf keinen Fall etwas von dem verlieren, was er hat. Und er will keinen Fehler machen, damit er von niemandem kritisiert werden kann. Aber gerade weil er keinen Fehler machen will, macht er alles falsch. Gerade weil er alles kontrollieren möchte, gerät ihm sein Leben außer Kontrolle. Er, der an sich und seinem Talent festhalten will, verliert zum Schluss alles, sein Talent und sich selbst.

Der Herr nennt diesen Knecht »böse und ängstlich«, und nicht »faul«, wie die Einheitsübersetzung meint. Aus Angst hat der Knecht nichts unternommen. Er ist zögerlich und ängstlich und kann sich für nichts entscheiden. Der Herr macht ihm zum Vorwurf, dass er auch anders auf sein Bild vom strengen Herrn hätte handeln können. Er hätte sein Geld wenigstens auf die Bank bringen können. Dann hätte es Zinsen gebracht. Die waren damals bis maximal 12 Prozent hoch. Es wäre also ein bescheidener Gewinn gewesen. Doch der Knecht hat sich als unbrauchbar erwiesen, mit Geld umzugehen. Daher wird ihm das Talent genommen und dem anderen gegeben. Das erregt häufig Unwillen bei den Hörern. Oft höre ich die Reaktion: »Das ist doch ungerecht. Der Knecht ist sowie schon benachteiligt. Dafür kann er doch nichts. Jetzt wird ihm alles genommen.« Jesus will mit dieser Reaktion jedoch die Hörer auf die Konsequenzen des Sicherheitsdenkens aufmerksam machen. Wer so ängstlich lebt wie der dritte Knecht, der zerstört sich selbst, der beraubt sich selbst des Lebens, er verweigert sein Leben.

Matthäus hat im Herrn sicher Jesus verstanden, der in der Himmelfahrt von den Menschen gegangen ist und am Ende der Zeit in Herrlichkeit wiederkommen wird. Die Sklaven sind die Christen, denen Gott sein Vermögen anvertraut hat. In diesem Bild wird die Würde sichtbar, die jeder Mensch hat. Jedem hat Gott etwas von seinem eigenen Vermögen anvertraut. Die Talente wurden in der geistlichen Tradition verschieden verstanden. Origenes verstand sie als das Wort Gottes. Die fünf Talente bedeuten dann das geistliche Verständnis der Schrift, die zwei Talente weisen auf die Menschen hin, die sich neben dem Buchstaben auch mit einem geistlichen Sinn rechnen. Das eine Talent bedeutet, dass man beim Buchstaben stehen bleibt. Andere deuten die fünf Talente als die fünf Sinne, die der Mensch von Gott erhalten hat. Im Mittelalter werden alle Gaben und Charismen, die Gott dem Menschen gegeben hat, als Talente bezeichnet. Das Vermehren der Talente wurde entweder als vertieftes Verständnis der Schrift verstanden oder aber als Liebe, die unserem Leben Fruchtbarkeit verleiht. Das Vergraben wurde schon im Mittelalter als Zeichen von Angst gesehen. Wer Angst hat, der kreist nur um sich selbst. Er ist nicht frei, sich in der Liebe zu verschenken.

Für mich ist das Gleichnis eine Einladung, aus dem Vertrauen zu leben und nicht aus der Angst. Wer ängstlich darüber wacht, dass er ja keinen Fehler macht, macht im Grunde alles verkehrt. Er bereitet sich selbst ein Leben in der Hölle der Angst. Wer aus Angst alles kontrolliert, der knirscht nachts oft genug mit den Zähnen. Denn alles, was er aus Angst unterdrücken möchte, wird in der Nacht auftauchen, und er muss es mit Gewalt unterdrücken. So wird sein Leben geprägt sein durch Heulen und Zähneknirschen. Die Frage ist, warum Jesus so drastische Bilder benutzt. Offensichtlich muss er die ängstliche Haltung so ad absurdum führen, weil wir von Natur aus mit ihr Mitleid haben. Es gibt in uns den Hang, uns selbst zu bedauern. Wir sind ja zu kurz gekommen. Es ist ja alles so schwierig. Mit dem Wenigen, das wir mitbekommen haben, können wir nicht richtig leben. Jesus will uns von dieser Haltung befreien, indem er die Konsequenzen dieser Einstellung so drastisch ausmalt. Er will im Gleichnis unsere Angst mit der Angst vertreiben, damit wir uns auf den Weg des Vertrauens und der Liebe einlassen.

Für mich wird auch in diesem Gleichnis die Weisheit Jesu sichtbar, wie er mit Menschen umgeht, die sich selbst entwerten und sich im Vergleich mit andern minderwertig vorkommen. Mir erzählte ein befreundeter Psychologe von einer Frau, die alles an sich schlecht machte. Er versuchte im Gespräch, sie aufzubauen und auf ihre positiven Seiten hinzuweisen. Doch je mehr er versuchte, das Gute an ihr ins Wort zu bringen, desto mehr entwertete sie sich. Dann kam ihm die Erleuchtung. Er verstärkte die negativen Aussagen, die die Frau machte. Auf einmal rebellierte sie: »Was fällt Ihnen ein, mich so zu beschreiben.« Manchmal muss man Menschen auf ihre katastrophale Haltung hinweisen und sie bestärken, damit sie endlich aufwachen und merken, wie falsch sie sich sehen. So wie der Psychologe möchte Jesus im Hörer Vertrauen wecken, indem er die Angst in ihrer Konsequenz schildert. Er möchte ihn zu seinen Stärken führen, indem er seine Schwächen ausmalt. Er möchte dem, der in Selbstmitleid verfallen ist, die Augen öffnen, damit er nicht mehr um sich kreist, sondern Mut bekommt, sein Leben zu wagen.

Vom Weltgericht (25,31–46)

Kaum ein Text des Matthäusevangeliums hat in der Geschichte der Spiritualität eine größere Faszination ausgeübt als die Rede vom Weltgericht. Hier wird christliches Leben und Lieben universal verstanden. Die Nächstenliebe gilt allen Menschen, gerade den Armen und Notleidenden, unabhängig, ob sie Christen sind oder nicht. Es geht um eine Liebe, die nicht berechnet. Sie weiß gar nicht, dass sie letztlich Christus im Nächsten behandelt. Sie wird um ihrer selbst willen getan, nicht aus anderen Motiven. Das hat vor allem den deutschen Philosophen Immanuel Kant fasziniert. Aber auch Atheisten sind von unserem Text begeistert. Die Befreiungstheologie hat in diesen Worten Jesu die zentrale Mitte des Evangeliums gesehen. Sie spricht vom Sakrament des Nächsten, an dem vorbei es keinen Weg zu Gott gibt. (Luz 3,523) Auch im Dialog mit anderen Religionen ist dieser Text wichtig geworden. Die Liebe, die Jesus von den Christen fordert, gilt allen Menschen, ganz gleich welche Religion sie haben, und es ist eine Forderung, die auch von anderen Religionen verstanden wird. Wer immer dem Menschen Liebe erweist, der erfüllt das Gebot Jesu, ob er darum weiß oder nicht, und begegnet im Menschen Jesus Christus, auch wenn er nie etwas von ihm gehört hat.

Die Kirchenväter haben in diesem Text vor allem eine Ermahnung zu den Werken der Barmherzigkeit gesehen. Die Christen sollten gerade auf die Armen schauen, ihren Hunger und Durst stillen, sie bekleiden, ihre Wunden heilen und sie im Gefängnis besuchen. Die Legende vom hl. Martin, der dem Bettler seinen Mantel teilt und dann in der Nacht Christus sieht, der Mt 25,40 zitiert, hat diesen Text tief in das Bewusstsein der Christen eingeprägt. Origenes hat die Werke der Barmherzigkeit nicht nur wörtlich, sondern auch geistlich verstanden als Ernährung mit geistlicher Speise, als Bekleiden mit dem Kleid der Weisheit und als geistlichen Trost.

Mich hat dieser Text in der Jugend immer fasziniert. Er war mir Anstoß, das Kreisen um mich aufzugeben und nach den Menschen Ausschau zu halten, die in Not sind, die der Hilfe bedürfen. Zugleich hat mir der Text auch Angst gemacht, denn in meiner Jugend wurde er oft »mit erhobenem Zeigefinger« ausgelegt. Mein Christsein misst sich allein daran, dass ich ganz für den anderen da bin, dass ich überall nach den Armen und Hungernden sehe, nicht nur nach den materiell Armen, sondern auch nach den geistig Armen. Der Text hat mir dann ein schlechtes Gewissen vermittelt, weil ich spürte, dass ich gar nicht alle Menschen wahrnehmen kann, die in Not sind, geschweige denn, dass ich ihnen zu helfen vermag. Helfen wurde dann zur Beruhigung des schlechten Gewissens, ohne dass ich mich wirklich auf den andern um seiner selbst willen einließ.

Das Buch von den »hilflosen Helfern« hat mir die Augen geöffnet, wie oft sich in mein Helfen andere Motive einschleichen wie: Macht über den anderen haben, mich besser fühlen, meine eigenen Defizite durch Helfen ausgleichen usw. Da hat mir geholfen, dass der Richter als König auftritt. Im Sinne Jesu helfe ich dem Armen nicht dadurch, dass ich mein schlechtes Gewissen beruhige, sondern indem ich ihn als königlichen Menschen sehe und behandle. Das Helfen darf den anderen nicht zum Hilfsempfänger degradieren, sondern soll ihn aufrichten, damit er seine Würde als König oder Königin entdeckt. In diesem Sinn ist die Gerichtsrede Jesu eine dauernde Herausforderung an mich, auf die Menschen um mich herum zu achten, wo sie hungrig oder durstig sind, wo sie unbehaust und heimatlos sind, nackt und bloßgestellt, in sich gefangen, von Zwängen getrieben. Ich kann sicher nicht alle Menschen heilen und allen zum Helfer werden. Ich muss auch die eigene Grenze annehmen. Aber dennoch versetzen mich die Worte Jesu in Unruhe. Sie befreien mich von einem narzisstischen Kreisen um mich selbst, wie es heute bei manchen spirituellen Wegen zu beobachten ist.

In der nüchternen Mitmenschlichkeit erweist es sich, ob ich Jünger Jesu bin oder nicht. Allen Menschen zu helfen würde mich überfordern. Doch den Bruder und die

Schwester als König oder Königin zu sehen, das kann ich immer. Das richtet Menschen auf. Das ist schon der erste Schritt, den Nackten zu bekleiden mit königlicher Würde und den Hungernden zu nähren mit Achtung und Zuwendung.

Zwei Bilder bereiten vielen Lesern dieser Rede Jesu Probleme. Da ist einmal das Bild des Gerichts. Viele verbinden damit Angst und Schrecken, sie haben Angst, vor dem Gericht nicht zu bestehen. Sie haben das Bild des Buchhaltergottes vor Augen, der ihre Taten auf die Waage legt. Wenn sie zu leicht befunden werden, sind sie für immer verdammt. Die Rede vom Gericht ist eine Mahnrede. Jesus will uns ermahnen, unser Leben bewusst zu leben. Zu diesem Leben aus dem Geist Jesu gehört die richtige Beziehung zum Mitmenschen. Das Gericht zeigt, worum es jetzt schon in unserem Handeln geht: um die Frage nach Leben oder Tod. Gerichtet wird der Mensch nach seinen Werken und nicht nur nach seiner Gesinnung. Das Bekenntnis für Christus zeigt sich bei Matthäus in seinem konkreten Handeln, nicht in der dogmatisch richtigen Aussage über Jesus Christus. Alle Menschen, ob Christen oder Anhänger anderer Religionen, ob gläubig oder ungläubig, Theisten oder Atheisten werden vor Christus dem Weltenrichter erscheinen. Das Urteil steht nicht uns zu, sondern allein Christus, der auf das Herz des Menschen sieht. Matthäus hat vor der Rede Jesu die Geschichte Jesu erzählt. Und das ist die Geschichte des »Immanuel – Gott mit uns«: Jesus ist der Helfer und Heiland. Von daher dürfen wir darauf vertrauen, dass Jesus als der Richter zugleich der Heiland ist, der unsere Wunden heilt und uns verlorene Schafe in sein Reich holt. Mit der Gerichtsrede ist vielen Menschen Angst gemacht worden. Angst ist nicht das Ziel des Matthäusevangeliums, sondern Entschiedenheit, Offenheit und Solidarität mit den Menschen.

Das zweite Bild, das mit dem des Gerichtes zusammenhängt, ist das Bild der Scheidung zwischen Schafen und Böcken. Die meistens übliche Übersetzung »Schafe und Böcke« ist ungenau. Auch die Deutung, dass der Hirt am Abend die Schafe von den Ziegen scheidet, weil die Ziegen in der Nacht wärmere Luft brauchen als die Schafe (vgl. Grundmann, 526), ist wohl nicht zutreffend. Von der Wortbedeutung her trennt der Hirte die Zicklein, die zum Schlachten bestimmt sind, von der übrigen Kleinviehherde, die aus Schafen und Ziegen bestand. (Vgl. Luz 3,533f.) Die Zicklein, die geschlachtet werden sollen, werden auf die linke Seite gestellt, auf die unglückliche und unheilvolle, die anderen auf die rechte, die glückbringende Seite. Das Bild der Scheidung macht vielen Menschen ebenso Angst wie das Bild des Gerichts. Sie fragen sich, ob sie wohl auf die rechte oder linke Seite gestellt werden. Doch auch das Bild der Scheidung bezieht sich nicht nur auf das künftige Weltgericht, sondern auf unser jetziges Handeln. Hier und jetzt will Jesus uns herausfordern, uns zu einem Handeln zu entscheiden, das seinen Geboten entspricht. Wir dürfen nicht einfach unbewusst dahinleben, sondern müssen immer wieder Entscheidungen treffen für das Leben und für die Menschen um uns herum. Es gilt zu unterscheiden, ob unser Handeln dem Willen Gottes entspricht oder nicht, ob es dem Leben des Nächsten dient oder nicht. Spätestens im Tod wird Gott aus uns alles ausscheiden, was seiner Liebe widerspricht. Die Begegnung mit Gott im Tod verlangt unsere Entscheidung für Gott und Gottes Liebe, und sie führt zur Scheidung in uns. Vor Gott werden wir erkennen, wo wir an ihm und an den Menschen, in denen uns sein Antlitz begegnet, vorbeigelebt haben. Das wird ein schmerzlicher Ausscheidungsprozess sein. Aber wir dürfen vertrauen, dass wir nicht einfach auf die linke Seite gestellt werden, sondern dass nur das in uns ausgesondert wird, was in uns geopfert werden muss, damit wir mit Gott eins werden können. Das Bild des Scheidens und Aussonderns will uns also herausfordern, uns hier und jetzt für ein Leben zu entscheiden, das den Geboten Jesu, des Weltenrichters, entspricht. Wer dieser Weltenrichter ist, das hat Matthäus in seiner Jesusgeschichte beschrieben. Und das wird gerade in der auf die Gerichtsrede folgenden Passionsgeschichte deutlich. Jesus ist der »gütige(r) und von Herzen Gott ergebene König ohne irdische Machtmittel« (Grundmann, 15), der in die Hände der Menschen gerät und durch ihr Gericht hindurchgeht, um so in die liebenden Arme seines Vaters zu fallen.

Die Passionsgeschichte (26–27)

Matthäus folgt in der Erzählung der Passion Jesu seiner Vorlage im Markusevangelium. Doch er gibt dem Leiden und Sterben Jesu seine eigene Deutung. Matthäus betont die Überlegenheit Jesu schon in der Passion. Hier erfüllt sich das Wort. Jesus geht freiwillig den Gang zum Kreuz. Matthäus versteht die Passion Jesu auf dem Hintergrund alttestamentlicher Texte: Jesus ist der von Gott gesandte Hirte, der den zwölf Stämmen Israels einen neuen Anfang ermöglichen soll. Doch die »Schafhändler«, die beim Propheten Sacharja nur auf ihren Gewinn aus sind, schaffen sich den Hirten vom Hals, indem sie ihn mit dreißig Silberstücken abwiegen. (Vgl. Sach 11,4–14) Wie es beim Propheten Sacharja heißt, werden auch die Schafe ihres Hirten überdrüssig. Das Volk, das bisher Jesus bewundert hat, schlägt sich jetzt auf Seite der führenden Kreise, der Schriftgelehrten und Pharisäer. (Vgl. Limbeck, 280ff.; Schweizer, 316f.) Wie Matthäus Passion und Auferstehung Jesu versteht, wird in manchen Erweiterungen und Ergänzungen zu seiner Vorlage, dem Text des Markusevangeliums, erkennbar. Ich möchte mich in der Auslegung der Passionsgeschichte nur auf die Matthäus eigenen Texte beschränken, weil in ihnen am besten ersichtlich ist, wie der Evangelist Jesu Weg durch Tod und Auferstehung sieht und deutet.

Schon die Einleitung macht die Position Matthäus' deutlich: »Und es geschah, als Jesus alle diese Worte vollendet hatte, sprach er zu seinen Jüngern.« (26,1; übers. Grundmann) Jesus hat seine fünf großen Reden vollendet. Jetzt ist alles gesagt, was zu sagen ist. Die Hörer und Leser dieser Reden sind aufgerufen, sich für Jesu Lehre zu entscheiden. Nun kommt das große Geschehen der Passion, in dem sich Jesus selbst für den Weg entscheidet, den er in seinen Reden vorgezeichnet hat. In Tod und Auferstehung wird Jesus zeigen, wie er selbst alle seine Worte erfüllt. Er ist der Lehrer, der vorlebt, was er lehrt. Er wird gewaltlos in den Tod gehen, er wird dem Willen des Vaters gehorsam sein, und er wird im Tod noch seine Feinde lieben, wie er es in der Bergpredigt von seinen Jüngern verlangt hat. Wer nicht den Worten Jesu zu folgen vermag, der soll durch sein Beispiel aufgerufen werden, sich auf die Lehre Jesu einzulassen und sich durch sein Verhalten für sie zu entscheiden.

Bei der Schilderung des Abendmahls übernimmt Matthäus die Worte des Markus, formuliert sie aber liturgischer. Man erkennt, dass er auf die Liturgie seiner Gemeinde zurückgreift. Ein entscheidender Unterschied zu Markus ist das Deutungswort zum Becher: »Das ist mein Blut, das Blut des Bundes, das für viele vergossen wird zur Vergebung der Sünden.« (26,28) Bei Markus heißt es nur: »das für viele vergossen wird«. (Mk 14,24) Matthäus verbindet also den Tod Jesu und die Eucharistiefeier mit der Sündenvergebung. Er hat hier die Sühne stiftende Wirkung des Paschablutes vor Augen. Das Blut des Paschalammes wird vergossen, um die Israeliten zu entsündigen. Die Vollendung der Sündenvergebung wird im Tod Jesu sichtbar, aber in jeder Eucharistiefeier wird diese Vergebung den Teilnehmern am Heiligen Mahl zugesprochen und im Blut Jesu gereicht, so dass sie leibhaft erfahren dürfen, dass sie bedingungslos angenommen sind, auch mit ihrer Schuld. In der Geschichte der christlichen Theologie ist der Tod Jesu oft ausschließlich als Sühne für unsere Sünden verstanden worden. Für viele ist die Verbindung zwischen dem Tod Jesu und der Sündenvergebung schwer verständlich. Matthäus hat Jesus schon während seines Lebens als den geschildert, der den Menschen die Vergebung der Sünden zuspricht. Also ist diese nicht an seinen Tod gebunden. Doch indem Jesus seinen Tod mit dem Bild des Paschalammes verbindet, dessen Blut die Menschen von ihren Sünden reinigt, bringt er zum Ausdruck, dass in seinem Tod Gottes vergebende Liebe ihren Höhepunkt erreicht. Jesus hält im Tod seine Liebe durch. Er lässt sich auch von den Mördern nicht von seiner Liebe abhalten. In der Eucharistiefeier drückt er aus, dass er sich im Tod für seine Jünger hingibt, damit sie für immer an seine Liebe glauben und damit sie diese vergebende Liebe als Grund ihrer Existenz immer wieder von neuem leibhaft erfahren dürfen.

In der Szene im Garten von Getsemani zeigt Matthäus Jesus als Vorbild des Glaubenden. Matthäus berichtet beim zweiten Gebet Jesu den genauen Wortlaut, und der entspricht der dritten Bitte des Vaterunsers: »Dein Wille geschehe.« (26,42) Was Jesus seine Jünger gelehrt hat, das vollzieht er in der Passion selber. Er lässt sich auf den Willen Gottes ein. Er ist als Sohn seinem Vater gehorsam. Auch wenn der Wille des Vaters ihm Angst macht und ihn in Traurigkeit stürzt, ringt er sich dennoch dazu durch, sich auf ihn einzulassen, im Vertrauen, dass das der Weg des Heiles ist für ihn und für die Menschen. Das Vaterunser ist die Mitte der Bergpredigt. Und die Bitte um den

Willen Gottes ist die Mitte des Vaterunsers. Im Gebet im Garten von Getsemani wird so deutlich, dass Jesus in seiner Passion die Bergpredigt erfüllt. Er hat sie nicht nur für seine Jünger verkündet, sondern durch sein Leben als den Weg vollzogen, der zum Vater führt. In seinem Gebetskampf sucht Jesus die Gemeinschaft mit seinen Jüngern. Er will ihnen helfen, die zentrale Bitte des Vaterunsers in ihrem Leben einzuüben.

Die Gefangennahme Jesu schildert Matthäus ähnlich wie Markus, doch fügt er wieder wichtige Verse ein. Jesus wendet sich gegen Petrus, der sein Schwert gezogen hatte: »Steck dein Schwert in die Scheide; denn alle, die zum Schwert greifen, werden durch das Schwert umkommen.« (26,52) Jesus wird hier zum Vorbild der Gewaltlosigkeit, die er in der Bergpredigt verkündet hat. Er verzichtet eben auf Vergeltung und lässt die Gewalt an sich geschehen, ohne sich zu wehren, er gibt den letzten Grund für die Gewaltlosigkeit an: Er weiß sich in Gottes Schutz. Gottes Engel umgeben ihn. Er könnte Gott bitten, dass sie für ihn kämpfen, doch darauf verzichtet er. Er weiß sich von den Engeln Gottes behütet, sodass die äußere Gewalt, die ihm sogar den Tod einbringt, letztlich nicht schaden kann.

Die Geschichte vom Ende des Judas erzählt uns allein Matthäus. Auch mit dieser Geschichte verfolgt der Evangelist eine Absicht. Auf die erste Verhandlung des Hohen Rates folgt die Verleugnung des Petrus. Auf den Todesbeschluss lässt Matthäus den Widerruf und das Selbstgericht des Judas folgen. Judas hat erkannt, dass er einen Fehler gemacht und unschuldiges Blut verraten hat. Normalerweise hätte auf sein Bekenntnis der Unschuld Jesu das Verfahren wieder aufgenommen werden müssen, doch die Hohenpriester und Ältesten lassen Judas mit seiner Schuld allein. Sie weigern sich, das Verfahren von neuem aufzurollen. Damit handeln sie gegen jüdisches Recht. Judas wirft sein Verrätergeld in den Tempel, um den Handel rückgängig zu machen, doch umsonst. So geht er hin und erhängt sich. Die Hohenpriester nehmen das Geld und handeln gesetzlich korrekt damit: Da es als Blutgeld unrein ist, kaufen sie einen Begräbnisacker für die Heiden, für die Unreinen. Matthäus deutet dieses Geschehen mit dem Hinweis auf den Propheten Jeremia, der einen Acker erwarb als Zeichen des kommenden Heils. So wird Jesu ungerechter Tod für die Heiden zu einer Quelle des Heiles werden. Matthäus schildert den Judas durchaus sympathisch. Selbst der Verräter legt Zeugnis für die Unschuld Jesu ab, doch die Hohenpriester nehmen das Zeugnis nicht an. Die Wirkungsgeschichte dieser Szene war für das Verhältnis zwischen Christen und Juden verheerend. Allen Juden wurde die Schuld am Tod Jesu zugeschoben, und sie wurden kollektiv als Verräter gebrandmarkt. Da ist es wichtig, dass wir die ursprüngliche Aussageabsicht des Matthäus erkennen, der das Scheitern des Judas und das Jesu zusammensieht. Judas scheitert aus Verzweiflung, aus enttäuschter Hoffnung, Jesus scheitert im Vertrauen auf den Vater, der ihn selbst im Tod noch auffängt. Petrus verrät seinen Herrn genauso wie Judas, doch Petrus bricht nach seinem Verrat in Tränen der Reue aus. In seiner Ohnmacht vertraut er sich der Barmherzigkeit Gottes an. Judas dagegen möchte seinen Verrat selbst wieder gutmachen. Anstatt sich in die Hände Gottes zu begeben, legt er Hand an sich. Anstatt sich dem gnädigen Gericht Gottes zu überlassen, richtet er sich selbst. So will Matthäus die Leser mahnen, im Fall des eigenen Versagens sich wie Petrus der Barmherzigkeit Gottes zu überlassen.

Bei der Verhandlung vor Pilatus hat Matthäus in den Bericht des Markus zwei kleine Erweiterungen eingefügt. Die erste Erweiterung ist die Intervention der Frau des Pilatus. Sie hatte in der Nacht einen Traum, in dem ihr die Schuldlosigkeit Jesu bewusst wurde. So warnt die Frau ihren Mann: »Dieser Mann ist gerecht. Lass von ihm ab. Ich habe seinetwegen im Traum viel gelitten.« Matthäus nimmt hier ein in der Antike weit verbreitetes Motiv auf: So warnt die Frau des Caesars ihren Mann vor seiner Ermordung. Der Traum ist für Matthäus Offenbarung Gottes. Die Geburt Jesu war von Träumen des Joseph begleitet. Sein Tod ist vom Traum einer Frau als der Tod eines Gerechten erkannt. Wie die Magier, denen Gott im Traum erschien (2,12), die Geburt des Königs der Juden bekennen, so legt beim Tod Jesu wieder eine Heidin aufgrund eines Traumes Zeugnis für Christus ab. Gott ist gerade für die Heiden da, die ihn noch nicht kennen. Gott offenbart den Heiden durch Träume die Bedeutung Jesu Christi.

Der Traum seiner Frau hält den Pilatus nicht davon ab, Jesus der Menge auszuliefern. Aber er beteuert seine Unschuld. Zu ihrem Zeichen wäscht er sich die Hände. Auf diese Geste hin schreit das ganze Volk den verhängnisvollen Satz: »Sein Blut komme über uns und unsere Kinder!« (27,25) Auch dieser Satz hat eine unheilvolle Wirkungsgeschichte gehabt. Er wurde immer wieder als Argument für den Antijudaismus verwendet. Doch Matthäus will damit etwas anderes sagen: Das ganze Volk hat bei Matthäus den Tod Jesu zu verantworten und nicht nur die Führenden. In der jüdischen Tradition bedeutet dieser Satz, dass das Volk seine Unschuld beteuert. Deshalb kann das Blut Jesu über es kommen. Doch zugleich drückt Matthäus mit diesem Satz die Blindheit des Volkes aus, das den Messias ablehnt und gerade so vor Gott schuldig wird. Die wahre Bedeutung des Blutes Jesu besteht darin, dass es zur Vergebung der Sünden vergossen wird. Die Vergebung gilt auch für das Volk Israel. Matthäus ist davon überzeugt, dass die Zerstörung Jerusalems im Jahre 70 durch die Römer das Gericht Gottes über die Schuld des Volkes war. Mit seinem Evangelium möchte er gerade im Volk Israel dafür werben, sich Jesus als dem Messias zuzuwenden. Dann wird auch Israel am Heil teilhaben, das Jesus in seinem Tod am Kreuz für alle Menschen gewirkt hat. Der erhöhte Herr sendet seine Jünger zu allen Völkern, auch zu den Juden, um sie zu Jüngern Jesu zu machen. Die an Jesus glauben, werden zum wahren Volk Gottes, und erfüllen damit die Verheißung, die dem Volk Israel gegeben wurde. Bei aller Kritik am Verhalten des jüdischen Volkes ist Matthäus wie kein anderer Evangelist daran interessiert, den Zusammenhang Jesu mit dem Judentum und die Kontinuität zwischen Synagoge und Kirche zu betonen.

Bei der Schilderung der Kreuzigung folgt Matthäus ziemlich genau Markus. Doch die Worte, mit denen die Vorübergehenden den am Kreuz hängenden Jesus verspotten, formuliert Matthäus bewusst auf dem Hintergrund der Versuchungsszene in Kapitel 4,1–11. Wie der Satan reden die Spötter Jesus an: »Wenn du Gottes Sohn bist, hilf dir selbst, und steig herab vom Kreuz!« (27,40) Am Kreuz entscheidet sich, ob Jesus die grundlegende Versuchung seines Daseins besteht oder nicht, ob er sein Sohnsein ausnutzt oder ob er sich als Sohn vertrauensvoll dem himmlischen Vater überlässt. Die Hohenpriester, Schriftgelehrten und Ältesten nehmen das Thema des Vertrauens auf, indem sie Jesus den Psalm 22,9 vorhalten: »Er hat auf Gott vertraut: der soll ihn jetzt retten, wenn er an ihm Gefallen hat.«(27,43) Das Wort »vertrauen« steht dabei nicht in Psalm 22,9. Das hat Matthäus bewusst hier aus dem Buch der Weisheit genommen. (Weish 2,17–20) Das zeigt, wie wichtig dem Evangelisten das Thema des Vertrauens ist. Am Kreuz entscheidet sich, ob Jesus auf Gott seinen Vater vertraut, oder ob er sein wunderbares Wirken erzwingen will, ähnlich wie in der Versuchungsgeschichte in 4,1–11. Am Kreuz erweist sich Jesus wahrhaft als Gottes Sohn. Gerade dort, wo er scheinbar von Gott verlassen ist, da nichts von Gottes wunderbarem Eingreifen sichtbar wird, betet er voll Vertrauen zu seinem himmlischen Vater. Auch in der äußersten Ohnmacht, in seiner Verlassenheit, in seinem Scheitern als Messias, in seiner Einsamkeit unter den scheinbar mächtigen und sich ihres Gottes so gewissen Spöttern wendet sich Jesus vertrauensvoll an seinen Vater: »Mein Gott, mein Gott, warum hast du mich verlassen?« (27,46) Jesus fällt auch im Tod nicht aus dem Vertrauen gegenüber seinem Vater heraus. Am Kreuz bewährt er sein Sohnsein. Das ist für Matthäus das tragende Motiv seines Christusbildes. Jesus ist der Sohn Gottes, aber anders als die Spötter es sich vorstellen. Er hält in seinem Sterben am Vater fest. Er traut dem Vater zu, dass er sein Sterben noch verwandelt. Jesus hat sicher nicht nur den ersten Vers von Psalm 22 gebetet, sondern den ganzen Psalm, der in das grenzenlose Vertrauen einmündet: »Er verbirgt sein Gesicht nicht vor ihm; er hat auf sein Schreien gehört. Deine Treue preise ich in großer Gemeinde; ich erfülle meine Gelübde vor denen, die Gott fürchten.« (Ps 22,25f.) Das Vertrauen, das Jesus zeigt, bewährt sich gerade in der Erfahrung der Einsamkeit und Ohnmacht, in der Erfahrung von Dunkelheit und Tod. Der Vater Jesu bewahrt uns nicht vor dem Tod und vor der Verlassenheit, sondern er hält uns in seiner Hand in unserem Sterben und in unserer Einsamkeit und Verzweiflung. So vollendet Jesus in seinem Todesruf, was er im Vaterunser und im Gebetsringen im Garten von Getsemani eingeübt hat: »Dein Wille geschehe.«

Die am Kreuz Stehenden hören aus dem Gebetsruf Jesu heraus, dass er nach Elija ruft. Für den Juden Pinchas Lapide ist das ein klarer Hinweis darauf, dass Jesus den ganzen Psalm 22 am Kreuz gebetet hat, denn aus dem ersten Vers könnte dies kein Jude heraushören. Im Vers 22,2 aber heißt es: »Von Geburt an bin ich geworfen auf dich, vom Mutterleib an bist du mein Gott.« »Du bist mein Gott« heißt im Hebräischen »Eli atta!« Das kann sehr wohl auch akustisch so verstanden werden: »Elia ta = Elia, komm!« (Lapide, 99) Lapide führt noch andere Gründe auf, warum Jesus den ganzen Psalm 22 am Kreuz gebetet hat. Matthäus hat den Todesruf Jesu eingeleitet mit: »phone megale legon = Er sagte mit lauter Stimme«. »Legon« bedeutet für den frommen Juden immer: »Er rezitierte« den Psalm. Der erste Vers eines Psalmes verweist immer auf den ganzen Psalm. (Vgl. Lapide, 90) Wenn ich mir vorstelle, dass Jesus den ganzen Psalm 22 am Kreuz rezitiert hat, dann geht mir das Geheimnis seines Sterbens neu auf. Am Kreuz hat Jesus all seine Not Gott hingehalten, aber an Gott festgehalten. Nachdem einer der Umstehenden ihn mit Essig getränkt hat, schreit Jesus nochmals laut auf und haucht seinen Geist aus. Normalerweise verröcheln die Gekreuzigten. Wenn Jesus laut schreiend stirbt, hat das eine besondere Bedeutung: Es ist ein Schrei des Sieges, ein Schrei, in dem Jesus der ganzen Welt den Tod des Gottessohnes mitteilt. Und Jesus übergibt seinen Geist in Gottes Hand, er gibt sich als vertrauender und gehorsamer Sohn dem Vater zurück.

Die Reaktion auf den Tod Jesu gestaltet Matthäus neu. Wie Markus berichtet er vom Zerreißen des Vorhangs im Tempel. Jetzt ist der Zugang zum Allerheiligsten für alle offen. Doch dann beschreibt Matthäus in apokalyptischer Sprache eigenartige Ereignisse: »Die Erde bebte und die Felsen spalteten sich. Die Gräber öffneten sich, und die Leiber vieler Heiligen, die entschlafen waren, wurden auferweckt. Nach der Auferstehung Jesu verließen sie ihre Gräber, kamen in die Heilige Stadt und erschienen vielen.« (27,51–53) Mit diesem apokalyptischen Text greift Matthäus das in der Antike weit verbreitete Motiv auf, dass beim Tod berühmter Männer besondere Geschehnisse eintreten, die die Bedeutung dieses Menschen beschreiben. So beschreibt auch Matthäus durch diese Ereignisse die Bedeutung des Todes Jesu. Durch ihn ist die Macht des Todes gebrochen. Die Toten stehen auf und verlassen ihre Gräber. Der Tod Jesu hat auch kosmische Auswirkung: Es entsteht ein Erdbeben und die Felsen spalten sich. Im Tod Jesu ergießt sich seine Liebe in den Grund des Kosmos hinein. Es gibt nichts mehr, was von der Liebe Christi nicht berührt wäre. Der Tod Jesu erschüttert die Welt. Er ist das »weltenwendende Ereignis«. (Schweizer, 338) Alle, die auf dieses Ereignis schauen, werden von der Macht des Lebens umschlossen und dem Bereich des Todes entrissen. Der Text könnte auch die Auferweckung der Totengebeine im Blick haben, die uns Ezechiel in einer Vision schildert. (Ez 37,1–14) Wenn Jesus im Tod seinen Geist aushaucht (oder: übergibt), dann ist es Gottes Geist selbst, der die Totengebeine wieder lebendig macht. In Ez 37,12 heißt es: »Siehe, ich öffne eure Gräber und führe euch aus euren Gräbern herauf und bringe euch ins Land Israel.« Das Volk Israel hat Jesus dem Tod überliefert, doch Jesu Tod hat eine heilsame Wirkung für alle Völker, auch für das Volk Israel. Er wird die verstorbenen Patriarchen und Propheten herausführen aus ihren Gräbern und sie in das wahre Israel bringen, in das Israel, das Christus, der Sohn Gottes, begründet.

Bei Markus bekennt der Hauptmann, dass Jesus Gottes Sohn sei. Bei Matthäus sind es der Hauptmann und die Wachhabenden gemeinsam, die als Repräsentanten der Heiden Jesu Gottessohnschaft bekennen. Ihre Reaktion auf die Ereignisse um den Tod Jesu ist Furcht. Furcht ist nicht Angst, sondern das Sich-Betreffenlassen von Gott. Gott fährt ihnen im Tod Jesu und in den kosmischen Erschütterungen, die ihm folgen, in die Knochen. Mit ihrem ganzen Sein bekennen sie: »Wahrhaftig, das war Gottes Sohn!« (27,54) Wie Markus berichtet auch Matthäus von den Frauen, die beim Kreuz aushielten und von weitem zusahen. Sie sind wie die Männer Jüngerinnen Jesu, und sind ihm von Galiläa aus nachgefolgt. Sie sind auch dabei, als Joseph aus Arimathäa den Leichnam Jesu in ein neues Grab legt. Auf die Grablegung folgt bei Matthäus der bedeutungsschwere Satz: »Auch Maria aus Magdala und die andere Maria waren dort; sie saßen dem Grab gegenüber.« (27,61) Sie halten es also beim Grab Jesu aus. Sie bleiben in ihrer Trauer bei Jesus sitzen. Trauern geschah bei den Juden immer sitzend. Die beiden Frauen fliehen nicht vor dem grauenvollen Geschehen, sie halten gleichsam Wache bei Jesus. Sie bleiben bei ihm, weil sie ihn lieben. Schweigend vor dem Grab sitzen und das Unbegreifliche mit einem trauernden Herzen zu meditieren, das ist ihr Ausdruck einer Liebe über den Tod hinaus.

Dann folgt bei Matthäus noch die Geschichte von der Bewachung des Grabes. Am Sabbat – also das Sabbatgebot brechend – gehen die Hohenpriester zu Pilatus, damit er das Grab bewachen lasse. Sie haben Angst, Jesus könnte auferstehen. Mit dieser Szene will Matthäus die Auferstehung Jesu bekräftigen. Er musste sich offensichtlich gegen Vorwürfe der Juden wehren, Jesu Leichnam sei gestohlen worden. Wie Matthäus die jüdische These vom Raub des Leichnams Jesu widerlegt, ist voller Ironie: Die Gegner Jesu werden ungewollt zu Verkündern der Osterbotschaft. Sie stehen am Schluss als betrogene Betrüger da. Es ist also mehr als eine historische Absicherung der Auferstehung, die Matthäus mit dieser Szene (27,62–66) leisten will. In Bildern will er das Geheimnis der Auferstehung aufscheinen lassen: Selbst wer sich gegen die Auferstehung Jesu auflehnt und verschließt, muss am Ende bekennen: »Wahrhaftig, Jesus ist auferstanden.« Auch in uns kennen wir Zweifel an der Auferstehung. Matthäus greift diese auf. Doch selbst wenn wir die Auferstehung mit unseren Argumenten unmöglich machen möchten, müssen wir schließlich bekennen, dass die Botschaft der Auferstehung auch in uns den Satz aufsteigen lässt, den ein jüdischer Rabbi einem Gotteszweifler entgegen hielt: »Vielleicht ist es doch wahr!«

Die Auferstehung Jesu (28,1–15)

Matthäus verändert den Auferstehungsbericht des Markus. Bei Markus kommen die Frauen in aller Frühe des ersten Tages der Woche zum Grab, um Jesus zu salben. Matthäus dagegen geht davon aus, dass Maria aus Magdala und die andere Maria schon in der Abenddämmerung des Sabbats kommen, »um nach dem Grab zu sehen«. (28,1) Im Griechischen steht hier »theoresai«, das schauen, aber auch meditieren bedeutet. Die Frauen wollen über das Geschehen nachdenken, es in sich einlassen. Sie wollen bei Jesus sein, den sie so geliebt haben. Sie haben den Mut, die ganze Nacht bei ihm zu wachen. (Vgl. Grundmann, 568) Doch »plötzlich entstand ein gewaltiges Erdbeben; denn ein Engel des Herrn kam vom Himmel herab, trat an das Grab, wälzte den Stein weg und setzte sich darauf.« (28,2) Die Frauen erleben den Augenblick der Auferstehung mit, auch wenn sie nur das Äußere sehen, nicht den Auferstandenen selbst. Es ist ein Engel des Herrn, der das Geschehen der Auferstehung in Gang setzt. Wie bei der Geburt Jesu wird der Engel bei seiner Auferstehung mit den gleichen Worten beschrieben: »Angelos kyriou«. Der Engel ist bei Matthäus aber nicht nur ein Deuteengel, sondern ein aktiver Bote Gottes. Er wälzt den Stein vom Grab. Alle Worte, mit denen Matthäus das Wirken des Engels beschreibt, sind nicht nur Bilder für das Geheimnis von Jesu Auferstehung, sondern auch von unserer eigenen Auferstehung. Das meint nicht nur die Auferstehung nach unserem Tod, sondern immer auch schon im Hier und Jetzt. Wenn ein Engel in mein Leben tritt und den Stein wegwälzt, der mich blockiert und hemmt, der auf mir liegt und mich nicht leben lässt, dann kommt etwas in mir in Bewegung. Dann wird Auferstehung möglich.

Nun greift Matthäus das Motiv der Grabeswächter wieder auf. Sie beginnen vor Angst zu zittern und fallen wie tot zu Boden. Matthäus schildert die Auferstehung nicht direkt, aber er beschreibt den irdischen Reflex, der für die Frauen sichtbar wird. Das Zittern der Todeswächter ist der für uns sichtbare Widerschein der Auferstehung. Todeswächter gibt es nicht nur am Grab Jesu, sondern auch in unserer Seele. Das sind die Wächter, die darauf achten, dass alles beim Alten, dass unser wahres Selbst begraben bleibt, dass der eigentliche Mensch in uns nicht aufsteht. Er soll eingezwängt bleiben in das Grab der Angst und Trauer. Es sind zwei Reflexe der Auferstehung, die für Matthäus sichtbar sind: das Herabsteigen des Engels, das im Erdbeben und im Wegrollen des Steines sichtbar wird, und das Niederfallen der Grabeswächter. Wenn Christus in uns aufersteht und uns aufrichtet, dann wird das auch in unserem Leben sichtbar, in einer neuen Lebendigkeit und Freiheit. Wir sind nicht mehr blockiert von dem Stein, der uns am Leben hindert, und wagen es, auf eigenen Füßen zu stehen, lassen uns von den Todeswächtern nicht mehr bestimmen und einengen.

Der Engel, der auf dem Stein sitzt, den er weggewälzt hat, wird nun zum Deuteengel. Er spricht die Frauen an: »Fürchtet euch nicht: Ich weiß, ihr sucht Jesus, den Gekreuzigten. Er ist nicht hier; denn er ist auferstanden, wie er gesagt hat. Kommt her und seht euch die Stelle an, wo er lag.« (28,5f.) Der Engel lädt die beiden Frauen ein, sich das Grab genau anzuschauen und der Botschaft des Engels zu trauen. Sie konnten die Auferstehung nicht beobachten, sondern nur das Ergebnis sehen. Der Engel gibt ihnen nun den Auftrag, zu Jesu Jüngern zu gehen und ihnen die Botschaft von der Auferstehung zu verkünden. Bei Markus fliehen die Frauen vor Schrecken vom Grab weg. Matthäus betont die große Freude, mit der die Frauen zu den Jüngern zurückkehren. Aber die Freude ist zugleich auch von Furcht begleitet. Das Gesehene hat sie ins Herz getroffen. Sie sind innerlich zutiefst bewegt.

Während Markus mit der Flucht der Frauen vor dem Grab endet, schildert Matthäus die Erscheinung Jesu vor den Frauen. Unterwegs kommt ihnen Jesus entgegen und grüßt sie. Sie gehen auf ihn zu, werfen sich vor ihm nieder und umfassen seine Füße. Sie huldigen ihm, sie beten ihn an. Jesus spricht sie fast mit den gleichen Worten an wie der Engel: »Fürchtet euch nicht! Geht und sagt meinen Brüdern, sie sollen nach Galiläa gehen, und dort werden sie mich sehen.« (28,10) Im Gegensatz zum Engel nennt Jesus seine Jünger hier Brüder. Durch seinen Tod und seine Auferstehung sind sie zu Brüdern und Schwestern geworden. Ihr Versagen und ihre feige Flucht sind vergeben.

Im Gegensatz zu den Frauen, die dem Auferstandenen begegnet sind und mit ihrer Verkündigung bei den Brüdern Glauben finden, berichten nun die Grabeswächter den Hohenpriestern »alles, was geschehen war«. (28,11) Doch die Repräsentanten Israels glauben dem Bericht nicht. Römische Soldaten werden zu Kündern der Auferstehung, doch die Juden schenken ihnen keinen Glauben. Sie fassen vielmehr den Beschluss, die Soldaten zu bestechen, damit sie die Lüge vom Leichenraub weitererzählen. Diese Szene ist nicht ohne Ironie. Die Soldaten machen alles so, »wie man es ihnen gesagt hatte«. (28,15) Im Griechischen steht hier: »wie sie belehrt worden waren.« Wie die Jünger Jesu sind sie belehrt worden, doch mit der falschen Lehre. Und sie verbreiten diese Lügenlehre weiter bis auf den heutigen Tag. So nimmt Matthäus auch auf unser Heute Bezug. Heute sind wir ebenfalls hin und her gerissen zwischen der Botschaft von der Auferstehung Jesu, wie sie uns Matthäus berichtet, und den falschen Lehren, die uns weismachen wollen, dass die Auferstehung nur symbolisch zu verstehen ist, dass sie nichts anderes bedeute, als dass die Sache Jesu weiter gehe. Matthäus will uns einladen, an die geschichtliche Wirklichkeit der Auferstehung zu glauben. Sie ist geschehen. Der Auferstandene ist den Frauen erschienen. Doch der Glaube an die Auferstehung und den Auferstandenen zielt nicht auf die genauen Fakten, die damals geschehen sind, denn von den Fakten allein kann man nicht leben. Matthäus deutet die Fakten und lenkt den Blick nach vorne. Der Glaube an die Auferstehung Jesu und an den auferstandenen Herrn hat Auswirkungen auf unser Leben heute. Er bringt uns in Bewegung, damit wir nicht rückwärts gewandt uns mit unnützen Diskussionen abgeben, wie es denn wirklich gewesen sei. Vielmehr hat der Auferstandene für uns einen Auftrag. Der Glaube an die Auferstehung will sich in unserem Leben zeigen. Das wird deutlich in der Szene, mit der Matthäus sein Evangelium abschließt.

Der Auftrag des Auferstandenen (28,16–20)

In dieser Schlussszene gipfelt das ganze Matthäusevangelium. Die Botschaft, die uns Matthäus mit seinem Evangelium künden wollte, wird hier in wenigen Worten zusammengefasst: Es ist die Botschaft, dass der Auferstandene bei uns ist, dass er mit uns alle Wege geht und dass die Kirche die Auferstehung aller Welt verkünden soll. Die Kirche ist die Fortsetzung des Wirkens Jesu. In ihr ist der Erhöhte selbst anwesend, aber der Auferstandene lässt sich von der Kirche nicht vereinnahmen. Vielmehr ist er der Herr, der die Jünger in alle Welt aussendet, damit sie alle Menschen zu Jesu Jüngern machen und von ihnen im Namen des dreifaltigen Gottes getauft werden.

Die Jünger gehorchen den Worten Jesu, die ihnen die Frauen vermittelt hatten. Sie wandern nach Galiläa. Auf dem Berg, den Jesus ihnen genannt hatte, fallen sie vor dem Auferstandenen nieder und beten ihn an. »Einige aber hatten Zweifel.« (28,17) Matthäus spricht den Zweifel einiger Jünger an, um darauf hinzuweisen, dass es heute nicht anders ist. Die Botschaft von der Auferstehung ist faszinierend. Doch zugleich schleicht sich in unser Denken der Zweifel ein: Wie ist Auferstehung wirklich zu verstehen? Ist es doch nicht nur Einbildung? Dürfen wir dem trauen, was wir sehen? Auch heute schwanken wir zwischen Glauben und Zweifel. Der Glaube braucht den Zweifel, damit er Gott nicht vereinnahmt, damit er sich nicht zu genaue Vorstellungen von Jesus und seiner Auferstehung macht.

Das Entscheidende an der Auferstehung ist für Matthäus die Selbstaussage Jesu: »Mir ist alle Macht gegeben im Himmel und auf der Erde. Darum geht zu allen Völkern und macht alle Menschen zu meinen Jüngern; tauft sie auf den Namen des Vaters und des Sohnes und des Heiligen Geistes, und lehrt sie, alles zu befolgen, was ich heute geboten habe. Seid gewiss: Ich bin bei euch alle Tage bis zum Ende der Welt.« (28,18–20) Jesus hat alle Macht. Er hat die Vollmacht, Sünden zu vergeben und Kranke zu heilen. Er wird als Menschensohn auf den Wolken des Himmels kommen und aller Welt seine Macht zeigen. Auch wenn im Tod diese Macht scheinbar zerbrochen ist, in Wirklichkeit ist Jesus als der Sohn Gottes der Herr und König dieser Welt. Gott selbst hat ihm diese Macht gegeben. Er übt sie aus im Auftrag Gottes. Er ist der Herr aller Herren, nach dem sich alle sehnen. Daher sollen die Jünger ausziehen und alle Menschen zu Jesu Jüngern machen. Das geht nicht gewaltsam, sondern nur über die Freiheit der Einzelnen. Jesus trägt uns auf, für seine Botschaft zu werben, damit sich viele zu ihm bekehren und sich taufen lassen. Seine Botschaft gilt allen Menschen und allen Völkern, Juden wie Griechen. Keiner ist ausgeschlossen. Das Wirken Jesu – auch wenn es an einem begrenzten Ort geschah – hat Auswirkungen auf die ganze Welt. Sie soll vom Heil Jesu berührt und verwandelt werden.

Es sind drei Schritte, die Jesus von seinen Jüngern verlangt. Der erste Schritt besteht darin, dass Jesus die Jünger aussendet, damit sie werbend Jünger gewinnen. Sie sollen genauso überzeugt und überzeugend von Gott unserem Vater predigen, wie es Jesus getan hat. Sie sollen durch ihr eigenes Leben Zeugnis ablegen für Jesus Christus und für das Vertrauen in Gott unseren Vater, zu dem uns Jesus nicht nur aufgerufen, sondern das er durch sein Leben und Sterben sichtbar vor Augen geführt hat. Menschen zu Jüngern Jesu zu machen heißt für mich, sie in die Erfahrung Jesu einführen. Das ist für das Matthäusevangelium vor allem die Erfahrung des Vertrauens und der Freiheit der Kinder Gottes und die Erfahrung der Kirche, der neuen Gemeinschaft, zu der der erhöhte Jesus Christus die Menschen aller Völker und Kulturen, aller Religionen und Konfessionen einlädt.

Der zweite Schritt besteht in der Taufe auf den dreifaltigen Gott. Wer für Jesus gewonnen ist, soll in der Taufe in das Leben des dreifaltigen Gottes hineingezogen werden. Er wird auf den Namen des Vaters und des Sohnes und des Heiligen Geistes getauft, d.h. er wird dem dreifaltigen Gott übereignet. Er gehört nicht mehr den Menschen und ihren Erwartungen, sondern Gott. In der Taufe werden die Menschen in die Gemeinschaft des Vaters, des Sohnes und des Heiligen Geistes aufgenommen. Sie werden in Gott die wahre Würde ihres Menschseins erfahren, dass auch sie Söhne und Töchter Gottes sind. Man könnte diesen zweiten Schritt die mystische Dimension des Christentums nennen. Die Jünger Jesu sollen die Menschen einführen in die Erfahrung Gottes, in die Erfahrung des Gottes, der immer schon offen ist für uns und auf uns hin. Wir können weder von Gott sprechen, ohne zugleich vom Menschen zu reden, noch können wir den Menschen verstehen, ohne ihn als den zu sehen, der in die Gemeinschaft des dreifaltigen Gottes aufgenommen ist.

Der dritte Schritt besteht im Halten der Gebote. Für Matthäus gehört die ethische Dimension immer zum Glauben dazu. Es genügt nicht, Gott nur zu erfahren, in Gott zu sein, Gottes heilende Nähe zu spüren. Zum Glauben gehört, dass wir bereit sind, alles zu befolgen, was Jesus uns geboten hat. Jesus hat uns nicht nur den barmherzigen Vater verkündet, zu dem wir vertrauensvoll beten und bei dem wir uns geborgen wissen. Er hat auch den Willen Gottes für uns heute geoffenbart, und fordert uns auf, diesen Willen auch in unserem Handeln zu erfüllen. So wird im letzten Auftrag Jesu nochmals die Absicht des Matthäusevangeliums deutlich: Er will durch seine Erzählung vom Leben Jesu Menschen für Jesus gewinnen. Er will sie einladen, in die Gemeinschaft der Kirche einzutreten und durch die Taufe in die Liebe des dreifaltigen Gottes hineingezogen zu werden. Er fordert sie auf, den Worten Jesu gemäß auch ihr Verhalten zu ändern und durch ein neues Handeln Zeugnis abzulegen für die Botschaft Jesu, die dem Menschen neue Möglichkeiten zutraut.

Matthäus schließt sein Evangelium mit der Zusage Jesu: »Seid gewiss: Ich bin bei euch alle Tage bis zum Ende der Welt.« (28,20) Jesus greift hier die Zusage Jahwes an Mose am brennenden Dornbusch auf: »Ich bin mit dir.« (Ex 3,14) Jesus ist der Immanuel (= Gott mit uns), als der er schon dem Joseph vor der Geburt verkündet wurde. Jesus begleitet als der Auferstandene seine Boten, und kommt in diesen selbst zu allen Völkern. Die Kirche ist somit die Fortsetzung und Erweiterung des Wirkens Jesu. In der Kirche will der Auferstandene selbst zu den Menschen gehen und sie für das Leben aufschließen. Die Zusage Jesu ist aber vor allem Trostwort für die Jünger. Der Auferstandene ist bei den Jüngern mit seiner Kraft und mit seiner Weisung, aber er ist auch bei ihnen als der, der sie liebt und ihnen seine barmherzige Nähe zeigen möchte, die Matthäus im ganzen Evangelium immer wieder beschrieben hat.

Fazit

Was hat Matthäus uns heute zu sagen? Ist uns das mystische Johannesevangelium nicht viel lieber oder das kunstvoll erzählte Lukasevangelium? Sind die Lehren Jesu, die sich vor allem auf unser Verhalten dem Menschen gegenüber beziehen, heute eher anstößig? Sie sind so fordernd. Ich kenne viele Menschen, die durch eine moralisierende Auslegung der Botschaft Jesu verletzt worden sind. Daher verstehe ich, wenn sich manche mit dem Matthäusevangelium schwer tun. Doch bei der intensiven Beschäftigung mit diesem Evangelium ist mir neu aufgegangen, wie wichtig die Botschaft dieses in der alten Kirche so beliebten Evangeliums auch für unsere Zeit ist. Heute sind wir auf der Suche nach einem Weltethos, wie es vor allem der Schweizer Theologe Hans Küng seit langem fordert. Auf diesem Weg ist das Matthäusevangelium ein wichtiger Beitrag. Matthäus entfaltet die Ethik Jesu auf dem Hintergrund der ethischen Botschaft des Judentums und der griechischen Philosophie. Der Jesus des Matthäusevangeliums nimmt für sich in Anspruch, das jüdische Gesetz so auszulegen, wie es ursprünglich gemeint war. Er deutet in seiner Lehre den Willen Gottes für uns. Dabei geht es Jesus nicht um ein Ethos des Buchstabens, sondern des Herzens, aber nicht um bloße Gesinnungsethik, sondern um eine Ethik, die sich konkret ausdrückt in einem Verhalten, das der menschlichen Gesellschaft gut tut, das den Riss heilt, der die Menschen voneinander trennt. So ist gerade die Botschaft der Versöhnung und der Feindesliebe heute politisch hochaktuell. Wir können in dieser Welt nicht überleben, wenn wir uns den Luxus der Feindschaft und des Hasses leisten. Wir sind aufeinander angewiesen und können nur überleben, wenn wir aus der Erfahrung der bedingungslosen Liebe und der unbegrenzten Vergebungsbereitschaft Gottes Versöhnung stiften, wenn wir bereit sind, einander immer wieder zu vergeben. Das Matthäusevangelium ist eine Einweisung, wie Gemeinschaft, wie Gesellschaft, wie Völkergemeinschaft heute gelingen kann.

Matthäus hat wie kein anderer Evangelist Jesus als Juden dargestellt. In Jesus hat sich erfüllt, was das Alte Testament vom Bund Gottes mit den Menschen und von den Zusagen Gottes an sein Volk geschrieben hat. Für Matthäus ist das Volk Israel weiterhin das Volk, dem alle Verheißungen gelten. Die Kirche ist jedoch die eigentliche Fortsetzung Israels. Matthäus versteht sein Evangelium als Werbeschrift für die Juden, damit sie sich für Jesus entscheiden. Auch wenn seine kritischen Darlegungen zu den Pharisäern und manchen jüdischen Gesetzesauslegungen zu einer Diffamierung des Judentums geführt haben, könnte eine genaue Analyse des Matthäusevangeliums heute einen wichtigen Beitrag zur Versöhnung zwischen Juden und Christen leisten. Wenn die jahrhundertelangen Missverständnisse zwischen Juden und Christen ausgeräumt würden und ein neues Verstehen und einander Achten möglich wären, wäre das ein wichtiger Beitrag zur Versöhnung in unserer Welt, die weit über die Versöhnung zwischen diesen beiden Glaubensgemeinschaften hinausgehen würde.

Es wäre mir allerdings zu wenig, nur die ethische Dimension des Matthäusevangeliums zu bedenken. Für mich ist die eigentliche Botschaft spiritueller Natur. Das gilt einmal vom untrennbaren Zusammenhang von Gebet und Arbeit, von Gotteserfahrung und einem neuen Verhalten. Es gilt aber vor allem auch von dem zentralen Thema des Matthäusevangeliums: vom Vertrauen in den himmlischen Vater, dessen Söhne und Töchter wir sind. Angst ist heute weit verbreitet. Viele Menschen werden durch Ängste bestimmt und gelähmt. Der Jesus des Matthäusevangeliums will uns ermutigen, wie er auf Gott zu vertrauen, in dessen guter Hand wir sind. Dabei lässt diese Botschaft des Vertrauens die Naivität so mancher Prediger weit hinter sich, als ob uns, den Söhnen und Töchtern Gottes nichts Schlimmes widerfahren könnte. Wir können genauso wie Jesus in die Einsamkeit, in die Verlassenheit, in die Verzweiflung, in die Angst und Ohnmacht des Sterbens geraten. Aber selbst dort sind wir von Gottes guter Hand umfasst. So ist für mich eine wichtige Botschaft des Matthäusevangeliums: »Lebe aus dem Vertrauen und nicht aus der Angst! Du bist nicht allein auf deinem Weg. Christus als der Immanuel, als der »Gott mit uns« ist bei dir. Er kommt dir entgegen, wenn du wie Petrus in den Wellen und Wogen deines Lebens unterzugehen drohst. Er geht mit dir, wenn du in deinem Auftrag überfordert bist. Er ist bei dir, auch wenn du am Kreuz hängend nicht weiter weißt.«

Das Kreuz, so wie es Matthäus versteht, bedeutet nicht, dass wir uns das Leben schwer machen müssen. Es ist vielmehr Einübung in das Vertrauen, Zeichen des tiefsten Vertrauens, zu dem ein Mensch fähig ist, sich sterbend in die Arme des liebenden Vaters fallen zu lassen. Das Kreuz ist für Matthäus der Schlüssel zum Leben. Kreuz tragen ist identisch mit dem Zerbrechen des Ego, das ängstlich an sich festhält. Dieses Loslassen des Ego ist für die Mystiker aller Religionen der Schlüssel zur tiefsten Gotteserfahrung, zu der der Mensch fähig ist. Nur wer sein Ego lässt, wer das krampfhafte Sichklammern an das Ego löst, der wird Gott als den immer und überall Gegenwärtigen erfahren, nur der wird ganz im Augenblick sein. Er wird »wachsam« sein, wie Matthäus diese spirituelle und mystische Erfahrung nennt.

Literatur

Bertram Moros, ThWNT 837–852.
Eugen Drewermann, Tiefenpsychologie und Exegese I und II, Olten 1985 und 1986.
Joachim Gnilka, Das Matthäusevangelium I und II, Freiburg 1986 und 1988.
Walter Grundmann, Das Evangelium nach Matthäus, Berlin 1968.
Pinchas Lapide, Er wandelte nicht auf dem Meer. Ein jüdischer Theologe liest die Evangelien, Gütersloh 1984.
Meinrad Limbeck, Matthäus-Evangelium, Stuttgart 1986.
Ulrich Luz, Evangelium nach Matthäus I, II und III, Zürich-Neukirchen 1985–1995.
Rudolf Schnackenburg, Die Person Jesu Christi im Spiegel der vier Evangelien, Freiburg 1993.
Rudolf Schnackenburg, Matthäusevangelium, Würzburg 1985.
Eduard Schweizer, Das Evangelium nach Matthäus, Göttingen 1973.
Hermann-Josef Venetz, So fing es mit der Kirche an. Ein Blick in das Neue Testament, Zürich 1990.
Ken Wilber, Einfach »Das«, Frankfurt 2001.

Jesus – Weg zur Freiheit
Das Evangelium des Markus

Einleitung

Markus hat als Erster ein Evangelium geschrieben. Damit hat er nicht nur eine ganz neue Gattung von Literatur geschaffen, sondern auch eine enorme theologische Leistung vollbracht. In der Entstehungszeit des Markusevangeliums gab es durchaus gesammelte Worte Jesu, so wie es Worte von heiligen Männern gab, die durch ihre Wundertaten die Menschen bewegten. Diese wurden aber nur mündlich weiter tradiert.

Markus jedoch geht es nicht nur um die Worte Jesu, sondern um das Geschehen. Jesus ist mehr als ein Lehrer, dessen Lehre man lernen und befolgen kann. Er ist gerade als Person mit einer ganz bestimmten Lebensgeschichte wichtig. In Jesus ist die Liebe Gottes eingebrochen in diese Welt. Das Geschehen um Jesus ist Verkündigung. Jesus hat nicht nur Worte überliefert. Er ist Menschen begegnet, er hat Kranke geheilt, er hat sich gegen die Enge der pharisäischen Lehre gewandt. Und schließlich ist er am Kreuz gestorben. Bei seinem Sterben verdunkelte sich die Sonne. Da geschah etwas, was für alle sichtbar war, was alle Umstehenden erschüttert hat.

Markus will mit seinem Evangelium und der Schilderung von Passion, Tod und Auferstehung Jesu seine Leser erschüttern. Sie sollen erkennen, dass in diesem Jesus Gott gehandelt hat, und dass er auch heute noch durch ihn an uns handelt.

Das Markusevangelium ist das ursprünglichste. Es ist auch zeitlich dem Geschehen um Jesus am nächsten. Daher begegnen wir in ihm am unverhülltesten dem historischen Jesus. Markus hat uns die Jesusüberlieferung als

Erster aufgeschrieben. Gegenüber einer Auslegungstradition, die vor allem die theologische Deutung durch Markus (die so genannte redaktionsgeschichtliche Schule) in den Mittelpunkt rückte, heben moderne Exegeten (wie etwa Rudolf Pesch) die Bedeutung des ersten Evangeliums für die historische Rückfrage nach Jesus von Nazaret heraus. Der historische Jesus leuchtet bei Markus am stärksten auf. Das Evangelium beschreibt uns die Geschichte Jesu. Allerdings wird diese Geschichte Jesu nicht einfach nur konserviert, sie wird zugleich auch gedeutet. Aber – so meint Rudolf Pesch – Markus hat sich in konservativer Weise an die ihm vorgegebene Jesusüberlieferung gehalten. Diese Nähe zur ältesten Tradition gibt dem Markusevangelium einen eigenen Reiz.

Wenn ich das Markusevangelium lese und meditiere, geht es mir nicht in erster Linie darum, der Deutung durch Markus zu begegnen, sondern dem historischen Jesus, wie er gelebt und gelitten hat, wie er den Menschen begegnet ist und wie er sie angesprochen hat. Natürlich weiß ich, dass ich diesen Jesus auch im ersten Evangelium durch die »Brille« des Markus sehe. Denn was er an Überlieferungsstoff ausgewählt hat und wie er damit umgegangen ist, das sind seine theologische Leistung und seine Interpretation des Jesusgeschehens. Ich erlebe in seinem Evangelium Jesus so, wie Markus ihn verstanden hat. Aber ich vertraue darauf, dass Markus das Geheimnis Jesu richtig erfasst hat, und dass er mit seiner Deutung auch mir etwas zu sagen hat.

Eduard Schweizer meint, Markus habe mit seinem Evangelium auf Gefahren geantwortet, in die die christlichen Gemeinden um das Jahr 65 geraten waren. In den paulinischen Gemeinden standen Tod und Auferstehung Jesu so im Mittelpunkt, dass sein irdisches Leben an Bedeutung verlor. In den enthusiastischen Kreisen der Vielvölkerstadt Korinth war der irdische Jesus hinter dem himmlischen verschwunden. Die Gefahr bestand, dass man den Einbruch himmlischer Macht und himmlischen Lebens auch mit einem griechischen oder römischen Gott in Verbindung bringen konnte. Es war nicht mehr klar, warum Gottes Liebe ausgerechnet in Jesus Christus in diese Welt eingebrochen ist. Das Kreuz wurde nur noch zu einer »Chiffre für die Gnade Gottes und den Durchbruch durch die Gesetzlichkeit zur Freiheit der Rechtfertigung« (Schweizer, 221). Markus dagegen macht das Heil am irdischen Jesus fest. Dieser Jesus, der während seines Lebens in seinen Wundertaten Gottes Kraft den Menschen erwiesen hat, hat auch die Fessel des Todes gesprengt. Wir verstehen das Heil, das durch Jesus gekommen ist, nur dann, wenn wir sein ganzes Leben und Wirken in den Blick nehmen. Jesus hat nicht nur eine neue Lehre gebracht oder uns die Augen geöffnet für Gottes Kraft. Er ist vielmehr Gottes Sohn, in dem uns die heilende Kraft Gottes auch heute noch genauso berührt und aufrichtet wie damals, als Jesus noch auf Erden weilte und durch die Straßen Galiläas zog.

Markus wollte darüber hinaus einer zweiten Gefahr – so Eduard Schweizer – entgegenwirken: Es gab in den hellenistischen Gemeinden so genannte »göttliche Menschen« (theioi aneres), »Wundertäter, die durch die griechischen, kleinasiatischen, syrischen Städte zogen und die Begeisterung der Menge durch allerlei, teils durch Magiertricks, teils durch den Einfluss ihrer Persönlichkeit und ihres Rufs bewirkte Wundertaten weckten; in ihnen sah man eine Art von Inkarnation göttlicher Kräfte und erzählte erstaunliche Dinge über sie« (Schweizer, 221). So ähnlich mögen manche Christen in den griechischen Gemeinden auch Jesus verstanden haben. Dagegen setzt Markus das irdische Leben Jesu, das durch die Niederungen des Alltags und schließlich durch die Niederlage der Passion hindurch schreitet. Indem Markus die konkrete Geschichte

Jesu erzählt, bringt er zum Ausdruck, was Johannes dann in den geheimnisvollen Satz kleidete: »Und das Wort ist Fleisch geworden und hat unter uns gewohnt.«

Markus hat von allen Evangelisten die meisten Heilungsgeschichten berichtet. Er hat damit vermutlich eine Antwort gegeben auf die vielen Wundergeschichten, die von den »göttlichen Menschen« erzählt wurden. Doch er erzählt diese Heilungen eingebettet in das Wirken Jesu in Galiläa, das sich von der Verkündigung über viele Auseinandersetzungen mit den Pharisäern und Schriftgelehrten bis hin zur Belehrung der Jünger erstreckte. Markus erzählt die Heilungsgeschichten am ausführlichsten von allen Evangelisten. In der Art und Weise, wie Jesus auf die Kranken eingeht, lässt sich seine Therapiemethode erahnen. Aber Markus erzählt diese Heilungsgeschichten nicht, um uns zu zeigen, dass Jesus die »göttlichen Menschen« seiner Zeit übertroffen hat, sondern um uns zu verkünden: »Dieser Jesus, der damals Kranke heilte, vermag auch dich heute zu heilen. Denn er ist jetzt der bei Gott erhöhte Herr, der in göttlicher Vollmacht heute deine Wunden heilen möchte.«

Markus zeigt Jesus als den Sohn Gottes, der mit Vollmacht eine neue Lehre verkündigt und kraftvolle Wundertaten (dynameis) vollbringt. Doch in der Passion ist Jesus der ohnmächtige Mensch, der den Sündern preisgegeben wird. Beides gehört für Markus zusammen: die Kraft, mit der Jesus gegen die Gegner kämpft und die Kranken heilt, und die Ohnmacht, mit der er am Kreuz stirbt. Gerade in der Ohnmacht Jesu am Kreuz wird die todüberwindende Macht Gottes sichtbar. Jesus wird der Macht der Dämonen preisgegeben. Aber in der Ohnmacht der Liebe siegt er über die Dämonen.

Das ganze Markusevangelium ist durchzogen von der Auseinandersetzung Jesu mit den Dämonen. Das erscheint uns heutigen Lesern fremd. Doch gerade in einer Zeit, in der immer mehr Menschen an psychischen Problemen leiden, ist die Auseinandersetzung Jesu mit den Dämonen hochaktuell. Es geht darum, den Menschen der zerstörerischen Macht böser Mächte zu entreißen. Der Mensch ist heute in eine Welt gestellt, die vom Bösen bestimmt wird. Das zeigt nicht nur die Zunahme der Gewalt und des Terrors. Viele sind auch fasziniert von der Macht des Bösen. Es sind oft genug verletzte Menschen, die wiederum andere verletzen. Es sind Menschen, deren Würde man in ihrer Kindheit mit Füßen getreten hat, und die deshalb nun andere unterdrücken und zerfleischen. Sie fühlen sich nur am Leben, wenn sie andere zu Tode quälen. Andere werden böse, weil sie jahrelang all die Kränkungen und Erniedrigungen geschluckt haben.

Zu diesen Menschen geht Jesus. Er hat keine Berührungsängste. Er geht auf sie zu und richtet sie auf. Er gibt ihnen Mut, zu sich zu stehen. Er nimmt sie an in ihrer Zerrissenheit und schenkt ihnen ihre Würde wieder. Ich begegne im Markusevangelium einem Jesus, der für den Menschen kämpft, der sich in die Auseinandersetzung mit den Dämonen wagt, der das Vertrauen gegen die Angst setzt und die Hoffnung gegen die Verzweiflung.

Doch dieser Jesus, der mit Vollmacht gegen die Macht der Dämonen kämpft, ist in der Passion ohnmächtig ihrer Macht ausgeliefert. Markus verbindet die Vollmacht und Ohnmacht Jesu durch das so genannte Messiasgeheimnis. Jesus gebietet seinen Jüngern und den Kranken, die er geheilt hat, über seine Machttaten zu schweigen. Es darf niemand wissen, wer dieser Jesus wirklich ist. Erst im Tod und in der Auferstehung wird sichtbar, dass Jesus der Messias, mit dem ihn schon zu seinen Lebzeiten viele identifizierten, war. Dies spiegelt ein anderes Messiasbild als das der politischen Befreiung. Der Messias wird erst in der Erhöhung Jesu durch die Auferstehung in seinem wahren Wesen erkannt.

Der Verfasser

Als Verfasser des Markusevangeliums gilt seit der frühen Kirche Johannes Markus. Markus ist ein römischer Beiname zu Johannes. Das deutet darauf hin, dass Markus »einer Familie zugehört, die von Freigelassenen (libertini) abstammt, oder dass er selbst ein solcher ist« (Grundmann, 20). Die altkirchliche Tradition verbindet Markus mit dem Apostel Petrus. Papias nennt Markus um das Jahr 130 den Dolmetscher des Petrus. Er »schrieb alles, dessen er sich erinnerte, genau auf, jedoch nicht der Reihenfolge nach, und zwar sowohl Worte wie Taten des Herrn« (Grundmann, 22). Das griechische Wort für Dolmetscher (hermeneutes) kann man auch anders übersetzen: Deuter, Interpret. Markus übersetzt die Predigten des Petrus so, dass die Griechen sie verstehen können. Er schreibt für Heidenchristen. So hat er eine wichtige Mittlerfunktion übernommen: Er erklärt die Worte und Taten Jesu für die »Heiden«, also jene, die nicht zum jüdischen Kulturkreis gehörten, in dem Jesus gewirkt hatte. Markus wendet sich an hellenistische Gemeinden. Sie waren damals geprägt von verschiedenen Religionen und spirituellen Strömungen, von persischen Mysterienkulten, von der Gnosis und von griechischen und römischen Gottesvorstellungen. Weil die jüdischen Bräuche in den hellenistischen Gemeinden unbekannt und oft unverständlich waren, erklärt sie Markus für seine Leser. Das Griechisch, das Markus schreibt, trägt deutlich semitische Züge. So war Markus vermutlich hellenistischer Judenchrist. Auffallend ist, dass er oft auch lateinische Ausdrücke verwendet. Das spricht dafür, dass er das Evangelium in Rom geschrieben hat oder zumindest in römischem Umfeld. Zudem hat er wenig Kenntnis der Geographie Palästinas, was in seinen Randbemerkungen sichtbar wird.

Als Zeit der Abfassung des Evangeliums wird meist das

Jahr 65 genannt. Das Evangelium ist vor der Zerstörung Jerusalems geschrieben, allerdings in einer Situation, die schon vom drohenden Krieg geprägt ist. Gnilka dagegen meint, dass das Evangelium erst kurz nach der Zerstörung Jerusalems, also kurz nach 70, geschrieben worden ist. Ob Markus vor dem jüdischen Krieg, während des Krieges oder nach dem Krieg geschrieben hat, hängt von der Deutung des 13. Kapitels ab, in dem Jesus von der Zerstörung des Tempels spricht. Die Ausleger sind sich nicht einig, auf welche Situation sich die markinische Schilderung der Endzeit bezieht: auf die Wirren des Jahres 40/41, in denen Kaiser Caligula versuchte, sein Standbild im Tempel aufzustellen, auf den Beginn des jüdischen Krieges, als die christliche Urgemeinde aus Jerusalem nach Pella floh, oder aber auf die tatsächliche Verwüstung Jerusalems im Jahre 70. Aber die Frage, wann das Evangelium genau entstanden ist, ist für seine Botschaft letztlich von geringerer Bedeutung.

Die Theologie des Markusevangeliums

Der Text des Markus ist der älteste der vier Evangelientexte. Matthäus und Lukas benutzen die Erzählung des Markus. Aus der Art und Weise, wie Matthäus und Lukas Markus folgen und wie sie seine Texte verändern, können wir ihre Redaktionsarbeit und ihre je eigene Theologie erkennen.

Bei Markus fällt es uns schwerer zu unterscheiden, an welchen Stellen im Text er einfach nur überliefert und wo er dagegen dem überlieferten Gut seinen persönlichen Stempel aufdrückt. So ist es nicht leicht, die Theologie zu erkennen, die dem Markusevangelium zu Grunde liegt. Daher hat es in den letzten Jahrzehnten sehr viele Versuche gegeben, die Theologie des Markus zu beschreiben.

Johannes Schreiber spricht von einer Theologie des Vertrauens. Ernst Käsemann ist es wichtig, dass Markus die geschichtliche Dimension der christlichen Offenbarung verteidigt. Amerikanische Exegeten meinen, die Theologie des Markus bestünde darin, Christen, die sich allein auf die Wundertaten Jesu berufen, seine Kreuzestheologie entgegen zu setzen.

Alle diese Versuche, die Theologie des Markus zu beschreiben, haben eine gewisse Berechtigung. Doch genau werden wir wohl nie erkennen, inwieweit Markus das Bild Jesu möglichst getreu wiedergegeben und inwieweit er das Vorgegebene durch eine eigene theologische Sichtweise gedeutet hat. Für mich ist beim Lesen des Markusevangeliums entscheidend, dass ich Jesus Christus begegne, dem Therapeuten und Arzt, dem Lehrer, der richtig von Gott redet, dem Menschen, der im Auftrag Gottes die Menschen aus der Macht der Dämonen befreit und der seinen Sieg über die Dämonen mit seinem eigenen Leben bezahlt.

In den letzten vierzig Jahren haben viele Exegeten enorme Anstrengungen unternommen, die Vorgaben des Markus von seinen Zusätzen zu scheiden. Sie wollten damit die Theologie der vormarkinischen Überlieferung herausschälen und zugleich Markus als einen Theologen erkennen, der die Überlieferung in seinem Sinn deutet. Doch der Ertrag dieser Analysen bleibt gering. Die Exegeten sind sich nicht einig, wo die Grenzen zwischen Überlieferung und Interpretation durch Markus genau liegen. Ich möchte mich daher auf diese Diskussion nicht einlassen.

Wenn wir das Markusevangelium als Einheit nehmen, so wie sie uns überliefert ist, werden wir entdecken, wie kunstvoll Markus seinen Text aufgebaut hat. In den vielen Entsprechungen und im logischen Handlungsablauf werden wir seine Theologie erkennen. Der holländische

Exeget Bas van Iersel geht davon aus, dass das Markusevangelium uns als ein in sich durchkomponiertes Buch überliefert ist. Unsere Aufgabe ist es, das Buch, so wie es ist, zu lesen und in seinem Aufbau und seiner inneren Logik zu verstehen. Wenn man mit den Mitteln heutiger Literaturwissenschaft an diesen Text herangeht, erkennt man, wie Markus den Leser an die Hand nimmt, um ihn mehr und mehr einzuweisen in das Geheimnis Jesu Christi.

Die Komposition des Evangeliums als Botschaft

Iersel entfaltet die Theologie des Markus, indem er den kunstvollen Aufbau des Evangeliums beschreibt und meditiert. Er erkennt dabei eine konzentrische Konstruktion, die er »Sandwich-Konstruktion« nennt. Diese findet man nicht nur im Gesamtaufbau des Evangeliums, sondern auch innerhalb der einzelnen Kapitel. Iersel entdeckt sieben solcher Konstruktionen, »bei der zwei Erzählungen so ineinander geschoben sind, dass die eine Erzählung die andere umrahmt« (Iersel, 296). In dieser Art, Texte ineinander zu schachteln, lässt sich die theologische Absicht des Markus erkennen.

Ein Beispiel: Zwischen die Erzählung von den beiden Besuchen der Verwandten Jesu setzt Markus die Auseinandersetzung Jesu mit den Schriftgelehrten, in der sie ihm vorwerfen, er sei vom Dämon besessen und würde in der Kraft der Dämonen Kranke heilen (3,20–35). Jesus entgegnet: »Wenn eine Familie in sich gespalten ist, kann sie keinen Bestand haben.« (3,26) So wird deutlich, dass Markus das Thema der Familie auf verschiedenen Ebenen behandelt: Einerseits spricht er von seiner konkreten Familie, die sich gegen ihn wendet, andererseits von der Familie der Gemeinde, die in Gefahr ist, sich zu spalten, wenn sie sich von der Macht der Dämonen bestimmen lässt. In dieser so genannten Sandwich-Konstruktion steckt immer im Mittelteil die entscheidende Aussage. Markus will also die Gemeinde davor warnen, Dämonen, trüben Geistern, Aber-Geistern in sich Raum zu geben.

Iersel unterscheidet fünf Hauptabschnitte im Evangelium des Markus, wobei sich der erste und der letzte und der zweite und der vierte entsprechen. Das Evangelium beginnt mit einer Erzählung, deren Ort des Geschehens die Wüste ist (1,2–13), und endet mit der Erzählung vom Grab (15,44–16,9). Wüste und Grab sind beides Orte der Dunkelheit und der Dämonen. Das zeigt Markus anhand der Heilung des Besessenen von Gerasa, der in Grabhöhlen haust. Wüste und Grab sind also von den Mächten der Finsternis bestimmt. In diese Bereiche tritt Jesus ein und besiegt durch seine Botschaft, durch seine Krafttaten und durch Tod und Auferstehung die Macht der Dämonen. In der Wüste tritt Johannes der Täufer als Bote auf, der das Reich Gottes verkündet. Im Grab spricht ein Engel in leuchtenden Gewändern die zentrale Botschaft des Evangeliums aus: »Er ist auferstanden.« (16,6) Dort, wo der Tod herrscht, in der Wüste wie im Grab, erwächst durch Jesu Botschaft und durch seine Passion und Auferstehung neues Leben.

Die beiden Hauptabschnitte des Evangeliums bilden das Wirken Jesu in Galiläa (1,16–8,21) und sein Schicksal in Jerusalem (11,1–15,39). Galiläa ist das Land, in dem Jesus seine Lehre verkündet und Kranke heilt. Hier ist er anerkannt und sammelt seine Jünger um sich. Jerusalem dagegen ist die Stadt, die den Schriftgelehrten und Hohenpriestern gehört. In ihr wirkt Jesus keine Wunder. Hier wird er abgelehnt und schließlich getötet. Während er in Galiläa den Menschen Gutes tut, erfährt er durch die Menschen in Jerusalem viel Böses. Galiläa ist für Jesus das Land des Erfolges, des Aufstiegs und des Lebens, das er überall weckt. Jerusalem dagegen ist die Stadt des Misserfolgs, des Untergangs und des Todes.

Zwischen Galiläa und Jerusalem beschreibt die Mitte des Evangeliums Jesus als einen Wanderer auf dem Weg (8,27–10,45). Jesus macht sich mit seinen Jüngern auf den Weg nach Jerusalem. Hier kündet er den Männern und Frauen, die ihm nachfolgen, dreimal seinen gewaltsamen Tod an, den er in Jerusalem erleiden wird. Und jedes Mal erzählt er auch von seiner Auferstehung am dritten Tag. Auf dem Weg vermeidet Jesus den Kontakt mit den Menschen. Er spricht allein zu den Jüngern, und zwar offen und klar.

Während im Abschnitt über das Wirken Jesu in Galiläa 40 Mal das Wort »euthys« (= »sogleich«) vorkommt, wird es im dritten und vierten Teil, jenen, in denen Jesus auf dem Weg ist, nur noch zehn Mal verwendet. Das Wirken Jesu geschieht zunächst eilends. Ein Ereignis löst das andere ab. Später, auf dem Weg, braucht es Zeit, damit Jesus die Jünger belehren kann. Und auch die Jünger brauchen Zeit, um zu verstehen, wer dieser Jesus ist.

Zwischen dem Wirken Jesu in Galiläa und seinem Schicksal in Jerusalem stehen zwei Blindenheilungen (8,22–26 und 10,46–52). Sie bilden jeweils den Übergang zum nächsten Abschnitt. Die erste Blindenheilung bezieht sich auf die Blindheit der Jünger, denn unmittelbar vor der Heilung des Blinden erzählt uns Markus, wie die Jünger mit Jesus im Boot fahren und nicht verstehen, was er zu ihnen sagt. Jesus wirft ihnen vor: »Habt ihr denn keine Augen, um zu sehen?« (8,18) Die Jünger sind genauso blind wie die Pharisäer. Jesus heilt den Blinden in zwei Schritten. Die beiden folgenden Etappen, der Weg nach Jerusalem und das Schicksal Jesu in Jerusalem, entsprechen diesen beiden Phasen der Blindenheilung. Doch die Jünger werden weder auf dem Weg noch in Jerusalem sehend. Der einzige Jünger, der sehenden Auges Jesus nachfolgt, ist der blinde Bettler Bartimäus. Als Jesus ihn heilt, heißt es von ihm: »Im gleichen Augenblick konnte er wieder sehen, und er folgte Jesus auf seinem Weg.« (10,52) So wird Bartimäus für die Leser zur Einladung, mit offenen Augen Jesus auf dem Weg nach Jerusalem zu folgen und das Geheimnis von Tod und Auferstehung zu betrachten. Das Evangelium schließt mit der Aufforderung an die Leser, Jesus in Galiläa zu sehen (16,7). Nur wenn die Jünger bereit sind, wie Bartimäus Jesus auf seinem Weg nachzufolgen, können sie ihn sehen.

Iersel sieht in der konzentrischen Komposition des Markusevangeliums eine bewusste Theologie. In der Mitte des Evangeliums mit seinen fünf Abschnitten steht der Weg Jesu. Wenn der Leser das Evangelium zu Ende gelesen hat, wird er eingeladen, den Weg Jesu nachzugehen. Nur wenn er, wie Bartimäus, sehend den Weg Jesu geht und auch vor den Gefahren und Widerständen, vor Verfolgung und Unverständnis durch seine Umgebung nicht zurückschreckt, wird er Jesus verstehen. Wahrer Glaube erfordert, »dass der Weg Jesu noch einmal gegangen wird. Wenn dies die eigentliche Intention des Buches ist, kann man sagen, dass das Mittelstück der wichtigste Abschnitt ist und die zentrale Botschaft enthält« (Iersel 300).

Markus schreibt sein Evangelium also nicht für Theologen, die über den Sinn der Botschaft Jesu nachgrübeln, sondern für Menschen, die bereit sind, sich auf den Weg zu machen und Jesus nachzufolgen. Und er schreibt es für Jünger und Jüngerinnen, die dem Kreuz nicht ausweichen, weil sie daran glauben, dass Jesus in seinem Tod am Kreuz die Macht der Dämonen besiegt und den Menschen einen Weg die in Freiheit ermöglicht hat. Man kann das Markusevangelium also nicht am Schreibtisch studieren. Man muss bereit sein, sich auf den Weg zu machen. Nur wenn ich in Bewegung bleibe, erahne ich das Geheimnis von Jesu Weg, der ihn von Galiläa, dem Land seines erfolgreichen Wirkens, nach Jerusalem führt, in die Stadt, in der er von seinen Gegnern ans Kreuz geschlagen wird.

Das ist ein Bild für unser Leben. Wir möchten lieber in Galiläa bleiben, dort, wo uns alles gelingt. Aber auch unser Weg führt nach Jerusalem, an den Ort unseres Todes. Und auf diesem Weg werden wir Misserfolg erleben, Ablehnung, Scheitern. Unser Weg wird unfehlbar im Tod enden. Doch gerade darin besteht die Frohe Botschaft des Markusevangeliums, dass wir nicht im Tod bleiben werden. Auch in unserem Grab verkündet ein weiß gekleideter Engel, dass wir auferstanden sind.

Theologie des Vertrauens

Johannes Schreiber hat seine Studie zum Markusevangelium »Theologie des Vertrauens« genannt. Auch wenn ich seinen Analysen über die Überlieferung und Redaktion durch Markus nicht folge, so finde ich doch dieses Grundthema im Evangelium bestätigt. Markus beschreibt Jesus von Nazaret, wie er aus dem Vertrauen in den nahen Gott seinen eigenen inneren Impulsen traut, wie er einfach sagt, was in ihm ist, wie er das tut, wozu ihn Gottes Stimme treibt, und wie er das Vertrauen auf Gott gerade in der Auseinandersetzung mit seinen Gegnern durchhält. Allein gegen die vielen Schriftgelehrten und Pharisäer stehend, hält er fest an dem, was er von Gott her erfahren hat. Und er fällt auch aus diesem Vertrauen nicht heraus, als er von den Gegnern gefangen genommen, verurteilt, gegeißelt, verspottet und getötet wird. Ja gerade in seinem Tod am Kreuz kommt sein Vertrauen zur Vollendung.

Schreiber sieht seine Theologie des Vertrauens vor allem im Verständnis des Kreuzestodes Jesu durch Markus begründet. Für ihn ist die Theologie des Kreuzes zugleich eine Theologie des Vertrauens. Markus hat sein ganzes Evangelium auf das Kreuz hin ausgerichtet. Daher hat man einmal das Markusevangelium eine Passionsgeschichte mit ausführlicher Einleitung genannt. Das Kreuz ragt in viele Erzählungen hinein. Schon als Jesus den Mann mit der verdorrten Hand heilt, beschließen die Pharisäer und Herodianer den Tod Jesu (3,6). Jesus heilt während seines Wirkens in Galiläa Juden wie Heiden. Sein Tod am Kreuz ist das größte Wunder, »auf das hin das ganze Markusevangelium angelegt ist« (Schreiber, 234). Dieses Wunder »geschieht für die gottverlassenen Heiden«. Als Erstes wird das Wunder des Todes Jesu vom heidnischen Hauptmann verstanden. Von ihm heißt es, dass er den Todesschrei Jesu nicht hörte, sondern sah. Zum Glauben gehört das Sehen, das tiefere Sehen. Wenn ich im schmachvollen Tod Jesu am Kreuz und in seinem Todesschrei sein unbedingtes Gottvertrauen sehe, dann, so glaube ich, habe ich die Botschaft des Markusevangeliums verstanden.

Im Tod am Kreuz wird das bedingungslose Vertrauen Jesu in Gottes Liebe sichtbar. Zugleich vollendet sich darin die Liebe Jesu, mit der er sich für die Menschen eingesetzt, ihre Krankheiten geheilt und für ihre Befreiung von der Macht der Dämonen gekämpft hat. Markus beschreibt die Liebe Jesu, die in der Ohnmacht des Todes über die Macht der Dämonen siegt, in paradoxen Bildern: »Diese dem Leben des Nächsten dienende Liebe lebt davon, dass sie stirbt; sterbend überwindet sie den Tod, insofern aus Jesu Tod neues Leben in Liebe sieghaft, zum letzten Opfer bereit, hervorbricht.« (ebd., 232) Weil die Liebe Gottes in Jesus unter dem Schleier der Ohnmacht und der Niederlage erscheint, ist es für die Jünger so schwer, daran zu glauben. Sie tun dies bis zuletzt nicht. Der Leser wird eingeladen, im Tod Jesu seinen Sieg über die Macht der Finsternis zu sehen, den Sieg der Liebe über den Hass, den Sieg des Vertrauens über alle Angst. Jesus selbst ist für Markus der eigentlich Glaubende. »Er hält in aller Anfechtung den Glauben durch und vertraut dem Vater bedingungslos.« (ebd., 240) Er stirbt »mit dem Ausdruck des unbedingten Gottvertrauens in aller Gottverlassenheit (15,34)«. (ebd., 242) Indem der Leser das Sterben Jesu betrachtet, der sich noch im Angesicht des Todes an Gott wendet, wird er eingeladen, mit Jesus darauf zu vertrauen, dass Gott alle Angst und Not überwindet, dass es nichts mehr gibt, das uns von Gott zu trennen vermag.

Mit dieser Theologie des Vertrauens spricht Markus gerade den heutigen Menschen an, der von vielen Ängsten geplagt wird. Angst ist ein Grundthema unserer Zeit. Markus beruhigt unsere Angst nicht, indem er uns billigen Trost zuspricht, sondern indem er das ganze Ausmaß der Angst und Verlassenheit, der Ablehnung und des Scheiterns beschreibt und gerade am Kreuz, dem Ort der größten Verlassenheit und Ohnmacht, den Sieg der Liebe aufleuchten lässt. Mit seiner Kreuzestheologie gibt Markus eine Antwort auf die wohl größte Not des heutigen Menschen, auf seine Angst vor Scheitern, vor Krankheit, vor Einsamkeit und Hilflosigkeit, letztlich auf seine Angst vor dem Sterben. Markus lädt uns ein, nicht nur im Kreuz den Sieg des Vertrauens über die Angst zu sehen, sondern auch den Weg Jesu in die Einsamkeit und Ohnmacht mitzugehen. Indem wir bereit sind, Jesus auf seinem Weg zum Kreuz zu folgen, werden wir verstehen, dass die Liebe auch durch den Tod nicht besiegt werden kann, sondern dass sie sich gerade in der Ohnmacht als mächtig erweist.

Ein dreifacher Spannungsbogen

Rudolf Pesch sieht die theologische Leistung des Markus in der übergreifenden Komposition, mit der er den Traditionsstoff ordnet. Dabei erkennt er einen dreifachen Spannungsbogen. Der erste betrifft den Weg Jesu. Er beginnt damit, dass Johannes der Täufer den Weg bereitet, und endet damit, dass der Auferstandene den Jüngern nach Galiläa vorangeht. Der Weg Jesu umfasst sein Wirken und dann schließlich sein Zugehen auf den Tod am Kreuz. Der Weg wird zum Vorbild für den Weg der Jünger, den Weg der Nachfolge.

Den zweiten Spannungsbogen nennt Pesch den missionarischen Bogen. Er schildert die Reaktion der Menschen auf das Wirken Jesu. Zunächst bewundern die Menschen seine Wundertaten. Aber auch über seine Predigt in Vollmacht sind sie erstaunt. Alle Bekenntnisse während des Wirkens Jesu unterliegen dem Schweigegebot. Sein Geheimnis soll während seines Lebens gewahrt bleiben, damit es nicht missverstanden wird. Der missionarische Spannungsbogen löst sich »im Bekenntnis des Hauptmanns nach Jesu Tod« (Pesch, 60). Und er mündet ein in die christliche Gemeinde, die das gültige Bekenntnis zu Jesus bewahrt und immer wieder neu verkündet. Pesch folgert daraus: »Das ganze Buch des Markus ist Missionsbuch.« (ebd., 61)

Der dritte Spannungsbogen »umfasst die fortschreitende himmlische Offenbarung der Würde Jesu bei Taufe (1,11), Verklärung (9,7) und Tod (15,33.38; 16,6f.) Jesu« (ebd., 61). Am Anfang, in der Mitte und am Ende des Evangeliums wird Jesus jeweils von Gott bestätigt als der wahre Sohn Gottes, als der, in dem Gottes Herrlichkeit aufleuchtet und der Licht bringt in die Dunkelheit dieser Welt. Das Evangelium möchte die göttliche Würde Jesu allen Völkern verkünden.

Man könnte noch andere Spannungsbögen im Markusevangelium ausmachen. Je länger ich mich mit dem Text beschäftigte, desto mehr bewunderte ich die Kompositionstechnik. Gerade auch die Sandwich-Methode zeigte mir, wie Markus die verschiedenen Themen zusammen sieht, wie er den ihm vorliegenden Überlieferungen seinen persönlichen Stempel aufdrückt. Dabei ist es aber nicht notwendig, genau zwischen dem Vorgegebenen und der Verarbeitung zu unterscheiden. Das Evangelium ist so, wie es uns überliefert ist, ein Kunstwerk, das uns einladen will, Jesus als den Wundertäter zu bestaunen, uns in unserer Angst in seine Vertrauen stiftende Nähe zu begeben, Jesus als den Sohn Gottes zu bekennen und dem Gekreuzigten und Auferstanden auf dem Weg nachzufolgen, den er uns vorausgegangen ist.

Auslegung

Der Anfang (1,1–15)

Markus beginnt sein Evangelium mit dem bedeutungsschweren Wort »arche« (= »Anfang«). Er erinnert damit an den Anfang der Schöpfung. In Jesus setzt Gott einen neuen Anfang. Da schafft er den Menschen neu und wirkt von neuem sein Heil. Arche heißt aber auch Grundlage. Die Grundlage des Evangeliums ist die Geschichte Jesu von der Johannestaufe bis zu seinem Tod. »Anfang des Evangeliums von Jesus Christus, dem Sohn Gottes.« (1,1) Es ist eine frohe Botschaft, die Markus verkünden will, eine Botschaft, die den Menschen Freude bringt. Markus hat als Erster ein ganzes Buch »Evangelium« genannt. Evangelium heißt sonst einfach: Frohe Botschaft. Im Alten Testament sind es meistens Engel, Boten Gottes, die den Menschen etwas Frohmachendes verkünden. Sie treten als Freudenboten auf, die den Sieg Gottes über die Feinde verkünden. Im römischen Reich wurden die Erlasse des Kaisers Evangelium genannt. Wenn der Kaiser Anordnungen traf, dann wurden sie als frohe Botschaft dem Reich verkündet. Sie verhießen für die Menschen Glück und Heil. Markus verkündet die Frohe Botschaft, dass Gott in Jesus ein neues Reich bringt, das Reich, in dem Gott herrscht und in dem die Menschen Gottes Nähe als Heil und Glück erfahren.

Das Evangelium des Markus handelt von Jesus Christus. Markus nennt hier bewusst den feierlichen Doppelnamen. Er galt schon in der frühen Kirche als heiliger Name. Jesus Christus wird bereits zu Beginn als Sohn

Gottes tituliert. Am Ende des Evangeliums wird der römische Hauptmann diese Auszeichnung Jesu wiederholen und wird damit das ganze Evangelium zusammenfassen. »Sohn Gottes« hat bei Markus noch nicht die Bedeutung des präexistenten Sohnes des dreifaltigen Gottes, der in Jesus Mensch wird. Im Judentum wurde der König »Sohn Gottes« genannt, ebenso der Messias und das Volk Israel. Auch der Lehrer der Weisheit galt bei den Juden als Sohn Gottes. Sohn Gottes bedeutet im Judentum keine wesensmäßige Gleichheit mit Gott, sondern Zugehörigkeit zu Gott. Jesus ist Gott in besonderer Weise zugehörig, ihm besonders nahe, von seinem Geist erfüllt. Die Griechen verbanden mit dem Begriff »Sohn Gottes« eher die Zeugung durch Gott. Zeus hat zahlreiche Söhne und Töchter gezeugt. Und die damals überall auftretenden »theoi aneres« (= »göttliche Männer«) wurden oft als Söhne Gottes bezeichnet. In ihnen war ein göttlicher Funke. Sie stammten letztlich von Gott. Die stoische Philosophie vertrat die Meinung, dass »der Mensch auf Grund seiner Vernunft ein Abkömmling Gottes sei und göttlichen Samen in sich trage« (Gnilka, 60). Doch Markus leitet den von ihm so geschätzten Titel »Sohn Gottes« vermutlich mehr aus der jüdischen Tradition her. Allerdings schreibt er sein Evangelium für Heidenchristen, also für griechisch gebildete Christen, die mit diesem Titel sicher auch die Bedeutung verbinden, die er in der griechischen Mythologie und Philosophie hatte.

Den Anfang des Evangeliums beherrscht Johannes der Täufer. Er ist die Stimme, die in der Wüste erschallt und die Menschen aufruft, dem Herrn den Weg zu bereiten. Markus zitiert hier Jesaja, und zwar in der griechischen Übersetzung der Septuaginta. Der Prophet hatte mit dem »Herrn« sicher Gott im Blick. Für Markus ist Jesus der Herr. Johannes bereitet Jesus als dem wahren Herrn dieser Welt den Weg. Und er ruft die Menschen auf, in ihrem

Herzen die Straßen zu ebnen, damit Jesus Christus in ihr Herz einziehen und es mit seinem Geist erfüllen kann. Dann schildert Markus Johannes als strengen Asketen, der wie die damaligen Beduinen ein Gewand aus Kamelhaaren trägt und sich von Heuschrecken und wildem Honig ernährt. Seine Umkehrpredigt übergeht Markus. Er lässt ihn nur auf Jesus hinweisen, der nach ihm kommt, aber in Wirklichkeit stärker ist als er. Er wird die Menschen mit dem Heiligen Geist taufen. Die Taufe des Johannes war eine Umkehrtaufe. Sie war ein Ritual, in dem die Menschen zum Ausdruck brachten, dass sie ihre Vergangenheit abstreifen und abwaschen möchten, um von Neuem die Gebote Gottes zu halten. Taufe ohne Umkehr war wirkungslos. Die Taufe Jesu hat eine andere Dimension. In ihr wird der Mensch mit Heiligem Geist erfüllt, der ihn befähigt, ein neues Verhalten an den Tag zu legen.

Den Beginn des öffentlichen Auftretens Jesu markiert die Taufe durch Johannes. Markus sagt von Jesus nur, dass er aus Nazaret in Galiläa kommt, um sich von Johannes taufen zu lassen. Was historisch dahinter steckt, ist schwer zu sagen. Vermutlich stand Jesus den essenischen Kreisen, aus denen Johannes stammte, nahe. Und er gehörte zum engeren Kreis der Johannesjünger. Für die frühe Kirche war das ein Problem, denn dann sah es so aus, als ob Johannes über Jesus stehe, weil er ihn getauft hat. Doch die Taufe wird für Markus zur Demonstration des wahren Wesens Jesu durch Gott. Anlässlich der Taufe hatte Jesus sein persönliches Berufungserlebnis. »Als er aus dem Wasser stieg, sah er, dass der Himmel sich öffnete und der Geist wie eine Taube auf ihn herabkam. Und eine Stimme aus dem Himmel sprach: Du bist mein geliebter Sohn, an dir habe ich Gefallen gefunden.« (1,10f.) Hier wird die besondere Berufung Jesu sichtbar und hörbar. Der Himmel spaltet sich, damit der Heilige Geist herabkommen kann. Das ist eine Ursehnsucht Israels, dass

Gott den Himmel doch endlich zerreiße, um seinen Geist zu senden und die Menschen zu retten. Der Geist schwebt wie eine Taube herab. Das heißt nicht, dass er die Gestalt einer Taube hatte, wie es viele Künstler später darstellten. Vielmehr bezieht sich Markus hier auf das Schweben des Geistes über den Wassern bei der Schöpfung der Welt. Gott schafft die Welt in Jesus neu. Da beginnt ein neuer Anfang. Der Mensch kommt in die Gestalt, die Gott sich ursprünglich von ihm gemacht hat. Er war als Ebenbild Gottes geschaffen. Dieses Ebenbild wird in der Taufe Jesu für uns alle sichtbar. Jesus ist der Mensch, wie Gott ihn ursprünglich geschaffen hat, der Liebling Gottes. Er hat das Wohlwollen Gottes nicht verspielt wie Adam, der sich in der Sünde von Gott abgewandt hat. Die Taube ist bei Noah eine Friedenstaube, die Versöhnung zwischen Gott und den Menschen ankündigt. Bei den Griechen ist die Taube der Göttin Aphrodite heilig. Sie symbolisiert Gottes Liebe, die zum Menschen herabsteigt.

Jesus ist Gottes geliebter Sohn. Er hat eine zärtliche Beziehung zu Gott, seinem Vater. Und Gott hat Gefallen an ihm. Es ist ein gegenseitiges Wohlgefallen. Markus zeigt uns mit der Schilderung der Taufe Jesu, wie wir diesen Rabbi aus Nazaret sehen sollen: Er ist mit Heiligem Geist begabt, mit göttlicher Kraft erfüllt. In der Kraft dieses Geistes und unter dem Wohlwollen Gottes wirkt er sein Werk. Er wird den Menschen befreien von allen Mächten, die ihn an seinem Menschsein hindern oder es verstellen. Er wird den Menschen wieder in die ursprüngliche Gestalt bringen, die ihm Gott am Anfang der Schöpfung zugedacht hat. Mit Jesus setzt Gott neu an, um das Werk seiner Schöpfung zu erneuern und den Menschen in seinem wahren Wesen wieder herzustellen und ihn zur Liebe zu befähigen, nach der sich sein Herz sehnt.

Was für Jesus gilt, das wird den Christen in der Taufe auch vermittelt. Da öffnet sich der Himmel über uns, und wir dürfen die Stimme Gottes hören: »Du bist mein geliebter Sohn, du bist meine geliebte Tochter. An dir habe ich Gefallen. Du gefällst mir. Es ist gut, dass du da bist.«

Jesus entsteigt dem Jordan, der erfüllt schien von den Sünden all der vielen Menschen, die von Johannes getauft worden waren. Das ist ein Bild für unsere Taufe. Wir sind nicht perfekt. Wir sind voller Schuld. Aber Gott sieht nicht auf unsere Schuld. Indem wir aus dem Wasser unserer Schuld steigen, erfahren wir, dass wir von Gott bedingungslos geliebt sind. Taufe ist die Erfahrung, dass wir vor aller Leistung, vor allem Wohlverhalten von Gott geliebt sind, ohne jede Bedingung.

Jesus empfängt die Taufe nicht für sich, sondern um in der Kraft des Heiligen Geistes einen Auftrag für uns zu erfüllen. Sofort nach der Taufe heißt es bei Markus: »Danach trieb der Geist Jesus in die Wüste.« (1,12) Markus verwendet das starke Wort »ekballein«: Der Geist wirft Jesus in die Wüste hinaus. Es ist wie ein innerer Zwang. Man könnte meinen, Jesus würde die Gotteserfahrung in der Taufe erst einmal genießen. Er würde sich in der Erfahrung der bedingungslosen Liebe Gottes sonnen. Doch er muss in die Wüste, in den Raum, der von den Dämonen beherrscht wird, in den Raum des Todes. Im Bereich des Todes muss sich das Leben bewähren, das Gott seinem Sohn geschenkt hat. Der Geist drängt Jesus, alle Höhen und Tiefen des Menschseins zu durchleben. Die Taufe muss in alle Abgründe seiner Seele eindringen, und der Geist soll gerade das Dunkle und Dämonische in ihm durchdringen und verwandeln.

In der Wüste bleibt Jesus vierzig Tage, ein Bild für die vierzig Jahre, die Israel durch die Wüste geführt worden ist. Israel ist der Versuchung durch den Satan immer wieder erlegen. Jesus besteht die Versuchung. Doch worin Jesus versucht wird, das sagt uns Markus nicht. Er nutzt stattdessen zwei Bilder für den Aufenthalt Jesu in der

Wüste: Er lebt bei den wilden Tieren, und Engel dienen ihm. Das zeigt die Spannung, in der Jesus steht und in der wir alle leben. Die Spannung zwischen den wilden Tieren und den Engeln, zwischen den Trieben und dem Geist, zwischen den Aggressionen und der Liebe, zwischen dem Zerstörerischen und Wilden und dem Schützenden und dem Zärtlichen der Engel. Wir sind unser Leben lang hin und her gerissen zwischen diesen beiden Polen. Jesus ist ganz Mensch, aber er ist auch in den göttlichen Bereich eingetaucht. Und das gilt in ähnlicher Weise von uns. Jesus lebt bei den wilden Tieren. Er lebt nicht in Feindschaft mit ihnen, sondern offensichtlich im paradiesischen Frieden. Das ist ein Bild, dass er all das Wilde und Aggressive in sich integriert hat. Es schadet ihm nicht mehr. Hier wird die Vision des paradiesischen Friedens, wie sie Jesaja im 11. Kapitel schildert, Wirklichkeit. Da besteht keine Feindschaft mehr zwischen Himmel und Erde, zwischen Geist und Trieb, zwischen Sexualität und Spiritualität. In den zwei kurzen Versen drückt Markus aus, welch tiefe Erfahrung Jesus in der Wüste durchgemacht hat. Er ist zum integrierten Menschen gereift. Seine Beziehung zu Gott hat alle Bereiche seines Leibes und seiner Seele, seines Bewussten und Unbewussten durchdrungen. Er ist als ganzer Mensch von Gottes Geist durchdrungen. So kann er die Botschaft Gottes verkünden, ohne sie zu verfälschen, ohne sie mit menschlichen Nebenabsichten zu trüben.

Während Jesus die wilden Tiere und die Engel an seiner Seite miteinander verband, erlebe ich heute viele Menschen, die meinen, nur durch Spiritualität könnten sie ihre Probleme lösen und ihre Verletzungen aufarbeiten. Doch sie merken gar nicht, wie die »wilden Tiere« sich in ihre Spiritualität mischen, wie ihre Spiritualität autoritär und aggressiv wird. Jesus lebt mit den wilden Tieren. Er macht sich mit ihnen vertraut. Nur so wird er fähig, die integrierende von der spaltenden Spiritualität zu unterscheiden. Er spürt sofort in den Menschen, ob sie in sich die Engel und die wilden Tiere zulassen oder ob sie den spirituellen Weg dazu benutzen, ihrer Aggression und Sexualität aus dem Weg zu gehen.

Nun beschreibt Markus die Botschaft, die Jesus verkündet. Es sind kurze Sätze: »Die Zeit ist erfüllt, das Reich Gottes ist nahe. Kehrt um, und glaubt an das Evangelium.« (1,15) Das griechische Wort für Zeit, »kairos«, meint den rechten Augenblick, das, was die Zeit ausmacht, das, was die tiefste Bedeutung von Zeit meint. Die Zeit ist erfüllt. Sie ist in ihre Fülle gelangt. Gottes Reich ist nahe. Die Nähe Gottes lässt den Menschen wahrhaft leben. Nur in der Nähe Gottes kommt der Mensch seinem wahren Wesen nahe. Und nur weil Gott nahe ist, kommt die Zeit in ihre Fülle.

Die Mystiker, allen voran Meister Eckehart, haben gerne über die Fülle der Zeit gepredigt. Gott, der über aller Zeit ist, kommt in die Zeit und erfüllt sie daher. Jesus kündigt nicht das Gericht an, sondern die heilende Nähe Gottes. Doch der Mensch soll darauf reagieren, nicht mit Buße, sondern mit Umkehr. Das griechische Wort »metanoeite« heißt eigentlich: »Denkt um, ändert euer Denken. Seht hinter die Dinge, dann werdet ihr Gottes Nähe erkennen!« Jesus will den Menschen die Augen öffnen, damit sie Gott in allem erkennen. Gott ist schon da. Wir brauchen ihn nicht zu bitten, dass er kommt. Wir müssen nur die Augen aufmachen, damit wir ihn überall sehen.

Im griechischen Wort »metanoeite« klingt auch die Bedeutung des hebräischen Wortes nach, das es übersetzt: umkehren, sich umwenden, eine Kehre machen, andere Wege gehen. Die Hebräer gehen davon aus, dass der Mensch oft genug verkehrte Wege geht, Wege, die nicht zum Heil führen, sondern auf Abwege und Irrwege. Von diesen soll der Mensch ablassen und sich auf den richtigen

Weg machen. Oder aber er soll auf dem Weg, der ins Verderben führt, umkehren, zurückkehren zum Ursprung. Zur Umkehr muss der Glaube kommen. Es ist eine eigenartige Wendung: Glaubt im Evangelium, habt Vertrauen im Evangelium.

Vielleicht könnte man es so verstehen: Wer in der frohen Botschaft wohnt, wer die Worte so hört, dass sie in ihm wohnen, in dem wächst Vertrauen. Der bekommt ein neues Stehvermögen, einen festen Stand mitten in der Unsicherheit dieser Welt. Das Evangelium ist für Markus das Evangelium Jesu Christi. So gehört zur Umkehr auch das Vertrauen in die Person Jesu. Er öffnet den Menschen die Augen. Er zeigt ihnen den Weg, der wirklich zum Leben führt. Und er schenkt ihnen einen sicheren Stand, ein unbedingtes Vertrauen in Gott, das durch keine Widerstände von Gegnern und durch keine äußeren Niederlagen erschüttert werden kann.

Die Heilung des Besessenen (1,21–28)

Die erste Heilungsgeschichte ist für Markus programmatisch. Es ist die Heilung eines Besessenen. Damit zeigt er, dass Krankheit für ihn immer auch Besessenheit bedeutet. Die Dämonen, die den Menschen beherrschen, stehen für Zwänge, für fixe Ideen, für neurotische Komplexe. Markus spricht auch von trüben Geistern. Sie trüben das Selbstbild des Menschen und sein Gottesbild. Es sind fremde Mächte, die den Menschen beherrschen. Markus charakterisiert den Besessenen als einen Mann »in einem unreinen Geist«. Er ist in der Gewalt des unreinen Geistes. Im Gegensatz zu den Jüngern, die »im Evangelium glauben«, wird hier ein Mann geschildert, der im unreinen Geist wohnt, der in der Verwirrung, in der Umnebelung, in der Verdüsterung wohnt. So ein unreiner Geist kann die Verbitterung sein, die das Denken trübt. Es kann sich aber auch um ein übertriebenes Reinheitsideal handeln, das die Augen verschließt vor allem Unreinen und gerade so den Menschen mit dem Unrat des Verdrängten erfüllt. Heilung heißt für Markus immer, dass Jesus den Menschen zu sich selbst befreit, dass er ihn aus der Macht der trüben und unreinen Geister herausreißt und ihn zu sich selbst führt, zu seinem wahren Wesen.

Schon die erste Heilungsgeschichte zeigt die »Sandwich-Konstruktion«, mit der Markus ihm wichtige Szenen beschreibt. Der Evangelist beginnt die Szene mit der Feststellung, dass Jesus in der Synagoge von Kafarnaum lehrte. Die Zuhörer erschrecken über seine Lehre. Sie werden in Schrecken oder Verwunderung versetzt, sie geraten in Ekstase, wie es im griechischen Wortlaut heißt: »Denn er lehrte sie wie einer, der Vollmacht hat, und nicht wie die Schriftgelehrten.« (1,22) Dann schildert er die Heilung des Besessenen und lässt die Szene wieder enden mit der Reaktion der Leute: »Hier wird mit Vollmacht eine ganz neue Lehre verkündet. Sogar die unreinen Geister gehorchen seinem Befehl.« (1,27) Markus drückt mit dieser konzentrischen Darstellungsweise aus, dass die Lehre Jesu nicht folgenlos ist, sondern dass Jesus gerade durch seine Lehre heilt. Indem er richtig von Gott erzählt, befreit er die Menschen zu sich selbst. Gottesbild und Selbstbild hängen eng zusammen. Indem Jesus den Menschen den heilenden und befreienden, den bejahenden und den ermutigenden Gott verkündet, befreit er die Menschen von ihren krankmachenden Gottesbildern und richtet sie auf, dass sie ganz sie selber werden.

Wenn Jesus von Gott spricht, dann haben die Menschen den Eindruck, dass da Gott wirklich gegenwärtig ist. Er sagt nicht, was er von anderen gehört hat. Vielmehr spricht er aus eigener Erfahrung. Und er spricht von Gott so, dass sich im Menschen etwas bewegt. Die Zuhörer können sich nicht bequem zurücklehnen und über die Worte Jesu nachdenken. Die Worte über Gott dringen in ihre Herzen und bringen sie in Aufruhr. Die Menschen spüren, dass Jesus als einer von Gott spricht, der Vollmacht hat. In seinen Worten wird die Macht Gottes spürbar, da wird Gott selbst gegenwärtig. Sie wissen: Ja so ist es. Das ist die Wahrheit. Das ist wirklich Gott. Das griechische Wort für Vollmacht, »exousia«, bedeutet auch die Freiheit, zu handeln und zu verfügen, wie man will. Jesus spricht mit innerer Freiheit von Gott. Da ist keine Angst im Spiel. Und das Wort bezeichnet die Gewalt, die ein Herrscher ausübt. Jesus erscheint den Zuhörern als einer, der Macht hat, der teilhat an der Herrschaft Gottes. Die Worte Jesu bewirken etwas im Menschen. Sie befreien ihn von versklavenden und krankmachenden Mächten. Wörtlich heißt »exousia«: aus dem Sein. Jesus handelt und spricht aus dem Sein heraus. Er ruht im Sein, in seinem eigenen Sein und im Sein Gottes. Seine Worte stimmen überein mit seinem Sein.

Markus schildert die Reaktion der Menschen auf das Reden Jesu von Gott am Beispiel eines Menschen, der von einem unreinen Geist besessen ist. Der unreine Geist beginnt sofort zu schreien: »Was haben wir mit dir zu tun, Jesus von Nazaret? Bist du gekommen, um uns ins Verderben zu stürzen?« Der unreine Geist steht hier für unsere unreinen, für unsere krankhaften und dämonischen Gottesbilder und für unsere Selbstbilder, die uns am Leben hindern. Wir haben oft genug in uns ein Bild von Gott, das sein wahres Wesen verstellt, etwa das Bild eines Buchhaltergottes, der alles auf Soll und Haben bucht, eines Willkürgottes, der uns ständig einen Strich durch die Rechnung macht, eines Richtergottes, der uns überall kontrolliert und beurteilt. Solche dämonischen Gottesbilder trüben auch unser Selbstbild. Wir sehen uns selbst verkehrt. Wir benützen Gott als Absicherung gegenüber allen Eventualitäten des Lebens. Wir blähen mit Gott unser eigenes Ego auf und stellen uns über die anderen. Wir möchten über Gott verfügen, ihn in unseren Dienst stellen. Menschen mit solchen Gottesbildern können sich in der Nähe Jesu nicht zurückhalten. Sie beginnen zu schreien. Der Dämon muss sich zu Wort melden. Er spürt, dass es ihm an den Kragen geht. Jesus rüttelt die Menschen wach, wenn er von Gott spricht. Es ist aufregend, wie er von Gott redet. Da werden den Zuhörern die Augen geöffnet, und sie erkennen auf einmal, wer sie selber sind, wie sie sich hinter ihren selbst gemachten Gottesbildern versteckt haben, wie sie sich ihr eigenes Selbstbild zurecht gelegt haben, das ihrem wahren Bild widerspricht.

Jesus fährt den unreinen Geist scharf an: »Schweig und verlass ihn!« Er unterscheidet zwischen der Person des Menschen und dem Dämon, der ihn bestimmt. Dem Dämon kann er nicht mit Verständnis begegnen. Ihn muss er mit Kraft vertreiben. So befiehlt er den inneren Stimmen, die diesen Menschen zerreißen, sie sollen verstummen. Diesen Stimmen kann man nicht mit Argumenten begegnen. Sie wiederholen ihre Worte gebetsmühlenartig, so dass kein Argument sie entmachten kann. Hier braucht es die Eindeutigkeit und die Kraft Jesu, um den Menschen von seinen versklavenden Stimmen zu befreien. Der unreine Geist spürt die Macht Jesu, aber er weicht nicht kampflos. Er zerrt den Mann hin und her und verlässt ihn schließlich mit lautem Geschrei. Er zeigt darin sein wahres Wesen. Er möchte den Menschen zerreißen, und er ist voller Lärm. Er hindert den Menschen daran, in der Stille zu sich zu finden. Zugleich zeigt die Reaktion des Dämons die Vollmacht Jesu an. Er kann seinem Wort nicht ausweichen. Der Mann steht nun zwischen der Macht des Dämons und der Vollmacht Jesu. Er wird hin und her gerissen zwischen der Ahnung, dass Jesus richtig von Gott redet, und dem Sich-Festklammern an die alten Gottesbilder, an sein selbst errichtetes Lebensgebäude. Jesus spricht von Gott so, dass der Mensch in eine Entscheidung gestellt wird. Er kann Gott nicht mehr ausweichen. So löst sich der Mann mit einem lauten Schrei von seinem Dämon. Hier klingt schon der laute Todesschrei Jesu am Kreuz an, mit dem er endgültig den Sieg über die Dämonen verkündet.

Die Zuschauer erleben die Lehre Jesu als neu. Er spricht in einer neuen Weise von Gott, in einer erfrischenden und befreienden, in einer belebenden und heilenden Weise. Und er spricht mit Vollmacht. Jesus legt nicht wie die Pharisäer das Gesetz aus, sondern er lässt Gottes Kraft in seinen Worten spüren. Er spricht nicht über Gott, sondern in der Kraft Gottes lässt er in seinen Worten Gott selbst aufscheinen. Seine Worte bewirken etwas im Menschen. Sie befreien ihn zu sich selbst. Weil Jesus richtig vom Menschen und von Gott redet, haben die krankmachenden Gottesbilder und Selbstbilder keine Chance. Sie müssen weichen. Aber sie weichen nur unter Geschrei. Sie entlarven ihr wahres Wesen: ihre zerstörerische und menschenfeindliche Absicht. Sie zerren den Menschen hin und her. Sie reißen ihn aus seiner Mitte heraus und beherrschen ihn. Da muss einer kommen, der solche Macht hat wie Jesus, um sie aus der menschlichen Seele zu vertreiben. Nur so kann sich der Mensch aufrichten und zu sich selbst finden.

Die Heilung des Aussätzigen (1,40–45)

Aussätzige waren zur Zeit Jesu aus der menschlichen Gesellschaft ausgeschlossen. Sie mussten in eigenen Siedlungen wohnen. Das ist ein Bild für Menschen, die sich selbst nicht »ausstehen« können. Weil sie sich selbst nicht annehmen können, fühlen sie sich von den anderen abgelehnt, ausgegrenzt, ausgesetzt. Sie sind weder bei den Menschen noch bei sich selbst zu Hause. An der Haut können wir ablesen, ob wir uns in ihr wohl fühlen oder nicht. Wenn die Haut voller Aussatz ist, ist das ein Bild, dass wir vieles in uns nicht akzeptieren möchten. Was wir nicht annehmen, das zeigt die Haut als Ausschlag oder Pickel. So ein Mensch, der sich selbst nicht lieben kann, der sich von allen anderen abgelehnt fühlt, kommt nun auf Jesus zu. Er spürt, dass er so nicht weiter leben kann. Denn keiner kann nur als Ausgegrenzter, Abgelehnter und Unbehauster leben. Jeder sehnt sich nach Zuwendung und Liebe. Der Aussätzige erkennt seine Ohnmacht, selbst aus dem Teufelskreis der Ablehnung auszubrechen. So kommt er auf Jesus zu und fällt vor ihm auf die Knie. Er sagt zu ihm: »Wenn du willst, kannst du machen, dass ich rein werde.« (1,40) Das klingt so, als ob er Jesus die Verantwortung für sein Reinsein zuschieben würde. Er lehnt alle Verantwortung für sich ab. Er kann ja nichts dafür, dass er abgelehnt wird.

Jesus lässt sich auf den Kranken ein, aber er wird nicht einfach zu seinem Erfüllungsgehilfen. Er konfrontiert ihn mit sich selbst und seinem eigenen Anteil an der Krankheit. Der erste Schritt der Therapie Jesu besteht im Mitleid. Das griechische Wort »splanchnistheis« meint eigentlich: Er wurde in seinen Eingeweiden ergriffen. Die Eingeweide waren für die Griechen der Ort der verwundbaren Gefühle. Jesus lässt den Kranken bei sich eintreten. Er fühlt mit ihm, mit seiner Verbitterung, mit seiner Verzweiflung, mit seinem Selbsthass. Der zweite Schritt der Heilung ist das Ausstrecken der Hände: Jesus bietet dem Aussätzigen Beziehung an. Er möchte mit ihm in Kontakt treten, möchte, dass etwas zwischen ihnen hin und her strömt. Und dann berührt er den Kranken. Wenn jemand sich nicht selber annehmen kann, tun wir uns sehr schwer, ihn anzunehmen. Denn wir haben oft genug

Angst, dass wir all das innere Chaos des anderen berühren, dass wir uns die Hände schmutzig machen, weil der Unrat der Bitterkeit und des Selbsthasses auf uns geworfen wird. Jesus kennt solche Berührungsängste nicht. Er weiß, dass seine Person nicht unrein werden kann, dass sein Innerstes klar ist und rein. Die Berührung bedeutet: Ich nehme dich an, wie du bist. Berührung kommt von »rühren« = »sich mischen«. Die Gefühle Jesu mischen sich mit denen des Kranken. Jesus lässt etwas von seiner inneren Klarheit in den Kranken hineinströmen. Und dann sagt er zu ihm: »Ich will es – werde rein!« (1,41) Für mich heißt das: »Ich stehe zu dir. Ich nehme dich an. Nun ist es aber auch deine Aufgabe, ja zu dir zu sagen, dich selbst anzunehmen. Du musst nun auch das Deine zu deiner Heilung tun. Du musst dich für dich selbst, für das Leben entscheiden.« Im gleichen Augenblick verschwindet der Aussatz. Der Kranke kann sich nun annehmen. Er fühlt sich rein, im Einklang mit sich selbst. Doch offensichtlich fehlt dem Geheilten noch etwas. Er steht noch nicht ganz in sich selbst. Er muss ständig von seiner Heilung erzählen. Damit stellt er sich selbst in den Mittelpunkt. Er kann sich nicht so annehmen, wie er wirklich ist, sondern nur als jemand, der etwas Besonderes ist, der sich über die anderen stellt. Er verwechselt Angenommensein mit Abhängigkeit. Er lässt Jesus nicht los, indem er überall von ihm erzählt.

Jesus schickt den Geheilten weg und schärft ihm ein: »Nimm dich in Acht! Erzähle niemand etwas davon, sondern geh, zeig dich dem Priester und bring das Reinigungsopfer dar, das Mose angeordnet hat.« (1,44) Diese Reaktion Jesu ist auf den ersten Blick unverständlich. Das griechische Wort drückt seinen Zorn aus. Er »ergrimmte, er wurde unwillig, er schnaubte den Geheilten an«. Vielleicht spürt Jesus, dass der Geheilte sich mit seiner Heilung interessant machen möchte. Er soll den normalen

Weg gehen, sich den Priestern stellen. Er soll sich wieder in die Gemeinschaft einreihen. Doch der Geheilte erzählt überall und bei jeder Gelegenheit, was geschehen ist. Damit grenzt er Jesus aus. Dieser kann sich nun nicht mehr in den Städten zeigen. »Er hielt sich nur noch außerhalb der Städte an einsamen Orten auf.« (1,45) Nun sind die Verhältnisse umgekehrt. Jesus, der mitten in der Gemeinschaft stand, hat den, der ausgegrenzt war, geheilt und in die Gemeinschaft aufgenommen. Doch der Geheilte hat nun Jesus ausgegrenzt und ihn gezwungen, sich außerhalb der Gemeinschaft aufzuhalten. Jesus wollte den Menschen ganz und gar heilen. Doch dazu wäre es nötig gewesen, dass er zunächst einmal schweigt, damit die Heilung auch seine Seele erreichen kann und nicht nur seinen Leib. Doch dazu war der Aussätzige offensichtlich nicht bereit. Er lebt nun auf Kosten Jesu. Für mich ist das ein Hinweis auf den Tod Jesu am Kreuz. Da wurde er um unserer Heilung willen aus der menschlichen Gemeinschaft ausgeschlossen und ausgegrenzt, damit wir uns bedingungslos geliebt wissen. Am Kreuz wurde Jesus ausgesetzt, damit unser Ausgesetztsein aufgehoben wird und wir wieder neu in Gottes Nähe wohnen dürfen. Die Heilung des Menschen kostet Jesus, den Sohn Gottes, das Leben.

Die Heilung des Gelähmten (2,1–12)

Einige Tage nach dieser Heilung ist Jesus wieder zu Hause in Kafarnaum. So viele Menschen kommen zusammen und möchten sein Wort hören, dass keiner mehr durch die Tür gehen kann. Da bringen vier Männer einen Gelähmten. Sie steigen auf das Dach und schlagen ein Loch in die Decke, um den Gelähmten auf einer Tragbahre hinunter zu lassen, genau vor die Füße Jesu. Diese

Szene hat mich schon als Kind immer fasziniert. Damit der Gelähmte gesund wird, nehmen sie die Zerstörung des Hauses in Kauf. Sie lassen sich von der großen Menge nicht abhalten. Sie möchten den Kranken unbedingt zu Jesus bringen. Es ist ein Gelähmter. Wenn wir unsere Sprache befragen, was Lähmung für unsere Seele bedeutet, dann stoßen wir auf die Angst als die eigentliche Ursache der Lähmung. Angst lähmt mich. Sie blockiert und hemmt mich. Weil ich Angst habe, vor anderen etwas zu sagen, fühle ich mich gelähmt. Es ist die Angst vor dem Urteil der anderen. Doch es gibt noch andere Ängste, die mich lähmen: die Angst vor einer schwierigen Situation, vor einem mächtigen Menschen, vor einer Gefahr, und die Angst vor der eigenen Schuld, die Angst, meine Schuld könnte entdeckt werden.

Jesus sieht den Glauben der vier Männer, die den Gelähmten vor ihn bringen. Es ist nicht der Glaube des Kranken, sondern der seiner Begleiter. Jesus wendet sich nun dem Gelähmten zu: »Mein Sohn, deine Sünden sind dir vergeben.« (2,5) Der Gelähmte möchte gesund werden. Was soll da die Sündenvergebung? Doch Jesus spürt, dass die Lähmung auch mit einer inneren Haltung zu tun hat. Sünde heißt: sich verfehlen, an sich vorbei leben. Der Gelähmte verfehlt sein Menschsein, weil er meint, er müsse perfekt sein, er dürfe keine Schwächen zeigen. Weil er nicht schwach sein will, wagt er es nicht, in seiner Schwäche aufzustehen, sondern wird von ihr an das Bett gefesselt. Wer aufsteht, weiß, dass er fallen kann. Wer jedes Fallen vermeidet, bleibt immer im Grab seiner Angst liegen. Der Kranke hat vermutlich keine Gebote übertreten, aber er hat das Leben verweigert. Und die eigentliche Schuld besteht darin, das Leben nicht zu leben, das Gott uns zutraut. Auf das ungelebte Leben, auf die Haltung der Lebensverweigerung spricht Jesus den Kranken an. Er spricht ihm die Vergebung der Sünden zu, das bedingungslose Angenommensein von Gott her, und ermöglicht ihm so einen neuen Anfang: »Lass deine Schuldgefühle! Höre auf, dich mit Schuldgefühlen zu zerfleischen und vom Leben abzuhalten! Habe Mut, du selbst zu sein, mit deinen Fehlern und Schwächen aufzustehen. Gib deine Lebensverweigerung auf! Trau dich zu leben!«

Einige Schriftgelehrte stoßen sich an der Sündenvergebung, die Jesus dem Kranken zuspricht. Denn Sünden zu vergeben steht allein Gott zu. Jesus erkennt ihre Gedanken. So wendet er sich ihnen zu: »Was für Gedanken habt ihr im Herzen? Ist es leichter, zu dem Gelähmten zu sagen: ›Deine Sünden sind dir vergeben‹, oder zu sagen: ›Steh auf, nimm deine Tragbahre, und geh umher?‹« Und dann demonstriert Jesus den Schriftgelehrten, dass er die Vollmacht hat, Sünden zu vergeben. Er verkündet das Wort Gottes mit Vollmacht. Als deren Beweis sagt er nun zum Gelähmten: »Ich sage dir: Steh auf, nimm deine Tragbahre, und geh nach Hause!« (2,11) Wenn die Seele heil geworden ist, kann es auch der Leib werden. Indem der Gelähmte aufsteht, zeigt sich, dass die Sündenvergebung in ihm wirksam geworden ist. Er hängt nicht mehr an sich und seiner Angst fest. Er weigert sich nicht länger zu leben. Er traut sich aufzustehen. Er hat ja keine Garantie, ob er nach der langen Lähmung sicher auf den Füßen zu stehen vermag. Aber jetzt siegt das Vertrauen gegen die Angst. Das Wort Jesu, in Vollmacht gesprochen, gibt ihm offensichtlich Mut aufzustehen. Jesus bringt ihn in Berührung mit seinem Vertrauen und mit seiner eigenen Kraft. Und in dieser Kraft kann er stehen. Da ist er nicht mehr darauf fixiert, was die anderen von ihm denken, ob sie seine Hemmungen entdecken könnten. Er steht auf eigenen Füßen, er steht zu sich. Und er vermag zu gehen.

Ich kenne die Haltung des Gelähmten. Früher habe ich mir oft, wenn ich einen Kurs gehalten habe, den Kopf zerbrochen, was ich den Kursteilnehmern an Übungen anbieten soll. Ich habe mich selbst unter Druck gesetzt, damit ich den Kurs möglichst gut und phantasievoll gestalte, so, dass alle zufrieden sind. Vor einer Einheit habe ich gegrübelt, ob die oder jene Übung sinnvoller sei. Da hat mir die Erinnerung an das Wort Jesu geholfen: »Steh auf, nimm dein Bett und geh!« Wenn ich mir dieses Wort gesagt habe, habe ich aufgehört zu grübeln. Ich bin einfach in den Saal gegangen und habe dem Gefühl getraut, das in mir war, als ich anfing zu sprechen. Das war für mich immer wie eine Befreiung. In diesem Augenblick konnte ich meinen inneren Leistungsdruck lassen und einfach aufstehen und mit meinem Bett, mit meiner Unsicherheit, auf die Menschen zugehen.

Auseinandersetzung mit den Pharisäern (2,18–28)

Markus spricht immer wieder von der Auseinandersetzung Jesu mit den Pharisäern. Doch bei ihm ist die Gegnerschaft noch nicht so stark herausgearbeitet wie später bei Matthäus. Matthäus reflektiert vor allem die Verhältnisse der Christen zu den Pharisäern, wie sie sich nach dem Fall Jerusalems im Jahr 70 entwickelten. Die Pharisäer waren beim Volk beliebt, denn ihr Anliegen war es, eine Laienfrömmigkeit zu entwickeln. Ihnen war das Gebot Gottes wichtiger als die Opfer der Priester, und sie wollten mit ihren Vorschriften die Gebote Gottes ins konkrete Leben hinein übersetzen. Dabei luden sie jedoch oft genug den Leuten neue Lasten auf. Jesus stand den Pharisäern in vielen Fragen nahe. Doch er grenzte sich von ihnen auch immer wieder ab. Ihm war ihre Frömmigkeit zu äußerlich, zu sehr vom Leistungsdenken geprägt.

Ein Beispiel der Auseinandersetzung mit den Pharisäern ist die Fastenfrage. Die Jünger des Johannes und die

Pharisäer fasten regelmäßig, normalerweise jeden Montag und Donnerstag und an bestimmten jährlichen Fasttagen. Die Jünger Jesu fasten nicht. Damit setzen sie sich ab von den Übrigen. Doch Jesus antwortet den Fragestellern: »Können denn die Hochzeitsgäste fasten, solange der Bräutigam bei ihnen ist?« (2,19)

In diesem Satz scheinen das Selbstverständnis Jesu und sein Bild von Gott auf. Jesus ist nicht der Asket, der auf alle Freuden verzichtet. Markus erzählt von der Auseinandersetzung Jesu mit den Pharisäern im Anschluss an das Mahl mit dem Zöllner Levi und den Sündern. Jesus verzichtet hier darauf, die Sünder zur Umkehr zu rufen. Er hält mit ihnen Mahl. Er spricht ihnen die Liebe Gottes zu. Die erfahrene Liebe Gottes verwandelt sie. Jesus versteht sich als Bräutigam, der den Menschen die Nähe Gottes verkündet und sie einlädt, gemeinsam mit ihm die Liebe Gottes zu feiern. Er lädt die Menschen zur Hochzeit mit Gott, der eins werden will mit den Menschen. Und wenn Gott mit dem Menschen eins wird, dann wird der Mensch auch mit sich eins.

Die Hochzeit ist in vielen Märchen Bild vollendeter Selbstwerdung. Da werden alle Gegensätze des Menschen eins: Mann und Frau, Himmel und Erde, Licht und Dunkel. So zeigt Jesus hier im Bild der Hochzeit, wie er Spiritualität versteht: Sie ist nicht in erster Linie ein Weg des Verzichts, sondern ein Weg der Integration. Sie versucht, Himmel und Erde und alle Gegensätze der menschlichen Seele in sich und in Gott miteinander zu verbinden. Jesu Gottes- und Menschenbild ist von Freude und Zuversicht geprägt, von der Bereitschaft, Gottes liebende Zuwendung zum Menschen im Feiern auszudrücken. Und solches Feiern verträgt kein Fasten. Die Jünger fasten nicht, weil sie die Nähe Jesu als Nähe des göttlichen Bräutigams erfahren. Doch Jesus kündigt den Pharisäern an, dass seine Jünger fasten werden, wenn er ihnen durch den Tod entrissen werden wird. Dann wird es ein Trauerfasten sein.

In der frühen Kirche hat man schon bald die Fastenpraxis der Juden übernommen. Allerdings hat man mittwochs und freitags gefastet statt montags und donnerstags. Im Fasten haben sich die frühen Christen mit dem Jesus verbunden, der mit seiner Ohnmacht die Macht der Dämonen überwindet, dessen Weg zur Auferstehung über das Kreuz ging. Zu unserem spirituellen Weg gehört beides: das ewige Fest des Einswerdens mit Gott zu feiern, aber auch fastend auszuhalten, dass Gott sich uns oft genug entzieht und dass dann unser Weg zu einem Kreuzweg wird, auf dem auch wir in die Auseinandersetzung mit den dämonischen Kräften gestellt sind, die sich unserer Selbstwerdung in den Weg stellen.

Jesus begründet das Verhalten der Jünger mit der Neuheit seiner Lehre. Er bringt den Menschen etwas wirklich Neues, er ist nicht einfach nur ein Rabbi unter vielen, und seine neue Botschaft verträgt sich nicht mit alten Bräuchen. Das wird deutlich im Bild des neuen und alten Weines, das Jesus in seinem Gleichnis verwendet. Neuen Wein füllt man in neue Schläuche. (2,22) Die neue Botschaft Jesu braucht auch neue Formen. In diesem Wort Jesu zeigt sich eine andere Spiritualität als in den Worten der Pharisäer. Diese versuchten, die Gebote Gottes für den Alltag auszulegen. Sie waren rückwärtig orientiert. Das in der Vergangenheit gegebene Gebot wollten sie aktualisieren. Jesus dagegen hat den Mut zum Neuen. Im Matthäusevangelium wird dieser Mut zum Neuen wiederum an das Alte rückgebunden. Da interpretiert Matthäus die Auslegung Jesu so, dass er kein Gebot abschaffen möchte. Bei Markus kommt die ursprüngliche Frische der Überzeugung Jesu zum Ausdruck. Jesus steht in der jüdischen Tradition, aber er blickt nicht ängstlich auf jeden Buchstaben des Gesetzes. Er traut seiner Intuition.

Und er traut dem Neuen, das durch ihn in die Welt gekommen ist. Er vertraut auf den immer neuen Gott, der alles neu macht.

Die Auseinandersetzung mit den Pharisäern setzt sich fort in der Frage nach dem Sabbatgebot. Gott hat den Menschen den Sabbat geschenkt, damit sie an diesem Tag von ihrer Arbeit ausruhen und an der Ruhe Gottes teilhaben. Der Sabbat ist eine Wohltat Gottes für die Menschen. Die Pharisäer haben mit ihren Geboten den Sabbat zu schützen versucht. Sie hatten durchaus ein menschenfreundliches Anliegen. Sie wollten, dass der Mensch wirklich ausruhen konnte. Doch bei ihrem Bemühen schossen sie über das Ziel hinaus. Was ursprünglich als Hilfe zum Genießen der Ruhe gedacht war, wurde zur Behinderung menschlicher Freiheit. Da war der Buchstabe wichtiger als der Sinn. Dabei gab es auch liberale Pharisäer, wie etwa die Schule des Hillel, die ähnlich dachten wie Jesus. Jesus stellt sich nicht radikal gegen die jüdische Tradition und gegen die Pharisäer. Er nimmt für sich in Anspruch, seine eigene Deutung zu geben. Dabei beruft er sich nicht auf andere Auslegungsschulen, sondern traut seinem eigenen Gespür für Gott und für den Menschen. Für die strenge Richtung der Pharisäer war das Ährenabreißen schon Erntearbeit. Am Werktag war es durchaus erlaubt, auch in fremden Kornfeldern Ähren abzureißen, wenn man Hunger hatte. Doch am Sabbat hatte das zu unterbleiben. Jesus argumentiert mit dem Beispiel Davids, der in das Haus Gottes ging und die heiligen Brote aß. Er erzählt hier die Bibel in freier Weise nach, denn in 1 Samuel 21,1–10 kommt David zum Priester Abimelech und bittet ihn um fünf Brote. Weil der Priester kein gewöhnliches Brot bei sich hatte, gab er ihm die heiligen Schaubrote. Wie David, so nimmt sich auch Jesus die Freiheit und gesteht seinen Jüngern zu, das Sabbatgebot zu übertreten, wenn sie hungrig sind. Er begründet diese Freiheit mit einem Hinweis auf den ursprünglichen Willen Gottes: »Der Sabbat ist für den Menschen da, nicht der Mensch für den Sabbat.« (2,27) Jesus nimmt für sich in Anspruch, den Willen Gottes zu kennen. Und er greift auf die Schöpfung zurück. Wörtlich sagt er: »Der Sabbat ist für den Menschen (des Menschen wegen) geschaffen worden, und nicht der Mensch für den Sabbat.« Mit diesem Satz stellt er sich jedoch nicht außerhalb der jüdischen Tradition. Rabbi Schimeon hatte um das Jahr 180 vor Christus ähnlich formuliert: »Euch ist der Sabbat übergeben worden, und nicht seid ihr dem Sabbat übergeben worden.« (Gnilka, 123) Rabbi Schimeon hatte allerdings nur eine akute Lebensgefahr im Blick. Jesus spricht diesen Satz in großer Freiheit aus. Selbst der Hunger seiner Jünger ist Grund genug, sich nicht an legalistische Sabbatgebote zu halten. Es geht immer um den Sinn der Gebote, und nicht um die Härte des Buchstabens.

Die Heilung des Mannes mit der verdorrten Hand (3,1–6)

Beim Gottesdienst in der Synagoge sieht Jesus einen Mann mit einer verdorrten Hand. Ich kann mir vorstellen, was das Problem dieses Mannes war: Mit der Hand gestalte und forme ich mein Leben und packe ich etwas an. Mit ihr nehme ich mein Leben in die Hand. Ich nehme mir, was ich brauche. Und ich gebe, was ich zu geben habe. Mit der Hand berühre ich andere Menschen. Ich gebe ihnen die Hand. Ich nehme Beziehung auf. Ich gebe ihnen Halt. Mit der Hand drücke ich Zärtlichkeit und Liebe aus. Die verdorrte Hand weist auf einen Menschen hin, der sich angepasst hat, der seine Hand zurückgezogen hat. Er will sich die Finger nicht verbrennen, sie sich nicht schmutzig machen. Er hat sich herausgezogen aus dem Lebenskampf und hat sich mit der Zuschauerrolle begnügt. Doch vor lauter Anpassen hat er auch alle Kraft verloren. Von ihm geht nichts mehr aus. Er kann nun nichts mehr in die Hand nehmen, nichts mehr formen und gestalten. Er ist handlungsunfähig geworden.

Es war Sabbat. Am Sabbat durfte man nicht heilen. Nur in Todesgefahr erlaubten es die Pharisäer, einen Menschen zu heilen. Ihnen war die Sabbatheiligung wichtiger als die Heilung des Menschen. Damit haben sie den ursprünglichen Sinn des Sabbats verfälscht. Jesus lässt sich von den Pharisäern nicht in seinem Handeln beschneiden. Er befiehlt dem Mann mit der verdorrten Hand: »Steh auf und stell dich in die Mitte!« (3,3) Er, der sich immer nur angepasst hat, der alles vom Rand aus beobachtete, der lieber aus der zweiten Reihe schoss, anstatt Verantwortung zu übernehmen, muss sich nun in die Mitte stellen. Er muss sich vor die anderen hinstellen. In diesem Befehl Jesu schwingt mit: »Du bist wichtig. Die Mitte ist der richtige Ort für dich.« Aber für mich klingt auch mit: »Stell dich! Stell dich endlich auf die eigenen Füße. Stell dich in deine Mitte! Du bist nicht in deiner Mitte. Du bist herausgefallen aus dir selbst.« Es ist eine Zumutung, die Jesus dem Mann mit der verdorrten Hand zutraut. Er kann nun nicht mehr in der Zuschauerrolle verharren. Jetzt muss er sich stellen. Er steht in der Mitte und wird von allen Seiten angestarrt. Das, was er unbedingt vermeiden wollte, widerfährt ihm nun. Er steht im Mittelpunkt des Interesses und kann sich nicht mehr verkriechen. Er muss sich stellen.

Nun wendet sich Jesus den anderen zu. Aus der Schlussbemerkung in 3,6 wird deutlich, dass es Pharisäer waren. Aber vermutlich waren auch noch andere anwesend, die sich hier einfach nur hinter das Gesetz stellten und Jesus beobachteten, ob er am Sabbat heilte. Dieser scheint hier ganz allein zu stehen gegen eine Mauer des Schweigens und der Feindschaft. Doch er ruht in seiner Mitte und ist ganz präsent. Wenn Jesus auftritt, ist er immer voll gegenwärtig. Er ist so lebendig, dass die anderen an ihm nicht vorbeikommen. Man kann Jesus mit seiner starken Ausstrahlung nicht übersehen, sondern muss Stellung beziehen. Man wird aus sich herausgelockt.

Jesus fragt die Umstehenden: »Was ist am Sabbat erlaubt: Gutes zu tun oder Böses, ein Leben zu retten oder es zu vernichten?« (3,4) Das scheint eine harte Frage zu sein, denn den Pharisäern ging es doch nur darum, die Gebote Gottes ernst zu nehmen. Sie hatten versucht, sie in den konkreten Alltag hinein auszulegen. Doch Jesus konfrontiert sie in seiner Frage damit, dass ihre Auslegung den Menschen Böses antut und ihr Leben vernichtet. Wem das Gesetz wichtiger ist als der Mensch, wem die Norm höher steht als die Not eines Kranken, der tut Böses. In so einem Umfeld von Prinzipienreiterei und enger Normerfüllung vermag der Mensch nicht zu atmen. Da geht er zu Grunde, sein Leben wird vernichtet. Das Befolgen bloßer Gebote tötet letztlich die Seele. Im Griechischen steht hier »psyche«. Es heißt wörtlich: die Seele, aber auch das Leben. Es meint die Person, das personale Leben. Die Person geht zu Grunde, wenn man sie in starre Normen zwängt. Die Seele kann nicht mehr atmen, wenn sie durch Prinzipienreiterei unterdrückt wird. Sie braucht Flügel, und nicht ein enges Korsett, in das man sie sperrt.

Als die Pharisäer schweigen, sieht Jesus sie der Reihe nach ernst an, »voll Zorn und Trauer über ihr verstocktes Herz« (3,5). Zorn und Trauer ist eine interessante Kombination von Gefühlen. Der Zorn meint nicht, dass Jesus vor den Pharisäern explodiert ist oder sie angeschrien hat. Zorn ist vielmehr die Kraft, sich zu distanzieren. Jesus schafft durch den Zorn Distanz zu den Pharisäern und schützt sich auf diese Weise vor ihnen. Mit dem Zorn sagt er ihnen: »Ihr dürft so sein. Ich mache euch keine Vorwürfe. Ihr dürft auch dieses verstockte und abgestorbene Herz haben. Aber es ist eure Sache. Ich lasse sie bei euch. Ich werde tun, was für mich stimmt.« Im Zorn befreit sich Jesus von der Macht der Gegner. Er lässt sich nicht von ihnen bestimmen. Er ist bei sich, mit sich im Einklang. So kann er aus seiner Mitte heraus handeln. Zum Zorn kommt die Trauer. Das griechische Wort »syllypoumenos« drückt aus: mitfühlen. Jesus distanziert sich zuerst von den Pharisäern. Aber er schneidet das Band zu ihnen nicht ab. Er reicht ihnen die Hand und fühlt mit ihnen. Er trauert über ihr hartes Herz, aber er fühlt sich in sie hinein: Wie muss es wohl in diesen Herzen aussehen, die so hart geworden sind? Wieviel Angst muss in ihnen sein, wenn sie so eng sind? Wieviel Verzweiflung und Menschenverachtung mag darin sein, weil sie sich so vor dem Leid eines Menschen verschließen? Ich kann erst wirklichen Kontakt zu einem Menschen aufnehmen, wenn ich auf meinen eigenen Füßen stehe. Wer keine Grenzen hat, der wird von den Gefühlen des anderen bestimmt. Er ist nicht frei zu handeln. Jesus dagegen ist frei. Er möchte Beziehung zu den Pharisäern. Er reicht ihnen in seiner Trauer die Hand, doch sie nehmen die ausgestreckte Hand nicht an. Sie gehen vielmehr hinaus und beschließen, ihn umzubringen. Mitten im heilenden Tun Jesu deutet Markus das gewaltsame Schicksal Jesu an. Jesus kämpft in der Heilung des Kranken gegen die Macht der Dämonen. In seiner Passion werden die Dämonen scheinbar die Oberhand gewinnen, aber in seinem Tod siegt Jesus endgültig über sie. Die Pharisäer, die hier den Tod Jesu beschließen, wissen nicht, dass sie damit die Niederlage aller lebensbedrohenden Mächte besiegeln. Denn im Tod wird das Leben, das der Mann mit der verdorrten Hand erhält, uns allen zuteil.

Die Scheidung der Geister an Jesus (3,20–35)

Die für Markus so typische Sandwich-Konstruktion verbindet den zweimaligen Besuch der Angehörigen Jesu mit den Vorwürfen der Schriftgelehrten, Jesus sei von Beelzebul besessen. Mit dieser Komposition macht Markus eine theologische Aussage: Selbst die nächsten Verwandten sind in Gefahr, Jesus zu dämonisieren. Die subtilste Form von Abwehr ist, den Gegner zu pathologisieren. Ich stelle ihn als psychisch krank hin, als vom Dämon besessen. Folglich brauche ich mich mit ihm nicht mehr auseinanderzusetzen. Die eigene Familie Jesu ist dieser Gefahr erlegen. Sie wollten Jesus so haben, wie es dem Familienskript entspricht: »Bei uns denkt man so; bei uns sagt man so etwas nicht.« Die Familie – einschließlich der Mutter – hat Jesus offensichtlich nicht verstanden. Sie konnten nicht akzeptieren, dass er seinen eigenen Weg ging, dass er sich dem himmlischen Vater gegenüber verpflichtet fühlte, und nicht den Familieninteressen. Wir können nicht mehr genau ausmachen, was der wirkliche Konflikt zwischen Jesus und seiner Familie war. Manche Exegeten meinen, Jesus habe mit seiner Botschaft vom Reich Gottes, das für alle bereit steht, gegen die pharisäische Ausrichtung der Familie verstoßen. Die Familie hatte Angst, dass Jesus dadurch ein schlechtes Licht auf die Familie wirft. Die Familienehre war ihnen wichtiger, als sich mit der Botschaft und dem Weg Jesu auseinanderzusetzen. Es ist schon eine sehr harte Aussage, die Markus über das Verhalten der Familie macht: »Als seine Angehörigen davon hörten, machten sie sich auf den Weg, um ihn mit Gewalt zurückzuholen; denn sie sagten: Er ist von Sinnen.« (3,21) Die Angehörigen halten Jesus für verrückt. Er ist für sie nicht mehr normal. Und sie halten die Gewalt für das geeignete Mittel, mit ihm umzugehen. Sie wollen ihn gewaltsam in den Schoß der Familie zurückholen.

Das Wort »Er ist von Sinnen« wird durch das Zwischenstück über die Schriftgelehrten verschärft. Diese machen Jesus den Vorwurf, er sei von Beelzebul besessen und treibe nur mit Hilfe der Anführer der Dämonen die Dämonen aus. Über das Wort Beelzebul sind sich die Exegeten nicht einig. Vermutlich heißt es: »Herr des Hauses«. Gemeint ist der Oberste der Dämonen, der über das Haus der Dämonen herrscht. Die Schriftgelehrten weigern sich wie die Familie Jesu, sich ernsthaft mit seiner Botschaft auseinanderzusetzen. Stattdessen machen sie ihn schlecht und werfen ihm vor, er stecke mit den Dämonen unter einer Decke. Das ist auch heute noch eine beliebte Methode, sich die Meinungen anderer vom Leib zu halten. Man drückt ihnen den Stempel einer psychischen Krankheit auf, denn dann braucht man sich nicht mehr um ihre Worte und Taten zu kümmern. Dann lässt sich alles nur als Ausdruck dieser Erkrankung abtun.

Doch Jesus lässt sich nicht in die Rolle des Kranken, des vom Dämon Besessenen drängen. Er widerlegt seine Gegner, indem er ein Gleichnis erzählt: »Wie kann der Satan den Satan austreiben? Wenn ein Reich in sich gespalten ist, kann es keinen Bestand haben.« (3,23f.) Damit führt er die Vorwürfe der Schriftgelehrten ad absurdum. Das, was sie sagen, ist in sich unmöglich. Denn dann hätten die Dämonen gar keine Macht mehr. Was für das Haus der Dämonen gilt, gilt aber auch für die Familie. Auch eine Familie, die in sich gespalten ist, wird keinen Bestand haben. (3,25) Das ist eine Mahnung an die christliche Gemeinde. Markus geht es in der Verbindung des zweimaligen Familienbesuches mit dem Vorwurf, Jesus sei mit den Dämonen im Bund, nicht mehr nur um die geschichtliche Auseinandersetzung Jesu mit seiner Herkunftsfamilie. Er möchte vielmehr auf die Gefahr aufmerksam machen, der sich die christliche Gemeinde ausgesetzt sieht: die Spaltung. Der gefährlichste Spaltpilz wächst in dem Vorwurf an andere Gemeindemitglieder, sie würden mit den Dämonen gemeinsame Sache machen, ihre Predigt und ihr Verhalten seien von den Dämonen bestimmt.

Jesus bezeichnet das Verhalten der Schriftgelehrten als Sünde wider den Heiligen Geist. Wer über einen anderen, der ihn verunsichert, behauptet, er sei von einem unreinen Geist besessen, der sündigt gegen den Heiligen Geist, der in ihm spricht. Er handelt gegen sein Gewissen. Im Innersten weiß er, dass der andere eine wichtige Botschaft hat, der er sich stellen müsste. Aber er weigert sich, sich der Herausforderung durch den anderen zu stellen, indem er ihn als krank abstempelt.

Ich erlebe immer wieder Menschen, denen das Wort von der Sünde wider den Heiligen Geist Angst macht. Sie überlegen, ob ihre Sünden nicht auch gegen den Heiligen Geist verstoßen und ob sie daher unvergebbar seien. Doch Jesus meint hier ein ganz bestimmtes Verhalten: die Weigerung, sich gegen das klare innere Wissen auf die Botschaft Gottes einzulassen. Und: die Verfälschung des Heiligen als Dämonie, die Dämonisierung dessen, der im Namen Gottes die Herzen berühren möchte. Unsere täglichen Sünden sind keine Sünden wider den Heiligen Geist. Es sind Sünden der Schwäche, der Feigheit. Die Sünde wider den Heiligen Geist ist eine bewusste Verdrehung des Heiligen in das Böse.

Nach der Zurückweisung der Schriftgelehrten erzählt Markus von einem zweiten Besuch der Mutter Jesu und seiner Brüder. Sie bleiben vor dem Haus stehen und lassen Jesus herausrufen. Sie wollen über ihn bestimmen. Doch Jesus geht nicht einmal hinaus. Er nimmt den Wunsch der Angehörigen zum Anlass, auf seine neue Familie hinzuweisen. »Das hier sind meine Mutter und meine Brüder. Wer den Willen Gottes erfüllt, der ist für mich Bruder und Schwester und Mutter.« (3,34f.) Die Beziehung zu Gott, die Bereitschaft, sich auf den Willen Gottes einzulassen, schafft eine neue Gemeinschaft, die tiefer ist als die familiären Bande. Das, was eine Gemeinschaft im Tiefsten zusammenhält, sind nicht das Wohlfühlen, nicht die gleichen Interessen, sondern die Erfüllung des Willens Gottes. Es ist eine Erfahrung, die Christen immer wieder gemacht haben: Dort, wo Menschen im Namen Jesu zusammengekommen sind, wo sie gemeinsam Gott gesucht haben, da entstand ein tiefes Band der Gemeinschaft. Aber – so zeigt Markus durch seine Sandwich-Komposition – die Gemeinschaft ist immer auch gefährdet. Die Gemeinschaft wird zerstört, wenn einige sich zum Richter über die anderen aufspielen, und vor allem, wenn einer den anderen dämonisiert und ihn für psychisch krank erklärt. Und auch die christlichen Gemcindemitglieder sind in Gefahr, sich ein bestimmtes Bild von Jesus zu machen, Jesus zu dämonisieren, anstatt sich seiner herausfordernden Botschaft zu stellen. Auch die Kirche steht heute in Gefahr, an den eigenen Bildern von Gott und von Jesus festzuhalten, anstatt sich von Gott verunsichern zu lassen. Markus mahnt sie, darüber zu wachen, dass alle den Willen Gottes erfüllen. Nur wenn sie bereit sind, immer wieder neu nach dem Willen Gottes zu fragen und ihn auch zu tun, kann eine Gemeinschaft entstehen, die Bestand hat.

Die Gleichnisrede Jesu (4,1–34)

Mitten im Tun Jesu hält Markus inne und lässt ihn eine lange Rede halten. Im ersten Teil des Evangeliums, während Jesu Wirken in Galiläa, deutet Jesus in drei Gleichnissen, wie sein Tun zu verstehen ist. Im dritten Teil, der vom Aufenthalt Jesu in Jerusalem erzählt, spricht Jesus in der zweiten großen Rede von der Endzeit, von dem, was in seinem Tod am Kreuz und durch seinen

Tod und seine Auferstehung in dieser Welt geschehen wird, wie diese Welt durch ihn zu Ende kommt. Im vierten Kapitel geht es um Jesu Wirken, um seine Krafttaten und um seine Verkündigung. Jesus steht im Dienst Gottes und sät den göttlichen Samen aus, damit er in den Herzen der Menschen aufgehe. Jesus erklärt, wie das Reich Gottes kommt: durch ihn selbst, durch seine Krafttaten und durch sein Wort, das er ausstreut. Aber das Wort Jesu fällt nicht bei allen Menschen auf fruchtbaren Boden. Es fällt auf den Weg, auf felsigen Boden und unter die Dornen. Dort kann es keine Frucht bringen. Doch dort, wo es auf fruchtbaren Boden fällt, trägt es reiche Frucht. Jesus selber erklärt seinen Jüngern, warum er Gleichnisse erzählt (4,10–12). Das Reich Gottes kann nur verstehen, wem es anvertraut ist. Die Jünger werden zu Eingeweihten in das Mysterium Gottes. Für die anderen, für die, die draußen sind, haben die Gleichnisse mehr einen verhüllenden Charakter. Das erscheint uns heute fremd. Doch Markus erklärt mit diesem Wort Jesu, warum so wenige Menschen an seine Botschaft glauben. Für die, die sich nicht auf den Weg Jesu eingelassen haben, bleibt alles rätselhaft. Für uns heute ist das ein Trostwort. Viele Christen leiden darunter, dass sich so wenige Menschen von der Botschaft Jesu ansprechen lassen. Wer draußen ist, wer nicht hinein gegangen ist in das Reich Gottes, wer nicht in Berührung ist mit seiner inneren Welt, mit seiner Seele, der kann die Worte Jesu nicht verstehen. Sie bleiben für ihn rätselhaft, bis Gott selbst das Herz des Einzelnen berührt und ihn so für das Geheimnis seines Wortes öffnet.

Jesus erklärt den Jüngern das Gleichnis vom Sämann. Es sind vier verschiedene Sorten von Menschen, die das Wort Gottes hören. Bei den ersten Hörern fällt das Wort auf den Weg. Jesus sagt, bei ihnen komme der Satan und nehme das Wort weg, das in sie gesät wurde (4,15). Das meint wohl, dass das Wort bei ihnen gar nicht richtig eindringen kann. Sie bleiben nicht stehen, um das Wort in sich einzulassen. Jesus deutet die Vögel, die den Samen aufpicken, als den Satan. Vögel sind Gedanken, die im Menschen hin und her hüpfen. Wer ständig mit tausend Gedanken beschäftigt ist, der tut zwar nichts Böses, aber letztlich ist er unfähig, sich von Gott erfassen zu lassen. Und daher ist die Oberflächlichkeit, die ständige Betriebsamkeit, mit der man das eigene Herz verstellt, letztlich Ausdruck des Dämonischen. Der Mensch lebt nicht selber, er wird gelebt.

Bei den anderen fällt das Wort auf felsigen Boden: »Sobald sie es hören, nehmen sie es freudig auf; aber sie haben keine Wurzeln, sondern sind unbeständig, und wenn sie dann um des Wortes Willen bedrängt oder verfolgt werden, kommen sie sofort zu Fall.« (4,16) Es sind die Menschen, die sich schnell begeistern lassen. Sie nehmen das Wort voll Freude auf. Es spricht sie an. Aber sie haben keinen Tiefgang. Sie leben nur in ihren Emotionen, von denen sie hin und her gerissen werden. Sobald in der Bedrängnis oder Verfolgung andere Emotionen in ihnen hochsteigen, lassen sie sich davon bestimmen. Sie haben keine Wurzeln. Sie haben keinen Stand. Sie fallen um, sobald sie jemand anstößt. Das ist ein Bild für viele Christen, die sich vom Wort Jesu berühren lassen. Aber weil sie keine Tiefe haben, kann das Wort keine Wurzeln schlagen. Sie lassen sich von jedem Windstoß umwerfen.

Unter die Dornen fällt das Wort bei denen, die durch die Sorgen, durch den trügerischen Reichtum und durch die Gier bestimmt werden. Solche Leidenschaften ersticken das Wort Gottes. Auf der einen Seite möchte man dem Wort folgen. Doch die Gier ist stärker. Man möchte unbedingt der Beste und Größte und Reichste sein. Das Wort Gottes ist gut, solange es einen nicht beim Bestreben nach den eigenen Zielen stört. Es wird nur geduldet. Aber es hat nicht höchste Priorität. Dornen sind aber nicht nur ein Bild für Leidenschaften, sondern auch für Verletzungen. Manche Menschen fühlen sich so verletzt, dass das Wort Gottes ihr Herz nicht erreicht. Die Verletzungen »machen sich breit« (4,19) in der Seele. Man kreist so sehr um die eigenen Wunden, dass das Wort Gottes keine Chance hat, uns Heilung und Befreiung zuzusprechen. Man sieht nur sich und die Kränkungen, die man erfahren hat.

Jesus möchte uns mit diesen drei negativen Beispielen warnen, das Wort Gottes nur oberflächlich aufzunehmen. Wenn wir ihm unser Herz hinhalten, dann fällt es auf guten Boden. Und dann wird es reiche Frucht bringen, »dreißigfach, ja sechzigfach und hundertfach« (4,20). So ist dieses Gleichnis voller Optimismus. Das Wort, das Jesus in Galiläa ausgestreut hat, wird nicht nur in den Herzen der Jünger aufgehen, sondern in den Herzen all derer, die sich der Botschaft des Evangeliums öffnen. Sie werden reich belohnt. Ihr Leben wird fruchtbar sein. Wer Jesus in sich aufnimmt, wer sich dem Reich Gottes öffnet, der darf sich an der Fruchtbarkeit seines Lebens erfreuen.

Markus beschreibt die Frucht, die das Wort Jesu in uns bringen könnte, durch einige Bildworte. Die anderen Evangelien zitieren diese Worte an anderer Stelle. Markus verfolgt mit diesen Worten seine persönliche Absicht. Die Frucht, die durch das Wort Gottes in uns aufgeht, ist wie ein Licht, das das Leben der Menschen erhellt und das das Verborgene in uns erleuchtet (4,21). Wer das Licht in die verborgenen Abgründe seiner Seele eindringen lässt, dessen Leben wird fruchtbar. Wer dagegen weite Bereiche seiner Seele vor dem göttlichen Licht verschließt, bei dem kann das Leben nicht strömen. Er wird erstarren und gefühllos werden. Ein anderer Aspekt des Lebens besteht darin, mit vollen Händen auszuteilen (4,24f.). Wer großzügig austeilt, was er empfangen hat, der wird erfahren, dass seine Hände nicht leer werden, sondern sich immer wieder von Neuem füllen. Das Geben bezieht sich nicht nur auf das Schenken, auf materielle Unterstützung der Armen, sondern auf das Weitergeben des Gehörten, des Erfahrenen, des Verstandenen. Wer alles für sich behält, der erstickt daran. Nur wer gibt, bei dem strömt das Leben, bei dem wird es fruchtbar.

Nun erzählt Jesus das Gleichnis von der selbstwachsenden Saat, das nur im Markusevangelium zu finden ist. Es ist ein hoffnungsvolles und optimistisches Gleichnis. Wir brauchen uns gar nicht so anzustrengen, damit die Saat in uns aufgeht. Es genügt das geduldige Tun des Bauern, der seinen Samen aussät, sich dann hinlegt, um zu schlafen, und wieder aufsteht. Er kontrolliert nicht jeden Tag den Samen. »Es wird Nacht und wird Tag, der Samen keimt und wächst, und der Mann weiß nicht, wie.« (4,27) Es ist immer ein Geheimnis, wie das Wort Gottes in der menschlichen Seele oder auch auf dem Acker der Welt Frucht bringt. »Von selbst« bringt die Erde Frucht. Im Griechischen heißt es hier »automate«. Automatisch, von selbst, ohne unser Zutun wächst die Saat. Es ist ein Wunder, das Gott in der Erde wirkt. Genauso wird Gott auch in unserer Seele ein Wunder wirken. Er wird die Saat seines Wortes in uns heranreifen lassen. Was von uns gefordert ist, ist, das zu tun, was gerade ansteht. Arbeiten, schlafen und wieder aufstehen, um von neuem ans Werk zu gehen. Aber wir müssen nicht ungeduldig warten. Die Saat wird aufgehen, ob wir wollen oder nicht. Die Botschaft dieses Gleichnisses entlastet uns von dem Druck, dass wir bei uns unseren inneren Reifungsprozess ständig kontrollieren und vorantreiben müssen. Sie befreit uns auch von dem Anspruch, dass wir dafür verantwortlich sind, ob das Reich Gottes sich in dieser Welt ausbreitet. Gott selbst sorgt für die Saat, die er durch Jesus und durch seine Jünger in dieser Welt ausstreut. Unsere Aufgabe ist es, wie der

Landmann auszusäen, aber dann das zu tun, was unser Leben von uns fordert.

Eine ähnliche Botschaft hat das Gleichnis vom Senfkorn, das auch Matthäus und Lukas erzählen. Hier geht es ebenfalls um das selbsttätige Schaffen der Natur. Das Wirken Gottes erscheint oft unsichtbar. Und doch wird es sich durchsetzen. Wir selber werden für andere zum Baum, an den sie sich lehnen können. Und die Kirche wird – auch wenn sie in dieser Welt nur als eine kleine Herde erscheint – doch zu einem Baum, in dessen Schatten sich die Völker sammeln. In all diesen Gleichnissen kommt die Botschaft des Markusevangeliums zum Ausdruck: Im Verborgenen bewirkt Gott das Heil der Menschen, unter dem Anschein des Kleinen und Unbedeutenden verbirgt sich das große Geheimnis göttlichen Heils. In der Ohnmacht des Kreuzes offenbart Gott seine Macht über die Dämonen. Im Hass der Mörder offenbart sich die göttliche Liebe und siegt über alle Bosheit dieser Welt.

Der Sturm auf dem See (4,25–41 und *6,45–52)*

Markus berichtet uns von drei Überfahrten über den See (außer 4,25–41 und 6,45–52 noch die Überfahrt in 8,14–21). Bei jeder dieser Überfahrten geraten die Jünger in eine Krise. Jesus erscheint jeweils als der Retter. Aber – so zeigt es uns die dritte Überfahrt – die Jünger verstehen diesen Jesus nicht. Sie bleiben blind. Die drei Überfahrten an das andere Ufer sind voller Symbolik. Auf unserem Weg durch das stürmische Lebensmeer begleitet uns Jesus. Er schenkt uns die Gewissheit, dass wir mit ihm sicher an das andere Ufer gelangen, das Ufer der Herrlichkeit Gottes. Aber wir geraten auf unserem Lebensweg immer wieder in eine Krise. Diese kann nur zur Chance werden, wenn wir uns in ihr an Jesus wenden.

Die Situation des Seesturms ist typisch für unser menschliches Leben. Die Schifffahrt auf stürmischer See wurde von den frühen Kirchenvätern als Bild für unser zerbrechliches und gefährdetes Leben gesehen. So eine Situation schildert uns Markus. Nach der großen Seerede vom Boot aus verabschiedet Jesus die Leute und gibt den Befehl, an das andere Ufer, das heidnische Ufer zu fahren. Es ist Abend geworden. Wenn Markus vom Abend und von der Nacht spricht (opsias), dann meint er immer die Nacht der dämonischen Bedrängnis. Wenn es dunkel wird, dann tauchen in der menschlichen Seele dämonische Mächte auf. Doch wenn es dunkel wird, wird Jesus am Kreuz die Macht der Dämonen besiegen. So lässt Markus immer schon den Sieg des Kreuzestodes Jesu in seinem Evangelium anklingen. Hier zeigen sich die Dämonen, indem sie die Naturkräfte gegen die Jünger aufbringen: »Plötzlich erhob sich ein heftiger Wirbelsturm, und die Wellen schlugen in das Boot, so dass es sich mit Wasser zu füllen begann.« (4,37) Es ist schon erstaunlich, dass Jesus trotz dieses Sturmes und dem Schaukeln des Bootes hinten im Boot auf einem Kissen liegt und schläft. Jesus muss schon einen gesunden Schlaf gehabt haben, dass er vom Lärm der Wellen und vom Brausen des Windes nicht aufwachte. Vielleicht hat Markus auch mehr das Vertrauen Jesu im Blick, der sich von solchen Gefahren nicht beeindrucken lässt. Schlafen ist ja immer auch ein Symbol für das Ruhen in Gottes Händen. Mitten im Sturm ruht Jesus in Gott. Das ist ein Bild, wie wir die Stürme unseres Lebens überstehen können. Wenn wir uns mitten in der Angst in das Innere unserer Seele zurückziehen und dort in Gott ruhen, dann gehen die Wogen über uns hinweg. Aber sie können uns nicht verschlingen.

Der Schlaf Jesu im Boot der Jünger symbolisiert aber noch etwas anderes: Jesus ist bei den Jüngern, und doch sind diese allein auf sich gestellt. Im Schlaf entzieht sich

Jesus ihnen. Und damit schildert Markus eine Situation, die wir alle kennen. Wenn wir in Not geraten, wenn die Stürme des Lebens uns durcheinander wirbeln, wenn sich unsere Seele mit dem Wasser des Unbewussten füllt und unterzugehen droht, dann haben wir oft den Eindruck, allein auf uns gestellt zu sein. Die Beziehung zu Jesus ist abgerissen. Jesus schläft in unserem Boot. Wir spüren ihn nicht. Es besteht keine Verbindung zu ihm. Wir kennen seine Worte, aber sie bewirken nichts in uns. Wir empfangen ihn in der Kommunion, aber er bewegt unser Herz nicht. Er stillt den Sturm nicht, der im Inneren unserer Seele tobt.

Die Jünger wecken Jesus mit einem Vorwurf auf: »Meister, kümmert es dich nicht, dass wir zu Grunde gehen?« (4,38) Im Griechischen steht hier das gleiche Wort, das die Dämonen in der Synagoge von Kafarnaum gebraucht haben: »Bist du gekommen, um uns zu vernichten?« (1,24) Die Jünger haben Angst, dass Jesus sie nicht erretten, sondern verderben könnte. Sie sehen im Schlaf Jesu nicht sein Vertrauen auf Gott, sondern dass er sich ihnen entzogen hat. Sie werfen ihm vor, dass sein Schlaf Ausdruck seines mangelnden Interesses an ihnen ist. Sie mühen sich ab und sind trotzdem nahe daran unterzugehen. Sie wissen nicht mehr ein noch aus. Jesus reagiert nicht auf den Vorwurf. Er rechtfertigt sich nicht. Vielmehr steht er auf, droht dem Wind und sagt zum See: »Schweig, sei still!« (4,39) Er spricht den Wind und das Meer wie lebende Wesen an, wie Dämonen, die er auch mit dem gleichen Wort austreibt. Die Alten glaubten, dass in schädlichen Naturgewalten dämonische Mächte am Werk sind. Ihnen befiehlt Jesus zu schweigen. Das Wort Jesu ist wie ein Exorzismus. Er treibt die Dämonen aus den Elementen dieser Welt. Und sie gehorchen ihm aufs Wort. Für die Jünger ist das erstaunlich, dass sogar die Naturgewalten Jesus gehorchen. Jesus ist nicht nur Herr über die Dämonen, sondern auch über die Natur. Sein Wort wirkt bis in die Schöpfung hinein. Die Wirkung seines Wortes ist: »Es trat völlige Stille ein.« (4,39) Im Griechischen steht hier: »galene megale = große Ruhe«. Wenn Jesus in uns aufsteht und die Dämonen aus der Finsternis unserer Seele vertreibt, dann kommen wir wirklich zur Ruhe, dann werden wir ganz still und sind offen für das Geheimnis Gottes, der in uns wohnt.

Jesus wendet sich an die Jünger: »Warum habt ihr solche Angst? Habt ihr noch keinen Glauben?« (4,40) Die Jünger haben Jesus erlebt. Sie haben sein Wort gehört. Doch sie glauben ihm immer noch nicht. Sie sind voller Angst vor den dämonischen Mächten. Sie haben noch nicht erkannt, dass Jesus der Herr über die Dämonen ist, dass in ihm Gottes Macht am Werk ist. Hier klingt wieder das typisch markinische Jüngerunverständnis an. Obwohl sie Jesus erleben, kommen sie nicht zum Glauben. Indem Markus die Jünger als ungläubig schildert, möchte er die Leser einladen, zu glauben, dass Jesus der Herr ist über alle Mächte dieser Welt. Zugleich aber können die Leser sich in den Jüngern wiederfinden. Auch ihnen ergeht es ähnlich wie den Jüngern. Sie haben das Wort Jesu gehört. Sie lesen von den Wundern und Machttaten, die er wirkt. Und trotzdem werden sie wie die Jünger von den Mächten der Finsternis hin und her geworfen. Dann erscheint ihnen Jesus weit weg, er scheint sich ihnen zu entziehen und zu schlafen, und wenn Jesus in ihnen schläft, dann geraten sie in Angst. Markus zeigt Jesus hier als den, der uns hilft, unsere Angst zu überwinden. Die Angst ist letztlich die Ursache, dass wir immer mehr in den Strudel des Unbewussten geraten und darin unterzugehen drohen. Markus fordert seine Leser auf, mitten in der Angst aufzustehen und sich mit ihrer Angst an Jesus zu wenden, den Herrn dieser Welt. Er hat die Macht, auch in ihrer aufgewühlten Seele eine große Stille zu schaffen und ihre Angst in Vertrauen zu verwandeln.

In der zweiten Geschichte vom Seesturm fahren die Jünger alleine im Boot über das Meer. Jesus hat sich auf den Berg zurückgezogen, um zu beten. Vom Berg aus sieht er, wie sich die Jünger abmühen. »Denn sie hatten Gegenwind.« (6,48) Das ist ein Bild für unser Leben. Auf unserem Lebensweg bläst uns oft der Gegenwind ins Gesicht. Alles verschwört sich gegen uns. In der vierten Nachtwache geht Jesus ihnen entgegen. Das kann ein Bild für die Stürme sein, die in der Lebensmitte aufkommen. Es kann aber noch etwas anderes bedeuten. Jesus hat schon am Abend gesehen, dass die Jünger sich im Gegenwind abmühen. Trotzdem wartet er bis zur vierten Nachtwache. So lange würde normalerweise die Überfahrt gar nicht dauern. Die vierte Nachtwache, also zwischen drei und sechs Uhr in der Nacht, führt schon den Morgen herbei. Der Abend und die Nacht sind immer Bild für die Finsternis und für die Macht der Dämonen. Die ganze Nacht über dauert unsere Fahrt ans andere Ufer. Das ist ein Bild für unseren Lebensweg, der durch den Machtbereich der Dämonen hindurchführt ans befreiende Ufer Gottes. Am Morgen geschieht die Auferstehung. Jesus hat in seiner Auferstehung die Macht der Finsternis überwunden. So ist der Jesus, der über das Meer wandelt, schon ein Bild für den Auferstandenen, der die Nacht des Todes überwunden hat. Doch die Jünger erkennen ihn nicht. Sie glauben, er sei ein Gespenst. Doch er spricht sie an: »Habt Vertrauen, ich bin es; fürchtet euch nicht!« (6,50) Jesus offenbart sich mit dem »ego eimi«, das an die Gottesoffenbarung am brennenden Dornbusch erinnert. In ihm begegnet uns auf unserem Lebensweg der rettende und befreiende Gott. Der Gott Jesu Christi ist immer der Gott, der uns von der Angst befreit, der Vertrauen in uns wirkt. Wenn Gott uns Angst macht, dann ist es ein Dämon und nicht der Gott Jesu. Die Nähe Jesu nimmt uns alle Angst. Er steigt nun in ihr Boot, und sofort legt sich der Wind. Doch genau wie nach der Brotvermehrung bleiben auch hier die Jünger ohne Verständnis. Sie können Jesus nicht als den Spender des Lebens und als den Herrn über den Tod erkennen. Wir Leser aber sollen in diesem Jesus den erkennen, der unseren Hunger stillt und uns auf unserem stürmischen und bedrohlichen Lebensweg begleitet. Wenn er in uns ist, dann kann uns keine dämonische Macht vom Leben und von der Beziehung zu Gott abhalten. Dann werden wir sicher ans andere Ufer gelangen.

Die Heilung des Besessenen von Gerasa (5,1–20)

Es ist eine eigenartige Geschichte, die uns Markus da überliefert. Manche Exegeten meinen, das könne Jesus so nicht getan haben. Sie halten die Geschichte für eine Wanderlegende, die man nun auch mit Jesus verband. Doch solche Konstruktionen helfen uns nicht weiter. Ich nehme die Geschichte, wie sie ist. Jesus geht hier in das heidnische Gebiet der Dekapolis. Er beschränkt sich also nicht nur auf das jüdische Land. Dort kommt ihm ein Besessener entgegen. Von ihm sagt Markus, er habe einen unreinen Geist, und der Evangelist schildert uns, wie dieser sich ausdrückt. Aus seiner Beschreibung können wir sehr gut die innere Situation dieses Menschen erkennen. Er lebt in Grabhöhlen, dort, wo der Tod haust. Wie muss es in der Seele dieses Menschen ausgesehen haben, wenn er nur noch in den Grabhöhlen wohnen kann? Es gibt Menschen, die ihre Wohnung schwarz anmalen. Alles in ihnen ist düster und dunkel. In ihrer Seele herrscht die Finsternis. Depressive Menschen kennen diesen Zustand. Sie hausen oft genug in inneren Grabhöhlen. Grabhöhlen sind Bilder für das Morbide eines Menschen. Es gibt Menschen, in denen alles nach Tod und Verwesung riecht. Da ist kein Leben, das blüht. Sie sind erfüllt von selbstzerstörerischen Kräften, von einem Sog in die Tiefe, von Tendenzen der Auflösung und Vernichtung.

Wer in den Grabhöhlen haust, der zieht sich von den Menschen zurück. Aber offensichtlich geht der Kranke immer wieder zu den Menschen und erschreckt sie oder bringt sie durcheinander. Denn es heißt von ihm, dass die Menschen ihn nicht bändigen konnten. Sie konnten ihn nicht einmal fesseln. In dem Mann ist eine ungeheure Kraft. Er zerreißt die Fesseln und Ketten. Die Menschen können nicht angemessen auf diesen Kranken reagieren. Vielleicht fesseln sie ihn, indem sie ihn in ihre Normen einzwängen möchten. Aber er lässt sich nicht einordnen. Er geht seinen eigenen Weg. Vielleicht wollten sie ihn ruhig stellen, damit er sie nicht mehr belästigt, damit er ihre Familie nicht in Verruf bringt. Dann hat die Dämonisierung des Kranken etwas mit dem Beziehungsgeflecht seiner Umwelt zu tun. Die Umwelt ist mit beteiligt an seiner Dämonisierung. Sie kann das Unbekannte und Nicht-Einzuordnende des Kranken nicht aushalten und versucht ihn daher zu fesseln.

Noch eine andere Mitteilung macht uns Markus: Der Kranke schreit unaufhörlich bei Tag und bei Nacht. Es ist paradox: Wer sich in Grabhöhlen zurückzieht, möchte allein sein. Er möchte mit den Menschen nichts zu tun haben. Wer jedoch schreit, der sucht Kontakt. Er schreit solange, bis die Menschen ihn hören und erhören, bis sie ihn beachten. Es ist eine ambivalente Haltung, die den Kranken bestimmt. Er zieht sich zurück und wünscht doch die Beziehung zu den Menschen. Er versteckt sich und schaut doch nach den Menschen aus, ob sie ihn nicht besuchen. Er möchte in den Grabhöhlen geschützt sein vor den Verletzungen durch die Menschen. Aber zugleich schlägt er sich selbst mit Steinen. Er richtet seine Aggressionen gegen sich selbst. Eine Frau, die immer wieder sich selbst verwundete, erzählte mir als Grund ihres Tuns: »Bevor die anderen mich verletzen, mache ich es lieber selber.« Bei manchen ist die Selbstverletzung die einzige Möglichkeit, sich zu spüren.

Der Besessene haust in den Grabhöhlen. Er möchte am liebsten tot sein, und dennoch will er sich auch spüren. So bleibt ihm nur der Weg der Selbstverletzung, um überhaupt noch wahrnehmen zu können, dass er lebt.

Die Ambivalenz im Verhalten des Kranken wird auch in der nächsten Szene sichtbar. Als der Mann Jesus sieht, läuft er auf ihn zu und wirft sich vor ihm auf die Knie. Er scheint seine Macht anzuerkennen. Und er fühlt sich offensichtlich von ihm angezogen. Vielleicht hat er die Hoffnung, dass er bei diesem Jesus Heilung finden könnte. Doch zugleich schreit er Jesus an: »Was habe ich mit dir zu tun, Jesus, Sohn des höchsten Gottes? Ich beschwöre dich bei Gott, quäle mich nicht!« (5,6) Er möchte geheilt werden, und zugleich wehrt er sich dagegen. Doch eine solche Ambivalenz ist typisch für viele Kranke. Sie fühlen sich hin und her gerissen zwischen dem Wunsch, gesund zu werden, und dem Widerstand gegen die Heilung. Denn bei ihrer Krankheit wissen sie, wo sie im Leben stehen. Wenn sie gesund werden, wissen sie nicht, was da auf sie zukommt. Zumindest können sie sich nicht mehr jeder Verantwortung entziehen. Sie müssten ihr Leben selbst in die Hand nehmen.

Jesus unterscheidet die Person des Kranken und den unreinen Geist, der ihn besetzt hält. Er sieht in dem chaotischen Menschen den inneren Kern, der gesund ist. Und an diesen Kern glaubt er. Er möchte diesen gesunden Kern trennen von den krankmachenden Lebensmustern, die den Kranken bestimmen, von dem unreinen Geist, der sein Denken trübt, von seinen inneren Zwängen und fixen Ideen. Jesus fragt den Kranken: »Wie heißt du?« Der Name ist nicht etwas Äußeres, sondern bringt das Wesen eines Menschen zum Ausdruck. Jesus konfrontiert den Kranken durch diese Frage mit sich selbst. Er soll selbst sagen, wer er in Wirklichkeit ist, was sein wahres Wesen ist. Jesus gibt keinen Kommentar zu dem auffälligen Verhalten des Kranken. Er nimmt ihn ernst. Aber er zwingt ihn auch, von den Symptomen weg und auf sein wahres Wesen zu blicken. Die Antwort des Kranken ist jedoch ausweichend: »Mein Name ist Legion; denn wir sind viele.« (5,9) Der Besessene gebraucht hier ein Wort aus der römischen Soldatensprache. Eine Legion zählte 6000 Soldaten. Man kann sich vorstellen, was der Kranke damit zum Ausdruck brachte. 6000 Paar Soldatenstiefel sind auf seiner Seele herumgetrampelt. Sie haben ihm seinen innersten Kern zertreten. Jetzt weiß er nicht mehr, wer er eigentlich ist. Sein Selbst ist ihm unter den Soldatenstiefeln der Menschen, die ihn abgelehnt und verletzt haben, abhanden gekommen. Jetzt fühlt er sich selbst wie eine Legion. Eine ganze Legion von psychischen Erkrankungen haust in ihm. Seine Persönlichkeit zerfällt in viele Seelenteile. Er fällt in sich auseinander, kennt sich selbst nicht aus, wer er denn eigentlich ist, bekommt das Ganze seiner Person nicht zu fassen. Die Begegnung mit Jesus ermöglicht ihm, sein wahres Selbst zu entdecken. Manchmal hilft uns die Begegnung mit einem Menschen, der in seiner inneren Mitte ist, dass wir selbst in unsere Mitte kommen. Jesus, der eins ist mit sich und mit Gott, ist für den in sich Zerrissenen wie ein Magnet, der all die auseinanderfallenden Seelenteile wieder zusammenfügt.

Und dann nimmt die Geschichte einen eigenartigen Verlauf. Die Dämonen flehen Jesus an, er möge sie nicht aus der Gegend verbannen, sondern in die Schweineherde fahren lassen. Jesus erlaubt es ihnen, und die ganze Schweineherde stürzt sich in den See und ertrinkt dort. Was soll das bedeuten? Hat Jesus hier kein Mitleid mit den Schweinen? Für Juden waren die Schweine unrein.

Die Jünger Jesu waren sicher schadenfroh, dass die vielen Schweine zu Grunde gingen. Wenn wir das als inneres Bild sehen, dann könnte es bedeuten: All das Unreine, das im Kranken ist, fährt in die Schweine. Es findet einen Ausdruck im Äußeren, und dadurch hört es auf, die Seele zu tyrannisieren.

Und es fährt in das Wasser. Wasser ist ein Bild für das Unbewusste. Indem das Unreine ausgedrückt wird, vielleicht ins Wort gefasst oder in ein Bild, das der Kranke malt, verliert es die Macht über das Unbewusste. Es kann im Unbewussten nicht mehr wüten, sodass es von dort her unser bewusstes Denken und Tun trübt und bestimmt.

Die Schweineherde ist der ganze Reichtum der Hirten. Sie sind stolz auf ihren großen Besitz. Aber vielleicht haben sie vor lauter Schielen darauf den Menschen vernachlässigt und ihn auf diese Weise dämonisiert. Manchmal kann ein Sohn nur gesund werden, wenn der Vater seinen ganzen Besitz loslässt, wenn er sich zumindest von allem Äußeren abwendet und sich wieder dem Sohn zuwendet. Eine Familie, der es nur um das »Haben« geht, merkt oft gar nicht, wie das den Sohn oder die Tochter krank macht. Sie gehen vielleicht von einem Arzt zum andern, um ihrem Kind zu helfen. Sie bezahlen viel Geld, damit ihr Kind gesund wird. Aber nicht das Geld, das sie für die Heilung ausgeben, wird das Kind heilen, sondern eben nur das Geld, das sie loslassen, von dem sie sich innerlich distanzieren.

Die Besitzer der Herde kommen und schauen sich alles genau an. Sie verstehen nicht, was da geschehen ist. Sie sehen nur, dass ihr Besitz zum Teufel gegangen ist. Darüber sind sie ganz und gar nicht erfreut. So bitten sie Jesus, er möge ihr Gebiet verlassen. So einen Heiler können sie nicht brauchen. Der stört ja ihre Verhältnisse, ihre festgefahrenen Beziehungen. Der bringt ihr Leben durcheinander. Der Geheilte spürt, was von Jesus ausgeht. Er möchte bei ihm bleiben. Als Jesus mit seinen Jüngern ins Boot einsteigt, möchte er mit ihm fahren. Er hat erfahren, dass die heilende und liebende Nähe Jesu ihm gut tut. Er braucht seine Nähe, damit er seine neue Identität festigt. Doch Jesus erlaubt es ihm nicht. Er soll nach Hause gehen und seiner Familie berichten, was Jesus für ihn getan und wie er Erbarmen mit ihm gehabt hat. Damit er ganz gesund wird, ist es wichtig, sich mit denen zu versöhnen, die ihn verletzt haben. Seine Identität muss er gerade dort verwirklichen, wo er sie verloren hat. Jesus sendet den, der so krank war, als Missionar in das heidnische Gebiet der Dekapolis. Die Leute hören ihm zu und staunen. Der, der wie der Besessene eine solch lebensbedrohliche Krise durchgestanden hat, kann anders von Gott und von Jesu Wirken berichten. Er berührt die Herzen seiner Zuhörer. Sie öffnen sich für das Geheimnis Gottes: »Und alle staunten.« (5,20)

Die Heilung der Tochter des Jairus und der blutflüssigen Frau (5,21–43)

Die kunstvoll miteinander verschachtelten Geschichten von der Heilung der Tochter des Jairus und der der blutflüssigen Frau sind Beziehungsgeschichten. Sie zeigen, wie sich ein Mädchen entwickelt, das vom Vater übersehen wird. In der ersten Erzählung ist der Vater des Mädchens Synagogenvorsteher. Vor lauter Verantwortung bemerkt er seine Tochter nicht, und sie wird krank, stirbt sogar. Sie kann offensichtlich nicht leben. Der Vater sieht ein, dass er trotz all seiner Frömmigkeit und trotz seiner gehobenen Position seiner Tochter nicht zu helfen vermag. So ist der erste Schritt der Therapie, dass er zu einem anderen geht, dass er vor Jesus niederfällt und ihn um Hilfe bittet. Er erkennt seine Ohnmacht. Das ist ein wichtiger Schritt zur Heilung seiner Tochter. Wenn der Vater seine Macht loslässt, mit der er meint, alles beherrschen zu können, dann kann sich auch die Tochter aus dem Würgegriff seiner Hand befreien.

Bevor Jesus die Tochter heilt, wendet er sich zunächst dem Vater zu. Er behandelt zuerst den Bittsteller. Jesus spürt, dass die Beziehung des Vaters zu seiner Tochter von Angst geprägt ist. Väter möchten am liebsten alles in den Griff bekommen. Ihnen fällt es schwer, ihre Tochter loszulassen und sie der heilenden Kraft Gottes zu überlassen. Jesus sagt daher zum Synagogenvorsteher: »Sei ohne Furcht, glaube nur!« (5,36) Nur wenn der Vater seine Ohnmacht eingesteht und bereit ist, seine Tochter loszulassen und sie Gott zu überlassen, kann sie gesund werden. Die Angst des Vaters führt entweder dazu, die Tochter zu kontrollieren oder aber alles dafür einzusetzen, dass sie seinen Vorstellungen entspricht. Der Vater fördert dann die Tochter, aber nicht weil er ihr vertraut, sondern weil er sie selbst formen will, anstatt sie der Form zu überlassen, die Gott in sie hineingelegt hat.

Als Jesus mit den Eltern zum Bett des Kindes kommt, fasst er es an der Hand und sagt zu ihm: »Talita kum!« Das heißt übersetzt: »Mädchen, ich sage dir, steh auf!« (5,41) Jesus reicht dem Mädchen die Hand und vermittelt ihr so etwas von seiner Kraft. Er traut ihr zu, dass sie sich auf die eigenen Füße stellt und ihren persönlichen Weg geht. Er hält sie nicht fest. Er lässt sie frei umhergehen und sagt: »Man gebe dem Mädchen etwas zu essen.« Ihr hilft es nicht, wenn man sie zu sehr umsorgt, wenn man ihr alle Schritte ebnet und alle Gefahren von ihr nimmt. Vielmehr geht es darum, ihre Vitalität zu stärken. Zu essen geben heißt: Sie soll mit sich und ihrem Leib, mit ihrer eigenen Kraft und Lebendigkeit in Berührung kommen. Dann kann sie leben.

Auf die Bitte des Jairus hin macht sich Jesus auf den Weg zu dessen 12-jähriger Tochter. Doch unterwegs begegnet ihm eine Frau, die schon seit 12 Jahren an Blutfluss leidet. Man könnte sagen, mit 12 Jahren wird die Tochter erwachsen. Die Frau, die seit 12 Jahren an Blutfluss leidet, deren Regelblutung nicht aufhören möchte, hat Probleme mit ihrem Frausein, mit ihrer Sexualität. Man kann aber die Zahl 12 auch symbolisch auslegen. Sie drückt einmal die Ganzheit des Menschen aus, aber sie meint zugleich auch seine Beziehungsfähigkeit. Der Mensch kommt erst zu seinem wahren Wesen, wenn er beziehungsfähig ist. Beide Kranke sind dies offensichtlich nicht wirklich. Das Mädchen stirbt und löst sich dadurch von jeder Beziehung. Sie isoliert sich in die Starre hinein. Die blutflüssige Frau möchte Beziehungen eingehen. Aber es gelingt ihr nicht, weil sie den verkehrten Weg geht. Sie gibt immer nur, um Zuwendung zu bekommen. Sie gibt ihr Blut, das heißt: ihre Kraft, ihre Lebendigkeit, ihre Vitalität, nur um bei anderen beliebt zu sein. Sie passt sich an, sie verausgabt sich, um Anerkennung und Zuwendung zu bekommen. Aber sie wird immer schwächer dabei. Sie gibt viel, weil sie viel braucht, bekommt aber nie, was sie braucht. Sie gibt nicht nur ihr Blut, sondern auch ihr Vermögen. Vermögen, Geld, das bedeutet im Traum immer die eigenen Fähigkeiten und Möglichkeiten. Wir entwickeln alle unsere Fähigkeiten, wir strengen uns an zu lernen, nur um von Menschen Anerkennung zu bekommen. Aber auch da spüren wir, dass wir immer zu kurz kommen und letztlich leer ausgehen.

Der Wendepunkt tritt bei der Frau ein, als sie ihr Geben aufgibt und sich stattdessen einfach den Zipfel von Jesu Gewand nimmt. Damit bekommt sie einen Teil Jesu in ihre Hand, seine Spiritualität, seine Beziehung zu Gott. Sie gibt nicht mehr, um zu bekommen, sondern sie nimmt sich einfach, was sie braucht. Und indem sie sich das Entscheidende nimmt, bekommt sie es auch. Sie wird geheilt. Der Blutfluss versiegt. Sie spürt die Kraft, die von Jesus ausgeht. Die Frau hat sich nur von hinten an Jesus herangewagt. Jetzt muss das Heimliche offen angesprochen werden. Sie muss zu ihrer Krankheit und zu ihrer Heilung stehen, die ganze Wahrheit sagen. So fühlt sie sich nicht nur in ihrem Leib angenommen, sondern mit ihrer ganzen Wahrheit, mit ihrer ganzen Lebensgeschichte, mit ihrem Frausein. Sie kann ihre Wahrheit vor Jesus sagen, weil sie die von ihm ausgehende Kraft, seine heilende und Vertrauen erweckende Ausstrahlung gespürt hat. So bringt sie es fertig, vor ihm alles zu sagen, was sie bewegt. Das war sicher nicht einfach, mitten in einer Männergesellschaft, die ja durch sie nun unrein geworden war. Denn wer eine blutflüssige Frau berührt, der muss sich erst rituellen Waschungen unterziehen, um wieder rein zu werden. Doch Jesus richtet die Frau auf: »Meine Tochter, dein Glaube hat dir geholfen. Geh in Frieden! Du sollst von deinem Leiden geheilt sein.« (5,34) Jesus spricht sie als Tochter an. Er geht eine Beziehung zu ihr ein. Er behandelt sie nicht nur als eine fremde Frau, sondern ist bereit, familiären Kontakt zu ihr zu knüpfen. Und er bestätigt ihr, dass sie richtig gehandelt hat, dass ihr Glaube sie gesund gemacht hat. Als sie alles gegeben hat, um Zuwendung zu bekommen, hat sie nicht geglaubt. Da wollte sie alles selber machen und hat sich damit zu Grunde gerichtet. Jetzt vertraut sie Jesus und nimmt sich von ihm, was sie zum Leben braucht. Das heilt sie und richtet sie auf.

Die Speisung der Fünftausend (6,30–44) bzw. Viertausend (8,1–10)

Markus erzählt zweimal von der wunderbaren Brotvermehrung. Manche Exegeten meinen, er würde die gleiche Begebenheit verdoppeln. Doch im Aufbau des Markusevangeliums zeigt sich, wie wichtig ihm diese beiden Texte sind. Markus legt besonderen Wert auf die Reaktion der Jünger. Bei der zweiten Brotvermehrung tun die Jünger so, als hätten sie die andere Brotvermehrung vergessen. Die Jünger erkennen nicht, wer dieser Jesus ist. Sie sind blind. Die beiden Brotvermehrungen hat Markus zwischen drei Erzählungen von Überfahrten mit dem Boot beschrieben. Auch bei diesen Überfahrten zeigt Jesus den Jüngern seine überirdische Macht. Doch selbst das wirkt in ihnen keinen Glauben. Bei der dritten Überfahrt tadelt Jesus seine Jünger scharf: »Begreift und versteht ihr immer noch nicht? Ist denn euer Herz verstockt? Habt ihr denn keine Augen, um zu sehen, und keine Ohren, um zu hören?« (8,17f.) Weder durch die beiden Brotvermehrungen noch durch die drei Überfahrten über den See, bei denen sie doch die Macht Jesu erfahren durften, haben sich die Jünger für den Glauben geöffnet. Sie bleiben blind und sind so eine dauernde Mahnung an den Leser, das Evangelium mit offenen Augen und einem bereiten Herzen zu lesen.

Manche Exegeten deuten die Brotvermehrung so, als hätte Jesus die Jünger aufgefordert, ihren Vorrat zu teilen. Doch von Iersel meint zu Recht, das würde »die Erzählung auf die triviale Alltäglichkeit von Menschen, die ihr Butterbrotpaket vergessen haben, herunterbringen«. (Iersel, 156) Es geht nicht um Alltäglichkeit, sondern um etwas Außerordentliches, um die geheime Epiphanie göttlicher Herrlichkeit. Erst wenn das Brot gebrochen wird, können zahllose Menschen davon essen. Das verweist auf den Tod Jesu und auf das letzte Abendmahl, in dem Jesus das Brot bricht, als Gleichnis für seinen Tod. Der Tod Jesu ist für die Menschen die Quelle des Lebens. Da bekommen sie genug zu essen. Da bekommen sie Brot und Fisch, Nahrung für ihren Leib und für ihre Seele.

Die Zahlen in beiden Geschichten sind sicher nicht zufällig. Von fünf Broten werden 5000 Männer satt, und zwölf Körbe werden mit Resten gefüllt. Von sieben Broten werden 4000 Personen satt, und sieben Körbe mit Resten werden aufgesammelt. Fünf ist die Zahl des Menschen. Jesus ist ganz und gar Mensch. Und durch die Begegnung mit Jesus finden die Menschen zu ihrem wahren Wesen. Die zwölf Körbe weisen auf die Gemeinschaft der Kirche und auf die Gemeinschaftsfähigkeit hin. Die Menschen, die in der Begegnung mit Christus ihre Ganzheit entdecken, werden auch fähig, miteinander zu leben und zum neuen Volk Gottes zusammenzuwachsen. Die sieben Brote weisen auf die Verwandlung hin, die durch Christus geschieht. Und die 4000 Personen weisen auf die vier Himmelsrichtungen. Bei der letzten Brotvermehrung heißt es, dass einige von weit her gekommen sind. Dies ist ein Symbol für die Heiden, die von außerhalb Palästinas kommen. Die beiden Brotvermehrungen haben in sich eine innere Dynamik. Die erste gilt den Juden, die durch Jesus zum neuen Israel gesammelt werden. Das wird auch sichtbar in der Lagerordnung. Die Leute sollen sich in Gruppen zu Hundert und Fünfzig lagern. Das entspricht der altisraelitischen Lagerordnung. Die zweite Erzählung gilt auch den Heiden, die aus allen vier Himmelsrichtungen kommen. Sie geschieht im heidnischen Land. Markus will zeigen, dass Jesus das durch ihn kommende Heil immer mehr auch auf die Heiden ausdehnt. So geschieht es in der Heilung des Besessenen von Gerasa und bei der Heilung der Tochter der syrophönizischen Frau.

Bei der ersten Brotvermehrung hat Jesus Mitleid mit den Menschen. Sie sind wie »Schafe, die keinen Hirten haben« (6,34). Damit meint Markus wohl die Juden, die keinen wirklichen Führer haben. Die Lehrer und Führer Israels haben versagt. Aber die Schafe, die keinen Hirten haben, sind auch ein Bild für uns heute. Ohne Hirt sind die Schafe verloren. Sie zerstreuen sich. Jedes geht seiner Wege und ist hilflos den Gefahren ausgesetzt, es findet keine Weide. Jesus gibt den Schafen Orientierung. In seiner Lehre zeigt er ihnen den Sinn ihres Daseins auf und führt sie auf die Weide, damit sie Nahrung finden. Das Wort, das Jesus ihnen verkündet, ist etwas Nährendes. Jesus kümmert sich um die Schafe. Er heilt ihre Krankheiten, und als Hirte gibt er den Schafen eine Richtung. Er lässt die Leute in Gruppen lagern. Das ist für mich ein Bild für eine gesunde und heilende Lebenskultur. Zudem stillt Jesus ihren Hunger. Er gibt ihnen das, was sie wahrhaft nährt und sättigt. Das alles ist Ausdruck seines Mitleids mit den Menschen, das in seinem Tod am Kreuz gipfelt. Da bricht er das eine Brot, das die Jünger bei sich im Boot haben (8,14), um unseren tiefsten Hunger zu stillen.

Bei der zweiten Brotvermehrung hat Jesus wiederum Mitleid. Aber der Grund seines Mitleids ist ein anderer: »Wenn ich sie hungrig nach Hause schicke, werden sie unterwegs zusammenbrechen; denn einige von ihnen sind von weither gekommen.« (8,3) Die Menschen – und hier sind vor allem die Heiden gemeint – werden ohne die Begegnung mit Jesus auf ihrem Weg zusammenbrechen. Sie sind unfähig, ihren Weg alleine zu gehen, und sie brauchen Stärkung für unterwegs. Jesus ist der Sohn Gottes, der uns auf unserem Lebensweg stärkt, indem er sich selbst als Brot gibt. In seinem Tod bricht er für uns das Brot. Es reicht für uns alle. Letztlich verweisen die beiden Brotvermehrungen und die drei Überfahrten mit dem Boot auf den Tod Jesu am Kreuz, in dem Jesus sich selbst für uns hingibt und uns ans andere Ufer fährt, an das Ufer der göttlichen Herrlichkeit.

Die heidnische Frau und ihre Tochter (7,24–30)

Jesus zieht mit seinen Jüngern in heidnisches Gebiet. Dort konnte er sicher sein vor den Häschern des Herodes. Er wollte mit seinen Jüngern allein sein, doch das bleibt nicht verborgen. Eine griechische Frau, eine Heidin, hört von ihm. Sie kommt zu ihm und fällt vor ihm auf die Knie. Auf ihre Bitte, Jesus möge von ihrer Tochter den Dämon austreiben, antwortet Jesus mit einem eigenartigen Wort: »Lasst zuerst die Kinder satt werden; denn es ist nicht recht, das Brot den Kindern wegzunehmen und den Hunden vorzuwerfen.« (7,27) Die Exegeten meinen, Jesus würde seine heilende Kraft nur den Juden zuwenden und nicht den Heiden. Doch die Bitte der heidnischen Frau habe ihn umgestimmt. So sei Jesus bereit gewesen, von Menschen zu lernen, ja sich von einer Frau überzeugen zu lassen, dass auch die Heiden der frohen und Heil schaffenden Botschaft Jesu bedürfen. So kann man die Geschichte sicher auslegen.

Man kann sie aber auch als Beziehungsgeschichte zwischen Mutter und Tochter sehen. Dann steckt im Wort Jesu ein Vorwurf an die Frau, dass sie ihre Tochter nicht satt gemacht hat. Sie hat ihr Brot den Hunden vorgeworfen. Haushunde waren bei den Griechen sehr beliebt. Hunde stehen für alle Vorlieben, die der Frau offensichtlich wichtiger waren als die Tochter. Vielleicht war es ihr Besitz, ihr Aussehen, ihre freie Zeit, ihr Beruf. Jesus fordert die Frau mit seinem Wort auf, ihre Beziehung zur Tochter genauer anzuschauen und sich zu fragen, ob die Tochter wirklich bekommen hat, was sie zum Leben braucht, ob sie ihr die nötige Liebe und Zuwendung geschenkt und ihr gegenüber Verständnis gezeigt hat. Die Frau sah nur, dass ihre Tochter schwierig ist. Da wollte sie zum Therapeuten gehen, damit der sie heile. Doch Jesus zwingt sie, das eigene Verhalten anzuschauen. Vielleicht hat die Schwierigkeit ihrer Tochter mit ihr selbst zu tun. Vielleicht kann die Tochter nicht zu sich kommen, weil die Mutter neben ihr zu mächtig ist. Vielleicht ist die Projektion der Mutter auf die Tochter wie ein Dämon, der sich auf sie gelegt hat und sie am Leben hindert.

Die griechische Mutter sieht ein, dass Jesus recht hat: »Ja, du hast recht, Herr! Aber auch für die Hunde unter dem Tisch fällt etwas von dem Brot ab, das die Kinder essen.« (7,28) Die Frau entwertet sich nicht, indem sie alle Schuld auf sich nimmt. Sie gibt zu, dass ihre Tochter nicht satt geworden ist. Aber sie zieht daraus nun nicht die Folgerung, dass sie nur noch für die Tochter da sein muss. Nein, wenn die Tochter genug zu essen hat, dann bleibt auch für ihre Hunde noch etwas übrig, dann kann sie durchaus auch ihre eigenen Bedürfnisse erfüllen. Sie darf in ihrer Beziehung zur Tochter auch den für sie stimmigen Weg gehen. Sie darf auch für sich selber sorgen. Nur dann wird die Beziehung zur Tochter stimmig. Wenn sie die Tochter vernachlässigt, wird sie krank. Wenn sie alles für die Tochter tut und sie mit Zuwendung überschüttet, tut es ihr auch nicht gut. Nur wenn sie sich selbst ernst nimmt, wird sie die Tochter in ihren Bedürfnissen verstehen und ernst nehmen können. Indem Jesus die Mutter zwingt, ihr eigenes Verhalten und die eigenen Bedürfnisse anzuschauen, löst er die unheilvolle Verstrickung zwischen Mutter und Tochter auf und schafft einen Raum, in dem beide ganz sie selbst sein dürfen. Wenn Mutter und Tochter dies lernen, hat der Dämon keine Macht mehr über sie.

Jesus lobt nicht den Glauben der Frau, sondern ihre Einsicht. Weil sie eingesehen hat, wie die gesunde Beziehung zwischen Mutter und Tochter sein könnte, hat der Dämon die Tochter verlassen. Die Mutter hat in der Begegnung mit Jesus gelernt, ihre eigenen Projektionen und Sorgen der Tochter gegenüber loszulassen und sie frei zu geben, damit sie ganz sie selber sein kann. Ihre Projektionen waren für die Tochter wie ein Dämon, der ihr Denken und Fühlen getrübt und sie am eigenen Leben gehindert hat. Als die Mutter jetzt nach Hause kommt, sieht sie die Tochter auf dem Bett liegen. Sie ist, wie sie ist. Kein Dämon besetzt sie, er ist aus ihr ausgefahren. Die neue Sichtweise der Mutter ermöglicht es auch der Tochter, sich von den Trübungen des Dämons zu befreien und das eigene Leben zu leben.

Die Heilung eines Taubstummen (7,31–37)

Auch die nächste Heilung wirkt Jesus im heidnischen Gebiet der Dekapolis, denn er hat keine Berührungsängste. Drei Heilungen geschehen nach Markus an Heiden und im dortigen Umfeld. Zu Jesus wird zunächst ein Taubstummer gebracht, und man bittet ihn, er möge ihm die Hände auflegen. Die Leute erwarten von der Handauflegung, dass Jesu heilende Kraft dem Kranken helfe. Wenn ich mich in den Menschen hineinfühle, der taubstumm ist, so fällt mir als Erstes ein, dass er keine wirkliche Beziehung zu anderen hat. Wer die Stimme eines anderen nicht hört, wird nie mit seinen Emotionen in Berührung kommen, die sich über die Stimme ausdrücken. Und wenn er nicht sprechen kann, wird es nie ein Gespräch mit einem anderen geben, das ihn mit ihm verbindet und ihm neue Einsichten vermittelt. Vielleicht ist er auch mundtot gemacht worden. Vielleicht konnte er nicht reden, weil man ihm ständig ins Wort gefallen ist und ihn korrigiert hat. Vielleicht hat er die Ohren verschlossen, weil er zuviel Ablehnung und Kritik gehört hat. Er will nichts mehr hören, weil das, was er bisher gehört hat, ihn immer nur verletzt hat.

Jesus heilt den Taubstummen in sechs Schritten. Der erste Schritt besteht darin, dass er ihn beiseite nimmt, weg von der Menge. Therapie braucht immer den Raum der persönlichen Begegnung und den Schutzraum, in dem der Patient sich so zeigen kann, wie er ist. Jesus lässt dem Kranken eine Sonderbehandlung zuteil werden. Er wendet sich ihm ganz und gar zu, damit Vertrauen wachsen kann. Taubstumme sind oft voller Misstrauen, denn sie leben in einer geräuschlosen Welt, können nicht wissen, was die anderen über sie und zu ihnen sagen. Alle weiteren Therapieschritte Jesu wollen dieses Vertrauen stärken, damit sich die Zunge des Stummen lösen und die Ohren sich öffnen können.

Jesus legt dem Tauben die Finger in die Ohren. Dazu fallen mir verschiedene Bilder ein: Jesus legt seine Finger auf die wunde Stelle, damit der Kranke sich mit seiner Wunde aussöhnt. Er verstopft mit seinen Fingern die Ohren, damit er nicht mehr auf das Verletzende und Krankmachende, sondern auf sich selber hört, auf die Sehnsucht in seinem Herzen, auf die eigenen Stimmen im Innern seiner Seele. Die Ohren sind ein sehr sensibler Bereich. Wenn Jesus seine Finger dorthin legt, dann berührt er zärtlich die empfindliche Stelle des Kranken. Er möchte ihm damit sagen: »Bei allen Worten, die du hörst, höre auch die Sehnsucht nach Beziehung heraus! Auch wenn einer dich anbrüllt, möchte er Beziehung zu dir aufnehmen.« Jesus stellt diese intensive Beziehung zum Kranken her, indem er seine Finger in beide Ohren hält und so einen Kreis zwischen sich und dem Kranken bildet. Es entsteht ein Kreislauf der Beziehung und der Liebe, der die Blockaden des Kranken auflösen soll.

Dann berührt Jesus die Zunge des Mannes mit Speichel, der in der Antike als Heilmittel galt. Speichel ist auch etwas Mütterliches. Die Mutter berührt das Kind, das sich verletzt hat und weint, mit Speichel und sagt: »Es ist schon wieder gut.« Man kann sich vorstellen, dass Jesus dem Stummen einen Kuss gibt und ihn dabei mit Speichel berührt. Speichel ist etwas sehr Persönliches und Intimes. Ich gebe dem anderen etwas von meinem Innersten mit. Jesus schafft mit dem Speichel offensichtlich eine Atmosphäre des Vertrauens, in dem sich die Zunge des Stummen lösen kann. Verstummen heißt ja entweder, nichts mehr zu sagen haben, weil keine Beziehung da ist, oder aber nichts mehr sagen können, weil eben kein Vertrauen herrscht, weil man Angst hat, alles könnte falsch ausgelegt werden. Indem Jesus den Stummen mit seinem Speichel berührt, stellt er eine Beziehung der Liebe her, in der Worte hin und her fließen können, in der Vertrauen wächst und in der die Angst vergeht, die Worte könnten missverstanden werden.

»Danach blickte er zum Himmel auf.« (7,34) Das ist einmal ein Bild dafür, dass Jesus Gottes Hilfe in Anspruch nimmt, damit der Kranke gesund wird. Aber es ist auch ein Bild dafür, was Hören und Reden eigentlich meinen. Jesus zeigt mit dieser Geste dem Kranken an, was in jedem wirklichen Gespräch zwischen Menschen geschehen möchte: Da öffnet sich der Himmel über ihnen, und es entsteht Weite. Wenn ich auf den anderen höre und nicht nur auf die Worte, die er sagt, sondern in seiner Stimme den anderen selbst höre, und wenn ich ihm das sage, was in mir ist, dann entsteht Gemeinschaft. Zugleich ist in der Erfahrung wirklicher Gemeinschaft etwas gegenwärtig, was uns Menschen übersteigt. Etwas Göttliches, Transzendentes bricht ein in unser Leben. Augustinus hat das in seinem berühmten Gespräch mit seiner Mutter Monika erfahren, das er kurz vor ihrem Tod geführt hat. Da öffnete sich der Himmel über ihnen, und Gottes Gegenwart war spürbar.

Jesus seufzt. Im Seufzen öffnet er sein Herz für den Kranken. Er lässt ihn in sein Herz eintreten. Erst nach diesen fünf Schritten, in denen Jesus dem Kranken Vertrauen vermittelt und ihm durch seine Gesten zeigt, was das Wesen von Sprechen und Hören ist, sagt Jesus zum Taubstummen: »Effata!« Das heißt: »Öffne dich!« (7,34) Ich habe es öfter schon erlebt, dass Menschen im Gespräch sagen: Es gibt da etwas in mir, über das ich noch nicht sprechen kann. Sie deuten an, was das sein könnte, aber sie trauen sich nicht. Dann spüre ich, dass ich nicht warten darf, bis sie irgendwann einmal von selbst beginnen. Es ist wie ein Angebot, jetzt darüber zu sprechen. Aber sie brauchen dann den Impuls von Außen: »Jetzt sag, was in dir ist! Trau dich! Du hast jetzt angefangen, dich zu öffnen. Wenn du dich wieder verschließt, wirst du nicht mit dir zufrieden sein.« Wer im Gespräch etwas andeutet, es aber sofort wieder zurücknimmt, der braucht den Befehl, dass er sich öffnen soll. Jesu Befehl hat Erfolg: »Sogleich öffneten sich seine Ohren, seine Zunge wurde von ihrer Fessel befreit, und er konnte richtig reden.« (7,35) Im Raum des Vertrauens, den Jesus ihm eröffnete, konnte der Kranke seine Ohren auftun und die Fesseln abstreifen, die seine Zunge am Sprechen hinderten. Jetzt ist er beziehungsfähig geworden. Jetzt kann er richtig sprechen, nicht mehr nur daherreden, sondern Worte sagen, die verbinden, die Leben stiften, die ermutigen. Und er kann richtig hören. Die Menschen, die das Wunder der Heilung miterleben, loben Gott mit einem Wort, das an die Schöpfung erinnert. Dort sah Gott, dass alles, was er geschaffen hat, gut war: »Er hat alles gut gemacht; er macht, dass die Tauben hören und die Stummen sprechen.« (7,37) Jesus wiederholt, was Gott am Anfang der Welt getan hat. Er macht alles gut. Er erfüllt, was das Alte Testament von der Weisheit ausgesagt hat. In Jesus ist Gottes Weisheit in unserer Welt tätig. Die Weisheit nährt den Menschen und öffnet den Mund der

Stummen. (Weisheit 10,21) Die Heiden erkennen, dass Gott selbst in Jesus handelt. Die Juden bleiben dagegen unwissend und verschlossen. In Jesus erfüllt sich die Verheißung, die den Juden gegeben war, dass am Ende der Zeiten die Schöpfung erneuert wird.

Die Heilung eines Blinden bei Betsaida (8,22–26)

Markus schildert uns in allen Einzelheiten, wie Jesus einen Blinden heilt, den ihm die Leute bringen, damit er ihn berührt. Vielleicht sind sie verzweifelt, weil dieser Blinde sich von nichts mehr berühren lässt. Er kann über nichts mehr staunen. Manche Therapieschritte ähneln den Schritten bei der Heilung des Taubstummen. Es sind Heilpraktiken, wie sie auch aus hellenistischen Wundergeschichten bekannt sind. Markus zeichnet Jesus als den wahren Arzt, dessen heilende Kraft den Menschen zum wirklichen Menschsein befreit. Jesus braucht keine Zaubersprüche, wie sie von hellenistischen oder rabbinischen Wundertätern rezitiert wurden. Er heilt allein durch seine Zuwendung und durch die Berührung.

Jesus nimmt den Blinden bei der Hand. Er schafft Beziehung zu ihm, indem er ihm die Hand reicht, und er führt ihn aus dem Dorf hinaus. Vielleicht war der Mann blind, weil er noch nie über den Rand seines Dorfes hinaus gekommen ist, weil er in seinen engen Denkmustern gefangen war (vgl. Fischedick, 248). Doch vor dem Dorf ist Jesus auch allein mit dem Kranken. Er schafft hier für den Blinden einen Schutzraum des Privaten. Er vermeidet eine Demonstration seiner Heilkunst vor den Augen aller. Es braucht das Abseits, die besondere Atmosphäre, in der Heilung geschehen kann. Blindheit hat ja oft etwas damit zu tun, dass ein Mensch die Welt nicht sehen kann, weil sie ihm als feindlich und bedrohlich erscheint. Er macht die Augen zu, weil er es nicht aushält, zu sehen, was dort ist. Da braucht es einen Raum des Vertrauens, der Intimität, damit der Blinde es wagen kann, seine Augen zu öffnen.

Nun bestreicht Jesus die Augen des Blinden mit Speichel und legt seine Hände darauf. Er handelt hier wie ein Arzt, der den Kranken mit einer Heilsalbe einreibt. Er zeigt seine Zuwendung leibhaft. Er spuckt dem Kranken seinen Speichel in die Augen. Dies ist, wie wir bereits oben gesehen haben, eine mütterliche Geste, die Jesus hier am Blinden vollzieht, damit in dem vom Leben erschreckten Menschen Vertrauen wächst. Indem Jesus dem Blinden die Hände auflegt, soll der Speichel in ihn eindringen. Es soll ein Austausch stattfinden zwischen Jesus und ihm. Nachdem Jesus einige Zeit seine Hände auf die geschlossenen Augen gelegt hat, nimmt er sie weg und fragt den Kranken, ob er etwas sehe. »Ich sehe Menschen; denn ich sehe etwas, das wie Bäume aussieht und umhergeht.« (8,24) Die Heilung hat also erst einen Teilerfolg. Der Blinde sieht etwas, aber noch unklar. Die Menschen haben noch kein Gesicht. Er sieht sie nur herumgehen und vergleicht sie mit Bäumen. Sie sind aufrecht wie Bäume, aber noch ohne klare Kontur. Er sieht nicht die Person, das Antlitz der Menschen (prosopon = das, was ich sehe), sondern nur, was sie nach außen hin tun.

Jesus legt dem Blinden nochmals die Hände auf die Augen. Er lässt erneut seine heilende Kraft in die Augen des Blinden strömen. Nun sieht der Mann deutlich. Er blickt durch, wie es im Griechischen genauer heißt. Das Paradox ist, dass der Mann dies tut, während Jesus ihm die Hände auf die Augen hält. Vielleicht ist hier ein inneres Sehen gemeint. Doch zugleich drückt Markus aus, dass die erneute Handauflegung den Kranken auf die eigenen Beine stellt, so dass er mit seinen Augen die Welt anschauen kann und nicht mehr mit der Brille, die andere ihm aufgesetzt haben: »Er war geheilt (wieder hergestellt, aufgestellt) und konnte alles ganz genau sehen.« (8,25) Das griechische Wort heißt eigentlich: »weithin strahlend, sonnenklar«. Der Blinde sieht nun alles klar. Seine Augen haben Teil an der Klarheit der Sonne, die alles beleuchtet. Im Licht Jesu wird ihm alles sichtbar, versteht er alles. Markus hat diese Perikope bewusst vor das Leiden Jesu gestellt. Um dieses verstehen zu können, brauchen wir Augen des Glaubens, brauchen wir Sonnenaugen, die auch im Leiden den Sohn Gottes erkennen. Das gilt ebenfalls für das eigene Leiden. Auch da bedarf es des Sonnenlichtes, um darin Gottes heilende und befreiende Nähe erfahren zu können.

Oft braucht die Therapie längere Zeit, bis der Mensch es wagt, seine Augen wirklich zu öffnen und alles klar zu sehen. Zu Beginn sieht man nur schemenhaft. Diese Situation kenne ich. Ich möchte gar nicht alles genau sehen. Ich blicke nur um mich und sehe Menschen, die umhergehen, aber ich schaue ihnen nicht ins Gesicht. Ich weiche der Begegnung aus. Ich will gar nicht genauer hinschauen, weil ich mich sonst auf den anderen einstellen, mich mit ihm in eine Auseinandersetzung begeben müsste. Dann würde er mein Leben verändern. Der erste Blick, den der Blinde tut, dient nur der Orientierung, aber nicht der Begegnung. Doch wirklich zu sehen vermögen wir erst, wenn wir bereit sind, einem Menschen ins Antlitz zu schauen. Dann verwandelt uns die Begegnung. Wenn ich nur die Umrisse des anderen sehe, dann will ich mich nicht ändern. Ich sehe nur so weit, dass ich meinen eigenen Weg gehen kann. Aber die anderen interessieren mich nicht wirklich. Nur wenn ich den Menschen klar sehe, kann ich ihm begegnen und werde ihm gerecht.

Markus berichtet die Heilung des Blinden am Ende des Wirkens Jesu in Galiläa. Nun zieht Jesus nach Jerusalem hinauf. In den nächsten drei Kapiteln erwähnt er dreimal sein Leiden und sein Sterben in Jerusalem. Doch die Jünger, die ihn begleiten, bleiben blind. Bevor Jesus in Jerusalem einzieht, heilt er nochmals einen Blinden, der ihm auf seinem Weg folgt. Er ist der einzige Jünger, der offenen Auges Jesus nachfolgt. Zwischen den beiden Blindenheilungen belehrt Jesus auf dem Weg nach Jerusalem seine Jünger. Er möchte ihnen die Augen öffnen für das Geheimnis seines eigenen Weges, der über das Kreuz zur Auferstehung führt, aber auch für ihren eigenen Weg, auf dem sie die gleichen Erfahrungen machen werden. Durch diese Sandwich-Konstruktion zeigt Markus, wie er die Jüngerbelehrung Jesu versteht: durch Worte die Augen öffnen für die Wirklichkeit. Das ist der Sinn aller Schriftmeditation: dass wir uns so in die Worte Jesu hineinmeditieren, dass sich unsere Augen öffnen und wir das Geheimnis Gottes und unseres eigenen Menschseins erkennen.

Den Jüngern bleiben die Augen verschlossen bis zur Auferstehung. Beim Tod Jesu wird der heidnische Hauptmann in Jesus Gottes Sohn sehen. Später werden es die Frauen sein, die dem Engel im Grab begegnen. Sie sollen den Jüngern verkünden, dass sie Jesus in Galiläa sehen werden. So lädt uns die Blindenheilung ein, in Etappen unsere Augen zu öffnen, damit wir mehr und mehr das Geheimnis von Tod und Auferstehung Jesu begreifen und mit offenen Augen erkennen, was Jesus an uns getan hat. Die erste Blindenheilung fordert uns heraus, auf unserem Weg, den wir mit Jesus gehen, zu verstehen, wer dieser Jesus ist. Er, der vor uns hergeht und uns einweist in das Geheimnis des Lebens, ist zugleich der, der für uns sterben und in seinem Tod die Macht der Finsternis besiegen wird. Er geht jetzt als der Auferstandene mit uns auf unserem Lebensweg.

Die drei Leidensankündigungen (8,31–33; 9,30–32; 10,32–34)

Im zweiten großen Abschnitt des Markusevangeliums (8,27–10,52) ist Jesus auf dem Weg nach Jerusalem. Er ist nun nicht mehr der Heiler, der große Krafttaten vollbringt, sondern der Lehrer, der die Jünger unterweist. Er belehrt die Jünger über sein eigenes Schicksal und das Geheimnis seiner Person, aber auch über ihren Weg der Nachfolge. Der ganze Abschnitt ist gegliedert durch drei Ankündigungen seines Leidens und seiner Auferstehung. In diesen drei Voraussagen geht es Jesus einmal um das Geheimnis seiner Person, zum anderen aber auch um das richtige Verständnis christlicher Existenz.

Die erste Leidensankündigung hat Markus mit dem Messiasbekenntnis des Petrus verknüpft (8,27–30). Er will dadurch zeigen, wie wir Jesus als Messias verstehen sollen. Jesus, den Gott gesandt hat, um in Vollmacht von ihm zu reden und die Menschen von der Macht der Dämonen zu befreien, fällt nun selbst in die Hände des Bösen und wird von den Mächten des Bösen vernichtet. Aber gerade dadurch überwindet er das Böse an seiner Wurzel. Mit den drei Leidensweissagungen entfaltet Markus, wie er Jesu Lehre in Vollmacht versteht, dass die Vollmacht sich in die Ohnmacht verliert und sich gerade darin als Vollmacht erweist. Jesus muss viel leiden. (8,31) Man könnte das auch im Hinblick auf Jesaja 53,4 übersetzen: Er muss alles tragen. Es ist der Wille Gottes, dass er stellvertretend für die Menschen ihr Schicksal trägt und dadurch heilt. Dann zählt Markus die Gruppen auf, die für Jesu Tod verantwortlich sind. Er wird verworfen »von den Ältesten, den Hohenpriestern und den Schriftgelehrten« (8,31). Die Ältesten bezeichnen die Vertreter des Laienadels. Die Hohenpriester repräsentieren die gesamte jüdische Priesterschaft. Und die Schriftgelehrten sind die jüdischen Gelehrten. Die Pharisäer werden hier nicht genannt. Sie sind zwar in der Auseinandersetzung oft Jesu Gegner, sind Diskussionspartner, die ihm dabei helfen, seine eigene Position klar zu benennen. Aber sie sind nicht Gegner, die Jesus vernichten wollen. Von diesen drei Gruppen wird Jesus verworfen. Das griechische Wort könnte auch »verachten« heißen. Dann würde es sich wieder auf das Lied vom Gottesknecht in Jesaja 53,3 beziehen. Dass Jesus viel leiden muss, drückt Gottes Heilsabsicht aus. Dass er verachtet wird, beschreibt das Schicksal, das die Menschen ihm bereiten (vgl. Grundmann, 219). Jesus erfüllt die Sehnsucht des jüdischen Volkes, dass »einst ein Knecht Gottes aufstehen wird, der unsere Krankheit trägt, unsere Schmerzen auf sich lädt und durch dessen Wunden wir geheilt werden« (vgl. Jes 53,1–12).

Die anderen beiden Leidensweissagungen wiederholen in fast gleichen Worten die erste Ankündigung. Und dennoch bringen sie jeweils einen neuen Akzent. In 9,31 spricht Jesus davon, dass der Menschensohn in die Hände der Menschen ausgeliefert wird. Es ist ein Rätselwort, das mit einem Wortspiel arbeitet: Sohn des Menschen – Hände des Menschen. Das Rätsel besteht darin, dass Gott selbst den Menschensohn ausliefert und preisgibt. Jesus wird dem Gottesrätsel ausgesetzt, dass er, der in der Vollmacht Gottes für die Menschen eintritt, in die Hände der Menschen gerät. Hier wird das Geheimnis Gottes sichtbar, das uns zunächst unverständlich bleibt und unsere Gottesbilder zerbricht. Erst das Evangelium wird zeigen, dass es der Gott ist, der das Heil der Menschen will und der seinen Sohn, den er preisgibt, am Kreuz erhöhen wird und zu seiner Rechten thronen lässt.

Die dritte Leidensankündigung ist die ausführlichste. Da schildert uns Markus schon zuvor die Situation, in die Jesus seine Worte hineinspricht. Er ist auf dem Weg nach Jerusalem und geht entschlossen seinem Leiden entgegen. »Die Leute wunderten sich über ihn, die Jünger aber hatten Angst.« (10,32) Das griechische Wort für »wundern« heißt auch »erschrecken«. Jesu Weg nach Jerusalem löst also Schrecken und Angst aus bei den Begleitern. Die Menschen spüren, dass da etwas geschieht, was ihr Selbstbild und ihr Gottesbild völlig über den Haufen wirft. Dann wiederholt Jesus, was ihm geschehen wird. Gegenüber den ersten beiden Ankündigungen wird nun klar, in wessen Hände er ausgeliefert wird: Es sind die Hände der Hohenpriester und Schriftgelehrten, die ihn den Römern übergeben werden. Die Heiden, also die Römer, »werden ihn verspotten, anspucken, geißeln und töten« (10,34). Hier wird das »verachten« aus der zweiten Leidensweissagung entfaltet. Die tiefste Verachtung eines Menschen drückt sich darin aus, dass ich ihn lächerlich mache. Dagegen kann sich niemand wehren. Wenn ich jemanden verspotte, verletze ich nicht seinen Leib, sondern seine Seele. Und diese Verletzung geht tiefer. Jemand anspucken heißt, ihn als den »letzten Dreck« behandeln, ihm seine menschliche Würde nehmen. Geißeln ist in der Antike immer mit der Kreuzigung verbunden. So beschreiben die beiden Worte »geißeln und töten« die Kreuzigung, die schlimmste und schändlichste Todesstrafe, die die Römer kannten. Aber Jesus wird am Kreuz nicht vernichtet und in seiner Würde zerstört. Er wird nicht im Tod bleiben, sondern am dritten Tag auferstehen.

Interessant sind jeweils die Reaktionen der Jünger auf die drei Leidensankündigungen Jesu. Beim ersten Mal macht ihm Petrus bittere Vorwürfe. Er will Jesus von seinem Leidensweg abhalten. Markus bezeichnet sowohl die Reaktion des Petrus wie die Jesu als »epitiman = anfahren, tadeln, Vorhalte machen, ernstlich zureden, schelten«. Petrus denkt in den Vorstellungen der Menschen. Er hat keine Ahnung vom Willen Gottes. Daher nennt Jesus ihn einen Satan, der ihm aus den Augen gehen soll (8,33). Nun belehrt Jesus seine Jünger, aber auch alle, die ihm einmal nachfolgen wollen, über den Ernst der Nachfolge: »Wer mein Jünger sein will, der verleugne sich selbst, nehme sein Kreuz auf sich und folge mir nach. Denn wer sein Leben retten will, wird es verlieren; wer aber sein Leben um meinet Willen und um des Evangeliums Willen verliert, wird es retten.« (8,34f.) Die Exegeten haben diese Worte Jesu verschieden interpretiert. Am plausibelsten erscheint mir die Erklärung, dass verleugnen und bekennen zusammengehören. Sich selbst verleugnen heißt dann, Abstand nehmen von eigenen Interessen, sich nicht selbst bekennen, sondern Gott, der ganz anders ist als unsere Vorstellungen von ihm. Bei manchen Predigern hat man den Eindruck, dass sie zwar viel von Gott reden, aber eigentlich nur sich selbst predigen. Sie benutzen Gott, um ihr Selbstbild aufzublähen. Nur wer seinem eigenen Selbstbild eine Absage erteilt, wer dem nur um sich kreisenden Ich widerspricht, ist fähig, sich ungeteilt zum Gott Jesu zu bekennen. Rudolf Pesch stimmt der Auslegung von E. Dinkler zu, der das Kreuz als Bekenntniszeichen deutet und zwar auf dem Hintergrund von Ezechiel 9,4–6. Dort soll denen, die sich zu Jahwe bekennen, das Tau auf die Stirn gezeichnet werden. Es ist ein Bekenntniszeichen. Wer Jesus nachfolgen will, soll sich radikal zu dem Gott bekennen, der die Toten lebendig macht. Aber zugleich ist es ein Schutzzeichen. Wer das Tau auf der Stirn trägt, wird vor dem Tod bewahrt. So versteht die frühe Kirche das Kreuz sowohl als Zeichen für das bedingungslose Bekenntnis zu Jesus Christus und dem Gott, den er verkündet hat, als auch als Schutzzeichen.

Das interpretiert das nächste Wort: Wer sich zu Gott bekennt, der gewinnt sein Leben. Wer jedoch sich selbst, seine Bedürfnisse und seine Illusionen von sich und seinem Leben in den Mittelpunkt stellt, der verliert sein Leben. So deutet Jesus den Nachfolgeweg seiner Jünger vom Kreuz her. Dort entscheidet sich, ob wir an uns und unserem Selbstbild und Gottesbild festhalten oder ob wir uns einlassen auf den Gott Jesu Christi, der uns wahres Leben schenkt, wenn wir unser vordergründiges Leben loslassen.

Nach der zweiten Leidensankündigung sprechen die Jünger darüber, »wer von ihnen der Größte sei«. (9,34) Größer kann das Missverständnis von Jesu Worten über seine Auslieferung in die Hände der Menschen nicht sein. Jesus wird preisgegeben, die Jünger wollen sich im Reich Gottes möglichst viel herausnehmen. Jesus wird erniedrigt, die Jünger träumen von ihrer Größe. Während es nach der ersten Leidensankündigung um das richtige Verständnis von Nachfolge und das Bekenntnis zum Gott Jesu geht, kreisen die Gespräche nun um das Miteinander in der Gemeinde Jesu, in der Kirche. Das Verständnis von Jesu Tod und Auferstehung hat Konsequenzen für das Verhältnis der Jünger untereinander. Sie sollen nicht darum kreisen, wer von ihnen bedeutender und größer ist. Es geht nicht um eine Rangordnung, sondern um den Dienst. Jesus demonstriert das, indem er ein Kind in ihre Mitte stellt und es umarmt: »Wer ein solches Kind um meinet Willen aufnimmt, der nimmt mich auf; wer aber mich aufnimmt, der nimmt nicht nur mich auf, sondern den, der mich gesandt hat.« (9,37) Die Jünger sind nicht für sich selber da. Sie sollen einander dienen. Und sie sollen ihren Dienst gerade »armen und hilfsbedürftigen Kindern« (Pesch 2,107) erweisen. Vermutlich hat Jesus hier die »Aufnahme schutzloser Kinder in die Häuser«, die Sorge für »Waisenkinder und arme Kinder« (ebd., 106) im Blick. Am Kreuz entscheidet sich das Selbstverständnis der Kirche. Sie soll den Armen und Hilflosen dienen und sich nicht selbstgerecht auf das eigene Recht berufen. Sie soll offen sein für die, die nicht zu ihr gehören, aber im Namen Jesu Dämonen austreiben. (9,38–41) Das Kreuz, an dem Jesus für die ganze Welt stirbt, ist für Markus ein Bild für die Toleranz, die die Kirche allen Menschen gegenüber aufbringen soll. Statt den Alleinvertretungsanspruch für sich zu reservieren, soll sie vertrauen, dass auch andere Menschen das Geheimnis Jesu und seines Gottes verstehen und auf ihre Weise dafür Zeugnis ablegen. Das Kreuz will die Enge kirchlicher Kleinkariertheit aufbrechen und das Herz weiten für die Liebe Gottes, die allen Menschen gilt.

Die Szene mit dem Kind kann man noch anders verstehen: Wir sollen Jesus aufnehmen wie ein Kind, ihn nicht missbrauchen, um unsere eigene Größe zu mehren, sondern uns zu ihm hinabbeugen und ihn umarmen wie ein Kind. Es braucht ein zärtliches Herz, um das Geheimnis Jesu zu verstehen und in sich aufzunehmen. Wir müssen mit dem Kind in uns in Berührung kommen, um angemessen mit einem Kind umzugehen. So braucht es auch das kindliche Herz, das offen ist für die Liebe und das noch zu staunen vermag, um Jesus zu begegnen. Mit der Botschaft Jesu können wir uns in der Welt nicht brüsten. Viele Menschen werden uns als Kinder abtun, weil wir in der Welt des Erfolgs und der Konkurrenz noch an die reine Liebe glauben, weil wir auf diesen Jesus setzen, der den Weg des Scheiterns geht und von den Mächtigen verworfen wird.

Nach der dritten Leidensankündigung folgt das Gespräch über die Vorrangstellung der beiden Zebedäussöhne. Auch hier zeigt Markus, dass die Jünger Jesu Weg nach Jerusalem, seinen Tod und seine Auferstehung gründlich missverstehen. Es geht ihnen nur um sich, um die eigenen Vorstellungen von ihrem Weg (8,32), um die eigene Größe innerhalb der Gemeinde (9,34) und um die Vorrangstellung gegenüber anderen (10,37). Sie kreisen immer nur um die eigenen Bedürfnisse, um das eigene Leben, die eigene Größe, die eigene Macht. Das Kreuz ist jedoch gerade das Gegenteil: die Hingabe des Lebens, sich Gott überlassen, sich loslassen, sich auf Gottes Willen einlassen. Nur so gelingt wahres Leben.

Die Heilung eines besessenen Jungen (9,14–29)

Jesus heilt hier einen jungen Mann, der immer wieder von Anfällen heimgesucht wird. Auf den ersten Blick zeigt der besessene Junge die typischen Symptome eines Epileptikers. Doch wenn wir die Geschichte als Heilung eines epileptischen Jungen verstehen, hat sie uns wenig zu sagen. Interessanter wird sie, wenn wir die Schilderung, die Markus uns vom Kranken gibt, als Bild für unseren inneren Zustand gelten lassen, und wenn wir die Heilung des Jungen auch als Heilung der Beziehung zwischen Vater und Sohn sehen.

Der Junge hat einen stummen Geist, der ihn oft zu Boden wirft. Dann tritt ihm Schaum vor den Mund, und er knirscht mit den Zähnen. Wir sagen: Er schäumt vor Wut. Es ist offensichtlich ein junger Mann, der eine heftige Wut in sich hat. Er kann sie aber nicht angemessen nach außen zeigen, nicht darüber sprechen. Vielleicht war zwischen Vater und Sohn kein Raum des Vertrauens, in dem der Sohn über seine Aggressionen reden oder in dem er sie dem Vater gegenüber ausdrücken konnte. So hat er sie unterdrückt. Nun agiert er sie leibhaft aus. Es ist nicht nur die Wut gegen sich selbst, sondern auch gegen den Vater, denn der Anfall ist letztlich ein aggressiver Akt ihm gegenüber. Nonverbal möchte der Junge dem Vater zeigen, dass er ihn am liebsten zerreißen und mit den Zähnen zermahlen möchte. Der Vater hat seinen Sohn den Jüngern gebracht, dass sie ihn heilen, aber sie vermögen es nicht. Offensichtlich sind sie unfähig, sich auf ihn einzulassen.

Jesus ist enttäuscht über seine Jünger. Alles, was er sie gelehrt hat, scheint nicht zu fruchten. So lässt er sich den Jungen bringen, damit er ihn selbst sehe und heile. Als der Geist, der den Jungen besetzt hält, Jesus sieht,«zerrte er den Jungen hin und her, so dass er hinfiel und sich mit Schaum vor dem Mund auf dem Boden wälzte.« (9,20) Der Geist spürt offensichtlich die klare Kraft Jesu. So meldet er sich zu Wort, indem er den Jungen hin und her wirft. Jesus agiert nicht kopflos wie die Jünger, die meinen, sie müssten den Jungen vor dem Anfall schützen. Er macht eine ganz nüchterne Anamnese. Er fragt den Vater, wie lange er das schon habe. Der erzählt ihm die Krankengeschichte seines Sohnes, unter der er selbst genauso leidet wie der Sohn. Von Kind an hat der Geist den Sohn oft ins Feuer oder Wasser geworfen.

Feuer ist Bild für die Leidenschaft und Sexualität. Offensichtlich hat der Sohn nicht nur seine Aggressionen, sondern auch seine Sexualität verdrängt. So ist sie für ihn wie ein Dämon geworden, der ihn immer wieder überfällt und ihn in seine Gewalt bringt. Wasser ist ein Bild für das Unbewusste. Weil der Sohn weder über seine Aggression noch über seine Sexualität reden konnte, ist sein Unbewusstes von aggressiven und sexuellen Impulsen überschwemmt. Er kann das Unbewusste nicht als Quelle der Lebenserneuerung erfahren, sondern als Überschwemmung, als ein Wasser, in dem er unterzugehen droht.

Nach der Schilderung der Krankheit bittet der Vater Jesus: »Doch wenn du kannst, hilf uns; hab Mitleid mit uns!« (9,22) In diesem Wort drückt der Vater sein abgrundtiefes Leiden am Sohn aus. Und er vertraut auf Jesus, dass er seinen Sohn heilen kann. Doch dieser konfrontiert ihn mit sich selbst: »Wenn du kannst? Alles kann, wer glaubt.« (9,23) Dass der Sohn krank ist, ist nicht nur sein eigenes Problem, das ist nicht nur Sache eines Dämons, der von irgendwo her angeflogen kam. Es hängt auch mit dem Unglauben des Vaters zusammen, der nicht an den Sohn geglaubt hat. Daher konnte der Sohn nicht über sich sprechen. Er konnte sich dem Vater nicht so zeigen, wie er ist. Er musste sein Inneres vor ihm verstecken. Daher hat alles, was er vor dem Vater verborgen hat, ihn in der Krankheit wieder eingeholt: seine Aggression und seine Sexualität.

Der Vater lässt sich auf die Therapie ein, die Jesus ihm zu Teil werden lässt. Er sieht ein, dass er nicht an den Sohn geglaubt hat. Er wollte es und konnte es einfach nicht. So bittet er Jesus: »Ich glaube; hilf meinem Unglauben!« (9,24) Er gibt zu, dass er selbst der Hilfe Jesu bedarf. Dieser soll ihm helfen, an den Sohn zu glauben. Er möchte es von ganzem Herzen, aber er weiß noch nicht, wie das geht. Allein diese Einsicht jedoch verwandelt schon die Beziehung zum Sohn.

Nun wendet sich Jesus dem Sohn zu, denn es geht nicht darum, dem Vater die Schuld am Zustand des Sohnes zuzuschieben. Der Sohn hat sich auch mit seiner Rolle abgefunden. Er gefällt sich vielleicht darin. Denn so hat er Macht über den Vater. Er macht ihn hilflos. Jesus tritt dem Sohn bzw. dem Dämon, der den Sohn besetzt hält, voller Kraft entgegen: »Ich befehle dir, du stummer und tauber Geist: Verlass ihn, und kehre nicht mehr in ihn zurück!« (9,25) Der Sohn muss sich distanzieren von seinem Lebensmuster, mit dem er sich arrangiert hat. Er muss sein Spiel lassen, mit dem er Macht über den Vater ausübt. Doch das ist ein schmerzlicher Prozess. Denn so sehr der Sohn unter seinen Anfällen gelitten hat, so sehr hat er sie auch genossen als Machtmittel über den Vater. Markus schildert diese innere Distanzierung des Sohnes als harten Kampf. Der Geist zerrt den Jungen nochmals hin und her und verlässt ihn unter lautem

Geschrei. Der Sohn liegt da wie tot. Er muss seine alte Identität aufgeben. Und er muss all das herausschreien, was sich da in ihm eingenistet hat an Bitterkeit und Wut. Wenn er es herausschreit, dann kann er es auch lassen. Jesus fasst den Jungen an der Hand und richtet ihn auf. Er feiert mit ihm Auferstehung. Jetzt steht er auf eigenen Füßen.

Markus erzählt uns die Heilung des besessenen Jungen im Anschluss an die Szene, in der Jesus vor den Augen der Jünger verklärt wird. Hier kommt er in seine eigentliche Gestalt. Es wird sichtbar, wer er eigentlich ist: Gottes geliebter Sohn, in dem Gottes Herrlichkeit aufleuchtet. Unmittelbar nach dieser intensiven Erfahrung von Jesu wahrem Wesen schildert Markus einen jungen Mann, der an seiner Vaterbeziehung leidet und dessen Schönheit und Würde durch die epileptischen Anfälle entstellt werden. Jesus stellt seine Würde wieder her, sodass auch in ihm Gottes Herrlichkeit aufleuchtet. Er zeigt zudem, dass der Junge nicht nur Sohn seines leiblichen Vaters, sondern Gottes geliebter Sohn ist. Wenn Menschen in unheilvolle Beziehungen verstrickt sind, sind sie in der Macht der Dämonen. Die Jünger können den Dämon nicht austreiben. Jesus sagt ihnen: »Diese Art kann nur durch Gebet ausgetrieben werden.« (9,29) Nur wenn wir im Gebet erfahren, dass wir Gottes geliebte Söhne und Töchter sind, werden wir frei von dämonischen Bindungen, und Gottes Herrlichkeit kann auch in uns aufleuchten.

Vom Sinn der Ehe (10,2–12)

Im 10. Kapitel unterweist Jesus die Jünger in grundsätzlichen Dingen. Diese sind zum einen das Thema der Ehe und Ehescheidung und der Kinder (10,2–16), dann das

Thema Reichtum und Herrschen und Dienen. Bei all diesen Themen geht es darum, wie und in welcher inneren Haltung wir als Christen Jesus nachfolgen sollen.

Die Perikope von der Ehescheidung hat vor allem im katholischen Bereich vielen Eheleuten Angst gemacht. Geschiedene und Wiederverheiratete leiden an diesem Text. Er ist ihnen von der katholischen Kirche oft in einer Weise ausgelegt worden, dass sie sich von Gott ausgeschlossen fühlen. Sie hören in den Worten Jesu die Härte mancher Kirchenmänner heraus. Doch was ist der wirkliche Sinn der Worte Jesu?

Die Pharisäer wollen Jesus eine Falle stellen. Daher ist ihre Frage eigentlich eine Scheinfrage. In Israel war es unbestritten, dass ein Mann seine Frau entlassen darf. Strittig war nur die Frage des Grundes, ob ihre Untreue oder ob schon ein angebranntes Essen dafür genügte. Während bei Matthäus die Pharisäer fragen, ob »man seine Frau aus jedem beliebigen Grund aus der Ehe entlassen« (Mt 19,3) dürfe, geht es bei Markus um die Möglichkeit der Ehescheidung überhaupt. Jesus beantwortet die Frage seiner Gegner nicht. Er lässt sich nicht auf die Ebene ihrer Fragestellung ein, sondern stellt ihnen eine Gegenfrage: »Was hat euch Mose vorgeschrieben?« (10,3) Er verweist sie auf die Heilige Schrift und ihre Gebote. Die Pharisäer sprechen zweimal von der Erlaubnis. Es geht ihnen darum, möglichst viel für sich herauszuschlagen. Sie stellen sich nicht der Situation der Ehe, sondern wollen eine Erlaubnis haben für ihr Verhalten. Anstatt sich in Frage zu stellen, suchen sie nach einem Grund der Selbstrechtfertigung. Jesus spricht nicht von Erlaubnis, sondern vom Gebot. Es geht um den Willen Gottes. Der liegt aber auf einer tieferen Ebene als auf der des Gebotes.

Jesus fragt nach dem grundsätzlichen Willen Gottes für Mann und Frau in der Ehe. Es geht ihm darum, was dem Wesen des Menschen entspricht. Was tut dem Menschen wirklich gut? Was lässt Mann und Frau zutiefst miteinander eins werden?

Jesus verweist auf die ursprüngliche Absicht Gottes mit Mann und Frau: »Am Anfang der Schöpfung aber hat Gott sie als Mann und Frau geschaffen. Darum wird der Mann Vater und Mutter verlassen, und die zwei werden ein Fleisch sein. Sie sind also nicht mehr zwei, sondern eins. Was aber Gott verbunden hat, das darf der Mensch nicht trennen.« (10,6–9) Jesus stellt hier kein Gebot auf, sondern er zeigt, dass Gott Mann und Frau als sein Ebenbild und dass er sie füreinander geschaffen hat. Das Ziel der Schöpfung ist, dass Mann und Frau miteinander eins werden. Es ist ein Geschenk Gottes an den Menschen, dass Mann und Frau in der ehelichen Liebe Anteil haben am Einssein Gottes. In ihrem körperlichen Einssein erfahren sie das Ziel der ganzen Schöpfung, dass sie mit Gott eins ist. Doch die körperliche Einheit verlangt nach einem geistigen Einswerden, nach einem Sichergänzen auf dem Weg der Menschwerdung. Weil das so ist, darf der Mensch nicht auseinanderdividieren, was Gott verbunden hat. Das ist aber kein Gebot. Es bezieht sich vielmehr auf den Sinn der Ehe. Was eins geworden ist, soll eins bleiben. Das ist die tiefste Sehnsucht des Menschen.

Dass diese Einheit aber in der Realität dieser Welt nicht immer durchzuhalten ist, dass es immer wieder Scheidungen gibt, steht auf einer anderen Ebene. Darauf bezieht sich Jesus nicht. Auch als die Jünger ihn befragen, gibt er ihnen keine gesetzliche Vorschrift, sondern er stellt nur fest: »Wer seine Frau aus der Ehe entlässt und eine andere heiratet, begeht ihr gegenüber Ehebruch. Auch eine Frau begeht Ehebruch, wenn sie ihren Mann aus der Ehe entlässt und einen anderen heiratet.« (10,11f.) Jesus stellt hier Mann und Frau auf die gleiche Ebene. Bei den Juden konnte nur der Mann die Frau entlassen, aber nicht umgekehrt. Markus bezieht die römische Rechtsordnung mit ein, in der auch die Frau den Mann entlassen konnte. Doch Jesus lässt sich nicht auf eine rechtliche Diskussion ein. Er stellt nur fest, dass die Entlassung des Mannes oder der Frau gegen den Sinn der Ehe verstößt. Aber er spricht nicht in den Kategorien von Sünde und Schuld, von verboten und erlaubt. Sein Wort hat auch heute noch Gültigkeit. Wer aus irgendeinem Grund das Scheitern seiner Ehe erlebt hat, weiß darum, dass er die Ehe nicht einfach wie einen Beruf wechseln kann. Es ist etwas zerbrochen. Das, was er ursprünglich intendiert hat, ist nicht gelungen. Und dieses Misslingen hat in irgendeiner Weise auch mit Schuld zu tun. Aber das heißt noch lange nicht, dass die Geschiedenen deshalb nie wieder heiraten dürfen oder dass sie deshalb außerhalb des göttlichen Wohlwollens stehen. Sie müssen für sich nur eingestehen, dass sich für sie der Sinn der Ehe nicht erfüllt hat. Sie haben ihr Ziel verfehlt. Und das ist der tiefste Sinn von Schuld: das Ziel verfehlen. Doch Schuld kann vergeben werden. Jesu Worte haben nichts mit der kirchlichen Praxis zu tun, dass die Geschiedenen nicht wieder heiraten dürfen. Das liegt auf einer anderen, auf einer kirchenrechtlichen Ebene. Diese Ebene hat Jesus nicht im Blick.

Die Antwort, die Jesus auf seinem Weg nach Jerusalem seinen Jüngern gibt, verweist die Leser auf das Kreuz. Da wird sein Lebensentwurf zerbrechen, so wie bei manchen die Ehe zerbrochen ist. Doch – das ist die Frohe Botschaft des Markusevangeliums – der am Kreuz zerbrochene Jesus wird von Gott auferweckt. Er wird zu neuem Leben auferstehen. So macht Markus, indem er die Perikope von der Ehescheidung in die Jüngerunterweisung auf dem Weg zum Kreuz hineinstellt, den Lesern Hoffnung, dass auch ihr Scheitern einen neuen Anfang in sich birgt und dass sie mit Jesus aufstehen können zu neuer Liebe und Lebendigkeit.

Vom Sinn des Reichtums (10,17–31)

Die Geschichte vom reichen Jüngling rief damals bei den Jüngern Angst hervor. Sie ist auch für viele heutige Leser ein Stein des Anstoßes, weil sie von uns zu verlangen scheint, alles, was wir besitzen, zu verkaufen, um Jesus nachfolgen zu können. Doch Markus will mit dieser Erzählung keine Norm aufstellen, wie viel wir besitzen dürfen und was wir verkaufen sollen. Vielmehr möchte er an der persönlichen Begegnung eines jungen Mannes mit Jesus zeigen, wie die Jünger auf dem Weg der Nachfolge sich innerlich von aller Anhänglichkeit befreien müssen. Der junge Mann lebt korrekt. Er erfüllt alle Gebote. Jesus sieht diesen jungen Mann an und gewinnt ihn lieb. Er erkennt, dass er noch zu Anderem berufen ist, als nur die Gebote Gottes zu halten. »Eines fehlt dir noch: Geh, verkaufe, was du hast, gib das Geld den Armen, und du wirst einen bleibenden Schatz im Himmel haben; dann komm und folge mir nach!« (10,21) Jesus spürt, dass in diesem jungen Mann noch mehr steckt. Er möchte das, was in ihm steckt, hervorlocken. Er möchte ihn mit seiner Herausforderung fördern.

Das Verkaufen des Besitzes ist nicht Norm für jeden, der Jesus nachfolgen will. Jesus möchte vielmehr diesen Mann auf den Weg rufen, auf dem er seine wahren Möglichkeiten und Fähigkeiten verwirklichen kann. Der Reiche wäre wahrhaft frei, wenn er seinen Besitz verkaufen würde. Für andere, die Jesus nachfolgen, ist es nicht der Besitz, von dem sie sich trennen müssen, sondern vielleicht der eigene Erfolg, das eigene Gottesbild, das eigene Selbstbild, die Vorstellungen, die sie sich vom Leben gemacht haben, ihre Gewohnheiten, ihre Beziehungen. Wer diese Geschichte von der Begegnung Jesu mit dem jungen Mann liest, soll sich von Jesus anschauen lassen. Wenn ich mit all dem, was ich besitze, zu Jesus komme und ihm mein Herz hinhalte, dann werde ich erkennen, was mich am Leben hindert. Woran klammere ich mich fest? Manchmal ist es ein Lebensmuster, das mich zwar beeinträchtigt, an dem ich aber trotzdem festhalte, weil ich weiß, was ich habe. Wenn ich es lassen würde, wüsste ich nicht, was kommt. Das Unbekannte macht Angst. Doch die Angst bindet mich und hindert mich an der Freiheit. Bei dem jungen Mann war die Angst größer als die Sehnsucht nach dem ewigen Leben, nach wirklichem Leben. So geht er traurig weg. Die Geschichte will mich mahnen, nicht traurig wegzugehen, sondern mich von dem zu lösen, was mich bindet. Dann werde ich in der Nachfolge Jesu Freiheit und Weite erfahren.

Obwohl die Jünger Jesu nicht sehr reich waren, sind sie bestürzt über seine Worte, dass die, die viel besitzen, nur schwer in das Reich Gottes kommen. Jesus reagiert auf ihre Bestürzung, indem er sie noch mehr provoziert: »Eher geht ein Kamel durch ein Nadelöhr, als dass ein Reicher in das Reich Gottes gelangt.« (10,25) Jesus will mit diesem schockierenden Wort nicht den Reichtum an sich verdammen, denn der ist nicht in sich schlecht. Er stammt ja von Gott. Gott ist reich und schenkt uns Anteil an seinem göttlichen Reichtum. Doch der Reichtum trägt in sich die Gefahr, dass wir uns mit ihm identifizieren und dass wir uns dahinter verstecken. Dann dient der Besitz dazu, unsere Maske zu verstärken. Er hindert uns daran, zu unserem wahren Selbst zu gelangen. Wir können unser mangelndes Selbstwertgefühl damit ausgleichen, dass wir möglichst viel Besitztümer ansammeln. Doch unser Selbst bleibt in der Entwicklung stecken. Wir gehen nicht weiter auf unserem Weg, sondern erstarren innerlich. Besitz kann besessen machen. Wir werden dann von der Gier bestimmt, immer mehr an uns zu raffen. Wir können nie genug haben. Wer so vom Reichtum bestimmt wird, ist unfähig, in das Reich Gottes zu gelangen. Denn er weigert sich, sich von Gott bestimmen zu lassen. Er huldigt einem anderen Herrn.

Als die Jünger über diese radikale Haltung Jesu zum Reichtum erschrecken, zeigt ihnen Jesus einen anderen Weg auf: »Für Menschen ist das unmöglich, aber nicht für Gott; denn für Gott ist alles möglich.« (10,27) Gott kann selbst das Herz des Reichen noch erreichen und es für das Reich Gottes öffnen. Auch der, der sich an seinen Besitz bindet, kann durch ein erschütterndes Erlebnis auf einmal frei werden von seiner Bindung. Plötzlich geht es ihm auf, dass es noch andere Werte gibt, dass das Ziel seines Lebens nicht im Reichtum liegt, sondern darin, in das Reich Gottes einzugehen, in Gott reich zu werden, von Gott bestimmt und geformt zu werden.

Auf das Wort Jesu vom Reichtum antwortet Petrus recht großspurig, dass er und die Jünger doch alles verlassen hätten. Jesus verheißt denen, die alles verlassen haben, dass sie hier schon alles hundertfach erhalten werden. Die Jünger haben ihre Familien und ihren Besitz verlassen, um mit Jesus durch das Land zu wandern und nach seinem Tod und seiner Auferstehung die Frohe Botschaft überall zu verkünden. Für mich heißt das Haus zu verlassen, immer wieder das loszulassen, wo ich mich häuslich eingerichtet habe, wo ich mich wohl fühle. Ich kann mir hier keine endgültige Heimat schaffen. Nur wenn ich das äußere Zuhause loslasse, kann ich in Gott Heimat finden. Und dann werde ich überall daheim sein können. Brüder und Schwestern, Freunde und Freundinnen loszulassen ist die Bedingung, die Gemeinschaft zu genießen, die mir immer wieder geschenkt wird. Nur wer Vater und Mutter verlässt, wer sich innerlich distanziert von den inneren Vater- und Mutterstimmen, wird sein eigenes Leben leben können und dann auch die positiven Wurzeln erkennen, die ihm Vater und Mutter anbieten. Die Kinder sind Bild für das, was in mir wächst, für die

Frucht meines Lebens. Auch das, was in mir gewachsen ist, muss ich immer wieder loslassen, damit Neues in mir heranreifen kann. Und Acker steht für den Besitz. Nur wer sich distanziert vom Reichtum, wird dankbar genießen können, was Gott ihm schenkt. Genießen kann nur, wer loslässt. Wer seinen Besitz krampfhaft festhält, kann sich nicht daran freuen. Alles, was Gott uns hier schenkt, wird uns unter Verfolgungen geschenkt, unter dem Vorbehalt dieser Welt. Es kann uns wieder genommen werden. Wir können es nicht festhalten. Und in allem, was wir mit Haus, Brüdern und Schwestern, Vater und Mutter, Kindern und Äckern verbinden, steckt eine Verheißung, die erst im ewigen Leben ganz eingelöst werden wird. Da werden wir für immer zu Hause sein, da werden wir erfüllte Gemeinschaft erfahren.

Jeder wird das Loslassen und das Beschenktwerden auf seine persönliche Weise erfahren. Wer auf eigenen Besitz im Orden verzichtet, erlebt oft, dass er mit mehr Geld umgehen wird als seine Geschwister. Wer in Familie und Beruf steht und sein Herz nicht an den Besitz hängt, wird oft genug erfahren, dass er genug hat und dass ihm immer neue Freunde geschenkt werden. Wer jedoch seinen Wert darin sieht, wie viel er besitzt, der wird nie genug bekommen. Er wird nie die Wertschätzung erfahren, die er braucht. Er wird nie zufrieden sein. So weist Jesus uns mit seinen Worten zum Reichtum ein, alles zu lassen, was uns auf unserem Weg der Nachfolge hindert. Nur wer innerlich frei geworden ist, wird verstehen, wohin Jesus ihn führen möchte: in das Reich Gottes, in einen Raum, in dem der Mensch sein wahres Wesen entdeckt, in dem Gott selbst ihn formt und ihn mit seiner Herrlichkeit erfüllt.

Vom Herrschen und Dienen (10,35–45)

Ausgerechnet nach der dritten Leidensankündigung, in der Jesus sehr genau beschrieben hat, was ihm widerfahren wird, treten die Zebedäussöhne an Jesus heran, um ihn zu bitten, dass sie in seinem Reich zu seiner Rechten und Linken sitzen dürfen. Ihnen geht es um Macht und Ehre. Sie wollen im Reich Gottes die Ehrenplätze haben. Sie verstehen die Botschaft Jesu vom Reich Gottes falsch. Im Reich Gottes geht es nicht um unsere Macht, sondern um die Herrschaft Gottes. Gott soll die Mitte sein, und nicht der Mensch. Doch die Jünger verstehen das Reich Gottes als etwas, das man besitzen kann. Sie möchten Jesus dazu benutzen, ihren Wert zu erhöhen. Doch Jesus konfrontiert sie mit ihrer eigenen Wahrheit: »Ihr wisst nicht, um was ihr bittet. Könnt ihr den Kelch trinken, den ich trinke, oder die Taufe auf euch nehmen, mit der ich getauft werde?« (10,38) Jesus verweist sie auf das Leiden, das sie trifft, wenn sie ihm nachfolgen werden. Nachfolge heißt nicht, sich über die Menschen zu erheben und Jesus dazu zu missbrauchen, sich besser zu fühlen als die anderen, die keine Ahnung von Jesus haben. Nachfolge schließt vielmehr die Bereitschaft zum Martyrium mit ein, die Bereitschaft, auch das Bittere zu trinken, das Gott mir auf dem inneren Weg reicht. Jeder Weg, den wir in der Nachfolge Jesu gehen, führt auch zum Leiden, zum Leiden an uns selbst und unserer Unzulänglichkeit, aber auch zum Leiden an den Menschen, die uns oft genug nicht verstehen.

Die Zebedäussöhne bestätigen sehr selbstbewusst, dass sie den Kelch trinken werden. Die Antwort Jesu könnte ein Hinweis darauf sein, dass sie zur Zeit der Abfassung des Markusevangeliums bereits den Märtyrertod gestorben sind. Doch bleiben wir lieber innerhalb der Erzählung. Die anderen Jünger ärgern sich über die Ansprüche der beiden. Diesen Ärger nimmt Jesus zum Anlass, sie über die Ausübung von Macht innerhalb der kirchlichen Gemeinschaft zu belehren. Jesus zeigt zunächst zwei negative Beispiele von Machtmissbrauch: Die Herrscher unterdrücken die Völker. Sie machen sie klein, weil sie nur dann an ihre Größe glauben können, wenn sie andere in die Knie zwingen. Und die Mächtigen nutzen ihre Macht aus, um Gewalt gegen die Menschen auszuüben. Sie verstehen ihre Macht falsch. Sie meinen, sie seien mächtig, wenn sie andere verletzen. Doch das zeigt nur, dass sie nicht im Einklang sind mit sich selbst, sondern ihre eigenen Verletzungen weitergeben. Jesus stellt dem Machtmissbrauch eine andere Weise von Führen entgegen. Wer groß sein will, soll dienen. Jesus spricht hier vom Tischdienst. Der Führende soll dem Leben dienen. Und wer der Erste sein will, sei der Sklave aller. Im Griechischen wird hier unterschieden zwischen diakonos und doulos, im Lateinischen zwischen minister und servus. Minister ist der, der bei Tisch dient. Er ist der Helfer, der andere unterstützt, wenn sie sich schwach fühlen, der Leben in ihnen hervorlockt. Servus ist der Läufer, der die Informationen weitergibt zwischen Heer und Feldherr, der also dafür sorgt, dass die Kommunikation funktioniert. Das griechische Wort »doulos« meint den Sklaven, der weder Herr ist noch frei. Der Sklave weiß sich seinem Herrn verpflichtet. So soll sich der Christ Gott gegenüber verpflichtet fühlen und in demütiger Gesinnung das tun, was ihm aufgetragen ist. Er soll der Gemeinschaft dienen und für das sorgen, was für ein gedeihliches Miteinander nötig ist. In der christlichen Gemeinde sollen also andere Formen der Machtausübung gelten als in der übrigen Welt. Führen heißt: dem Leben dienen, Leben hervorlocken, und für das Leben sorgen. Der Führende weiß sich an Jesus, den Herrn, gebunden, und spielt sich nicht selbst zum Herrn über andere auf. Er handelt im Auftrag Jesu und stellt sich bereitwillig in seinen Dienst.

Jesus nimmt die Auseinandersetzung um das rechte Herrschen und Dienen zum Anlass, sein eigenes Leben als Maßstab für die Jünger zu beschreiben. Und er vermittelt seinen Jüngern den eigentlichen Sinn seines Lebens, die tiefste Motivation für sein Leben und Sterben: »Denn auch der Menschensohn ist nicht gekommen, um sich dienen zu lassen, sondern um zu dienen und sein Leben hinzugeben als Lösegeld für viele.« (10,45) Jesu Wirken in Vollmacht ist Dienst an den Menschen. Er dient ihnen, indem er sie aus der Macht der Dämonen befreit und das Leben in ihnen hervorlockt. Jesus schaut vor auf sein Leiden, das er schon dreimal angekündigt hat. Bisher hat er immer nur von der Tatsache des Leidens gesprochen. Jetzt zeigt er, welchen Sinn sein Sterben hat: Auch wenn Jesus am Kreuz gewaltsam stirbt, so ist sein Tod doch seine eigene Tat. Er selbst gibt sein Leben hin als Lösepreis für viele. Im Griechischen steht hier »psyche«. Er gibt seine Seele hin, das, was seine Person im Innersten ausmacht. Das griechische Wort für Lösepreis, »lytron«, meint das Loskaufgeld, mit dem man einen Sklaven aus seinem Sklavenstand befreien kann. Die Frage ist, was das genau bedeutet. Jesus hat dieses Wort sicher auf dem Hintergrund des Gottesknechtsliedes in Jesaja 53 formuliert. Die jüdische Märtyrertheologie kennt ein stellvertretendes Sterben. Indem ein anderer für mich stirbt, entgehe ich dem Tod. Die christliche Tradition hat hier allzu schnell vom Sühnetod Jesu gesprochen. Doch davon ist hier nicht die Rede. Das Bild vom Lösepreis für die Vielen – damit sind nicht nur die Juden, sondern auch die Heiden gemeint – versteht den Tod Jesu als befreiende Tat. Wir, die wir wie Sklaven gebunden sind an irdische Herren, die in inneren Zwängen gefangen sind, die von Leidenschaften und Bedürfnissen beherrscht werden, werden aus der Macht der Dämonen herausgelöst. Wir werden gelöst und erlöst. Wir werden frei. Jesus versteht sein stellvertretendes Sterben zugleich als Dienst. Er dient anstelle des Sklaven, damit der Sklave frei wird. Sein Dienen kommt in seinem Tod zur Vollendung, der uns aus aller Gebundenheit an versklavende Mächte löst.

Aber nochmals frage ich: Wie soll ich das verstehen? Wie kann Jesu Tod für mich stellvertretend geschehen sein? Für mich ist es die Sprache der Liebe. Wenn jemand für mich mit seiner ganzen Existenz eintritt, wenn er mich bedingungslos liebt, dann gibt er sich für mich hin. Diese Hingabe kommt im Tod zur Vollendung. Jede große Liebe schließt den Tod mit ein. Sie kommt erst im Tod in ihr wahres Wesen. So ist der Tod Jesu Ausdruck seiner Proexistenz, seines »Für-uns-Seins«. Und dieses »Für-mich-Sein« löst mich aus dem Gebundensein an mich selbst. Es zeigt mir, dass der Tod Jesu nicht ein Scheitern war, das alle meine Hoffnung zunichte macht. Jesu Tod ist vielmehr der tiefste Ausdruck seiner Liebe und seiner Gemeinschaft mit mir. Wenn Jesus selbst seinen Tod noch für mich stirbt, dann gibt es nichts mehr in meinem Leben und Sterben, das mich von ihm trennen könnte. So verheißt Jesus nicht nur seinen Jüngern, sondern allen Menschen, dass sein Tod nicht Aufhebung der Gemeinschaft mit ihm ist, sondern gerade die Ermöglichung einer intensiven Gemeinschaft, die durch nichts mehr zerstört werden kann.

Die Heilung des blinden Bartimäus (10,46–52)

Unmittelbar vor der Schilderung von Jesu Einzug in Jerusalem und seiner Passion erzählt uns Markus die Geschichte von der Heilung des blinden Bartimäus. Ein blinder Bettler sitzt am Straßenrand und bittet um Almosen.

Als er hört, dass Jesus von Nazaret vorbei geht, ruft er laut: »Sohn Davids, Jesus, hab Erbarmen mit mir!« (10,47) Die Jünger werden ärgerlich. Sie möchten Jesus für sich haben und sich mit ihm unterhalten. Da stört sie das Schreien des Bettlers. Die Leute, die Jesus begleiten, befehlen dem blinden Bettler, er solle doch jetzt endlich schweigen. Doch der schreit seine Bitte nur noch lauter heraus. Mich beeindruckt diese Hartnäckigkeit des Bittens. Bei mir selbst kenne ich das Gegenteil. Wenn mir eine Bitte abgeschlagen wird, dann ziehe ich mich wieder zurück. Dann versuche ich, mir selber zu helfen. Aber es bleibt oft genug ein Rest Bitterkeit in mir. Bartimäus hört nicht auf zu bitten. Ja, er schreit seine Bitte gegen den Widerstand der Leute laut heraus. Er meldet sich zu Wort. Er steht zu seinem Wunsch, endlich wieder sehen zu können und gesehen zu werden.

Jesus bleibt stehen. Er hört die Not dieses Menschen. Sie ist ihm jetzt wichtiger als das Gespräch mit den Vielen. Er spürt, dass sich dieser Bettler wirklich nach Heil und Heilung sehnt. Er lässt ihn rufen. Nun sind die Leute wie verwandelt. Weil Jesus den Bettler ruft, geben sie ihre ärgerliche Haltung auf. Sie sagen zu Bartimäus: »Hab nur Mut, steh auf, er ruft dich.« (10,49) Bartimäus wirft nun seinen Mantel weg, springt auf und geht auf Jesus zu. Den Mantel, der ihn eingehüllt hat, braucht er nun nicht mehr. Er lässt seine Rollen und Masken los, hinter denen er sein wahres Wesen versteckt hat. Ungeschützt und aufgebrochen geht er auf Jesus zu, in seiner ganzen Bedürftigkeit und Wahrheit. Er hält sich Jesus so hin, wie er ist.

Jesus heilt ihn nicht sofort, sondern fragt ihn: »Was soll ich dir tun?« Im Griechischen ist dieser Satz noch genauer formuliert: »Was willst du, dass ich dir tun soll?« (10,51) Jesus appelliert an seinen Willen. Der Blinde soll sich genau überlegen, was er von ihm will. In der geistlichen Begleitung erlebe ich häufig, dass Menschen einfach anfangen, etwas von sich zu erzählen. Aber es ist oft unklar, was sie eigentlich von mir wollen, und dann merke ich, dass so ein Gespräch oft nicht weiter hilft. Daher frage ich auch immer: »Was wollen Sie von mir? Was möchten Sie ansprechen? Welches Problem möchten Sie lösen?« Der Hilfesuchende soll sich klar werden, was er wirklich will. Und er soll sich überlegen, was er vom Therapeuten oder Seelsorger erwartet: »Was möchtest du von mir?« Indem der Klient es formuliert, wird er oft erkennen, dass er Unmögliches will, dass er vielleicht nur mit diffusen Wünschen zum Therapeuten oder geistlichen Begleiter gegangen ist und nun erwartet, dass der schon weiß, was ihm gut tut. Er gibt seine Verantwortung an den Arzt ab. Doch Jesus appelliert an die Verantwortung des Blinden. Er soll genau ausdrücken, was er wirklich will. Wenn der Kranke sich über seine konkreten Wünsche an den Arzt klar geworden ist, kann der Arzt in Freiheit entscheiden, ob er ihm diese Hilfe gewähren kann oder nicht. Oder er kann mit dem Kranken ein Gespräch anfangen, was ihm denn helfen könnte, damit er dieses Ziel erreicht. Er kann den Kranken an seine eigenen Ressourcen erinnern. Oder er lädt ihn ein, genauer auszudrücken, was er vom Arzt oder Therapeuten konkret erwartet, welche Schritte der tun soll.

Bartimäus weiß sofort, was er will: »Rabbuni, ich möchte wieder sehen können.« Rabbuni heißt nicht einfach nur »Meister«, sondern »mein Meister«. Der Blinde spürt eine Beziehung zu Jesus und spricht ihn daher persönlich an. Jesus hat ihn rufen lassen. So durfte der Bettler erfahren, dass Jesus sich für ihn interessiert, dass er ihn als Person ernst nimmt. Und Jesu Frage hat eine Beziehung des Vertrauens geschaffen. Aus diesem Vertrauen heraus spricht der Blinde Jesus mit der persönlichen Anrede an. Er möchte wieder sehen können. Das griechische Wort »anablepso« heißt eigentlich »aufsehen, nach oben sehen«. So ist in diesem Wunsch des Blinden ausgedrückt, dass er nicht nur die Dinge und die Menschen sehen möchte, sondern dass er seinen Blick auch nach oben richten möchte, dass er zum Himmel aufschauen möchte. Sein Sehen soll ebenfalls ein Blick des Glaubens sein. Er möchte in seinem Elend aufsehen zu Gott. Er möchte aufblicken können, den Himmel über seinem Leben offen sehen. Denn richtig sehen wird jemand erst dann, wenn er die Menschen, die Ereignisse seines Lebens und die Natur um ihn herum so anschaut, dass er darin den Unsichtbaren wahrnimmt, dass er in allem Gott zu erkennen vermag.

Jesus erfüllt dem Blinden seinen Wunsch: »Geh! Dein Glaube hat dir geholfen.« Jesus bestätigt dem Bartimäus nur, dass sein Glaube in Erfüllung geht. Er ist die Voraussetzung, dass Jesus ihn zu heilen vermag. Der Glaube selbst ist schon der erste Schritt zur Heilung, hat heilende Kraft. Bartimäus konnte sofort wieder sehen. Als Sehender folgt er nun Jesus auf seinem Weg. Den Blinden, den Jesus bei Betsaida geheilt hat, schickt er zurück in sein Dorf. Den Besessenen, der ihm als Geheilter nachfolgen will, verweist er auf seine Familie, zu der er zurückkehren soll. Doch Bartimäus hindert er nicht, ihm nachzufolgen auf seinem Weg. Dieser führt nun nach Jerusalem, dort in die Passion und schließlich ans Kreuz. Während die Jünger bisher immer noch ohne Verständnis und somit blind geblieben sind, ist Bartimäus der einzige Jünger, der mit offenen Augen Jesus nachfolgt, der bei der Passion Jesu hinter die Dinge sieht, der auch im größten Leid den Himmel offen sieht, der in der Dunkelheit des Todes das erlösende Licht Gottes erkennt, der in der Niederlage des Kreuzes den Sieg über die Macht der Dämonen schaut, und der im Grab das Leben entdeckt. Bartimäus ist fähig geworden, seinen Blick zum Himmel zu erheben. Nur mit solchem Sehen kann er Jesus auf seinem Leidensweg folgen, ohne dass ihm der Blick wieder verdunkelt wird. Er kann das Leiden Jesu sehen, ohne zu verzweifeln, weil er auch im Leiden Gott erkennt, der seinen Sohn in seiner Ohnmacht nicht allein lässt. Gott geht mit ihm bis in die bitterste Ohnmacht des Sterbens. Aber wer wie Bartimäus »aufblicken« kann, der wird im Kreuz den Gott erkennen, der die Toten auferweckt.

Der Einzug in Jerusalem (11,1–25)

Unmittelbar nach der Heilung des Blinden schildert Markus den Einzug Jesu in Jerusalem. Nun folgt nach seinem Wirken in Galiläa und nach seinem Auf-dem-Weg-Sein der Aufenthalt in Jerusalem. Hier wird Jesus keine Wunder vollbringen. Er wird vielmehr in Zeichen und Gleichnissen das Geheimnis seines künftigen Sterbens deuten. Und er wird in Jerusalem sein Leben vollenden, indem er am Kreuz für die Menschen stirbt, für die, die sich nach Heilung sehnen, aber auch für seine Gegner, die ihn ans Kreuz schlagen. In seinem Tod am Kreuz gipfelt das heilende und befreiende Wirken Jesu. In ihm wird offenbar, was Jesus in seiner Verkündigung vom Reich Gottes gelehrt hat, und uns werden die Bedingungen aufgezeigt, wie wir dorthin zu gelangen vermögen.

Der sehend gewordene Bartimäus folgt Jesus auf seinem Leidensweg. Er lädt uns ein, das hintergründige Geheimnis dieses Geschehens zu verstehen. Da ist einmal das Vorauswissen Jesu. Er sagt den beiden Jüngern voraus, dass sie gleich am Anfang des Dorfes einen jungen Esel angebunden finden werden. Den sollen sie ihm bringen. Jesus geht in vollem Bewusstsein den Weg nach Jerusalem und in den Tod am Kreuz. Er sieht, was auf ihn zukommt, und sagt ja dazu. Markus zitiert hier zwar nicht wörtlich aus dem Alten Testament, doch er erzählt die

Geschichte auf dem Hintergrund zweier Bibelstellen: Genesis 49,11 und Sacharja 9,9. In Genesis 49,11 segnet Jakob seinen Sohn Juda. Aus ihm geht der hervor, dem der Herrscherstab gehören wird. Sacharja 9,9 spricht vom Messias, der als Friedenskönig auf einem Esel reitet.

Die Jünger, die Jesus von Galiläa her begleiten, breiten ihre Kleider vor Jesus aus und streuen Zweige, die sie von den Büschen abreißen, auf den Weg. Beides sind typische Königsrituale. Jesus reitet als der wahre König Israels in Jerusalem ein. Doch bei Markus berührt dieser triumphale Einzug Jesu kaum die Stadt. Es ist ein Geschehen nur im Jüngerkreis. Die Jünger rufen dabei den jüdischen Festruf »Hosanna = Rette doch, hilf doch!«. Jesus ist der, der im Namen des Herrn kommt, und durch ihn das Reich Davids. Hier verwirklicht sich das messianische Reich, auf das die Juden warten. Jesus ist der königliche Davidssohn, der in seine Stadt einzieht. Schon der blinde Bartimäus hatte ihn als Sohn Davids bezeichnet. Jetzt erkennen auch seine Jünger, dass mit Jesus die Königsherrschaft Davids für Jerusalem kommt. Doch die Davidstadt verschließt sich ihrem König. Die Jünger bitten mit ihrem Ruf »Hosanna in der Höhe!« auch die Engel im Himmel, in ihren Ruf mit einzustimmen. Jesus zieht nicht nur in die Stadt Jerusalem ein, sondern auch in den Tempel. Dort sieht er sich den Tempelbetrieb an. Jetzt ist er allein mit seinen zwölf Jüngern. Markus zeichnet den Tempel in seinem Evangelium immer negativ. Seine dahinterstehende Absicht ist, zu zeigen, dass Jesus den Tempelbetrieb ablöst. Jesus geht es nicht um äußere Opfer, die im Tempel dargebracht werden, sondern um den Gottesdienst des Herzens, in dem sich das Herz dem Willen und der Liebe Gottes öffnet. Das wird in den nächsten beiden Szenen deutlich.

Markus hat die beiden Szenen kunstvoll ineinander geschachtelt. Es ist die so genannte Sandwich-Anordnung, die typisch ist für seine Art zu schreiben. Die erste Szene von der Verfluchung des Feigenbaums bereitet manchen Lesern Schwierigkeiten. Was Markus damit meint, wird erst deutlich, wenn wir den alttestamentlichen Hintergrund bedenken. Jesus verflucht den Feigenbaum sicher nicht aus Ärger darüber, dass er seinen Hunger nicht stillen kann. Das wären ein Missbrauch seiner Macht und ein kleinliches Handeln. Der Feigenbaum mit seinem reichen Blätterschmuck, der aber keine Früchte trägt, ist vielmehr ein Bild für Israel. Schon der Prophet Micha klagt, dass er keine Frucht am Feigenbaum findet, weil die Frommen und Redlichen aus dem Land geschwunden sind. (Micha 7,1ff.) Indem Markus die Verfluchung des Feigenbaums mit der Tempelreinigung verbindet, zeigt er, dass es nicht um den Feigenbaum, sondern um den Tempel geht, um »die bestehende religiöse Ordnung, deren Ende Jesus ankündigt« (Iersel 189). So wie der Feigenbaum keine Früchte trägt, so ist auch der Tempel mit seiner religiösen Ordnung verdorrt. Er ist zu einem Ort geworden, an dem Händler und Geldwechsler Gewinne machen, ist aber nicht mehr ein Ort des Gebetes, der ehrlichen Gottesbegegnung. Diese kritische Haltung Jesu gegenüber dem Tempel ist eine dauernde Anfrage an uns, ob nicht auch unser religiöser Betrieb zu einem Ort der Geschäftigkeit geworden ist. Geht es mir wirklich um Gott, wenn ich bete, oder benutze ich Gott, damit es mir gut geht? Gott für sich zu benutzen ist eine dauernde Gefahr für jede Art von Frömmigkeit. Für Jesus ist nur die Spiritualität gottgemäß, die Früchte bringt, von denen sich die Menschen nähren können.

Wie zur Illustration seines Verfluchungswortes geht Jesus mit seinen Jüngern in den Tempel. Dort treibt er die Händler und Käufer aus dem Tempel und stößt die Tische der Geldwechsler und Taubenhändler um. Er deutet sein Tun mit einem Satz, in dem er Zitate aus Jesaja 56,7 und Jeremia 7,11 miteinander kombiniert. »Mein Haus soll ein Haus des Gebetes für alle Völker sein.« Der Tempel gehört nicht nur den Juden, sondern auch den Heiden. Hiermit meint Jesus sicher den geistigen Tempel, der in der christlichen Gemeinde fortlebt, denn Markus rechnet nicht damit, dass der zerstörte Tempel wieder aufgebaut wird. Im Wort Jesu steckt zudem der Vorwurf, dass die Hohenpriester und Führer des Volkes den Tempel zu einer Räuberhöhle gemacht haben, dass sich profane Absichten in den heiligen Bereich eingeschlichen und ihn entweiht haben. Dieser Vorwurf ist zugleich eine Mahnung an die Christen, mit ihrer Gemeinde nicht genauso umzugehen wie die Hohenpriester. Diese und die Schriftgelehrten reagieren auf das Tun Jesu mit dem Entschluss, ihn zu töten. Sie haben sehr deutlich verstanden, was Jesus mit seiner Zeichenhandlung meinte: dass der Tempelbetrieb, so wie sie ihn verstanden haben, mit Jesus zu Ende geht, dass mit Jesus der neue Tempel beginnt, zu dem alle Völker Zutritt haben. Sie versuchen, Jesus zu töten. Doch sie fürchten sich vor dem Volk, »weil alle Leute von seiner Lehre sehr beeindruckt waren«. (11,18) Auch das Tun Jesu wird offensichtlich als Lehre verstanden. Wenn Jesus von Gott spricht, dann bringt das die Menschen in Bewegung. So hat es schon die erste Heilungsgeschichte bei Markus gezeigt, in der die Dämonen auf die Lehre Jesu reagieren. Er spricht so, dass er zugleich deutlich macht, was mit seiner Lehre gemeint ist. Er wirft die Händler und Geldwechsler aus dem Tempel. Damit drückt er anschaulich aus, dass er diesen als Ort des Gebetes, als einen Raum der intimen Zwiesprache mit Gott versteht.

Als die Jünger am nächsten Morgen am Feigenbaum vorbeikommen, sehen sie, dass er tatsächlich verdorrt ist. Der Feigenbaum zeigt nochmals plastisch, was mit dem Tempelbetrieb geschehen ist: Er ist von Grund auf verdorrt und wertlos und wird keine Frucht mehr bringen.

Jesus benutzt die Erfahrung der Jünger mit dem verdorrten Feigenbaum und der Tempelreinigung, um ihnen in drei Worten zu zeigen, wie er den wahren Tempel versteht bzw. wie er das Wesen des Gebetes und der Frömmigkeit sieht. Es sind drei Worte, mit denen Jesus die Spiritualität beschreibt, die er von seinen Jüngern erwartet.

Das erste Wort bezieht sich auf den Glauben. Es geht nicht um ein äußeres Tun, sondern um den Glauben an Gott, um das bedingungslose Vertrauen in die Güte des göttlichen Vaters. Wer diesen Glauben hat, der kann zum Berg sagen, dass er sich ins Meer stürzen soll, und er wird es tun. (11,23) Jesus meint mit diesem Bildwort sicher nicht, dass die Jünger mit ihrem Glauben Zauberkunststücke vollbringen sollen. Der Berg, der sich ins Meer stürzt, ist vielmehr ein Bild für den Berg von Problemen und Ängsten, der uns oft den Blick auf die Wirklichkeit verstellt. Im Blick auf die Passion will der Glaube, zu dem Jesus uns auffordert, sagen: »Auch wenn du vor lauter Leid nichts von Gott zu erblicken meinst, auch wenn alle deine Lebenspläne durchkreuzt werden, auch wenn du mit deinem Lebenskonzept zu scheitern drohst, wenn du das bedingungslose Vertrauen hast, an dem Jesus in seiner Passion festhält, dann wird der Berg, der dir den Blick verstellt, zusammenstürzen. Er wird ins Meer stürzen.« Meer ist ein Bild für das Unbewusste. Die Ängste werden wieder dorthin zurückweichen, woher sie stammen: ins Unbewusste. Sie werden den Blick für die Wirklichkeit nicht mehr verdunkeln. Der wahre Gottesdienst besteht in einem bedingungslosen Vertrauen in den Gott, der selbst den Tod am Kreuz noch in einen Sieg verwandelt.

Das zweite Wort konkretisiert das unbedingte Vertrauen zu Gott, das unser Beten prägen soll: »Alles, worum ihr betet und bittet – glaubt nur, dass ihr es schon erhalten habt, dann wird es euch zuteil.« (11,24) Dieses Wort scheint unserer Erfahrung zu widersprechen. Es meint sicher nicht, dass all unsere törichten Wünsche erhört werden, wenn wir nur Gott darum bitten. Vielmehr soll unser Beten durch den Glauben geprägt sein, durch das Vertrauen auf Gott. Wenn wir ihm vertrauen, dann werden uns keine Bitten über die Lippen kommen, die Gott widersprechen. Wir werden im Gebet erkennen, was uns wirklich gut tut, und erfahren, dass Gott schon bei uns ist und uns beschützt. Dieses Wissen und dieses Vertrauen auf den Gott, der in jeder Situation, selbst am Kreuz noch, bei uns ist, ist schon die Erfüllung all unserer Wünsche. Wenn wir daran glauben, brauchen wir nicht mehr um einzelne Dinge zu bitten. Unsere tiefste Sehnsucht nach der heilenden und liebenden Nähe Gottes ist dann schon erfüllt. Teresa von Avila hat den Sinn dieses jesuanischen Wortes verstanden, wenn sie meint: »Gott allein genügt.« Wer ihn im Gebet als den nahen und helfenden Gott erfährt, der hat genug. Der muss nicht mehr um die Erfüllung zahlloser Wünsche bitten.

Das dritte Wort, mit dem Jesus das Beten seiner Jünger charakterisiert, bezieht sich auf unsere Beziehung zu den Mitmenschen. (11,25) Ein Beten, bei dem wir unsere Mitmenschen ausschließen, ist kein christliches Beten. Echtes Beten bedarf der Vergebung. Nur wenn wir allen, denen wir etwas vorzuwerfen haben, vergeben, können wir wirklich vor Gott treten. Die Versöhnung mit den Mitmenschen ist die Voraussetzung, im Gebet Gott begegnen zu können. Ohne Bereitschaft zur Vergebung ist unser Gebet in Gefahr, dass wir uns über andere stellen oder dass wir im Gebet Gott für uns benutzen. Die Beziehung zu ihm verlangt auch die Bereinigung unserer menschlichen Beziehungen.

Das Gleichnis von den bösen Winzern (12,1–12)

Nach der Vertreibung der Händler aus dem Tempel erzählt uns Markus die Auseinandersetzung Jesu mit den Hohenpriestern, den Schriftgelehrten und Ältesten. Und mitten in diese Streitgespräche setzt Markus – wieder als Sandwich-Konstruktion – das Gleichnis von den bösen Winzern. Diese Erzählung ist nicht so vieldeutig wie andere Gleichnisse, die man jeweils auf verschiedenen Ebenen auslegen kann. Hier erzählt Jesus vielmehr sein eigenes Schicksal, und die Hörer verstehen sehr genau, was er damit meint: »Sie hatten gemerkt, dass er mit diesem Gleichnis sie meinte.« (12,12) Jesus beginnt das Gleichnis mit einer Beschreibung des Weinbergliedes aus dem Propheten Jesaja: »Ein Mann legte einen Weinberg an, zog ringsherum einen Zaun, hob eine Kelter aus und baute einen Turm.« (12,1 = Jesaja 5,1f.) Weinberg ist im Alten Testament ein beliebtes Bild für das Volk Israel. Gott selbst hat diesen Weinberg angelegt. Er verpachtet ihn an Winzer. Das ist wohl ein Bild für die Verantwortlichen im Volk, für die Hohenpriester und Schriftgelehrten. Dreimal schickt nun Gott einen Knecht, um seinen Anteil an den Früchten des Weinbergs holen zu lassen. Die Knechte stehen für die Propheten, die Gott immer wieder zu seinem Volk sandte. Doch das Volk Israel hat oft genug seine Propheten ermordet.

Es ist erstaunlich, dass Gott so viel Geduld mit seinem Volk hat. Er reagiert völlig anders auf seine Untreue, als es unserer menschlichen Vorstellung entspricht. Jesus selbst erzählt das anschaulich: »Schließlich blieb ihm nur noch einer: sein geliebter Sohn. Ihn sandte er als Letzten zu ihnen, denn er dachte: Vor meinem Sohn werden sie Achtung haben.« (12,6) Hier will Jesus seinen Gegnern deutlich zeigen, wen sie da umzubringen versuchen: Gottes geliebten Sohn. Mit diesem Vers deutet Markus das

Geheimnis der Menschwerdung und das Geheimnis des Todes Jesu. Gott hat uns in Jesus seinen geliebten Sohn geschickt. Das Kommen Jesu ist Ausdruck von Gottes geduldiger Liebe zu uns. Doch die Überlegung Gottes wird durch die Gegengedanken der Winzer zunichte: »Die Winzer aber sagten zueinander: Das ist der Erbe. Auf, wir wollen ihn töten, dann gehört sein Erbgut uns.« (12,7) So packen sie ihn, töten ihn und werfen den Leichnam aus dem Weinberg hinaus. Dort soll er Beute der wilden Tiere werden. Das ist nach jüdischem Recht »Leichenfrevel« (Grundmann, 323). Jesus deckt mit diesem Gleichnis das Handeln seiner Gegner auf. Es ist Jesu letzter Versuch,« seinen Gegnern die Augen zu öffnen und ihnen klarzumachen, welche Tragweite ihr Vorsatz hat, Jesus umzubringen, sodass sie noch zur Besinnung kommen und ihr Treiben einstellen.« (Iersel, 193) Doch Jesu Versuch scheitert. Der Leser weiß, dass sie ihn töten werden, und in ihm nicht nur einen Propheten, sondern Gottes geliebten Sohn.

Auf das Gleichnis vom Weinberg folgt noch ein weiteres kurzes Gleichnis. Jesus zitiert hier den Psalm 118, mit dem ihm seine Jünger beim Einzug in Jerusalem zugejubelt haben. Er legt ihn mit innerer Freiheit in seinem Sinn aus. Der Stein, den die Bauleute verworfen haben, wird zum Eckstein für ein neues Gebäude. Das ist ein Bild dafür, dass der alte Tempel durch Jesu Tod verworfen wird und seine Gültigkeit verliert. In Jesu Tod und Auferstehung wird ein neuer Tempel errichtet, der allen Menschen offen steht. Jesus deutet sein Schicksal nicht als Scheitern gegenüber seinen mächtigen Gegnern, sondern als Tat Gottes: »Das hat der Herr vollbracht, vor unseren Augen geschah dieses Wunder.« (12,11) Mit diesem Psalmvers will Markus den Lesern die Augen öffnen, dass sie in Jesu Tod und Auferstehung Gottes Wundertat erkennen. Gott lässt seinen Sohn, den die Hohenpriester verwerfen und töten, nicht fallen. Er wirkt an ihm das Wunder der Auferstehung, nimmt seinen Sohn als Eckstein für den Tempel, den er in Jesus für alle Völker erbaut. Nach außen hin verliert Jesus die Kraftprobe mit den Hohenpriestern, Schriftgelehrten und Ältesten. Doch in Wirklichkeit ist der geliebte Sohn in seiner Hand. Niemand kann ihn gegen Gottes Willen vernichten. Der äußere Triumph wird vielmehr für seine Gegner zur Niederlage, während der Tod Jesu für seine Jünger zu einer Quelle des Heiles wird.

Jesus Christus ist der Stein, den die Bauleute verworfen haben, nicht nur in seinem Tod und in seiner Auferstehung, sondern auch in dem, was er lehrt. Das Gleichnis von den bösen Winzern steht in der Mitte der Auseinandersetzung Jesu mit seinen Gegnern. Während seines Wirkens in Galiläa hat er zu den Menschen in Vollmacht von Gott gesprochen und ihnen in Gleichnissen erzählt, was das Geheimnis des Himmelreiches ist. Auf seinem Weg nach Jerusalem hat Jesus seine Jünger belehrt und ihnen das Geheimnis seines Weges zum Kreuz und zur Auferstehung erklärt. In Jerusalem zeigt er in der Auseinandersetzung mit den Hohenpriestern, Schriftgelehrten und Ältesten (11,27), was er im Unterschied zu ihnen als tragendes Fundament seiner Spiritualität sieht. Es sind drei Pfeiler, auf denen der Glaube ruht, den Jesus verkündet: Da ist einmal die Freiheit. Der Mensch gehört Gott und nicht dem Kaiser. Daher hat der Kaiser keine Macht über ihn. Der Mensch ist Bild Gottes, und nur wenn er sich Gott zurückgibt und sich ihm überlässt, anstatt sich nach der Meinung der Menschen zu richten, lebt er seinem Wesen entsprechend. (12,13–17) Der zweite Pfeiler ist der Glaube an die Auferstehung der Toten. Gott ist »nicht ein Gott von Toten, sondern von Lebenden«. (12,27) Im Tod werden wir nicht aus der Gemeinschaft mit Gott fallen, sondern wie die Engel unablässig Gott schauen. Der dritte Pfeiler ist die Liebe zu Gott, zum Nächsten und zu sich selbst (12,28–34). Auf dem Fundament der Freiheit, der Gottzugehörigkeit und der Liebe baut Jesus den neuen Tempel, in dem der Mensch Gott auf angemessene Weise verehren wird.

Die Rede über die Endzeit (13)

Vor der Passion lässt Markus Jesus die längste Rede halten, die im ganzen Evangelium zu finden ist. Mit dieser Rede stoppt Markus den Handlungsablauf, um das, was nun in der Passion mit Jesus geschehen wird, für die Zeit der Leser zu deuten. Markus wendet sich mit dieser Rede bewusst an die Leser, um ihnen zu zeigen, welche Auswirkungen das Schicksal Jesu auf ihre Zeit und auf das hat, was sie in der Zukunft zu erwarten haben. Jesus hält diese Rede auf dem Ölberg. Der Ölberg ist nach Ezechiel 11,23 der Ort, »an den die Herrlichkeit JHWHs sich zurückzieht, nachdem sie das verdorbene Jerusalem verlassen hat«. (Iersel, 202) Josephus Flavius meint, der Messias werde am Ölberg erscheinen, um von dort aus Jerusalem aus der Hand der Römer zu befreien. Gottes Herrlichkeit ist aus dem Tempel entwichen, davon ist Jesus überzeugt. In seiner Passion zieht sie jedoch wieder ein in die heilige Stadt. In seinem Tod am Kreuz wird diese Welt gerichtet, und die neue Welt Gottes bricht an, für Jerusalem, aber auch für die ganze Welt.

Jesus hält seine Rede vor vier Jüngern. Es sind die gleichen Jünger, die er als Erste in seine Nachfolge gerufen hat. Dass Jesus seine Offenbarung über das Ende der Zeit nur einer kleinen Gruppe mitteilt, entspricht der apokalyptischen Literatur jener Zeit, die von Geheimhaltung und dem Vorbehalt der Bestimmung für eine kleine Zuhörerschaft geprägt ist. Es sind drei Themen, die Jesus in seiner Rede behandelt und die er diesem ausgesuchten Kreis der Jünger erklärt. Dennoch sind seine Worte an alle Menschen gerichtet. Daher spricht Markus in der Rede auch direkt den Leser an: »Der Leser begreife«, (13,14), und nochmals: »Was ich aber euch sage, das sage ich allen: Seid wachsam!« (13,37)

Das erste Thema bezieht sich auf die Zeit vor dem Kommen des Menschensohnes (13,5–23). Da werden viele im Namen Jesu auftreten und sagen: »Ich bin es!« (13,6) Es werden falsche Messiasse auftreten und die Menschen verwirren, indem sie Zeichen und Wunder tun. (13,21f.) Es ist ein Phänomen, das zu jeder Zeit auftreten kann. Immer wieder gibt es Menschen, die meinen, sie hätten eine besondere Weisung von Gott, sie allein könnten den Menschen die Wahrheit verkünden und das Heil bringen. Solche selbst ernannten Propheten gibt es in unserer Zeit zur Genüge. Sie stiften bei vielen suchenden Menschen Verwirrung. Jesus erzählt von diesen falschen Messiassen gerade vor seiner Passion. Sein Weg ans Kreuz ist ein wichtiges Kriterium, an dem wir erkennen können, ob einer im Namen Gottes auftritt oder nicht. Wenn ein Mensch die Lösung aller Probleme verspricht, wenn einer einen Weg aufzeigt, wie alles gelingen kann, dann entspricht das nicht dem wahren Messias. Wenn das Kreuz ausgeklammert wird, tritt ein falscher Messias auf.

Ein anderes Phänomen, das dem Kommen des Menschensohnes vorausgeht, sind Kriege und Naturkatastrophen. Solche Phänomene gibt es zu aller Zeit. Daher geht es Markus nicht darum, dass wir genau nach dem Zeitpunkt fragen, zu dem der Menschensohn kommt. Es geht ihm vielmehr darum, dass wir auf die Wirklichkeit dieser Welt, auf Kriege und auf Verfolgungen angemessen reagieren. Jesus gibt uns für die Bedrängnisse, die uns erwarten, die Verheißung mit, dass der Heilige Geist bei uns sein wird und uns eingeben wird, was wir sagen sollen, wenn wir vor Gericht gestellt werden. Und er mahnt uns, standhaft zu bleiben. »Wer bis zum Ende standhaft bleibt, der wird gerettet.« (13,13) Markus will uns mit den Worten Jesu in Vers 9–13 vor Augen führen, dass die Jünger das gleiche Schicksal erleiden werden wie Jesus in seiner Passion. Auch sie werden vor Statthalter und Könige gestellt, damit sie Zeugnis für das Evangelium ablegen, für die Frohe Botschaft von der heilenden und liebenden Nähe Gottes. In der Passion Jesu haben sie ein Vorbild, wie sie auf die Verfolgungen und Drangsale reagieren sollen.

Die Deutung der Verse 14–20 ist bei den Exegeten umstritten. Die einen meinen, die Worte Jesu würden sich nur an die Menschen in Judäa richten, die durch den jüdischen Krieg betroffen sind. Andere glauben, der jüdische Krieg würde nur den Erfahrungshintergrund bilden, auf dem Markus mit den Worten Jesu den Höhepunkt der Not beschreibt, die dem Kommen des Menschensohnes vorangeht. Gnilka meint, mit dem Greuel der Verwüstung sei nicht, wie in der Vergangenheit, ein Götzenopferaltar gemeint, der im Tempel aufgestellt wurde, sondern der Antichrist. Ganz gleich, wie man diese Verse auslegt, sie schildern Nöte, unter denen wir immer leiden, denn der Menschensohn steht immer vor der Tür, um wieder zu kommen. So dürfen wir diese Bilder auch als Bilder unserer Seele verstehen. Sie beschreiben innere Nöte, die uns in die Enge treiben. Wir meinen, wir könnten nur noch davonlaufen, um unser Leben zu retten. Wenn in unserer Seele ein Greuel auftaucht, der uns innerlich verwüstet und die blühende Landschaft unserer Seele zur Verödung bringt, dann haben wir den Eindruck, dass wir es nicht mehr bei uns aushalten. »Wenn der Herr diese Zeit nicht verkürzen würde, würde kein Mensch gerettet.« (13,20) Doch Jesus verheißt uns, dass er die Zeit abkürzen wird. Er wird uns nicht über Gebühr herausfordern. Es gibt ein Ende für diese innere und äußere Not, die uns immer wieder erwartet. Jesus schildert diese auch auf dem Hintergrund seiner eigenen Passion. Was ihm geschieht, das wird auch seinen Jüngern geschehen. Doch wer wie Jesus voll Vertrauen an Gott festhält, den kann auch das Kreuz nicht aus der Beziehung zu Gott herausreißen.

In den Versen 24–27 spricht Jesus vom Kommen des Menschensohnes. Damit meint er sich selbst. Er, der am Kreuz gestorben ist, wurde von Gott wieder in seiner Ehre hergestellt, wie das der Prophet Daniel beim Kommen des Menschensohnes für das Volk Israel verheißen hat. (Daniel 7,13) Jesus hat von sich als Menschensohn immer in Beziehung zu seiner Passion gesprochen. Nun spricht er von sich als dem, den Gott auferweckt hat, damit er in Macht und Herrlichkeit sichtbar für alle Menschen wiederkommen wird. Die Kennzeichen seines Kommens werden in der apokalyptischen Sprache geschildert, wie sie damals üblich war. Da »wird sich die Sonne verfinstern, und der Mond wird nicht mehr scheinen; die Sterne werden vom Himmel fallen, und die Kräfte des Himmels werden erschüttert werden«. Man könnte diese Bilder mit Drewermann als Bilder einer Seele verstehen, die in eine äußerste Not gerät. Es gibt Menschen, bei denen sich die Sonne verfinstert und die Sterne vom Horizont ihrer Seele fallen. In der Depression erleben viele, dass es in ihrem Herzen keine Sonne mehr gibt, die ihre Dunkelheit erleuchtet. Es gibt aber auch Menschen mit einer katastrophalen Grundeinstellung, mit dem Gefühl, dass für sie alles zusammengebrochen ist. Worauf sie ihre Hoffnung gesetzt haben, das hat sich als nichtig erwiesen. Was sie einmal erfreut hat, das erhellt sie heute nicht mehr. Für sie ist alles dunkel. Sie kreisen in ihrem Denken immer nur um Untergang und Zerstörung. Sie lesen gierig alles, was an Horrorszenarien von Menschen erfunden wird, um die Angst zu schüren. Sie reden ständig davon, dass demnächst etwas Furchtbares geschehen wird, z.B. der Ausbruch des Dritten Weltkriegs o.ä. Solche Reden sagen weniger etwas über die reale Welt aus als viel mehr über den Zustand der eigenen Seele. Man hat keine Hoffnung für sein Leben, sondern lebt in der ständigen Angst, dass alles in einem zu Grunde gehen wird.

Aber es gibt auch bedrohliche Ereignisse von außen, die einbrechen in die Seele gesunder Menschen und in ihnen alles verdunkeln. Der Verlust eines geliebten Menschen raubt ihnen ihre Fröhlichkeit. Sie können nicht mehr lachen. Es gibt keine Sonne mehr in ihrer abgrundtiefen Trauer. Und auch kein Mond scheint in ihrer Nacht. Die Sterne als Zeichen der Hoffnung fallen vom Himmel. Und die innere Kraft ist völlig erschüttert. In so eine Situation kommt der Menschensohn mit großer Macht und Herrlichkeit. Er wird die dunkle Seele mit seinem Licht erhellen und alle zerstörerischen Mächte aus ihr vertreiben. »Und er wird die Engel aussenden und die von ihm Auserwählten aus allen vier Windrichtungen zusammenführen.« (13,27) Jesus, der Menschensohn, wird alle Geretteten sammeln. Die Christen, die zerstreut auf der ganzen Welt leben, werden zur Gemeinschaft der Geretteten. Aber zugleich kann man auch dieses Wort als Beschreibung eines inneren Geschehens verstehen. Jesus wird das, was in mir zerstreut ist, sammeln und zur Einheit führen. Er wird die Zerrissenheit meiner Seele, das Erschütterte und Verfinsterte in mir zusammenführen. Es gibt keine Situation, die den Menschen der Hoffnungslosigkeit und Depression preisgibt. Gerade in der größten Bedrängnis kommt der Retter. Hölderlin formuliert das so: »Wo Gefahr ist, wächst das Rettende auch.« An dieser Textstelle des Markusevangeliums wird nochmals deutlich, dass der Evangelist die Endzeitrede Jesu bewusst vor die Passion gesetzt hat. Am Kreuz wird eine Finsternis die Sonne verdunkeln. Und gerade in dieser Dunkelheit leuchtet Jesus am Kreuz schon auf als die wahre Ostersonne, die alle Dunkelheit erhellt. Das Kreuz will sagen: Es gibt keine Katastrophe, kein Scheitern, kein Zusammenbrechen, keine Verfinsterung der Seele, die nicht durch das Kommen des Menschensohnes, des Gekreuzigten und Auferstandenen, erlöst werden könnte.

Im letzten Teil seiner Rede zeigt uns Jesus die Haltung auf, mit der wir uns auf seine Ankunft vorbereiten sollen. Vom Feigenbaum sollen die Jünger lernen, dass das Kommen des Menschensohnes nahe bevor steht, doch die genaue Stunde kennt niemand, nicht einmal der Sohn. Daher sollen sich auch die Jünger keine Gedanken über den exakten Zeitpunkt machen. Der Menschensohn steht immer vor der Tür, um anzuklopfen, damit wir ihn bei uns einlassen. Die Haltung, mit der wir auf das Kommen des Menschensohnes reagieren sollen, ist die Wachsamkeit. Wie wir wachen sollen, das erklärt uns Jesus durch ein Gleichnis: »Es ist wie mit einem Mann, der sein Haus verließ, um auf Reisen zu gehen: Er übertrug alle Verantwortung seinen Dienern, jedem eine bestimmte Aufgabe; dem Türhüter befahl er, wachsam zu sein.« (13,34) Die frühen Mönche haben das Bild des Türhüters geliebt. Evagrius Ponticus mahnt in einem Brief, dass wir gute Türhüter sein sollen. Wir sollen jeden Gedanken, der an die Pforte kommt, um einzutreten, erst fragen, ob er zu uns gehört oder nicht, ob er uns nützt oder schadet. Jesus hat das Bild des Türhüters für jeden Christen geschaffen. Die Aufgabe des Türhüters ist es, zu wachen, damit er den Herrn empfangen kann. Jesus wendet sich unmittelbar nach der Ausfaltung des Bildes sofort an uns alle: »Seid also wachsam! Denn ihr wisst nicht, wann der Hausherr kommt, ob am Abend oder um Mitternacht, ob beim

Hahnenschrei oder erst am Morgen.« (13,35) Markus nimmt hier die vier römischen Nachtwachen als möglichen Zeitpunkt für das Kommen des Herrn. Zu jeder Zeit kann Jesus kommen, um bei uns anzuklopfen. Er kommt in der Stille unseres Herzens, um uns Weisung zu geben für unseren Weg. Und er kommt in der Stunde unseres Todes, um für immer in unser Haus einzuziehen.

Was Jesus hier von allen Jüngern erwartet, dass sie wachen und nicht schlafen, werden gerade die drei Jünger, die er auswählt, damit sie seinen Gebetskampf in Getsemani wachend begleiten, nicht erfüllen. Sie schlafen immer wieder ein. So ist diese Mahnung angesichts des Versagens der drei Jünger um so ernster. Als Jünger und Jüngerinnen Jesu sollen wir uns durch Wachen auszeichnen. Markus bringt hier zwei verschiedene Worte für wachen: »agrypneite«, das Schlaflosigkeit bedeutet, und »gregoreite«, was so viel heißt wie »haltet die Augen offen«. Oft genug schlafen wir. Wir meinen, wir würden unser Leben bewusst leben. Doch in Wirklichkeit leben wir einfach so dahin, gleichsam im Schlaf. Wir haben uns eingelullt in Illusionen, die wir uns über unser Leben machen. Jesus warnt davor, nicht in den Schlaf zu verfallen, sondern aufzuwachen und wach den Tag zu erleben. Das zweite Wort bezieht sich auf unsere geschlossenen Augen. Wir wollen nicht hinsehen, was ist. Wir verschließen die Augen vor der Wirklichkeit, vor der Nähe Jesu, der jeden Augenblick an unsere Tür klopfen könnte. Wir meinen, es würde genügen, anständig zu leben, die Gebote zu erfüllen, nichts Böses zu tun. Doch Christsein heißt: wachsam sein, die Augen aufmachen, um der Wirklichkeit ins Auge zu sehen. Und die Wirklichkeit ist geprägt vom Kommen des Menschensohnes. Das Wachsein ist Zeichen der Erwartung. Wir sind Menschen, die auf das Kommen des Herrn warten. Wenn er kommt, werden wir wahrhaft zu Hause sein, dann wird unser Haus zur Heimat, weil

Christus selbst darin wohnt. Bis er aber kommt, soll jeder sein Werk tun, das Jesus ihm aufgetragen hat. Doch für alle gilt die Aufforderung: »Seid wachsam!« (13,37) Mit diesem Wort Jesu entlässt Markus den Leser in die Passion. Er soll mit offenen Augen auf das schauen, was der Evangelist uns in der Leidensgeschichte Jesu erzählt. Nur dann wird er darin erkennen, wie Jesus in alle Bereiche menschlicher Bosheit hinein geht, um sie durch sein Festhalten an Gott zu überwinden. Nur dann wird er in diesem Jesus, der am Kreuz stirbt, den sehen, der einst auf den Wolken des Himmels kommen wird, um alle Menschen zu richten und die, die auf ihn warten, in sein ewiges Haus aufzunehmen.

Die Passionsgeschichte (14–15)

Die Passionsgeschichte ist der Höhepunkt des Markusevangeliums. Auf sie hin zielt das Wirken Jesu, und von hier aus erschließt sich das ganze Evangelium. Im Kreuzweg Jesu kommt das Unverständnis der Jünger zu seinem Höhepunkt und gipfelt seine Auseinandersetzung mit den Mächten der Finsternis. Da zeigen die Dämonen ihre ganze Macht. Aber gerade dort, wo die Dämonen im Tod Jesu scheinbar siegen, werden sie besiegt. Hier kommt sein Vertrauen auf die Macht des errettenden Gottes zur Vollendung. Er vertraut bedingungslos der Liebe seines Vaters, die sich gerade in der Verborgenheit des Kreuzes offenbart und durch die Auferstehung bestätigt wird. In der tiefsten Erniedrigung wird Jesus als der Sohn Gottes erhöht. So nimmt Markus schon die johanneische Theologie vorweg, dass Jesus seine Verherrlichung durch Gott am Kreuz erfährt.

Die Passionsgeschichte, wie sie uns Markus erzählt, wird erst in ihrer tieferen Bedeutung offenbar, wenn wir die vielen Hinweise auf den Tod Jesu im Markusevangelium beachten. Der erste Hinweis findet sich in der Geschichte von der Heilung des Mannes mit der verdorrten Hand. Hier zeigt Jesus auf, dass es ihm darum geht, »Gutes zu tun und Leben zu retten«. Wer wie die Pharisäer am Buchstaben des Gesetzes festhält und sich nicht um den kranken und verwundeten Menschen kümmert, der tut letztlich Böses und vernichtet Leben. Am Kreuz wird sichtbar, dass Jesus in seinem Leben »Gutes tut und Leben erhält, selbst um den Preis seines Lebens« (Schreiber, 151). In seiner Passion treten die Pharisäer zurück. Da sind es nur noch die Hohenpriester und Schriftgelehrten (14,1), die Jesus töten möchten. Doch mit all ihrer Bosheit gelingt es ihnen nicht, »Jesu unbedingtes Vertrauen in den Willen Gottes zu brechen. Gottes Wille ist in Jesus stärker als die Angst, die seine Feinde bis zu ihrem Tode als Agenten des Todes in egoistischer Selbstsucht das Böse tun lässt.« (Schreiber, 151)

Ich möchte hier nicht alle Passionsszenen auslegen, sondern nur die wichtigsten Grundzüge der Leidensgeschichte nach Markus aufzeigen. Er hat als Erster die Passionsgeschichte erzählt und hat damit den Grund gelegt für die anderen Evangelisten. Für ihn ist die Passionsgeschichte der Schlüssel, der uns das Geheimnis Jesu aufschließt. Nur wenn wir das erfolgreiche Wirken Jesu in Galiläa zusammen sehen mit dem ohne Beschönigung erzählten Leidensweg Jesu, verstehen wir, wer dieser Jesus war und wer er heute für uns ist. Er ist der Lehrer, der seine Lehre mit dem Leben bezahlt. Er ist der Arzt, der die Kranken heilt unter Einsatz seines Lebens. Und er ist der Sohn Gottes, der den Kampf aufnimmt gegen die Macht der Dämonen, der die Menschen befreit von allen sie verunreinigenden Mächten. Dieser Kampf führt ihn an die dunkelste Stelle dieser Welt, an den Ort des Hasses und der Enge. Das enge Herz seiner Gegner kann das weite

Herz Jesu nicht ertragen und muss es aus der Welt schaffen. Aber Gott bestätigt das Gottesbild, das Jesus verkündet, und erweckt den, der in seinem weiten Herzen Raum hat auch für die Sünder und Kranken, in der Auferstehung zu neuem Leben.

Markus beginnt die Erzählung vom Leidensweg Jesu mit der Salbung in Betanien. Eine Frau, deren Namen nicht genannt wird, erweist Jesus den Liebesdienst der Salbung. Sie zerbricht dazu ein Alabastergefäß mit kostbarem Nardenöl und gießt das Öl über das Haupt Jesu. Das Zerbrechen des Gefäßes weist darauf hin, dass es zu keinem anderen Zweck mehr benutzt werden soll. Vielleicht ist es auch ein Bild für das Zerbrechen des Leibes Jesu im Tod am Kreuz, bei dem der Duft seiner Liebe die ganze Welt erfüllt. In den Augen der Jünger ist das Salben mit dem kostbaren Öl Verschwendung. Sie machen der Frau heftige Vorwürfe. Jesus stellt sich schützend vor sie, denn sie hat ihm mit ihrer Salbung einen Liebesdienst erwiesen. Er versteht das Tun der Frau als Salbung seines Leibes für das Begräbnis bzw. als Salbung zum Messias.

Jesus erfüllt nicht die jüdischen Messiaserwartungen. Er ist vielmehr der Messias, der durch den Tod hindurchgeht. Als Messias ist er in seiner Passion den Menschen ganz und gar verborgen. Er wird von ihnen verachtet und verspottet. Doch am Kreuz wird sein Sieg über die Mächte der Finsternis offenbar. Jesus geht seinen Weg des Leidens zwischen den unverständigen und nur um sich kreisenden Jüngern und den liebenden Frauen. Am Anfang der Passion steht die Liebe einer Frau. Und am Ende stehen wiederum drei Frauen, die nahe am Kreuz das Leiden ihres Meisters aushalten und mit Augen des Glaubens sehen, was geschieht. Jesus verheißt dieser Frau, dass man sich an ihr Tun auf der ganzen Welt erinnern wird. Er beginnt das Lob der Frau mit dem »Amen-Wort«. In der Passionsgeschichte haben diese Amen-Worte eine besondere Bedeutung. Sie gelten immer einem rätselhaften Geschehen, das die Menschen nicht verstehen, das Jesus aber in seiner wahren Bedeutung enthüllt. Er weist mit dem »Amen« immer auf den Einbruch »der himmlischen Realität in das irdische Geschehen« (Grundmann, 378) hin. Im konkreten Tun der Frau bricht etwas von der Herrlichkeit Gottes in den dunklen Passionsweg ein. Sie zeigt das Hintergründige, das im gewaltsamen Sterben Jesu verborgen ist. Die Verschwendung des kostbaren Nardenöls weist hin auf die verschwenderische Liebe Jesu am Kreuz, die die ganze Welt mit einem neuen Duft erfüllt. Während die Jünger in der Passion Jesu blind bleiben, ihn verraten und allein lassen, sind es Frauen, die ihn von Anfang bis zum Ende begleiten. Offensichtlich stehen die Frauen diesem Geheimnis der grenzenlosen Liebe Jesu näher als die Männer, die sich gegen diesen konkreten Weg Jesu wehren.

Ein Grundzug bei der Passionsdarstellung durch Markus ist das Vorherwissen Jesu. Er weiß, was mit ihm geschehen wird, er sieht es voraus, hat es vorausgesagt. Jetzt erfüllt sich Gottes Wille. Auch wenn die Gegner scheinbar mit ihm machen, was sie wollen, sie können nichts tun, was Gott nicht zulässt. Letztlich geschieht alles nach seinem Willen. Die Schrift erfüllt sich, und Jesus geht als der Messias bewusst in die Ohnmacht hinein, um sie in Macht zu verwandeln. Er gibt sich in die Hand der Gegner, um sie durch seinen Tod zu besiegen. Er schreitet in immer tiefere Dunkelheit und Bosheit hinein, um sie aufzudecken und sie durch seine Liebe zu erhellen und zu entmachten.

Manche Exegeten meinen, Markus habe einfach einzelne Überlieferungsstücke zusammengesetzt. Doch man sollte die schriftstellerische und theologische Leistung des Markus nicht zu gering einschätzen. Er verkündet das Heil, indem er Geschichten erzählt, und zu diesen Geschichten gehört eine genaue Chronologie. Nirgends gibt er so genau die Tage und Stunden an wie in der Passionsgeschichte. Auch die Zeitangaben dienen der Theologie. Zur Deutung des Erzählten zitiert Markus keine Bibelstellen, er erzählt seine Geschichte nur so, dass sie die Erfüllung biblischer Aussagen wird. Als Leitlinie dienen ihm dabei vor allem Psalm 22 und 69 und Jesaja 53. Nur zweimal gibt Markus wörtlich eine Bibelstelle wieder, beide Male legt er sie Jesus in den Mund. So erklärt er die Flucht seiner Jünger mit dem Zitat aus dem Propheten Sacharja: »Ich werde den Hirten erschlagen, dann werden sich die Schafe zerstreuen.« (14,27) Und am Kreuz betet Jesus mit den Worten aus Psalm 22: »Mein Gott, mein Gott, warum hast du mich verlassen?« Beide Worte deuten die Passion. Das erste Wort bezieht sich auf das Mitleid, das Jesus mit den Menschen hatte, als sie ihm hungernd zuhörten. Er spürte, dass sie wie Schafe ohne Hirten waren. In der Passion wird der Hirte erschlagen, die Schafe werden zerstreut. Aber durch den Tod wird Jesus zum wahren Hirten, der die zerstreuten Schafe wieder sammelt und sie auf eine fruchtbare Weide führt. Das Wort aus Psalm 22 deutet sein Sterben als ein Sterben in Verlassenheit und zugleich Vertrauen, denn wer sich in seiner Gottverlassenheit an Gott wendet, der hat sie schon überwunden. Im Tod siegt das Vertrauen über die Angst, die Gemeinschaft mit Gott über alle Verlassenheit, die nicht nur das Schicksal Jesu, sondern unser aller Geschick ist.

Nach dem Mahl beim Pharisäer Simon, bei dem ihm die Frau das Haupt gesalbt und ihm somit ihre Liebe erwiesen hat, beschreibt Markus noch ein anderes gemeinschaftliches Essen, das letzte Abendmahl Jesu mit seinen Jüngern. Für Markus ist es ein Paschamahl, bei dem Jesus gemeinsam mit seinen Jüngern der Großtaten Gottes gedenkt. Hier deutet Jesus den Ritus des Brotbrechens und des gemeinsamen Trinkens aus dem Segensbecher neu. Er identifiziert sich selbst mit dem gebrochenen Brot. In seinem Tod am Kreuz gibt sich Jesus für seine Jünger hin. Das Zerbrechen seines Leibes wird zum höchsten Akt seiner Liebe. Und an dieser Liebe dürfen die Jünger immer wieder teilhaben, wenn sie miteinander das Brot brechen. Wenn Jesus das Brot als seinen Leib deutet, dann sagt er damit: »Nehmt, das bin ich selbst. Ich gebe mich so, wie ich bin, für euch. Ich bin für euch Brot, das euch nährt. Ich werde im Tod für euch zerbrochen, damit ihr nicht zerbrecht an eurem Weg.« Den Wein deutet Jesus als sein Blut, als das Blut des Bundes, das er für viele vergießt. Viele Menschen stoßen sich heute daran, dass uns Jesus sein Blut zu trinken gibt. Doch Blut hat in der jüdischen Tradition eine personale Bedeutung. Es weist auf den sich im Tod hingebenden Menschen hin. Blut ist Bild einer Liebe, die sich hingibt. Jesus verbindet sein Blut mit dem Bund und stiftet in seinem Tod am Kreuz einen neuen. Sein Tod hat erlösende Kraft für alle Menschen. Sie sind eingeladen, am Bund Gottes teilzuhaben. Das Trinken des Bechers ist Zeichen der Bundesgemeinschaft. Durch Jesu Tod am Kreuz, den er für die Vielen stirbt, werden Menschen aus allen Ländern und Kulturen zur einen Gemeinschaft in Jesus zusammengeschlossen. Wenn die Gemeinde jeden Sonntag miteinander das Brot bricht und aus dem gleichen Kelch trinkt, dann erfährt sie den gekreuzigten und auferstandenen Herrn in ihrer Mitte, dann hat sie Teil an seiner Liebe, mit der er sich im Tod für sie hingab. Das Abendmahl erinnert sie immer wieder daran, dass sie ihre Wurzeln in der Todeshingabe Jesu hat. In ihr ist ein für allemal die Finsternis überwunden.

Die Passionsgeschichte ist für Markus auch der Gipfel des Jüngerunverständnisses. Bei der Salbung mit dem kostbaren Nardenöl kritisieren einige Jünger das Verhalten der Frau als Verschwendung. Beim letzten Abendmahl wird offenkundig, dass einer der Jünger Jesus verrät. Im Garten von Getsemani schlafen die Jünger. Jesus nimmt die drei wichtigsten Jünger mit sich, damit sie ihn in seinem Gebetsringen unterstützen. Er bittet sie darum, zu wachen, während er betet. Aber dreimal findet er sie schlafend vor (14,32–42). Sie lassen ihn allein. Trotz aller Beteuerung des Petrus, dass er bereit ist, mit Jesus zu sterben, kümmert ihn das Schicksal Jesu kaum, sonst würde er nicht einschlafen. Das Schlafen der Jünger ist für Markus Bild für die Christen, die oft genug nur um sich und ihre eigene Müdigkeit kreisen, anstatt zu wachen und zu erkennen, worum es eigentlich geht. Aber im Garten von Getsemani geht es nicht nur um das Schlafen der Jünger, in dem ihre Blindheit dem Schicksal Jesu gegenüber gipfelt, sondern auch um den angefochtenen Jesus. Er wird von Schrecken und Angst heimgesucht. Zu Beginn der Passion schildert Markus Jesus als den Wissenden. Hier wird er in seiner Niedrigkeit und Menschlichkeit beschrieben, als einer, der nicht nur den Händen der Sünder ausgeliefert wird, sondern auch der Macht des Bösen. In seiner Angst nimmt er Zuflucht bei Gott. Aber auch in seinem Beten wird er allein gelassen. Ohne Rückhalt bei seinen Jüngern muss er einsam diesen Weg der Ohnmacht gehen, um in der Ohnmacht der Liebe die Macht des Bösen zu überwinden.

Bei der Gefangennahme erfährt Jesus, wie einer seiner Jünger ihn mit dem Freundschaftskuss verrät. Markus beschreibt den Kuss des Judas als »kataphilein«, als »Abküssen«. (14,45) Judas tut besonders freundlich, doch hinter dieser Freundlichkeit steckt Absicht. Sie wird verzweckt als »Signal«, das Judas den Häschern gibt. Man kann sich die tiefe Verletzung vorstellen, die Jesus in diesem Kuss erfährt. Ein Kuss kann nicht nur Ausdruck von Liebe sein, sondern auch von Verrat. Wer je einmal von einem Freund verraten worden ist, der findet sich in Jesu Schicksal wieder, der kann gerade in seiner tiefsten Verletzung die Gemeinschaft mit Jesus, dem Verratenen, erfahren. Am Schluss der Szene der Gefangennahme fliehen alle Jünger. Da erfüllt sich das Wort der Schrift, dass Jesus von allen Freunden allein gelassen wird, dass sich die Schafe zerstreuen und der Hirt geschlagen wird. Nur ein junger Mann will Jesus nachgehen und bei ihm sein. Doch als die Häscher ihn packen, lässt er das Tuch fallen und flieht nackt. Er lässt sich die Kleider vom Leib reißen, aber er rettet sein Leben. In ihm erkennen wir ein Bild für uns. Wir wollen bei Jesus bleiben und ihm nachfolgen. Doch sobald es uns ans Leben geht, retten wir unsere nackte Haut.

Jesus wird nun vor die Hohenpriester und Ältesten des Volkes geschleppt und dort verhört. Alle Anklagen fallen immer wieder in sich zusammen, da die Zeugen sich einander widersprechen. Den dramatischen Höhepunkt dieses Verhörs bildet das Aufstehen des Hohenpriesters, der sich vor Jesus hinstellt und ihn fragt: »Willst du denn nichts sagen zu dem, was diese Leute gegen dich vorbringen?« (14,60) Jesus aber schweigt. Er ist der eigentliche Hohepriester. Er überragt den, der sich vor ihm aufbaut, an Würde. Und dann fragt der Hohepriester selber: »Bist du der Messias, der Sohn des Hochgelobten?« (14,61) Hier werden die beiden wichtigsten Titel für Jesus genannt, die Markus schon bei der Taufe und bei der Verklärung Jesu genannt hat. Jesus bekennt sich in aller Öffentlichkeit, vor den Verantwortlichen des jüdischen Volkes, zu diesen Titeln. Aber in seiner Antwort weist Jesus zugleich darauf hin, dass er »zur Rechten der Macht sitzen und mit den Wolken des Himmels kommen« (14,62) wird. Die Rollen werden vertauscht. Der Angeklagte wird zum Richter. Er wird zwar jetzt verurteilt werden, aber am Ende wird er von Gott auf den Thron seiner Herrschaft gesetzt und als Richter kommen. Dann wird er die wahren Machtverhältnisse sichtbar machen und das, was die Ankläger an Unrecht tun, wieder in Ordnung bringen. Er wird die Welt richten, d.h. er wird sie so ordnen, wie es Gottes Willen entspricht. Dass die Ankläger ihre Rolle schlecht spielen, zeigt Markus in ihrer Reaktion: »Einige spuckten ihn an, verhüllten sein Gesicht, schlugen ihn und riefen: ›Zeig, dass du ein Prophet bist!‹« (14,65)

Das Versagen der Jünger gipfelt im Verrat des Petrus, der die führende Rolle im Jüngerkreis spielt. Er verrät Jesus in einer Situation, die nach außen hin gar nicht gefährlich ist (14,66–72). Eine Magd spricht Petrus an. Ihr gegenüber reagiert Petrus unangemessen. Er verrät nicht nur Jesus, von dem er nichts wissen will, sondern auch die Galiläer. Mit ihnen will er nichts zu tun haben. Die galiläischen Freunde stehen für die christliche Gemeinde. Petrus wärmt sich am Feuer der Gegner. Das ist ein Bild für seine innere Haltung. Er möchte nicht als Jünger Jesu auffallen, sondern sich bei den Menschen beliebt machen. Während Jesus auch in der Hand der Gegner auf Gott vertraut, zeigt sich der Mangel an Vertrauen bei Petrus, indem er sich unter die Gegner mischt und sich ihnen feige anpasst. Er distanziert sich nicht nur von Jesus, sondern verflucht ihn sogar. Doch als der Hahn zum zweiten Mal kräht, bereut Petrus sein Versagen und beginnt zu weinen.

Nun muss Jesus allein seinen Weg gehen. Die Hohenpriester, die seinen Tod beschlossen haben, liefern ihn dem römischen Landpfleger Pontius Pilatus aus. Markus versucht, den grausamen Pilatus zu entlasten, indem er den Hohenpriestern die eigentliche Schuld am Tod Jesu zuschiebt. Die Römer hatten den Brauch, jeweils am Fest einen Gefangenen freizulassen. Pilatus bietet den Juden an, dies mit Jesus zu tun. Doch die Hohenpriester wiegeln die Menge auf, sodass sie die Freilassung des Mörders Barabbas verlangen. Jesus solle man kreuzigen. Barabbas heißt: Sohn des Vaters. Der Name hat tiefere Bedeutung. Er steht für uns alle, die wir ja alle Söhne eines Vaters sind. Jesus stirbt, damit wir frei werden. Sein Tod geschieht stellvertretend für uns. Eigentlich haben wir, hat Barabbas den Tod verdient. Doch Jesus nimmt stellvertretend unseren Tod auf sich, damit wir leben können.

Markus schildert die Kreuzigung selber sehr knapp. Doch er gibt die Zeit an: »Es war die dritte Stunde.« (15,25) Nach der Verspottung des am Kreuz hängenden Jesus durch die Leute, die vorübergingen, durch die Hohenpriester und Schriftgelehrten und durch die beiden mitgekreuzigten Räuber gibt Markus nochmals die Zeit an: »Als die sechste Stunde kam, brach über das ganze Land eine Finsternis herein. Sie dauerte bis zur neunten Stunde.« (15,33) Das Drei-Stunden-Schema ist sicher symbolisch zu verstehen. Es beschreibt den Höhepunkt der Zeit schlechthin. Es ist heilige Zeit, göttliche Zeit, in der unsere menschliche Zeit zu Ende kommt. Das Drei-Stunden-Schema ist aus apokalyptischen Texten bekannt, die damit anzeigen wollen, dass Gott dieser Welt ein Ende bereitet, damit seine göttliche Welt anbricht. Man könnte es auch psychologisch deuten: Die innere Katastrophe, die wir in unserer Seele oft genug wahrnehmen, wenn alle Sterne vom Himmel fallen und unsere Seelenlandschaft sich verdunkelt, wird zum Zeichen des Neuen, das Gott in unserer Seele schafft. Er lässt das Alte in uns sterben, damit das Neue und Authentische, damit das Göttliche in uns aufstehen kann. Am Kreuz zerbricht alles, was uns bisher am Leben erhalten hat. Aber das Zerbrechen der alten Lebensmuster ist die Voraussetzung, dass das Göttliche in unsere Welt einbricht und das Dämonische in uns entmachtet.

Das drückt Markus durch die beiden wunderbaren Ereignisse aus, die bei der Kreuzigung geschehen. Die Finsternis zeigt, dass hier das Gericht Gottes über diese Welt geschieht. Sie verdunkelt sich. Die Sonne geht unter, während am Kreuz die eigentliche Sonne hängt: Christus, der Sohn Gottes. Die Finsternis zeigt, wogegen Jesus sein Leben lang gekämpft hat: gegen die gottfeindliche Macht der Dämonen, die das Herz des Menschen verdunkelt. Die Dunkelheit, die während des Todeskampfes Jesu am Kreuz über die ganze Erde kommt, drückt aus, dass sein Tod eine kosmische Auswirkung hat, dass die ganze Welt davon berührt wird. Jesus ringt am Kreuz mit der Finsternis. Als er um die neunte Stunde stirbt, weicht diese endlich.

Wie sollen wir das verstehen? Der Todeskampf eines Menschen zeigt oft, womit er noch ringen muss. Jesus ringt nicht mit seinen eigenen Lebensmustern, sondern mit der dämonischen Macht, die die ganze Welt bedroht. Indem er vertrauend an Gott festhält, siegt er über die Macht der Finsternis, über die Macht des Zweifels und des Misstrauens, über die Macht der Sünde. Die Legenden drücken oft aus, dass im Tod eines Menschen der Engel des Lichtes und der Engel der Finsternis um seine Seele kämpfen. Die frühen Mönche gingen bewusst in die Wüste, an den Ort der Dämonen, um sie dort zu besiegen, wo sie ihre größte Macht entfalten. Jesus steigt bewusst auf das Kreuz, um dort, zwischen Himmel und Erde hängend, die Dämonen zu entmachten und dadurch die Menschen zu befreien. Dort, wo die größte Dunkelheit im menschlichen Herzen herrscht, dort, wo sich der Mensch am meisten verlassen fühlt, dorthin geht Jesus, um den Menschen in seiner größten Not zu heilen und ihn der Macht der Finsternis zu entreißen.

Der Sieg Jesu über die dunkle Macht der Dämonen zeigt sich in seinem Gebetsruf: »Mein Gott, mein Gott, warum hast du mich verlassen?« (15,34) Jesus hält auch in der äußersten Dunkelheit des Todes und in der Verlassenheit von allen Menschen noch an seinem Gott fest und wendet sich an ihn. Psalm 22 ist das Siegeslied des leidenden Gerechten. Jesus endet also nicht in der Verlassenheit, sondern im Vertrauen auf Gott, der alles zu einem guten Ende bringt, wie es dieser Psalm ausdrückt. Nach dem Gebetsruf und der Reaktion der Dabeistehenden schreit Jesus nochmals laut auf. Ein lauter Schrei ist für den Kreuzigungstod nicht normal, da die Gekreuzigten röchelnd sterben. Dieser Schrei ist für Markus der Siegesschrei Jesu über die Macht der Dämonen, die nun endgültig gebrochen ist. Mitten in der Ohnmacht des Todes triumphiert Jesus über die Dämonen, die den Menschen beherrschen und die Jesus während seines ganzen Wirkens bekämpft haben. Wenn sie besiegt sind, kann der Mensch wahrhaft frei werden und sich im Vertrauen auf den Gott, der alles Dunkle erhellt, aufrichten. Markus beendet das Sterben Jesu mit der Bemerkung: »Dann hauchte er den Geist aus.« (15,37) Bei den griechischen Tragikern begegnen wir dem Phänomen, dass ein Sterbender laut rufend seinen Geist aushaucht. Es bedeutet, «dass der personhafte Geist an seinen Spender zurückgegeben wird«. (Grundmann, 436) Für mich heißt es aber auch, dass Jesus seinen Geist in die Welt einhaucht. Während seines Lebens hat er in der Kraft des Geistes Wundertaten vollbracht. Jetzt, in seinem Sterben, haucht er diesen Geist in die Welt aus, damit sie von ihm durchdrungen und verwandelt wird. Wenn die Welt von seinem Geist erfüllt ist, weicht die Finsternis, dann ist die Welt nicht mehr im Machtbereich der Dämonen, sondern der Liebe Jesu. Sie erreicht uns nun in allem, was ist.

Als Jesus seinen Geist aushauchte, »riss der Vorhang im Tempel von oben bis unten entzwei«. (15,38) Die Ordnung des Tempels ist vorbei. Der Vorhang, der den Zugang zum Allerheiligsten verhinderte, ist zerrissen. Jetzt ist allen Menschen der freie Zugang zu Gott möglich. Die Frommen brauchen die Rituale des Tempels nicht mehr.

Sie brauchen die Tempelpriester nicht mehr, um Gottes heilende Nähe zu erfahren. Jetzt ist der Zugang zur Herrlichkeit Gottes, die im Tempel thront, allen Menschen, auch den Heiden, möglich. Zugleich bedeutet das Zerreißen des Tempelvorhangs Offenbarung von Gottes Majestät. Der Tempel hatte Gottes Herrlichkeit verhüllt. Am Kreuz wird der verhüllende Schleier von Gottes heiliger und heilender Gegenwart gezogen, und wir dürfen auf sein gnädiges Antlitz schauen. Da Jesus seinen Geist in die ganze Welt aushaucht, ist Gottes Liebe nun überall in der Welt erfahrbar, nicht mehr nur im Tempel. Und jeder, ob er will oder nicht, wird von dieser Liebe berührt, jeder, ob er will oder nicht, steht schon im Tempel, da durch den Tod Jesu die ganze profane Welt geheiligt worden ist. In dieser kurzen Bemerkung vom Zerreißen des Tempelvorhangs drückt sich das Paradox der markinischen Theologie aus: Ausgerechnet dort, wo die größte Gottesferne zu sein scheint, im Kreuz Jesu Christi, offenbart Gott sich vor aller Welt als der heilige und gnädige Gott. Dort, wo das Scheitern offenbar wird, feiert Jesus seinen Sieg über die Macht der Dämonen. Im Tod ist das Leben, in der Dunkelheit das Licht.

Der römische Hauptmann wird zum wichtigsten Zeugen des Glaubens, und auch seine Aussage beinhaltet wiederum ein Paradox: »Es sah aber der Hauptmann, der Jesus gegenüberstand, dass er so schreiend aushauchte.« (15,39) Man möchte meinen, dass der Hauptmann den Schrei Jesu hörte, aber er sieht ihn. Er blickt tiefer, er versteht ihn. Ihm gehen angesichts dieser Art zu sterben die Augen auf, und er erkennt das Geheimnis dieses Menschen: »Wahrhaftig, dieser Mensch war Gottes Sohn.« (15,39) Der heidnische Hauptmann bekennt stellvertretend für die ganze heidnische Welt die Gottessohnschaft Jesu. Er ist der erste Erleuchtete, der Gottes Herrlichkeit an seinem Sohn wahrzunehmen vermag. Mit diesem Bekenntnis drückt der Hauptmann die wahre Bedeutung des Todes Jesu aus: In seinem Tod am Kreuz wird allen Menschen offenbar, dass hier Gottes Sohn gestorben ist. Damit fasst Markus die Botschaft seines ganzen Evangeliums zusammen. Während seines Wirkens hat Jesus den Jüngern und auch den Geheilten immer wieder verboten, ihn als Messias zu bekennen. Jetzt, am Kreuz, wird das wahre Wesen Jesu sichtbar. Erst hier kann er als Messias und als Sohn Gottes bekannt werden. Das Kreuz hindert die Menschen daran, Jesus als Messias falsch zu verstehen, etwa als politischen Befreier oder als Revolutionär gegen die römische Besatzungsmacht. Erst im Kreuz werden wir frei von unseren falschen Gottesbildern und von unseren illusionären Selbstbildern. Erst hier geht uns das Geheimnis Jesu auf als des Sohnes Gottes, und erst hier dürfen wir bekennen, dass auch wir Söhne und Töchter Gottes sind. Das meint nicht, dass wir allen Bedrängnissen entrissen sind und in einer heilen Welt leben. Vielmehr besteht das Paradox markinischer Theologie darin, dass das göttliche Leben in uns gerade dort, wo wir zu zerbrechen scheinen, die Macht dieser Welt besiegt. Wie Jesus erweisen auch wir uns als Söhne und Töchter Gottes gerade am Kreuz, nicht dort, wo alles erfolgreich läuft, sondern dort, wo wir am Ende sind. Wer sich in der größten Verlassenheit und Verzweiflung, in der tiefsten Dunkelheit und Enttäuschung vertrauend in Gott hinein ergibt, der hat das Geheimnis Jesu verstanden und der ist wie Jesus Sohn und Tochter Gottes.

Während die Jünger Johannes des Täufers nach seinem Tod kamen, um seinen Leichnam zu bestatten, tauchen die Jünger Jesu nach dessen Tod nicht mehr auf. Ihre Abwesenheit zeigt ihr völliges Versagen. Doch Markus berichtet nun am Ende seines Evangeliums das erste Mal von einer Gruppe von Frauen. Sie schauen von Weitem zu, was mit Jesus geschieht. Das griechische Wort »theorein« bedeutet: »schauen, betrachten, meditieren, mit Aufmerksamkeit ansehen, Wissen über jemanden erhalten«. Unser Wort »Theater« kommt von diesem griechischen Wort. Die Frauen haben nicht nur äußerlich zugesehen, wie Jesus stirbt, sondern sie haben im Schauen Kenntnis von seinem wahren Wesen erhalten. Sie haben Jesus meditiert. Dabei ist ihnen das Geheimnis dieses Menschen aufgegangen. Da haben sie Gott selbst an ihm handeln gesehen, ihn selbst in ihm geschaut. Von diesen Frauen sagt Markus, dass sie Jesus schon in Galiläa nachgefolgt und ihm gedient haben. Neben den Männern waren also von Anfang an auch Frauen in der Nachfolge Jesu. Markus benutzt bei den Frauen das gleiche Wort wie bei den männlichen Jüngern. Sie sind gleichberechtigte Jüngerinnen und Nachfolgerinnen. Aus dieser größeren Gruppe von Frauen greift Markus nun drei Frauen mit Namen heraus. Sie entsprechen den drei wichtigsten Jüngern, die Jesus mit sich in den Garten Getsemani nahm. Doch diese drei Männer haben versagt. Sie sind eingeschlafen. Sie haben nicht gewagt, die Augen zu öffnen und der Wirklichkeit ins Auge zu sehen. Die Frauen dagegen sind ganz Auge. Sie bleiben wach. Sie sind nicht geflohen, sondern stehen geblieben. Sie haben Stehvermögen bewiesen.

Es ist eine eigenartige Komposition, die im Markusevangelium gerade bei der Passion Jesu sichtbar wird. Der holländische Exeget van Iersel fasst die Konzeption des Markus so zusammen: »Vor der Hinrichtung kommen im Buch ausschließlich die Männer vor, die ihm gefolgt sind, nach der Hinrichtung spielen nur noch die Frauen eine Rolle. Aber es handelt sich nicht in jeder Hinsicht um ein Spiegelbild. Die Männer werden ja immer treuloser, je näher sie an den Ort der Hinrichtung kommen, die Frauen dagegen beweisen ihre Treue gerade dort.« (Iersel, 247) Zwei dieser Frauen sind auch dabei, als Josef von

Arimathäa den Leichnam Jesu bestattet. Josef, ein vornehmer Ratsherr, bereitet dem Gekreuzigten ein ehrenhaftes Begräbnis. Das ist schon ein Bild dafür, dass Jesus von Gott gerechtfertigt wird, dass er in Gottes Herrlichkeit eingeht. Der jüdische Ratsherr hat den Mut, zum unberechenbaren Pilatus zu gehen und von ihm den Leichnam zu erbitten. Dieser wundert sich, dass Jesus schon gestorben ist, und schenkt ihm den Leichnam. Beides ist Geschichte und zugleich bildhafte Erzählung. Pilatus staunt über Jesus. Er versteht ihn nicht. Doch selbst der Distanzierte kann nicht umhin, sich über diesen Jesus zu wundern. Jesus bewirkt in jedem Leser Staunen, ein religiöses Ergriffenwerden. Er lässt den Leser nicht einfach in Ruhe. Das Schenken des Leichnams ist für mich ein Bild dafür, dass uns allen durch den Tod Jesu sein Leib geschenkt wurde. Jesus aber bleibt nicht in der Gewalt seiner Gegner. Pilatus, der ihn hinrichten ließ, schenkt seinen Leib dem, der darum bittet. Josef wickelt den Toten in Leinwand ein und begräbt ihn in seinem eigenen Grab. Maria von Magdala und Maria, die Mutter des Josef, »beobachteten, wohin der Leichnam gelegt wurde«. (15,47) Auch hier steht wieder das Wort »theorein«. Sie waren nicht einfach nur Zuschauer. Sie meditierten, was da geschah. Und sie ahnten den tieferen Sinn des Geschehens. Sie sahen Jesus nicht nur sterben, sondern auch begraben werden. Indem sie das äußere Geschehen betrachten, schauen sie nach innen. Sie erkennen das Geheimnis des Geschehens. Das Begrabenwerden in einem ehrenvollen Grab ist ja ein Bild dafür, dass wir den Leib Jesu bewusst und ehrfürchtig in das eigene Innere aufnehmen, damit er in uns für immer das Dunkel vertreibt und uns von den Fesseln des Todes und der Sünde befreit.

Die Auferstehung Jesu (16,1–8)

Am Ostermorgen sind es wiederum drei Frauen, die zum Grab gehen. Es sind die gleichen Frauen, die auch am Kreuz dabei standen und Jesus sterben sahen. Sie haben am Kreuz schon das Geheimnis Jesu geschaut. Dort ist er ihnen als der wahre Messias aufgegangen. Nun kommen sie, um seinen Leichnam mit wohlriechenden Ölen zu salben. Logisch ist es nicht, am dritten Tag noch einen Leichnam zu salben. Doch hier geht es um einen tieferen Sinn. Im Sterben Jesu haben sie erkannt, dass es der Messias ist, der von Gott in seiner Herrlichkeit bestätigt worden ist. Jetzt gehen sie am frühen Morgen, »als eben die Sonne aufging« (16,2), zum Grab, um Jesus als den Christus zu salben. Die aufgehende Sonne ist symbolisch gemeint. Sie ist ein Bild für die Auferstehung Jesu, durch die die dunkle Nacht, in der sich die Menschen ohne Christus befinden, erhellt wird. Und sie steht für das neue Sehen der Frauen. Während die Jünger alle blind sind, vermögen die Frauen am Ostermorgen zu sehen. Die Sonne der Auferstehung hat sie erleuchtet. Ebenso symbolhaft ist der Stein zu verstehen. Er steht für alles, was uns am Leben hindert. Wenn der Stein weggerollt ist, dann ist die Macht des Todes gebrochen. Dann sind wir nicht mehr blockiert und gehemmt durch all das, was in uns das Leben unterdrücken und hindern möchte. Von diesem Stein heißt es, dass er sehr groß war. Manchmal ist es ein Felsbrocken, der auf uns liegt und uns abhält, aufzustehen aus dem Grab unserer Angst und Dunkelheit.

Die Frauen gehen in das Grab hinein. Sie haben Mut. Sie wollen genau nachsehen, wo der Leichnam Jesu ist oder was mit ihm geschehen ist. Da sehen sie auf der rechten Seite, auf der Glück bringenden und bewussten Seite »einen jungen Mann sitzen, der mit einem weißen Gewand bekleidet war« (16,5). Das weiße Gewand verweist darauf, dass es ein himmlisches Wesen ist, ein Bote, der von Gott kommt. Der Engel als himmlischer Bote löst bei den Frauen Erschrecken aus. Das Erschrecken ist die typische Reaktion des Menschen auf die Erscheinung des Göttlichen. Die Frauen spüren offensichtlich, dass das, was sie da sehen, mit Gott zu tun hat, dass die Auferstehung Gottes Eingreifen in das Geschick Jesu ist. Der Bote spricht die Frauen an: »Erschreckt nicht! Ihr sucht Jesus von Nazaret, den Gekreuzigten. Er ist auferstanden; er ist nicht hier. Seht, da ist die Stelle, wo man ihn hingelegt hatte.« (16,6) Das erste Wort des Engels will den Frauen die Furcht nehmen. Was Gott an Jesus getan hat, ist für sie heilbringend. Es soll sie von aller Angst befreien. Das zweite Wort informiert die Frauen über das Schicksal Jesu. Jesus wird als der Gekreuzigte beschrieben, als der, dessen Ende am Kreuz sie erst vor zwei Tagen erlebt haben. Doch der Tod war nicht das Ende. Er ist auferstanden. Er ist nicht mehr im Grab zu suchen.

Nun macht der himmlische Bote die Frauen zu Botinnen der frohen Botschaft der Auferstehung. Sie sollen den Jüngern und vor allem Petrus sagen: »Er geht euch voraus nach Galiläa; dort werdet ihr ihn sehen, wie er es euch gesagt hat.« (16,7) Jesus ist nicht nur der, der vom Hauptmann am Kreuz als Sohn Gottes erkannt worden ist. Er ist der, der den Jüngern vorausgeht, nicht nur den Jüngern damals, sondern allen Lesern des Evangeliums und allen künftigen Christen. Als Christen erinnern wir uns nicht nur an den Jesus, der vor zweitausend Jahren gelebt hat. Er lebt heute und geht uns auf all unseren Wegen voran. Es genügt nicht, Jesus nur als den Messias zu erkennen. Das haben auch die Dämonen getan. Christ ist der, der Jesus auf seinem Weg nachfolgt und der ihn sieht. Das Sehen ist ein inneres Erkennen. Die Jünger waren in der Passion blind. Nur der blinde Bartimäus ist als Sehender Jesus auf seinem Weg gefolgt. Und die Frauen wagten es, mit offenen Augen den Tod und das Begräbnis Jesu zu schauen. Nach der Auferstehung sollen alle Jünger Jesus sehen, wie er in Wirklichkeit ist. Und sie sollen in Jesus den sehen, der ihnen vorangeht und ihnen den Weg weist.

Jesus geht den Jüngern voraus nach Galiläa. Was ist mit Galiläa gemeint? Zunächst ist es sowohl für die Frauen als auch für die Männer um Jesus ihre Heimat. Auch der Leser wird mit dem Wort des Engels an den Ort verwiesen, an dem er zu Hause ist, an dem er lebt und arbeitet. Galiläa ist zugleich der Ort, an dem Jesus sein Wirken entfaltet hat. Ihn dort sehen heißt dann, ihn »in seiner Identität als Irdischer, Gekreuzigter und Auferstandener« (Gnilka 2,343) zu erkennen. Von Jerusalem weg nach Galiläa gehen heißt auch »zu den Heiden gehen« (ebd.). Wenn wir die Aufforderung des Engels, nach Galiläa zu gehen, in unser heutiges Leben übertragen, heißt es für mich: Dort, wo ich wohne und arbeite, wo ich unter den Heiden lebe, wo ich das Heidnische in mir selbst erkenne, dort kann ich Jesus sehen als den, der sein Vertrauen in den himmlischen Vater bis zuletzt durchgehalten hat und der in seinem Vertrauen durch Gott in der Auferstehung bestätigt worden ist. Der Messias, den Markus in seinem Evangelium beschreibt, darf während des irdischen Wirkens Jesu nicht verkündet werden. Nach seiner Auferstehung wird das Messiasgeheimnis offenbar. Das gilt auch für uns. Wir können Jesus in unserem Leben nur dann als Messias, als den wahren Befreier sehen und an ihn glauben, wenn wir ihn auch als den Gekreuzigten und Auferstandenen verstehen. Dort, wo wir gekreuzigt werden, wo wir immer wieder durchkreuzt werden von einem unverständlichen Schicksal oder von Menschen, die uns bekämpfen, dort heißt Sehen des Auferstandenen: daran zu glauben, dass auch wir von Gott in unserem Vertrauen bestätigt werden. Das Durchkreuztwerden, das Scheitern, das Zerbrechen, das Sterben ist nicht das Letzte. In unserem irdischen Wirken ist Jesus als der Auferstandene unter uns. Er zeigt uns, dass uns nichts widerfahren kann, was uns aus dem Vertrauen in Gottes heilende Nähe reißen kann. Selbst der Tod kann uns nicht aus Gottes liebenden Armen stoßen. Wir werden vielmehr in den vielen kleinen Toden während unserer Pilgerschaft und schließlich in unserem endgültigen Sterben in Gottes gütige Hände fallen und von Gott bestätigt werden als geliebte Söhne und Töchter Gottes.

Die Frauen kehren nun nicht voller Freude zu den Jüngern zurück, um ihnen die Auferstehung Jesu zu verkünden. Vielmehr beschließt Markus sein Evangelium mit einem Satz, der seit jeher die Exegeten in Ratlosigkeit gestürzt hat: »Da verließen sie das Grab und flohen; denn Schrecken und Entsetzen hatte sie gepackt. Und sie sagten niemand etwas davon, denn sie fürchteten sich.« (16,8) Manche Exegeten meinen, das könne nicht der ursprüngliche Schluss des Markusevangeliums gewesen sein. Alle Exegeten sind sich einig, dass die Verse 16,9–20 ein späterer Zusatz sind. Sie fehlen auch in den alten Handschriften. Aber wie hat das Markusevangelium wirklich geendet? Mir scheint am plausibelsten, den Schluss so zu belassen, wie er dasteht, und nach seinem Sinn zu fragen. Markus beschließt sein Evangelium nicht mit einem »happy end«. Es ist vielmehr ein offener Schluss. Aber gerade diese Offenheit verweist den Leser, das Evangelium immer wieder zu lesen und sich beim Lesen und Hören die Augen öffnen zu lassen für das Geheimnis des Jesus von Nazaret. Die Botschaft des Engels ist letztlich nicht für die Jünger und für Petrus bestimmt, sondern für den Leser. Er ist gefragt, ob er der frohen Botschaft des himmlischen Boten glaubt. Das offene Ende des Evangeliums hindert die Leser daran, das Buch beruhigt zuzuklappen und zu den Tagesgeschäften überzugehen, »da sie gehört haben, dass es für sie keinen anderen Weg gibt als den in der Nachfolge Jesu, was für Konsequenzen das auch immer haben mag« (Iersel, 253). Die Jünger im Evangelium sind auf ihrem Weg mit Jesus nicht sehend geworden. Wer jedoch das Evangelium richtig liest, der wird von seiner Blindheit geheilt. Er ist sehend geworden und erkennt im Weg und in den Worten Jesu »ein Handlungsmodell für seinen eigenen Lebensweg« (Iersel, 254).

Van Iersel plädiert dafür, den Markusschluss so zu belassen, wie er ist, denn er hindert uns daran, das Buch beruhigt aus der Hand zu legen und wieder in unseren Alltag zurückzukehren. Der Schluss möchte den Leser genauso irritieren und aufwühlen wie die Frauen. »Die Geschichte lässt ihn nicht mehr in Ruhe; denn dazu hat sich das Bild des gewaltsam zu Tode gebrachten Jesus, der durch Gott vom Tode auferweckt wurde und der weiterhin dem auf dem Wege vorangeht, der ihm nachfolgen will, zu tief in seinem Innersten festgesetzt.« (ebd., 261) Noch ein anderer Grund spricht für diesen Markusschluss: Wer das Markusevangelium in seinem Ganzen sieht, erkennt seine kunstvolle Komposition, die gekennzeichnet ist von vielen parallelen Erzählmustern. Gerade der Anfang und das Ende des Evangeliums weisen viele solcher Entsprechungen auf. So beginnt das Evangelium in der Wüste und endet am Grab. Beides sind Orte des Todes, an denen neues Leben entspringt. Markus beginnt sein Evangelium mit »Anfang der Frohen Botschaft«. Und er beendet es mit der Botschaft des himmlischen Boten von der Auferstehung Jesu. Zu Beginn des Evangeliums ist Johannes der Täufer der Bote, den Gott vor Jesus hersendet, um ihm den Weg zu bereiten. Johannes trägt ein härenes Bußgewand. Am Ende tritt der himmlische Bote in einem leuchtenden, fröhlichen, weißen Gewand auf. Sein Gewand verweist auf die neue Zeit, die er ankündigt. Jetzt ist es Jesus selbst, der den Jüngern den Weg bereitet. Er geht ihnen den Weg voran nach Galiläa. Überall dort, wo wir leben, hat Jesus uns den Weg bereitet, damit wir nun sicheren Schrittes ihm nachfolgen und auf dem Weg seiner Nachfolge Gott erfahren als den, der uns bedingungslos liebt. Als Jesus bei seiner Taufe am Jordan aus dem Wasser stieg, sah er den Himmel offen und hörte die Stimme aus dem Himmel: »Du bist mein geliebter Sohn, an dir habe ich Gefallen gefunden.« (1,11) Jetzt, am Ende des Evangeliums, da Jesus aus dem Grab steigt, offenbart er allen Menschen, die im Glauben sehend geworden sind, dass er der geliebte Sohn Gottes ist. Und der Auferstandene, der uns vorausgeht nach Galiläa, zeigt uns, dass auch wir, wenn wir glauben, aus dem Tod zum Leben auferstehen und als geliebte Söhne und Töchter unseren Weg gehen dürfen, nicht mehr in Buße und Umkehr, sondern in der Freude des neuen Lebens.

Fazit

Welche Botschaft hat das Markusevangelium für uns heute? Ist uns das Sprechen von den Dämonen und der Macht der Finsternis nicht fremd? Bleibt das Markusevangelium in seiner Theologie nicht weit zurück gegenüber der Übersetzung in jüdisches Umfeld bei Matthäus und in griechische Philosophie bei Lukas? Wie gehen wir um mit dem Sperrigen und mit den nicht aufzulösenden Rätseln, etwa, dass die Jünger bis zuletzt unverständig bleiben, und dass die Frauen die Auferstehungsbotschaft nicht weitererzählen?

Ich kann nur einige persönliche Einsichten und Eindrücke berichten, die mir bei der Beschäftigung mit dem Markusevangelium aufgegangen sind. Was mich an diesem Text fasziniert, das ist Jesus als der Heiler. Aber er ist kein »Softy-Heiler«, sondern einer, der in der Kraft des Geistes mit der Macht der Krankheit ringt, der die Menschen befreit von allen Mächten und Kräften, die sie am Leben hindern. In der Begleitungsarbeit empfinde ich oft eine große Nähe zu diesem Jesus des Markusevangeliums. Denn da erlebe ich häufig, dass Begleiten ein Ringen und Kämpfen ist, nicht ein Kämpfen mit dem Menschen, der mir gegenüber sitzt, sondern mit seinen Lebensmustern, die ihn im Griff haben, mit seinen falschen Selbstbildern und krankmachenden Gottesbildern, mit den inneren Zwängen, mit seinen Fixierungen und Erstarrungen. Da wünsche ich mir manchmal etwas von der eindeutigen und klaren Kraft Jesu, von seiner Fähigkeit, beim Kranken sofort das eigentliche Problem zu erkennen und mit seiner Reaktion genau am richtigen Punkt anzusetzen, sodass der Heilungsprozess rasch in Gang kommt. Ich sehne mich danach, wie Jesus den, der sich in seiner Krankheit vergräbt, zu konfrontieren und ihn zu desillusionieren. Denn oft genug sind die Illusionen, die wir uns von uns selbst machen, an unserer Krankheit mit beteiligt. Jesus öffnet den Kranken die Augen, damit sie ihre Illusionen lassen und sich der Wahrheit stellen.

Was mich am Jesus des Markusevangeliums so anspricht, ist die starke Ausstrahlung, die dieser Mann aus Nazaret hat. Wo er auftaucht, da kommt man an ihm nicht vorbei, muss man sich ihm stellen. Dieser Jesus ist reine und klare Präsenz. Er ist einfach da. Es geht von ihm eine Kraft aus, die man nicht umgehen kann. Wenn er einen Menschen anspricht, dann trifft er immer genau den richtigen Ton. Er stellt ihn in die Wahrheit. Jesus steht in seiner Mitte, und aus dieser Mitte heraus verhält er sich so, dass der Kranke zu seinem wahren Wesen findet, dass er heil wird und ganz. Den einen Kranken konfrontiert Jesus mit seiner Wahrheit. Er nimmt ihm die Illusion, dass die anderen an seiner Krankheit schuld seien. Er fordert ihn heraus, das Seine zur Gesundung zu tun. Den anderen behandelt er liebevoll, ihm hält er schützend seine Hände über die Augen, damit in ihm das Vertrauen wachsen kann, die Augen zu öffnen und die Welt zu sehen, wie sie ist. Von diesem Jesus geht eine Kraft aus, die die Kranken aufrichtet, und ein Raum des Vertrauens, in dem sich die Menschen bedingungslos angenommen fühlen und wieder Zutrauen finden zu ihrer unantastbaren Würde.

Ein dritter Aspekt hat mich bei der Beschäftigung mit Markus bewegt. Es ist das Sperrige, nicht Auflösbare, nicht Harmonisierbare. Markus deutet nur an. Nach außen hin endet das Evangelium in der Katastrophe, die selbst durch die Auffindung des leeren Grabes und die Botschaft des Auferstehungsengels nicht aufgelöst zu werden scheint. Markus lässt die Angst der Frauen und ihre Weigerung, den Befehl des Engels auszuführen, einfach so stehen. Er gibt keine glatte Lösung. Es braucht ein hintergründiges Sehen, um in der Darstellung des Markus das Geheimnis zu erkennen, das diesen Jesus umgibt. Er ist immer der Messias, dort, wo er die Kranken heilt und gegen die Dämonen kämpft, und dort, wo er ohnmächtig in die Hände seiner Gegner fällt, die mit ihm machen, was sie wollen. Alles, was Markus schreibt, hat auch eine tiefere Bedeutung. Aber es braucht die Augen des Glaubens, um diesen Jesus zu verstehen und ihm nachzufolgen. Daher gehören die beiden Blindenheilungen wohl zu den zentralen Stellen des Evangeliums. In ihnen können wir uns selbst erkennen. Jesus hat es schwer, unsere Augen zu öffnen. Das erste Mal schafft er es nicht. Da sehen wir die Menschen nur als Bäume. Vielleicht ist das auch ein Bild dafür, dass wir beim ersten Lesen des Markusevangeliums Vieles noch nicht sehen. Wir erkennen nur sehr undeutlich das Geheimnis dieses Jesus von Nazaret. Wir müssen es immer wieder lesen, damit uns die Gestalt Jesu aufgeht und durch ihn der Gott, auf den Jesus seine Hoffnung gesetzt hat.

Bei der zweiten Blindenheilung fragt Jesus den Bartimäus, was er will, dass Jesus ihm tun soll. Wir können das Markusevangelium nicht als unbeteiligte Zuschauer lesen. Wir müssen diesem Jesus sagen, was wir wollen, was er an uns tun soll, was uns am Leben hindert, welche dämonische Macht uns gefangen hält. Nur dann wird die Begegnung mit dem Jesus des Markusevangeliums unsere Augen öffnen, und wir werden verstehen, wie er unser ganzes Leben zu heilen und zu verwandeln vermag.

Ein anderer zentraler Punkt, der mir bei der Beschäftigung mit Markus aufgegangen ist, ist seine Kreuzestheologie. Gottes Herrlichkeit offenbart sich gerade in der Verhülltheit des Kreuzes. Seine Macht siegt in der Ohnmacht. Die Finsternis wird dort überwunden, wo sie ihre größte Macht entfaltet, im Tod Jesu, da sich die ganze Welt verdunkelt. Das Vertrauen in Gott setzt sich gerade in der Erfahrung tiefster Verlassenheit und größter Angst durch. Es ist keine harmonische Theologie, die Markus uns zumutet, sondern eine, die uns nicht in Ruhe lässt. Aber gerade so eine sperrige Theologie braucht unsere Zeit. Es gibt heute zu viele Theologen, die auf alles eine Antwort wissen. Doch ihre Antwort erreicht nur den Kopf, und nicht das Herz. Angesichts des 11. September oder des Amoklaufs von Erfurt bleiben uns theologische Erklärungen im Hals stecken. Da greife ich gern zum Markusevangelium. Es schildert die Passion Jesu ohne die Tendenz, sie zu verherrlichen. Es beschreibt die Ohnmacht, die Angst, die Verzweiflung, das Nichtwissen, das Verlassenwerden, das Verratenwerden. Nur wer genau hinsieht, erkennt hinter all dem unbegreiflichen Geschehen den Gott, der selbst das Tote zum Leben weckt, der die Finsternis aufhellt und die Dämonen der Gewalt und des Hasses gerade dort besiegt, wo sie am mächtigsten zu sein scheinen.

Es gibt heute die Tendenz, alles positiv zu sehen und das Negative zu vernachlässigen. Doch das führt uns nur in eine Sackgasse. Zu meinen, wir könnten alles durch unser positives Denken so gestalten, dass es uns gut tut, ist ein Irrweg. Markus zeigt uns einen anderen Weg. Er beschreibt beides: den Jesus, der Kranke heilt, der Erfolg hat, der voller Kraft sich den Gegnern entgegenstemmt und das tut, was er von Gott her spürt. Da geht eine unwahrscheinliche Kraft von Jesus aus, die mich fasziniert. Aber dieser Jesus kann sich nicht wehren gegen den Verrat des Judas oder des Petrus. Er kann sich nicht verteidigen gegen die Ankläger vor den Hohenpriestern und vor Pilatus. Er kann nicht verhindern, dass er den schmählichsten Tod stirbt, den die Antike kennt, den Kreuzestod. Nur in dieser Spannung von Erfolg und Misserfolg, von

Macht und Ohnmacht, von Vertrauen und Verzweiflung, von Freude und Trauer, von Tod und Auferstehung wird unser Leben richtig beschrieben.

Das Jesusbild, das uns Markus zeichnet, trägt auch diese spannungsvollen Züge. Es ist kein lieber und netter Jesus, sondern einer, der voller Kraft ist, der aber auch zornig sein kann. Es ist der Jesus, der von seiner Familie nicht anerkannt wird, sondern der von den eigenen Angehörigen, eingeschlossen seiner Mutter, für verrückt erklärt wird. Es ist nicht nur der Jesus, der Kranke heilt, sondern auch der, der den unfruchtbaren Feigenbaum verflucht. Es ist der Jesus, der im Boot auf einem Kissen liegt und schläft, während die Jünger unterzugehen drohen. Markus hindert mich daran, mir ein klares Bild von Jesus zu machen. Nur wenn ich die Spannung aushalte, die ich bei Markus finde, wird mir das Geheimnis Jesu aufgehen. Er lässt sich nicht vereinnahmen. Er ist und bleibt der Unbekannte, der Faszinierende und der, den ich nicht verstehe, der, der mich begeistert, und der, der mich ärgert. Im Markusevangelium komme ich dem historischen Jesus am nächsten. Aber je näher ich dem geschichtlichen Jesus komme, desto kantiger wird er. Da erahne ich, wie dieser Jesus immer wieder fliehen musste vor den Häschern des Herodes, wie er in der hochexplosiven politischen Situation ständig damit rechnen musste, gefangen genommen und getötet zu werden. Ich begegne dem Jesus, der seinen Weg sucht zwischen den Pharisäern und Essenern, zwischen den verschiedenen Schulen innerhalb der Pharisäer, zwischen Zeloten und Sadduzäern, zwischen Juden und Römern. Ich begegne dem Jesus, der aufgerieben wird zwischen den verschiedenen Interessen derer, die damals etwas zu sagen hatten, der nach außen hin scheitert. Aber in diesem Jesus, den ich mir letztlich nicht erklären kann, begegnet mir Gott. In diesem Jesus am Kreuz darf ich den sehen, der die Angst und die Ohnmachen, die Dunkelheit und Zerrissenheit, das Dämonische und Böse überwunden hat und nun zur Rechten Gottes thront.

Wenn ich zusammenfassend ausdrücken soll, worin für mich die tiefste Botschaft des Markusevangeliums liegt, so würde ich sagen: Vertrauen gegen alle Angst, Hoffnung gegen alle Verzweiflung, Licht gegen alle Dunkelheit, Liebe gegen allen Hass. Dieser Jesus überfordert mich nicht, indem er mir ein System von Geboten auferlegt. Er langweilt mich auch nicht, weil er sich in keine noch so fromme Ideologie einordnen lässt. Er fordert mich in seiner Sperrigkeit, in seinem Anderssein immer wieder heraus, meinen Weg zu gehen und keine Angst zu haben vor den Konflikten, die mich auf diesem Weg erwarten, und vor dem Scheitern, das auch mein Selbstbild zerbrechen könnte. Dieser so ganz und gar nicht harmonische Jesus, der am Kreuz endet, schenkt mir ein abgrundtiefes Vertrauen, dass mein Weg in Gottes Herrlichkeit und Gottes Liebe endet, ganz gleich wie die Menschen mich und meinen Weg beurteilen und bewerten.

So wünsche ich auch dem Leser und der Leserin, dass er oder sie beim Lesen des Markusevangeliums in das Vertrauen hineinwachsen, aus dem Jesus gelebt und in dem er gestorben und auferstanden ist.

Literatur

Eugen Drewermann, Das Markusevangelium. Bilder von Erlösung, 5. Aufl., Düsseldorf 1994

Heribert Fischedick, Der Weg des Helden, München 1992

Joachim Gnilka, Das Evangelium nach Markus. Band 1 und 2, Zürich 1978 f.

Anselm Grün/Maria-M. Robben, Finde deine Lebensspur. Die Wunden der Kindheit heilen – Spirituelle Impulse, Freiburg 2001

Walter Grundmann, Das Evangelium nach Markus, Berlin 1977

Bas van Iersel, Markuskommentar, Düsseldorf 1993

Karl Kertelge, Markusevangelium, Würzburg 1994

Rudolf Pesch, Das Markusevangelium. 1. und 2. Teil, Freiburg 1976 und 1977

Johannes Schreiber, Theologie des Vertrauens. Eine redaktionsgeschichtliche Untersuchung des Markusevangeliums, Hamburg 1967

Johannes Schreiber, Theologische Erkenntnis und unterrichtlicher Vollzug, Hamburg 1968

Eduard Schweizer, Das Evangelium nach Markus, Göttingen 1965

Jesus – Bild des Menschen
Das Evangelium des Lukas

Einleitung

Was mich an Lukas so fasziniert, ist sein Versuch, die Botschaft Jesu in den Verstehenshorizont der Griechen zu übersetzen. Lukas war offensichtlich ein gebildeter Mensch, bewandert in griechischer Philosophie und Literatur, ebenso aber auch in Berührung mit der jüdischen Tradition. So gelingt es ihm, Jesus so zu beschreiben, dass ihn Juden und Griechen verstehen und lieben lernen. Lukas war von Jesus persönlich tief berührt und entwirft ein anziehendes Jesusbild. Er möchte seine Leser für diesen Jesus begeistern, vor allem die gebildeten Leser, die geprägt sind von der hellenistischen Kultur. Diese hellenistische Kultur entspricht in vielem unserer heutigen Mentalität, die sich aus verschiedenen Traditionen speist, aus dem philosophischen Denken des Abendlandes, aber auch aus religiösen Strömungen in Ost und West. Mich persönlich hat seit meiner Gymnasialzeit die griechische Philosophie fasziniert. Ich möchte daher vor allem die Übersetzung des Jesusgeschehens in die griechische Mentalität beachten. Aber ich möchte nicht dabei stehen bleiben. Denn was Lukas damals geleistet hat, das ist die Aufgabe der Theologie zu jeder Zeit. Sie soll die Botschaft Jesu so zur Sprache bringen, dass die Zeitgenossen sich davon angesprochen und angerührt fühlen. Lukas kannte die Theologie des Alten Testaments, und er war bewandert in der griechischen Philosophie und Mythologie. Er bewahrt die Kontinuität zur jüdischen Wurzel Jesu und seines Denkhorizonts. Zugleich öffnet er Jesus für die Griechen.

Diesen Versuch des Lukas, Altes mit Neuem zu verbinden, das damals Geschehene in die Gegenwart zu übersetzen, möchte ich weiterführen. Es geht mir darum, die Texte auf die Nöte und Sehnsüchte der Menschen hin auszulegen, die mir in zahlreichen Gesprächen von sich erzählt haben. Ich möchte das, was die Menschen heute bewegt, mit dem zusammenbringen, was Lukas als einen Menschen seiner Zeit an Jesus fasziniert hat. Was mich bei der Meditation des Lukasevangeliums und der Apostelgeschichte bewegt, ist die Frage: Was hat Lukas dazu getrieben, mit solchem Eifer an sein Werk zu gehen und alle Quellen zu erforschen, um die Geschichte Jesu zu schreiben und seine Auswirkungen in der frühen Kirche zu schildern? Offensichtlich war Lukas persönlich von der Botschaft Jesu getroffen. Es ist der Geist Gottes, den er in Jesus am Werk sieht und der sich auch im Wirken der Apostel zeigt. Von diesem Geist begeistert schreibt er sein Evangelium, damit der Geist Gottes auch die Leser erfasse und ihnen den neuen Weg zum Leben zeige, den Jesus uns eröffnet hat. Bei der Auslegung des Lukasevangeliums habe ich einen anderen Weg gewählt als bei den übrigen Evangelienauslegungen in diesem Buch. Ich orientiere mich nicht an der Reihenfolge der Geschichten, wie sie in der Bibel stehen, sondern setze thematische Schwerpunkte, in deren Zusammenhang ich dann auf die einzelnen Erzählungen zu sprechen komme. Ich denke, dass ich auf diese Weise besser verdeutlichen kann, wo Lukas die Akzente der Botschaft und des Lebens Jesu gesetzt hat.

Lukas als Autor

Die Tradition der ersten Jahrhunderte sieht in Lukas einen Begleiter des Paulus auf seinen Missionsreisen. Doch die heutige Exegese stellt das in Frage. Denn die Theologie, die Paulus vertritt, unterscheidet sich wesentlich von der des Lukas. Eine letzte Gewissheit über die Herkunft und Eigenheit des Lukas haben wir nicht. Aber wir dürfen wegen seiner gepflegten griechischen Sprache annehmen, dass Lukas aus einer höheren Gesellschaftsschicht stammte und eine gute Ausbildung in Rhetorik und griechischer Philosophie hatte. Doch er kannte auch die griechische Bibelübersetzung, die Septuaginta, sehr gut. Vielleicht gehörte er zum Kreis der »Gottesfürchtigen«, die mit der jüdischen Religion sympathisierten. Lukas gehört der zweiten oder dritten Generation nach den Ereignissen Jesu an. Die Tradition meint, er stamme aus Antiochien. François Bovon, der den neuesten Lukaskommentar geschrieben hat, meint, er stamme aus Makedonien, und zwar aus Philippi. Denn in der Apostelgeschichte beschreibt er gerade diese Stadt in allen Einzelheiten und verrät dabei seine genauen Ortskenntnisse. Aber darüber gibt es keine Gewissheit. Hieronymus berichtet, Lukas habe sein Evangelium in Achaja geschrieben und sei in Theben gestorben. Das heißt also, dass er vor allem in Griechenland gelebt hat. Vermutlich hat er sein Evangelium zwischen 80 und 90 geschrieben. Lukas ist viel gereist, sicher auch nach Jerusalem. Denn auch da sind seine Beschreibungen der örtlichen Gegebenheiten klar. Dagegen war er anscheinend nicht in Galiläa. Denn seine Ortsangaben für diese Gegend sind ungenau.

Lukas ist der einzige Evangelist, der von sich selbst spricht. In seinem Vorwort tritt er auf als Geschichtsschreiber, der sorgfältig allen Überlieferungen nachgeht und von Anfang an alles genau aufschreiben möchte. Sein

Vorwort gleicht den Vorworten hellenistischer Schriftsteller. Es ist in klassischem Griechisch abgefasst. Lukas hat den Ehrgeiz, einen Bestseller zu schreiben. Sein Buch soll auf dem Büchermarkt erscheinen. Daher widmet er es einer hochgestellten und wohlhabenden Persönlichkeit, dem »hochverehrten Theophilus«. Dieser soll als Verleger für die Veröffentlichung und Verbreitung seiner beiden Bücher sorgen. Denn von vornherein hat Lukas sein Werk auf zwei Bände konzipiert: den ersten Band über die Ereignisse um Jesus, den zweiten Band als die Geschichte der jungen Kirche. Lukas nennt sein Jesusbuch nicht »Evangelium«, sondern »Erzählung«. Er will die Geschichte Jesu erzählen, allerdings nicht nur die einzelnen Fakten, sondern wie es in der hellenistischen Geschichtsschreibung üblich war, immer schon als gedeutete Geschichte. Die Fakten bekommen für uns ja erst eine Bedeutung, wenn sie gedeutet werden. Lukas hat die Geschichte Jesu als Geschichte des Heils und der Heilung des Menschen gedeutet. In der Geschichte Jesu offenbart sich Gott als der erlösende und rettende Gott. Was damals geschehen ist, hat unsere Welt entscheidend verändert. Wenn wir uns mit der Geschichte Jesu auseinander setzen, wird sie auch uns verwandeln.

Lukas will als Schriftsteller seinen eigenen Beitrag leisten, Jesus den Menschen verständlich zu machen: »Da ja schon viele es in die Hand genommen haben, die Ereignisse, die sich unter uns erfüllt haben, in eine Erzählung zu fassen – so wie sie uns die überliefert haben, die von Anfang an zu Augenzeugen und Dienern des Wortes geworden sind –, schien es auch mir richtig, nachdem ich allem von Beginn an mit Sorgfalt nachgegangen bin, es dir, verehrter Theophilus, der Reihe nach aufzuschreiben, damit du die Worte, die du erfahren hast, genau erkennst in ihrer Zuverlässigkeit.« (1,1–4) Lukas ist offensichtlich mit den Versuchen seiner Vorgänger nicht zufrieden. Ihm fehlen der Anfang der Erzählung und die Auswirkung in der Geschichte. Und ihm fehlen eine gute Komposition, die alles an die richtige Stelle setzt, und ein Stil, der auf das Empfinden der Leser Rücksicht nimmt. Er stellt sich auf der einen Seite in die Reihe derer, die vor ihm geschrieben haben. Auf der anderen Seite setzt er sich von ihnen ab. Daraus spricht das Selbstbewusstsein des christlichen Autors, der sein eigenständiges literarisches Werk schafft. Sein Werk ist notwendig, weil er »genau = akribos = mit Akribie« allem »von Beginn an« nachgegangen ist und es überprüft und neu zusammengesetzt hat. Und er schreibt es »der Reihe nach« auf, das heißt er gibt seinem Stoff eine gute Gliederung und sieht den inneren Zusammenhang des Geschehens. Er erzählt nicht einfach, was ihm überliefert wurde, sondern er hat beim Schreiben eine übergreifende Idee, eine theologische Konzeption.

Lukas bringt keine dogmatische Abhandlung über Jesus, sondern eine erzählende Theologie. Erzählend Theologie zu treiben, das ist menschenfreundlich. Denn der Leser wird nicht durch abstrakte Lehrsätze überfordert. Er fühlt sich frei und kann sich in der Erzählung wiederfinden. Lukas möchte durch seine einfühlsame Erzählung der Taten Jesu die Leser gewinnen. Sein Buch ist eine Werbeschrift für Jesus und seine Botschaft. Dabei beschränkt er sich nicht auf das Leben Jesu, sondern bezieht auch die Auswirkung von Jesu Wirken in der Geschichte der Kirche mit ein. Was Jesus gesagt und was er getan hat, das prägt sich in der Geschichte aus. Und erst wenn diese Auswirkung mitbedacht ist, wird man den Ereignissen im Leben Jesu gerecht. Das Ziel des lukanischen Werkes ist, dass sein Leser »die Zuverlässigkeit der Worte erkennt«, in denen er unterwiesen wurde. Er will ihnen Halt und Sicherheit geben. Sie sollen wissen, worauf sie ihr Leben bauen können.

Nach dem feierlichen Vorwort beginnt Lukas seine Erzählung mit dem Satz: »Es geschah in den Tagen des Herodes, des Königs von Judäa.« (1,5) Dieses »kai egeneto – und es geschah« liebt Lukas. Nach dem wunderbaren griechischen Stil des Vorwortes setzt Lukas bei seiner Erzählung mit einem Stilbruch ein. Denn das »Es geschah – kai egeneto« ist nicht typisch griechischer, sondern semitischer Stil, wie er in der Septuaginta, der griechischen Übersetzung des Alten Testaments, üblich war. Lukas will also nicht profane Geschichte erzählen, sondern heilige Geschichte. Und weil er heilige Geschichte erzählt, tut er es in einem Stil, der dieser ganz anderen Geschichte angemessen ist. Wenn heute ein Erzähler mit den Worten ansetzt: »Es war einmal«, dann wissen wir, dass er ein Märchen erzählt. So wussten die Menschen, die als Griechen damals mit der Septuaginta vertraut waren, dass Lukas nun damit beginnt, heilige Geschichte zu erzählen, die Geschichte Gottes mit uns Menschen. Die Griechen nennen dieses Phänomen »Mimesis = Nachahmung«. Wenn bei einem hellenistischen Autor in einer Komödie ein Kreter auftritt, so spricht er kretischen Dialekt. Es ist also ein typisch hellenistischer Kunstgriff, wenn Lukas die Sprache der Septuaginta nachahmt, die einen typisch semitischen Klang hat. Lukas zeigt mit diesem Kunstgriff, dass er beiden gerecht wird, den Griechen und den Juden. Er erzählt die Geschichte Jesu in einer Sprache, die den Juden vertraut ist. Aber er kleidet seine Erzählung in ein griechisches Gewand.

Lukas, der Arzt

In der Tradition gilt Lukas als Arzt. Manche Exegeten betonen, dass die Sprache des Lukas ärztliche Bildung verrate. Ganz gleich, ob er wirklich Arzt war oder nicht, entscheidend ist, was hinter diesem Bild steckt, das sich die Tradition von Lukas gemacht hat. Offensichtlich war Lukas ein Mensch, dem es um die Heilung des Menschen ging. Aus seinem Evangelium und aus der Apostelgeschichte geht hervor, dass er die Menschen nicht in erster Linie belehren will, sondern dass es ihm um die Kunst des gesunden Lebens geht. Für die antiken Ärzte war die Kunst des gesunden Lebens ihre wichtigste Aufgabe. Lukas zeichnet Jesus als den Anführer des Lebens, als den, der uns in die Kunst des gesunden Lebens einführt, der uns auf dem Weg zu einem gelingenden Leben vorausgeht. Modern ausgedrückt könnte man sagen: Lukas schreibt ein Buch zum Thema »Lebenshilfe aus dem Glauben«.

In seinem Konzept der gesunden Lebensführung ist Lukas dem griechischen Menschenbild verpflichtet. Den Griechen ging es um das rechte Maß. Nur was maßvoll ist, entspricht dem griechischen Menschenbild des schönen und guten Menschen (= kalos k'agathos). Zu diesem Maß gehört ein Ausgleich der Gegensätze. Die Grundfrage der Griechen war ja, wie der Mensch zu seinem wahren Wesen finden, wie er seine innere Zerrissenheit überwinden und zur Einheit mit sich und Gott finden könne. Der Weg zu dieser Einheit geht über den Ausgleich der Gegensätze. Daher liebt Lukas in seiner Darstellung die Gegensätze. Wenn er den einen Pol menschlichen Lebens beschrieben hat, folgt sofort der Gegenpol. Das zeigt sich darin, dass er einem Mann immer auch eine Frau zur Seite stellt, etwa wie bei Simeon und Hanna, oder wie bei Simon von Cyrene und den weinenden Frauen. Auf ein Männergleichnis folgt ein Frauengleichnis. Das zeigt er auch in seiner Vorliebe für zwei Schwestern, zwei Brüder, zwei schwangere Frauen. Er schildert immer zwei Pole des Menschen. Beide Pole gehören zu uns. Immer wenn Lukas ein Thema faszinierend dargelegt hat, relativiert er es, indem er den Gegenpol beschreibt, so etwa beim Thema Nächstenliebe (10,25–37), das sofort durch das Thema Gottesliebe (10,38–42) relativiert wird. So bewahrt er uns vor einseitigem Idealismus, in dem wir immer in Gefahr sind, den Gegenpol zu überspringen und so wichtige Bereiche unserer Seele abzuspalten. Lukas zeigt uns einen ausgewogenen Weg zur Menschwerdung. Er lehrt uns die Kunst, lebendig zu leben, indem wir die Polarität unseres Daseins bewusst wahrnehmen und zulassen.

Das Lukasevangelium ist geprägt von einem positiven Menschenbild. Lukas ist kein Moralist und kein Pessimist. Er traut dem Menschen etwas zu. Es geht ihm darum, wie der Mensch in seiner Welt so leben kann, dass es seiner Würde entspricht, dass er mit seiner ursprünglichen Schönheit und Gutheit in Berührung kommt, dass er das Menschenbild zu verwirklichen vermag, das den Griechen so lieb und teuer war. Lukas sieht in Jesus den, der unser wahres Bild zur Entfaltung bringt. Er verzichtet darauf, den Menschen ständig als Sünder zu beschreiben. Der Mensch hat einen göttlichen Kern. Aber er hat sich von seinem göttlichen Kern entfremdet. Daher kommt Jesus vom Himmel herab, um ihn wieder an seine göttliche Würde zu erinnern. Dieses positive Menschenbild des Lukas täte unserer christlichen Verkündigung heute gut. Wir haben zu lange gedacht, wir müssten den Menschen erst klein machen, damit er die Gnade Gottes annehme. Lukas verzichtet auf eine solche uns letztlich entwertende Methode. Er sieht den Menschen, wie er ist, in seiner Würde, aber auch mit seinen Verletzungen und Wunden. So zeichnet er uns Jesus als den wahren Arzt, der unsere Wunden heilt und der uns die Kunst des gesunden Lebens lehrt. Jesus ist der Arzt, der uns, die wir in uns selbst verkrümmt sind und nicht über unseren engen Horizont hinaussehen, wieder aufrichtet zu unserer wahren Würde.

Lukas, der Maler

Das andere Bild, das die Tradition uns von Jesus überliefert, geht auf Lukas als Maler zurück. Auch dieses ist historisch unsicher. Aber in diesem Bild steckt dennoch etwas Wahres. Lukas ist ein begnadeter Schriftsteller, der die Kunst beherrscht, die Ereignisse so darzustellen, dass sie uns wie ein Bild aufscheinen. Nicht umsonst hat Klaas Huizing ein Buch geschrieben: »Lukas malt Christus«. Lukas zeichnet uns ein literarisches Portrait von Jesus. Manche meinen, Lukas sei nur ein guter Erzähler, aber kein guter Theologe gewesen. Ich kann diese Meinung nicht teilen. Lukas versteht die Kunst, die Geschichte Jesu so zu erzählen, dass die ganze Theologie der Menschwerdung aufleuchtet. Dass Jesus Gottes Sohn ist, braucht Lukas nicht zu behaupten und zu begründen. Er erzählt die Geschichte von Jesus so, dass das Göttliche in Jesus aufstrahlt. Indem der Leser von Jesus berührt wird, geht ihm Gott auf. So wird er hineingezogen in das Geschehen der Inkarnation. Das ist für mich hohe theologische Kunst.

In den Erzählungen des Lukas strahlt uns das Antlitz Gottes im Menschen Jesus entgegen. Wenn wir dieses Bild anschauen, werden wir davon verwandelt. Im Lesen der Geschichte geschieht die Erlösung. Wenn ich mit allen Sinnen lese, wenn ich – wie Martin Luther es ausdrückt – in den Text hineinkrieche, dann gehe ich verwandelt aus dem Text heraus. Ich bin der Gestalt Jesu begegnet, und diese prägt nun meine Gestalt. Der Text schafft eine neue Wirklichkeit. Der Leser bleibt nicht der gleiche. Er wird durch den Text neu geschaffen. Er kommt in Berührung mit dem Bild Jesu Christi, das sich in ihn beim Lesen einbildet (vgl. Huizing, S. 140f.).

Lukas war in griechischer Rhetorik ausgebildet. Ziel der Rhetorik war »das Vor-Augen-Malen eines Sachverhaltes« (Huizing, S. 120). Horaz spricht vom »Malen mit Worten«. Lukas beherrscht die Kunst, uns mit Worten ein literarisches Portrait Jesu zu malen. Er lässt die Gestalt Jesu sichtbar werden, indem er dessen Gesten und Blick beschreibt. So entsteht eine Atmosphäre, ein Gefühlsraum, in dem der Leser von Jesus angerührt wird. Lukas spricht nicht über die Inkarnation der Liebe Gottes, sondern er erzählt eine Geschichte, in der die Liebe Gottes Fleisch wird: die Geschichte vom barmherzigen Samariter (10,30–38). Wer diese Geschichte mit allen seinen Sinnen liest, dem geht es wie Rilke beim Anblick der Laokoongruppe in den vatikanischen Museen. Rilke stand vor diesem faszinierenden Standbild und wusste: »Du musst dein Leben ändern.« Man kann so eine Geschichte nicht lesen, ohne davon angeregt zu werden, dem Bild ähnlich zu werden, das Lukas darin von Jesus zeichnet.

François Bovon beschreibt diese Fähigkeit des Lukas, malend zu schreiben. Jesus illustriere »das doppelte Liebesgebot einerseits durch das Gleichnis vom barmherzigen Samaritaner und andererseits durch das Gespräch mit Maria und Marta (10,25–42). Schwierige theologische Fragen bringt er dem Verständnis näher durch einprägsame Inszenierungen, wie etwa die Jungfrauengeburt durch das lebendige Gegenüber von Maria und Engel und ihren Dialog (1,26–38).« (Bovon, S. 16f.) Die Frage nach der Heidenmission behandelt er nicht mit intellektuellen Argumenten, sondern beantwortet sie durch das konkrete Beispiel der Bekehrung des Kornelius. Lukas nennt die Gefühle nicht, sondern »malt ihre Äußerungen: Der ungeborene Johannes beispielsweise hüpft im Mutterleib (1,41), die Sünderin vergießt Tränen (7,38), Jesus beugt sich über die schwerkranke Schwiegermutter des Petrus (4,39).« (Ebd., S. 17) Offensichtlich kann sich Lukas in jede Situation einfühlen. Und er findet für jede Erzählung genau den Stil, der dem Geschehenen gerecht wird. Seine Gefühle werden in der Sprache sichtbar. Lukas braucht die Gefühle nicht zu benennen. Seine Sprache drückt die Gefühle aus, mit denen er auf das jeweilige Ereignis oder auf das jeweilige Wort Jesu reagiert.

Wir verdanken Lukas die schönsten biblischen Erzählungen, wie etwa die Emmausgeschichte, und die schönsten Gleichnisse (Der verlorene Sohn und Der unehrliche Verwalter). Lukas kann den Leser faszinieren. Das verrät nicht nur seine Bildung, sondern auch seinen Sinn für Schönheit und Menschlichkeit. Er hat ein Gespür für den Menschen. Er liebt die Menschen, für die er schreibt. Er knüpft durch sein Schreiben Beziehungen. Er entwirft sein Doppelwerk nicht am Schreibtisch, sondern immer schon in der Beziehung zu seinen Lesern. Beim Schreiben hat er den Leser vor Augen und tritt mit ihm in einen Dialog. Er möchte den Leser für Jesus gewinnen, aber nicht mit platten Argumenten, sondern mit Erzählungen, die das Herz anrühren. So kann nur ein Mensch schreiben, der selbst angerührt war von der Gestalt Jesu.

Es geht Lukas aber nicht nur um die Gestalt Jesu, sondern letztlich um Gottes Handeln in Jesus Christus. Gott ist der eigentlich Handelnde. Gottes Großtaten will Lukas verkünden. Lukas redet nicht abstrakt von Gott, sondern er erzählt sein Handeln am Menschen. Durch sein geschichtliches Wirken wird Gott sichtbar und erfahrbar. So malt Lukas in seinen Erzählungen ein Bild des unsichtbaren Gottes, der sich uns in seiner Schöpfung und in der Geschichte zeigt.

Die Sprache offenbart das Herz eines Menschen. Die Sprache des Lukas verrät uns nicht nur den gebildeten Menschen, sondern auch den Arzt und den Maler. Sie zeigt uns einen Menschen, der ein Herz für die Menschen hat, der die Menschen für das Leben gewinnen will, der ihnen einen Weg zeigen möchte, wie sie hier in dieser Welt sinnvoll leben können. Und sie zeigt einen ästhetischen Menschen, einen Menschen, der einen Sinn hat für Schönheit. Lukas kann spannend erzählen. Er hat ein Gespür für Komposition. Obwohl er über eine umfassende Bildung verfügt, schreibt er einfach. Er verzichtet auf die Überredungstechniken der griechischen Rhetorik, die er sicher gelernt hat.

Lukas passt seinen Stil der jeweiligen Situation an: »Die Gedanken oder Sorgen Marias weiß er in mütterlichen Worten auszudrücken, die Anfänge des Täufers feierlich zu datieren, den misslungenen Fischfang mit Fachausdrücken, die Verklärung Jesu geheimnisvoll, die Auseinandersetzungen des Paulus mit den Juden in Rom polemisch, das Gebet und die Haltung der Apostel nach der Himmelfahrt hierarchisch wie eine Ikone, die Begegnung mit Zachäus anschaulich, rührend, fast naiv, den dramatischen Schiffbruch des Paulus romanartig, die Missionsreden des Petrus kerygmatisch kirchlich, die exegetische Predigt des Paulus in der Synagoge in ihrer Gedankenführung jüdisch, die Verteidigungsreden des Apostels rhetorisch-juristisch darzustellen.« (Bovon, S. 16) So offenbart die Sprache nicht nur einen begabten Schriftsteller, sondern einen Menschen, der sich in jede Situation einfühlen kann, der mit den Personen fühlt, die er schildert, der sich einlässt auf das Leben, der voller Sehnsucht ist nach erfülltem Leben. Wie es Lukas fertig bringt, die Geschichte Jesu auch in unsere Nöte und Sehnsüchte hinein zu sprechen, das möchte ich nun konkret an einigen ausgewählten Beispielen aufzeigen.

Auslegung

Die Kindheitsgeschichte

»Lukas ist ohne Zweifel ein herausragender Repräsentant der so genannten Narrativen Theologie.« (Ernst, S. 34) So urteilt der Exeget Josef Ernst. Lukas erzählt das Geheimnis der Gottessohnschaft Jesu, indem er dessen Geburt beschreibt. Theologie wird durch Erzählen betrieben, nicht durch Spekulieren. Und Lukas ist ein exzellenter Erzähler. Das zeigt er gerade in den Kindheitsgeschichten. Welche Quellen er da genau benutzt, können wir nicht mit letzter Sicherheit sagen. Aber wie er mit diesen Quellen umgeht, wie kunstvoll er sie ordnet, das können wir sehen. Lukas hat die Geburt Jesu mit der Geburtsgeschichte Johannes' des Täufers verzahnt, und zwar so, dass Jesus den Täufer übertrifft, dass der Täufer mit seinem ganzen Sein auf Jesus hinweist. Lukas stellt Johannes und Jesus einander gegenüber: Johannes predigt das Gericht, Jesus die gute Nachricht von der Gnade Gottes – vom gewinnenden Charme Gottes –, die alle, die sie hören, mit Freude erfüllt.

Lukas hat hier zwei Doppelbilder gemalt »nach Art eines Diptychons« (Ernst, S. 35). Hier zeigt sich wieder der Maler Lukas. Wenn er erzählt, entstehen Bilder. Mit seinen Bildern verweist Lukas auf bisher verborgene Dimensionen des göttlichen Handelns. Das erste Bild ist das zweier Geburtsankündigungen, das zweite Bild erzählt die Geburt Johannes' des Täufers und die Geburt Jesu. Beiden Bildern folgen Meditationen über das Geschehene. Nach den beiden Geburtsankündigungen erzählt uns Lukas den Besuch Marias bei Elisabeth. Auf die Erzählung der beiden Geburten folgen das Zeugnis des Simeon und der Hanna über Jesus und die Geschichte vom zwölfjährigen Jesus im Tempel. In beiden Bildern leuchtet das Geheimnis dieses neugeborenen Kindes auf. Das Volk hat die Bilder, die Lukas uns von der Geburt Jesu geschaffen hat, weiter ausgemalt. In jeder Zeit entstehen neue Weihnachtsbilder, die das Geheimnis der Menschwerdung auf ihre Weise deuten. Sie alle aber haben ihren Grund in den Bildern, die Lukas uns in seiner anrührenden Darstellung vor Augen hält.

Verkündigung des Engels an Maria (1,26–38)

Zacharias, der alte Mann und Priester, reagiert auf die Verkündigung des Engels Gabriel mit Zweifeln. Maria, die junge Frau, das einfache Mädchen aus Nazareth, glaubt dem Engel. Hier zeigt sich wieder die Gegensätzlichkeit. Beide Pole sind in uns: der Zweifel und der Glaube. Lukas lädt uns ein, wie Maria dem Pol des Glaubens mehr zu trauen. Maria hat Gnade gefunden bei Gott. Gott freut sich an ihr und schenkt ihr daher seine liebende Zuwendung. Was der Engel Maria zusagt, das gilt auch uns. Auch an uns hat Gott sein Wohlgefallen. Aber wir reagieren nicht darauf. Maria lässt sich auf Gottes Gnade ein: »Ich bin die Magd des Herrn; mir geschehe, wie du es gesagt hast.« (1,38) Maria sieht sich hier als Repräsentantin des Volkes Israel. Während Israel Gottes Willen abgelehnt hat, wird sie ihn stellvertretend für das Volk erfüllen. In diesem Wort zeigt Lukas, wie sehr er Maria als Frau schätzt. Sie lässt sich anders als der Mann Zacharias ein auf das Wort Gottes und traut ihm. Eine Frau wird zur Repräsentantin des Volkes Israel. Weil sie sich auf Gottes Wort einlässt, wird dem Volk Erlösung zuteil. Das Handeln geht von Gott aus. Aber es hängt auch von der Entscheidung der Menschen ab, ob sie Gott an sich handeln lassen. Maria gibt dem Handeln Gottes in ihrem persönlichen Leben Raum. Das hat Folgen für die ganze Menschheit.

Maria wird in der Verkündigungsszene als Jungfrau bezeichnet. Und die Geburt Jesu wird als jungfräuliche Geburt beschrieben. Darüber haben sich die Exegeten und Theologen viele Gedanken gemacht. Das Motiv, dass ein heiliger Mann durch eine jungfräuliche Geburt zur Welt kommt, ist sowohl in jüdischen Kreisen als auch in hellenistischen und ägyptischen Traditionen bekannt. Schon Philo, der jüdische Philosoph, sieht die Geburt Isaaks als jungfräuliche Geburt an. Und er spricht von der ekstatischen Vereinigung der Seele mit Gott (Bovon, S. 66). Im ägyptischen Sonnenkult feierte man in der Nacht vom 24. auf den 25. Dezember die Geburt der Sonne. Dabei brach die Gemeinde in den Ruf aus: »Die Jungfrau hat geboren, zu nimmt das Licht.« (Bovon, S. 68) Der ägyptische König – so stellte man sich vor – wird von Gott gezeugt. All diese Elemente des ägyptischen Sonnenkultes und der hellenistischen Vorstellungen göttlicher Zeugung waren schon im Judentum verbreitet. So hat Lukas auf der einen Seite jüdische Traditionen verarbeitet, auf der anderen Seite aber auch auf die Sehnsüchte der Griechen geantwortet. Mit seiner Erzählung von der Verkündigung kann er die Jungfräulichkeit der Mutter des Messias verständlich machen, seine Größe und Gottessohnschaft, seine ewige Herrschaft und die Erzeugung durch den Heiligen Geist (Bovon, S. 69). Wie die Wintersonnenwende der Sommersonnenwende im Abstand von sechs Monaten folgt, so wird Jesus sechs Monate nach Johannes geboren. Mit ihm leuchtet die Sonne der göttlichen Gnade hell auf in der Kälte unserer Welt. Wenn heute viele Theologen einen Dialog der verschiedenen Religionen fordern, so hat Lukas das schon damals in vollendeter Weise getan. Er hat die verschiedenen religiösen Strömungen aufgegriffen und die Botschaft vom Geheimnis Jesu vor dem Hintergrund dieser Traditionen so formuliert, dass Menschen aus allen religiösen Kulturen verstehen konnten, was ihnen Gott in Jesus geschenkt hat.

Doch Lukas verbindet diese mythologischen Motive mit dem menschlichen Motiv des vertrauenden Glaubens, den er in Maria beschreibt. Maria wird zum Urbild und Vorbild des Glaubens. Maria lässt sich auf den Engel ein. Sie erschrickt zwar über die Anrede des Engels. Aber sie verschließt sich nicht, sondern denkt darüber nach, was der Engel ihr letztlich sagen möchte. Der Engel verkündet ihr, dass sie einen Sohn empfangen werde, der »Sohn des Höchsten« genannt wird (1,32). Der Höchste ist im hellenistischen Judentum eine beliebte Bezeichnung für Gott. Der Engel erklärt Maria, wie die Empfängnis vor sich gehen wird: »Der Heilige Geist wird über dich kommen, und die Kraft des Höchsten wird dich überschatten.« (1,35) Der Heilige Geist selbst wird die Jungfrau befruchten. Das erklärt nicht nur die jungfräuliche Geburt Jesu, sondern ist ein Bild auch für unser Leben. Die kostbarste Frucht, die wir bringen können, kommt nicht aus uns selbst, und sie stammt auch nicht aus der Befruchtung durch andere Menschen, sondern sie wird vom Heiligen Geist gewirkt. Maria, die glaubende Frau, ist hier Vorbild für den Christen. Gott möchte durch seinen Heiligen Geist auch in uns Neues schaffen. Wir dürfen nicht zu klein von uns denken. Wir sollen wie Maria Gott zutrauen, dass er Großes in uns und aus uns heraus zu wirken vermag. »Denn für Gott ist nichts unmöglich.« (1,37) Darin besteht der wahre Glaube, dass wir Gott keine Grenzen setzen. Gott ist nichts unmöglich. Gott wählt die Jungfrau Maria, ein unbedeutendes Mädchen aus Nazareth, um das Unmögliche in dieser Welt möglich zu machen. Er wählt auch uns gerade in unserer Schwachheit und Begrenztheit, um durch uns sein Werk des Heils und der Heilung in dieser Welt zu vollbringen. Christus möchte auch in uns Gestalt annehmen. Die Voraussetzung dafür ist jedoch, dass wir wie Maria sprechen: »Ich bin die Magd des Herrn; mir geschehe, wie du es gesagt hast.« (1,38)

Die Begegnung zwischen Maria und Elisabeth (1,39–56)

Bevor Lukas die Geburt des Johannes und die Geburt Jesu beschreibt, erzählt er uns die schöne Geschichte von der Begegnung Marias mit Elisabeth. Mit dieser Geschichte verknüpft er zum einen die Geburt des Johannes mit der Geburt Jesu, zum anderen deutet er uns das Geschehen. Maria ist die Frau, die mehr als alle anderen Frauen gesegnet ist. Denn sie trägt den Herrn selbst in sich. Es ist eine wunderbare Begegnungsgeschichte, die uns Lukas erzählt. Da macht sich ein zwölf- oder vierzehnjähriges Mädchen auf und eilt durch das Gebirge. Vier Tage lang braucht man normalerweise für diesen Weg. Maria muss schon eine selbstbewusste Frau gewesen sein, wenn sie sich allein diesen Weg zutraut. Die Erfahrung Gottes in der Verkündigungsszene hat sie in Bewegung gebracht. Auch Elisabeth gerät in Bewegung. Als Maria sie grüßt, hüpft das Kind in ihrem Schoß auf. Sie kommt in Berührung mit ihrer Fruchtbarkeit, mit dem Neuen, das in ihr wächst. Und sie wird vom Heiligen Geist erfüllt. Sie wird zur Prophetin, die in Maria das Geheimnis ihrer Mutterschaft erkennt. In dieser wunderbaren Geschichte geht es nicht nur um das Geschehen damals. Die Szene ist vielmehr Urbild jeder tiefen menschlichen Begegnung. In jeder Begegnung geht es darum, im anderen das Geheimnis Christi zu entdecken. Jeder trägt Christus in sich. Wenn wir das verstehen, dann hüpft das Kind in uns auf. Wir entdecken das Geheimnis des anderen und unser eigenes Geheimnis. Wir kommen mit dem Kind in uns in Berührung. Damit solche Begegnung möglich wird, müssen wir wie Maria aufstehen und uns auf den Weg machen. Wir müssen auf eigenen Füßen stehen, um beim anderen anzukommen. Und wir müssen über das Gebirge gehen, über die Berge von Hemmungen und Vorurteilen, um den anderen so zu sehen, wie er ist.

Elisabeth preist Maria als die, die geglaubt hat, »dass Vollendung über das kommen wird, was ihr vom Herrn versprochen worden ist« (Bovon, S. 80). Hier benützt Lukas das einzige Mal in seinem Evangelium das Wort »teleiosis = Vollendung, Erfüllung«. Die Geburt Jesu ist die Erfüllung aller Verheißungen, die Gott jemals im Alten Testament gegeben hat. Darin wird alles zusammengefasst, was Gott dem Menschen versprochen hat. In Jesus zeigt Gott, dass er sein Volk aller Drangsal entreißen wird, dass er ihm den Weg des Lebens zeigt, dass er es erlöst aus Gefangenschaft und alle seine Wunden heilt. Es geht nicht darum, einzelne Verheißungen auf die Geburt Jesu zu beziehen, sondern in Jesus die Erfüllung der gesamten Heiligen Schrift zu sehen. Elisabeth sieht in Maria die Glaubende, Vorbild auch für unseren Glauben. Gott wird auch an uns erfüllen, was er uns verheißen hat. Er wird auch an uns Großes vollbringen, wenn wir wie Maria seinen Worten trauen.

Maria antwortet auf die Seligpreisung mit einem Loblied, das Lukas so formuliert, dass es auch unser Lied werden kann. Im Magnifikat deutet Maria das Geschehen, das sie in der Verkündigung erlebt hat und das in der Geburt Jesu vollendet wird. Maria ist hier die Repräsentantin Israels, aber auch die Stimme all der Armen und Entrechteten, die in der Geburt Jesu ihr Recht bekommen. In Jesu Geburt stürzt Gott die Mächtigen vom Thron, und die Armen werden erhöht. Die Befreiungstheologie hat das Magnifikat heute neu entdeckt als Hoffnungslied der Armen. Feministische Theologinnen sehen darin ein Befreiungslied für Frauen. Beide Bewegungen greifen wichtige Anliegen des Evangelisten auf. Denn Lukas ist sowohl der Anwalt der Armen als auch der Frauen. Jeder kann für sich dieses wunderbare Lied singen und damit Gott preisen, der auch auf seine Unbedeutendheit geschaut und Großes an ihm getan hat. In diesem Lied kommt zum Ausdruck, dass Gott alle unsere Maßstäbe über den Haufen wirft und gerade das Niedrige in uns erhöht und das Hungernde in uns sättigt.

Die Geburt Jesu (2,1–21)

Es gibt wohl kaum Menschen, die von der Geburtsgeschichte Jesu, wie sie uns Lukas erzählt, nicht berührt werden. Kunstvoll hat Lukas drei Geschichten miteinander verwoben: die Erzählungen von der Volkszählung, von der Geburt Jesu und von der Verkündigung der Geburt an die Hirten. Die Exegeten sind sich heute einig, dass es eine Steuerschätzung im ganzen Reich nicht gegeben hat, sondern nur in einzelnen Gebieten. Lukas referiert nicht einfach die geschichtlichen Fakten, sondern er deutet sie. Er stellt die Geburt in die politische Welt des Kaisers Augustus, um zu zeigen, dass Jesus der wahre Friedenskönig ist, dass nicht Augustus das Heil bringt, wie es manche Inschriften von ihm ausdrücken, sondern Jesus, der als armes Kind in einem Stall geboren wird. Die Geburt in einem unbedeutenden Winkel Palästinas hat eine heilsame Bedeutung für die gesamte Welt. Jesus ist der wahre Retter und Herr. Er bringt den wahren Frieden, nicht Augustus, der sich als Friedenskaiser feiern ließ. Mit seiner Erzählung kritisiert Lukas die Herrscherideologie des Kaisers, aber zugleich auch die politische Theologie der Zeloten, die sich gegen die Volkszählung auflehnen. Maria und Josef gehorchen dem Befehl des Kaisers. Der Umsturz der Verhältnisse geschieht nicht mit Gewalt und äußerer Macht, sondern von innen heraus. In Jesus hat Gott in diese Geschichte eingegriffen. Der Friede, der in Jesus in der Geschichte aufscheint, hat geschichtliche und politische Auswirkungen. Die Christen sollen – so meint Lukas – den Frieden Christi in die ganze Welt bringen. Die Geschichte Jesu soll sich durch die Christen in der Weltgeschichte heilend und Frieden stiftend auswirken. Der Friede Gottes wird in der Geschichte Jesu sichtbar und will durch ihn die ganze Weltgeschichte durchdringen.

Maria und Josef machen sich auf den Weg nach Bethlehem. »Als sie dort waren, kam für Maria die Zeit ihrer Niederkunft, und sie gebar ihren Sohn, den Erstgeborenen. Sie wickelte ihn in Windeln und legte ihn in eine Krippe, weil in der Herberge kein Platz für sie war.« (2,6f.) Die Herberge, in der kein Raum für das durchreisende Paar ist, bezeichnet einen Raum in einem Privathaus, in dem Reisende gewöhnlich übernachten konnten. Doch es war kein Raum mehr im Wohnhaus. So mussten Josef und Maria in die unter dem Haus liegende Höhle gehen, in der ein Futtertrog in die Wand gehauen war. Es ist ein Raum äußerster Armut, in dem Jesus geboren wird. In dieser Geburt unter ärmlichen Verhältnissen sieht Lukas die Erfüllung der Verheißungen Gottes an sein Volk. Das wird in der Hirtenszene deutlich. Israel versteht sich als Hirtenvolk. Den Hirten als Vertretern der Armen des Volkes wird die Botschaft von der Geburt Jesu zuerst verkündet. Es spielt aber sicher auch ein griechisches Motiv mit. Die Griechen erzählen sich die Entdeckung des königlichen Säuglings durch Hirten. Lukas erzählt sein Evangelium so, dass es sowohl für Juden als auch für Griechen eine Frohe Botschaft ist, eine Botschaft, die in ihren geistigen Horizont hineinspricht und ihre tiefsten Sehnsüchte erfüllt. Ein Engel tritt zu den Hirten, und mit ihm erscheint Gottes Herrlichkeit und umstrahlt die Hirten. Die Nacht, die Dunkelheit des menschlichen Herzens, wird durch Gottes Licht verwandelt. Der Engel verkündet den Hirten eine große Freude. Hier verwendet Lukas das griechische Wort »euangelizomai«. Es ist ein Wort, das die Ankündigungen des Kaisers bezeichnet, aber zugleich hat dieses Wort auch seine Wurzeln im Alten Testament. Gott spricht mit diesem Wort seine Botschaft zu den Menschen. Lukas benützt jedes Wort bewusst. Er beherrscht die Kunst, in seinen Worten sowohl die Juden wie die Griechen anzusprechen. Für die Juden wird deutlich, dass in der Geburt Jesu sich die alttestamentlichen Verheißungen erfüllen. Für die Griechen hat das Wort eine »antikaiserliche Spitze« (Bovon, S. 125). Die Verkündigung der Geburt Jesu bringt den Menschen wahre Freude, nicht die Versprechungen des Kaisers.

Der Inhalt der Verkündigung des Engels lautet: »Heute ist euch in der Stadt Davids der Retter geboren; er ist der Messias, der Herr.« (2,11) Lukas benutzt hier drei Begriffe, um das Geheimnis Jesu zu erklären. Und es sind Begriffe, die wiederum jüdische und griechische Gemüter in gleicher Weise ansprechen. Das Wort »soter = Retter« bezeichnet in der Septuaginta das Wirken Gottes. In der griechisch-römischen Welt werden Kaiser, Philosophen und Ärzte Retter genannt. Kaiser Augustus wurde als Retter bezeichnet. Doch alle diese menschlichen Retter überbietet Jesus. Er ist der Messias, der Gesalbte Gottes. Der wahre Retter ist der aus dem Judentum kommende Messias. Dieser Messias erfüllt die Verheißungen Gottes. Er befreit sein Volk aus Unterdrückung und Knechtschaft. Der jüdische Begriff Messias steht hier zwischen den beiden griechischen Titeln »Retter und Herr«. »Kyrios = Herr« ist ein Begriff, den die Griechen für den Kaiser verwenden. In der Septuaginta ist Gott der eigentliche Herr. Jesus ist beides: Er kommt von Gott und ist Gottes Sohn. Aber er ist zugleich der Herr, der der ganzen Welt Frieden und Heil bringt, dauerhafter, als jeder Kaiser das vermag. Indem Lukas kunstvoll diese drei Begriffe miteinander verbindet, beschreibt er das Geheimnis der Menschwerdung Gottes in Jesus Christus. Er spekuliert nicht darüber, sondern er bringt durch eine Erzählung zum Ausdruck, wer dieser Jesus ist. Wir hören lieber eine Geschichte, als dass wir uns die oft unverständlichen theologischen Diskussionen über die Gottessohnschaft Jesu anhören. In dieser anrührenden Erzählung von der Geburt Jesu erahnen wir das Geheimnis dieses Menschen. Er ist ganz Mensch, aber er kommt von Gott. Er ist der Retter, nach dem sich die ganze Welt sehnt. In dieser Erzählung verbindet Lukas Himmel und Erde, menschliche Sehnsucht und göttliches Handeln. In der Art und Weise, wie Lukas die Geburt Jesu erzählt, bewirkt er in uns die Freude, die der Engel verkündet. Das Göttliche wird durch menschliche Worte sichtbar und greifbar.

Hier taucht zum ersten Mal das Wort »heute« auf. Sieben Mal wird es Lukas in seinem Evangelium bringen. Das, was damals geschah, geschieht für uns heute, wenn wir die Geschichte des Lukas lesen. Wir haben »heute« teil an dem Schauspiel, das Lukas uns beschreibt. Wir schauen auf das, was in Worten uns vor Augen gemalt wird. Und indem wir schauen, werden wir eins mit dem Geschauten. Wir werden Augenzeugen des Geschehenen, Zuschauer des göttlichen Schauspiels, wenn uns die Worte in der Liturgie verkündet werden und wenn wir uns in der Liturgie in das Geschehen hineinspielen, damit wir im Schauen und im Spielen verwandelt werden und als Verwandelte nach Hause gehen. Das »Heute« spricht Lukas in unser aller Sehnsucht hinein. Heute will an uns geschehen, was damals die Hirten erlebt haben. Heute soll unsere Sehnsucht erfüllt werden.

Neben dem Engel der Verkündigung erscheint ein ganzes Heer von Engeln, die Gott loben und singen: »Verherrlicht ist Gott in der Höhe, und auf Erden ist Friede bei den Menschen seiner Gnade.« (2,14) Durch die Geburt Jesu werden Himmel und Erde miteinander verbunden. Gottes Herrlichkeit erscheint in der Höhe. Und in der Tiefe, auf der Erde, erscheint in Jesus Gottes Friede. Es ist ein Paradox: Indem ein Kind im Stall geboren wird, leuchtet im Himmel Gottes Herrlichkeit vor den Engeln auf. Der Widerschein der Herrlichkeit Gottes auf Erden ist der Friede. »Eirene = Friede« meint dabei nicht nur die Beseitigung von Krieg und Streit, sondern das Heil, das Gott wirkt. Das hebräische Wort »shalom« meint den Zustand des Menschen, so wie er eigentlich sein soll. Gott stellt in der Geburt Jesu den Menschen wieder so her, wie er eigentlich gedacht war. Das griechische Wort »eirene« meint die Ruhe, die Seelenruhe. Wenn Gott Mensch wird, kommt der Mensch in seinem unruhigen Herzen zur Ruhe. Da wird seine Sehnsucht erfüllt. Und »eirene« bezieht sich auch auf die Harmonie. Alles stimmt zusammen. In der Geburt Jesu stimmen Gott und Mensch zusammen, Himmel und Erde. Es gibt einen Einklang zwischen Gott und Mensch, zwischen Geist und Materie, zwischen Engeln und Menschen. Dieser Friede, die Ruhe, die Harmonie sind den Menschen des göttlichen Wohlgefallens zugesprochen. »Eudokia« meint das Wohlgefallen Gottes, die liebevolle Bewegung Gottes zum Menschen hin. Es drückt das göttliche Wohlwollen den Menschen gegenüber aus und nicht »Gottes anerkennendes Wohlgefallen« (Schürmann, S. 115). In diesem Wort klingt das Gottesbild des

Lukas an, das »stark affektiv geprägt« ist (Bovon, S. 129). Gott hat in Jesu Geburt den Menschen seine Liebe gezeigt, um durch seine Tat der Liebe im Menschen Gegenliebe hervorzurufen. Eudokia drückt aus, dass Gott immer schon in Beziehung zum Menschen steht und durch die Geburt seines Sohnes diese Beziehung vertiefen möchte.

Auf das Loblied der Engel machen sich die Hirten auf, um das Kind in der Krippe anzusehen. Die Hirten und Maria sind Vorbild für unseren Glauben, mit dem wir auf den Besuch Gottes bei den Menschen in der Geburt Jesu antworten sollen. Die Hirten sehen, was ihnen der Engel verheißen hatte. Und sie deuten das Gesehene durch das Wort, das sie gehört haben. Maria nimmt die Worte in ihrem Herzen auf, sie deutet sie, um zu verstehen, was geschehen ist. Aber es geht nicht um ein intellektuelles Verstehen, sondern um ein Bewegen des göttlichen Wortes im Herzen, um eine klare und richtige Interpretation des göttlichen Handelns auf der Ebene des Gefühls. So sollen wir die Geschichte von der Geburt Jesu in unserem Herzen erwägen. Wir sollen sie hin- und herbewegen, bis sich unser Gefühl einschwingt in das Geheimnis der göttlichen Liebe, die in der Geburt Jesu in die Geschichte eingebrochen und für uns alle sichtbar erschienen ist.

Simeon und Hanna (2,22–52)

Aber nicht nur die Hirten und Maria sind Vorbild für die gläubige Annahme des Gottessohnes Jesus Christus. Lukas, der Erzähler, übernimmt noch ein anderes wichtiges Motiv, das sowohl bei den Griechen wie bei den Juden beliebt ist: der Greis, der noch etwas Besonderes erlebt. Lukas liebt Begegnungen zwischen Menschen, die Gott selbst initiiert. In solchen Begegnungen wird das Geheimnis Gottes für den Menschen erfahrbar. Für Lukas, den

Griechen, sind es immer Begegnungen mit Männern und Frauen. Beide gemeinsam erfassen das Geschehen und erkennen darin Gottes Wirken. Aber es ist nicht nur die Polarität von Mann und Frau, die in dieser Geschichte zum Tragen kommt. Es ist auch der Gegensatz von Gesetz und Evangelium, von Freude und Leid, von Aufgerichtetwerden und dem Schmerz, den Jesus seiner Mutter bereiten wird. Es ist keine heile Welt, die Maria erwartet. In die Freude über ihren Sohn, den Gesalbten Gottes, mischt sich der Schmerz über das Schicksal, das er erleiden wird. Hier zeigt Lukas die Gegensätzlichkeit unserer eigenen Seele auf. Auch wir erfahren Gott als den, der unser Herz erfreut, aber auch als den Unverständlichen, als den, der in uns Widerspruch hervorruft und uns eine schmerzliche Wandlung zumutet.

Maria und Josef erfüllen das Gesetz des Mose, indem sie das Kind nach Jerusalem bringen, um es dem Herrn zu weihen. Doch das Gesetz ist nur der Übergang zur Gnade Gottes, die in Christus erschienen ist. Mitten im vorgegebenen Ritus geschieht das Überraschende: die Begegnung mit Simeon und Hanna. Lukas spekuliert nicht über das Verhältnis von Gesetz und Gnade, sondern er bringt es durch seine Erzählung zum Ausdruck. Es ist eine Geschichte, die viele Herzen angerührt hat. Origines hat allein vier Predigten über diesen Text gehalten. So sehr war er davon fasziniert. Lukas erzählt nicht nur das Geheimnis Jesu, das Simeon in seinem Loblied besingt. Er führt uns Simeon auch als Vorbild vor Augen. Simeon ist Bild für den Menschen, der angesichts des Todes dankbar zurückblicken kann auf sein Leben. Denn wenn wir Christen sterben, dürfen wir bekennen: »Nun lässt du, Herr, deinen Knecht, wie du gesagt hast, in Frieden scheiden. Denn meine Augen haben das Heil gesehen, das du vor allen Völkern bereitet hast.« (2,29f.) Nach dem Hymnus schildert Lukas den Widerspruch im Herzen des Simeon, aber auch in uns allen. Jesus ist für uns Frieden und Licht, aber auch Schwert und Leiden. Maria wird ein Schwert durchdringen. Sie wird teilhaben am Leiden Jesu. Jesus bringt nicht nur Heil, sondern auch Gericht. Durch ihn werden die Gedanken der Menschen offenbar. Da wird sichtbar, wie sich Menschen gegenüber Gott verschließen. In dieser Spannung zwischen Licht und Leiden deutet Lukas an, dass er nicht nur eine einfache Erzählung schreibt, sondern eine Tragödie im Sinn der griechischen Tragödie, die ja auch den Sinn hatte, durch die verschiedenen Emotionen die Gefühle der Menschen anzusprechen und zu läutern.

Neben Simeon erscheint Hanna. Während Simeon als ein frommer und gerechter Mann beschrieben wird, wird Hanna Prophetin genannt. Der Mann allein repräsentiert nie den Glauben, wie ihn Lukas versteht. Ihm muss immer eine Frau gegenübergestellt werden, die einen anderen Aspekt der gläubigen Aufnahme Jesu zum Ausdruck bringt. Den Mann hatte Lukas als gerecht und fromm beschrieben. Den Charakter der Frau erhellt uns Lukas, indem er die Geschichte ihres Lebens und ihr gegenwärtiges Tun beschreibt. Das ist die Kunst des Schriftstellers, der abwechselt zwischen Beschreiben und Erzählen. Hanna hat alle drei Stadien des Frauseins durchlebt: Jungfernschaft, Ehefrau und Witwe. Sie ist eine betende Frau. Sie hält sich ständig im Tempel auf. Und sie ist Prophetin. Sie sieht tiefer. Sie erblickt das, was Gott in Jesus tut. In Jesus wird die Erlösung, nach der sich die frommen Israeliten sehnen, für alle Menschen Wirklichkeit. Da werden die Menschen befreit aus ihrer Gefangenschaft, befreit von ihrer Entfremdung. Da werden sie zu freien Menschen, so wie Gott sie bei seiner Erschaffung gedacht hat.

Nach der Begegnung mit Simeon und Hanna kehren Maria und Josef mit Jesus von Jerusalem zurück in ihre Heimat, in den Alltag von Nazareth. »Das Kind wuchs heran und wurde kräftig; Gott erfüllte es mit Weisheit, und seine Gnade ruhte auf ihm.« (2,40) Lukas liebt das Wort »charis = Gnade«. Er gebraucht das Wort im griechischen Sinn: »Charis ist etwas, was Freude bringt ... Charis ist Liebreiz, Anmut, Grazie, etwas, was angenehm berührt ... es geht um das Erfreuliche und Ergötzliche, das von Eleganz, Schönheit und Anmut ausgeht. In diesem Sinn ist charis die Äußerung eines typisch griechischen Lebensgefühls.« (Schillebeeckx, S. 93) Jesus gefällt als heranwachsendes Kind jedem wegen seiner Weisheit und wegen seines angenehmen Wesens, wegen seiner Schönheit und Anmut.

Doch nach diesem idealen Bild des heranwachsenden Jesus bringt Lukas sofort den Gegenpol. Jesus ist nicht das liebevolle und pflegeleichte Kind. In der Erzählung vom zwölfjährigen Jesus im Tempel schildert uns Lukas den ersten Familienkonflikt. Jesus macht sich selbstständig. Er kehrt nicht mit seinen Eltern nach Jerusalem zurück. Als sie ihn nach drei Tagen vergeblicher Suche im Tempel finden, sitzt er mitten unter den Lehrern, hört ihnen zu und stellt ihnen Fragen (2,46). Im Wort Marias klingen der Vorwurf und der Schmerz mit, den ihr Sohn ihr bereitet hat: »Kind, wie konntest du uns das antun? Dein Vater und ich haben dich voll Angst (mit Schmerzen) gesucht.« (2,48) Die Antwort Jesu bleibt den Eltern unverständlich. Jesus nennt Gott seinen Vater. Ihm gehört er, nicht seinen Eltern. Hier spricht Jesus zum ersten Mal im Lukasevangelium von Gott als seinem Vater. Die Eltern müssen das Fremdsein ihres Kindes akzeptieren. Es ist nicht die heile Familie, die Lukas hier schildert, sondern eine Familie mit den Konflikten, die wir alle kennen: dem Leiden am Anderssein der Kinder, dem schmerzlichen Loslassen des Kindes, dem Nichtverstehen seines Weges. Doch auf diesen Pubertätskonflikt folgt wieder die Beschreibung eines Idealbildes: »Jesus aber wuchs heran, und seine Weisheit nahm zu, und er fand Gefallen bei Gott und den Menschen.« (2,52) Ideal und Realität wechseln sich ab. Beide Pole gehören zu Jesus, beide Pole gehören auch zu uns. Nur in der Spannung von Nähe und Distanz, von Verstehen und Nichtverstehen, von Gemeinschaft und Entfremdung wachsen wir in die Gestalt, die Gott gefällt und die unserer inneren Schönheit (charis) entspricht.

Es ist eine kunstvolle Erzählung, mit der Lukas uns die Geschichte von der Geburt Jesu vor Augen führt. In den wenigen Anmerkungen, die ich dazu gemacht habe, möchte ich den Leser neugierig machen auf den begnadeten Schriftsteller Lukas, der in gleicher Weise jüdische wie griechische Leser anspricht, der jenseits aller religiösen und kulturellen Tradition mit seinen Worten direkt das Herz des Menschen berührt und in ihm eine Ahnung für das Geheimnis Gottes weckt. Lukas trägt nie zu dick auf. Er hat ein feines Gespür für die jeweilige Situation, die er schildert. Und er erzählt das Geschehen so, dass wir seine tiefere Bedeutung erahnen. Nur verhalten und vorsichtig bietet er uns die Bilder an, damit wir durch sie hindurch auf den Grund des göttlichen Geheimnisses schauen. Wir werden uns nie satt sehen an diesen Bildern. In jeder Situation werden uns neue Fassetten der göttlichen Liebe aufgehen, wenn wir uns auf die Erzählung von der Geburt und Kindheit Jesu einlassen.

Es ist nicht nur schriftstellerische Kunst, die Lukas dazu bewegt, jeweils zwei Paare und zwei Pole einander gegenüber zu stellen. Da sind Jesus und Johannes, Maria und Elisabeth. Da sind Maria und Josef, Maria und die Hirten, und schließlich Simeon und Hanna. Da sind die Erfüllung der kaiserlichen Vorschrift und das unvermutete Ereignis der Gnade Gottes, der gesetzlich vorgeschriebene Ritus der Reinigung und das Aufleuchten des Evangeliums in der Verheißung des Simeon. Da ist Jesus das Heil aller Völker und zugleich der Widerspruch, an dem sich die Menschen reiben. Diese Polarität gibt der Erzählung des Lukas die Spannung. Man kann diese erzählerische Kunstfertigkeit aber auch tiefenpsychologisch deuten. Dann zeigt Lukas, dass wir immer beide Pole in uns verbinden müssen, damit etwas Neues geboren werden und Christus in uns wachsen kann. Wir müssen anima und animus, das Männliche und das Weibliche, in uns verbinden, das Alte und das Junge, Gesetz und Gnade, Zustimmung und Widerspruch. Wie Maria müssen wir all das Gegensätzliche in uns hin- und herbewegen, es zulassen und verstehen. Dann wird Christus uns zum Heil werden, dann wird er unsere Zerrissenheit heilen und uns gerecht machen, zu dem Menschen formen, der dem ursprünglichen Bild Gottes entspricht, der richtig ist und aufrecht.

Krankheit und Heilung bei Lukas

Die Tradition sah in Lukas auch den Arzt, weil er die ärztliche Sprache beherrscht. In keinem anderen Evangelium kommen die Worte »iaomai = heilen« und »therapeuein = gesundmachen« so häufig vor wie bei Lukas. Christus ist der, der den Menschen Heil bringt, der ihre Wunden heilt. Dabei entwickelt Lukas sein Verständnis von Krankheit und Heilung vom griechischen Menschenbild her. Für die Griechen war das Ideal des Menschen der »kalos kagathos = der schöne und gute Mensch«. Ausdruck der Schönheit und des Gutseins war die Gesundheit. Eine gesunde Seele wohnt in einem gesunden Leib (mens sana in corpore sano). Der gesunde Mensch ist nach Plato der, bei dem der Körper und alle Seelenteile in Harmonie miteinander leben. Zur Gesundheit gehört auch die Moral. Und es bedarf des rechten Maßes. Wer nur um seine Gesundheit kreist wie die Athleten, der ist in Wahrheit nicht gesund. Das Entscheidende ist, dass beim gesunden Menschen alles im richtigen Maß ist. Wenn der Mensch krank ist, wird seine Würde beeinträchtigt und wird die Harmonie seiner Seelenteile zerstört. Heilung ist daher Wiederherstellung der menschlichen Würde und Harmonie. Das wird deutlich, wenn wir die beiden Heilungsgeschichten deuten, die nur Lukas erzählt: die Heilung der gekrümmten Frau und die Heilung des Wassersüchtigen. Beide Heilungen geschehen am Sabbat. Sabbat ist der Tag, an dem Gott von seinen Werken ausruhte und sah, dass die Schöpfung gut war. Heilung ist für Lukas Wiederherstellung der guten Schöpfung. Wenn Jesus einen Menschen heilt, so vollendet er das Werk des Vaters, so macht er sichtbar, wie der Mensch aus Gottes Hand gedacht war. In dieser Verbindung des griechischen Menschenbildes mit dem biblischen Gedanken der ursprünglichen Schönheit und Gutheit der Schöpfung zeigt sich die Meisterschaft des Schriftstellers und Theologen Lukas. Er verkündet seine Botschaft so, dass sie Juden wie Griechen in gleicher Weise verstehen und lieb gewinnen. Und er bietet damit auch uns heute eine Sicht von Krankheit und Heilung an, die wir verstehen. Die Psychologie hat heute neu die Verbindung von Leib und Seele entdeckt. Viele Krankheiten sind psychosomatisch. Sie betreffen den Leib und die Seele. Die Heilung setzt nie nur am Leib an, sondern stellt auch die Seele wieder her. Es geht immer um den ganzen Menschen, dass er wieder in die Gestalt hineinkommt, die ihm von Gott her zukommt. Durch die Krankheit wurde seine ursprüngliche und unversehrte Gestalt deformiert. Heilung ist Neugestaltung, Ausrichtung nach dem Ursprünglichen und Eigentlichen im Menschen.

Die Heilung der gekrümmten Frau (13,10–17)

Jesus lehrt in einer Synagoge: »Und siehe, da war eine Frau, die einen Geist der Krankheit hatte, achtzehn Jahre lang, und sie war zusammengekrümmt und unfähig, sich wieder ganz aufzurichten. Als Jesus sie sah, rief er sie zu sich und sprach zu ihr: Frau, du bist losgebunden von deiner Krankheit, und er legte ihr die Hände auf, und sie wurde mit einem Schlag aufgerichtet und pries Gott.« (13,11–13 in der Übersetzung von Bovon) Der seltsame Ausdruck »Geist der Krankheit« meint wohl, dass die Krankheit nicht rein körperlich war, sondern eine psychische Grundhaltung ausdrückt. Die körperliche Krankheit zeigt den Geist, der die Frau bestimmt. Es ist ein Geist, der sie klein macht, sie krümmt und blockiert. Die Frau ist gekrümmt, weil sie von der Last des Lebens erdrückt wird, weil sie sich resigniert hängen lässt. Sie geht traurig und depressiv einher. Wer so zusammengekrümmt geht, wird depressiv. Sein Atem geht flach. Und sein Gesicht verliert seine ursprüngliche Schönheit. Der gekrümmte Rücken könnte auch auf nicht zugelassene Gefühle hinweisen. Manche tragen einen ganzen Rucksack voll eingeschnürter Gefühle mit sich herum. Sie missbrauchen ihren Rücken als Müllabladeplatz für die unterdrückten Emotionen. Sie leiden lieber an Rückenschmerzen, als mit ihren Gefühlen in Berührung zu kommen.

Vielleicht ist die Frau auch unterdrückt worden. Vielleicht hat man ihr das Rückgrat gebrochen. Sie ist unfähig, sich aus eigener Kraft aufzurichten. Sie kann nicht aufrecht gehen. Sie kann nicht zu sich stehen. Das griechische Wort »panteles = vollständig, absolut, für immer« drückt aus, dass die Krankheit unheilbar ist, dass diese Frau sich nie mehr aufrichten kann. Sie kann nicht mehr nach oben sehen. Sie ist von ihrem Kontakt mit Gott abgeschnitten. Sie richtet ihren Blick nur noch auf den Boden, auf das Niedrige. Sie hat einen engen Horizont, und sie hat ihre menschliche Würde, ihre Weite und Freiheit, verloren. Und das schon achtzehn Jahre lang. Wenn man achtzehn als symbolische Zahl versteht, so könnte man sagen: Zehn ist die Zahl der Ganzheit, der Integrität eines Menschen. Die Frau hat ihre Ganzheit, ihre ursprüngliche Schönheit und Gutheit, verloren. Acht ist die Zahl der Ewigkeit und Unendlichkeit. Die Taufbecken in der frühen Kirche sind achteckig. Sie zeigen, dass der Christ in der Taufe teilhat am ewigen Leben Gottes. Die Frau, die achtzehn Jahre lang krank ist, hat ihren Kontakt zu Gott verloren. Sie kann nicht mehr zu Gott aufblicken. Ihr Blick ist verdunkelt.

In dieser gekrümmten Frau sieht Lukas das Bild des unterdrückten, gebrochenen, in seiner Würde beeinträchtigten Menschen. Und er zeigt uns, wie Jesus nicht nur diese Frau, sondern uns heute zu heilen vermag. Jesus nimmt diese Frau wahr. Er sieht sie an und schenkt ihr somit Ansehen. Jesus ist nicht gleichgültig gegenüber dem Elend der Menschen. Er wendet sich der Frau zu. Lukas erwähnt hier nicht das Gefühl der Barmherzigkeit Jesu, sondern er bringt durch die Erzählung die Gefühle Jesu zum Ausdruck. In seinem Tun zeigt sich, wie zärtlich und liebevoll er mit der Frau umgeht. Nachdem er die Frau in ihrer Not und Unterdrückung wahrgenommen hat, spricht er sie an. Das griechische Wort »prosphono = anreden, beim Namen nennen, zurufen« drückt die Beziehung aus, die Jesus zu der Frau herstellt. Er spricht zu ihr. Er meint sie mit seinen Worten. Er lockt sie aus ihrer Isolierung heraus, in die sie sich zurückgezogen hat, wohl aus Scham vor den gesunden Menschen. Die Frau lässt sich von Jesus in Bewegung bringen. Jesus hat offensichtlich die Fähigkeit, einen Menschen so anzusprechen, dass er ihn berührt und bewegt. Als die Frau vor ihm erscheint, spricht er sie an: »Frau, du bist losgebunden von deiner Krankheit.« Er spricht ihr die Heilung und Befreiung zu. In der Nähe Jesu kann der Mensch nicht mehr gebunden sein, da wird er frei, da findet er zu seiner Würde. Der aufrechte Mann Jesus richtet die unterdrückte Frau auf und setzt sie in ihre einmalige und göttliche Würde ein. Das drückt Jesus durch die Handauflegung aus. Im Lukasevangelium und in der Apostelgeschichte ist die Handauflegung entweder Vermittlung des Heilens oder Herabrufen des Heiligen Geistes. Beides gehört zusammen. Durch die Handauflegung strömt Gottes Heiliger Geist in die Frau. Der Heilige Geist ist immer auch ein heilender Geist. Und er verkörpert die Kraft Gottes, die die Schwäche der Frau vertreibt. Auch die Jünger sollen den Menschen die Hände auflegen und ihnen so die heilende Kraft Gottes vermitteln und sie dadurch aus der Macht des Satans befreien. Die Menschen sollen nicht mehr von ihren alten Lebensmustern bestimmt werden, sondern von der heilenden und befreienden Kraft Gottes, von der Liebe Gottes, die ihnen in Jesus zuströmt und sie so sein lässt, wie sie ursprünglich von Gott gemeint sind. Als Jesus die Frau berührt, richtet sie sich im selben Augenblick auf. Sie stellt sich aufrecht hin und lobt Gott. Nun ist die Achtzehn verwirklicht. Sie ist ganz geworden, und sie hat wieder Kontakt zu Gott gefunden. Das griechische Wort für »Aufrichten = anortho« wird auch für das »Wiederaufbauen« eines Hauses benutzt. Jesus ist der, der die Menschen wieder aufrichtet, wiederherstellt in ihrer ursprünglichen Schönheit, der ihr Lebenshaus so aufbaut, dass Gott darin mit seiner Herrlichkeit wohnen mag.

Auf die Heilung der gekrümmten Frau reagiert der Synagogenvorsteher mit Ärger. Am Sabbat sollte man nicht arbeiten. Er interpretiert die Heilung der Frau als Arbeit eines Menschen. Jesus sieht darin Gottes Wirken. Der Synagogenvorsteher übertreibt in seiner Deutung des Gesetzes. Das Gesetz ist wichtiger als der Mensch. Jesus entkräftet seine rigide Haltung mit dem Hinweis auf die Tiere, die man von der Krippe löst und zur Tränke führt. Das Lösen von Ochs und Esel erlaubt auch, den Menschen von seinen Fesseln zu lösen. Gott ist für Lukas vor allem der Löser, der sein Volk aus der Knechtschaft erlöst, der den Menschen wieder so herstellt, wie er von Gott geschaffen worden ist. Der Sabbat erinnert an die Schöpfung. Am siebten Tag ruht Gott aus von seiner Schöpfung. Da betrachtet er sie in seinem Glanz. Für Lukas ist die beste Art und Weise, den Sabbat zu feiern, den Menschen in seine ursprüngliche Gestalt hinein aufzurichten, sich über die göttliche Würde zu freuen und Gott, den Schöpfer menschlicher Schönheit, zu preisen. Die Reaktion des Volkes ist die Freude »über all die großen Taten, die er vollbrachte« (13,17). Die Menschen reagieren auf Jesu Angebot der Erlösung immer mit Freude. Jesus spricht nicht über die Freude, sein Tun löst bei den Menschen Freude aus. Lukas erzählt die Heilung der gekrümmten Frau so, dass der, der sich ganz auf diesen Text einlässt, aufrechter seinen Weg gehen wird. Die Befreiung, die im Text geschildert wird, wird auf den Leser und Hörer übergreifen, sodass er sich seiner göttlichen Würde freuen und aufrecht nach Hause gehen kann.

Die Heilung des Wassersüchtigen (14,1–6)

Auch die zweite Heilung, die nur bei Lukas zu finden ist, geschieht am Sabbat: die Heilung des Wassersüchtigen. Hier ist die Heilung nur kurz dargestellt. Entscheidend ist der Gedanke, dass Heilung nicht menschliche Arbeit ist, sondern göttliches Wirken. Wassersucht wird von griechischen Ärzten immer wieder genannt. Allein der berühmte Arzt Galen spricht achtundvierzig Mal von der Wassersucht und gibt verschiedene Rezepte an, sie zu heilen (vgl. Bovon, S. 471). Wassersucht zeigt sich in Schwellungen vor allem des Bauches. Sie schwächt das Herz und kann zum plötzlichen Tod führen. In der jüdischen Tradition wird Wassersucht meistens als Folge von sexueller Ausschweifung, von Verleumdung und von Götzendienst (goldenes Kalb) gesehen. Nach rabbinischer Auffassung ist der Mensch aus Wasser und Blut zusammengesetzt. Wer sein Gleichgewicht verliert, weil er aus der Tugend herausfällt, der wird entweder wassersüchtig oder aussätzig, Letzteres, wenn das Blut überhand nimmt (vgl. Bovon, S. 472). Wir würden heute sagen: Wenn der Mensch sein Maß verliert, wenn er sich überfordert, dann reagiert auch sein Körper chaotisch. Die Ordnung der verschiedenen Säfte gerät durcheinander. Es geht hier also um das rechte Maß. Der Mensch ist gesund, wenn er seinem Wesen entsprechend lebt. Wenn er maßlos wird,

wird er krank. Heilung heißt, das richtige Maß wieder zu entdecken und zu leben.

Jesus fragt die Gesetzeslehrer und Pharisäer: »Ist es erlaubt, am Sabbat zu heilen oder nicht?« Mit dieser Frage zielt Jesus auf die richtige Interpretation des Sabbats und der Heilung. Was gehört zum Sabbat? Und worin besteht das Heilen? Für Jesus ist der Sabbat »ein Tag, an dem Werke nach dem Bild der Werke Gottes geschaffen werden« (Bovon, S. 474). Und Heilen ist das Werk Gottes, nicht menschliche Arbeit. Als die Pharisäer auf die Frage Jesu schweigen, handelt er im Sinne Gottes: »Er fasste ihn an, heilte ihn und entließ ihn.« (14,4) Jesus ergreift die Hand des Kranken, er nimmt sich seiner an, um ihm zu helfen. Und dann bringt Lukas das wesentliche Wort für Jesu heilendes Wirken: »iasato = er heilte«. Fünfzehn Mal gebraucht Lukas dieses Wort. Jesus ist der Arzt, der die Menschen wieder so herstellt, wie sie von Gott her gedacht sind. Er ist der Therapeut, der die Menschen, die aus ihrem Gleichgewicht gefallen sind, zu ihrem Maß zurückführt. Das dritte Wort des heilenden Handelns ist »apolyo = befreien, lösen, entlassen«. Schon bei der Heilung der gekrümmten Frau hat Lukas dieses Wort verwendet. Heilen ist Befreien des Menschen, Lösen aus den Banden der Krankheit und aus den Fesseln der Dämonen. Hier heißt das Wort »entlassen«. Jesus entlässt den Kranken. Er darf nun seinen eigenen Weg gehen. Aber Lukas liebt die Mehrdeutigkeit der Worte. Bei ihm spielt sicher auch die Bedeutung des Lösens und Befreiens mit. Der geheilte Mensch ist immer auch der befreite und von allen Blockaden gelöste und erlöste Mensch. Krankheit ist Gebundensein. Jede Gebundenheit an Lebensmuster, Gewohnheiten, Zwänge, auch jedes Gebundensein an Menschen löst in uns eine negative Energie aus, uns selbst und den anderen gegenüber. Heilung bedeutet Befreiung von aller Gebundenheit und so das Auflösen der inneren Negativität. Dieses Freisein von Gebundensein befähigt uns zur Verbundenheit, zu einer guten Beziehung, zur Freundschaft. Die Beziehungsfähigkeit, die Fähigkeit, in guter Weise verbunden zu sein, gehört wesentlich zur Gesundheit. Und für den Griechen ist gerade die Befähigung zur Freundschaft wesentlich für sein Bild vom schönen und guten Menschen.

Gott hat den Menschen frei und aufrecht geschaffen. So stellt ihn Jesus am Sabbat wieder her und zeigt auf diese Weise, wie der Mensch von Gott her gemeint ist. Lukas verbindet Schöpfungstheologie und Erlösungstheologie. Erlösung heißt: die Schöpfung in ihrem wahren Glanz erscheinen lassen. Der Mensch ist von Gott gut geschaffen. Aber er ist krank geworden, gefesselt an seine Leidenschaften, gebunden an seine Bedürfnisse. Jesus befreit den Menschen und richtet ihn wieder auf. Er macht ihn ganz und heil, schön und gut. Wenn Jesus den Menschen heilt, stellt er ihn so wieder her, wie Gott ihn in seiner ursprünglichen Schönheit und in seinem Gutsein geschaffen hat. Daher geschehen die wichtigsten Heilungen Jesu bei Lukas am Sabbat, an dem Gott von seiner Schöpfung ausruhte. Aber es ist noch ein anderer Grund, warum Lukas diese Sabbatheilungen in den Mittelpunkt seiner Theologie des Heilens stellt. Am Sonntag kommen die Christen zusammen, um miteinander das Brot zu brechen und im Gottesdienst den zu feiern, der damals in der Geschichte die Menschen geheilt und aufgerichtet hat. In der Liturgie wird das heilende Wirken Jesu gegenwärtig. Daher lässt Lukas die Menschen auf die Heilung des Gelähmten reagieren mit dem Wort: »Heute haben wir etwas Unglaubliches gesehen.« (5,26) Was damals geschah, geschieht »heute«, wenn die Christen zum sonntäglichen Gottesdienst zusammen kommen. Die Eucharistie ist der Ort der Heilung. Und die Lesung, die Meditation der biblischen Erzählung kann zum Ort werden, an dem wir als Leser hineingenommen werden in das Schauspiel der Heilung, das Lukas uns mit seinen Worten vor Augen führt.

Die Sendung Jesu als Arzt (4,16–37)

Wie Lukas die Krankenheilung versteht, zeigt er auch in seiner Schilderung des Auftretens Jesu. Bevor Lukas die ersten Heilungswunder berichtet, erzählt er die Szene in der Synagoge von Nazareth. Lukas erhöht die Spannung der Zuhörer, indem er ausführlich schildert, wie Jesus aufsteht, wie man ihm das Buch reicht und wie er es öffnet und darin die Stelle mit den Worten des Propheten Jesaja findet: »Der Geist des Herrn ruht auf mir; denn er hat mich gesalbt. Er hat mich gesandt, damit ich den Armen die gute Nachricht bringe; damit ich den Gefangenen die Entlassung verkünde und den Blinden das Augenlicht, damit ich die Zerschlagenen in Freiheit setze und ein Gnadenjahr des Herrn ausrufe.« (4,18f.)

In diesen Worten des Propheten Jesaja formuliert Jesus sein eigenes Programm. Interessant ist, dass Lukas hier zwei Texte miteinander vermischt, den messianischen Text aus Jesaja 61,1f. und den Satz »damit ich die Zerschlagenen in Freiheit setze« aus Jesaja 58,6. In diesem Text ist vom richtigen Fasten die Rede, vom Fasten, wie Gott es liebt. Lukas hat das nicht zufällig so zusammengestellt. Jesus erfüllt die Aufgaben des Messias. Er ist der, der in seiner Frömmigkeit Gott gefällt. Und Lukas drückt mit dieser Kombination der beiden Texte aus, dass wir als die Jünger Jesu die Aufgabe haben, Niedergebeugte in Freiheit zu setzen, denen, die verletzt, zerschlagen, unterdrückt, ermattet sind, den Weg in die Freiheit zu ebnen.

Jesus versteht sich als einen, der vom Geist Gottes erfüllt ist. Und seine Aufgabe sieht er darin, Armen die

Frohe Botschaft zu verkünden. Diese Armen sind auf der einen Seite die wirtschaftlich Armen und sozial Entrechteten, zum anderen aber auch die Gefangenen, Blinden und Zerschlagenen. Wenn Jesus Menschen heilt, dann versteht das Lukas als Befreiung von den Fesseln, die sie gefangen halten. Als Beispiel für die Heilung der Kranken bringt Lukas hier nur die Blinden. Denen will Jesus das »Wieder-Sehen« schenken, oder wie es wörtlich heißt: »das Aufblicken«. Die, die ihre Augen vor der Wirklichkeit verschlossen haben, sollen wieder aufblicken. Sie sollen die Schönheit der Welt mit ihren Augen entdecken.

Es ist eigenartig, dass Lukas hier nur das Sehen betont. Aber das Sehen ist für die Griechen der wichtigste Sinn. Gott ist für die Griechen der, der geschaut wird. (Theos kommt von theastai, Gott von Geschautwerden.) Der Mensch erlebt seine Würde im Schauen. Doch oft genug ist sein Sehen verschwommen. Der Mensch sieht die Wirklichkeit durch die getrübte Brille seiner Projektionen oder seiner neurotischen Muster. Sein Blick ist verzerrt durch die Illusionen, die er sich von der Welt macht. Wenn er fähig ist, zu sehen, was ist, aufzublicken, um sich frei umzusehen, dann ist er wirklich Mensch.

Jesus fasst seine Sendung zusammen im Ausrufen des Gnadenjahres. Das Gnadenjahr ist das jüdische Jubeljahr. In diesem Jahr, das immer nach neunundvierzig Jahren stattfand, sollten die Israeliten alle Sklaven freilassen, alle Schulden erlassen und die Felder brach liegen lassen. Das sind wunderbare Bilder für das Wirken Jesu. Wo Jesus auftritt, da werden Sklaven freigelassen, da können in sich versklavte Menschen aus dem inneren Gefängnis ihrer Angst und Fremdbestimmung ausbrechen und ihre menschliche Würde wieder finden. Lukas schildert die Freilassung der Sklaven während der ersten Heilung, die er direkt an die Erzählung vom Auftreten Jesu in der Synagoge zu Nazareth anschließt. Da erzählt er, wie ein

Mann in der Synagoge von Kafarnaum saß, »der von einem Dämon, einem unreinen Geist besessen war« (4,31). Dämonen stehen für die Fremdbestimmung des Menschen durch Leid, Unterdrückung, Mobbing, neurotische Muster, Zwänge, fixe Ideen. Menschen können von solchen Mächten so besessen sein, »dass sie gar nicht mehr sie selber sein können, sondern ihre Sprache, ihre Identität, ihre Persönlichkeit verlieren und sich selbst und ihrer Umwelt völlig entfremdet sind« (Venetz, S. 67). Ihr Denken ist getrübt durch Vorurteile, Bitterkeit, Angst und Eifersucht. Heilung bedeutet für Lukas, dass die Menschen wieder klar sehen können, dass sie befreit werden von allen sie versklavenden Dämonen.

Wo Jesus seine gute Nachricht von der Nähe des gütigen Gottes verkündet, da fühlen sich die Menschen frei von ihrer Schuld. Da trauen sich Sünder, Jesus nahe zu kommen und ihn um Vergebung zu bitten. Da erleben sie sich trotz ihrer Schuld bedingungslos angenommen. Diese Erfahrung lässt Lukas in die Herzen seiner Leser fallen durch die wunderbare Erzählung von der Sünderin, die es wagt, in das Haus des Pharisäers zu kommen, um dort Jesus die Füße zu salben (7,36–50). Wo Jesus auftritt, da entsteht ein Freiraum, in dem die Menschen wieder aufatmen können. Das ist wohl mit dem Bild gemeint, dass man die Felder brach liegen lässt. Jesus vermittelt den Menschen, dass sie nicht ständig an sich arbeiten müssen, sondern dass sie den Acker ihrer Seele auch einmal brach liegen lassen, dass sie vertrauen sollen, dass Gott seinen guten Samen da hinein sät. Dann wird von Gottes Gnade her der Acker hundertfache Frucht bringen.

Nach der Dämonenaustreibung in 4,33–37 schildert Lukas, wie Jesus die Schwiegermutter des Petrus heilt. Er beugt sich über sie, um ihr nahe zu sein, um ihr von seinem Geist mitzuteilen. In dieser Gebärde beschreibt Lukas die Zärtlichkeit, mit der Jesus sich der kranken Frau nähert. Und seine Geste verbindet er mit einem Wort. Er schilt das Fieber. Er personifiziert das Fieber, das die Frau beherrscht, und befiehlt, dass es die Frau verlasse. Die Frau wird sofort gesund. Sie steht auf und bedient Jesus. Nach der Heilung eines Mannes erzählt Lukas sofort die Heilung einer Frau. Für ihn ist es immer wichtig, dass Männer und Frauen gleichberechtigt nebeneinander erscheinen. Das hat er schon in seiner Antrittsrede in Nazareth gezeigt, wo Jesus auf den Syrer Naaman und auf die Witwe von Sarepta hinweist als Beispiele von Menschen, die durch die Propheten Heilung erfuhren.

Und dann erzählt Lukas das Wirken Jesu als Arzt. »Der gütige Messias übernimmt die Aufgabe des hellenistischen Arztes.« (Bovon, S. 225) Jesus wird so dargestellt, dass die Griechen ihn verstehen und lieben lernen. Er heilt die Menschen von ihren Krankheiten, er legt ihnen die Hände auf und teilt ihnen Gottes Geist und Kraft mit, die sie wieder herstellen und ihnen ihre ursprüngliche Gestalt wieder schenken. Jesus heilt aber nicht nur durch Berührung, sondern auch durch sein Wort, durch seine Lehre, in der er die Menschen nach Art griechischer Heilkunst die »Kunst des gesunden Lebens« lehrt. Dabei muss er wie der Arzt, den Sokrates im Gorgias schildert, den Menschen manch bittere Medizin verschreiben, die ihnen auf den ersten Blick gar nicht passt. Die Worte Jesu sind für Lukas Worte, die den Menschen zu seinem Heil führen, die ihn zu seinem wahren Wesen bringen. Jesus als Arzt und Therapeut, das ist ein Jesusbild, das die Menschen heute anspricht. Denn sie sehnen sich nach Heilung.

Bücher zur Lebenshilfe erfahren heute Hochkonjunktur. Und der Markt für Kurse, die uns die Heilung unserer Verletzungen verheißen, boomt. Lukas zeigt uns Jesus als Therapeuten, dessen Therapiemethoden heute genauso modern sind wie damals. Und er fordert uns Christen auf, in der Kraft des Geistes, der Jesus durchdrungen hat, auch heute Kranke zu heilen und Gebeugte wieder aufzurichten.

Gleichnisse Jesu

Jesus ist nicht nur Therapeut, sondern auch ein begnadeter Gleichniserzähler. In den Gleichnissen kann er am deutlichsten seine Sichtweise von Gott und vom Menschen darstellen. Gleichnisse haben die Funktion, den Menschen dort abzuholen, wo er steht. Oft erzählt Jesus in den Gleichnissen alltägliche Situationen, in die der Mensch geraten kann. Oder er schildert seine Arbeit in der Landwirtschaft. Offensichtlich konnte Jesus das konkrete Leben der Menschen so erzählen, dass er seine Zuhörer fesselte. Jesus spricht die Gefühle der Zuhörer an und zieht sie in seinen Bann. Doch dann auf einmal öffnet er ihren Blick auf Gott hin. Auf einmal geht es ihnen auf: »So ist Gott. So handelt Gott an uns.« Jesus spricht nicht abstrakt von Gott. Er fängt beim Menschen an. Er erzählt so vom Menschen und seinem Alltag, dass die Hörer verstehen können, wer Gott ist und wie Gott handelt. Es geht im Gleichnis immer um eine Verwandlung des Zuhörers und seiner Sichtweise und um die Hinführung zu einem neuen Gottesbild und Menschenbild. In den Gleichnissen begegnen wir Jesus in seiner urpersönlichen Art, von Gott zu erzählen. Lukas hat die Gleichnisse, die Jesus erzählt hat, so kunstvoll gestaltet, dass nicht nur die Griechen davon angesprochen wurden, sondern dass auch wir heute im Herzen berührt werden.

In den Gleichnissen spricht Jesus nicht nur von Gott und vom Menschen in seiner Beziehung zu Gott. Für den evangelischen Theologen Klaas Huizing sind die Gleichnisse authentische Selbstporträts Jesu. »Jesus hat sich in seinen Gleichnissen selbst porträtiert – und es war nicht zufällig Lukas, den die Ikonographie als Maler feiert, der diese Porträts am glücklichsten kopiert, genauer: die Miniaturen zum Gemälde ausgemalt hat.« (Huizing, S. 234) In den Gleichnissen begegnen wir also dem Menschen Jesus mit seiner persönlichen Ausstrahlung, mit seiner besonderen Art, zu denken und zu sprechen. Jesus spricht im Gleichnis nicht nur vom Gottesreich, sondern er setzt das Gottesreich gegenwärtig. Da kommt das Gottesreich in den Worten Jesu zu uns, da wird es erfahrbar, greifbar. Da geht der Himmel über uns auf, und wir verstehen, dass Gott jetzt an uns handelt. Da wird Gott in diesem Augenblick Fleisch. Da wird Gott Sprache. Da drückt sich Gott in der Sprache aus. Der Theologe Hans Weder meint, die Sprache der Gleichnisse sei nicht nur poetisch, sondern auch poietisch, das heißt sie schafft die Wirklichkeit neu. Sie lässt das Gottesreich beim Hörer oder Leser ankommen. Das Gottesreich gelangt durch das Bild der Gleichnisse zur Wirklichkeit (Huizing, S. 122).

Lukas hat uns das schönste Gleichnis überliefert, das wie kein anderes in der Literatur immer wieder nacherzählt und interpretiert wurde: das Gleichnis vom verlorenen Sohn, oder wie es manche nennen: das Gleichnis vom barmherzigen Vater. Neben den Gleichnissen, die Lukas aus Markus und Matthäus übernimmt, gibt es eine ganze Reihe von Gleichnissen, die sich nur im Lukasevangelium finden: das Gleichnis vom reichen Kornbauern (12, 13–21), das Gleichnis von der verlorenen Drachme (15,8–10), das Gleichnis vom klugen Verwalter (16, 1–8), das Gleichnis vom reichen Mann und vom armen Lazarus (16,19–31) und das Gleichnis vom gottlosen Richter und der Witwe (18,1–8). In diesen sogenannten Sondergleichnissen benutzt Lukas oft typisch griechische Stilmittel, vor allem das Mittel des Selbstgespräches. Der »innere Monolog« hat in der griechischen Literatur »die Funktion, den Charakter einer Person, ihre Sorgen oder Absichten zu enthüllen« (Bovon II, S. 282). Dieses literarische Mittel finden wir vor allem in der antiken Romanliteratur und in den griechischen Komödien, etwa bei Mänander, Plautus und Terenz. Aber auch die Tragödien von Aischylos, Sophokles und Euripides benutzen den Monolog. Der innere Monolog hat im antiken Liebesroman die Funktion, die Anteilnahme des Lesers zu vertiefen. »Die Leser schlüpfen geradezu in die Rolle der im Roman handelnden Personen.« (Heininger, S. 49) Im Roman »Kallirhoe« sagt Artaxtares zu sich: »Prüfe, was dir möglich ist, o Seele! Komm zu dir selbst. Einen anderen Ratgeber hast du nicht.« (Ebd., S. 52) Das erinnert sehr an das Selbstgespräch des reichen Kornbauern mit seiner Seele. Bei der Komödie sind die Monologe des Schauspielers ein Dialog mit dem Zuschauer. Der Zuschauer wird in das Geschehen mit einbezogen. »Der Monolog schafft eine geheime und innige Gemeinschaft zwischen Zuschauer und handelnder Person, der Zuschauer wird hier gleichsam zum Vertrauten des Spielers.« (Ebd., S. 78)

Der innere Monolog beginnt mit einer Redeeinleitung. Oft genug ist es die Frage: »Was soll ich tun?« Dann folgt die Bestandsaufnahme. Die verschiedenen Möglichkeiten werden erörtert. Und zuletzt wird die Problemlösung präsentiert. Der innere Monolog will den Leser zu einem neuen Handeln bewegen, zur Umkehr, damit er sich auf den rechten Weg macht. Die Frage »Was sollen wir tun?« beschränkt sich bei Lukas jedoch nicht nur auf den inneren Monolog. So fragen vielmehr auch die Zöllner und Soldaten Johannes den Täufer (3,10.12.13). So reagieren auch die Bewohner Jerusalems auf die Pfingstpredigt des Petrus (Apg 2,38). Es ist die Grundfrage echter Philosophie. So sagt der stoische Philosoph Epiktet: »Was sollen wir tun? Das ist eben die Frage eines rechtschaffenen Jüngers der Philosophie, der die Geburtsschmerzen der Wahrheit fühlt.« (Ebd., S. 82) Lukas erfindet seine Gleichnisse nicht. Er nimmt vielmehr die Gleichniserzählungen Jesu auf und gestaltet sie literarisch so, dass sich die Griechen angesprochen fühlen. Er möchte seinen griechischen Lesern Jesus als einen Dichter vor Augen führen, der sie in das Geheimnis der menschlichen Seele einführt, der ihnen die geheimen Gedanken offenbart und sie die wahre Philosophie lehrt, die Weisheit Gottes, die zum wahren Leben führt.

Bei den Sondergleichnissen erkennen wir zudem die Tendenz des Lukas, neben Beispielen aus der Männerwelt immer auch solche aus der Welt der Frauen darzustellen. So schafft er neben dem Gleichnis vom verlorenen Schaf (15,3–7), das aus der Welt männlicher Hirten stammt, das Gleichnis von der verlorenen Drachme, in dem eine Frau die Hauptperson ist (15,8–10). Neben den klugen Verwalter (16,1–8) stellt Lukas die couragierte Witwe, die keine Angst vor dem gottlosen Richter hat (18,1–8). Das Himmelreich vergleicht Jesus sowohl mit dem Senfkorn, das ein Mann in die Erde steckte, als auch mit dem Sauerteig, den eine Frau unter einen Trog Mehl mischte (13,18–21). Lukas kann das Geheimnis des göttlichen Wirkens und das Geheimnis des Menschen nur darstellen, indem er Männer und Frauen in ihrem Handeln und Denken beschreibt. Richtig über Gott sprechen, das heißt für Lukas, anima und animus miteinander zu verbinden, das Männliche und Weibliche in Gott zu sehen. Und richtig vom Menschen können wir nur reden, wenn wir gleich liebevoll auf den Mann und auf die Frau schauen und ihr jeweils anderes Denken zu ergründen versuchen.

Das Gleichnis von der verlorenen Drachme (15,8–10)

Das kurze Gleichnis von der verlorenen Drachme folgt auf das Gleichnis vom verlorenen Schaf. Hier steht eine Frau im Mittelpunkt. Interessant ist, dass Lukas die Frauen oft als Witwen oder als allein stehende Frauen schildert. Die Frau definiert sich nicht durch den Mann. Sie ruht in sich selbst. So geht es auch bei dieser Frau nicht um ihre Beziehung zum Mann, sondern um ihr Selbstsein, um ihren Selbststand. Sie hat zehn Drachmen. Zehn ist die Zahl der Ganzheit. Wer zehn Drachmen besitzt, der ist ganz und heil. Doch die Frau hat eine Drachme verloren. Eins ist ebenfalls ein Bild der Einheit. Wenn die Frau die eine Drachme verloren hat, fällt sie aus ihrer Ganzheit, aus ihrer Einheit mit sich selbst und mit Gott. Sie hat ihre Mitte verloren. Und ohne diese Mitte nützen ihr die neun anderen Drachmen auch nichts. Sie fallen auseinander. Sie sind nicht mehr miteinander verbunden. Die Frau weiß um ihren Verlust. Sie hat sich selbst verloren. Gregor von Nyssa deutet die Drachme als Bild für Christus. Psychologisch gesehen könnte man sagen, die Drachme symbolisiere das Selbst. Wer sein Selbst verloren hat, der tut nach außen noch Vieles. Aber allem fehlt die Mitte, die Kraft, die Klarheit.

Die Frau zündet nun eine Lampe an. Für Gregor ist das der Verstand. Sie braucht das Licht des Verstandes, um das Dunkel des Unbewussten zu erhellen und darin die verlorene Ganzheit zu suchen. Lukas denkt hier sicher auch an das Licht des Glaubens. Nur durch den Glauben ist der Verstand wirklich erleuchtet. Es ist das Licht Gottes, das wir brauchen, um in unserem inneren Haus nach der Drachme zu suchen. Die Frau fegt das ganze Haus aus. Sie fegt den Schmutz weg, der sich auf den Boden ihres Hauses gelegt hat. Gregor deutet diesen

Schmutz als Bild für die Unachtsamkeit, mit der wir leben. Wenn wir uns unachtsam auf viele Aktivitäten einlassen, dann verschmutzt unser Haus. Wir sind nicht mehr Herr im Haus. Es legt sich eine Schicht von Staub auf den Boden unserer Seele. So müssen wir kräftig fegen, um wieder an den ursprünglichen Glanz unserer Seele zu gelangen. Und die Frau sucht unermüdlich. Das griechische Wort »epimelos« bedeutet: »fürsorgend, sorgfältig, genau, eifrig«. Die Frau sieht genau hin, und sie sucht sorgfältig. Es liegt ihr am Herzen, dass sie ihre Drachme wiederfindet. Der Mensch ist nicht nur ein Gottsucher, sondern er sucht auch sich selbst, sein wahres Wesen. Er hat sich selbst verloren. Das ist das Unheil des Menschen, die Selbstentfremdung, der Selbstverlust.

Die Frau findet ihre Drachme. Sie findet sich selbst. Nun ruft sie ihre Freundinnen und Nachbarinnen zusammen: »Freut euch mit mir; ich habe die Drachme wiedergefunden, die ich verloren hatte.« (15,9) Wer sich selbst findet, der findet auch eine neue Beziehung zu den Mitmenschen. Die Frau ruft nur Frauen zusammen. Sie will gemeinsam mit ihnen das Fest ihrer eigenen Selbstwerdung feiern. Sie hat die verlorene Drachme gefunden. Sie hat Gott gefunden als den Grund ihres Menschseins. Und sie hat ihr Selbst gefunden. Nach C. G. Jung können wir das Selbst nicht finden, ohne dass wir das Bild Gottes in unserer Seele entdecken. Das Selbst ist nicht das Ergebnis unserer Lebensgeschichte, sondern es ist das Urbild, das Gott sich von uns gemacht hat. Lukas sieht im Finden der Drachme den Sünder, der umkehrt. Der Sünder hat sich selbst verloren. Er ist nicht mehr er selbst. Umkehren heißt: anders denken, hinter die Dinge sehen. Die Umkehr ist der Weg, auf dem wir unser wahres Selbst entdecken. Wir müssen aus dem Vordergründigen aussteigen und uns aufmachen, um in der Tiefe unserer Seele die Drachme zu finden. Dann – so sagt Jesus – herrscht bei den Engeln Gottes Freude über uns. Jesus ist gekommen, um uns an den göttlichen Kern zu erinnern. Er hat uns zur Umkehr aufgerufen, damit wir Gott in uns finden und in Gott unser wahres Selbst. Jesus ist der, der uns auf den Weg der Selbstwerdung ruft. Das Ziel dieses Weges ist die Freude über unser Menschsein. Aber ganz Mensch sind wir erst, wenn wir Gott gefunden haben, wenn wir den göttlichen Kern in uns wieder entdeckt haben. Die Sünde besteht darin, dass wir uns verfehlen und verlieren, dass wir an uns vorbei leben, dass wir uns leben lassen, anstatt selbst zu leben. Jesus ist nach Lukas der, der den Menschen einlädt, wieder wahrhaft Mensch zu werden, seine Mitte zu finden – und in seiner Mitte Gott als den wahren Grund seines Seins.

Ein Gleichnis hat immer verschiedene Ebenen. Es lässt dem Leser die Freiheit, seine eigenen Erfahrungen und Sehnsüchte hineinzuprojizieren. Die Frau mit den Drachmen kann ein Bild für die Seele des Menschen sein, der seine Mitte verloren hat und nun auf der Suche nach seinem wahren Selbst ist. Es kann aber auch ein Bild für Gott sein, der den verlorenen Menschen sucht und dabei das ganze Haus auf den Kopf stellt. Wenn wir das Gleichnis so auslegen, dann wird Gott mit dem Bild einer Frau beschrieben. Es gibt im ganzen Alten Testament keine Stelle, an der Gott mit einer das Haus durchstöbernden Frau verglichen wird. Der Schweizer Exeget Hermann-Josef Venetz meint dazu: »Wer so etwas tut, legt eine große Kompetenz und eine große Freiheit, aber auch eine große Gottes- und Weltnähe an den Tag, wie sie nur bei Jesus und seinen Vertrauten vermutet werden kann.« (Venetz, S. 124) Tauler deutet dieses Gleichnis so, dass Gott gerade dann, wenn wir uns gut eingerichtet haben in unserem Lebenshaus, wie eine Frau handelt, die alles durcheinander wirft, um die Drachme zu suchen. Tauler meint, gerade in der Lebensmitte haben wir uns gut eingerichtet.

Und vor lauter äußerem Tun haben wir die Drachme verloren. So führt Gott uns in die Krise, in das »Gedränge«, um in uns die Drachme zu finden, unser wahres Selbst.

Man kann dieses Gleichnis aber auch auf Jesus hin auslegen. Jesus versteht dann sein eigenes Tun als frauliches und mütterliches Tun. Gott hat ja in Jesus seinen Sohn gesandt, damit dieser in der Welt das Licht des Glaubens anzünde, den Raum ausfege und unermüdlich den Menschen suche. Jesus läuft gerade den Sündern und Zöllnern nach, die nach dem Urteil der Pharisäer »verloren« waren. Im Tun der Frau wird aber auch das Wirken Jesu in der Seele des Einzelnen beschrieben. Jesus zündet das Licht im Haus des Menschen an, damit der Mensch sich selbst erkenne, damit er in die Tiefen seiner Seele schaue. Jesus fegt den Raum der Seele aus, indem er durch sein Wort alle Dämonen aus ihm vertreibt, alle Lebensmuster, die den Menschen am Leben hindern. Und er sucht unermüdlich das Selbst des Menschen. Für den größten griechischen Philosophen Platon war das das Ziel des menschlichen Lebens: sein wahres Selbst zu finden, seine ursprüngliche Seele zu erkennen. Jesus ist für Lukas der göttliche Wanderer, der die Menschen mit ihrem wahren Selbst, mit ihrem göttlichen Kern, in Berührung bringt.

Das Gleichnis vom verlorenen Sohn (15,11–32)

Wohl das schönste Gleichnis, das uns Lukas erzählt, ist das Gleichnis vom verlorenen Sohn. Es hat unzählige Deutungen erfahren. Das zeigt, dass der Text den Leser berührt. Ein Gleichnis zu erzählen, das ist ja mehr, als eine theologische Wahrheit zu verkünden. Die Gleichnisse wollen nicht informieren oder beweisen, sie wollen uns zwingen, Stellung zu beziehen. Die Sprachwissenschaftler sprechen von »persuasiver Kommunikation«. Indem Jesus ein Gleichnis erzählt, bewegt er etwas im Hörer. Wir können das Gleichnis vom verlorenen Sohn, so wie Lukas es uns erzählt, nicht lesen, ohne innerlich in einen Prozess der Verwandlung zu geraten. Wir werden vom jüngeren und älteren Sohn vor die Frage gestellt: Wo stehe ich? Bin ich mehr der jüngere oder der ältere Sohn? Oder bin ich beides? Kenne ich beide Seiten an mir? Gerade das Motiv der beiden Brüder zeigt die innere Polarität unserer Seele an. Wir haben in uns den jüngeren Sohn, der nur leben möchte, ohne Rücksicht auf Gesetz und Maß. Und wir haben den angepassten älteren Bruder in uns, der sich bemüht, alle Gebote zu halten. Auf beide Seiten sollten wir schauen und beide Gegenpole in uns miteinander verbinden. Das Gleichnis erhebt keinen moralischen Zeigefinger, sodass ich umkehren und Buße tun müsste. Vielmehr erzählt Lukas Jesu Gleichnis so, dass ich nicht an der Frage vorbeikomme, wo ich mich verrannt habe, wo ich mich von billigem Zeug ernähre und ob ich mich verloren habe. Indem ich das Gleichnis lese, werde ich im Herzen bewegt, mich auf den Weg zum Vater zu machen, dorthin, wo ich wahrhaft zu Hause bin.

Zum Gleichnis vom verlorenen Sohn lassen sich aus der griechischen Literatur viele ähnliche Beispiele heranziehen. Da gibt es häufig das Motiv des Schuldbekenntnisses der Söhne vor ihrem Vater, wenn sie sein Vermögen mit einer Hetäre durchgebracht haben. Plautus erzählt von einem Vater, der seine beiden Söhne verloren hat. Als er sie wiederfindet, feiert er ein Fest. Seit Aristophanes ist in der Komödie das »Paar des braven und liederlichen Jünglings« (Heininger, S. 151) bekannt. Diese Beispiele zeigen, dass Lukas über eine rhetorische Ausbildung verfügt haben muss. Er kennt die griechische Literatur mit ihren Romanen, Komödien, Tragödien und Fabeln. Seine rhetorische Bildung setzt Lukas ein, um den Leser unmittelbar anzusprechen. Er schreibt so, dass er in einen Dialog mit dem Leser tritt. Das gilt nicht nur für den griechischen Leser, sondern genauso auch für uns. Lukas hat eine Sprache gefunden, die jeden ins Herz trifft. Keiner kann der Botschaft dieses Gleichnisses ausweichen.

Der Sohn ist das angepasste Leben daheim leid. Er fordert vom Vater das Erbteil, das ihm zusteht, schon jetzt. Er möchte leben, und zwar sofort. Das entspricht der Haltung vieler junger Menschen heute. Sie möchten einfach nur leben, maßlos und möglichst sofort. Der jüngere Sohn zieht in ein fernes Land. Darin ist nichts Verwerfliches. Darin zeigt sich sein Wagemut. Doch dann verschleudert er sein Vermögen »in einem liederlichen Leben«. Im Griechischen heißt es »zon asotos = er lebte ohne Hoffnung auf Heil, er lebte heillos, zügellos, lasterhaft«. Aristoteles definiert das »asotos« so: »Verschwender ist, wer sich durch seine Lebensweise zugrunde richtet.« (Heininger, S. 159) Der Sohn kommt so herunter, dass er sich an einen Bürger hängt, sich von ihm abhängig macht. Der schickt ihn aufs Feld zum Schweinehüten. Für jüdische Leser ist das ein Bild dafür, dass der Sohn sich völlig verloren, sich und seine Würde aufgegeben hat. Bei den Schweinen ist er gelandet. Aber er bekommt noch nicht einmal die Früchte des Johannisbrotbaums, die die Schweine essen. Als er am Nullpunkt angelangt ist, als ihm alles aus den Händen gerissen worden ist, als er leer und gescheitert auf dem Scherbenhaufen seiner Existenz sitzt, da geht er in sich, da kommt er zu sich. Er, der sich entfremdet hat, der sich völlig in die Hände eines anderen begeben hat, kommt wieder in Kontakt zu sich selbst, er kehrt zu sich heim. Bei sich angekommen führt er ein Selbstgespräch, das seine innere Situation treffend widerspiegelt: »Wie viele Tagelöhner meines Vaters haben mehr als genug zu essen, und ich komme hier vor Hunger um (apollymai = ich gehe verloren, ich gehe zugrunde). Ich will aufbrechen (anastas = aufstehen, auferstehen) und zu meinem Vater gehen und zu ihm sagen: Vater, ich habe mich gegen den Himmel und gegen dich versündigt. Ich bin nicht mehr wert, dein Sohn zu sein; mach' mich zu einem deiner Tagelöhner.« (15,17f.) Das Selbstgespräch schildert die seelische Verfassung des Sohnes und gibt dem Leser Einblick in seine Psyche. Der Sohn ist nahe daran, sich selbst völlig aufzugeben. Doch es gibt in ihm eine Stimme, die ihn umkehren lässt. Er möchte sich nicht verlieren. Er möchte leben. Was er in seinem Herzen eingesehen hat, das tut er. Er macht sich auf den Weg zum Vater. Der Vater hat Mitleid mit ihm. Er läuft ihm entgegen. Für einen Hausvater war Eile unangemessen. Doch der Vater gibt nichts auf seine Stellung. Der Sohn ist ihm wichtiger. So eilt er auf ihn zu, fällt ihm um den Hals und küsst ihn. Er lässt den Sohn gar nicht ausreden, sondern befiehlt den Knechten, das Gewand des Sohnes zu holen, ihm den Ring anzustecken und die Schuhe anzuziehen. Damit nimmt der Vater den Sohn wieder ganz in die Familie auf. Und er feiert ein Festmahl: »Wir wollen essen und fröhlich sein. Denn mein Sohn war tot und lebt wieder; er war verloren und ist wiedergefunden worden.« (15,23f.)

Jesus erzählt das Gleichnis vom verlorenen Sohn den Pharisäern und Schriftgelehrten, die sich darüber empören, dass er mit den Sündern isst (15,2). Er erzählt uns mit dem Gleichnis nicht nur, wer Gott ist und wie ein Mensch umkehren und sein Heil wiederfinden kann, sondern er deutet uns mit diesem Gleichnis auch sein eigenes Tun. Jesus hält mit den Sündern Mahl, um Gottes Barmherzigkeit hier auf Erden sichtbar und erfahrbar werden zu lassen. Er ist vom Himmel herabgekommen, um den barmherzigen Gott zu verkünden, der Mitleid hat mit den Menschen, die sich selbst verloren haben, die innerlich abgestorben sind, die sich selbst entfremdet haben. Indem Jesus mit den Sündern isst und trinkt, handelt er im Auftrag des Vaters, lässt er den barmherzigen Gott konkret aufscheinen. Was Jesus in den Mahlzeiten mit den Sündern tut, das geschieht nach dem Verständnis des Lukas in jeder Eucharistiefeier. Da feiert Gott mit uns ein Festmahl, bei dem wir uns gemeinsam mit Christus darüber freuen dürfen, dass wir, die wir tot waren, wieder lebendig geworden sind, und dass wir Verlorene uns wiedergefunden haben. So schildert Jesus im Gleichnis auch seine eigene Sendung. Er versteht sich als der, der die innerlich Toten wieder zum Leben ruft, der das Leben in ihnen hervorlockt. Und er versteht sein Tun als Suchen derer, die sich verloren haben, die zugrunde gegangen sind. Mit seinem Gleichnis möchte Jesus in Menschen, die sich selbst aufgegeben haben, die Hoffnung auf Leben wecken. Auch für sie ist Umkehr möglich. Es gibt keinen Grund, sich aufzugeben. Auch wenn wir noch so sehr in die Irre gegangen sind und unseren Hunger mit billigem Zeug gestillt haben, es gibt die Heimkehr in das Haus des Vaters, in dem wir wahrhaft zu Hause sein dürfen, in dem wir ganz die sein dürfen, die wir von Gott her sind: Söhne und Töchter des himmlischen Vaters.

Doch die Einladung Jesu an die Sünder stößt auf Widerstand. Im Gleichnis taucht der ältere Sohn auf, der voller Zorn auf das Freudenfest reagiert. Das Alte Testament kennt den Zorn des gläubigen Menschen, wenn Gott sich des Sünders erbarmt. So reagiert Jona voller Zorn auf das Erbarmen Gottes gegenüber Ninive. Und der Psalmist spricht vom Zorn des Frommen gegenüber den Erfolgen des Bösen (Ps 37,1). Jede der drei Personen wird durch ihr Gefühl charakterisiert: Der jüngere Sohn geht in sich, der Vater fühlt Erbarmen, und der ältere Sohn wird zornig. Der ältere Sohn steht nicht nur für die Pharisäer, die sich alle Mühe geben, die Gebote Gottes zu erfüllen, dabei aber oft genug freudlos ihre Pflicht tun, ohne den Reichtum des Lebens zu entdecken, den Gott ihnen anbietet. Jeder Leser wird sich in dem älteren Sohn wiederfinden. Wir leben oft das Ideal, alle Gebote Gottes zu erfüllen und nur seinen Willen zu tun. Aber der Ärger über andere Menschen, die sich nicht an die Gebote halten, zeigt, dass unser Angepasstsein nicht aus reinen Motiven heraus kommt, dass es uns nicht glücklich macht. Oft genug steht dahinter die Angst vor dem Leben. Wenn nun der jüngere Sohn unseren Schatten (die verdrängte Lebendigkeit) auslebt, dann werden wir zornig. Die unbewussten Motive, die den älteren Sohn zum Daheimbleiben, zum Bravsein und Angepasstsein bewegt haben, werden in seinen Worten an den Vater offenbar: »So viele Jahre schon diene ich dir, und nie habe ich gegen deinen Willen gehandelt; mir aber hast du nie auch nur einen Ziegenbock geschenkt, damit ich mit meinen Freunden ein Fest feiern konnte. Kaum aber ist der hier gekommen, dein Sohn, der dein Vermögen mit Dirnen durchgebracht hat, da hast du für ihn das Mastkalb geschlachtet.« (15,29f.) Der Sohn hat nicht selbstlos den Willen des Vaters erfüllt, sondern er wollte sich dadurch Anerkennung verdienen. Er hat insgeheim gewartet, dass der Vater ihn besonders auszeichnet, weil er daheim geblieben ist, dass er ihn gegenüber dem jüngeren Sohn vorzieht. Und man spürt hinter der Fassade der Wohlanständigkeit verdrängte sexuelle Phantasien. Denn wenn er dem jüngeren Bruder vorwirft, dieser habe sein Vermögen mit Dirnen durchgebracht, so ist das nicht durch die Erzählung gedeckt. Das entspricht seiner eigenen Phantasie. In dem älteren Bruder beschreibt Lukas unsere Schattenseiten, die sich oft genug hinter einer frommen Fassade verstecken.

Der Vater wendet sich auch dem älteren Sohn liebevoll zu: »Mein Kind, du bist immer bei mir, und alles, was mein ist, ist auch dein. Aber jetzt müssen wir uns doch freuen und ein Fest feiern, denn dein Bruder war tot und lebt wieder; er war verloren und ist wieder gefunden worden.« (15,31f.) Dies ist ein Satz voller Zärtlichkeit dem älteren Sohn gegenüber. Und doch weist ihn der Vater darauf hin, dass »dieser dein Sohn« auch sein Bruder ist. Wenn der Bruder, der sich verirrt hatte, wieder gefunden wurde, und wenn der, der tot war, wieder lebendig wurde, dann ist das Grund genug, ein fröhliches Fest zu feiern.

Man kann dieses Gleichnis nicht lesen, ohne mit den eigenen Wünschen und Bedürfnissen, mit seinen Emotionen und Sehnsüchten in Berührung zu kommen. Die beiden Söhne decken auf, was in unserer Seele verborgen ist. Und beide Söhne verweisen auf den barmherzigen Vater. Ihm können wir uns zuwenden, ob wir nun der jüngere oder der ältere Sohn sind, der ausschweifende oder der korrekte, der waghalsige oder der angepasste. Beide waren auf ihre Weise tot und hatten sich verloren, der eine in einem ausschweifenden Leben, der andere in ängstlicher Korrektheit. Der barmherzige Vater lädt uns zum Leben ein, zu einem Fest der Freude, dass wir das Leben in uns finden und uns daran erfreuen.

Das Gleichnis vom klugen Verwalter (16,1–8)

Nur kurz möchte ich auf ein anderes lukanisches Sondergleichnis eingehen: das Gleichnis vom klugen Verwalter. Dieses Gleichnis kann heute noch die Leser provozieren. Wenn ich in einer Gruppe versuche, das Gleichnis auszulegen, meldet sich immer Protest an. Jesus kann doch den Betrug nicht gutheißen. An diesem Gleichnis spüren wir, mit welch psychologischem Geschick Jesus den Leser anspricht. Indem Jesus die Zuhörer provoziert, lockt er sie aus der sicheren Position ihrer Frömmigkeit hervor. Gerade dort, wo uns ein Gleichnis ärgert, sind wir herausgefordert, unsere Sichtweise von Gott und vom Menschen in Frage zu stellen und zu korrigieren.

Jesus hat mit seinem Gleichnis vom ungerechten Verwalter, der seinen Herrn austrickst, in seinen Zuhörern, die eher unter den Armen zu suchen sind, sicher Schadenfreude hervorgerufen. Doch darum geht es nicht. Es geht um die Frage, wie wir mit unserer Schuld umgehen. Ob wir wollen oder nicht, wir werden in Schuld geraten oder beschuldigt. Wir haben keine Chance, dem zu entrinnen. Die Frage ist, wie wir darauf reagieren, ob wir uns ein Leben lang dafür schämen und im Büßergewand herumlaufen, wie es sich der Verwalter in seinem Selbstgespräch überlegt. Wir machen uns dann überall schlecht und betteln um Zuwendung. Die andere Möglichkeit, auf Schuld zu reagieren, wäre, hart zu arbeiten, die Zähne zusammenzubeißen, damit wir von jetzt an alles richtig machen und alle Gebote peinlich genau erfüllen. Aber beide Wege führen in die Sackgasse. Der Verwalter kommt in seinem Selbstgespräch auf einen dritten Weg, den Jesus gutheißt. Anstatt die Schuld vor Gott abzuarbeiten oder in Scham zu versinken, sollten wir die Schuld als Chance nutzen, in Beziehung zu anderen Menschen zu treten. Die Schuld lädt uns ein, menschlicher miteinander umzugehen. Der Verwalter tut das einzig Mögliche: Er lässt die Schuldner kommen und kürzt ihre Schuld. Auf diese Weise hat er Hoffnung, dass die Leute ihn in ihren Häusern aufnehmen. Er geht kreativ mit seiner Schuld um. Er entwickelt Phantasie, wie er aus seiner Schuld das Beste machen kann. Jesus lobt die Klugheit des unehrlichen Verwalters: »Die Kinder dieser Welt sind im Umgang mit ihresgleichen klüger als die Kinder des Lichts.« (16,8) Der Ausdruck »die Kinder des Lichts« erinnert an die Essener, die sehr fromm waren, aber alle, die ihre Normen übertraten, unbarmherzig ausstießen. In der christlichen Gemeinde soll es nicht so sein. Die Christen sollen einander nicht ausschließen, sondern in ihre Häuser aufnehmen, wenn sie schuldig geworden sind. Jesus spricht hier in einer sehr nüchternen Weise von Schuld. In der Kirche haben wir seine offene und klare Sprache noch nicht eingeholt. Gerade beim Thema Schuld sind wir in Gefahr, den Menschen klein zu machen und zu entwerten. Wir jagen ihm Schuldgefühle ein, damit er zerknirscht Reue zeige. Von Jesus können wir lernen, anders von Schuld und Schuldgefühlen zu reden. Jesus will uns einen Weg zeigen, wie wir mit der Schuld umgehen können, ohne unsere Selbstachtung zu verlieren.

Jesus – Vorbild des Beters

Lukas hat wie kein anderer Evangelist Jesus als den betenden Menschen beschrieben. Jesus ist der große Beter. Er betet bei den wichtigsten Ereignissen seines Lebens. Er betet vor Entscheidungen. Immer wieder zieht sich Jesus an einsame Orte zurück, um zu seinem Vater zu beten. Wenn Lukas von Jesus als dem Beter schreibt, dann hat er immer schon den gläubigen Christen im Auge. Für ihn ist das Gebet vor allem ein Weg, die Bedrängnisse des Lebens zu bestehen. Wie Jesus betend seine Passion bewältigt, so soll der Christ sich im Gebet an Gott festhalten, um durch alle Bedrängnisse hindurch zur Herrlichkeit zu gelangen. Das Gebet ist der Weg, sich in die Haltung Jesu einzuüben und von seinem Geist durchdrungen zu werden.

Jesus zeigt, was auch für uns im Gebet geschehen könnte. Bei der Taufe betet Jesus, und der Himmel öffnet sich über ihm (3,21). Das ist ein schönes Bild für die Wirkung des Gebets. Wenn wir beten, öffnet sich über uns der Himmel. Im Gebet kommt der Heilige Geist auf uns herab. Und wir erfahren im Gebet, dass wir bedingungslos von Gott geliebt sind. Im Gebet erkennen wir, wer wir eigentlich sind. Als Jesus den Aussätzigen heilte und die Menschen von überall herbeiströmten, zog er »sich an einen einsamen Ort zurück, um zu beten« (5,16). Das Gebet ist ein Schutzraum, in den wir uns zurückziehen dürfen, um vor dem Lärm der Welt und vor den Erwartungen der Menschen geschützt zu sein. Bevor Jesus aus seinen Jüngern zwölf Apostel auswählte, verbrachte er auf dem Berg die ganze Nacht im Gebet zu Gott (6,12). Das Gebet befähigt uns zu guten Entscheidungen. Vor dem Messiasbekenntnis des Petrus betet Jesus in der Einsamkeit (9,18). Offensichtlich bereitet er sich im Gebet vor, die Jünger in das Geheimnis seines Leidens und ihres Weges der Kreuzesnachfolge einzuweisen.

Nur Lukas erzählt vom Beten Jesu bei seiner Verklärung. »Während er betete, veränderte sich das Aussehen seines Gesichts, und sein Gewand wurde leuchtend weiß.« (9,29) Im Gebet kommen wir in Berührung mit unserem wahren Wesen. Da fällt alles Oberflächliche weg. Die Masken zerbrechen, hinter denen wir uns verstecken. Verklärung heißt, dass das Eigentliche durchscheint, unsere ursprüngliche Schönheit. Der Glanz Gottes, der in uns ist, strahlt aus unserem Gesicht. Wir erkennen, dass wir die Herrlichkeit Gottes sind. Als Jesus verklärt wurde, tauchen Mose und Elija auf. Mose ist der Gesetzgeber und der Befreier. Wenn wir beten, kommt unser Leben in Ordnung, und wir erfahren in Gott wahre Freiheit. Was die Menschen von uns halten, ist nicht mehr so wichtig. Elija ist der Prophet. Im Gebet entdecken wir unsere prophetische Sendung. Da erahnen wir, dass wir mit unserem Leben etwas ausdrücken können, was nur durch uns in dieser Welt sichtbar werden kann. Im Gebet – so sagt uns die Erzählung von der Verklärung Jesu – kommen wir in Berührung mit unserem wahren Selbst, da leuchtet in uns Gottes Herrlichkeit auf. Allerdings lässt sich diese Gebetserfahrung nicht festhalten. Sie entschwindet uns immer wieder. Eine Wolke verdunkelt wieder unseren Blick, und wir müssen allein mit der Erinnerung an diese Lichterfahrung zurück in das oft genug neblige Tal unseres Alltags.

Den Höhepunkt von Jesu Beten schildert uns Lukas in der Passion. Am Ölberg betet Jesus und ringt mit dem Willen Gottes. Da erscheint ihm ein Engel vom Himmel und stärkt ihn. Beten ist nicht immer nur Erfahrung von Frieden. Es kann auch ein schmerzliches Ringen um den Willen Gottes sein. Aber Gott schickt dem Beter seinen Engel, um ihm neue Kraft zu geben. Aber der Engel bewahrt Jesus nicht vor der Angst. Jesus gerät in Todesangst. Er schwitzt vor Angst. Aber gerade jetzt betet er noch inständiger (22,44). Diese Szene des Gebets am Ölberg erzählt Lukas vor dem Hintergrund der Not, die viele mit dem Gebet haben, heute wie damals. Im Gebet erleben wir oft Dunkelheit. Wir haben den Eindruck, dass unser Beten ins Leere geht. Es nützt nichts. Es tut sich nichts. Gott verbirgt sich hinter einer dicken Mauer. Er scheint zu schweigen. Weil wir nicht zu Gott vordringen, geht es uns oft genug wie den Jüngern. Wir schlafen ein. Unser Gebet schläft ein. Und Jesus muss uns wachrütteln: »Steht auf und betet, damit ihr nicht in Versuchung geratet.« (22,46) Wir werden wie Jesus in die gleichen Bedrängnisse geraten, in Einsamkeit, Angst, Verlassenheit, in Not und Leid. Das Gebet ist für uns der Weg, wie Jesus die Versuchungen zu bestehen und auch in der höchsten Bedrängnis an Gott festzuhalten.

Das Gebet am Ölberg gibt Jesus offensichtlich die Kraft, den Weg der Passion durchzustehen. Es schenkt ihm die Gewissheit, dass er auch im Tod nicht aus Gottes guter Hand fallen kann. Jesu Gebet gipfelt in seinem Beten am Kreuz. Am Kreuz hängend, betet Jesus nicht nur für sich, sondern auch für seine Mörder: »Vater, vergib ihnen, denn sie wissen nicht, was sie tun.« (23,34) Und Jesus stirbt mit einem Gebetswort auf den Lippen. Es ist ein Vers aus Psalm 31, dem jüdischen Abendgebet. Wie ein frommer Jude betet Jesus am Ende seines Lebens: »Vater, in deine Hände lege ich meinen Geist.« (23,46) Aber Jesus fügt den Worten des Psalms seine Abba-Anrede bei. Er spricht gerade am Kreuz Gott zärtlich als seinen Vater an. In die liebenden Hände seines Vaters legt er seinen Geist. Im Tod kehrt er zum Vater zurück. Das Beten verklärt sein Sterben. Trotz aller Grausamkeit hält Jesus das Gebet durch und bleibt so mitten in seiner größten Not in Beziehung zu Gott. Ja, die Beziehung zu Gott befreit ihn von der Macht der Menschen. Selbst seine Mörder können nicht über ihn triumphieren. Das Gebet hebt ihn in eine andere Welt hinauf, in die die Schreie seiner Henker nicht dringen können. Das Gebet begleitet Jesus also von Beginn seines Wirkens an bis zu seinem Ende am Kreuz. Es zeigt, wo Jesus seinen wahren Halt gefunden hat. Und es offenbart, dass Jesus aus der Kraft des Gebets seinen Weg auch durch die größte Bedrängnis des Todes hindurch gehen konnte, weil über allem Leid der Himmel offen stand und er sich mit dem Vater eins wusste.

Gebetsunterweisung Jesu (11,1–13)

Wenn das Gebet Jesu solch heilende und befreiende Wirkung hatte, dann ist es kein Wunder, dass die Jünger ihn bitten: »Herr, lehre uns beten.« (11,1) Bei Lukas zeigt Jesus den Jüngern nicht nur, was sie beten sollen, sondern vor allem, wie und in welcher Haltung sie es tun sollen. Was die Christen beten sollen, sagt Jesus den Jüngern in den Worten des Vaterunsers. Viele Exegeten meinen, dass Lukas die ursprüngliche Version des Vaterunsers bewahrt hat. Lukas hat immer große Achtung vor dem originalen Klang der Worte Jesu: »Vater, geheiliget werde dein Name, es komme dein Reich, das notwendige Brot gib uns für jeden Tag, und vergib uns unsere Sünden, denn auch wir vergeben jedem, der uns schuldig ist, und führe uns nicht in Versuchung hinein.« (Bovon, S. 118) Jesus hat Gott immer mit Vater angesprochen. Im Gebet, das er uns lehrt, lässt er uns teilhaben an seiner Beziehung zum Vater. Der Name ist die Wirklichkeit Gottes. Sie soll geheiligt werden. Sie soll in unserer Welt sichtbar und von allen Menschen anerkannt werden. Das Reich ist Gottes Herrschaft. Es soll sich in der Welt durchsetzen. Es ist aber auch in uns. Wenn Gottes Bild auf dem Grund unseres Herzens aufleuchtet, dann ist Gottes Reich zu uns gekommen (Bovon, S. 128). Das Brot, um das wir bitten sollen, ist nicht nur das materielle Brot, sondern zugleich das Brot der Freundschaft und Gemeinschaft. Und es ist das himmlische, göttliche Brot. Es ist das lebendige Brot der Eucharistie. Bei der Bitte um Vergebung ersetzt Lukas das Wort »Schuld« durch Sünden. Denn das griechische Wort »Schuld« bezieht sich nicht auf die Verletzung göttlicher Gebote. Die Sünden (hamartias) bedeuten Verfehlungen, verpasste Gelegenheiten, verfehlte Ziele, Unterlassungen (Bovon, S. 134). Die letzte Bitte meint nicht, dass wir vor Versuchungen bewahrt bleiben, sondern dass Gott uns darin beschütze. Das aramäische Vaterunser verstand diese Bitte wohl in dem Sinn: »Gib, dass wir nicht in Versuchung hineinkommen.« (Ebd., S. 136) Auch die Griechen denken nicht daran, dass Gott selbst in die Versuchung führt. Doch der Mensch bleibt nicht verschont vor Versuchungen. Gott möge uns die Kraft geben, nicht so in die Versuchungen hineinzugeraten, dass wir darin untergehen. Lukas wendet sich mit seiner Fassung des Vaterunsers an Neubekehrte. Sie rezitierten das Gebet in Erinnerung an die Worte Jesu. Es wurde für sie zum wichtigsten Bestandteil ihrer Frömmigkeit. In diesen Worten kamen sie in Berührung mit dem Geist Jesu, mit seiner persönlichen Gottesbeziehung. So schreibt die Didache, die am Ende des ersten Jahrhunderts entstanden ist, jedem Christen vor, das Vaterunser täglich dreimal zu beten. Und in jeder Eucharistiefeier wurde es vor der Kommunion gebetet. Bevor wir den Leib Jesu empfangen, werden wir eins mit seinem Geist, der sich gerade im Vaterunser am klarsten ausdrückt.

Lukas erhellt durch zwei Gleichnisse, die er auf das Vaterunser folgen lässt, wie und mit welcher inneren Einstellung wir beten sollen. Die Parabel vom bittenden

Freund (11,5–8) hat ein palästinisches Dorf vor Augen, in dem es keine Läden gibt. Jedes Haus stellt die notwendige Nahrung selbst her. Da hat einer mitten in der Nacht Besuch bekommen und kann ihm nichts anbieten. Das ist ihm peinlich. Denn Gastfreundschaft ist im Orient und in Griechenland das höchste Gut. So geht er zu seinem Freund und pocht an die Tür. Er weiß, welche Schwierigkeiten er dem Freund bereitet. Denn der muss aufstehen und die mit einem Balken gesicherte Tür öffnen. Vom Lärm, den er beim Wegziehen des Balkens macht, werden die Kinder aufwachen. Doch Gastfreundschaft ist heilige Pflicht. So wird er aufstehen und dem bittenden Freund alles geben, was er braucht. Jesus will uns mit diesem Gleichnis sagen, dass Gott unser Freund ist. Und Lukas deutet dieses Gleichnis im Sinn der griechischen Philosophie: Wir Christen sind Gottes Freunde (Grundmann, S. 234). Beten heißt zu Gott wie zu einem Freund sprechen. Wir dürfen Gott so unverschämt bitten wie einen Freund. Er wird uns nicht abweisen. Denn die Freundschaft zwischen Gott und uns ist noch viel fester als die zwischen Menschen.

Nur Lukas erzählt uns das Gleichnis vom bittenden Freund. Lukas liebt als Grieche das Wort »Freund«. Während Markus und Matthäus nur einmal das Wort »Freund« benutzen, finden wir es bei Lukas achtzehn Mal. Für die Griechen war Freundschaft ein hohes Gut. »Die Griechen gelten als das klassische Volk der Freundschaft.« (RAC, S. 418) Sokrates und Platon haben über die Freundschaft geschrieben. Freundschaft ist nur zwischen guten Menschen möglich. Im Lukasevangelium nennt Jesus seine Jünger Freunde (12,4). Die Gemeinde in Jerusalem schildert Lukas wie einen hellenistischen Freundesbund. So liegt es nahe, dass Lukas das Bild des Freundes auf unsere Beziehung zu Gott anwendet. Das Geheimnis von Freundschaft wird erst offenbar, wenn wir im Gebet Gott als unseren Freund erfahren, der uns gibt, was wir zum Leben und zur Liebe brauchen.

Die zweite Parabel erläutert, was es heißt, Gott zum Vater zu haben. Jeder Vater weiß, was für seine Kinder gut ist. Der Mensch ist in seinem Herzen durchaus gut. Der Vater sorgt für seine Kinder. Er wird ihnen nicht anstelle eines Brotes einen Stein oder eine Schlange statt eines Fisches oder einen Skorpion statt eines Eies geben. Jesus spricht hier das Ehrgefühl der Menschen an. »Dem Leser und der Leserin dreht sich das Herz im Leib um bei diesen Beispielen, die einem Vater zugeschrieben werden.« (Bovon II, S. 155) Gott ist unser guter Vater. Er weiß, was uns gut tut. Er wird uns nicht enttäuschen und uns nichts geben, was uns schaden könnte. Er schenkt uns das, was uns nährt. Augustinus deutet die drei Gaben symbolisch. Das Brot bedeutet die Liebe, der Fisch den Glauben und das Ei die Hoffnung. Ein guter Vater gibt seinem Sohn nicht anstelle des Brotes der Liebe den Stein der Härte und Abweisung. Er glaubt an den Sohn und verletzt ihn nicht wie eine Schlange. Und er schenkt ihm Hoffnung und wird ihn nicht wie ein Skorpion mit seiner Bitterkeit oder mit Schuldgefühlen vergiften. Gott ist der gute Vater, der uns die beste Gabe schenkt, die er zu geben hat: den Heiligen Geist. Im Heiligen Geist schenkt er sich uns selbst. Da ist er uns nahe. Der Heilige Geist heilt unsere Vaterwunden, wenn der Vater uns doch den Stein, die Schlange oder den Skorpion gereicht und uns damit tief verletzt hat. Das Gebet ist für Lukas der Ort, an dem wir die Heilung unserer Vater- und Mutterwunden erfahren dürfen.

Die Witwe und der gottlose Richter (18,1–8)

Lukas führt im achtzehnten Kapitel seine Gebetsunterweisung fort. Dort bringt er als Pendant ein Gleichnis, in dem eine Frau im Mittelpunkt steht. Das entspricht seiner Tendenz, zu allen wichtigen Themen sowohl von Seiten des Mannes wie von Seiten der Frau etwas zu sagen. Auch über das Gebet kann Lukas nur angemessen sprechen, wenn er Beispiele aus der Welt des Mannes und der Frau bringt. Während Lukas im elften Kapitel seine Gebetslehre als Erfüllung der Gottesliebe versteht, spricht er im achtzehnten Kapitel über das Gebet in der bedrängenden Situation vor dem Kommen des Menschensohnes. Die Frau, die als Witwe von einem Feind bedrängt wird (18,1–8), steht für die bedrohte christliche Gemeinde, die sich vergeblich an die staatliche Autorität wendet. Denn der Richter fürchtet Gott nicht und nimmt auf keinen Menschen Rücksicht. Die Witwe kann aber auch als Typus für den einzelnen Menschen verstanden werden. Dann beschreibt sie die persönliche Situation von Menschen, die von Feinden bedrängt werden, die von anderen verletzt werden und sich nicht dagegen wehren können. Die Frau, die den Mann verloren hat, ist gleichsam ein Bild für Menschen mit einer dünnen Haut, die schutzlos den Emotionen ihrer Umgebung ausgesetzt sind. Sie haben keine Grenze. Alles Negative ihrer Umwelt dringt in sie ein. Die Frau ist seit jeher auch Bild für die Seele, für den inneren Bereich des Menschen, für die Ahnungen seiner göttlichen Würde. Die Feinde stehen für die Lebensmuster, die uns am Leben hindern, für unsere Schwächen, die uns zu schaffen machen, und für die Wunden, die uns das Leben geschlagen hat. Der Richter, der sich weder um Gott noch um die Menschen kümmert, symbolisiert das Über-Ich, die innere Instanz, die uns klein machen möchte, die kein Interesse an unserem Wohlergehen hat.

Ihr geht es nur um Normen und Prinzipien. Die Seele soll still halten und sich zufrieden geben mit dem, was sie vorfindet.

Die scheinbar machtlose Frau kämpft für sich. Sie geht immer wieder zum Richter und fordert ihn auf: »Verschaff' mir Recht gegen meinen Feind!« (18,3) Der Richter führt ein Selbstgespräch, wieder das typische Stilmittel griechischer Komödien: »Ich fürchte zwar Gott nicht und nehme auch auf keinen Menschen Rücksicht; trotzdem will ich dieser Witwe zu ihrem Recht verhelfen, denn sie lässt mich nicht in Ruhe. Sonst kommt sie am Ende noch und schlägt mich ins Gesicht.« (18,5) Das griechische Wort heißt hier wörtlich: »unters Auge schlagen, blau schlagen« (Heininger, S. 202). Der Zuhörer mag schmunzeln, weil dieser mächtige Richter Angst vor der schwachen Witwe hat, sie könnte ihm ein blaues Auge schlagen. Doch gerade mit diesem Selbstgespräch des Richters bewegt Lukas den Leser, dem scheinbar so schwachen Mittel des Gebets zu trauen. Es hat mehr Macht als alle äußeren Machthaber. Im Gebet bekommt der Mensch sein Recht. Er hat Recht auf Leben, Recht auf Hilfe, Recht auf Würde. Im Gebet dürfen wir erleben, dass die Menschen keine Macht über uns haben. So wie die Mörder über den betenden Jesus am Kreuz nicht triumphieren konnten, so haben auch die, die uns bedrängen, keine Macht über uns. Wenn wir die Witwe als Bild für die Seele nehmen, dann heißt das: Im Gebet erfahren wir, dass die Seele mehr Recht hat als die Stimmen des Über-Ichs, die uns klein halten möchten. Im Gebet blüht die Seele auf. Da bekommt sie Flügel. Da kommen wir in Berührung mit unserem wahren Selbst, mit dem ursprünglichen Bild Gottes von uns. Die Welt kann das Bild Gottes in unserer Seele nicht trüben oder gar zerstören.

Der Pharisäer und der Zöllner (18,9–14)

Lukas weiß um die Gefahr, dass wir uns im geistlichen Leben zu hohe Ideale machen. Er spricht vom unablässigen Beten. Doch so ein großes Idealbild des Betens bringt immer auch eine Schattenseite mit sich. Wir stehen dann in Gefahr, uns mit unserem Beten über andere zu stellen. Wir fühlen uns besser als die anderen. Lukas wehrt dieser Gefahr einseitiger Idealbildung, indem er uns im Gleichnis vom Pharisäer und Zöllner den Gegenpol vor Augen führt. Das Beten des Pharisäers ist eine fromme Selbstbespiegelung. Er kreist nur um sich selbst. Lukas stellt uns in diesem Gleichnis zwei Weisen des Gebets vor Augen: das Gebet des selbstgerechten Pharisäers und das Gebet des demütigen Zöllners. Schon rein äußerlich sind die Gebete des Pharisäers und des Zöllners verschieden. Während das Gebet des Pharisäers lang ist, zeichnet sich das des Zöllners durch Kürze aus. Die Vorbereitung auf das Gebet ist dagegen beim Pharisäer kurz. Er stellt sich einfach hin und fängt an zu beten. Der Zöllner aber bleibt hinten stehen, wagt nicht aufzusehen und schlägt sich an die Brust. Er drückt sein Gebet vor allem im Leib aus. Der Pharisäer kreist im Gebet nur um sich. Er benutzt Gott dazu, sich selbst ins rechte Licht zu stellen. Es geht ihm nicht um Gott, sondern um die eigene Selbstgerechtigkeit. Im Griechischen heißt es wörtlich: »Er betete zu sich selbst.« Er benutzt zwar das Wort »Gott, ich danke dir, dass ich nicht wie die anderen Menschen bin« (18,11). Doch eigentlich bleibt er beim Beten bei sich. Er schaut nicht auf zu Gott, sondern nur auf sich selbst. Viele Fromme meinen, sie würden zu Gott beten. Aber sie bleiben bei sich. Sie beten zu sich selbst. Sie beten sich selbst an. Sie missbrauchen das Gebet, um ihre eigene Größe darzustellen, um sich vor Gott und vor den Menschen ins rechte Licht zu rücken. Der Zöllner dagegen spürt seinen Abstand zu Gott. Er erkennt vor Gott, wer er in Wirklichkeit ist. So schlägt er sich an die Brust und betet: »Gott sei mir Sünder gnädig!« (18,13) Jesus gibt nun selbst seinen Kommentar zu diesen beiden Weisen des Betens. Der Zöllner geht aus seinem Gebet als Gerechter nach Hause. Er hat vor Gott seine eigene Wahrheit erkannt und sie ihm voll Reue hingehalten. Der Pharisäer hat Gott nur für seine eigene Selbstdarstellung benutzt. Nur das Gebet, in dem wir uns schonungslos Gott hinhalten, wird uns auf Gott hin ausrichten und gerecht machen.

In seiner Gebetslehre überliefert uns Lukas nicht nur Jesu Worte über das Gebet. Die Person des Autors kommt darin vielmehr selbst zum Vorschein. Lukas ist nicht nur der »weltoffene und problembewusste Literat, der die Hand am Puls der Zeit hat« (Ernst, S. 147), sondern auch ein frommer Mann. Beten ist für ihn der Ort, an dem er Gott begegnet und in den Geist Jesu hineinwächst. Beten ist für ihn auch Erfahrung der Auferstehung. Das hat Lukas uns in der Apostelgeschichte beschrieben. Fünfundzwanzig Mal spricht Lukas darin vom Gebet. Die Urkirche ist eine betende Gemeinde. Wenn die Gemeinde betete, dann bebte der Ort, dann entstand eine Schwingung, und alle »wurden mit dem Heiligen Geist erfüllt« (Apg 4,31). Als Petrus im Gefängnis saß, betete die Gemeinde »inständig für ihn zu Gott« (Apg 12,5). Gott schickt seinen Engel ins Gefängnis zu Petrus. Und dem fallen die Ketten ab, und die Türen öffnen sich. Im Gebet dürfen wir mitten in den Bedrängnissen unseres Lebens Gottes Schutz und liebende Sorge erfahren. Im Gebet haben wir teil am Geist Jesu. Da lernen wir, uns wie Jesus an den Vater zu wenden. Im Gebet ist uns Gott nahe als Vater und Freund. Im Gebet erfahren wir Recht auf Leben. Nur wer betet, versteht, was Jesus uns mit seiner Botschaft und mit seinem Leben vermitteln wollte. Betend wachsen wir hinein in den Geist Jesu. Betend erfahren wir die Erlösung. Denn im Gebet werden die Mächte dieser Welt entmachtet, da verlieren die Schuldgefühle ihre Macht. Da tun sich die Gräber auf, und wir stehen mit Christus auf zum wahren Leben, zum Leben in Gott.

Jesus als der göttliche Wanderer

Was das Lukasevangelium gegenüber seiner Vorlage bei Markus auszeichnet, ist der so genannte Reisebericht, der von 9,51 bis 19,27 reicht. Lukas schildert Jesus hier als den, der nach Jerusalem wandert, der Stadt der Erfüllung, der Stadt, der alle Verheißungen Gottes gelten. Der Weg nach Jerusalem ist für Jesus aber zugleich der Weg zum Leiden, zum Tod und zur Auferstehung. Lukas schildert in seinem Reisebericht den Weg Jesu als Vorbild für unseren Weg. Jesus ist der Anführer des Lebens. Er geht uns voraus. Unsere Aufgabe ist es, ihm nachzufolgen. Dann wird auch unser Weg uns zum wahren Leben führen.

Nicht nur in diesem Reisebericht, sondern im ganzen Evangelium beschreibt Lukas Jesus als den göttlichen Wanderer. Jesus steigt vom Himmel herab, um mit den Menschen zu wandern und immer wieder als Gast bei ihnen einzukehren. Das ist ein typisch griechisches Motiv. Die griechischen Mythen erzählen von Göttern, die in Menschengestalt erscheinen und die Menschen besuchen, um sie auf ihre Gesinnung hin zu prüfen, und um sie zu beschenken. Lukas nimmt dieses Motiv auf, wandelt es aber um. Jesus prüft die Menschen nicht, sondern er unterweist sie und zeigt ihnen Gottes liebende Zuwendung. In Jesus besucht Gott selbst die Menschen. Das Motiv des Besuches durch Gott klingt schon im Lobgesang des Zacharias zwei Mal an: »Er hat sein Volk besucht und ihm Erlösung geschaffen.« (1,68) Und: »Durch die barmherzige Liebe unseres Gottes wird uns besuchen das aufstrahlende Licht aus der Höhe.« (1,78) Bei der Auferweckung des Jünglings von Nain bekennt das Volk: »Ein großer Prophet ist unter uns aufgestanden, und Gott hat sein Volk besucht.« (7,16) Das griechische Wort »episkeptomai = besuchen« heißt eigentlich: »sehen, übersehen, besehen, betrachten«. Die Griechen stellen sich also vor, dass Gott in Jesus auf die Erde kommt, um sich den Menschen genauer anzusehen und um ihm einen weiteren Horizont zu vermitteln. Jesus ist vom Himmel zu uns gekommen, um uns an unseren göttlichen Kern zu erinnern. Das ist ein Motiv aus der platonischen Philosophie. Jeder Mensch ist eine Idee Gottes. Aber wir haben diese Idee verdunkelt und verstellt. Jesus kommt von Gott zu uns, er schaut uns an, damit wir wieder fähig werden, uns selbst richtig zu sehen, den göttlichen Kern in uns zu entdecken und so mit unserem wahren Wesen in Berührung zu kommen.

Das zweite Motiv, das mit dem Bild des göttlichen Wanderers verbunden ist, ist das der Einkehr bei den Menschen. Jesus kehrt immer wieder bei den Menschen ein, um mit ihnen Mahl zu halten. Als göttlicher Gast bringt er Gastgeschenke mit: Heil und Friede, Gnade (charis) und Freude. Beim Mahl spricht Jesus nicht bloß von Gottes Güte und Menschenfreundlichkeit, sondern er vermittelt sie durch sein Dasein, durch sein Essen und Trinken, durch die Gemeinschaft, die ihn mit den Feiernden verbindet. Kein Evangelist hat so viele Mahlzeiten Jesu berichtet wie Lukas. Das ist ein typisch griechisches Motiv. Xenophon und Platon entwickeln ihre Philosophie bei Gastmählern, bei Symposien. Es gibt eine reiche Symposienliteratur in der griechischen Philosophie. Lukas hat dieses Motiv aufgegriffen. Jesus lehrt die Menschen vor allem beim Mahl. Beim Mahl zeigt er die gnädige Zuwendung Gottes zu den Sündern, so beim Mahl mit dem Zöllner Levi und seinen Freunden (5,27–32) und beim Mahl mit einem Pharisäer, zu dem die Sünderin hinzustößt, um Jesus die Füße zu salben. Ihr sagt er die Vergebung Gottes ausdrücklich zu (7,48). Die Mitte des Evangeliums, das Gleichnis vom verlorenen Sohn, erzählt Jesus bei einem Gastmahl (14 und 15). Und er erzählt es, um seine Mahlzeiten mit den Sündern zu begründen

(15,1–2). Das letzte Mahl Jesu mit seinen Jüngern gestaltet Lukas als Symposium. Jesus unterhält sich mit den Jüngern über das Wesentliche des Glaubens und der Jüngerschaft. Auch nach der Auferstehung erscheint Jesus den Jüngern beim Mahl. So ist Jesus gerade in der wunderbaren Emmauserzählung der Wanderer, der mit den Jüngern geht und dann mit ihnen Mahl hält. Der Auferstandene geht auch mit uns, oft genug unerkannt. Aber wenn wir miteinander das Brot brechen, dann ist er unter uns gegenwärtig. Dann ist der göttliche Gast bei uns, um uns mit seiner Liebe zu beschenken und uns daran zu erinnern, dass wir Gottes Söhne und Töchter sind, dass wir eine göttliche Würde und einen göttlichen Kern haben.

Lukas liebt die Präposition »syn = mit«. Wir sind mit Jesus auf dem Weg, er nimmt uns mit auf den Weg der Verwandlung. Jesus will uns nach seinem Bild gestalten. Das zeigt Lukas vor allem in der Apostelgeschichte. Das Wandermotiv prägt das Wirken der Jünger Jesu. Die Apostel wandern durch das römische Reich, um die Botschaft Jesu weiterzutragen. In der Kraft und mit dem Geist Jesu erfüllt, bringen sie Gottes Heil zu den Menschen. Während Jesus von Galiläa nach Jerusalem wandert, um dort sein Schicksal und damit die Verheißungen Gottes zu erfüllen, wandern die Jünger Jesu von Jerusalem nach Rom, der Hauptstadt des römischen Reiches. Der Mittelpunkt der Welt wird von Jesu froher Botschaft erhellt. Die Geschichte Jesu kommt erst zur Erfüllung, wenn die ganze Welt von Jesu Geist durchdrungen wird. Die Reaktion der Leute auf die Jünger Jesu ist ähnlich wie auf Jesus. Sie haben den Eindruck, dass Gott selbst in den Jüngern die Menschen besucht. Als Paulus in Lystra einen Gelähmten heilt, glauben die Menschen, dass die Götter in Menschengestalt zu ihnen herabgestiegen sind (Apg 14,11f.). Und als Paulus die Schlange, die ihn gebissen hat, von sich wirft, ohne Schaden zu erleiden, meinen die Zuschauer, »er sei ein Gott« (Apg 28,6).

Lukas beginnt seinen großen Reisebericht, in dem er den Gang Jesu nach Jerusalem schildert, mit den Worten: »Als die Tage seiner Hinaufnahme sich erfüllen sollten, richtete er sein Antlitz fest auf den Weg nach Jerusalem.« (9,51) Das für Lukas typische Wort »Hinaufnahme« bedeutet nicht allein die Himmelfahrt, sondern das Ineinander von Tod, Auferstehung und Aufnahme in den Himmel. In dieser Hinaufnahme kommt der Weg Jesu an sein Ziel. Er ist vom Himmel herabgestiegen. Und nun wird er wieder aufgenommen in den Himmel. Doch der Weg zu diesem Ziel führt über das Leiden, über den Tod. Das gilt auch für uns, die wir mit (syn) Jesus durch viele Bedrängnisse in das Reich Gottes gelangen (Apg 14,22). Jesus ist der Anführer des Lebens. Als Anführer eröffnet er uns den Weg zum wahren Leben. Somit erklärt Lukas durch das Wandermotiv, wie er die Erlösung durch Jesus versteht. Lukas vermeidet Begriffe wie Sühne und Opfer. Denn die sind für Griechen unverständlich. Und wir tun uns heute auch schwer mit solchen Vorstellungen. Doch dass Jesus uns vorangeht und uns den Weg zum Leben eröffnet, das können wir durchaus verstehen. Die Menschen haben seit jeher ihr Leben als Weg verstanden. In den geistlichen Traditionen kennen wir die verschiedenen spirituellen Wege, die uns zu Gott führen. Als Menschen sind wir immer auf dem Weg. Wir können nicht stehen bleiben. Wandernd wandeln wir uns. Jesus versteht sein Leben als dauerndes Wandern: »Heute und morgen und am folgenden Tag muss ich wandern.« (13,33) Seine Wanderschaft hat als Ziel Jerusalem: »Denn ein Prophet darf nirgendwo anders als in Jerusalem umkommen.« (ebd.) Wenn Lukas den Weg Jesu nach Jerusalem, dem Ort seines Leidens, schildert, dann will er uns damit ermutigen, durch alle Bedrängnisse, die uns auf unserem

Weg treffen, vertrauensvoll und mutig zu schreiten. Denn auch uns erwartet die Herrlichkeit Gottes. Auch wir werden im Tod hinaufgenommen in das Reich Gottes, in den Himmel. Tod und Auferstehung Jesu wollen uns die Angst nehmen vor den Gefährdungen, vor unseren Lebenskrisen, vor Scheitern und Zerbrechen unserer Lebensentwürfe. All das sind nur die Bedrängnisse, durch die wir in Gemeinschaft mit Jesus in Gottes Herrlichkeit hineinschreiten.

Auf dem Weg begleiten Jesus nicht nur Männer, sondern in gleicher Weise auch Frauen. Nur Lukas nennt ausdrücklich Frauen als Begleiterinnen Jesu: »Die Zwölf begleiteten ihn, außerdem einige Frauen, die er von bösen Geistern und von Krankheiten geheilt hatte: Maria Magdalene, aus der sieben Dämonen ausgefahren waren, Johanna, die Frau des Chuzas, eines Beamten des Herodes, Susanna und viele andere. Sie alle unterstützten Jesus und die Jünger mit dem, was sie besaßen.« (8,1–3) Die Frauen begleiten Jesus bis zum Tod am Kreuz. Und sie sind die ersten, die zum Grab Jesu eilen und darin den beiden Engeln begegnen, die ihnen von der Auferstehung Jesu künden: »Er ist nicht hier, sondern er ist auferstanden. Erinnert euch an das, was er euch gesagt hat, als er noch in Galiläa war.« (24,6) Dieses »euch« zeigt, dass Jesus in Galiläa nicht nur zu den Jüngern, sondern immer auch zu den Frauen gesprochen hat. Sie sind genauso Jüngerinnen Jesu. Das gilt auch für die christliche Gemeinde. Männer und Frauen sind für Lukas gleichberechtigte Jünger und Jüngerinnen Jesu. Ja, die Frauen sind manchmal die Ersten, die den Sinn der Worte Jesu verstehen, während die Männer das, was die Frauen erfahren und worüber sie reden, oft genug für Geschwätz halten (24,11).

Den Weg des Christen beschreibt Lukas als Nachfolge. Unsere Aufgabe ist es, Jesus nachzufolgen. Das wird zu Beginn des großen Reiseberichts deutlich. Jesus ist von den Samaritern abgewiesen worden. Er ist der Heimatlose, der auf dieser Welt umherwandert, ohne Aufnahme zu finden. Diese Heimatlosigkeit gehört wesentlich zu uns Christen. Lukas bringt das in einer Erzählung zum Ausdruck: »Als sie auf ihrem Weg weiterzogen, redete ein Mann Jesus an und sagte: Ich will dir folgen, wohin du auch gehst. Jesus antwortete ihm: Die Füchse haben ihre Höhlen und die Vögel ihre Nester; der Menschensohn aber hat keinen Ort, wo er sein Haupt hinlegen kann. Zu einem anderen sagte er: Folge mir nach! Der erwiderte: Lass mich zuerst heimgehen und meinen Vater begraben. Jesus sagte zu ihm: Lass die Toten ihre Toten begraben; du aber geh', und verkünde das Reich Gottes! Wieder ein anderer sagte: Ich will dir nachfolgen, Herr. Zuvor aber lass mich von meiner Familie Abschied nehmen. Jesus erwiderte ihm: Keiner, der die Hand an den Pflug gelegt hat und nochmals zurückblickt, taugt für das Reich Gottes.« (9,57–62) Es sind drei Bilder der Nachfolge, die Lukas uns hier vor Augen führt. Jesus nachfolgen heißt darum wissen, dass wir hier keine letzte Bleibe haben. Weder die Familie noch unser Haus bieten uns ein Nest, in dem wir uns verkriechen können. Wir Menschen haben einen göttlichen Kern. Der treibt uns weiter auf unserem Weg, bis wir in Gott unsere Heimat finden. Jesus antwortet dem, der ihm nachfolgen will, mit einem Sprichwort, das auch den Griechen bekannt war. Während die Tiere alle ihre Behausung haben, ist der Mensch unbehaust. Sein Haus, in dem er wahrhaft zu Hause sein kann, ist allein Gott, zu dem er von seinem Wesen her gehört.

Das zweite Bild der Nachfolge gipfelt in dem provozierenden Satz Jesu: »Lass die Toten ihre Toten begraben!« Den toten Vater zu begraben, das war in Israel heilige Pflicht. Jesus will sicher nicht dazu aufrufen, sich dieser Pflicht zu entziehen. Sein Wort ist bildhaft gemeint. Manche Menschen finden ihren eigenen Weg nicht, den Weg, den Gott ihnen zugedacht hat, weil sie noch zu sehr an ihrem Vater hängen. Sie haben ihren Vater noch nicht begraben. Sie lassen sich noch von ihm bestimmen. Den Weg der Nachfolge gehen heißt sich frei machen von allen familiären Bindungen. Das Reich Gottes ist wichtiger als die Vaterbeziehung. Wenn Gott im menschlichen Herzen herrscht, dann geht es nicht mehr darum, die Erwartungen seines irdischen Vaters zu erfüllen. Der Weg Jesu führt in die Freiheit. Und er zeigt uns, worauf es eigentlich ankommt. Den Vater begraben, sich in Erbauseinandersetzungen aufreiben, das alles ist Tod im Vergleich zu dem Leben, das uns Jesus durch sein Wort und Beispiel eröffnet.

Während die ersten beiden Bilder der Nachfolge sich in kürzerer Form auch bei Matthäus finden (Mt 8,18–22), ist das dritte Bild allein von Lukas überliefert. Er hat mit diesem Bild nicht nur die Jünger zur Zeit Jesu im Blick, sondern auch uns Christen. Viele möchten den Weg gehen, den sie in ihrem Herzen als den ihren erkannt haben. Sie möchten der Stimme Jesu in ihrem Innern folgen. Aber sie wollen erst noch Abschied nehmen von ihrer Familie. Sie möchten ihren Weg allen erklären. Und vielleicht möchten sie, dass alle ihn gutheißen. Doch Jesus fordert wieder mit einem radikalen Sprichwort dazu auf, seinem inneren Ruf zu folgen, ohne nach rechts und links zu schielen, ohne sich abzusichern und sich die Zustimmung seiner Verwandtschaft und seiner Freunde einzuholen. Wenn mir im Herzen aufgeht, wer Jesus ist und wohin er mich führen möchte, dann muss ich ihm folgen, ohne zurückzuschauen. Wer zurückschaut und kontrollieren möchte, ob die Furche, die er in den Acker seiner Seele gezogen hat, gerade ist, der ist unfähig, den Acker wirklich zu bebauen. Bei dem wird nichts wachsen. Das Reich Gottes öffnet unseren Blick nach vorn. Gott – so meint Jesus mit diesem Wort – ist eine so radikale Wirklichkeit, dass alles andere dahinter verblasst. Gott treibt uns auf den Weg. Er eröffnet uns die Zukunft. Die Vergangenheit mit ihren Verletzungen, mit ihrer Nostalgie, die sollen wir begraben, um frei zu sein für den Augenblick, für das, was Gott in jedem Augenblick von uns will.

Nachfolge ist für Jesus Kreuzesnachfolge. Zwei Mal lädt Jesus im Lukasevangelium die Jünger dazu ein, sein Kreuz zu tragen: »Wer nicht sein Kreuz trägt und mir nachfolgt, der kann nicht mein Jünger sein.« (14,27) Und: »Wer mein Jünger sein will, der verleugne sich selbst, nehme täglich sein Kreuz auf sich und folge mir nach.« (9,23) Das erste Wort zeigt den Ernst der Nachfolge. Wer Jesus nachfolgt, muss damit rechnen, dass auch sein Weg zum Kreuz führt, in die Verfolgung, Anfeindung und schließlich zum Tod. Das zweite Wort deutet die Kreuzesnachfolge als spirituellen Weg. Lukas setzt hier das Wort »täglich« dazu. Hier ist das Kreuz zum Bild für die täglichen Bedrängnisse und Konflikte geworden. Jeden Tag kommt uns etwas in die Quere. Täglich enttäuschen und verletzen uns Menschen. Wenn wir die täglichen Herausforderungen als Kreuz verstehen, dann werden wir daran nicht zerbrechen, sondern das Kreuz wird uns in eine tiefere Gemeinschaft mit Christus führen. Das Kreuz bricht unser Selbstbild auf. Wir gehen durch den Alltag ja oft mit einem illusionären Idealbild von uns selbst. Wir meinen, wir würden Gottes Willen erfüllen, wir würden unsere Pflicht tun. Wenn uns dann jemand kritisiert und ungerecht behandelt, wenn er uns verletzt und kränkt, dann sind wir oft genug beleidigt und hadern mit unserer Situation. Jesus will uns einladen, uns von diesen täglichen Bedrängnissen aufbrechen zu lassen für Gott. Das bedeutet für mich: sich selbst verleugnen. Dabei ist dieses Wort der Selbstverleugnung oft genug falsch verstanden worden, als ob wir uns selbst völlig aufgeben, uns entwerten oder verbiegen sollen. Das griechische Wort »arneisthai« heißt: verneinen, Widerstand leisten, Abstand gewinnen. Ich soll durch die Kreuzerfahrungen meines Lebens das Ego, das sich aufbläht und sich einbildet, alles diene nur ihm, verneinen, um das eigentliche Selbst zu entdecken. Ich soll Abstand gewinnen zu dem Ego, das alles an sich raffen möchte, um unter diesem Ego meinen eigentlichen Personkern zu erkennen. Dieses Wort Jesu ist keine Aufforderung, mir das Leben besonders schwer zu machen und mir Lasten aufzubürden, sondern eine Einladung, mich vom Leben und seinen täglichen Bedrängnissen für Gott aufbrechen zu lassen. Dann führt mich das Leben zu Gott. Dann wird das Kreuz zum Schlüssel für das Leben. Es schließt mir die Tür auf zu meinem Seelengrund, zu meiner eigenen Tiefe. In der Tiefe erfahre ich, wer ich eigentlich bin, jenseits von Erfolg und Sich-Wohlfühlen, jenseits von Anerkennung und Zuwendung, jenseits von Kritik und Kränkungen.

Die Passionserzählung

Wie Markus und Matthäus erzählt uns auch Lukas die Passion Jesu, seinen Weg über das Kreuz zur Auferstehung. Doch Lukas deutet die Passion Jesu auf seine eigene Weise. Zum einen beschreibt Lukas den Weg Jesu durch das Leiden hin zum Tod am Kreuz und zur Auferstehung, sodass wir darin unseren Weg erkennen können. Lukas will uns durch seine Passionserzählung einladen, unseren Kreuzweg zu gehen. Der Blick auf den Weg Jesu soll uns ermutigen, vor den Bedrängnissen, die uns auf unserem Weg treffen, nicht auszuweichen, sondern durch sie hindurch zu gehen. So wie Jesus seinen Weg über das Kreuz zur Auferstehung geht, so sollen auch wir »durch viele Bedrängnisse in das Reich Gottes hineingehen« (Apg 14,22). Lukas sieht in der Passion Jesus in seiner Menschlichkeit. Er ist der wahrhaft gerechte Mensch, der uns zeigt, wie wir richtig unseren Weg gehen, wie wir mitten im Leiden an unserer Menschenfreundlichkeit (am griechischen Ideal der philanthropia) festhalten können.

Das zweite Motiv, das Lukas bei seiner Passionsgeschichte leitet, ist das Motiv der Erlösung. Lukas will aufzeigen, wie dieser Jesus von Nazareth uns durch seinen Tod und seine Auferstehung erlöst, gerettet, geheilt hat. Dabei verzichtet er auf die jüdischen Begriffe wie Sühne und Opfer, mit denen sich die Griechen schwer taten. Es sind auch Begriffe, die uns heute Kopfzerbrechen bereiten. Lukas sieht die erlösende Bedeutung des Kreuzes anders. Jesus ist der Anführer zum Leben (archegos tes zoes). Er geht uns voraus. Er öffnet uns den Weg, damit wir ihm auf diesem Weg in die Herrlichkeit Gottes folgen können. Die Herrlichkeit Gottes (doxa theou) ist zugleich die Gestalt, die Gott sich von jedem von uns gemacht hat. Jesu Weg ist also unser Weg zu dem einmaligen Bild, das

Gott sich von jedem von uns gemacht hat. Jesus ist der wahrhaft gerechte Mensch. Wenn wir auf ihn schauen, werden wir richtig, ausgerichtet auf Gott, aufgerichtet in unserer Würde, gerecht gemacht durch Gott.

Die Botschaft, die Lukas für die Griechen und für uns heute vermitteln möchte, lautet: Jesus ist der Retter. Er hat uns durch seinen Tod am Kreuz erlöst. Doch wie sollen wir das verstehen? Wie kann das, was damals am Kreuz geschah, für uns eine heilende und erlösende Wirkung haben? Zwei griechische Denkmodelle helfen Lukas, die Erlösung durch Jesus zu erklären. Das eine Modell ist die Vorstellung vom Schauspiel. Lukas schildert den Weg Jesu als ein Schauspiel. Dieses Schauspiel hat seinen Höhepunkt im Tod Jesu am Kreuz: »Alle, die zu diesem Schauspiel herbeigeströmt waren und sahen, was sich ereignet hatte, schlugen sich an die Brust und gingen betroffen weg.« (23,48) Für die Griechen war das Schauspiel etwas, das sie in der Tiefe ihres Herzens berührte. Ein Schauspiel sieht man sich nicht als unbeteiligter Zuschauer an, sondern man wird in es hineingezogen. Das Schauspiel will die Emotionen und Leidenschaften des Menschen reinigen. Indem es die Höhen und Tiefen, die Licht- und Dunkelseiten des Menschen und alle Abgründe seiner Seele darstellt, führt es zur »Katharsis«, zur Reinigung und Läuterung des Menschen. Das Schauspiel verwandelt den Menschen. Indem wir auf das Schauspiel schauen, das Lukas uns in seinem Evangelium und vor allem in der Passionserzählung vor Augen führt, werden wir verwandelt. Wir sollen uns wie die damaligen Zuschauer an die Brust schlagen und umkehren. Wir sollen in unserem Herzen angerührt werden, um so einen neuen Weg zu gehen, den Weg, der wirklich zum Leben führt.

Das zweite Denkmodell, das Lukas anführt, um die heilende und erlösende Wirkung des Todes Jesu zu erklären, ist das Bild des gerechten Menschen. Jesus ist der wahrhaft gerechte Mensch. Der Hauptmann bekennt bei Lukas nicht, dass Jesus Gottes Sohn war (wie bei Matthäus und Markus), sondern: »Das war wirklich ein gerechter Mensch.« (23,47) Lukas will Jesus als die Erfüllung der griechischen Sehnsucht nach dem gerechten Menschen darstellen. In der griechischen Philosophie sind das Gute, das Schöne, das Geziemende und das Gerechte das, was den wahren Menschen ausmacht. Die Gerechtigkeit ist für Platon die erste der vier Kardinaltugenden. Sie geht alle Seelenteile an und bringt sie miteinander in Einklang. Die Gerechtigkeit ist »die beste Verfassung der Seele« (RAC, S. 256). Das Ziel der Gerechtigkeit ist die »Sorge für die Seele« (ebd., S. 257). Jesus ist am Kreuz der gerechte Mensch. Er zeigt, wie ein gerechter Mensch aussieht, wie die Seele in ihrer besten Verfassung ist. Und Jesus ist der, der für unsere Seele sorgt, damit wir den Mut haben, richtig zu leben. Platon stellt im Dialog »Gorgias« seinen Lehrer Sokrates als Vorbild der Gerechtigkeit dar. Dem Gerechten macht es nichts aus, getötet zu werden. Sokrates vergleicht sich mit dem Arzt, der vom Koch angeklagt wird, weil er den Kindern bittere Getränke gibt, die ihre Wunden heilen sollen. Wie Sokrates hat Jesus den Menschen nicht nach dem Mund geredet. Er ist der Arzt, der uns die Arznei reicht, die unsere Kränkungen heilt. Doch er wurde vom Koch, von den Menschen, denen es nur um sie selbst und ihr eigenes Wohlbefinden ging, angeklagt. Wenn der Hauptmann Jesus als den gerechten Menschen verkündet, dann will Lukas den Griechen sagen: Das ist der wahrhaft gerechte Mensch, auf den ihr seit Platon gewartet habt. Er ist der Arzt für eure Seelen. Wenn ihr auf ihn schaut, werdet ihr selber gerecht, ausgerichtet auf Gott. Der Blick auf Jesus am Kreuz macht euch richtig, stimmig. Er bringt euch in Einklang mit euch selbst. Darin bestehen für Lukas Erlösung, Befreiung und Heilung.

Ich möchte nur an ein paar Beispielen zeigen, wie Lukas die Passion Jesu für griechische Leser (und auch für uns heute) umschreibt und verständlich zu machen sucht. Es beginnt schon mit dem Abschiedsmahl Jesu, das Lukas als Festmahl mit Tischgesprächen beschreibt. Diese Tischgespräche haben für Lukas den Charakter von Abschiedsreden. Der scheidende Jesus gibt den Jüngern sein Vermächtnis, ähnlich wie Sokrates vor seinem Tod durch den Schierlingsbecher seine wichtigsten philosophischen Einsichten verkündet. Bei diesem Abschiedsmahl zeigt Jesus den Jüngern nochmals seine Liebe. Wenn er sonst bei den Mahlzeiten den Sündern Gottes Barmherzigkeit erwiesen hat, so gipfelt seine Liebe nun darin, dass er sich selbst den Jüngern gibt in den Zeichen von Brot und Wein. Er hat sich danach gesehnt, mit den Jüngern dieses Paschamahl zu essen (22,15) und ihnen in der Zeichenhandlung des gebrochenen Brotes und des Kelches das Vermächtnis seiner Liebe zu hinterlassen. Wenn die Jünger als Gemeinde zusammen kommen und miteinander das Brot brechen, erinnern sie sich an Jesu Liebe, wird Jesu Liebe, die in seiner Hingabe am Kreuz gipfelt, für sie erfahrbar.

Nach dem Mahl beginnen die Tischgespräche. Das wichtigste Thema, das Lukas hier herausgreift, ist das Thema des Herrschens und Dienens (22,24–27). Jesus als der Herr wird zum Diener der Jünger, zum diakonos, zum Tischdiener. Der Tischdiener ist der, der dem Leben dient, der der Gemeinde ein fröhliches Fest ermöglicht, der Leben und Freude in den Feiernden hervorlockt. Jesus will in diesem Wort das Wesen seiner Sendung ausdrücken. Er ist nicht wie die Könige der Völker, die andere unterdrücken. Er dient den Menschen, damit sie voll Freude Gottes Gaben genießen. Aber sein Verhalten soll nun auch den Jüngern zum Vorbild werden. Sie sollen nicht danach streben, andere klein zu machen, um an ihre Größe glauben zu können. Jesus zeigt die Umkehrung aller Verhältnisse: Der Führende wird zum Diener, der Größte zum Kleinsten. Christ ist der, der in den Menschen das Leben weckt, das Gott ihnen geschenkt hat.

Und dann mahnt Jesus den Petrus, er solle seine Brüder stärken. Darin besteht sein Vermächtnis an die Jünger. Sie werden durch den Tod Jesu am Kreuz in ihrem Glauben angefochten. Doch Jesus betet für sie, speziell für Petrus, der hier als Prototyp des Jüngers erscheint, dass ihr Glaube nicht erlischt. Aber Petrus muss selbst umkehren, sich bekehren. Nur dann kann er seine Brüder im Glauben stärken. Und dann schildert Lukas, wie Jesus selbst angefochten wird und im Gebet sich durchringt, den Willen Gottes zu erfüllen. Lukas beginnt die Szene am Ölberg mit der Aufforderung an die Jünger: »Betet darum, dass ihr nicht in Versuchung geratet!« (22,40) Nur im Gebet kann Jesus die eigene Versuchung bestehen. Und nur das Gebet kann die Jünger in den vielen Anfechtungen stärken, die sie erwarten werden. Am Ölberg kommt Jesus an seine Grenze. Er spürt, dass der Weg ans Kreuz ihn menschlich überfordert. Jesus wird mit seiner Angst konfrontiert. Er gerät in »Agonie«. Agonie ist »die letzte Spannung der Kräfte vor hereinbrechenden Entscheidungen und Katastrophen« (Grundmann, S. 412). In seiner Todesangst rinnt ihm sein Schweiß von der Stirn wie Blut, »das auf die Erde tropfte« (22,44). Ein Engel vom Himmel stärkt ihn und gibt ihm neue Kraft. Lukas schildert Jesus hier als Urbild des betenden Menschen. Beten ist Ringen mit Gott. Ohne Gebet sind wir unserer Angst hoffnungslos ausgeliefert. Das Gebet schenkt uns die Kraft, die Versuchungen und Anfechtungen unseres Lebens zu bestehen. Wir sind nicht allein gelassen in unserem Beten. Gott wird auch uns seinen Engel schicken, um uns beizustehen und uns neue Kraft für unseren Weg zu schenken.

Der Passionsweg Jesu (22,47–23,31)

Nach dem Gebet ist Jesus gestärkt, den Weg seines Leidens zu gehen. Der Passionsweg beginnt mit der Gefangennahme. Lukas übernimmt in seiner Passionserzählung weite Teile des Markusevangeliums. Aber dennoch gibt er seiner Schilderung ein eigenes Gepräge. Jesus ist hier mehr der Handelnde als bei Markus. Er spricht von sich aus den Verräter an: »Judas, mit einem Kuss verrätst du den Menschensohn?« (22,48) Als einer seiner Jünger dem Diener des Hohenpriesters das rechte Ohr abschlägt, heilt Jesus den Mann. Selbst in seinem Leiden ist er noch der Arzt, der sich um die Wunden seiner Gegner kümmert. Das Kommando, das Jesus gefangen nimmt, ist bei Lukas eine rein jüdische Gruppe. Lukas hat die Tendenz, die Rolle der Römer bei der Hinrichtung Jesu zu verharmlosen und alle Schuld den Juden zuzuschieben. Darin liegt die Absicht, das Christentum im römischen Reich hoffähig zu machen. Der Historiker Lukas hält sich hier nicht an die Fakten, sondern deutet sie in seinem Sinn. Er kennt die rechtlichen Verhältnisse in Jerusalem nicht so gut. So ist es sein Bestreben, die Vorgänge im Haus des Hohenpriesters, den Verrat des Petrus und die Verspottung durch die Wächter so zu schildern, dass die Erzählung für die Leser spannend und einleuchtend wird. Bei allem, was Lukas schreibt, spürt man den begabten Schriftsteller, der einen Sinn für dramatischen und kunstvollen Aufbau hat.

Die Versammlung der Juden führt Jesus zu Pilatus. Pilatus, der brutale römische Prokurator, wird von Lukas als verständnisvoll geschildert. Lukas möchte den römischen Statthalter zum Zeugen von Jesu Schuldlosigkeit machen (Grundmann, S. 421). Nur Lukas schildert die Überweisung Jesu an Herodes (23,6–12). Offensichtlich möchte Lukas neben Pilatus auch Herodes als Zeugen für die Unschuld Jesu anführen. Lukas beschreibt Herodes wie einen hellenistischen Gebildeten, der auf interessante Dinge aus ist, auf Wunderzeichen und besonders gelehrte Worte. Doch Jesus enttäuscht seine Wundersucht. Er schweigt. Sein Schweigen ist Zeichen des Gottesknechtes und als solches für die jüdischen Leser verständlich. Doch auch die Hellenisten kennen das Schweigen als Zeichen der Göttlichkeit, etwa im Mithraskult. Durch das Schweigen Jesu wandelt sich die Bewunderung des Herodes in Verachtung und Verspottung. Herodes ist kein gebildeter und weiser Mensch, sondern einer, der nur auf Sensationen aus ist. So kommt in der Begegnung mit Jesus sein wahres Wesen zum Vorschein. Indem wir das Schauspiel der Passion betrachten, werden wir mit unserer eigenen Wahrheit konfrontiert. Wir erkennen, wer wir in Wahrheit sind. Unser Wesen wird offenbar. Herodes beweist seine Falschheit, indem er Jesus ein weißes Prunkgewand anzieht und ihn zurück zu Pilatus schickt. Die beiden werden an diesem Tag Freunde.

Nun ruft Pilatus die Hohenpriester und die anderen führenden Männer zusammen. Er bekundet vor allen Jesu Unschuld und zieht dabei auch Herodes als Zeugen der Unschuld heran. Doch die Reaktion der jüdischen Menge fordert die Kreuzigung Jesu. Drei Mal beteuert Pilatus die Unschuld Jesu. Doch die Juden setzen sich mit ihrem Geschrei durch. Lukas vermeidet es, von einem ausdrücklichen Todesurteil des Pilatus zu sprechen. Pilatus gibt einfach dem Druck der Menge nach und liefert Jesus den Juden aus. Das entspricht sicher nicht der Geschichte. Denn nur die Römer hatten das Recht zur Kreuzigung. Lukas lässt die Verspottung Jesu durch die römischen Soldaten weg. Er tut so, als führten die Juden Jesus zur Kreuzigung. Erst am Kreuz selbst führt er die Soldaten ein.

Auf dem Weg zum Kreuz begegnet Jesus Simon aus Kyrene und den klagenden Frauen (23,26–31). Wieder sind es Männer und Frauen, die Jesus auf dem Kreuzweg begleiten. Beide haben Vorbildfunktion. So wie Simon das Kreuz hinter Jesus herträgt, so sollen es auch die Jünger auf sich nehmen und Jesus nachfolgen. Die weinenden Frauen spricht Jesus an: »Ihr Töchter von Jerusalem, weint nicht über mich, weint über euch und eure Kinder.« (23,28) Jesus will nicht ihr Mitleid, sondern ihre Umkehr. Das ist wohl auch die Mahnung an die Leser. Wenn wir die Passion Jesu lesen und meditieren, sollen wir nicht in Mitleid zerfließen, sondern umkehren und anders leben. Die Passion Jesu will unser Denken und Handeln verwandeln. Sie will uns als geänderte und verwandelte Menschen entlassen. Der Tod am Kreuz ist der lauteste Mahnruf zur Umkehr, den Jesus in seinem Leben zu geben vermochte.

Die Kreuzigung (23,33–46)

Die Darstellung der Kreuzigung hat Lukas wiederum kunstvoll aufgebaut. Auch hier verwendet er das Stilmittel der Polarität. Jesus wird zwischen zwei Verbrechern gekreuzigt, einem reumütigen und einem verhärteten. Das Kreuz Jesu kann uns zur Reue führen. Doch wir können es auch mit harten Herzen betrachten. Dann heilt und erlöst es uns nicht. Auch am Kreuz ist Jesus der Beter. Er betet für seine Henker: »Vater, vergib ihnen, denn sie wissen nicht, was sie tun.« (23,34) Am Kreuz eröffnet Jesus für alle Menschen die Möglichkeit zur Umkehr. Wer Jesu Liebe selbst zu den Mördern sieht, der darf darauf vertrauen, dass auch ihm vergeben wird. So stellt die Kreuzigung Jesu die vergebende Liebe Gottes in ihrer letzten Konsequenz dar. Bei Lukas bewirkt das Kreuz nicht die Vergebung, sondern bringt sie zum Ausdruck und vermittelt sie auf diese Weise uns Sündern. Wer auf

Jesu vergebende Liebe schaut, weiß in seinem Herzen, dass ihm alle seine Schuld vergeben wird.

»Die Leute standen dabei und schauten zu.« (23,35) Es ist ein Schauspiel, das sich dem Volk hier darbietet. Das Schauspiel hat die Bedeutung, die Emotionen anzusprechen und sie dadurch zu reinigen. Zunächst sehen die Zuschauer, wie Jesus dreifach verspottet wird, von den führenden Männern, von den Soldaten und vom Schächer auf der Linken. Diesem Spott tritt das Bekenntnis des Schächers auf der rechten Seite entgegen: »Uns geschieht recht, wir erhalten den Lohn für unsere Taten; dieser aber hat nichts Unrechtes getan.« (23,41) Und dann bittet der Mitgekreuzigte Jesus, er möge an ihn denken, wenn er in sein Reich komme. Jesus antwortet ihm: »Amen, ich sage dir: Heute noch wirst du mit mir im Paradies sein.« (23,43) Jesu erbarmende Liebe kommt hier am Kreuz zur Vollendung. Sie bietet jedem Menschen selbst in der Todesstunde noch die Chance der Umkehr. Und Jesu Zusage an den Schächer zur Rechten verheißt auch uns, dass wir im Tod von Jesus ins Paradies geführt werden. Im Tod vollendet sich das Heute, da wird der Tod Jesu für uns reine Gegenwart und gibt uns die Gewissheit, dass wir heute noch mit ihm in Gottes Herrlichkeit eintreten.

Dann schildert Lukas den Tod Jesu. Hier wird er wieder zum Geschichtsschreiber. Er gibt genau die Stunde des Todes an. Aber zugleich ist die Angabe der Zeit symbolisch gemeint. Mitten am Tag verdunkelt sich die Sonne, und Finsternis bricht über das ganze Land herein. Jesus stirbt nicht mit einem Schrei, sondern betend: »Vater, in deine Hände lege ich meinen Geist.« (23,46) Während die Posaunen vom Tempel herüberschallen und zum Abendgebet auffordern, betet Jesus mit den Worten des Psalms 31. Dieser Psalm war das Abendgebet der frommen Juden. Doch Jesus leitet das Gebetswort des Psalms mit der ihm eigenen Abba-Anrede ein. Im Tod stirbt er in die liebenden Arme seines Vaters hinein. Da kehrt er heim zu seinem Vater, den er mit dem kindlich-zärtlichen »Abba = lieber Vater, Papa« anspricht. Der Tod ist für Jesus – so will es Lukas mit seiner Schilderung ausdrücken – nichts Schreckliches, sondern Vollendung der Liebe. Da erfüllt sich, was Jesus schon als Kind den Lehrern im Tempel gesagt hat: »Wusstet ihr nicht, dass ich in dem sein muss, was meinem Vater gehört?« (2,49) Das Gebet trägt Jesus durch die Pforte des Todes hindurch in die liebenden Arme des Vaters hinein. Das ist die Verheißung, die Lukas im Sterben Jesu sieht. Betend werden auch wir im Tod nicht in ein Nichts fallen, sondern in Gottes Liebe hinein. Jesus haucht seinen Geist aus. Er gibt seinen Geist Gott zurück. Auch hier verbindet Lukas wiederum jüdische und griechische Elemente. Jesus betet mit den Worten eines jüdischen Psalms. Aber der Tod selbst wird in der Sprache der hellenistischen Umwelt beschrieben. Mit ähnlichen Worten hat Seneca den Tod des Herakles beschrieben: »Nimm meinen Geist, ich bitte dich, zu den Sternen auf! … Siehe, mein Vater ruft mich und öffnet den Himmel. Ich komme, Vater, ich komme.« (Grundmann, S. 435)

Die Reaktion auf Jesu Tod (23,47–56)

Lukas erzählt nun eine dreifache Reaktion auf den Tod Jesu. Auf die dreifache Verspottung gibt es nun eine dreifache Bekräftigung. Zunächst preist der römische Hauptmann Gott. Er sieht also im Sterben Jesu Gott selbst am Werk. Daher lobt er Gott für diesen Menschen. Im Gegensatz zu Matthäus und Markus bekennt er nicht, dass er Gottes Sohn war, sondern: »Wahrhaft, dieser Mann war gerecht.« (23,47) Platon hat in einem Symposium von einem Menschen gesprochen, der nicht so voller Intrigen ist wie wir, von einem, der wahrhaft gerecht ist. Er wird von den Menschen aus der Stadt herausgetrieben und getötet. Dieser Gerechte, nach dem die Griechen sich gesehnt haben, ist Jesus. Doch in diesem Gerechten sehen auch die Juden ihre Sehnsucht nach dem Messias erfüllt. Denn der Messias ist der Gerechte, den Gott den Menschen sendet. Indem der Hauptmann das Wesen Jesu als das eines gerechten Menschen erkennt, geht ihm Gottes Herrlichkeit auf. Damit beschreibt Lukas die Beziehung Jesu zu Gott. Er benutzt nicht den Begriff »Gottes Sohn«, sondern er beschreibt den Menschen Jesus so, dass den Zuschauern Gott aufgeht.

Die zweite Reaktion kommt von der Volksmenge. Von diesen Menschen heißt es, sie seien zum Schauspiel zusammengeströmt. Und sie schauten dem Geschehen zu. Die Geschichte Jesu ist ein Schauspiel, kein erdichtetes, sondern ein reales. Aber die Wirkung ist die gleiche wie bei einem griechischen Schauspiel. Die Leute »schlugen sich an die Brust und gingen betroffen weg« (23,48). Sie haben sich bekehrt. Sie sind umgekehrt. Sie haben sich betreffen lassen. Der Tod des gerechten Menschen hat sie verwandelt. Sie gehen anders vom Schauspiel heim, als sie gekommen waren. Auch wir können den Tod Jesu nicht einfach objektiv betrachten. Wenn wir ihn wirklich meditieren, wenn wir wirklich hinschauen, dann verwandelt er uns, dann können wir nicht mehr so leben wie bisher. Für die Griechen ging die Gotteserfahrung wesentlich über das Schauen hinaus. Indem ich Jesus am Kreuz sterben sehe, schaue ich Gott, sehe ich den Himmel offen. Das Schauspiel des Kreuzes wird so zum dichtesten Ort der Gotteserfahrung. Indem ich auf diesen gerechten Menschen schaue, der unschuldig am Kreuz hängt und sogar noch für seine Mörder betet, geht mir Gott auf. Da öffnet sich mir der Himmel, und das Geheimnis göttlicher Liebe wird sichtbar.

Die dritte Reaktion auf den Tod Jesu schreibt Lukas allen Bekannten und den Frauen zu, die Jesus »seit der Zeit in Galiläa nachgefolgt waren« (23,49). Von ihnen allen heißt es nur, dass sie da standen und alles sahen. Sie halten bei Jesus aus. Sie bleiben stehen und fliehen nicht angesichts seines Todes. Und sie sehen alles. Hier benutzt Lukas nicht »theorein = bei einem Schauspiel zuschauen, betrachten, erwägen«, sondern »horan = sehen, aufmerksam wahrnehmen, unverwandt im Auge behalten«. Es ist mehr das sinnliche Schauen, das noch nicht versteht, das aber alles im Auge behält, das den Eindruck des Gesehenen tief ins Herz fallen lässt, bis das Herz versteht, was es gesehen hat. Und Lukas berichtet noch einmal vom Schauen. Die Frauen geben Joseph aus Arimathäa das Geleit, der den Leichnam Jesu vom Kreuz abnimmt und ihn in ein Felsengrab legt, in dem noch niemand bestattet worden war. Die Frauen »schauten das Grab an und wie sein Leichnam hineingelegt wurde« (23,55, Übersetzung von Grundmann). Hier benutzt Lukas das griechische Wort »etheasanto = sie schauten, betrachteten aufmerksam, mit Verwunderung«. Dieses Wort wird auch vom geistigen Schauen gebraucht. Es ist ein Einsehen, Verstehen. Indem Jesus in das Felsengrab gelegt wird, in das noch nie jemand gelegt worden war, geht ihnen der Sinn dieses Geschehens auf. Bultmann sieht in diesem unberührten Felsengrab einen Verweis auf den »kultischen« Charakter Jesu (Grundmann, S. 437). Es ist ein kultisches Schauen, wie bei den griechischen Mysterienkulten. Die Frauen schauen auf das unberührte Grab und auf Jesu Leichnam, und sie ahnen, dass Gott da etwas ganz und gar Neues wirken wird, etwas Unverfälschtes, Unberührtes. In der Auferstehung wird Jesus in die Klarheit Gottes hinein auferstehen.

Der Tod Jesu ist für Lukas Modell auch für das Sterben des Christen. So beschreibt der Evangelist in der Apostelgeschichte das Sterben des Stephanus in ähnlichen Worten wie den Tod Jesu. Dem Stephanus geht gerade in seinem Tod das Geheimnis Jesu auf. »Er aber, erfüllt vom Heiligen Geist, blickte zum Himmel empor, sah die Herrlichkeit Gottes und Jesus zur Rechten Gottes stehen und rief: Ich sehe den Himmel offen und den Menschensohn zur Rechten Gottes stehen.« (Apg 7,55f.) Da erfüllt sich sein Schauen. Da schaut er nicht mehr nur den Menschen Jesus, sondern er sieht den Himmel offen, und er schaut Jesus in seiner Herrlichkeit bei Gott. Im Sterben des Stephanus deutet Lukas den Tod Jesu. Wer Jesu Tod am Kreuz meditierend anschaut, der sieht den Himmel offen. Und in ihm wird das Vertrauen wachsen, dass sich sein Schauen in seinem eigenen Sterben erfüllen wird. Da wird er wahrhaft Gott schauen und in Gott Jesus. Jesus steht zur Rechten Gottes. Er ist aufrecht. Er ist auferstanden und steht nun immer für uns ein, damit auch unser Sterben gelingt. Stephanus stirbt mit den Worten: »Herr Jesus, nimm meinen Geist auf!« (Apg 7,59) Jesus hat seinen Geist Gott übergeben. Wir werden in unserem Tod von Jesus für immer aufgenommen in seine Gemeinschaft mit dem Vater.

Lukas erzählt uns als einziger Evangelist nicht nur von der Auferstehung, sondern auch von der Himmelfahrt Jesu. Jesus ist vom Himmel herabgestiegen, um mit uns Menschen zu wandern und unsere Wege mitzugehen. In seinem Tod und seiner Auferstehung kehrt er wieder zum Himmel zurück. Dort sitzt er zur Rechten Gottes und tritt für uns ein. Und er sendet uns den Heiligen Geist, damit wir in der Kraft des Geistes die gleichen Taten vollbringen wie er und die Botschaft vom Reich Gottes in alle Welt hinaus tragen. Es sind vor allem zwei Gedanken, die Lukas in seiner Botschaft von der Auferstehung und Himmelfahrt Jesu entfaltet: Zum einen möchte er darlegen, dass Jesus nicht im Tod bleiben konnte, weil er von Gottes Geist erfüllt und Sohn Gottes war. Zum anderen dient ihm der Gedanke der Himmelfahrt dazu, die Kontinuität des Wirkens Jesu zum Ausdruck zu bringen. Jesus steht seinen Jüngern vom Himmel aus bei. Er sendet seinen Geist, damit der Geist die Jünger antreibt, auf der ganzen Welt die Botschaft vom Heil zu verkünden und den Menschen den Weg zum Leben zu zeigen.

Psalm 16 als Begründung für die Auferstehung

Lukas hat seine Auferstehungstheologie vor allem in der Pfingstpredigt des Petrus entfaltet. Petrus wirft den Juden vor, dass sie Jesus, den Gott doch durch Wunder und Zeichen beglaubigt hat, »durch die Hand von Gesetzlosen ans Kreuz geschlagen und umgebracht« (Apg 2,23) haben. »Gott aber hat ihn von den Wehen des Todes befreit und auferweckt; denn es war unmöglich, dass er vom Tod festgehalten wurde.« (Apg 2,24) Und dann zieht Petrus als Begründung für die Auferstehung Psalm 16 heran. Der Beter dieses Psalms hat Gott beständig vor Augen. Die innige Lebensgemeinschaft mit Gott, die der Beter erfährt, schenkt ihm die Gewissheit, dass diese Gemeinschaft auch durch den Tod nicht zerstört werden kann: »Darum freut sich mein Herz und frohlockt meine Zunge, und auch mein Leib wird in sicherer Hoffnung ruhen; denn du gibst mich nicht der Unterwelt preis, noch lässt du deinen Frommen die Verwesung schauen. Du zeigst mir die Wege zum Leben, du erfüllst mich mit Freude vor deinem Angesicht.« (Apg 2,26–28) Jesus hat durch den Geist, mit dem er erfüllt war, eine so tiefe Gemeinschaft mit Gott erfahren, dass er auch im Tod nicht aus ihr fallen konnte. Gott selbst hat ihn auferweckt. Und so ist er für uns zum »Anführer des Lebens« (Apg 3,15) geworden. Der Begriff »archegos tes zoes = Anführer in das Leben, Anfänger des Lebens« ist für Lukas zum Zentralbegriff seiner Auferstehungstheologie geworden (Apg 3,15). Jesus wird auch die, die sich mit ihm verbinden, zum Leben führen, zu einem Leben, das auch durch den Tod nicht zunichte werden kann. Es geht Lukas in seiner Auferstehungstheologie vor allem um die Frage nach dem Leben. Jesus führt uns als der Auferstandene zum wirklichen Leben. Die Aufgabe der Apostel besteht darin, »Worte des Lebens« (Apg 5,20) zu verkünden. Jesus zeigt uns in der Auferstehung »die Wege zum Leben« (Apg 2,28). Auch den Heiden hat Gott die »Umkehr zum Leben« (Apg 11,18) geschenkt. Die Sehnsucht nach Leben war nicht nur den Griechen bekannt. Sie ist heute genauso aktuell. Wonach sich junge Menschen heute vor allem sehnen, das ist: wirklich zu leben, erfüllt zu leben. Leben ist das höchste Gut. Auf diese Sehnsucht antwortet Lukas. Jesus ist der Anführer zum Leben. Wenn wir ihm folgen, werden wir das Leben finden. Diese Botschaft von der Auferstehung wollte Lukas in die Herzen der Griechen hineinsprechen. Er will sie auch uns heute verkünden, damit wir nicht falschen Versprechungen nachlaufen, die uns statt zum Leben in die Enttäuschung führen. Jesus, der Auferstandene, kann uns allein zum wahren Leben führen.

Doch gehen wir die Auferstehungsgeschichten im Evangelium kurz durch. Lukas beschreibt die Begegnung mit dem Auferstandenen auf seine eigene Weise. Er verarbeitet das, was ihm vorgegeben ist. Dabei lässt er sich von der Vorstellung des Ostertages leiten, der an jedem Sonntag in der Gottesdienstfeier der Gemeinde gegenwärtig wird. In drei Bildern fasst Lukas die Ostererscheinungen zusammen und in ihnen das Geheimnis Jesu Christi und seiner Jünger. Während Matthäus und Markus von den Ostererscheinungen in Galiläa berichten, lässt sie Lukas alle in Jerusalem stattfinden. Jerusalem ist der Ort der Auferstehung und der Ort, von dem aus die Botschaft vom Heil in die ganze Welt hinausgeht. In den drei Osterbildern zeigt uns Lukas, wie die Auferstehung heute an uns geschehen könnte. Wenn wir diese Bilder meditieren, geht uns das Leben auf, zu dem uns der Anführer des Lebens führen möchte.

Die Frauen am Grab (24,1–12)

Das erste Osterbild, das uns Lukas malt, ist die Begegnung der Frauen mit den beiden Auferstehungsengeln am leeren Grab. Die Frauen finden den Stein vom Grab weggewälzt. Auferstehung heißt für uns, dass der Stein, der uns blockiert, weggerollt wurde, dass das Leben in uns nicht mehr unter Verschluss liegt. Als die Frauen ratlos ins leere Grab gehen und dort den Leichnam Jesu nicht finden, treten zwei Männer in leuchtenden Gewändern zu ihnen und sprechen sie an: »Was sucht ihr den Lebenden bei den Toten? Er ist nicht hier, sondern er ist auferstanden. Erinnert euch an das, was er euch gesagt hat, als er noch in Galiläa war: Der Menschensohn muss den Sündern ausgeliefert und gekreuzigt werden und am dritten Tage auferstehen.« (24,5–7) Die Engel reden die Frauen mit einem Sprichwort an. Es hat keinen Zweck, den Lebenden bei den Toten zu suchen. Auferstehung bedeutet Leben. Christus lebt. Und den Lebenden sucht man nicht im Grab. Wenn wir Jesus, dem Auferstandenen, begegnen wollen, werden wir ihn nicht in der Vergangenheit finden und auch nicht in toten Buchstaben oder in starren Gesetzen. Wir werden ihm dort begegnen, wo das Leben ist. Jesus will uns zum Leben führen. Unser Blick muss nach vorn gehen und nicht zurück in die Vergangenheit. Es hat wenig Sinn, über die Richtigkeit seiner Worte zu streiten. Wir sollen dem Leben trauen, das sie in uns wecken möchten.

Bei Markus verweist der Engel die Frauen nach Galiläa. Dort werden sie den Auferstandenen treffen. Bei Lukas erinnern die Engel die Frauen an die Worte, die Jesus in Galiläa zu den Jüngern und Jüngerinnen gesprochen hat. Das leere Grab lässt die Worte Jesu in einem neuen Licht erscheinen. Auferstehung heißt ein neues Verständnis der Worte Jesu. Indem wir uns aufgrund der Auferstehung Jesu an die Worte Jesu erinnern, die er während seines Lebens gesprochen hat, geht uns das eigentliche Geheimnis Jesu auf. Ostern ist der Schlüssel, der uns den Sinn der Worte Jesu aufschließt. Die Frauen erinnern sich der Worte Jesu und verstehen sie. Ostern geschieht bei ihnen in einem neuen Verständnis der Worte. Sie kehren zurück nach Jerusalem und berichten den Jüngern, was sie gesehen und gehört haben. Doch diese halten ihre Worte für Weibergeschwätz. In diesem Ausdruck klingt die Kränkung der Männer nach, die den Frauen den Vortritt in der Auferstehungserfahrung und offensichtlich auch im Glauben an den Auferstandenen lassen mussten.

Die Emmausjünger (24,13–35)

Und dann erzählt Lukas die wohl schönste Ostergeschichte, die es gibt: die Begegnung Jesu mit den Emmausjüngern. Hier wird das Wandermotiv wieder aufgegriffen. Jesus ist der unerkannte Wanderer, der mit den beiden Jüngern geht, die enttäuscht die Stadt Jerusalem verlassen. Denn die Hoffnung, auf die sie gesetzt haben, hat sich nicht erfüllt. Jesus, von dem sie meinten, er sei ein großer Prophet, ist gekreuzigt worden. Doch weil sie noch miteinander über ihre Enttäuschung reden, kann der Auferstandene mit ihnen ins Gespräch kommen und ihnen ihre Erfahrungen anders deuten. Auferstehung heißt auch hier: eine neue Deutung des Lebens Jesu, aber auch eine neue Deutung unseres eigenen Lebensweges. Auf unserem Weg wird es uns oft genauso ergehen wie den Emmausjüngern. Wir werden enttäuscht. Die Illusionen, die wir uns vom Leben gemacht haben, zerbrechen. Auch wir glauben manchmal, dass wir »mächtig in Wort und Tat vor Gott und dem ganzen Volk« (24,19) sind. Und dann wird unser Selbstbild durchkreuzt. Uns wird alles aus der Hand genommen. Wir stehen vor dem Scherbenhaufen unseres Lebens. Dann möchten wir am liebsten vor uns selbst davonlaufen. Doch wir sind nicht allein auf unserem Weg. Solange wir miteinander sprechen, wird Jesus, der Auferstandene, mit uns gehen und uns den Sinn unseres Lebensweges erschließen. Das Wort »Musste nicht der Messias all das erleiden, um so in seine Herrlichkeit zu gelangen« (24,26) ist der Schlüssel für das Verständnis von Jesu Schicksal, aber auch unseres eigenen Geschicks. Es war Gottes Wille, den wir nicht mehr hinterfragen können, dass der Messias leiden musste, um in seine Herrlichkeit zu gelangen. Und es ist auch unser Weg, dass wir nur durch manche Bedrängnisse hindurch zum wahren Leben gelangen, zu der Herrlichkeit, die

Gott uns bereit hält, in die Gestalt, die Gott für uns ausgedacht hat. Es ist gut, dass wir enttäuscht worden sind, dass die Bilder zerbrochen sind, die wir uns von uns selbst gemacht haben. Nur so gelangen wir zur Herrlichkeit Gottes. Nur so können wir zu dem Bild werden, das Gott sich von uns gemacht hat.

Jesus deutet den beiden Wanderern die ganze Heilige Schrift. Er zeigt ihnen auf, dass der Tod und die Auferstehung Jesu die Zusammenfassung der ganzen Bibel sind. Das heißt nicht nur, dass Jesu Tod und Auferstehung in manchen Bibelversen vorausverkündigt wurden. Vielmehr versteht Lukas darunter, dass im Geheimnis von Tod und Auferstehung Jesu die gesamte Botschaft der Bibel zusammengefasst werden kann. Alle Worte vom erlösenden und errettenden Gott, von dem Gott, der uns aus der Grube herausführt, der das versklavte Volk befreit, der uns aus der Not errettet, erlangen ihre Erfüllung in Tod und Auferstehung Jesu: Es gibt nichts, woraus Gott uns nicht zu erretten vermag. Gott hat Jesus von den Toten erweckt. Also wird er auch uns aus jeder Dunkelheit herausführen in das Licht, aus dem Grab in das Leben, aus der Starre in die Lebendigkeit, aus der Gefangenschaft in die Freiheit, aus der Blindheit zum Sehen, aus der Lähmung in das Gehen, aus der Gesetzlichkeit in die Liebe. In der Auferstehung Jesu geht Lukas der Sinn der Heiligen Schrift auf. Da erst erkennt er, was die tröstenden Worte eines Jesaja meinen: »Wenn du durchs Wasser schreitest, bin ich bei dir, wenn durch Ströme, dann reißen sie dich nicht fort. Wenn du durchs Feuer gehst, wirst du nicht versengt, keine Flamme wird dich verbrennen. Denn ich, der Herr, bin dein Gott, ich, der Heilige Israels, bin dein Retter.« (Jes 43,2f.) Es gibt keine Dunkelheit mehr, in die nicht das Licht von Ostern dringt. Es gibt kein Grab mehr, in dem sich nicht schon das Leben regt.

Die Jünger bitten Jesus, er solle doch bei ihnen bleiben: »Denn es wird bald Abend, der Tag hat sich schon geneigt.« (24,29) Das ist ein Bild für unser Leben. Dort, wo es in uns dunkel wird, wo die Nacht über unsere Seele hereinbricht, dort dürfen wir den Auferstandenen bitten, bei uns zu bleiben. Jesus kehrt mit den beiden Jüngern ein. Er wird ihr Gast, um mit ihnen zu sein. Das ist nicht nur ein Bild für die Auferstehung, sondern auch für die Eucharistiefeier. In der Eucharistiefeier begegnen wir dem Auferstandenen. Da ist er bei uns, da spricht er zu uns, da deutet er uns die Schrift, und da deckt er uns das Geheimnis unseres Lebens auf. Und dann schildert Lukas das Mahl des Auferstandenen mit den Emmausjüngern in den gleichen Worten, mit denen er das letzte Abendmahl beschrieben hat. Jesus »nahm das Brot, sprach den Lobpreis, brach das Brot und gab es ihnen« (24,30). Den Jüngern gehen die Augen auf. Sie erkennen ihn. Doch im gleichen Augenblick wird er für sie unsichtbar. »Aphantos = unsichtbar« ist ein typischer Ausdruck aus der griechischen Gedankenwelt. Jesus entschwindet den Blicken der Jünger. Das ist das Geheimnis der Auferstehung. Der Auferstandene ist mit uns und bei uns. Er bricht das Brot für uns. In der Eucharistiefeier begegnet er uns, wird er sichtbar. Doch wir können ihn nicht mit unseren Augen festhalten. Auferstehung hat für Lukas wesentlich mit Öffnen zu tun. Unser Herz tut sich auf (Apg 16,14), unser Geist (24,45) und unsere Augen (24,31) öffnen sich. Und der Auferstandene öffnet uns die Schrift, er erschließt uns den Sinn der Heiligen Schrift (24,31). In solcher Offenheit dürfen wir den Auferstandenen schauen. Aber die Offenheit bedeutet auch, dass wir ihn loslassen müssen. Er entschwindet immer wieder unseren Blicken. Doch wenn der Auferstandene unser Herz, unseren Geist und unsere Augen öffnet, entbrennen wir in Liebe zu ihm. Wir werden in der Tiefe unseres Herzens von den Worten und

Taten Jesu berührt. Das Brennen unseres Herzens treibt uns auf den Weg zurück zu den Menschen. So brechen die Jünger mit brennendem Herzen noch in der selben Stunde auf und kehren nach Jerusalem zurück, um den anderen Jüngern von ihrer Erfahrung zu berichten. Die Auferstehungserfahrung schickt uns auf den Weg, damit wir anderen erzählen, was wir gesehen und gehört haben.

Die Erscheinung Jesu vor allen Jüngern (24,36–43)

Das dritte Bild, das uns Lukas vom Auferstehungstag zeichnet, ist die Erscheinung Jesu vor allen Jüngern. Die Emmausjünger kehren voll Freude zurück nach Jerusalem. Die daheim gebliebenen Jünger und Jüngerinnen erzählen ihnen, dass der Herr wahrhaft auferstanden und dem Simon erschienen ist. Als sie noch darüber reden, tritt Jesus selbst in ihre Mitte. Sie erschrecken und bekommen Angst, weil sie meinen, einen Geist zu sehen. Jesus weist sie hin auf seine Hände und Füße: »Seht meine Hände und meine Füße an: Ich bin es selbst. Fasst mich doch an, und begreift: Kein Geist hat Fleisch und Knochen, wie ihr es bei mir seht.« (24,39) Lukas will hier den Griechen zeigen, was Auferstehung bedeutet. Die Griechen konnten sich durchaus vorstellen, dass der Auferstandene Geist ist, dass die Seele sich vom Körper getrennt hat und nun für sich existiert. Doch Auferstehung ist mehr. Auferstanden ist die Person Jesu, mit Leib und Seele. Mit dem Hinweis auf die Hände und Füße antwortet Lukas auf die platonische Philosophie, die sich nur die Befreiung der Seele aus dem Gefängnis des Leibes vorstellen kann. Auferstehung ist Auferstehung des Leibes. Sie schenkt uns Hände, die das Leben in die Hand nehmen, die Menschen zärtlich berühren, die streichelnd Liebe erfahrbar machen. Und Auferstehung stellt uns auf die Füße, damit wir zu uns stehen und unseren Weg gehen, den je eigenen Weg, der uns zum Leben führt.

Das Wort »ich bin es selbst = ego eimi autos« ist eine Antwort auf die stoische Philosophie. In der Stoa bezeichnet » autos« den Personkern, das innere Heiligtum des Menschen, den inneren Bereich des Selbst, in dem Gott im Menschen wohnt. Lukas betont das Wort »autos« häufig. Damit weist er immer auf den Herrn hin. Christus ist »er selbst«. Vierunddreißig Mal leitet Lukas einen Satz ein mit »kai autos«, während das bei Matthäus nie vorkommt und bei Markus nur drei Mal. Auch in der Apostelgeschichte verwendet Lukas nie diese Wendung. Das zeigt, dass er sie auf Christus beschränkt. Wenn der Auferstandene nun sagt: »Ich bin es selber«, dann besteht darin die Antwort auf die Sehnsucht der stoischen Philosophie. In der Stoa sehnten sich die Menschen, frei zu werden von den Sorgen und Bedürfnissen dieser Welt. Sie wollten zu ihrem wahren Selbst vorstoßen, zum inneren Heiligtum, in dem sie von niemandem verletzt werden konnten. Auferstehung heißt für Lukas, dass Jesus »er selbst« geworden ist, dass er ganz rein sein Selbst lebt. Und Auferstehung heißt auch für uns, ganz wir selbst zu werden, frei zu werden von den Oberflächlichkeiten des Alltags, frei zu werden von der Macht anderer Menschen, von ihren Erwartungen und Ansprüchen und Urteilen, aufzustehen vom Uneigentlichen zum Eigentlichen, einzutreten in das innere Heiligtum, in dem Gott in uns wohnt und in dem wir in Berührung kommen mit dem unverfälschten und unberührten Bild Gottes von uns. Jesus, der Auferstandene, ist für Lukas Urbild für unser eigenes Selbstsein, für unsere »Selbstheit«.

Jesus fordert seine Jünger auf, dass sie ihn anfassen sollten. Das griechische Wort »pselaphao = anfassen, berühren« verwendet Lukas nochmals in der Areopagrede des Paulus, in der Paulus bewusst auf die Philosophie der Stoa antwortet: Die Menschen »sollten Gott suchen, ob sie ihn ertasten und finden könnten; denn keinem von uns ist er fern« (Apg 17,27). Lukas weist die Anhänger der stoischen Philosophie mit seinem »betastet mich« darauf hin, dass die Menschen Gott in Jesus Christus ertasten können. In seinen Händen und Füßen können sie Gott selbst berühren. Da wird ihre Sehnsucht nach einem Gott, den man mit seinen Sinnen erfahren kann, erfüllt. In jeder Eucharistie dürfen wir Jesus betasten in dem Brot, das uns in die Hände gelegt wird. In der frühen Kirche haben die Christen mit dem Leib Christi ihre Augen und Ohren berührt, nicht nur, um Christus zu betasten, sondern um sich von ihm zärtlich berühren und betasten zu lassen.

Jesus lässt sich schließlich etwas zu essen geben und isst mit seinen Jüngern. Er hält Mahl mit ihnen. Auferstehung schafft eine neue Gemeinschaft. Bei den Mahlzeiten, die die Jünger miteinander halten, ist der Auferstandene selbst in ihrer Mitte. Eucharistie ist für Lukas immer Erfahrung des Auferstandenen. Die Intimität und die Freude, die aus seiner Schilderung des österlichen Mahles sprechen, sollen auch die Eucharistiefeier prägen. Jesus schließt seinen Jüngern und Jüngerinnen die Schrift auf und zeigt sich ihnen als Gott und Mensch, als der, der zu seinem wahren Selbst geworden ist, damit wir aus der Uneigentlichkeit in die Eigentlichkeit, aus der Starre in die Lebendigkeit und aus der Isolierung in ein neues Miteinander auferstehen.

Nun schließt Lukas sein Evangelium mit einer Abschiedsrede Jesu, mit seinem Testament. Er erinnert die Jünger nochmals an alle Worte, die er gesprochen hat, als er »mit ihnen« war. Er öffnet ihnen den Verstand (nous) für das Verständnis der Schrift, und er fasst nochmals das Geheimnis seines Lebens zusammen. Sein Leben und Leiden, sein Tod und seine Auferstehung sind die Erfüllung der ganzen Heiligen Schrift. Darin wird sichtbar, wer der Gott der Bibel ist. In Jesus erfüllt sich, »was im Gesetz des Mose, bei den Propheten und in den Psalmen über mich gesagt ist« (24,44). In Jesu Tod und Auferstehung gipfelt alles Tun Gottes in der Vergangenheit. Mit dem Wort »Erfüllung, Vollendung, Vollwerden« drückt Lukas aus, dass Jesu Tod und Auferstehung alles Handeln Gottes zusammen fasste, das uns die Bibel beschreibt. Tod und Auferstehung Jesu zeigen, dass es nichts gibt, was Gott nicht wenden und verwandeln kann. Es gibt keinen Tod, der nicht ins Leben verwandelt werden kann, keine Dunkelheit, die nicht hell werden, keine Angst, die nicht zu Vertrauen werden, keine Trostlosigkeit, die nicht getröstet werden kann. Tod und Auferstehung sagen uns: Alles kann verwandelt werden. Es gibt nichts, was uns von Gott zu trennen vermag. Überall ist Gott gegenwärtig, selbst noch im Tod, im Grab, in der Einsamkeit, in der Finsternis, in der Verzweiflung.

In der Schrift steht auch – so sagt es Lukas –, dass im Namen Jesu allen Völkern verkündet wird, »sie sollen umkehren, damit ihre Sünden vergeben werden« (24,47). Es ist eigenartig, dass Lukas darin die Frohe Botschaft versteht, die die Jünger aller Welt verkünden sollen. Die Umkehr als Voraussetzung für die Vergebung der Sünden scheint mit Jesu Schicksal nichts zu tun zu haben. Das ist eine allgemein menschliche Botschaft. Doch diese Botschaft soll im Namen Jesu verkündet werden. Weil Jesus durch den Tod zur Auferstehung gelangt ist, besteht für alle Menschen die Chance, umzukehren und so die Vergebung ihrer Sünden zu erlangen. Im Blick auf Jesus sollen sie umdenken, sollen sie hinter die Dinge sehen, damit sie die eigentliche Wahrheit ihres Lebens erkennen. Die Umkehr führt zur Vergebung. Vergebung heißt für Lukas, dass das Leben wieder ausgerichtet wird nach Gott, dass wir unser Ziel nicht mehr verfehlen, sondern dass unser Leben gelingt. Die Jünger haben den Auftrag, dieses Angebot der Vergebung, des gelingenden Lebens, allen Völkern zu verkünden. Dazu sendet ihnen der Auferstandene seinen Geist, »die Kraft aus der Höhe« (24,49). In der Geburt Jesu hat uns »das aufstrahlende Licht aus der Höhe« (1,78) besucht. Der Auferstandene erfüllt uns nun mit der »Kraft aus der Höhe«, damit wir das Licht Christi in alle Welt tragen. In der Verkündigung der Jünger geht Jesu Wirken weiter in der Welt und durchdringt mehr und mehr die Geschichte der Menschheit.

Lukas schließt sein Evangelium mit dem Bericht von der Himmelfahrt. Und er beginnt die Apostelgeschichte mit dem gleichen Ereignis. Dabei gibt es einen Widerspruch. Im Evangelium fährt Jesus am Ostertag zum Himmel auf, in der Apostelgeschichte erst am vierzigsten Tag nach der Auferstehung. Dieser Widerspruch zeigt, dass es Lukas um eine theologische Aussage geht. Die Geschichte Jesu hat mit dem Gebet im Tempel begonnen, und sie endet mit dem Lobpreis der Jünger im Tempel. Lukas beendet das Evangelium mit einer Liturgie. Er deutet im Evangelium die Himmelfahrt kultisch, während er sie in der Apostelgeschichte kirchlich und geschichtlich interpretiert. Im Evangelium geschieht die Himmelfahrt gleichsam in einer liturgischen Feier. In der Apostelgeschichte erzählt Lukas den Hergang der Himmelfahrt (vgl. Grundmann, S. 450). Die vierzig Tage sind Bilder für die Zeit des Menschen. Die vierzig Tage als Zeit der Verwandlung sind seit Jesu Auferstehung nicht mehr geprägt durch Fasten und durch die Erfahrung der Wüste, sondern durch die Erscheinungen Jesu. Der Auferstandene geht mit uns, bis auch wir in den Himmel aufgenommen werden.

Jesus entlässt seine Jünger mit dem großen Segen. Unter diesem Segen stehend, kehren sie voll Freude nach Jerusalem zurück. »Sie waren immer im Tempel und priesen Gott.« (24,53) Darin spiegelt sich der Gottesdienst der Gemeinde wider, der geprägt ist von Freude und Lobpreis. In diesen beiden Haltungen »Freude und Lobpreis« wirken sich Jesu Leben, Sterben, Auferstehung und Himmelfahrt bei den Jüngern aus. Jesus hat schon durch seine Geburt den Menschen Freude gebracht. Diese Freude erfüllt sich in seiner Auferstehung und Himmelfahrt. Freude (griechisch »chara«) ist unsere Reaktion auf die »charis = Gnade«, die uns in Jesus zuteil wurde. Lukas hat Jesu Wirken so verstanden, dass er unser Herz erhellt, dass die Herrlichkeit Gottes wieder in uns aufleuchtet, dass alles Niederdrückende, Beängstigende, Dunkle aus unserem Herzen entschwindet. In der Freude wird das Herz weit. Da erfährt es die Weite und Freiheit der Auferstehung. Das ist Grund genug, Gott zu preisen. Im Lobpreis drückt sich die Freude aus, und zugleich lässt das Lob die Freude in unserem Herzen wachsen, damit es immer mehr Leib und Seele durchdringt und verwandelt.

Was sollen wir tun?

Lukas will die Leser nicht nur für Jesus begeistern. Wer Jesus versteht, der muss auch sein Leben ändern. Die Geschichte Jesu geht weiter in den Jüngern, die durch ein neues Verhalten die Welt verändern. Nicht nur durch Worte, sondern durch ein neues Tun wirkt sich der Geist Jesu geschichtlich aus. Wir sind heute eher allergisch gegen eine moralisierende Spiritualität. Lukas erhebt aber nicht den moralisierenden Zeigefinger. Er predigt nicht Moral, sondern er erzählt Geschichten, »die mitten ins Herz treffen und die Frage wach werden lassen: Was sollen wir tun?« (Heininger, S. 227) Er theoretisiert nicht über die Beziehung von Gottes- und Nächstenliebe, sondern er erzählt zwei Beispiele, um zu illustrieren, wie wir heute konkret den Nächsten lieben können, ohne dass wir uns dabei verausgaben: das Beispiel vom barmherzigen Samariter (10,30–38) und von Maria und Marta (10,38–42). Der Priester und der Levit, die sich mit der Gottesverehrung im Kult beschäftigen, gehen an dem Mann, der unter die Räuber gefallen ist, vorüber. Der Samariter hat Mitleid mit ihm. Er »ging zu ihm hin, goss Öl und Wein auf seine Wunden und verband sie. Dann hob er ihn auf sein Reittier, brachte ihn zu einer Herberge und sorgte für ihn.« (10,34) Lukas zeichnet hier ein Bild wahrer Humanität. Das Gleichnis beschreibt Jesus selbst als den barmherzigen Samariter. Es ist das authentischste Selbstportrait, das Jesus von sich gezeichnet hat (Huizing, S. 20ff.). Aber zugleich fordert das Gleichnis den Leser heraus, selbst so zu handeln wie Jesus. Lukas ist praktischer Theologe. Es geht ihm nicht um theoretische Erörterungen. Im konkreten Tun zeigt sich, ob jemand die Botschaft Jesu verstanden hat und sie auch lebt. Wir erfüllen die Worte Jesu, wenn wir jeweils tun, was die Situation von uns fordert, wenn wir die Augen nicht verschließen vor den Menschen, die unter die Räuber gefallen sind und verwundet am Wegrand liegen.

Doch Lukas weiß um die Gefahr, dass wir uns verausgaben, wenn wir dem anderen helfen, um unser schlechtes Gewissen zu beruhigen. Wir meinen dann, wir müssten die ganze Welt retten. Wir sind hin- und hergerissen zwischen dem schlechten Gewissen, das uns zum Helfen drängt, und unserer Unfähigkeit, allen zu Hilfe zu kommen. So bringt Lukas als Gegenpol gegen ein zu hohes Helferideal die Geschichte von Maria und Marta (10,38–42). Marta ist die gastfreundliche Frau, die zupackt, die für die Gäste sorgt. Gastfreundlichkeit ist in der Antike ein hohes Gut. Marta tut also, was gut ist, was den Menschen Freude macht. Aber sie ist blind für die Bedürfnisse des Gastes. Sie meint, Jesus und seine Jünger wollten in erster Linie gut versorgt sein. Doch sie merkt gar nicht, wie sie ihre eigenen Bedürfnisse Jesus überstülpt. Sie hört gar nicht hin, was er eigentlich braucht und was er wünscht. Ihre harsche Kritik an ihrer Schwester Maria, die einfach Jesus zu Füßen sitzt und ihm zuhört, was er zu sagen hat, zeigt, dass ihre Hilfe nicht ganz selbstlos ist. Ihre Empfindlichkeit weist darauf hin, dass sie mit ihrer Hilfe die Aufmerksamkeit auf sich ziehen und Lob erhalten möchte. Sie möchte im Vergleich mit anderen Gastgeberinnen gut abschneiden. Es geht ihr nicht um die Begegnung des Augenblicks, sondern um das Danach, um ihren guten Ruf bei den Menschen, den sie durch ihr Tun begründen möchte. Und vielleicht geht es ihr auch um ihr schlechtes Gewissen, das sie durch ihr Helfen beruhigen möchte. Manche Menschen verstecken sich hinter ihrer vielen Arbeit, die durchaus sinnvoll ist und den Menschen dient, um sich auf diese Weise gegen jede Kritik abzuschirmen. Sie hören auf, sich in Frage stellen zu lassen, hinzuhören, was Gott eigentlich von ihnen will.

Maria und Marta sind zwei Pole in uns. Jeder von uns hat eine Maria und eine Marta in sich. Und auch in uns ist meist die Marta lauter. Denn sie hat die besseren Argumente. Sie kann etwas vorweisen. Sie tut etwas. Sie erfüllt Gottes Willen: die Gastfreundschaft. So muss Jesus Maria verteidigen. Die leise Ahnung, dass wir uns einfach auf den Augenblick einlassen, dass wir uns in die Gegenwart Jesu setzen und zweckfrei hinhören, was Jesus uns zu sagen hat, wird auch in uns durch die lauteren Stimmen zurückgedrängt, die uns auffordern, den vielen Notleidenden zu helfen. Jesus verstärkt die leise Stimme, die auf unserer Mariaseite in uns ertönt: »Maria hat das Gute erwählt. Das soll ihr nicht genommen werden.« (10,42) Es ist gut, innezuhalten, in der Stille auf das zu hören, was Jesus uns jetzt in diesem Augenblick sagen möchte. Wer immer nur an die Zukunft denkt und an seinen Ruf bei anderen, der versäumt das Leben, der geht an Gott und an sich selbst vorbei. Wenn Maria Jesus zu Füßen sitzt, so heißt das in der Sprache des Lukas, dass sie Schülerin und Jüngerin Jesu ist, gleichberechtigt mit den Männern. So bricht Maria die einseitige Rolle der fürsorgenden und gastfreundlichen Frau auf. Die Frau ist genauso wie der Mann berufen, als Jüngerin in die Schule Jesu zu gehen und dann genauso die Frohe Botschaft zu verkünden.

Haltung zu Besitz und Reichtum (12,13–34; 16,10–12)

Eine andere Weise, den Jüngern ein neues Verhalten nahe zu legen, praktiziert Lukas, indem er Gleichnisse erzählt. In den Gleichnissen geht es oft um die Frage: »Was soll ich tun?« Es ist die Frage, die sich der reiche Kornbauer (12,17) und der ungerechte Verwalter stellen (16,3). Bei diesen Gleichnissen geht es um die Frage des rechten Umgangs mit dem Besitz. Das ist für den Griechen Lukas ein wichtiges Thema. Lukas ist der Evangelist der Armen. Wie kein anderer Evangelist kreist er um die Themen Armut und Reichtum, Besitz und Besitzverzicht, Gütergemeinschaft und soziale Verpflichtung. Lukas selbst entstammte wohl eher der begüterten Mittelschicht. Aber er hat offensichtlich ein starkes soziales Gewissen. Ihm ist es eine wichtige Botschaft, dass die Christen nicht am Besitz hängen, sondern dass sie ihren Besitz mit den Armen teilen. Wer nur für sich selbst Reichtümer ansammelt, der hat weder Jesu Intention verstanden noch weiß er um das Geheimnis des menschlichen Lebens, das durch den Tod begrenzt ist. Wer seine menschliche Existenz ernst nimmt, weiß, dass er hier keine dauernden Schätze ansammeln kann. Materieller Reichtum zerbricht mit dem Tod. Daher geht es darum, auf Gott hin reich zu werden. Das geschieht aber in der Liebe, die konkret im Teilen des Besitzes zum Ausdruck kommt. Von Seneca bis Hofmannsthal, vom Buch Jesus Sirach bis zu Lukian von Samosata werden ähnliche Geschichten wie die vom reichen Kornbauern (12,13–21) erzählt. Bei Lukian muss der Geldmakler Gniphon in der Unterwelt mit ansehen, »wie sein sauer verdientes Geld binnen kurzer Zeit durch den liederlichen Rhodochoris verschleudert wird« (Heininger, S. 116). Das Thema der Güterteilung ist heute genauso modern wie damals. Die Christen sollten nicht der Gier von Börsenspekulanten verfallen, sondern sie sollten auf Gott hin reich werden (12,21). Der wahre Reichtum liegt in uns. Der Schatz ist in unserer Seele. Es ist die Liebe, die strömt. Sie wird aber nur strömen, wenn auch das Geld fließt, wenn wir unsere Güter teilen.

Unter den heidenchristlichen Lesern des Lukas-Evangeliums waren sicher viele Händler, die einen gewissen Reichtum erworben hatten. In der Apostelgeschichte ist die Rede von der Purpurhändlerin Lydia. Lukas denkt in seinem Evangelium an den materiellen Wohlstand, der durch Liegenschaften und durch Verkauf und Handel entsteht. Großgrundbesitzer, Großhändler und Steuerpächter gehörten zur begüterten Bevölkerungsschicht (Schnackenburg, S. 219). Lukas geht es vor allem um die Wirkung des Reichtums auf die menschliche Haltung. Der Mensch kann den Reichtum zum Götzen machen. Reichtum verleitet zu Habsucht und Ehrsucht. Der Reiche geht auf in irdischen Sorgen und Genüssen. Er vergisst Gott. Für den Evangelisten sind es zwei Haltungen, die den christlichen Umgang mit den Gütern dieser Welt prägen: einmal das Teilen der Güter, zum anderen die Sorglosigkeit und innere Freiheit im Umgang mit dem Besitz (12,22–32). Wer sich ständig darum sorgt, ob er genügend zu essen und anzuziehen hat, der gibt den äußeren Dingen zu viel Macht. Anstatt sich zu sorgen, soll der Mensch auf Gott vertrauen. Gott sorgt für ihn. Dem Christen soll es um das Reich Gottes gehen, darum, dass Gott in ihm herrscht, dass Gott in seiner Seele wohnt. Gott ist der wahre Schatz. »Wo euer Schatz ist, da ist auch euer Herz.« (12,34) Nur wenn unser Herz in Gott ruht, wird es frei von irdischer Sorge. Nur wenn der Mensch in Gott seinen Grund hat, kann er seinen Besitz loslassen und seine Gaben den Armen geben.

Noch eine andere Haltung gegenüber dem Besitz kennt Lukas: die Treue in der Verwaltung der irdischen Güter (Schnackenburg, S. 220). »Wer in den kleinsten Dingen zuverlässig ist, der ist es auch in den großen, und wer bei den kleinsten Dingen Unrecht tut, der tut es auch bei den großen.« (16,10) Die Zuverlässigkeit und Treue in der Verwaltung der irdischen Gaben ist die Voraussetzung dafür, dass der Mensch auch mit den geistigen Gaben Gottes gut umgeht. Die eigentliche Gabe Gottes ist das Heil, ist Gott selbst, der sich in Jesus den Menschen schenkt. »Wenn ihr im Umgang mit dem fremden Gut nicht zuverlässig gewesen seid, wer wird euch dann euer (wahres) Eigentum geben?« (16,12) Die Güter, die der Mensch besitzt, gehören ihm nicht. Sie gehören Gott. Das Eigentliche, das zu uns passt, das unserem Wesen entspricht, ist das Heil, das Gott uns in Jesus schenkt.

Lukas sieht die Realität dieser Welt. Er verteufelt Besitz und Geld nicht. Doch er fordert zu sozialem Verhalten auf. Wer Reichtum besitzt, soll seine Habe verkaufen und den Erlös den Armen geben. Die Forderungen Jesu werden in der ersten Jüngergemeinde in Jerusalem verwirklicht. Auch da wird nicht einfach Armut gepredigt, sondern Gütergemeinschaft. Die Gaben der Erde gehören allen: »Alle, die gläubig geworden waren, bildeten eine Gemeinschaft und hatten alles gemeinsam. Sie verkauften Hab und Gut und gaben davon allen, jedem so viel, wie er nötig hatte.« (Apg 2,44f.) Lukas verbindet in seiner Schilderung der urkirchlichen Gütergemeinschaft »griechisch-hellenistische Idealvorstellungen mit alttestamentlichen-jüdischen Verheißungen« (Ernst, S. 101). Lukas verfolgt keine romantischen Armutsideale, ihm geht es vielmehr um die soziale Verpflichtung des Besitzes und um das Teilen des Besitzes, damit alle genügend haben. Dieses Ideal, das die Urkirche verwirklicht hat, schwebt dem Evangelisten auch für seine Zeit vor. Es ist ein Ideal, das auch die Griechen anspricht, das die Worte Jesu vom Verkauf aller Habe in die Situation der griechischen Händler und Kaufleute hinein übersetzt und ihnen einen Weg zeigt, wie sie – ohne ihren Beruf aufzugeben – Jesus nachfolgen und in der Nachfolge Jesu zu wahrer Freiheit und wirklichem Leben finden können. Die moderne Befreiungstheologie beruft sich daher zu Recht auf Lukas. Sie übersetzt die lukanische Botschaft in unsere Zeit. Der Weltfriede wird in Zukunft vor allem davon abhängen, ob ein gerechter Ausgleich der Güter gelingt. So ist die lukanische Übersetzung der Botschaft Jesu heute höchst aktuell, nicht nur für die Ethik des Einzelnen, sondern auch für die Politik der Völker.

Umkehr (12,54–13,9)

Eine wichtige Antwort, die Lukas auf die Frage »Was sollen wir tun?« gibt, ist die Umkehr. So antwortet Petrus nach seiner Pfingstpredigt auf die Frage der Zuhörer: »Was sollen wir tun, Brüder?«: »Kehrt um, und jeder von euch lasse sich auf den Namen Jesu Christi taufen zur Vergebung seiner Sünden; dann werdet ihr die Gabe des Heiligen Geistes empfangen.« (Apg 2,37f.) Das griechische Wort für Umkehr »metanoia » heißt eigentlich: Umdenken, anders denken, hinter die Dinge schauen. Für die Griechen beginnt die Umkehr beim Denken. Unser Denken führt uns in die Irre. Wenn wir falsch von uns und von der Situation um uns herum denken, werden wir der Wirklichkeit auch in unserem Verhalten nicht gerecht. Wir können uns nur richtig verhalten, wenn wir die Welt richtig sehen. Allerdings sehen wir sie oft nur durch die Brille unserer Projektionen. Daher will der lukanische Jesus seine Zuhörer darin schulen, die Wirklichkeit richtig zu sehen und angemessen einzuschätzen. Zwei Stellen sollen das verdeutlichen.

In 12,54–57 weist Jesus seine Zuhörer auf die Wetterbeobachtungen hin. Wenn im Westen Wolken aufsteigen, so kann ein guter Wetterbeobachter daraus schließen, dass es Regen gibt. »Und wenn der Südwind weht, dann sagt ihr: Es wird heiß. Und es trifft ein. Ihr Heuchler! Das Aussehen der Erde und des Himmels könnt ihr deuten. Warum könnt ihr dann die Zeichen dieser Zeit nicht deuten? Warum findet ihr nicht schon von selbst das rechte Urteil?« (12,55–57) Die Natur können die Menschen richtig einschätzen, aber für den Sinn der Geschichte haben sie keinen Blick. Da verschließen sie bewusst die Augen. Jesus mahnt uns, unseren Blick auf die konkreten Ereignisse unserer Zeit zu richten, sie richtig zu bewerten und darauf mit einem angemessenen Verhalten zu reagieren. Die metanoia, das andere Sehen, das neue Denken, wird auch zu einem neuen Verhalten führen.

Wie wir geschichtliche Tatsachen beurteilen sollen, das zeigt Jesus in der Szene 13,1–9. Da erzählen ihm die Leute die letzten Neuigkeiten, politische Katastrophen und Schicksalsschläge, die unverständlich sind. Da ließ Pilatus Galiläer, die gerade Opfer darbringen wollten, umbringen. Und der Turm von Schiloach stürzte um und erschlug dabei achtzehn Menschen. Jesus antwortet in beiden Fällen ähnlich: »Meint ihr, dass nur diese Galiläer Sünder waren, weil das mit ihnen geschehen ist, alle anderen Galiläer aber nicht? Nein, im Gegenteil: Ihr alle werdet genauso umkommen, wenn ihr euch nicht bekehrt.« (13,2f.) Jesus greift zwar die Theologie der Pharisäer auf, die in jedem Unglück eine Strafe für die Sünden sieht. Aber er bestätigt sie nicht. Statt sich auf eine theologische Diskussion einzulassen, warum das so geschehen ist, lenkt er den Blick auf die Erzählenden. Es geht nicht um die anderen, sondern um uns selbst. Wir werden genauso umkommen, wenn wir nicht umkehren. Unser Leben wird misslingen, wenn wir nicht umdenken. Wir sollen bei Katastrophen nicht die Warumfrage stellen, sondern sie als Anfrage an uns verstehen. Uns kann das Gleiche widerfahren, was etwa die Opfer der Katastrophen von Eschede und Kaprun erlebt haben. Wir sind in Frage gestellt: Woraus leben wir? Was hat unser Leben für einen Sinn? Wir haben keine Garantie, dass wir gesund alt werden. Es ist nicht selbstverständlich, dass unser Leben gelingt. Die Voraussetzung für das Gelingen unseres Lebens ist die Umkehr. Umkehr heißt zunächst einmal feststellen, dass ich mich von Gott entfremdet habe, dass mein Denken an Gott vorbei geht. Und dann bedeutet Umkehr, dass ich mein Leben im Licht Gottes sehe, von Gott her verstehe, dass ich hinter die Dinge schaue und Gott als das eigentliche Ziel und den tragenden Grund meines Lebens erkenne. Umkehr ist aber nicht nur Sehen und Erkennen, sondern auch Entscheiden. Ich entscheide mich, anders zu leben, so zu leben, wie es Gottes Willen und wie es meinem Wesen entspricht.

Zachäus, Beispiel für eine Umkehr in Freude (19,1–10)

Lukas wäre kein Erzähler, wenn er sich damit begnügen würde, nur Jesu Mahnworte zur Umkehr zu referieren. Er erzählt uns eine wunderbare Geschichte von der Umkehr eines Menschen. Es ist die Geschichte vom Oberzöllner Zachäus (19,1–10). Zachäus war sehr reich, aber klein von Gestalt. Man könnte sagen: Gerade weil er klein war und sich klein fühlte, versuchte er, seine Minderwertigkeitsgefühle dadurch zu kompensieren, dass er möglichst viel Geld verdiente. Dabei presste er die Menschen aus, wie es die Zöllner damals taten, die von den Römern jeweils eine Zollpacht erwarben und sie dann für die eigenen Zwecke ausnutzten. Der Reichtum dient dem Zachäus dazu, sein Selbstwertgefühl zu steigern. Doch es gelingt ihm nicht. Je mehr Geld er scheffelt, desto mehr wird er von den Juden abgelehnt. Das ist der Teufelskreis, in dem sich viele Menschen mit Minderwertigkeitskomplexen befinden. Je mehr sie auffallen wollen, um endlich anerkannt zu werden, desto mehr werden sie isoliert und abgelehnt. Zachäus war Oberzöllner. Er konnte nur dadurch an seine Größe glauben, indem er andere klein machte. Er musste sich über die Menschen stellen, weil er sich neben ihnen zu klein vorkam. Doch sich über die

Menschen zu stellen, das macht einsam. Aus dem Teufelskreis der Einsamkeit und Ablehnung kommt Zachäus aus eigener Anstrengung nicht heraus. Er braucht die Begegnung mit Jesus, um anders leben zu können, um umzukehren.

Interessant ist, wie Lukas hier viele Tätigkeitsworte gebraucht. Jesus geht in die Stadt und zieht hindurch. Zachäus läuft vor der Menge her. Er kann offensichtlich nicht durch die Menge hindurch kommen. Er steigt auf einen Maulbeerfeigenbaum, um Jesus sehen zu können. Jesus schaut zu Zachäus hinauf. Bisher haben alle auf ihn herabgeschaut oder an ihm vorbeigeschaut. Indem Jesus zu ihm aufsieht, schenkt er ihm Ansehen. »Zum ersten Mal fühlt Zachäus sich als Mensch gemeint.« (Huizing, S. 237) Im hellenistischen Milieu bedeutet »anablepo« das Hochschauen in den Himmel und zu den körperlosen Ideen. Jesus schaut zu einem Menschen hoch. Er sieht im Menschen den Himmel. Er schaut im Menschen das Antlitz Gottes. Das schafft den Zachäus neu. Er bekommt ein neues Gesicht. Am Antlitz Jesu entdeckt er sein Gesicht. Und das Gesicht wird von Freude erfüllt. Jesus nennt ihn bei seinem Namen. Zachäus steigt schnell herunter. Er, der Kleine, der zu hoch hinaus wollte und sich gerade deshalb verstieg, steigt hinab. Er wird demütig, humilis, vertraut mit der Erde. Dort auf ebener Erde geschieht das Wunder der Verwandlung. Durch den Menschen Jesus, der mit ihm feiern, der mit ihm essen und trinken möchte, wird der Mensch Zachäus verwandelt. In diesem Menschen Jesus erfährt Zachäus Gottes Heil. Diese Erfahrung wendet ihn um. Jesus predigt keine Umkehr, sondern er lässt den Zachäus seine bedingungslos annehmende Liebe erfahren. Aber die Erfahrung dieser Liebe führt den Oberzöllner zur Umkehr. Von sich aus möchte er die Hälfte seines Vermögens den Armen geben und vierfach zurückzahlen, was er zu Unrecht eingenommen hat. Weil er sich selbst angenommen weiß, weil er mit seiner eigenen Würde in Berührung gekommen ist, braucht er den Mechanismus des Auffallens und des Geldscheffelns nicht mehr. Jetzt ist er frei, zu geben, woran er sich geklammert hat. Die Umkehr geschieht aus der Erfahrung der Zuwendung und der Freude, die aus seinem Gesicht strahlen. Wer diese Geschichte liest, der bekommt wie Zachäus ein neues Gesicht. Er freut sich, weil Jesus heute zu ihm aufschaut und ihn beim Namen nennt. Seine Augen, die bisher nur auf sich selbst geschaut haben, öffnen sich, und er sieht die Menschen, wie sie sind. Er nimmt sie wahr und wird ihr Bruder, ihre Schwester. Statt zur Umkehr zu mahnen, geschieht Umkehr im Lesen dieser wunderbaren Geschichte. Das ist die menschenfreundliche Theologie des Lukas. Lukas kann darauf verzichten, den Menschen klein zu machen, ihm ständig seine Sündhaftigkeit vorzuhalten. Er erzählt von dem menschenfreundlichen Jesus, der den Menschen so begegnet, dass sie freudig umkehren und auf diese Weise ihren eigenen Humanismus, ihre eigene Menschlichkeit und Menschenfreundlichkeit entdecken.

Neuer Umgang mit den Sündern (7,36–50)

Wer in seinem Leben Umkehr vollzogen hat, der geht auch anders mit den Sündern um. Er wird seine Schuld nicht auf andere projizieren und sie als Sündenbock missbrauchen. Er wird vielmehr genauso liebevoll mit den Sündern umgehen, wie es Jesus vorgemacht hat. Jesu Hinwendung zu den Sündern hat seinen Grund in dem Vertrauen, dass gerade die Sünder offen sind für die Frohe Botschaft von der barmherzigen Liebe Gottes. Lukas zeichnet Jesus als den, der sich den Sündern zuwendet und mit ihnen isst und trinkt. Er erzählt eine wunderbare

Geschichte, ein Meisterwerk seiner Inszenierungskunst, die Geschichte von der Begegnung Jesu mit der Sünderin (7,36–50). In der Erzählung, die »durch ihre ästhetische Geschlossenheit« (Bovon I, S. 385) glänzt, hat Lukas Stilmittel der griechischen Symposionliteratur verwendet, vor allem das Motiv des Auftretens ungeladener Gäste und den Dialog, der die griechischen Gastmähler bestimmt (vgl. Heininger, S. 84f.) Jesus liegt – wie in hellenistischen Kreisen üblich – im Haus eines Pharisäers zu Tisch. Da geschieht die Überraschung. Eine stadtbekannte Sünderin kommt herein und tritt von hinten an Jesus heran. Sie benetzt seine Füße mit ihren Tränen, wischt sie mit ihren Haaren ab und salbt sie mit kostbarem Öl. Während die Salbung des Kopfes zu den damaligen Empfangsriten gehörte, ist die Salbung der Füße ein unerhörter Vorgang (Bovon I, S. 391). Es ist eine erotische Szene. Denn die Füße eines Mannes durfte nur die eigene Gattin oder Tochter salben. Und die Haare aufzulösen, wirkt für jüdisches Empfinden besonders erotisch. Die Frau küsst sogar Jesu Füße. Während die Pharisäer sich über diese Frau empören, deutet Jesus das Verhalten der Frau positiv. Er sieht ihre Tränen, ihre Not, ihre Sehnsucht nach wahrer Liebe. Jesus ergreift die Initiative und bringt den Pharisäer, der sich in Gedanken über Jesus erhoben hatte, mit einem Gleichnis in Verlegenheit, das aus der Welt des antiken Kreditgeschäfts genommen ist (7,41f.). Und dann rügt Jesus öffentlich das Verhalten des Pharisäers und verteidigt das Tun der Frau. Er sieht im Verhalten der Frau einen Ausdruck ihrer Liebe. Diese Liebe ist ein Zeichen dafür, dass ihr viel vergeben worden ist. Jesus spricht der Frau die Vergebung vor allen Gästen öffentlich zu. Lukas lässt den Leser bewusst in der Schwebe, ob Jesus der Frau nun vergibt, weil sie ihm so viel Liebe erwiesen hat, oder ob Jesus die Vergebung nur bestätigt, die der Grund ihrer Liebe gewesen ist. Es ist ein Ineinander von Vergebung und Liebe. Und es lohnt sich nicht, zu streiten, was vorher da war, die Vergebung oder die Liebe. Liebe und Vergebung sind miteinander verzahnt.

Lukas will in dieser Szene nicht nur Jesu liebevolle Zuwendung zu der Sünderin schildern. Er hat sicher auch die Situation seiner Gemeinde im Auge. Dort gab es vermutlich unter den Christen genügend »Pharisäer«, die die Nase rümpften über Neubekehrte, die keine ehrenwerte Vergangenheit hatten. Gerade Menschen, die sich aus einer verkorksten Situation heraus bekehrten, zeigen oft eine besondere Herzlichkeit. Ihre Liebe ist Ausdruck der Vergebung, die sie erfahren haben. Wer die Vergebung als Befreiung von seiner misslungenen Lebensgeschichte erlebt, der wird nun auch anderen von Herzen vergeben. Er wird sich nicht über die Sünder erheben, weil er weiß, dass er sein Leben selbst verfehlt hatte, bevor die Vergebung ihn auf den neuen Weg des Heils brachte. Er wird wie Stephanus selbst seinen Mördern vergeben und darin das Beispiel Jesu nachahmen (Apg 7,60).

Wenn Lukas so viel von den Sündern schreibt (vgl. 15) und wenn er die Vergebung der Sünden so oft als den zentralen Aspekt des Heiles nennt (Apg 2,38), dann drückt sich darin kein pessimistisches Menschenbild aus. Der Mensch ist in sich nicht schlecht. Er hat einen guten Kern. Aber oft genug lebt er an sich und seiner Wahrheit vorbei. Der Sünder ist der, der sein Leben verfehlt, der am Ziel vorbei schießt und sich deshalb selbst verurteilt und ablehnt. Wenn er umkehrt und sich auf den Namen Jesu taufen lässt, wird er die Vergebung seiner Sünden erfahren und den Heiligen Geist empfangen. Er wird bedingungslose Daseinsberechtigung erfahren und eine Kraft in sich, die ihn davor bewahrt, immer wieder in die gleichen Lebensmuster der Sünde zu fallen. Das ist eine Botschaft, die die Griechen durchaus verstehen können. Ihnen geht es ja immer wieder um die Frage nach dem rechten Weg. Wie finde ich meinen Weg? Welcher Weg führt zum Leben? Die Sünde führt uns auf Irrwege. Wir verfehlen das Ziel. Die Begegnung mit Jesus eröffnet uns einen Weg, auf dem unser Leben gelingt. In der Begegnung mit Jesus werden wir frei von den Verfehlungen unserer Lebensgeschichte, und wir werden mit dem Heiligen Geist erfüllt. Der Heilige Geist befähigt uns, anders zu leben, so zu leben, wie Jesus es uns vorgelebt hat.

Jesus hat nach dem Lukasevangelium unsere Sünden nicht durch seinen Tod gesühnt oder abgewaschen. Er hat die Vergebung Gottes auf neue Weise zugesagt und durch sein Leben bekräftigt und besiegelt. Er hat uns nach Lukas vor allem ein neues Selbstverständnis geschenkt, eine neue Sicht unseres Lebens. Die Frohe Botschaft des Lukas besteht darin, dass Jesus selbst uns die Augen öffnet, sodass wir uns und die Welt anders sehen können. In diesem neuen Selbstverständnis bestehen die Umkehr, das Umdenken, die neue Sichtweise, die Jesus uns vermittelt hat. Wir müssen die Umkehr nicht aus eigener Kraft vollbringen. Jesus ermöglicht uns die Umkehr, wenn wir ihm heute in den Erzählungen genauso begegnen wie die Menschen damals. Und er gibt uns im Heiligen Geist die Kraft dazu, nun aus dieser neuen Sicht heraus andere Wege zu gehen und anders zu handeln. Wir brauchen kein mühevolles Programm der Lebenshilfe, wie es heute in zahlreichen Büchern angeboten wird. Der Geist selbst treibt uns an, den »neuen Weg« zu gehen, den Weg zum wahren Leben. Wer sich auf den neuen Weg einlässt, den Jesus eröffnet hat, dessen Leben gelingt.

Lukas als Evangelist des Kirchenjahres

Die Auswirkung des Lukasevangeliums in der Kirchengeschichte gründet nicht nur in der neuen Ethik, die Lukas uns vermittelt, sondern auch im spirituellen Weg, auf den er uns einlädt. Der spirituelle Weg ist vor allem durch das persönliche Gebet geprägt. Aber er bezieht sich auch auf die gemeinsame Liturgie, in der das Geschehen Jesu für uns heute gegenwärtig wird. In der liturgischen Tradition gilt Lukas als der Theologe des Kirchenjahres. Das hat verschiedene Gründe. Zum einen beginnt Lukas sein Evangelium im Tempel. Zacharias empfängt bei seinem priesterlichen Dienst im Tempel die Verheißung, dass ihm ein Sohn geboren wird. Und Lukas beschließt sein Evangelium mit dem Lobpreis der Jünger im Tempel: »Sie waren immer im Tempel und priesen Gott.« (24,53) Mit diesem Schlusssatz seines Evangeliums hat Lukas den Gottesdienst der Gemeinde im Blick. Im Gottesdienst feiert die Gemeinde das Gedächtnis der Großtaten, die Gott in Jesus vollbracht hat. Da wird gegenwärtig, was damals geschehen ist.

Lukas schildert das Wirken Jesu als ein Jahr des Heils. Er hat eine einjährige Wirksamkeit Jesu vor Augen. Jesus versteht seine Aufgabe darin, »ein Gnadenjahr des Herrn auszurufen« (4,19). Dieses Jahr des Heils, das Gott uns in Jesus Christus geschenkt hat, wird im Gang des Kirchenjahres wiederholt, damit es sich immer tiefer eingräbt in die Geschichte. Die meisten Feste im Laufe des Kirchenjahres gehen auf Lukas zurück, so der 24. Juni als Johannestag und der 24. Dezember als Tag der Geburt Jesu (1,26). Die Zeit von Weihnachten bis Maria Lichtmess gründet auf der Geburtsgeschichte Jesu, wie sie uns Lukas überliefert. Passionszeit, Ostern, Christi Himmelfahrt und Pfingsten haben im Lukasevangelium ihren

Grund. Aber Lukas hat der Kirche mehr als die Feste und ihre zeitliche Abhängigkeit voneinander geschenkt. Griechische Theologen haben aufgrund seines Evangeliums eine eigene Theologie des Kirchenjahres entworfen. Dabei sind vor allem zwei Gedanken wichtig, die Geschichtstheologie des Lukas und sein Verständnis von Schauspiel.

Theologie der Geschichte

Als Grieche versteht Lukas die Geschichte als den Ort, an dem Gott den Menschen erscheint. Das »kai egeneto = und es geschah« ist das Wort, das Lukas wohl am meisten liebt. Jesu Leben war ein Geschehen, ein geschichtliches Ereignis. Was geschieht, hat Bedeutung für die Menschen. Es bewegt die Menschen. Es bewirkt in den Menschen Heilung und Erlösung. Was damals geschehen ist, das wird im Gottesdienst immer wieder gegenwärtig. Das Gedächtnis versetzt die Taten Gottes in der Geschichte für die Teilnehmer an der Liturgie in die Gegenwart. Die Menschen, die sich im Gottesdienst an die Geschichte Jesu erinnern, werden von dieser Geschichte innerlich berührt und verwandelt. Indem im Lauf des Kirchenjahres der Geschichte Jesu immer wieder im Gottesdienst gedacht wird, gräbt sie sich immer mehr in die Weltgeschichte ein und setzt sich durch. Dadurch wirkt sich die Erlösung, die im Heilsjahr Jesu geschehen ist, am Menschen aus und erreicht alle Generationen. Der Mensch ist wesentlich geschichtlich. Er entfaltet sein Wesen in der Geschichte. Er ist immer schon geprägt von der Geschichte. Er kommt zu seinem Selbst nur im Rückbezug auf die Geschichte. Lukas nimmt die Geschichtlichkeit des Menschen ernst. Auch die Erlösung geschieht in der Geschichte und wirkt sich in ihr aus. Lukas ist mit der griechischen Geschichtsphilosophie vertraut, für die die Wirkungsgeschichte immer schon zum Geschehen hinzugehört. Gedächtnis und Erinnerung sind die beiden Wege, auf denen das Geschehen seine Wirkungsgeschichte entfaltet und sich in unserem geschichtlichen Sein auswirkt. Das Gedächtnis der Heilsgeschichte, die in Jesus ihren Höhepunkt hatte, setzt das Vergangene gegenwärtig, damit wir uns von seinem Anspruch betreffen lassen. Die Erinnerung verinnerlicht das, was geschehen ist, damit es das Herz des Menschen prägt. Auf diesem Weg erreicht uns heute die Erlösung durch Jesus Christus.

Das siebenmalige »Heute« (2,11; 3,22; 4,21; 5,26; 19,5; 19,9; 23,43)

Dass das Damalige heute an uns geschieht, wenn wir es im Gottesdienst feiern, das wird im siebenmaligen »Heute« deutlich. Lukas erzählt bei den wichtigsten Ereignissen im Leben Jesu, dass »heute« den Menschen Heil wurde. Das erste »Heute« deutet die Geburt Jesu. Der Engel verkündet den Hirten: »Heute ist euch in der Stadt Davids der Retter geboren; er ist der Messias, der Herr.« (2,11) Heute geschieht die Erfüllung der alttestamentlichen Verheißung eines Messias, der das Volk befreien wird. Bei der Taufe Jesu spricht die Stimme aus dem Himmel (nach den westlichen Handschriften – das ist wohl der ursprüngliche Text bei Lukas): »Mein Sohn bist du, heute habe ich dich gezeugt.« (3,22) In der Taufe wird Jesus als Sohn Gottes bestätigt und empfängt den Heiligen Geist, damit er nun in der Kraft des Geistes seinen Weg gehe, Kranke heile und Gottes Taten vollbringe. Bei seiner Antrittspredigt in der Synagoge von Nazareth verkündet Jesus selbst: »Heute hat sich dieses Schriftwort, das ihr eben gehört habt, erfüllt.« (4,21) Mit dem Auftreten Jesu ist das Heilsjahr angebrochen. Heute vollzieht sich vor den Augen der Menschen, was Jesaja verheißen hatte: Den Armen wird eine gute Nachricht gebracht, den Gefangenen Entlassung verkündet, den Blinden das Augenlicht, und die Zerschlagenen werden befreit. Bei der Heilung des Gelähmten gerieten die Menschen außer sich. »Sie priesen Gott und sagten voller Furcht: Heute haben wir etwas Unglaubliches gesehen.« (5,26) Beim Mahl Jesu mit dem Zöllner Zachäus und seinen Freunden wird das »Heute« gleich zwei Mal genannt: »Ich muss heute in deinem Haus zu Gast sein.« (19,5) Und als Zachäus durch die Zuwendung Jesu in seinem Herzen verwandelt wird und verspricht, die Hälfte seines Vermögens den Armen zu geben, da sagt Jesus zu ihm: »Heute ist diesem Haus das Heil geschenkt worden.« (19,9) Das letzte »Heute« formuliert Lukas bei der Kreuzigung Jesu. Als der Schächer Jesus bittet, er möge an ihn denken, wenn er in sein Reich komme, antwortet ihm Jesus: »Amen, ich sage dir: Heute noch wirst du mit mir im Paradies sein.« (23,43) Man könnte dieses siebenmalige »Heute« des Lukasevangeliums mit den sieben Sakramenten vergleichen. In ihnen geschieht heute an uns, was in und durch Jesus damals geschehen ist. Heute werden wir neu geboren, heute werden wir mit dem Heiligen Geist gesalbt, heute wird uns unsere Schuld vergeben, heute werden unsere Krankheiten geheilt, heute feiert Jesus mit uns ein Mahl und erweist uns seine Güte und Menschenfreundlichkeit. Heute erfahren wir in der Feier von Tod und Auferstehung Jesu, dass wir schon jetzt in das Paradies versetzt sind, dass wir bereits teilhaben an der Herrlichkeit des Auferstandenen.

Die wichtigsten Stationen im Leben Jesu werden also mit dem Wort »heute« verbunden. Dieses »heute« ist sowohl für die Juden als auch für die Griechen verständlich. Im Psalm 95,7f heißt es: »Heute, wenn ihr seine Stimme hört.« Der Gott, der in der Vergangenheit zu den Israeliten gesprochen hat, spricht in der Liturgie »heute« zu uns, damit wir unser Herz nicht verhärten, sondern uns vom Wort Gottes verwandeln lassen. Das »Heute« ist aber auch den Griechen vertraut. In den nächtlichen Mysterienfeiern ruft der Priester den Feiernden zu: »Heute hat die Jungfrau das Licht geboren.« Die Mysterienkulte kannten das »Heute«. Sie begingen im Kult, was »in jener Zeit« geschehen ist, damit es »heute« unter uns geschieht und uns berührt. Die Griechen suchten in ihrem Kult Anschluss an die heilige Zeit, in der die Götter ihre Taten vollbrachten. Für sie war der Gottesdienst der Ort, an dem die reine und heilige Zeit des Anfangs, der Weltschöpfung, wieder vergegenwärtigt wurde und die profane Zeit mit ihren Verunreinigungen aufgelöst wurde. Der Mensch, der sich in der Liturgie der heiligen Zeit, der Heilszeit, erinnerte, wurde gleichsam neu geboren. Er »begann seine Existenz noch einmal mit einem ungeschmälerten Vorrat an Lebenskraft, wie im Augenblick seiner Geburt« (Eliade, S. 47). Das Heimweh nach den Ursprüngen, das Heimweh nach dem Paradies war für die Griechen der Beweggrund ihrer Feste und Feiern. Es war die Sehnsucht, »in die starke, frische und reine Welt, die in illo tempore war, zurückzutreten. Es ist zugleich Durst nach dem Heiligen und Heimweh nach dem Sein.« (Eliade, S. 55) Wenn die frühen Christen in der Liturgie das »Heute« hörten, so wussten sie, dass Christus selbst unter ihnen gegenwärtig war. Sie hatten teil am Heilsjahr des Herrn. Das, was damals die Menschen so berührte, was sie in ihrem Herzen verwandelte und was ihre Wunden heilte, das geschieht heute an ihnen. Sie haben Anteil am heilenden und befreienden Wirken Jesu. Jesus spricht heute zu ihnen und berührt heute ihre blinden Augen und ihren aussätzigen Leib. Mit dieser Theologie des »Heute« zeigt uns Lukas einen Weg, den »garstigen Graben der Geschichte« zu überbrücken und das Geschehen Jesu heute als heilend und erlösend zu erfahren.

Theologie des Schauspiels

Der zweite Gedanke, mit dem Lukas eine Theologie des Kirchenjahres bereichert, ist die griechische Vorstellung vom Schauspiel. Die Griechen liebten das Schauspiel. Im Schauspiel werden menschliche Konflikte mit all den darin aufbrechenden Emotionen und Leidenschaften dargestellt. Da wird der Mensch in seiner Polarität zwischen Gut und Böse, zwischen Licht und Dunkel offenbar. Der Zuschauer kommt auf diese Weise in Berührung mit seinen eigenen verdrängten Emotionen und Leidenschaften. Er entdeckt die Abgründigkeit seines Herzens, er erkennt seine Bedürfnisse und Sehnsüchte, seine Gefährdungen und seine innere Zerrissenheit. Das Schauspiel hatte für die Griechen kathartische Wirkung, das heißt das Schauspiel reinigte den Zuschauer von seinen inneren Verschmutzungen durch seine Leidenschaften und Emotionen. Indem ich einem Schauspiel beiwohne, werde ich innerlich verwandelt. Die Emotionen klären sich, und ich komme in Berührung mit meinem ursprünglichen Selbst, mit dem reinen Bild, das Gott sich von mir gemacht hat. Lukas hat das Leben Jesu als Schauspiel beschrieben, das die Zuschauer betroffen umkehren lässt. Und es lag nahe, dass die ersten Christen sich dieses Schauspiel immer wieder in der Liturgie vor Augen führten, um sich wie die Menschen damals an die Brust zu klopfen und verwandelt nach Hause zu gehen. Die frühen Kirchenväter, die eine Theologie der Liturgie entfalteten, waren vor allem Griechen. Sie griffen die Idee des Schauspiels auf, die sie einerseits bei Lukas fanden, andererseits auch in den Mysterienkulten, die in ihrem Umfeld praktiziert wurden. Es täte uns gut, wenn wir uns heute von der Theologie des Schauspiels inspirieren ließen. Dann würden unsere Gottesdienste einladender. Und sie würden den Teilnehmern an der Liturgie die Geschichte Jesu so vor Augen halten, dass sie davon angerührt würden wie damals die Leser des Lukas-Evangeliums. Selbst kirchenfremde Gottesdienstbesucher werden heute noch von der Sprache des Lukas angesprochen, wenn etwa an Weihnachten die Geschichte der Geburt Jesu vorgelesen wird, oder wenn das Gleichnis vom verlorenen Sohn oder die Emmausgeschichte verkündet werden.

Lukas und das liturgische Gebet

Lukas hat in seinem Evangelium der Kirche drei Gebetspsalmen geschenkt, die täglich in der Liturgie gesungen werden: das Benedictus als Morgenlob, das Magnificat als Abendlob und das Nunc dimittis als Nachtgebet. In diesen drei Hymnen drückt sich für mich die Kunst des Lukas aus, die Vergangenheit mit der Gegenwart und Zukunft zu verbinden. In diesen Hymnen preisen wir Gott für das, was er damals für uns getan hat, und für das, was er heute an uns tut. Wir benutzen diese Worte an jedem Tag und an den verschiedenen Festen. Sie beschreiben nicht nur, was in der Geburt des Johannes oder was an Weihnachten geschehen ist. Die Worte sind vielmehr offen, um das Geheimnis jedes Festes zu beschreiben, sei es nun Ostern oder Pfingsten, Christi Himmelfahrt oder ein Marien- oder Heiligenfest. Immer geht es um Gottes gütiges Handeln an uns heute, da wir heute Liturgie feiern.

Der Lobgesang des Zacharias, der eigentlich ein Glückwunschgedicht zur Geburt des Johannes ist, wird von Lukas bewusst vor die Geburt Jesu gestellt. So sieht Lukas in diesen Worten das Geheimnis der Menschwerdung ausgedrückt, das wir täglich neu am Morgen bedenken. In Jesus hat Gott uns Menschen besucht. Gott wird unser Gast. Und als Gastgeschenk bringt er die Erlösung mit. Diese Erlösung wird beschrieben als Rettung aus der Hand unserer Feinde, als Barmherzigkeit, die er an uns erweist, und als Ermöglichung eines Lebens ohne Angst, »in Heiligkeit und Gerechtigkeit vor seinem Angesicht all unsere Tage« (1,75). Und die Geburt Jesu wird besungen als Besuch des aufstrahlenden Lichtes aus der Höhe. In Christus erscheint uns die Sonne des Heils. Sie leuchtet uns, die wir in Finsternis und Todesschatten sitzen, damit wir unsere Schritte lenken auf den Weg des Friedens (1,79). Das Bild des aufleuchtenden Gestirns aus Himmelshöhen ist sowohl den Juden wie den Griechen bekannt. Christus ist die himmlische Lichtgestalt. Er ist der wahre Morgenstern, der aufgeht in unseren Herzen. Die Kirche singt diesen Lobgesang jeden Morgen, um zu bekennen, dass die aufgehende Sonne auf Christus verweist. Was wir in der Natur beobachten, ist Bild für Christus als die wahre Sonne. Christus bringt uns heute das Licht, das unsere Finsternis vertreibt und uns Schritte auf dem Weg des Friedens ermöglicht.

In der Abendliturgie der Vesper wird täglich das Magnificat gesungen. Es ist das Preislied Mariens. Maria besingt darin nicht nur das, was Gott an ihr getan hat, sondern Gottes Wirken in der Geschichte und Gottes Handeln in Jesus Christus, das alle Maßstäbe dieser Welt umstürzt. In Jesus hat Gott die Machtverhältnisse dieser Welt umgekehrt. Lukas setzt das Loblied Mariens aus jüdischen Gebeten zusammen. Es hat Ähnlichkeiten mit pharisäischen Psalmen. Zugleich aber spielt er auf griechische Motive an. Die Umkehrung der Verhältnisse ist auch in der griechischen Literatur ein bekannter Topos. Die christliche Liturgie hat das Magnificat nicht nur auf die Geburt Jesu hin ausgelegt, sondern es immer schon im Licht von Tod und Auferstehung Jesu gesehen. In Tod und Auferstehung Jesu hat Gott alle Maßstäbe dieser Welt über den Haufen geworfen. Schon in der Geburt Jesu wird klar, dass der Herrscher der Welt als armes Kind geboren wird und die Reichen dadurch leer ausgehen. Was in der Geburt Jesu begonnen hat, vollendet sich in Tod und Auferstehung Jesu. Da wird der Gehenkte zum König, der Tote zum Anführer des Lebens. Das Licht leuchtet in der Finsternis, das Grab wird zum Ort des Lebens. Lukas bietet mit dem Magnificat der Kirche ein Lied an, das das Geheimnis Jesu in Bildern beschreibt, die zugleich Bilder für die Verwandlung unseres eigenen Lebens sind. Im Blick auf Christus und im Blick auf Maria geht mir auf, was Gott an mir Großes getan hat. So wird das Magnificat zum persönlichen Abendgebet, in dem ich Gott dafür danke, dass er heute auf meine Niedrigkeit geschaut und Großes an mir getan hat. In diesem Lied vermischen sich also nicht nur Vergangenheit und Gegenwart, sondern zugleich das Erleben Mariens mit meinen persönlichen Erfahrungen und das Geschick Jesu mit meinem eigenen Schicksal. Lukas versteht die Kunst, die Vergangenheit gegenwärtig zu setzen, die Geschichte Jesu mit der Geschichte der Kirche und mit unserer ganz persönlichen Geschichte zu verbinden. Im Magnificat ist ihm das auf einmalige Weise gelungen. So preisen wir in diesem Lied täglich neu in Gemeinschaft mit Maria, der Schwester im Glauben, Gottes gnädiges Handeln an uns.

In der Komplet, im kirchlichen Nachtgebet, singt die Kirche das Abschiedslied des greisen Simeon. Auch in diesem Lied begegnen wir der Doppeldeutigkeit der Worte. Es ist das Danklied des Simeon für das, was er erlebt hat, dass er in dem Kind auf seinen Armen das Heil gesehen hat, das »Licht, das die Heiden erleuchtet, und

Herrlichkeit für dein Volk Israel« (2,32). Und zugleich ist es unser Lied am Ende des Tages. Heute haben wir das Heil gesehen, das Gott uns bereitet hat. Heute ist Christus als Licht für uns aufgeleuchtet, um das Gläubige und Ungläubige in uns zu erhellen. Simeons Gebet ist Gespräch mit Gott im Moment des Sterbens. Es ist auch für uns angesichts der Nacht Einübung in das Sterben. Die Nacht des Todes hat ihren Schrecken verloren, weil wir in Jesus das Heil gesehen haben, durch das unser Leben heil wird und ganz. Wir haben das Heil nicht nur in der Geburt Jesu gesehen, sondern heute an diesem Tag. Gott lässt uns sein Heil schauen, wenn er uns im Schweigen berührt, wenn uns in der Begegnung mit einem Menschen das Geheimnis Gottes aufleuchtet. Der Blick auf Jesus öffnet unsere Augen für das Heil, das heute an uns geschieht. Weil wir heute das Heil geschaut haben, können wir uns in der Nacht getrost den liebenden Armen Gottes überlassen.

Die Kirche liebt diese drei Lieder, die Lukas ihr geschenkt hat. Und viele Gläubige singen täglich gern diese Gesänge. Sie spüren, dass die Worte des Lukas voller Poesie sind, dass sie offen sind, alles, was wir heute erleben, vor Gott zum Ausdruck zu bringen. Sie preisen Gott für das, was er damals in Jesu Geschichte an uns getan hat und was er heute in Jesus Christus an uns tut. Lukas ist also täglich in der Liturgie anwesend. So wirkt Lukas wie kaum ein anderer in der Kirche weiter. An den großen Festen hören wir Texte aus seinem Evangelium und aus der Apostelgeschichte: Weihnachten, Mariä Lichtmess, Ostermontag, Christi Himmelfahrt und Pfingsten. In der Adventszeit lesen wir an den Tagen vor Weihnachten vor allem aus dem Lukas-Evangelium. Und in der Osterzeit hören wir täglich Lesungen aus der Apostelgeschichte. Jeden Morgen und Abend singen wir die Lieder, die Lukas uns überliefert hat. Es sind täglich neue Lieder, obwohl Lukas diese Worte vor bald zweitausend Jahren geschrieben hat. Er ist wahrhaft ein Dichter, der uns die Worte schenkt, mit denen wir unser Leben im Angesicht Jesu deuten und zum Ausdruck bringen können.

Fazit

Lukas ist in unseren Tagen mit vielen Etiketten behaftet worden: Lukas, der Evangelist der Armen (Degenhart), der Evangelist des Alltags (Venetz), der Evangelist des Kirchenjahres (Grundmann), der Evangelist der Frauen (feministische Theologie), der erste Befreiungstheologe (Befreiungstheologie). In unserer Zeit ist das Lukas-Evangelium vor allem von der Befreiungstheologie und von der feministischen Theologie neu entdeckt worden. Die protestantische Exegese schätzte das Lukas-Evangelium kaum. Bultmann sprach Lukas jede brauchbare Theologie ab. Er misst Lukas an der paulinischen Rechtfertigungslehre und stellt zu Recht fest, dass Lukas eine andere Theologie vertritt als Paulus. Aber es ist gut, dass es nicht nur Paulus gibt, sondern auch Lukas, der uns Jesus als Mensch nahe bringt, der uns Geschichten zu erzählen vermag, die ins Herz treffen und uns zur Umkehr einladen. Lukas spricht wie kein anderer Evangelist die Frauen an, nicht nur weil er als Einziger berichtet, dass Jesus nicht nur von den Zwölf begleitet wurde, sondern auch von einigen Frauen (vgl. 8,2f.) Frauen waren genauso Jüngerinnen wie die Männer. Lukas berührt die Herzen der Frauen, weil er nicht moralisiert, sondern Geschichten erzählt. Und Lukas wird von Frauen geliebt, weil er nicht theoretisch schreibt, sondern immer schon in Beziehung zu seinem Leser und seiner Leserin. Er stiftet durch sein Schreiben Beziehung. Das gibt seinem Evangelium eine andere Qualität, eine menschliche Qualität.

Lukas ist heute genauso aktuell wie damals. Er kann uns diesen Jesus wieder nahe bringen, der heute vielen fremd geworden ist. Das Jesusbild des Lukas ist einladend, faszinierend. Es ist nicht einfach nur harmonisch und nett. Vielmehr zeigt dieser Jesus auch sperrige Züge. Man muss sich mit ihm auseinander setzen. Man kommt nicht um ihn herum. Er provoziert uns mit manchen Aussagen. Und zugleich fasziniert er uns in der Art und Weise, wie er spricht und handelt. Die Übersetzungsarbeit, die Lukas für die gebildeten Griechen seiner Zeit geleistet hat, müssten wir heute weiterführen. Was ist der heutige Horizont, in den hinein wir Jesus verkünden? Wie weit entspricht dieser Horizont der Denkwelt des Hellenismus? Hellenismus war ja ein Konglomerat von griechischen, ägyptischen, persischen und jüdischen Einflüssen. Das hat durchaus in der Pluralität unserer Zeit eine Parallele. Daher wäre es unsere Aufgabe, Lukas in unseren Denkhorizont hinein zu übersetzen. Von Lukas könnten wir lernen, Jesus im Dialog mit anderen Religionen in seiner Eigenart und Besonderheit zu verstehen, ohne die anderen Religionen zu entwerten. Gerade die Traditionen anderer Religionen können uns die Augen öffnen, damit wir das Geheimnis Jesu in seiner ganzen Tiefe erfassen.

Lukas ist modern als Theologe der sozialen Gerechtigkeit. Der gerechte Ausgleich der Güter wird in den kommenden Jahren das große Thema der Politik sein. Wenn die Verhältnisse in Süd und Nord weiterhin so auseinander klaffen, wird das zur Ursache kriegerischer Auseinandersetzungen werden. Die Stimme des Lukas muss heute von neuem gehört werden, wenn wir dauerhaft in Frieden leben wollen. Der Friede ist nicht nur idyllische Botschaft von Weihnachten, sondern es braucht Schritte des Friedens. Und die bestehen für Lukas vor allem im Teilen des Besitzes. An dieser Einsicht des Lukas kommen wir heute nicht vorbei. Nicht umsonst wird Lukas daher der Evangelist der Armen genannt.

Jeder wird andere Texte des Lukasevangeliums lieben. Jeder wird von anderen Erzählungen angesprochen und angerührt. Ich wünsche dem Leser, dass er das Lukas-Evangelium mit neuen Augen liest, dass er es so liest, als hätte er es noch nie gelesen. Vielleicht geht dem Leser dann die Aktualität dieser Botschaft auf. Ich wünsche jedem Leser, dass es ihm ergeht wie den Emmausjüngern: »Brannte uns nicht das Herz in der Brust, als er unterwegs mit uns redete und uns den Sinn der Schrift erschloss?« (24,32) Möge Ihnen das Herz brennen und mögen Ihnen die Augen aufgehen, damit Sie das Geheimnis der barmherzigen Liebe Gottes verstehen, die uns in Jesus Christus aufgeleuchtet ist und uns hier auf Erden besucht hat.

Literatur

Bovon, François, Das Evangelium nach Lukas EKK III,1, Einsiedeln 1989.

Bovon, François, Das Evangelium nach Lukas EKK III,2, Einsiedeln 1996.

Dihle, Albrecht, Gerechtigkeit, in RAC, S. 233–360.

Eliade, Mircea, Das Heilige und das Profane. Vom Wesen des Religiösen, Hamburg 1957.

Ernst, Josef, Lukas. Ein theologisches Portrait, Düsseldorf 1985.

Grundmann, Walter, Das Evangelium nach Lukas, Berlin 1966.

Heininger, Bernhard, Metaphorik, Erzählstruktur und szenisch-dramatische Gestaltung in den Sondergutgleichnissen bei Lukas, Münster 1991.

Huizing, Klaas, Ästhetische Theologie I. Der erlesene Mensch, Stuttgart 2000.

Kehl, Alois, Geschichtsphilosophie, in RAC, S. 703–753.

Platon, Gorgias, in: Platon, Sämtliche Werke. 1. Band, Heidelberg 1958.

Schillebeeckx, Edward, Christus und die Christen. Die Geschichte einer neuen Lebenspraxis, Freiburg 1977.

Schnackenburg, Rudolf, Die Person Jesu Christi im Spiegel der vier Evangelien, Freiburg 1993.

Schürmann, Heinz, Das Lukasevangelium, Freiburg 1969.

Venetz, Hermann-Josef, Der Evangelist des Alltags. Streifzüge durch das Lukasevangelium, Freiburg (Schweiz) 2000.

Jesus – Tür zum Leben
Das Evangelium des Johannes

Einleitung

Bei meinem Koreaaufenthalt im Mai 2001 hörte ich von einem buddhistischen Mönch, dass er das Johannesevangelium sehr liebe. Gerade dies Evangelium entspräche seinem spirituellen Weg. Er verstehe, was Jesus gesagt und wohin er seine Jünger führen wollte. Ich kenne viele, die den Zen-Weg gehen oder eine andere Form der Meditation üben. Sie alle sind vom Johannesevangelium begeistert. Es ist ihrem Verständnis von Spiritualität am nächsten. Anderen ist das Johannesevangelium zu abstrakt. Die konkreten Heilungsgeschichten aus dem Markusevangelium, die schönen Gleichnisse aus Matthäus und Lukas fehlen ihnen bei Johannes. Exegeten lassen das Johannesevangelium oft links liegen, wenn es gilt, den historischen Jesus zu entdecken. Sie meinen, die Worte, die Johannes uns von Jesus berichtet, seien Ergebnis der johanneischen Theologie und nicht Worte des geschichtlichen Jesus von Nazaret. Andere Exegeten haben sich auf das Johannesevangelium spezialisiert, so etwa der bekannte Würzburger Neutestamentler Rudolf Schnackenburg oder der Jesuit Johannes Beutler.

Ich möchte das Johannesevangelium als mystisches Evangelium auslegen. Dabei habe ich alle Christen und Nicht-Christen im Blick, die von christlicher und außerchristlicher Mystik angezogen werden. Es ist für mich ein großer Segen, dass am Anfang der Kirche das mystische Evangelium des Johannes steht. Denn wir können das Christentum nicht ohne seine mystische Dimension wirklich verstehen. Wenn ich das Johannesevangelium als mystischen Text auslege, dann meine ich damit, dass es uns zur Erfahrung Gottes führen möchte und zu einer neuen Selbsterfahrung. Für den anglikanischen Theologen und Psychologen John Sanford ist das Johannesevangelium eine »Schatzkammer psychologischer und spiritueller Weisheit«. (Sanford 1, S. 9) Es beschreibt unseren Weg der Selbstwerdung und der Einswerdung mit Gott.

Das Johannesevangelium als mystisches Evangelium

Schon auf den ersten Blick merkt man, dass das Johannesevangelium sich von den drei anderen Evangelien abhebt. Da spricht Jesus eine andere Sprache. Da gibt es kaum Berührungen zwischen den Worten Jesu, die die Synoptiker überliefern, und den johanneischen Reden. Clemens von Alexandrien hat schon im zweiten Jahrhundert das Johannesevangelium das pneumatische (das geistige, spirituelle, mystische) Evangelium genannt. Typisch ist für dieses spirituelle Kunstwerk »die von gelassener Ruhe erfüllte Kontemplation« (Bouyer), die überall bei Johannes durchscheint. Das Johannesevangelium will nicht über Jesus informieren. Es führt uns seine Gestalt vielmehr so vor Augen, dass Jesus uns einführt in die Erfahrung Gottes. Johannes nennt Jesus den, der uns Gott offenbart, der ihn in dieser Welt sichtbar und erfahrbar macht. In der Sprache heutiger Mystik würden wir sagen: Jesus führt uns ein in die mystische Erfahrung. Er führt uns über die vordergründige Wirklichkeit hinaus und offenbart uns die eigentliche Wirklichkeit, das, worauf es im Letzten ankommt. Er will im Sichtbaren das Unsichtbare aufscheinen lassen.

Die Exegeten haben sich lange gestritten, aus welchen Quellen das Johannesevangelium schöpft. Bultmann sah die Ähnlichkeit zur Gnosis, einer breiten Bewegung, die die spirituell suchenden Menschen im ersten Jahrhundert bewegte. Andere Exegeten sehen im Johannesevangelium den Einfluss der jüdischen Weisheitspekulation, der Qumranbewegung oder der Lehren des jüdischen Philosophen Philo, der griechische Philosophie mit alttestamentlicher Theologie zu verbinden suchte. Heute ist diese Frage unwichtig geworden. Denn wir wissen, dass das Judentum zur Zeit Jesu vielfältige Strömungen aufwies und viele gnostische und hellenistische Einflüsse in sich aufnahm. Für mich ist die Frage nach den Quellen gar nicht so wichtig. Entscheidend ist für mich, wie ich heute das Johannesevangelium verstehen kann, wie es mir heute auf meine Fragen Antwort gibt. Und da ist für mich der Dialog mit der Mystik wichtig, wie sie nicht nur im Christentum, sondern auch im Islam, im Buddhismus und im Hinduismus praktiziert und gelehrt wird. Es geht mir um die Erfahrung, in die uns der johanneische Jesus einführen möchte. Die Beschäftigung mit der Zen-Meditation hat mir die Augen geöffnet, um manche Worte Jesu auf neue Weise zu verstehen. Wir haben die Worte Jesu so in unser dogmatisches System eingebaut, dass wir sie immer nur von daher verstehen. Es tut gut, die eigene Tradition mal beiseite zu lassen, um möglichst vorurteilsfrei die Texte des Evangeliums auf sich wirken zu lassen. Natürlich ist niemand ohne Vorurteile und ohne Vorverständnis. Trotzdem braucht es ein offenes Hinhorchen, um sich von Jesus in die Weisheit und in die Erfahrung Gottes einweisen zu lassen.

Nicht nur die Gnosis, sondern jede menschliche Philosophie stellt an das menschliche Leben drei Grundfragen: »Woher kommen wir? Wer sind wir? Wohin gehen wir?« Auf diese Fragen will uns auch Johannes eine Antwort geben. Worin besteht das Geheimnis unseres Lebens? Was ist der Mensch? Wie ist seine Beziehung zu Gott? Steht der Mensch für sich allein, oder ist er immer schon in Gott? Johannes ist davon überzeugt, dass der Mensch sich von Gott entfernt und damit sich auch von sich selbst und seinem göttlichen Kern entfremdet hat. Diese Entfremdung hat dazu geführt, dass der Mensch in sich gefangen war und dadurch liebesunfähig wurde. Die Heilung des Menschen besteht darin, dass er wieder Anschluss bekommt an das göttliche Leben, dass er von göttlichem Leben durchdrungen wird. Gott ist die Liebe. Wenn Gott dem Menschen seine göttliche Liebe schenkt, macht er ihn fähig, aus sich herauszugehen, Gott und den Menschen zu lieben. Die wahre Heilung des Menschen besteht darin, dass er von Gott durchdrungen wird, dass er Sohn und Tochter Gottes wird, dass das göttliche Leben sich in ihn hinein ergießt und in ihm zur Quelle wirklichen Lebens wird.

Zwei der wichtigsten Worte im Johannesevangelium sind: Herrlichkeit und Offenbaren. Schon beim ersten Zeichen, das Jesus wirkt, heißt es: »So tat Jesus sein erstes Zeichen, in Kana in Galiläa, und offenbarte seine Herrlichkeit, und seine Jünger glaubten an ihn.« (2,11) In diesem Satz kommt das Wesen johanneischer Mystik zum Ausdruck. Jesus offenbart Gottes Herrlichkeit. Er macht in irdischen Dingen, wie in dem zu Wein verwandelten Wasser, an einem ganz bestimmten Ort und in einer geschichtlichen Situation Gottes Glanz und Pracht sichtbar. Doxa heißt aber nicht nur: Herrlichkeit, himmlischer Lichtglanz, Erhabenheit, Pracht, Ehre, sondern bezeichnet auch das Wesen Gottes. Gottes Wesen, Gottes Schönheit, Gottes Liebe werden sichtbar in der geschichtlichen Person Jesu Christi. Doch nur die, die glauben, haben Anteil am göttlichen Lichtglanz. Was Johannes mit diesem programmatischen Satz sagen möchte, würden wir heute eher in der Sprache der transpersonalen Psychologie ausdrücken: Jesus führt uns ein in die tiefere Wirklichkeit allen Seins, in das Wesen der Dinge. Er zeigt uns den göttlichen Lichtglanz, der durch alles Irdische hindurchscheint. Er zeigt uns letztlich die Liebe als den Hintergrund und Urgrund allen Seins. Jesus will uns die Augen öffnen, dass wir den äußeren Schein durchschauen und den Grund allen Seins entdecken: Dieser Grund ist Gott als Liebe, als Schönheit, als Wahrheit, als Fülle des Lebens. Was der johanneische Jesus will, das können auch die Buddhisten verstehen. Jesus offenbart uns Gott. Er macht Gottes Lichtglanz sichtbar. Er führt uns hinter den Schein an die eigentliche Wahrheit unseres Seins. Und er führt uns über unsere irdischen Bedürfnisse hinaus zu unserer tiefsten Sehnsucht, zu unserem Hunger und Durst nach Gottes Liebe und Gottes Leben. Jesus spricht ähnlich wie buddhistische Meister in einer hintergründigen und bildhaften Sprache. Er öffnet uns mit seinen Bildern die Wirklichkeit auf ihren göttlichen Grund hin. Bilder sind Fenster, durch die wir das Eigentliche schauen.

Die vier wichtigsten Schlagworte der Gnosis und jeder Mystik sind: Weg, Licht, Leben und Wahrheit. Johannes bezieht diese vier Bilder auf Jesus. Er ist der Weg und zeigt uns den Weg zum wahren Leben. Er ist Licht. Er erhellt uns unser menschliches Dasein. Für Rudolf Bultmann bedeutet Licht »das Erhelltsein des Daseins, meiner selbst« (Bultmann, S. 22). In Jesus verstehen wir, wer wir eigentlich sind. Und nur wer sich selbst versteht, lebt wirklich. Psychologisch bedeutet Licht »Erleuchtung, Erkenntnis und Aufklärung« (Sanford 1, S. 129). Der Weg der Selbstwerdung ist »Einübung in das Leben im Licht« (ebd., S. 130). Christus ist das innere Licht, das uns von innen her erhellt. Und dieses innere Licht kann nichts und niemand auslöschen. Für die Gnosis bezeichnet Licht zugleich Heil und Glück. Jesus ist das wahre Licht, das uns erleuchtet, das uns wahres Leben ermöglicht. So ist Jesus Licht und Leben.

Leben ist ein zentraler Begriff im Johannesevangelium. Johannes verwendet das griechische Wort »zoe«, das im Gegensatz zu »bios« = physisches Leben das Prinzip des Lebens meint, Lebendigkeit, Lebensqualität, Fülle des Lebens. 52-mal kommt das Wort »Leben« und »Lebendigmachen« vor, für jede Woche des Jahres. Als der, der uns das wahre Leben bringt, erfüllt Jesus unsere tiefste Sehnsucht. Die Sehnsucht nach Leben prägt nicht nur die Gnosis im ersten Jahrhundert. Sie ist auch die eigentliche Sehnsucht unserer Zeit. Werner Huth, bekannter Münchner Therapeut, hat als die häufigsten Symptome der Klienten, die zu ihm in die Therapie kommen, das Gefühl eines inneren Abgestorbenseins, Beziehungsstörungen und Orientierungslosigkeit festgestellt. (Vgl. Huth, S. 474) Genau auf diese Grundnöte des heutigen Menschen will das Johannesevangelium antworten. Dem Menschen, der innerlich abgestorben ist, der sein geistiges Zentrum verloren hat, will es den Weg zum wahren Leben und zur Lebendigkeit aufzeigen. Den Menschen, der beziehungsunfähig und liebesunfähig geworden ist, will es in das Geheimnis der Liebe einführen. Und dem orientierungslos gewordenen Menschen zeigt es den Weg zum Licht und zur Wahrheit, dass sich seine menschliche Existenz erhellt und er den Sinn seines Lebens erkennt. Der Schweizer Therapeut C. G. Jung spricht von »lebenden Toten«. Wer unbewusst lebt, der ist bereits so gut wie tot: »Es ist tödlich für die Seele, unbewusst zu werden. Menschen sterben, bevor der Tod des Körpers eintritt, weil der Tod in der Seele hockt … Diese toten Seelen sind oft ständig auf Achse, um Problemen zu entfliehen; sie sehen gejagt aus und sind eine einzige Maske von Angst.« (Jung, S. 119) Jesus will den Menschen zum Leben führen, indem er seine Seele mit Leben, mit innerer Lebendigkeit erfüllt. Jesus spricht vom ewigen Leben. Wenn er uns innerlich lebendig macht, bekommen wir Anteil an dem, was unvergänglich ist. Das Leben weist über sich hinaus auf das göttliche Leben. (Vgl. Sanford 1, S. 205)

Ein wichtiges Bild der Mystik ist das des Aufwachens zur Wirklichkeit. Wir leben in Illusionen. Wir haben uns ganz bestimmte Vorstellungen von der Welt und von unserem Leben gemacht und halten diese Vorstellungen für die eigentliche Wirklichkeit. Doch unser Leiden rührt daher, dass wir uns an unsere Vorstellungen binden. Jesus lädt uns ein, die Augen aufzumachen und hinter den Schein zu schauen, das wahre Wesen der Dinge zu erkennen. Jesus selbst ist die Wahrheit. In ihm kommen wir in Berührung mit der wahren Wirklichkeit. Die Griechen sprechen von der »gnosis ton onton alethes«, die Hindus von der Tattva, von der Wesenheit der Dinge. Wer frei wird von seinen Illusionen, der erfährt das wahre Heil. Er wird frei vom Kreisen um sein Ego. Er gerät in Berührung mit dem wahren Sein. Er wird eins mit sich selbst, mit Gott und mit der Wirklichkeit. Mystik ist immer Erfahrung von Einswerden. Das Johannesevangelium spricht häufig vom Einswerden und Einssein. Das sind keine spekulativen Begriffe, sondern Erfahrungen, in die uns Jesus führen möchte. Wer sich als eins erfährt mit Gott und mit sich selbst, der ist auf seinem Weg der Selbstwerdung ans Ziel gelangt. Denn darin besteht das Geheimnis jeder Menschwerdung, dass der Mensch in Einklang kommt mit sich und der Wirklichkeit. Mystik ist nie nur Gotteserfahrung, sondern immer auch der Weg zu wahrer Lebendigkeit und zu unserem wahren Selbst.

Anstatt mir über die Quellen des Johannesevangeliums Gedanken zu machen, möchte ich in den Texten Antworten auf die Fragen finden, die mich umtreiben und die viele beschäftigen, die ich auf ihrem spirituellen Weg begleite. Dabei weiß ich, dass die Brille, mit der ich auf das Evangelium schaue, subjektiv ist, geprägt von meinem spirituellen Weg, vom Dialog mit buddhistischer und hinduistischer Mystik und von meiner Beschäftigung mit der transpersonalen Psychologie. Letztere hat erkannt, dass die eigentliche Heilung des Menschen darin besteht, dass er mit seinem wahren Selbst und mit der Wirklichkeit in

Berührung kommt, dass er seine Abhängigkeit von seinen Bedürfnissen durchschaut. Das Bedürfnis nach Einssein – so meint der indische Jesuit de Mello – wird nicht durch möglichst viele gesellschaftliche Erlebnisse geheilt, sondern allein »durch Nähe zur Wirklichkeit«, indem wir mit dem Eigentlichen in Berührung kommen, mit Gott als dem Grund unseres Lebens. Der amerikanische Psychologe James Bugental sieht das Ziel jeder Therapie darin, die innere Heimat zu entdecken, Gott als das eigentliche Zentrum meines Seins. Solange ich in äußeren Methoden oder Techniken mein Heil suche, werde ich mein Leben lang herumirren, ohne wirkliche Hilfe zu finden. (Vgl. Grün, S. 36ff.) So ist für mich das Johannesevangelium ein wichtiger Weg zum wahren Leben und zur Heilung meiner inneren Zerrissenheit geworden. In diesem Sinn möchte ich die Texte auslegen.

Das Johannesevangelium als symbolischer Text

Wir können das Johannesevangelium nur verstehen, wenn wir seine symbolische Sprache wahrnehmen. Symbolisch heißt für Johannes nicht, dass er Jesus in eine bloße Bildhaftigkeit auflöst. Ihm ist es wichtig, dass Jesus Mensch geworden ist und eine einmalige Geschichte hat. Die Exegeten sind sich darüber einig, dass Johannes sehr genaue Ortskenntnisse von Jerusalem und Galiläa hat, dass er in vielen Einzelheiten historisch genauer ist als etwa Lukas und Matthäus. Aber er berichtet die Geschichte nie nur um der Geschichte willen. Das, was historisch geschehen ist, hat zugleich eine tiefere, eine symbolische Bedeutung. Augustinus meint, die symbolische Darstellung würde uns viel stärker bewegen als reine Aussagesätze: »Es ist eine Tatsache, dass alles, was wir durch Allegorien oder Symbole lernen, uns stärker bewegt und erfreut und uns viel wichtiger ist, als wenn es in eindeutig verständlichen Formulierungen ausgedrückt wäre.« (Augustinus, Briefe 50,11.21) Das ist wohl der Grund, warum das Johannesevangelium so viele Menschen innerlich bewegt. Wenn ich bei Kursen die Menschen frei assoziieren lasse, welche Schriftworte ihnen einfallen, zitieren sie meistens Worte aus dem Johannesevangelium. Sie haben offensichtlich ihr Herz am stärksten berührt und bewegt.

Vor allem die französischen Bibelwissenschaftler haben die symbolische Lektüre des Johannesevangeliums entfaltet. Ihnen ist das deutsche wissenschaftliche Denken gerade für das Johannesevangelium zu trocken und zu abstrakt. Als Symbol definiert Lalande »das, was aufgrund einer analogen Entsprechung etwas anderes repräsentiert«. (Dufour, S. 332) Alles, was Johannes uns berichtet, erscheint als »Zeichen einer geheimnisvollen Wirklichkeit«. (Ebd., S. 331) Es bedeutet noch etwas anderes, etwas Tieferes. Wasser ist nicht nur der Stoff mit einer ganz bestimmten chemischen Zusammensetzung. Wasser ist Symbol für Leben, für Erneuerung, für Reinigung, aber auch für Zerstörung und Überschwemmung. Für Johannes hat alles eine tiefere Bedeutung. Wenn Jesus sagt »Unser Freund Lazarus schläft« (11,11), dann meint das den Tod des Lazarus, aus dem ihn Jesus aber wieder erwecken wird wie aus einem Schlaf. Und das Wort zeigt nicht nur den Zustand des Lazarus, sondern auch unseren eigenen: Wir schlafen. Wir sehen die Wirklichkeit nicht so, wie sie ist. Wir haben uns Illusionen über unser Leben und über die Welt gemacht. Und gerade darin besteht unser Tod. Wir sind nicht in Kontakt mit der wirklichen Welt. Jesus will uns durch den Glauben jetzt schon vom Tod zum Leben erwecken. Er will uns die Augen öffnen, damit wir die Wirklichkeit sehen, wie sie von Gott her ist.

Symbol kommt eigentlich von »symballein« = zusammenwerfen. Johannes beherrscht die Kunst, immer schon zwei Bereiche zusammen zu sehen: Er sieht in den einzelnen Worten den jüdischen und den christlichen Hintergrund, das Geschichtliche und das Geistige, das durch das Geschichtliche ausgedrückt wird, den irdischen und den auferstandenen Jesus. Johannes sieht immer schon das Jetzt des Geistes zusammen mit der Vergangenheit Jesu, eines Menschen aus Fleisch und Blut, der in Israel gelebt hat. »Von diesen beiden Zeiten zeugt letztlich der Text, und der Evangelist will uns zeigen, dass die erste Zeit Symbol ist für die zweite und dass die zweite ohne die erste nichts als freischwebende Gnosis wäre.« (Dufour, S. 335) Die symbolische Sprache des Johannes zeigt sich in der Kunst, Worte zu suchen, die immer auch einen tieferen Sinn in sich bergen. Das, was Jesus tut, ist immer schon Zeichen für etwas anderes, Tieferes, für etwas Geistiges, für etwas, das Jesus durch den Geist auch heute an uns wirkt, für das, was in der Tiefe unserer Seele an uns geschieht, wenn wir uns auf den Weg der Selbstwerdung machen.

Johannes verwendet auch die damals weit verbreitete Zahlensymbolik. Bei ihm sind es vor allem die beiden heiligen Zahlen drei und sieben, die immer wieder auftauchen. Drei ist Symbol für den dreifaltigen Gott, sieben für die Verwandlung des Menschen durch das göttliche Leben. Dreimal wird das Osterfest erwähnt, dreimal war Jesus, in Galiläa, am Kreuz spricht er drei Worte. Sieben Zeichen werden berichtet. Es gibt sieben Zeugnisse für Jesus, und Jesus selbst spricht siebenmal von sich: »Ich bin das Brot des Lebens, das Licht der Welt, die Tür, der gute Hirte, die Auferstehung und das Leben, der Weg, die Wahrheit und das Leben. Ich bin der wahre Weinstock.« Die Spannung zwischen sechs, der Zahl der Unvollkommenheit, und sieben, der Zahl der Verwandlung, wird deutlich in den sechs Krügen Wasser, die auf den siebten Krug, das geöffnete Herz Jesu am Kreuz, verweisen, und in den sechs Männern, die die Samariterin hat, die durch Jesus als dem siebten Mann abgelöst werden.

Johannes beherrscht die Kunst der symbolischen Sprache. Er erzählt uns die Geschichte Jesu so, dass sie für uns bedeutsam wird. Und er legt Jesus Worte in den Mund, die nie nur die äußere, sondern immer auch eine innere Wirklichkeit bezeichnen. Brot, Tür, Weinstock, Wasser, Hirte, all diese Begriffe bezeichnen nie nur das Vordergründige, sondern etwas Tieferes, etwas, das das menschliche Herz bewegt.

Der Grund der johanneischen Symbolik ist die Menschwerdung Gottes in Jesus Christus. In Jesus hat sich das Ewige mit dem Menschlichen zutiefst verbunden, das Göttliche ist eins geworden mit dem Irdischen. Jesus ist ganz Mensch. Er weint am Grab des Lazarus. Er setzt sich ermüdet von der Reise am Rand des Jakobsbrunnens nieder. Und zugleich ist er ganz Gott. Diese Einheit Gottes mit dem Menschen Jesus lädt uns ein, über uns hinauszuwachsen und unsere wahre menschliche Würde zu entdecken. Jesus zeigt uns in seiner bildhaften Sprache auf, wer wir eigentlich sind. Jesus spricht symbolisch, er wirft das Göttliche und Menschliche zusammen (= »symballein«), weil er in sich Gott und Mensch vereint.

Das Johannesevangelium als mythischer Text

Ludger Schenke nennt das Johannesevangelium einen mythischen Text, der oft in einer Rätselrede spricht, »die ihren Gegenstand ebenso verbirgt wie offenbart«. (Schenke, S. 410) Über das Geheimnis Gottes kann Johannes nur in einer rätselhaften Sprache sprechen. Denn man kann von Gott nicht wie über etwas Irdisches, Sichtbares, Vorzeigbares sprechen. Das Über-Irdische kann nur in einer mythischen Sprache zum Ausdruck kommen, die die Tiefe der Wirklichkeit aufleuchten lässt. Die Worte Jesu sind daher nicht nach einer innerweltlichen Logik zu verstehen. Die manchmal schwebende und paradoxe Sprache des Johannesevangeliums ist nicht Zeichen mangelnder Begabung. »Sie wird vielmehr bewusst eingesetzt, um eine Wirklichkeit auszusagen und zu beschreiben, die sich nicht auf den Begriff bringen lässt. Die im Johannesevangelium verwendeten Bildworte versetzen sich gegenseitig in einen Schwebezustand, so dass sie gültig sind und doch nicht endgültig, veranschaulichen, aber nicht zur Anschauung bringen, bildhaft darstellen und gleichwohl nicht abbilden. Die Sprache Jesu im Johannesevangelium ist rätselhaft und geheimnisvoll, weil sie das Geheimnis und Rätsel seines Seins und Handelns zur Sprache bringt. Sie nähert sich dem unsagbaren Geheimnis so an, dass sie es bestehen lässt.« (Schenke, S. 411)

Ein Aspekt der rätselhaften und mythischen Sprache des Johannesevangeliums sind die vielen so genannten johanneischen Missverständnisse. Die Dialogpartner Jesu, sei es die Samariterin, sei es Nikodemus, seien es die Jünger oder die gegnerischen Juden, verstehen die Worte Jesu falsch. Johannes wendet dieses Stilmittel bewusst an, um uns aufzufordern, noch tiefer in das Geheimnis der Liebe Gottes einzudringen, noch mehr nachzudenken, bis wir zur eigentlichen Wirklichkeit vorstoßen, zur Wirklichkeit Gottes in unserem Leben. Die Missverständnisse laden uns ein, in uns selbst die Quelle des göttlichen Lebens zu entdecken, in uns das Leben zu erkennen, das jetzt schon dem Tod entrissen ist. Und sie laden uns ein, in Jesus den Sohn Gottes und die Erscheinung der göttlichen Herrlichkeit zu sehen. Diese Missverständnisse ähneln den Koans im Zen-Buddhismus, mit dem Verstand nicht erfassbare Rätselworte, die uns zwingen, das intellektuelle Denken hinter uns zu lassen und das Eigentliche, nicht mehr Aussprechbare, zu erahnen.

Die mythische Sprache des Johannesevangeliums besagt nicht, dass hier ein Mythos erzählt wird wie in vielen anderen Völkern. Vielmehr bezieht sich Johannes auf ein geschichtliches Ereignis. Die reine Geschichte hat jedoch für uns keine Bedeutung, wenn sie nicht gedeutet wird. Um die Tiefe und Bedeutsamkeit geschichtlicher Ereignisse auch für kommende Generationen aufzuzeigen, eignet sich die mythische Sprache. Indem Johannes das geschichtliche Wirken Jesu als Mythos erzählt, spricht er dem damals Geschehenen ewige Gültigkeit zu. (Vgl. Schenke, S. 413) Wir können von Gott nie objektivierend erzählen. Wir können Gott durch unsere Sprache nicht vereinnahmen. Allein der mythischen Sprache gelingt es, von Gottes Anwesenheit auf Erden zu erzählen und »über das wahre Sein der Dinge und über Wirklichkeiten zu reden, die die Welt transzendieren«. (Ebd., S. 414) Die mythische Sprache will dem Leser gegenüber nicht argumentieren. Sie verzichtet darauf, für die Wahrheit des Mythos zu werben. »Seine Wahrheit erschließt sich unmittelbar, oder sie bleibt fremd und rätselhaft.« (Ebd., S. 415) Sie öffnet sich nur dem Eingeweihten. Über die Erscheinung von Gottes Herrlichkeit in Jesus Christus kann man nicht objektivierend sprechen, auch nicht rein theologisch, sondern nur in mythisch-religiöser Sprache.

Hier auf dieser Erde können wir nur rätselhaft über Gott reden. »An jenem Tag«, wenn wir im Tod zu Gott kommen und ihn von Angesicht zu Angesicht schauen, da wird Jesus offen zu uns sprechen. Doch bis dahin müssen wir uns einüben in die mythische Sprache, die uns das Johannesevangelium anbietet. Johannes will uns dabei helfen, uns in die Rätselsprache Jesu einzuweihen und in Jesu Sprachwelt heimisch zu werden. Jünger und Leser »sollen eine Sprache erlernen, mit der sie die mit Jesus in die Welt gekommene Wirklichkeit Gottes im tiefsten benennen können«. (Ebd., S. 416)

Das Johannesevangelium als Lesedrama

Ludger Schenke hat das Johannesevangelium als Lesedrama bezeichnet. 60 Prozent des Johannesevangeliums fallen auf die großen Dialogszenen. Und auch vom übrigen Stoff ist nochmals die Hälfte durch kleinere Dialoge und Monologe gekennzeichnet. Nur 20 Prozent entfallen also auf reine Erzählung. Während Lukas sein Evangelium »Erzählung« genannt hat, darf man daher das Johannesevangelium zu Recht als Drama bezeichnen. Nach Aristoteles ist ein Drama »die Darstellung einer vollkommenen und abgeschlossenen Handlung voller Größe ... Ein Ganzes ist eine Handlung, wenn sie Anfang, Mitte und Ende hat.« (Schenke, S. 399) Der Anfang des Johannesevangeliums »ist das Erscheinen des göttlichen Logos im Menschen Jesus vor der Öffentlichkeit Israels. Sein Ende ist die Ablehnung und Tötung des Menschen Jesus durch die Juden. (...) Die Mitte des Dramas bildet die Darstellung und Entwicklung eines zentralen Konflikts. Es wird der Prozeß gezeigt, wie aus den Hörern Jesu allmählich Gegner, wie aus Galiläern und Jerusalemern die Juden wurden.« (Ebd., S. 399) Das Drama wird vor allem in den Dialogszenen entfaltet, in denen sich langsam die zwei Gruppen herausbilden: die Gruppe derer, die an Jesus glauben, und die Gruppe derer, die ihn ablehnen. Die Wirkung des Dramas besteht für die Griechen in der Reinigung der Gefühle. Das Ziel des Johannesevangeliums ist dagegen, die Leser, die sich für Jesus entschieden haben, zu stärken, zu ermutigen und zu trösten und ihnen Klarheit über ihre Existenz als glaubende Christen zu schenken.

Das Drama um Jesus wird dem Leser so geschildert, dass er an den Auseinandersetzungen um Jesus teilnimmt. Der Leser wird in den Dialogen immer wieder in den Prozess der Entscheidung mit hineingezogen. Deshalb gelten die Offenbarungsgespräche nie nur den Menschen, zu denen Jesus damals gesprochen hat, sondern immer schon dem Leser. Der Lernprozess braucht lange Zeit. Daher kennt das Johannesevangelium die vielen Dialoge. Der Leser muss sich immer wieder neu mit den Argumenten für oder gegen Jesus auseinandersetzen, um sich dann endgültig für ihn zu entscheiden. Seine Zweifel an Jesus werden formuliert, seine Widerstände, seine Argumente gegen das Erscheinen Gottes in diesem Menschen aus Nazaret werden den Gegnern Jesu in den Mund gelegt. In Wirklichkeit sind es die vielen Gedanken, die dem Christen durch den Kopf gehen, wenn er an Jesus denkt. Er ist von Jesus fasziniert, und zugleich zweifelt er daran, dass ausgerechnet in diesem Mann aus Nazaret Gottes Herrlichkeit erschienen ist. Jesus versucht, in seinen Antworten den Leser für sich zu gewinnen. Glauben ist für Johannes ein ständiger Lernprozess. Die Leser haben sich schon für Jesus entschieden. Aber sie müssen sich immer wieder neu für ihn entscheiden. Der Glaube braucht eine beständige Vertiefung, damit er in einer glaubenslosen Umgebung durchgehalten werden kann.

Der Leser wird nicht nur in das Lesedrama hineingezogen. Er steht auch außerhalb. Er weiß schon mehr als die Dialogpartner Jesu. Er sieht das Geschehen um Jesus schon immer vom Prolog her, der das Erscheinen des göttlichen Logos in Jesus erklärt, und von der Auferstehung Jesu her. Der Autor gibt während der Dialoge immer wieder einmal Kommentare und bringt Schriftzitate, um zu zeigen, dass sich in Jesus die Verheißungen der Bibel erfüllen. »Häufig wendet sich der Autor direkt an die Leser, indem er ihnen fremde Ausdrücke übersetzt (1,38.41; 9,7; 20,16) oder aufklärende Informationen gibt (3,24; 4,2; 11,2; 19,35; 21,24). Ihm liegt daran, dass sie Jesu Wirken und Worte richtig und in ihrer tiefen Bedeutung verstehen. Sie sollen durch das Lesen des Werkes etwas lernen.« (Schenke, S. 400) Der Lernprozess der Jünger gipfelt in dem Bekenntnis des Thomas: »Mein Herr und mein Gott.« (20,28) Ein Jünger nimmt nicht am Lernprozess der anderen teil: Es ist der Jünger, den Jesus liebte. Er erkennt von Anfang an das Geheimnis Jesu. Er ist nicht Lernender, sondern Zeuge für das, was geschehen ist. Und wie er sollen die Leser die wahre Bedeutung Jesu erfassen. Jesus ist der Sohn Gottes. In diesem historischen Menschen Jesus von Nazaret ist die Herrlichkeit Gottes erschienen. Johannes schildert in sieben Wunderzeichen das Aufleuchten dieser Herrlichkeit. Aber es ist nicht selbstverständlich, dass die Menschen daran glauben. Daher werden die Leser durch die Dialoge eingeladen, diese Zeichen richtig zu verstehen und auf sie mit dem Glauben zu antworten: »Mein Herr und mein Gott.«

Die geschichtliche Dimension des Johannesevangeliums

Den Exegeten ist aufgefallen, dass Johannes die geschichtlichen Tatsachen um Jesus sehr genau kennt. Er hat wohl den zeitlichen Rahmen der öffentlichen Tätigkeit Jesu geschichtlich am genauesten beschrieben. Seine Chronologie der Passion dürfte historisch eher stimmen als die der Synoptiker. Das zeitliche und örtliche Auftreten Johannes des Täufers finden wir im Johannesevangelium am plausibelsten dargestellt. Die geschichtliche Genauigkeit ist jedoch für Johannes nie Selbstzweck. Ihm ist wichtig, dass der Logos wahrhaft Fleisch geworden ist, dass er in einem ganz konkreten, geschichtlich auftretenden Menschen erschienen ist. Aber alles Geschichtliche hat immer auch eine tiefere Bedeutung. Doch die Bedeutung darf nicht vom Historischen gelöst werden. Sonst schwebt es im luftleeren Raum.

Zur geschichtlichen Dimension des Johannesevangeliums gehört auch die Frage nach der Autorschaft und der Entstehungszeit. Dass das Evangelium von Johannes stammt, sagt uns die frühchristliche Tradition. Doch im Evangelium selbst steht nichts davon. Die Exegeten gehen davon aus, dass der anonyme Jünger, den Jesus liebte, der Autor ist, oder dass jemand aus der Schule dieses Jüngers das Evangelium verfasst hat. Es gab viele Untersuchungen darüber, ob das Johannesevangelium aus verschiedenen Schichten besteht, ob verschiedene Autoren oder Redaktoren an ihm gearbeitet haben. Manche Exegeten stellen daher die Kapitel und die einzelnen Texte um. Ich gehe davon aus, dass der Text so, wie er dasteht, ein einheitliches und kunstvolles Gebilde ist. Daher mache ich mir keine Gedanken, ob der Text einmal anders zusammengesetzt war. Ziemlich klar ist, dass das 21. Kapitel offensichtlich nachträglich hinzugefügt wurde. Aber es nimmt die Theologie des Evangeliums auf und führt sie weiter. Es gehört daher zum Ganzen der johanneischen Theologie. Ich nehme das Evangelium so, wie es ist. So ist es mir von den Glaubenszeugen überliefert. So ist es Heilige Schrift. So wirkt es auf mich. So will es seine heilende und erhellende Wirkung entfalten. Wenn ich in der Auslegung immer von »Johannes« als Autor spreche, dann ist damit stets der Autor gemeint, dessen Namen wir in Wirklichkeit nicht kennen.

Der Autor des Johannesevangeliums scheint in dem »Ich« auf, mit dem er das Evangelium abschließt: »Wenn man alles aufschreiben wollte, so könnte, wie ich glaube, die ganze Welt die Bücher nicht fassen, die man schreiben müsste.« (21,25) Wer sich hier als »ich« zu Wort meldet, ist der eigentliche Autor. Doch er bezieht sich auf den Jünger, den Jesus liebte: »Dieser Jünger ist es, der all das bezeugt und der es aufgeschrieben hat; und wir wissen, dass sein Zeugnis wahr ist.« (21,24) Der Lieblingsjünger hat also das Evangelium aufgeschrieben. Doch das »Ich« ist offensichtlich der Redaktor, der das ihm Überlieferte in eine endgültige Form gebracht hat. Der Lieblingsjünger ist zur Zeit der Abfassung des Evangeliums schon gestorben. Sein Tod wird von den Brüdern als Problem empfunden. (21,23) Doch das Evangelium tröstet sie mit dem Hinweis darauf, dass das Zeugnis dieses Jüngers, den Jesus liebte, weiter geht. Wir haben seine Worte. Und seine Worte zeugen von Jesus, dem Sohn Gottes, in dem Gottes Herrlichkeit für uns aufgeleuchtet ist und heute immer wieder neu aufleuchten möchte, wenn wir seine Worte lesen.

Der Jünger, den Jesus liebte, wird zum ersten Mal beim letzten Abendmahl eingeführt. Er liegt an der Seite Jesu. Dann erscheint er unter dem Kreuz neben Maria. Und er läuft gemeinsam mit Petrus zum Grab. Da er schneller ist, kommt er zuerst am Grab an. Doch er lässt dem Petrus den Vortritt. Auch im letzten Kapitel wird gezeigt, dass der Lieblingsjünger eigentlich dem Petrus überlegen ist. Er erkennt als Erster in dem Mann am Ufer den Auferstandenen: »Es ist der Herr.« (21,7) Der Vorrang des Petrus wird jedoch nicht bestritten. Jesus setzt Petrus zum Hirten über seine Gemeinde ein. Doch der Lieblingsjünger hat den Vorrang in dem Zeugnis, das er von Jesus ablegt. Er gehört sicher nicht zum Kreis der Zwölf. Er wird auch nie mit dem Zebedäussohn Johannes identifiziert. Er hat in der Kirche kein Amt inne, sondern gilt seiner Gemeinde als der eigentliche Zeuge Jesu. Er führt sie ein in das Geheimnis Jesu Christi und zeigt ihr die Tiefendimension des Geschehens um Jesus auf.

Die Exegeten sprechen von der johanneischen Gemeinde, für die der Lieblingsjünger eine besondere Bedeutung hatte. Diese Gemeinde bestand offensichtlich aus Judenchristen, die von den Pharisäern Hass und Feindschaft erfuhren. Sie hat also einen jüdischen Ursprung. Wenn »die

Juden« im Johannesevangelium so schlecht wegkommen, so ist das kein Antijudaismus. »Die Juden« stehen vielmehr für die Menschen, die Jesus ablehnen, für alle, »die in gewohnten Mustern gefangen sind und sich nicht für das neue Leben des Geistes öffnen« (Sanford, S. 1,172). Innerhalb der Juden gibt es die wahren Israeliten, die in Übereinstimmung mit der Überlieferung des Alten Testamentes Jesus als den wahren Messias verstehen. Der manchmal polemische Ton gegenüber »den Juden« ist historisch bedingt. Nach dem jüdischen Krieg haben sich die Pharisäer auf der Synode von Jamnia bewusst von den Judenchristen getrennt und sie aus der Synagoge ausgeschlossen. Damit haben sie sich – nach dem Verständnis des Johannesevangeliums – vom eigentlichen Israel abgeschnitten. Jetzt ist die johanneische Gemeinde die eigentliche Repräsentantin Israels. Zu ihr gehören ehemalige Johannesjünger, die wahren Israeliten und vermutlich auch Samaritaner und Griechen, die aus dem Heidentum zur christlichen Gemeinde stießen. Sie sind die »anderen Schafe, die nicht aus diesem Stall sind« (10,16). Aber auch für sie hat Jesus sein Leben hingegeben. Auch sie führt er als der gute Hirte. Das Johannesevangelium bezieht sich in manchen Aussagen auf die Situation der johanneischen Gemeinde. Sie wird von den pharisäischen Kreisen angefeindet. Ja, manche Juden meinen gar, sie würden einen Gottesdienst verrichten, wenn sie einen Christen töteten. »Die Situation der Jesusbekenner ist bedrückend und notvoll. Sie sind eine von ihrer jüdischen Umwelt unterdrückte Minderheit (16,20.22). Ihre Verfolger sind Juden, und zwar speziell Pharisäer.« (Schenke, S. 423)

Eine andere historische Frage bezieht sich auf die Zeit und den Ort für die Abfassung des Johannesevangeliums. Diese Frage hängt eng zusammen mit der Frage nach dem Ort, an dem die johanneische Gemeinde gelebt hat. Ludger Schenke plädiert dafür, dass die Gemeinde in Transjordanien, in den Landschaften Gaulanitis und Batanäa ihren Sitz hatte. Denn der schmerzliche Ausschluss aus der Synagoge verlangt nach einer jüdischen Umgebung. Doch es könnte sein, dass diese Gemeinde später nach Ephesus ausgewandert ist und dass das Johannesevangelium dort seine endgültige Gestalt gefunden hat. Die altkirchliche Tradition spricht jedenfalls davon, dass der Autor des Johannesevangeliums in Ephesus gelebt habe, und zwar bis in die Zeit Trajans hinein (98–117 n. Chr.). Es war offensichtlich eine kleine Gemeinde, die nicht nur unter der jüdischen Verfolgung litt, sondern auch unter der Spaltung, die in ihr selbst aufgetaucht war. Trotzdem hielt die Gemeinde daran fest, dass Gott in Jesus das Heil der ganzen Welt will, dass Jesus für alle Menschen gestorben ist und alle gerettet werden sollen.

Auslegung

In der Auslegung wichtiger Stellen geht es mir immer um die Erfahrung, in die uns diese Worte und Szenen einweisen möchten. Es genügt nicht, nur rein theologisch über diese Worte zu diskutieren. Ich verstehe das Johannesevangelium in erster Linie als mystisches und spirituelles Evangelium. Es will uns die Hintergründigkeit unseres Daseins vor Augen führen. Es will uns zeigen, wie wir hier in dieser Welt von einer anderen Wirklichkeit her leben können. Daher schaue ich auf die Worte immer schon von der mystischen Tradition und von der transpersonalen Psychologie her, die heute versucht, die mystische Sprache in eine psychologische Sprache zu übersetzen, nicht um die mystische Dimension auf Psychologie zu reduzieren, sondern um zu zeigen, dass die mystische Erfahrung heilend und befreiend für den Menschen ist, dass der Mensch erst ganz Mensch wird, wenn er Gott erfährt und in Gott sich selbst auf neue Weise erkennt und begegnet.

Prolog (1,1–18)

Matthäus und Lukas berichten uns eine Vorgeschichte des Wirkens Jesu. Sie beschreiben, wie und unter welchen Umständen Jesus als Mensch geboren wurde. Bei Johannes wird nicht das Wie beschrieben, sondern nur das Dass. Johannes berichtet und erzählt nicht, sondern er besingt in einem Lied das Geheimnis der Menschwerdung Gottes in Jesus Christus. Für Johannes ist es ganz wichtig, dass Jesus Mensch geworden ist. Früher meinten manche Exegeten, Johannes würde die Gottheit Jesu so betonen, dass die Menschheit in den Hintergrund tritt. Doch während die Synoptiker Jesus insgesamt nur dreimal als Mensch bezeichnen, finden wir diese Bezeichnung bei Johannes insgesamt 19-mal. Jesus ist gerade als voller Mensch die Offenbarung Gottes. Johannes glaubt nun, dass man das Geheimnis der Menschwerdung Gottes nicht erzählen und auch nicht in rein theologischer Sprache zum Ausdruck bringen kann. Man kann davon nur ein Lied singen, einen Hymnus, der in Bildern das Geheimnis der Menschwerdung preist. Darin kommt das Wesen johanneischer Theologie zum Vorschein. (Vgl. Beutler, S. 37 ff.) Johannes beschreibt uns in Bildern das Geheimnis Jesu. Wenn wir den Prolog nun auslegen, ist es immer wichtig, sich an die Bildhaftigkeit der Worte zu halten.

Der Prolog ist wohl der schönste christliche Hymnus auf die Menschwerdung, den wir kennen. Er hat vier Strophen, in denen das Geheimnis der Menschwerdung beschrieben wird. Das Wort ist Fleisch geworden, darin gipfelt die Aussage. Die Exegeten haben darüber nachgedacht, ob das Wort Logos von Philo genommen ist. Da kann es sicher Parallelen geben, aber noch mehr Parallelen finden wir in der jüdischen Weisheitsspekulation. Im Buch der Weisheit wird die Weisheit wie eine eigene Person geschildert, die unter uns wohnt. Genauso will das Wort unter uns wohnen, sein Zelt unter uns aufschlagen. Wort und Weisheit wollen zeigen, wie Gott sich uns offenbart. Sie werden gleichsam als eigene Personen gesehen, durch die sich der ferne Gott uns mitteilt, Mittler zwischen Gott und den Menschen. Der Hintergrund dieses wunderbaren Hymnus ist vielleicht auch die Gnosis, für die der Logos ein wichtiger Mittler zwischen Gott und Mensch war.

»Im Anfang war das Wort.« (1,1) Mit diesem Vers verfolgt Johannes die Herkunft Jesu bis in die Tiefen der Gottheit zurück. Dabei klingt das »im Anfang« des Schöpfungsberichtes auf. (Vgl. Beutler, S. 34). Wenn im Anfang das Wort war, so heißt das auch, dass die ganze Schöpfung worthaft ist, vom Wort Gottes durchdrungen, das heißt auch für uns verstehbar ist. Die Schöpfung selbst ist schon Offenbarung der Herrlichkeit Gottes. In ihr drückt sich Gott für uns aus, zeigt er uns seine Herrlichkeit. Die Schöpfung ist das erste Wort Gottes. In ihr drückt sich der Logos aus, der in Jesus Mensch geworden ist. Wir können auf Jesus nicht schauen, ohne die Schöpfung mit in den Blick zu nehmen.

»In ihm war das Leben.« (1,4) Leben und Tod sind die zentralen Gegensätze bei Johannes. Die Frage ist, wie wir wirklich leben können. Viele leben nur an der Oberfläche, für sie besteht das Leben nur in Arbeiten und Essen, in Vergnügen und Abwechslung. Aber das ist für Johannes Tod. Wahres Leben ist nur in Gott und aus Gott möglich. Die Sehnsucht nach Leben, nach ewigem Leben, nach Lebensqualität ist heute genauso stark wie damals zur Zeit der Gnosis. Wie aber gelingt Leben? Worin besteht wirkliches Leben, das den Namen Leben verdient? Johannes zeigt uns, dass wir nur von Gott her wirklich Mensch werden können. Und er identifiziert den Logos mit dem Leben. Gott ist wesentlich der, der Leben schenkt, ja in dem das Leben selber ist. Gotteserfahrung ist immer schon Erfahrung der eigenen Lebendigkeit. Leben ist für Johannes ein Strömen. Leben hat immer mit einer Quelle zu tun, aus der es hervorsprudelt und von der es seine immerwährende Frische erhält. Letztlich ist es die Quelle Gottes selber, aus der unser menschliches Leben herausfließt und uns und die Welt befruchtet.

Licht und Finsternis sind die beiden anderen Gegensätze bei Johannes. Viele tappen im Dunkeln. Sie leben dahin, aber ohne Sinn. Leben und Licht gehören eng zusammen. Echtes Leben entsteht durch die richtige Einsicht. Wenn ich mich und die Welt so sehe, wie sie sind, vermag ich richtig zu leben. Licht macht die Welt hell, es ermöglicht mir, zu sehen, durchzublicken, mich und mein Leben zu verstehen. Sehen heißt, nicht im Dunkeln zu tappen, sondern einen Weg für mich zu erkennen. Licht meint die Helligkeit, in der ich mich befinde und zurechtfinden kann, in der ich keine Angst habe. Der Exeget Rudolf Bultmann interpretiert das Licht als Erhelltsein des Daseins, als Lichtung meiner selbst. Damit bringt er einen wichtigen Aspekt des johanneischen Lichtbegriffes zum Ausdruck. Gott als das Licht bedeutet, dass ich erst in Gott mein Leben klar erkenne, dass sich das Dunkle und Sinnlose in mir erst durch Jesus, den wahren Logos, erhellt. Für die Gnosis ist das Licht ein Bild für Glück und Heil. Licht meint die göttliche Sphäre, in der allein sich der Mensch verstehen kann, in der sich die Fragen und Rätsel des menschlichen Daseins auflösen. Das definitive Erleuchtetsein heißt auch Freiheit vom Tode als dem Schicksal, das das Dasein unverständlich macht. (Vgl. Bultmann, S. 24) Christus leuchtet als Licht gerade in der Finsternis. In den dunklen Abgründen unserer Seele will er als Licht aufstrahlen, damit wir den Mut haben, die ganze Wahrheit unserer Seele auszuleuchten. Das Licht will uns erleuchten. Erleuchtung ist das Ziel jedes spirituellen Weges. Nach Erleuchtung sehnen sich auch heute die Menschen. Sie möchten hinter die Kulissen schauen, sie möchten den Dingen auf den Grund sehen, sie möchten durchblicken, klar sehen. Der Vorhang, der alles verbirgt, möge sich heben, damit wir die Wirklichkeit so sehen, wie sie wirklich ist, und damit wir im Licht leben können. Denn solange wir im Finstern leben, verstehen wir uns selber nicht. Da laufen wir in die Irre, da verlieren wir uns selbst. Da sind wir blind und tot. (Vgl. 9 und 11)

In Jesus kam das wahre Licht in die Welt. »Er kam in sein Eigentum, aber die Seinen nahmen ihn nicht auf.« (1,11) Hier klingt schon an, dass viele Jesus nicht angenommen haben. Gerade die Seinen, die dem auserwählten Volk angehören, haben ihn nicht aufgenommen, sondern abgelehnt. »Allen aber, die ihn aufnahmen, gab er Macht, Kinder Gottes zu werden, allen, die an seinen Namen glauben, die nicht aus dem Blut, nicht aus dem Willen des Fleisches, nicht aus dem Willen des Mannes, sondern aus Gott geboren sind.« (1,12f.) Wer Christus annimmt, der wird neu gezeugt, der wird aus Gott geboren. Er definiert sich nicht mehr von der Welt, nicht von seiner Lebensgeschichte, nicht von den Eltern her. Das Blut spielt für ihn keine Rolle mehr. Ihm geht es nicht um die rein natürliche Begabung, Abstammung und Familiengeschichte. Und er bekommt seine Existenz nicht aus dem Willen des Fleisches, das heißt: nicht bloß durch Zeugung. Wir sind nicht nur Kinder unserer Eltern, sondern Kinder Gottes. In Gott sind wir frei von der Macht der Eltern, von der Macht der Welt. Wir definieren uns nicht mehr aus dem Willen des Mannes, sondern von Gott her. Wir sind nicht geboren, weil ein Mann es wollte, weil es ihn drängte, weil sein Trieb ihn dazu antrieb. (»Thelema« ist nicht nur der Wille, sondern der Trieb, der Drang, geschlechtliches Begehren.) Aus Gott geboren sein, das ist die wahre Würde des Menschen. Das befreit ihn von allen Verstrickungen in menschliche Beziehungen, das löst ihn aus der Abhängigkeit von den Eltern. Jeder ist einmalig, jeder ist gottunmittelbar. Wer aus Gott, wer von oben (»anothen«, 3,3) geboren ist, der hat ein neues Selbstverständnis. Er weiß sich von Gott umsorgt, von Gott geliebt. Er muss sich die Liebe der Menschen nicht erkaufen. Er fühlt sich bedingungslos angenommen und willkommen. Er erfährt die wahre Würde des Menschen. Sein Leben ist voll Licht und Leben.

Der Hymnus gipfelt in dem Wort: »Und das Wort ist Fleisch geworden und hat unter uns gewohnt.« (1,14) In diesem Wort liegt das Zentrum des Evangeliums. Der ganz Gott war, trat ein in den Bereich des Irdisch-Hinfälligen und wurde ganz Mensch. Er wurde Fleisch. Fleisch ist Bild für das Irdisch-Gebundene, für das Hinfällig-Vergängliche, für das Hilflose, für die Nichtigkeit menschlicher Existenz. Fleisch ist nicht wie bei Paulus das Fleisch der Sünde, sondern das hinfällige und schwache Fleisch, das den Menschen in seinen Gefährdungen ausmacht. Wohnung oder Zelt erinnern an den Tempel, in dem Gottes Herrlichkeit unter uns wohnt. Der fleischgewordene Logos ersetzt den Tempel, er ist Ort unverhüllter Gegenwart Gottes in dieser Welt. Zelten erinnert zugleich daran, dass es keine bleibende Stätte gibt. Jesus war nur vorübergehend in dieser Welt. Jetzt ist er wieder in der Herrlichkeit Gottes. Das griechische Wort für zelten (»eskenosen«) hat die gleichen Buchstaben wie das hebräische Wort Schekina, was das Wohnen Gottes unter den Menschen beschreibt, die heilende und befreiende Gegenwart Gottes in dieser Welt. Was damals geschehen ist, hat für immer die Welt verwandelt. Seither will Gott in jedem und jeder von uns Fleisch annehmen und sich in uns inkarnieren. (Vgl. Sanford 1, S. 29)

Das Wichtigste am Vers 1,14 ist das Schauen der Herrlichkeit in diesem Menschen Jesus von Nazaret. Der Autor entwickelt hier keine Theologie, sondern er spricht von einer Erfahrung, die er und andere mit diesem Menschen gemacht haben. Das Schauen der Herrlichkeit hat etwas mit Kontemplation zu tun. »Contemplari« heißt schauen. Hier kommt wieder der mystische Charakter des Johannesevangeliums zum Ausdruck. Indem ich auf den Menschen Jesus schaue, leuchtet mir Gottes Herrlichkeit entgegen. Ich schaue Gottes Schönheit aber gerade im Fleisch, in der geschichtlichen Person Jesu, nicht an ihr vorbei. Im Weltlichen, im Handeln, im Reden Jesu leuchtet Gottes Herrlichkeit auf. Die Offenbarung ist aber zugleich verhüllt. Im kontemplativen Schauen auf Jesus werde ich immer mehr in die Herrlichkeit verwandelt, die Gott auch mir als Sohn und Tochter Gottes zugedacht hat. Das Schauen macht etwas mit mir. Es bringt mich in Berührung mit meinem wahren und unverfälschten Bild. Das Evangelium will uns auf die Frage Antwort geben, wie wir im Fleisch, in diesem konkreten Menschen Jesus, Gottes Herrlichkeit schauen können. Es ist kein Schauen mit den natürlichen Augen des Leibes, sondern ein Schauen des Glaubens. Der Glaube macht sehend. Der Glaube besteht darin, im Fleisch Jesu Gott zu schauen.

Die Herrlichkeit des einzigen Sohnes vom Vater ist »voll Gnade und Wahrheit« (1,14). Mit diesem Ausdruck erinnert Johannes an die Erscheinung Jahwes am Sinai: Gott hat sich Mose offenbart als der, der reich ist an Gnade und Treue. In Jesus neigt sich Gott freundlich und zärtlich uns Menschen zu. Das griechische Wort »charis« meint ursprünglich die Tat oder ein Verhalten, das Freude macht und beglückt. Und »charis« bezeichnet die Gabe und das Geschenk, mit dem uns Gott Freude macht. In Jesus bereitet uns Gott eine unaussprechliche Freude, eine Freude, die uns nicht mehr genommen werden kann. Und in ihm erweist er uns seine zärtliche Liebe. Zugleich wird in Jesus Gottes Zuverlässigkeit und Treue uns gegenüber erfahrbar. Johannes übersetzt das hebräische Wort für Treue mit dem griechischen »aletheia« = Wahrheit«. Wahrheit meint im Griechischen, dass der Schleier weggezogen wird, der über der Wirklichkeit liegt und sie verstellt. Sie bezeichnet die göttliche Wirklichkeit. In Jesus wird der Schleier entfernt, der uns das Wesen unseres Menschseins verdunkelt. In ihm erkennen wir, wer wir wirklich sind. In Jesus erkennen wir unsere Ursprünglichkeit. Und wir erkennen in ihm Gott, den Grund allen

Seins, den Urgrund unserer menschlichen Existenz. Die Buddhisten sagen: »Die Wahrheit ist.« Sie ist einfach da. Sie ist die unverstellte Wirklichkeit. Jesus will uns die Augen öffnen, damit wir die Welt wahrnehmen, wie sie ist, dass wir in ihr und in jedem Menschen die göttliche Wirklichkeit erkennen. Jeder Mensch spiegelt Gottes Antlitz wider. Und in der Schöpfung leuchtet Gott selbst auf, wenn wir den Schleier wegnehmen, der auf allem liegt. Darin besteht das Geheimnis der Kontemplation. Und davon hängt das Gelingen unseres Lebens ab.

»Niemand hat Gott je gesehen. Der Einzige, der Gott ist und am Herzen des Vaters ruht, er hat Kunde gebracht« (1,18). In diesem Jubelruf kommt der Hymnus zu seinem Höhepunkt. Niemand von uns Menschen kann Gott sehen. Auch Mose hat ihn nicht wirklich gesehen, sondern nur seine Rückseite. Jesus ist der Einzige, der Gott wirklich gesehen hat, weil er selbst Gott ist. Er ruht am Herzen des Vaters. Er ist in einer ganz intimen Beziehung zum Vater. Er hat uns Gott geoffenbart, ihn sichtbar werden lassen. In Jesus schauen wir Menschen Gott. Und in ihm werden wir hineingenommen in die Intimität mit dem Vater. In Jesus ruhen wir gleichsam am Herzen des Vaters. Dadurch wird unser Leben erleuchtet. Was die Gnosis ersehnte, das kommt in Jesus zur Erfüllung. In ihm dürfen wir Gott schauen in seiner ewigen Liebe. Und seine Worte geben uns Kunde von der Herrlichkeit Gottes, die noch kein Mensch je gesehen hat. In Jesus dürfen wir schauen, wonach sich die Menschen seit ewigen Zeiten gesehnt haben: den wirklichen Gott, der uns in der Person Jesu und in seinen Worten offenbar wird.

Das Zeugnis der ersten Jünger (1,35–51)

In der Art und Weise, wie Johannes die Berufung der ersten Jünger beschreibt, wird seine Kunst offenbar, immer auf zwei verschiedenen Ebenen zu schreiben. Es ist nie nur das Äußere gemeint. Alles hat eine tiefere Bedeutung. Zum einen erzählt uns der Autor hier, wie die Jünger Jesus allmählich immer tiefer erkennen. Es ist eine Steigerung der Titel, mit denen die Jünger Jesus bezeichnen. Zum anderen wird hier auch unsere eigene Jüngerwerdung beschrieben. Die Jünger sind Symbol für uns Christen. In ihnen wird klar, wie auch wir zum Glauben kommen und was für uns Nachfolge heißt. Und in der stufenweisen Berufung der Jünger beschreibt Johannes den Prozess der »Initiation in das christliche Geheimnis der Erlösung« (Sanford 1, S. 41). Die Jünger machen Erfahrungen, die wir in unserer eigenen spirituellen Entwicklung ähnlich durchleben müssen.

Das erste Motiv, das uns in die Augen fällt, ist, dass die Jünger jeweils durch Mittelsmänner zu Jesus geführt werden. Das ist ein Bild für uns Christen. Wir brauchen andere, die uns zu Christus führen. Die zentralen Worte in diesem Text sind »suchen und finden, kommen und sehen«. In diesen vier Worten besteht die Jüngerwerdung. Es geht darum, Jesus zu suchen, der Spur unserer Sehnsucht zu folgen, Ausschau zu halten nach dem, der unser Herz berührt. Wenn wir suchen, werden wir finden. Aber dann müssen wir zu Jesus kommen, um zu sehen, wer er in Wirklichkeit ist. Sehen bezieht sich immer auf den mystischen Aspekt des Christwerdens. Der Christ kommt zu Jesus, um zu sehen. Und er wird in Jesus den Himmel offen sehen. Sein Schauen gipfelt im Vers 1,51: »Ihr werdet den Himmel geöffnet und die Engel Gottes auf- und niedersteigen sehen über dem Menschensohn.« Die Himmelsleiter des Jakob wurde in der spirituellen Tradition immer als ein Bild für die Kontemplation gesehen. Was Jakob damals geschaut hat, das erfüllt sich in Jesus Christus. In Jesus öffnet sich der Himmel über unserem Leben. Wir erkennen in ihm die Verbindung von Himmel und Erde, von Gott und Mensch.

Die ersten beiden Jünger folgen Jesus nach, weil sie den Hinweis Johannes des Täufers gehört haben. Jesus wendet sich ihnen zu und fragt sie: »Was wollt ihr? Sie sagten zu ihm: Rabbi – das heißt übersetzt: Meister –, wo wohnst du?« (1,38) Hier wird scheinbar Gleichgültiges erzählt, doch das Wesentliche verbirgt sich dahinter. Die Grundfrage ist, was wir wollen, bzw. wie es im Griechischen genauer heißt: was wir suchen. »Was suchst du?« Das ist das erste Wort, das Jesus an jeden Einzelnen richtet, der ihm nachfolgen möchte: »Was willst du mit deinem Leben? Was ist deine tiefste Sehnsucht?« Darüber muss ich mir klar werden, wenn ich mich auf Jesus einlasse. Die Jünger fragen zurück: »Wo wohnst du?« Bei Jesus wohnen, bei ihm bleiben, bei ihm zu Hause sein, darin besteht die Berufung. Jesus kommt in sein Eigentum. Er nimmt uns in seine Wohnung auf. Es geht Jesus nicht um das irdische Haus, sondern um die Wohnung bei Gott. In Jesus hat Gott sein Zelt unter uns aufgerichtet. In Jesus dürfen wir im Hause Gottes wohnen. Jesus lädt die Jünger ein: »Kommt und seht!« (1,39) Es genügt nicht, nur auf die zu hören, die von Jesus erzählen. Jünger sein heißt, seine eigenen Erfahrungen mit Jesus zu machen. Schauen muss man selber. Das kann man keinem anderen überlassen. Die Leser des Johannesevangeliums werden eingeladen, die Worte zu meditieren, ihren tieferen Sinn zu erschließen und auf Jesus zu schauen und in ihm Gott selbst zu sehen.

Die Bemerkung »Es war um die zehnte Stunde« ist nicht nebensächlich. Denn Zahlen haben bei Johannes immer eine symbolische Bedeutung. Zehn ist die Zahl der

Vollendung, der Menschwerdung, der Ganzwerdung und Erfüllung. Es ist die vollkommene Zahl, die »teleios arithmos«. Jünger zu werden heißt, ein ganzer Mensch zu werden, eingeführt zu werden in das Geheimnis der Menschwerdung und in die Erfüllung der zutiefst menschlichen Sehnsucht nach Heil und Vollendung. Wenn ich dort wohne, wo Jesus ist, dann erfüllt sich mein Menschsein, dann werde ich ganz und heil, dann bin ich am Ziel.

In Vers 1,40 wird der eine Jünger Andreas genannt. Der andere bleibt ungenannt. Vermutlich ist es der Jünger, den Jesus liebte und auf den das Evangelium zurückgeht. Er ist von Anfang an bei Jesus. Andreas führt seinen Bruder Simon zu Jesus. Und Jesus nennt ihn gleich bei seiner ersten Begegnung »Kephas« = Fels. Petrus ist nicht der Erste, der an Jesus glaubt. Aber er wird zum Fels berufen. Es kommt nicht darauf an, wer als erster glaubt, sondern darauf, wer von Gott zu einer ganz bestimmten Aufgabe berufen wird. Petrus wird berufen, Fels für andere zu sein, mit seinem Glauben auch andere zu stützen.

Nun werden noch zwei andere Jünger mit Namen genannt: Philippus und Natanael. Natanael heißt Gottesgabe. Ihn nennt Jesus einen Israeliten ohne Falschheit. Hier ist sicher eine Werbung bei den jüdischen Lesern intendiert. Wer ein wirklicher Israelit ist, der folgt Jesus nach. Die Juden, die im Johannesevangelium später so schlecht wegkommen, sind – laut Johannes – abgefallen von ihrem eigentlichen Glauben. Jesus verblüfft den Natanael, dass er seinen Charakter und sein Wesen kennt. Der Israelit ohne Falsch fühlt sich durchschaut. Jesus spricht ihn auf den Feigenbaum an, unter dem er ihn beim Torastudium gesehen hat und unter dem er offensichtlich eine tiefe spirituelle Erfahrung gemacht hat. Jesus offenbart mit diesem Hinweis dem Natanael, dass er den Menschen kennt, dass er es nicht nötig hat, dass andere ihm etwas über den Menschen erzählen. Jesus kennt jeden Einzelnen und schaut in die Tiefe seines Herzens. Dieses Wissen Jesu überwältigt den Natanael, und er ruft aus: »Rabbi, du bist der Sohn Gottes, du bist der König von Israel.« (1,49) Mit diesem Bekenntnis kommt die Erkenntnis der Jünger zu ihrem Höhepunkt. Wer ein wahrer Israelit ist, der erkennt in Jesus den Sohn Gottes. Natanael ist ein Symbol für jeden Christen. Wir können uns Jesus nicht nähern, ohne durchschaut, ohne mit unserer eigenen Wahrheit konfrontiert zu werden. Dem Glaubenden – so sagt Bultmann – wird in der Begegnung mit Jesus die eigene Existenz erhellt und aufgedeckt.

In der Berufung der ersten Jünger wird die Kunst des Evangelisten deutlich, immer auf zwei Ebenen zu schreiben, Geschehenes zu berichten und zugleich einen Prozess des Lernens im Leser in Gang zu setzen. Johannes erzählt uns Geschehenes. Es ist historisch durchaus wahrscheinlich, dass die ersten Jünger Jesu aus dem Kreis der Johannesjünger kamen. Die Jünger erkennen in Jesus das Lamm Gottes, den Rabbi, den Messias, den Sohn Gottes und König Israels und schließlich den Menschensohn, über dem die Engel Gottes auf- und niedersteigen.

In diesen Berufungsgeschichten wird zugleich die Berufung des Lesers beschrieben. Er soll in den Worten und Taten Jesu, die das Evangelium berichtet, eingeführt werden in das Geheimnis Jesu. Er soll die Worte und Taten immer schon mit dem Wissen lesen, dass in Jesus der Himmel offen steht, dass in Jesus Gott selbst sichtbar wird.

Jesus ist die Verbindung zwischen Himmel und Erde. In Jesus wird die Verbindung zwischen Himmel und Erde wieder hergestellt. Dadurch wird der Mensch gesegnet wie einst Jakob. Dadurch kommt der Mensch erst zu seinem wahren Wesen. Die Engel sind in der Tradition Bilder der Kontemplation. Jesus ist der Ort der Kontemplation. In ihm schauen wir Gott. Alles, was Jesus tut, will uns den Himmel öffnen. Und was er sagt, will uns einweihen in das Geheimnis Gottes. So wird das Bild von der Himmelsleiter zum Schlüssel, wie wir das Evangelium lesen sollen.

Zwei Bilder des Heils: Die Hochzeit zu Kana und die Vertreibung der Händler (2)

Nach der Berufung der Jünger zeigt Johannes in zwei Bildern, was Menschwerdung und was Tod und Auferstehung Jesu für den Menschen bedeuten. In diesen beiden Bildern wird das Wesen des folgenden Evangeliums dargestellt. In ihnen leuchtet das Geheimnis dessen auf, was in der Menschwerdung und in der Passion Jesu geschieht.

Die Erzählung von der Hochzeit zu Kana will uns mehr sagen, als dass Jesus gerne auf Hochzeiten ging und mit den Menschen gefeiert hat. Alles, was hier berichtet wird, hat immer schon eine symbolische Bedeutung. Das beginnt mit der Einleitung: »Am dritten Tag fand in Kana in Galiläa eine Hochzeit statt, und die Mutter Jesu war dabei.« (2,1) Johannes hat seit dem Auftreten Johannes des Täufers dreimal einen Abschnitt mit »Am Tag darauf« eingeleitet (1,29.35.43). Der dritte Tag nach den vier Tagen, die Johannes bisher berichtet hat, ist also der Sabbat. An ihm vollendet sich die Schöpfung. Die Hochzeit zu Kana beschreibt das Geheimnis der Menschwerdung Gottes in Jesus Christus. In Jesus wird der Mensch wieder so hergestellt, wie er in der Schöpfung ursprünglich gedacht war. Zugleich erinnert der dritte Tag an den Tag der Auferstehung. In der Auferstehung Jesu wird unser Leben verwandelt und mit göttlichem Wein erfüllt. In Jesus feiert Gott Hochzeit zwischen sich und den Menschen. So wie Mann und Frau sich miteinander verbinden, so wird in der Menschwerdung und der Auferstehung Jesu der Mensch mit Gott eins.

Den Menschen ist der Wein ausgegangen. Sie wollen Hochzeit feiern. Aber es gelingt ihnen nicht. Sie haben keine Liebe mehr. Sie sind unfähig zur Liebe. Darin besteht die Not der Menschen. Es geht Johannes nicht in erster Linie um die Erlösung aus der Schuld, sondern um die Befreiung aus der Unfähigkeit zu lieben. Es sind nur sechs steinerne Wasserkrüge dort. Sechs ist immer die Zahl der Unvollkommenheit. Das Leben der Menschen ist unvollkommen. Es ist nur Arbeit, Mühe, Plage. Und es ist erstarrt, wie es die steinernen Krüge symbolisieren. Das Wasser in diesen Krügen dient zur Reinigung. Doch die wahre Reinigung geschieht nicht durch die alten Riten, sondern durch die Menschwerdung Jesu. In ihr hat Gott den Menschen gereinigt und in seiner ursprünglichen Schönheit wiederhergestellt.

Die Mutter Jesu war auch bei der Hochzeit. Sie hat im Johannesevangelium nur hier zu Beginn des Wirkens Jesu und am Ende unter dem Kreuz eine wichtige Funktion. Auch darin wird eine tiefe Symbolik sichtbar. Die Mutter Jesu setzt das Wandlungswunder in Gang. Sie hat das Wunder der Menschwerdung durch die Geburt ihres Sohnes ermöglicht. Sie ist die Pforte, durch die Jesus zu den Menschen schreitet. Sie führt ihn bei den Menschen ein. Maria spürt als erste den Mangel. Sie weist Jesus auf den ausgegangenen Wein hin. Man könnte Maria hier auch als Bild für die anima sehen. Die anima in uns, die weibliche Seite, spürt, woran es uns mangelt. Die Einsicht der anima steht zu Beginn jedes Wandlungsprozesses. Jesus scheint seine Mutter sehr distanziert anzusprechen: »Was willst du von mir, Frau? Meine Stunde ist noch nicht gekommen.« (2,4) Johannes schildert hier nicht die persönliche Beziehung Jesu zu seiner Mutter. Ihm geht es vielmehr um den Vorbehalt, den Jesus dem Weinwunder gegenüber hat. Seine Stunde ist noch nicht gekommen. Seine Stunde ist die Stunde seiner Verherrlichung am Kreuz und in der

Auferstehung. Wenn seine Stunde gekommen ist, dann erst gibt er den Wein in Fülle. Jesus selbst ist der Wein, der das Herz des Menschen erfreut. In der Stunde seines Todes wird er sein Herz für uns öffnen. Dann können wir den Wein trinken, der aus seinem Herzen strömt. Der wahre Wein ist die Liebe Gottes, die aus dem geöffneten Herzen Jesu kommt. Maria versteht die Antwort Jesu auch nicht als Zurückweisung. Sie glaubt vielmehr an ihren Sohn. Sie glaubt an seine verwandelnde Liebe schon vor dem Zeichen, das er im Weinwunder setzt. Aber die Jünger glauben erst nach dem Zeichen. (2,11)

Die Kirchenväter deuten in dieser Geschichte immer wieder den Gegensatz der sechs Krüge mit Wasser zu dem Wein in Fülle. Die steinernen Krüge sind Bilder für das Erstarrte einer rigorosen Gesetzesfrömmigkeit, der Wein ist Zeichen für Lebendigkeit und Freude, für das Evangelium, das das Herz der Menschen erfreut. Unser Leben bekommt durch die Menschwerdung Jesu einen neuen Geschmack. Mit Wasser kann man kein Fest feiern. Das Fest, das verzaubert, braucht den Wein. Es sind sechs Krüge. Diese verweisen auf den siebten Krug, der sich am Kreuz öffnen wird, wenn der Soldat die Seite Jesu durchbohrt und aus der geöffneten Seite Blut und Wasser strömen, Bild für die menschgewordene Liebe Gottes.

Voller Symbolik ist auch die Bemerkung über den Speisemeister: »Er wusste nicht, woher der Wein kam; die Diener aber, die das Wasser geschöpft hatten, wussten es.« (2,9) Die Frage »Woher« ist typisch für das Johannesevangelium. Es ist letztlich die Frage nach dem Woher Jesu und nach dem Woher des Menschen überhaupt. Wer weiß, dass Jesus vom Vater kommt, der versteht die Erzählung vom Weinwunder, der versteht das ganze Evangelium. Die Diener, die wissen, woher der Wein kommt, sind Bilder für die Leser, die vom Prolog her wissen, woher dieser Jesus kommt. Das Woher bezieht sich aber auch auf den Leser. Woher kommt der Mensch? Das ist die zentrale Frage der Gnosis. Wir kommen von Gott her. Wir haben in Gott unseren wahren Grund.

Wichtig ist der Kommentar des Speisemeisters: »Du hast den guten Wein bis jetzt zurückgehalten.« (2,10) In Jesus ist die Zeit gekommen, den Wein in Fülle zu trinken, Hochzeit zu feiern mit Gott. Der Leser soll durch dieses Wort erkennen, was in Jesus in diese Welt eingebrochen ist, dass unser Leben durch Jesus einen neuen köstlichen Geschmack bekommen hat. Johannes nennt dieses Wunder das erste Zeichen. Sieben Zeichen wird er in seinem Evangelium schildern. Jesu Wundertaten sind nicht wie bei den Synoptikern »dynameis« = Krafttaten, sondern »semeia« = Zeichen. Es sind Zeichen für die Herrlichkeit Gottes, die in Jesus aufleuchtet. Und es sind Zeichen für den Beginn der messianischen Heilszeit. In diesen Zeichen strahlt schon jetzt auf, was dann erst in der Verherrlichung Jesu am Kreuz und in der Auferstehung für alle sichtbar wird.

Die Bibelwissenschaftler haben sich gefragt, woher das Motiv der Hochzeit für die Beschreibung der Menschwerdung Gottes in Jesus Christus kommt. In der jüdischen Apokalyptik gibt es das Bild der Endzeit, in der Wein in Fülle vorhanden ist. Die Heilszeit ist die Zeit des ewigen Festes. In Jesus hat die Heilszeit in ihrer Fülle begonnen. Bultmann weist auf die Parallele zum Dionysoskult hin. Am Vorabend des Dionysosfestes, in der Nacht vom fünften auf den sechsten Januar, stellte man in Elis drei leere Krüge im Tempel auf, die dann am anderen Morgen voll von Wein waren. Ob sich Johannes auf die Dionysoslegende bezieht, ist zweifelhaft. Aber zumindest hat die frühe Kirche diesen Bezug hergestellt. Am sechsten Januar feierten die Griechen das Fest der Epiphanie, der Erscheinung Gottes. Und an diesem Fest wurde das Evangelium von der Hochzeit zu Kana vorgelesen. Die frühe Kirche sah in Jesus die Erfüllung der dionysischen Sehnsucht nach Ekstase, nach Rausch, nach Verwandlung. Jesus ist nicht der Asket wie Johannes, der nur Verzicht predigt. Er bringt die Fülle des Lebens. Er schenkt uns einen neuen Geschmack. Dionysos war auch der Gott der Liebe und der Sexualität. Was die Menschen sich von der Sexualität und von der Liebe ersehnen, das wird in Jesus erfüllt. In ihm ist Gottes Liebe sichtbar, berührbar, trinkbar geworden. Sie gibt unserem Leben einen neuen, einen berauschenden Geschmack. Jesus ist nicht Gegensatz zu Dionysos, wie es Friedrich Nietzsche gesehen hat, sondern die Erfüllung des Dionysos und der Sehnsucht nach Ekstase, für die er steht. Hölderlin hat zu Recht versucht, Dionysos und Jesus zusammen zu sehen, die Sehnsucht nach ekstatischer Liebe und die Sehnsucht nach der Kontemplation, in der Gottes Herrlichkeit und Liebe in das Herz des Menschen strömt.

Das zweite Bild, das vor dem Wirken Jesu steht und es deutet, ist die Vertreibung der Händler aus dem Tempel. Die Synoptiker bringen diese Geschichte kurz vor der Passion Jesu. Damit berichten sie historisch sicher genauer. Wenn Johannes diese Erzählung zu Beginn des Wirkens Jesu setzt, dann will er uns einen Schlüssel zur Hand geben, wie wir alles Nachfolgende verstehen sollen. Während die Hochzeit zu Kana ein Bild für die Menschwerdung ist, leuchten im Bild von der Vertreibung der Händler der Tod Jesu und seine Auferstehung auf. Das wird schon im ersten Wort sichtbar: »Das Paschafest der Juden war nahe, und Jesus zog nach Jerusalem hinauf.« (2,13) Jesus setzt in der Tempelaustreibung ein Zeichen, in dem das wahre Pascha aufleuchtet. Das Paschafest weist schon auf Jesu Tod hin. Dort wird das wahre Paschalamm geschlachtet.

Ein anderes Motiv bei der Vertreibung der Händler aus dem Tempel ist das der Reinigung. Im Tod Jesu wird der

Tempel des menschlichen Leibes gereinigt. Der menschliche Leib war zu einer Markthalle verkommen, in der die Händler lärmten und die Rinder, Schafe und Tauben alles bestimmten. Das sind innere Bilder. Wir sind oft genug bestimmt von unseren lärmenden Gedanken, von der Frage, wie wir auf dem öffentlichen Markt gehandelt werden, was unser Tauschwert ist. In uns sind Rinder, Bilder für Vitalität und Sexualität, die uns beherrschen. In uns sind Schafe, Bilder für die Unfreiheit, mit der wir leben. Und in uns sind Tauben, Bilder für die Gedanken, die hin und her fliegen und uns nie zur Ruhe kommen lassen. All das treibt Jesus aus dem Tempel heraus. Johannes verweist auf den Tod und die Auferstehung Jesu. Da wird das erfüllt, was Jesus jetzt in einem Zeichen vollbringt. Da wird unser Leib wieder hergestellt. Da werden wir wahrhaftig Tempel Gottes. Der Tod Jesu reinigt uns von allem, was sich in uns eingenistet hat, von der Schuld, von dem Tierhaften, von der Besitzgier, von dem Sich-Vergleichen mit anderen. Der Tod Jesu, in dem Gottes Liebe in unseren Leib ausstrahlt, befreit uns von allem inneren Chaos. Die Liebe Jesu verwandelt uns zu einem Tempel Gottes.

Markthalle oder Tempel Gottes zu sein, das ist die Alternative. Beide Bilder drücken jeweils eine andere Selbsterfahrung des Menschen aus. Die Markthalle erinnert uns an Lärm, an das vergebliche Bemühen, das innere Chaos zu bändigen. In der Markthalle ist es eng, da ist alles angebunden. Sie verweist auf Menschen, die in sich verkrampft sind, weil das innere Durcheinander sie sonst zerreißen würde. Der Tempel Gottes ist weit. Wenn ich mich unter dem Bild des Tempels meditiere, dann erlebe ich meine Würde, meine Schönheit. Ich weiß, dass Gott in mir wohnt und Gottes Herrlichkeit in meinem Leib aufstrahlt. Zu dieser neuen Erfahrung des Menschseins will uns Jesus durch seine Menschwerdung und durch seinen Tod führen. Die Menschwerdung schenkt uns einen neuen Geschmack, den Geschmack des Weins. Der Tod Jesu reinigt uns von allem, was unser Menschsein trübt. Er stellt den Leib als Tempel Gottes wieder her. So wie in Jesus der wahre Tempel Gottes erschienen ist, so wird durch die Auferstehung jeder, der an Jesus glaubt, zu einem Tempel, in dem Gottes Herrlichkeit wohnt. Die Geschichte von der Tempelaustreibung ist ein heilendes Bild. Wenn ich dieses Bild in mich einbilde, erfahre ich das Heil, das in Jesus Christus gekommen ist.

Gespräch mit Nikodemus (3,1–13)

Nikodemus ist ein frommer Jude, der von der Frage nach dem Heil umgetrieben wird. Die Frage, wie das menschliche Leben gelingt, heil und ganz wird, ist aber nicht nur eine Frage der Juden, sondern auch eine typisch griechische Frage. Und es ist eine Frage, die wohl jeden Menschen in jeder Zeit bewegt. Nikodemus sucht Jesus bei Nacht auf. Die Zeitangaben sind für Johannes immer voller Symbolik. Die Nacht steht hier für die innere Dunkelheit und Finsternis, für die Verdunklung des Sinns. Von Sinnlosigkeit geplagt, kommt Nikodemus zu Jesus, um bei ihm eine Antwort auf seine existenziellen Fragen zu bekommen. Doch er versteckt seine Frage hinter der Feststellung, dass Jesus offensichtlich von Gott kommt. Nikodemus spürt, dass in diesem Menschen etwas anders ist als bei den den üblichen Lehrern, die von Gott sprechen, aber nicht aus Gott sind. Jesus spürt, was den Fragesteller eigentlich umtreibt. Und bevor Nikodemus seine Frage wirklich formuliert, stellt Jesus eine Behauptung auf, die das eigentliche Problem des Gesprächspartners auf den Punkt bringt: »Wenn jemand nicht von neuem (oder: von oben = ›anothen‹) geboren wird, kann er das

Reich Gottes nicht sehen.« (3,3) Die Doppeldeutigkeit dieses Wortes ist sicher bewusst gewählt. Nur wer von oben, aus Gott, geboren wird, kann das Reich Gottes schauen, nur dessen Leben wird heil. Er wird entrissen aus der Welt des Scheins. Die Welt mit ihren Ansprüchen und Erwartungen hat keine Macht über ihn. Aber es geht nicht nur um den doppelten Ursprung des Menschen, der aus dieser Erde und zugleich aus Gott geboren ist, sondern auch um das Thema der Wiedergeburt.

Die Mysterienreligionen des ersten Jahrhunderts kennen das Motiv der Wiedergeburt. Das Mithrasheiligtum, das man heute noch unter der römischen Basilika San Clemente betrachten kann, zeigt uns deutlich, wie diese Wiedergeburt verstanden wurde. Der Myste stieg in die Grube hinab und wurde mit dem Blut des Stieres besprengt. Dadurch wird er von allen Sünden gereinigt. Er stirbt der Welt und darf erneuert, gottgleich, aus der Grube emporsteigen. Auch die Gnosis kennt das Thema der Wiedergeburt. Für die Gnosis ist das Geschehen der Wiedergeburt unaussprechlich. Man kann es nicht erklären. Das Ergebnis ist, dass man erleuchtet ist, dass man sich selbst in Gott sieht. Wiedergeburt ist ein Bild für den inneren Weg des Menschen zu seinem wahren Selbst. Und der Prozess verläuft bei jedem Menschen verschieden. Man kann ihn nicht wirklich beobachten. Das Ziel ist immer das gleiche: »Das Ich als falsche Mitte der Persönlichkeit wird durch eine neue, echte Mitte ersetzt.« (Sanford 1, S. 106) Nikodemus versteht das nicht, weil er am äußeren Buchstaben hängt. Jesus weist ihn auf eine tiefere Dimension, auf die spirituelle Dimension hin: »Was aus dem Fleisch geboren ist, das ist Fleisch; was aber aus dem Geist geboren ist, das ist Geist.« (3,6) Johannes geht es um das Woher des Menschen. Wer aus dem Fleisch geboren ist, hat ein fleischliches Selbstverständnis, das heißt er definiert sich von den Maßstäben dieser Welt her. Wer aus dem Geist geboren ist, der hat seinen Ursprung in Gott. Er versteht sich von Gott her. Wiedergeborenwerden ist ein spirituelles Erwachen zur Wirklichkeit. Meine Augen öffnen sich. Ich verstehe die Welt neu, und ich verstehe mich auf neue Weise. »Das spirituelle Geborenwerden befähigt den Menschen, die Anwesenheit der Ewigkeit in der Zeit zu sehen, das Ende in der Geschichte, das Göttliche selbst im menschlichen Fleisch Christi.« (Leong, S. 83)

Bei dem Wort Wiedergeburt denken heute viele an Reinkarnation, an eine neue Inkarnation nach unserem Tod. Doch daran ist hier nicht gedacht. Es geht Johannes vielmehr um das Wesen des Menschen. Und das ist von seinem Woher bestimmt. Aus Gott geboren sein, das ist das eigentliche Wesen des Menschen. Aber hier ist nicht nur gemeint, dass der Mensch von Gott geschaffen ist. Das gilt ja von jedem Menschen. Der Mensch, der von oben, der aus dem Geist geboren wird, versteht sich vielmehr als einer, der seinen tiefsten Grund in Gott hat. Wiedergeburt ist nicht moralische Besserung des Menschen, sondern das In-Berührung-Kommen mit dem wahren Ursprung in Gott. Wer aus dem Fleisch geboren ist, der ist seinem wahren Wesen nach entfremdet. Er versteht sich selbst nicht. Er lebt einfach dahin. Die Wiedergeburt aus dem Geist versteht Bultmann als eine »Seinsweise, in der der Mensch in seiner Eigentlichkeit ist, sich versteht und sich nicht mehr von der Nichtigkeit bedrängt weiß«. (Bultmann, S. 100)

Auf die Frage, wie wir uns den Vorgang der Wiedergeburt vorstellen sollen, antwortet Jesus mit einem Rätselwort, in dem er auf das Geheimnis des »pneuma« hinweist, das im Griechischen zugleich Geist und Wind bedeutet: »Der Wind weht, wo er will; du hörst sein Brausen, weißt aber nicht, woher er kommt und wohin er geht. So ist es mit jedem, der aus dem Geist geboren ist.«

(3,8) Genauso unbegreiflich und geheimnisvoll wie der Wind ist auch die Wiedergeburt. Den Wind kann man nicht festhalten und in Griff bekommen. Genauso wenig kann man das Geheimnis der Wiedergeburt in Griff bekommen. Und dennoch zeigt es sich in seiner Wirkung. Der aus Gott Geborene verhält sich anders, er strahlt etwas anderes aus. Er ist frei. Er ist lebendig. Das Leben strömt in ihm.

Trotz dieses Verweises fragt Nikodemus nochmals nach dem Wie: »Wie kann das geschehen?« (3,9) Jesus verweist ihn von der irdischen auf die himmlische Ebene. Über die Wiedergeburt kann man nicht wie über ein äußeres Verhalten oder etwas Sichtbares sprechen. Es ist himmlisch. Nur der, der im Himmel war und zu uns herabgestiegen ist, kann über das Woher unserer Existenz wirklich Auskunft geben. Jesus ist der wahre Lehrer, der uns einweist in den himmlischen Ursprung unseres Lebens, der uns das Woher unserer Existenz aufdeckt. Ich kann weder die Frage nach dem Woher noch die nach dem Wie wirklich beantworten. Aber allein diese Frage zu stellen, befreit mich von der Verhaftung an meine Probleme. Die Frage allein hat schon eine heilende Wirkung. Sie zeigt mir, dass ich mir selbst ein Geheimnis bin. Mein wahres Selbst hat einen himmlischen Ursprung. Ich kann es mit irdischen Begriffen nicht beschreiben, genauso wenig wie ich den Wind in sich erkennen kann. Das Wissen um das Geheimnis meines spirituellen Selbst befreit mich von dem Kreisen um Vordergründiges. Es ist wie eine neue Geburt. Nicht mehr das Ego, das um sich kreist, herrscht in mir, sondern das wahre Selbst, in dem Gottes Bild sich eingebildet hat und das sich jedem menschlichen Erkennen entzieht.

Die Sendung Jesu (3,14–21)

In Kapitel 2 hat uns Johannes zwei Bilder der Verwandlung des Menschen durch die Menschwerdung und durch Tod und Auferstehung Jesu vor Augen geführt. In den Versen 3,14–21 entwickelt er eine Theologie für unsere Heilung und Erlösung durch Jesus Christus. In Vers 14f. hat er den Tod Jesu vor Augen. Er erklärt die Erhöhung Jesu am Kreuz mit dem Hinweis auf die alttestamentliche Geschichte von der ehernen Schlange, wie sie uns im Buch Numeri 21,1–9 erzählt wird. Als das Volk wieder einmal gegen Gott murrte, schickte er giftige Schlangen, an deren Biss viele Israeliten starben. Als Mose zu Gott flehte, antwortete ihm Jahwe: »Mach dir eine Schlange, und häng sie an einer Fahnenstange auf! Jeder, der gebissen wird, wird am Leben bleiben, wenn er sie ansieht.« (Num 28,8) Die Schlange ist bei allen Völkern ein wichtiges Symbol. Sie symbolisiert einerseits die Bedrohung des Menschen durch den giftigen Biss. Sie steht für all die giftigen und bitteren Gefühle, die der Seele schaden. Die Schlange ist häufig auch ein Sexualsymbol. Und sie ist wegen ihrer Häutungen ein Bild für die Erneuerung des Menschen. Im Judentum wurde sie als Symbol der Sünde gesehen. Denn die Schlange hat Eva verführt. Aber zugleich war sie auch ein Bild für die Klugheit. Bei vielen Völkern ist sie ein Symbol für die heilende Macht Gottes. Am Kreuz wird Jesus wie die Schlange erhöht und an die Kreuzesstange geheftet. Wer auf diesen Jesus am Kreuz schaut, wird von seinen Wunden geheilt. Jesus ist für Johannes der göttliche Arzt, der verwundet am Kreuz hängt. Für die Griechen galt der Grundsatz, dass nur der verwundete Arzt zu heilen vermag. Asklepios, der griechische Heilgott, wird immer mit einer um einen Stab sich schlängelnden Schlange dargestellt. Jesus erfüllt am Kreuz die Sehnsucht der Griechen nach Heilung. Am

Kreuz wird die tiefste Wunde sichtbar, die uns bedroht, die Todeswunde. Wenn wir auf Jesus schauen, werden wir von ihr geheilt, aber auch von allen anderen Wunden, die uns das Leben zufügt, von der Bitterkeit und von den giftigen Gefühlen, die in uns aufsteigen, wenn wir abgelehnt oder verletzt werden. Die sich häutende Schlange verweist auf die Erneuerung des Menschen. Jesus am Kreuz ist für Johannes die wahre Erneuerung der menschlichen Existenz. Da stirbt das alte Ego. Und der neue Mensch, der aus Gott geboren ist, der seinen Grund in der Liebe Gottes hat, kommt zum Vorschein.

Die Erlösung besteht für Johannes vor allem in der Heilung unserer Wunden und in der Verwandlung des Todes. Wer auf den am Kreuz erhöhten Jesus schaut und an ihn glaubt, der hat das ewige Leben. (3,15) Der Schlüssel zum wahren Leben liegt darin, der Wahrheit ins Auge zu sehen: »Die Anerkenntnis der Wahrheit, auch wenn diese tragisch ist, hat immer eine befreiende Wirkung. Friedrich Nietzsche bemerkte, die Fähigkeit, mit der Tragödie zu leben, sei kein Zeichen der Schwäche, sondern der Stärke.« (Leong, S. 88) Das Bild, dass der Menschensohn wie die Schlange erhöht werden soll, fordert uns nach Meinung des Zen-Lehrers Leong dazu auf, »mit den vielen widerwärtigen Komponenten des Lebens zu Streich zu kommen und trotz all seiner Schwierigkeiten unser Menschsein zu bejahen«. (Ebd., S. 88) Die Erlösung besteht gerade darin, dass wir im Kreuz der Tragödie des menschlichen Lebens ins Auge sehen. Nur so kann sie verwandelt werden. Nur so können wir unser Leben leben, ohne den dunklen und destruktiven Seiten ausweichen zu müssen.

Der Empfang des ewigen Lebens ist auch das Ziel der Menschwerdung Jesu: »Gott hat die Welt so sehr geliebt, dass er seinen einzigen Sohn hingab, damit jeder, der an ihn glaubt, nicht zu Grunde geht, sondern das ewige Leben hat.« (3,16) In diesem Vers wird der Grund der Menschwerdung und der Passion Jesu sichtbar. Der Grund ist die Liebe Gottes zur Welt. Gott wollte nicht, dass die Menschen, die sich von sich selbst entfremdet und sich selbst verloren hatten, zugrunde gingen. Die Menschen hatten sich verloren. Sie hatten ihre Mitte verloren, ihr ursprüngliches Bild, ihre Lauterkeit, ihre Fähigkeit zu lieben. Sie waren mitten im Leben tot. Weil Gott die Menschen trotz oder gerade in ihrer Verlorenheit liebte, sandte er seinen Sohn. Er gab den Menschen seinen einzigen Sohn zum Geschenk. Im Griechischen steht hier nicht »hingab«, sondern einfach nur »gab«. Doch in dieser Gabe der bedingungslosen Liebe Gottes steckt auch die Möglichkeit, dass die Menschen diese Gabe ablehnen. Der Glaube ist die Annahme der Gabe Gottes. Wer glaubt, wer erkennt, was Gott in Jesus den Menschen geschenkt hat, der hat ewiges Leben. Worin besteht das ewige Leben, von dem Johannes so oft spricht? Es ist einmal das Leben, das durch den Tod nicht vernichtet werden kann, das also den Tod überdauert und bis in die Ewigkeit reicht. Ewiges Leben ist aber nicht in erster Linie das Leben nach dem Tod, sondern es bezeichnet hier schon eine neue Qualität des Lebens. Es ist Leben, das jetzt schon aus dem göttlichen Grund lebt, in dem jetzt schon Zeit und Ewigkeit zusammenfallen. Kann man dieses ewige Leben erfahren? Wenn ich ganz im Augenblick bin, wenn ich ganz eins bin mit mir, dann spüre ich die Qualität des ewigen Lebens. Denn dann sind in diesem Augenblick Zeit und Ewigkeit eins. Vergangenheit und Zukunft verdichten sich im Augenblick. Und ich bin in diesem Augenblick eins mit mir und mit Gott. Da spüre ich, dass ich in Gott bin und Gott in mir. Da berühre ich das wahre Sein. Da ist alles eins. Was Johannes mit ewigem Leben bezeichnet, das gleicht dem, was Abraham Maslow »Gipfelerlebnisse« nennt. In so einem Gipfelerlebnis tritt der Mensch »ein in das Absolute, er wird eins mit Ihm, und wenn auch nur für einen kurzen Augenblick« (Grün, Mystik, S. 46). Da wird ihm alles klar. Da sieht er in allem Gott. Er erlebt sich selbst und die Welt viel intensiver. Er berührt das Eigentliche. Er spürt, was Leben im Tiefsten ist: Lebendigkeit, Glück, Freude, Liebe, Offenheit, Einssein. Sein Bewusstsein erweitert sich. Er verbindet in seinem Bewusstsein Gott und Mensch, Leben und Tod, Himmel und Erde, Zeit und Ewigkeit. Ken Wilber nennt das »reines Bewusstsein« oder »All-Einheitsbewusstsein«. (Ebd., S. 38)

In den nächsten Versen entfaltet Johannes das Geheimnis des Kommens Jesu noch deutlicher. Jesus kommt nicht, um die Welt zu richten, sondern um sie zu retten. In Jesus hat Gott seine Absicht kundgetan, den Menschen zu heilen, ihn aus der Verlorenheit herauszuholen, ihn zu retten, ihn aus Abhängigkeiten zu befreien, ihn aufzurichten und ihn in die ursprüngliche Gestalt hineinzuführen, die Gott sich in der Schöpfung von jedem Menschen gemacht hat. Wer an Jesus glaubt, der ist schon im Heil, dessen Leben gelingt, dessen Wunden haben ihre vergiftende und tötende Kraft verloren. Gott richtet nicht. Doch wer an Jesus nicht glaubt, der ist schon gerichtet, der hat sich selbst ausgeschlossen vom wirklichen Leben. Denn wirkliches Leben ist nur in Jesus zu haben. Das heißt natürlich nicht, wie es manche Fundamentalisten missverstehen, dass nur der, der sich in Worten und äußeren Zeichen zu Jesus bekennt, gerettet wird. Eine solche Enge liegt Johannes fern. Johannes will uns vielmehr positiv sagen, dass in diesem Jesus das wirkliche Leben bereit liegt. Wer nicht an Jesus glaubt, der hat nicht verstanden, was wirkliches Leben heißt. Aber Glaube ist mehr als ein äußeres Bekenntnis. Es gibt auch Menschen, die Jesus äußerlich ablehnen, weil sie seinen Namen mit all den Vorurteilen verbinden, die sich im Laufe des Lebens in ihnen gebildet haben. Andere nehmen Jesus nicht an, weil sie in anderen Religionen aufgewachsen sind. Doch im Innersten ahnen sie vielleicht dennoch, wer dieser Jesus ist, in dem Gott uns das ewige Leben schenkt. Buddhisten sprechen auch vom wahren Leben, das ganz im Augenblick liegt. Sie ahnen in ihrer Seele etwas von dem, was Jesus uns vermitteln wollte: dass wir die Augen öffnen sollen, um das Eigentliche zu sehen. Jesus will uns das Geheimnis des Lebens sichtbar machen. Er offenbart uns Gott und in Gott die eigentliche Wirklichkeit, die hinter allem Sichtbaren verborgen liegt. Glauben heißt vor allem: sehen, was ist; ohne Vorurteile sehen, hinter die Dinge sehen, Gott als den Grund allen Seins erkennen, Gott als die Liebe schauen, die in Jesus offenbar geworden ist.

Das Ziel der Menschwerdung und des Todes Jesu ist nicht die Sühne für unsere Sünden, sondern das Geschenk des ewigen Lebens. Gott will in Jesus den Menschen befähigen, wirklich zu leben. Er schenkt uns in Jesus eine neue Lebensqualität. Und Gott hat in Jesus die ganze Welt im Blick. Er möchte alle Menschen in Jesus heilen und retten. Jeder, der »die Wahrheit tut, kommt zum Licht, damit offenbar wird, dass seine Taten in Gott vollbracht sind«. (3,21) Es geht also nicht um ein äußeres Bekenntnis zu Jesus, sondern darum, die Wahrheit zu tun, das heißt zur Wirklichkeit vorzustoßen, wie sie ist, und ihr entsprechend zu leben. Hier wird also nicht das Bekenntnis zu Jesus als Bedingung des Heils gesehen, sondern das Tun der Wahrheit. Das ist für die Christen Herausforderung, sich nicht mit den richtigen Glaubensformulierungen zufrieden zu geben. Für die Nicht-Christen aber ist es die Zusage, dass sie zum Licht kommen können, das uns Jesus geoffenbart hat, wenn sie die Wahrheit tun, wenn sie ihre Augen öffnen und das Eigentliche erkennen. Wenn ihnen die Wahrheit aufgeht, dann haben sie in ihrem Herzen

Jesus verstanden, der uns die Wahrheit aufgedeckt hat, der uns offenbar gemacht hat, was ist, dass Gott die Liebe ist und dass Gott will, dass die Menschen das ewige Leben finden.

In diesen Versen werden wichtige Grundworte miteinander verbunden: ewiges Leben, Liebe, Wahrheit, Licht, Glaube. Der Glaube öffnet uns die Augen, damit wir die Wahrheit erkennen, damit unsere Dunkelheit sich auflöst und sich unser Dasein erhellt. Der Glaube ist der Weg, auf dem wir teilhaben am ewigen Leben, an dem Heil, das Jesus uns gebracht hat, und an der Liebe, die der Grund allen Seins ist und auch der Grund von Jesu Kommen in diese Welt. Die Liebe Gottes soll der Leser des Johannesevangeliums nun in allen Worten und Taten Jesu erkennen. Wenn er sich von dieser Liebe erfüllen lässt, wird sein Leben verwandelt. Er wird durch die Liebe, wie sie in Jesus offenbar wird, selbst befähigt, zu lieben. In dieser Wiederherstellung der Liebesfähigkeit besteht für Johannes die wahre Erlösung und Rettung des Menschen. Wer die Augen verschließt, der schließt sich selbst vom Leben und von der Liebe aus. Wer glaubt, der hat schon teil an der anderen Welt, die durch Jesus in unsere Welt einbricht, an der Welt des Lichtes, der Wahrheit, der Liebe und des ewigen Lebens.

Das Gespräch mit der Samariterin am Jakobsbrunnen (4,1–26)

Das Gespräch Jesu mit der Samariterin hat seit jeher Künstler und Ausleger fasziniert. Die Geschichte ist voller Symbolik. Das beginnt mit dem Namen des Ortes. Sychar heißt: Es ist etwas verstopft. Der Mensch ist verstopft. Er ist abgeschnitten von seiner Quelle. Es strömt nichts mehr in ihm. Er ist ausgetrocknet. Jesus ist müde von der Reise.

Auch das ist ein Bild für uns, die wir müde geworden sind auf unserem Weg. Die sechste Stunde, in der sich Jesus an den Brunnenrand setzt, verweist auf die Stunde, in der Pilatus Jesus zum Tod verurteilt. Da sagt Johannes mit den gleichen Worten: »Es war am Rüsttag des Paschafestes, ungefähr um die sechste Stunde.« (19,14) Die sechste Stunde als Bild für die Mühsal unserer Arbeit (sechs Tage Arbeit) und für die Unvollkommenheit alles Irdischen verweist auf die Sieben, die Zahl der Vollkommenheit und der Verwandlung.

Für die Juden war der Umgang mit den Samaritern verpönt. Denn die Samariter waren die Nachfahren der von den Assyrern dorthin geschickten Völker, die sich mit den verbliebenen Israeliten vermischt hatten. Für einen jüdischen Rabbi war es unmöglich, sich in der Öffentlichkeit mit einer Frau zu unterhalten. Jesus nun durchbricht die engen Vorstellungen der Juden. Er bittet eine samaritische Frau, sie solle ihm etwas zu trinken geben. Daraufhin entsteht ein Gespräch zwischen Jesus und der Samariterin, das allen menschlichen Gesprächsregeln widerspricht. Aber Johannes will gerade durch die Art, wie er dieses Gespräch schildert, zeigen, dass es nicht nur um äußere Dinge geht, sondern um das Geheimnis des Lebens schlechthin. Hier tauchen die so genannten johanneischen Missverständnisse auf, die dazu dienen, das Gespräch auf eine höhere Ebene zu heben, mitten im menschlichen Gespräch das Göttliche anwesend sein zu lassen.

Der erste Teil des Gesprächs kreist um das Wasser, den Brunnen und die Quelle. Alle drei Begriffe sind Bilder für eine tiefere Wirklichkeit. Der Mensch sehnt sich nach dem Wasser, das seinen Durst löscht. Jesus spricht hier vom lebendigen Wasser. Lebendiges Wasser ist zunächst Quellwasser im Gegensatz zum stehenden Wasser einer Zisterne. Hier aber ist das lebendige Wasser Bild für das Wasser, das wirkliches Leben, ewiges Leben schenkt. Jesus selbst erklärt die Qualität des lebendigen Wassers: »Wer von dem Wasser trinkt, das ich ihm geben werde, wird niemals mehr Durst haben.« (4,14) Jesu Wort erfüllt das, was wir mit dem Wasser eigentlich verbinden. Wer mit Wasser seinen Durst löschen will, will im Grunde eigentlich leben. Für Johannes wird das Irdische Zeichen für das Himmlische, das Vordergründige verweist auf den wahren Grund, das Uneigentliche auf das Eigentliche. Jesus stillt unseren tiefsten Lebensdurst, den Durst nach Leben, nach einem Leben, das strömt. Jesus intensiviert dieses Bild noch. Das Wasser, das er gibt, wird in dem, der es trinkt, »zur sprudelnden Quelle, deren Wasser ewiges Leben schenkt«. Seit jeher haben die Menschen vom Lebenswasser und vom Jungbrunnen geträumt, von einem Wasser, das dem Menschen ein neues und immer junges Lebensgefühl vermittelt, das seine Wunden heilt und ihn vor Altwerden und Sterben bewahrt. Jesus knüpft an diese Ursehnsucht des Menschen an. Er erfüllt, wonach sich die Menschen in ihrem Herzen sehnen. Er gibt das Wasser, das uns ewiges Leben schenkt. Doch wie gibt er dieses Wasser? Es ist nicht nur das Wasser der Taufe, auf das Johannes hier verweisen will. Vielmehr ist Jesus selbst das Wasser. Wasser hat in den Träumen immer eine spirituelle Bedeutung. Es ist das Wasser, das die ermüdete, überdrüssige und erschöpfte Seele erfrischt. Wenn wir Jesus und seine Worte in uns aufnehmen, dann wird er für uns zum heilenden und erfrischenden Wasser. Dann bringt er uns in Berührung mit der inneren Quelle lebendigen Wassers, die in unserer Seele sprudelt, von der wir aber oft genug abgeschnitten sind. Wenn wir aus dieser inneren Quelle trinken, werden wir nie vertrocknen. Wir werden nie leer und erschöpft werden. Denn die Quelle, die in uns strömt, ist unerschöpflich, weil sie göttlich ist.

Dem Durst nach Leben folgt die Sehnsucht nach Liebe. Ohne zunächst erkennbaren Grund fordert Jesus die Frau auf: »Geh, ruf deinen Mann, und komm wieder her!« (4,16) Als die Frau antwortet, dass sie keinen Mann habe, gibt Jesus die rätselhafte Antwort: »Du hast richtig gesagt: Ich habe keinen Mann. Denn fünf Männer hast du gehabt, und der, den du jetzt hast, ist nicht dein Mann. Damit hast du die Wahrheit gesagt.« (4,17f.) Die Exegeten haben verschiedene Möglichkeiten für diese Szene erörtert. Die erste Möglichkeit ist die wörtliche. Dann würde Jesus als Prophet das Privatleben der Frau erkennen. Eine jüdische Frau konnte sich höchstens zwei- bis dreimal verheiraten. Für jüdische Verhältnisse wäre die Frau also höchst fragwürdig. Und Jesus, der sich gar nicht entrüstet über ihr Leben, würde dann seine innere Weite und Freiheit von allen Vorurteilen zeigen. Begegnung mit Jesus wäre immer auch Begegnung mit der eigenen Wahrheit. Andere Bibelwissenschaftler sehen das Ganze typologisch. Die Frau sei ein Bild für die samaritische Gemeinde. Und die sechs Männer seien Bilder für die verschiedenen Kulte, die die Samariter praktizieren. Jesus würde dann alle diese Kulte relativieren und sie auf den eigentlichen Kult, auf die Anbetung im Geist und in der Wahrheit, verweisen. Die sechs Männer sind dann Symbol für die Götzen, mit denen wir verheiratet sind, mit den Götzen des Geldes, der Macht, der Sexualität, des Ruhmes. Die Götzen führen uns nicht über uns hinaus an den Ort, an dem unser Herz zur Ruhe kommt. Erst wenn wir vor Gott niederfallen und ihn anbeten, gelangen wir ans Ziel unserer Sehnsucht. Dann beruhigt sich unser unruhiges Herz. Wir sind dort angekommen, wo wir wahrhaft zu Hause sind.

Für mich sind die sechs Männer, die die Frau hat, Bild für die unvollkommene Beziehung zwischen Mann und Frau. Auch sechs Männer vermögen die Sehnsucht der Frau nach Liebe nicht zu erfüllen. Die Frau sehnt sich – wie wir alle – nach bedingungsloser Liebe. Aber immer wieder muss sie die Erfahrung machen, dass kein Partner ihr diese Sehnsucht erfüllt. Wir erleben immer wieder, wie die Liebe zu einem Mann oder einer Frau uns verzaubern kann. Aber schon nach kurzer Zeit spüren wir, dass unsere Liebe begrenzt ist, vermischt mit Besitzansprüchen, mit Eifersucht, mit Enttäuschung und Bitterkeit. Oder wir spüren die Begrenzung des eigenen Partners und sehnen uns nach einem, der unsere Sehnsucht nach Liebe wirklich erfüllt. So sind die sechs Männer Bild für den ungestillten Lebensdurst der Frau und für die Selbsttäuschung, der wir alle verfallen sind, der Täuschung, als könne unsere unendliche Sehnsucht von endlichen Menschen erfüllt werden.

Die sechs Männer verweisen auf den siebten Mann, auf Jesus, der ein Herz für uns hat, der am Kreuz sein Herz für uns durchbohren lässt. Aus diesem durchbohrten Herzen strömt seine Liebe in uns ein, die nicht vermischt ist mit egoistischen Motiven. Johannes verweist uns in unserer Sehnsucht nach Liebe auf Jesus, der am Kreuz für uns stirbt und uns seine Liebe bis zur Vollendung erweist. Am Kreuz wird die Erfüllung der Liebe sichtbar, die in unseren Versuchen, einander zu lieben, immer nur unvollkommen aufscheint. Die Götzen verweisen auf die wahre Anbetung. Daher ist es durchaus folgerichtig, wenn die Frau auf den Hinweis Jesu antwortet: »Herr, ich sehe, dass du ein Prophet bist. Unsere Väter haben auf diesem Berg Gott angebetet; ihr aber sagt, in Jerusalem sei die Stätte, wo man anbeten muss.« (4,20) Jesus ist der Prophet, der in das Herz des Menschen sieht und es durchschaut. Wie die Propheten des Alten Testaments verkündet er die wahre Anbetung Gottes. In der Anbetung geht es um den Ort, an dem ich mich vergessen kann, an dem ich wahrhaft zu Hause bin. Die sechs Männer haben der Frau keine wirkliche Heimat geschenkt. Heimat finden wir nur dort, wo das Geheimnis wohnt, wo wir in der Anbetung vor Gott niederfallen und das

Kreisen um uns selbst aufgeben. Jesus relativiert die beiden Kultorte Jerusalem und Garizim. Nicht an bestimmten Orten will Gott angebetet werden, sondern im Geist und in der Wahrheit. Geist und Wahrheit bezeichnen die Haltung des Menschen, der Gott anbetet. Er muss – wie wir im Gespräch Jesu mit Nikodemus erfahren haben – aus dem Geist neu geboren sein. Und er muss dabei seine eigene Wahrheit Gott hinhalten. Gott kann man nur in einer inneren Haltung seelischer Echtheit und ehrlicher Selbstwahrnehmung anbeten. »Gott ist Geist.« (4,24) »Gott als Geist hat kein Geschlecht.« (Sanford 1, S. 48) Er ist weder Mann noch Frau. Als Geist ist Gott überall. So kann er überall angebetet werden. Die Bedingung ist, dass wir ihn im Geist und in der Wahrheit anbeten, in innerer Stimmigkeit und Offenheit.

Die Aussage Jesu über die wahre Gottesverehrung, die an keinen Ort gebunden ist, zeigt eine große Ähnlichkeit zu spiritualistischen Strömungen des hellenistischen Judentums und der griechischen Philosophen. Die Nähe zu dieser verinnerlichten Spiritualität erklärt nach Josef Blank »den großen Erfolg des Johannesevangeliums bei den griechisch-christlichen Intellektuellen«. (Blank, S. 300) Auch heute noch ist das Johannesevangelium daher vor allem bei den Mystikern aller Religionen beliebt. Es hat die griechischen Kirchenväter am meisten bewegt, und es berührt heute buddhistische Mönche, sufistische Kreise des Islam und hinduistische Yogis. Sie alle sind fasziniert von der Weite und Tiefe Jesu, wie er uns bei Johannes begegnet. Damals hat Jesus die samaritische Frau überzeugt. Sie wurde zur ersten Jüngerin in Samaria. Eine Frau wird zur ersten Verkünderin von Jesu Messianität. Eine Frau (Maria von Magdala) wird die erste Apostolin der Auferstehung. Im Johannesevangelium haben die Frauen eine wichtige Bedeutung. Neben der samaritischen Frau und Maria von Magdala sind da noch Maria und Marta, von denen Johannes sagt, dass Jesus sie liebte. (11,5) Johannes erhebt die Frau »in den Rang einer spirituellen Autorität der Kirche« (Sanford 1, S. 72). Maria, die Mutter Jesu, bekommt in der johanneischen Gemeinde den gleichen Rang wie der Jünger, den Jesus liebte.

Die Heilung des Gelähmten (5,1–9)

Johannes kennt nur drei Heilungsgeschichten: die Heilung des Sohnes eines königlichen Beamten (4,43–54), die Heilung des Gelähmten (5,1–18) und die Heilung des Blindgeborenen (9,1–12). Bei der ersten Heilungsgeschichte geht es vor allem um die heilende Wirkung des Glaubens. Wer sein Vertrauen in Jesus und seine Worte setzt, erfährt Heilung. Seine Seele wird innerlich erneuert. Das heilt auch seinen Leib. Die beiden letzten Heilungen geschehen jeweils am Sabbat, und ihnen schließt sich eine lange Diskussion über theologische Themen an. Die Heilungen sind Zeichen für eine andere Wirklichkeit, für die Herrlichkeit Gottes, die gerade am Sabbat offenbar wird und am Sabbat gebührend gefeiert werden will.

Die Heilung des Gelähmten geschieht am Teich von Betesda. Es ist dort offensichtlich eine antike Heilstätte, die auch von vielen jüdischen Kranken besucht wird. Drei Arten von Kranken werden hier beschrieben: Blinde, Lahme und Verkrüppelte. Alle diese Krankheiten sind auch Symbol für unsere psychische Situation. Wir sind blind. Wir haben die Augen verschlossen vor der eigentlichen Wirklichkeit, vor der eigenen Wahrheit. Wir haben blinde Flecken und weigern uns, sie anzuschauen. Wir sind gelähmt vor Angst. Wir haben Angst, einen Fehler zu machen. Das blockiert uns. Und wir sind verkrüppelt. Wir sind nicht so geworden, wie wir das gerne hätten. Vieles in uns konnte nicht wachsen und hat sich nicht entwickelt. So sind wir verkrüppelt. Wir leben nur einen Teil dessen, was in uns ist. Unsere Verletzungen haben einen Teil unserer Seele blockiert und an der Entfaltung gehindert. In all diesen Kranken können wir uns wiederfinden. Auch in dem Kranken, der dann geheilt wird. Von ihm wird gesagt, dass er 38 Jahre lang krank war. Für Johannes ist jede Zahl symbolisch. Die Israeliten sind 40 Jahre durch die Wüste gezogen. Nach zwei Jahren waren sie schon am Ziel. Doch weil sie Gott nicht glaubten, mussten sie nochmals 38 Jahre durch die Wüste ziehen, bis alle waffenfähigen Männer gestorben waren. (Vgl. Dtn 2,14) Der Mann steht also für Menschen, die keine Waffen mehr haben, die sich nicht mehr wehren, die sich nicht mehr abgrenzen können. Sie beziehen alles auf sich. Sie haben eine dünne Haut. Augustinus deutet die Zahl auf eine andere Weise. Er meint: 38 sei 40 minus zwei. 40 sei die Zahl der Erfüllung des Gesetzes. Weil der Mann die Gottesliebe und Nächstenliebe, die zwei Gebote, die Jesus gebracht hatte, nicht erfüllte, deshalb war er krank. Wie immer man diese Zahl verstehen möchte, sicher steht dahinter eine Symbolik, die uns heute fremd erscheint.

Jesus heilt den Kranken, indem er ihn zuerst sieht und wahrnimmt. Er, der lange übersehen wurde, wird endlich angesehen. Das schenkt ihm Ansehen. Und Jesus erkennt, warum er so lange krank ist. Jesus versteht ihn. Der wichtigste Schritt der Therapie besteht immer im Verstehen. Wenn sich jemand verstanden fühlt, dann geht es ihm schon besser. Jesus fragt nun den Kranken: »Willst du gesund werden?« (5,6) Das ist eine eigenartige Frage, die Jesus dem Kranken stellt, der doch in die Heilstätte gekommen ist, um gesund zu werden. Doch Jesus appelliert an den Willen. Es ist nicht immer so selbstverständlich, dass wir wirklich gesund werden wollen. Die Psychologie spricht vom sekundären Lustgewinn, den eine Krankheit uns schenkt. Wenn wir gelähmt bleiben, brauchen wir keine Verantwortung für uns und unser Leben zu übernehmen. Jesus fordert den Kranken heraus, sich dem Leben zu stellen. Doch der Kranke antwortet mit einem ganzen Lebensroman: »Herr, ich habe keinen Menschen, der mich, sobald das Wasser aufwallt, in den Teich trägt. Während ich mich hinschleppe, steigt schon ein anderer vor mir hinein.« (5,7) Für viele Menschen ist der Grund ihrer Krankheit wirklich, dass sie keinen Menschen haben, dem sie vertrauen, mit dem sie offen über sich reden können. Aber die Worte des Kranken klingen eher nach Selbstmitleid. Er fühlt sich als zu kurz gekommen. Die anderen sind schneller. Sie haben es besser. Nur ihn mag niemand. Nur um ihn kümmert sich keiner. Der Kranke begründet, warum er so lange krank ist. Die anderen sind schuld, die ihn übersehen, die ihm nicht helfen. Er kann nichts dafür. Er ist einfach schlechter dran als die anderen. Auf diesen Lebensroman antwortet Jesus nun nicht mitleidsvoll, sondern eher konfrontierend und desillusionierend. Er fordert ihn einfach auf: »Steh auf, nimm deine Bahre und geh!« (5,8) Jesus nimmt dem Kranken die Illusion, dass nur die anderen an seiner Krankheit schuld seien. Er hat mit seiner ersten Frage den Willen des Kranken gestärkt. Jetzt wendet er sich an diesen Willen: »Steh auf! Du kannst stehen, wenn du möchtest. Geh. Es geht schon.« Der Kranke muss selbst Schritte tun, um gesund zu werden. Er braucht die Nähe Jesu, der ihm die Kraft zutraut, aufzustehen. Aber aufstehen muss er selbst. Jesus richtet ihn nicht auf, sondern er vermittelt ihm das Vertrauen, dass er stehen kann. Auf diese Vertrauen weckende Anrede hin wagt es der Kranke, aufzustehen.

Der Kranke nimmt seine Bahre unter den Arm und geht. Die Bahre ist Zeichen seiner Krankheit. Wir möchten die Symptome unserer Krankheit gerne los werden. Wir möchten gerne unsere Angst, unsere Unsicherheit, unsere Hemmungen ablegen. Wenn wir uns sicher fühlen, würden wir gerne aufstehen. Aber der Kranke soll mitten aus seiner Schwäche heraus aufstehen. Und er soll die Zeichen seiner Krankheit und Schwäche unter den Arm nehmen und sie mit sich herumtragen. Er soll sich nicht mehr ans Bett fesseln lassen, sondern mit seinen Hemmungen herumgehen. Sie lähmen ihn nicht mehr. Sie dürfen sein. Das ist die wahre Heilung: anders mit den Symptomen umzugehen, die uns oft genug am Leben hindern.

Noch zwei Aspekte sind an dieser Heilungsgeschichte wichtig. Jesus heilt am Teich von Betesda, von dem sich die Menschen Heilung erwarteten. Jesus heilt durch sein Wort. Er bringt mit seinem Wort den Kranken mit der inneren Quelle in Berührung, die in ihm sprudelt. Es ist letztlich die göttliche Quelle, die Quelle des Heiligen Geistes, von der schon im Gespräch mit der Samariterin die Rede war. Der Mensch wird nicht gesund, wenn wir ihm von außen her gute Ratschläge geben, sondern wenn er mit seiner inneren Quelle in Berührung kommt, mit den eigenen Ressourcen, die jeder in sich hat. Johannes ist überzeugt davon, dass die Krankheit eigentlich darin besteht, vom göttlichen Lebensstrom abgeschnitten zu sein. Daher geschieht für ihn die wahre Heilung dadurch, dass wir wieder am göttlichen Leben Anteil bekommen. Nur die Symptome der Krankheit zu kurieren, das wäre noch keine wirkliche Heilung. Heil und ganz wird der Mensch erst dann, wenn göttliches Leben ihn durchströmt.

Jesus heilt am Sabbat. Darüber gibt es nach der Heilung eine lange Diskussion mit den Juden. Die Heilung am Sabbat offenbart, dass der Mensch ursprünglich von Gott geschaffen worden ist. Am Anfang hat Gott dem Menschen seinen Lebenshauch eingeatmet. Da war der Mensch in inniger Verbindung mit Gott. Doch der Mensch hat sich von Gott getrennt und die Verbindung mit ihm abgeschnitten. Das hat ihn krank gemacht. Jesus versteht den Sabbat als Feier der ursprünglichen Würde des Menschen. Der christliche Gottesdienst besteht darin, die Schöpfung, so wie sie von Gott gut gemacht wurde, zu feiern. In jeder Eucharistiefeier wird Gottes heilende und erneuernde Kraft an den Menschen erfahrbar. Wenn die Christen am Sonntag zum Gottesdienst zusammenkommen, dann begegnen sie dem göttlichen Arzt Jesus, der alle antiken Ärzte übertrifft. Er braucht keine besonderen Rituale: Sein Wort allein weckt in den Menschen das Leben. Sein Wort bringt uns in Berührung mit der inneren Quelle.

Die eucharistische Brotrede (6,22–59)

Seit jeher haben die Bibelwissenschaftler darüber gerätselt, warum Johannes uns nicht von der Einsetzung der Eucharistie beim Abendmahl berichtet. Stattdessen überliefert er uns die so genannte Brotrede, die er nach den beiden Zeichen Jesu, der Brotvermehrung und dem Seewandel, bringt. Manche meinen, Johannes würde mit seinem Evangelium die Sakramentenpraxis seiner Zeit in Frage stellen. Aber Johannes will sicher nicht die Feier der Eucharistie kritisieren. Doch er will auf das Zentrum dieser Feier hinweisen: Es geht in der Feier der Eucharistie um die persönliche Begegnung mit Jesus Christus. Und es geht darum, aus dieser Begegnung heraus nun den Menschen in Liebe zu begegnen. Vermutlich will er einem magischen Missverständnis der Eucharistie wehren, wie es damals im Raum des Hellenismus durchaus nahe lag. Johannes zeigt uns auf, dass es kein Sakrament gibt, das sich nicht auswirkt in einem neuen Verhalten. Die Eucharistie als Erfahrung der Liebe Gottes fordert uns auf: »Liebt einander, so wie ich euch geliebt habe.« (15,12)

Früher legte man die gesamte Brotrede eucharistisch aus. Heute teilt man die Brotrede in zwei Teile. Im ersten Teil (6,22–51) bezeichnet sich Jesus als Brot des Lebens. Dieses Brot essen wir, indem wir an Jesus glauben. Nur der zweite Teil (6,51–59) – so glauben viele – ist eigentlich eucharistisch gemeint. Manche sehen daher diese Verse als Zusatz eines kirchlichen Redaktors. Doch wenn wir von der symbolischen Sprache des Johannes ausgehen, so brauchen wir die Rede nicht künstlich auseinander zu reißen in eine spiritualistische und eucharistische Sicht des Brotes. In beiden Teilen der Rede geht es um Jesus Christus als das wahre Brot, das vom Himmel herabgekommen ist. Das Essen des Brotes geschieht nicht nur in der Eucharistie, sondern auch im Glauben und in der engen Bindung an die Person Jesu Christi. Johannes möchte mit seiner Brotrede die enge Beziehung von Sakrament und Glauben aufzeigen. »Ohne den persönlichen Glauben, belebt durch das Geschenk des Geistes, gibt es kein authentisches sakramentales Leben.« (Dufour, S. 343)

Während Jesus im Gespräch mit der Samariterin vom Durst des Menschen gesprochen hat, spricht er hier vom Hunger und von der Speise, die nicht verdirbt, sondern »für das ewige Leben bleibt« (6,27). Er selbst ist diese Speise. »Ich bin das Brot des Lebens; wer zu mir kommt, wird nie mehr hungern, und wer an mich glaubt, wird nie mehr Durst haben.« (6,35) Der Glaube stillt den Durst, die persönliche Beziehung zu Jesus den Hunger. Durst ist die Sehnsucht nach Leben. Der Hunger verweist auf das Gefühl, zu kurz gekommen zu sein, als Kind nicht satt geworden zu sein. Hunger ist daher letztlich immer Hunger nach Zuwendung, nach Liebe. Jesus bezieht sich in seiner Selbstaussage auf den Auszug der Israeliten aus Ägypten. In der Wüste litten die Israeliten immer wieder an Hunger. Sie schrien zu Mose, dass er ihnen zu essen gebe. Gott lässt im Manna Brot vom Himmel regnen. Manna wurde seit jeher als göttliche Speise gesehen, als Speise, die die Seele, den inneren Menschen, nährt. Gott selbst hat das Volk auf dem Weg in das Gelobte Land gespeist. Wenn Jesus sich als Brot vom Himmel bezeichnet, dann bedeutet das, dass er uns auf dem Weg in die Freiheit, auf dem Weg in das Gelobte Land, in dem wir ganz wir selbst sein dürfen, nährt, damit wir nicht vor Hunger umkommen. Die persönliche Beziehung zu Jesus stärkt uns auf dem Weg durch die Wüste unseres Lebens.

Die Juden murren über das Wort Jesu, indem sie auf seine irdische Herkunft hinweisen. »Ist das nicht Jesus, der Sohn Josefs, dessen Vater und Mutter wir kennen?« (6,42) Für Johannes ist es wichtig, dass gerade dieser irdische Mensch Jesus die Offenbarung des Vaters ist. In diesem geschichtlichen Menschen, der in Nazaret aufgewachsen ist, der mitten unter den Menschen gelebt hat, wird Gott erfahrbar. »Wer glaubt, hat das ewige Leben.« (6,47) Nun kommt ein anderes Thema in die Rede Jesu. Es geht nicht mehr um Hunger und das Brot, das den Hunger stillt, sondern um die Frage von Tod und Leben. Wie finde ich Leben, das nicht mehr stirbt? Jesus verweist auf die Juden, die in der Wüste das Manna gegessen haben und doch gestorben sind. Wer aber von dem Brot isst, das Jesus selber ist, wird nicht sterben: »Ich bin das lebendige Brot, das vom Himmel herabgekommen ist. Wer von diesem Brot isst, wird in Ewigkeit leben.« (6,51) Und nun erklärt Jesus, warum der nicht sterben wird, der sich an ihn bindet: »Das Brot, das ich geben werde, ist mein Fleisch, (ich gebe es hin) für das Leben der Welt.« (6,51) Bevor wir diesen Vers eucharistisch deuten, müssen wir ihn erst einmal auf den Tod Jesu hin verstehen. Jesus drückt hier aus, dass er sich selbst, sein irdisches Leben, hingeben wird für das Leben der Welt. Er wird sich im Tod für uns geben, damit wir das ewige Leben haben. Es ist wie ein göttlicher Austausch. Jesus stirbt, damit wir leben. Jesus gibt sein Leben, damit wir es für immer haben. Es geht Johannes also in erster Linie in der Brotrede um eine Deutung von Tod und Auferstehung Jesu. Das wird auch deutlich in der Bemerkung in 6,4: »Das Pascha, das Fest der Juden, war nahe.« In Jesus geschieht das neue Pascha. Da wird der wahre Hinübergang vom Tod zum Leben offenbar. Jesus ist das wahre Paschalamm. Er gibt sich für uns hin, damit wir durch ihn das Leben haben.

Nun erst verweist Jesus auf die Eucharistie. Die Eucharistie ist der konkrete Ort, an dem wir an Tod und Auferstehung Jesu glauben, an dem wir uns an Jesus binden, der für uns gestorben ist, an dem wir eins werden mit dem, der das göttliche Leben in sich trägt. Diese intensive Begegnung mit dem für uns gestorbenen und auferstandenen Herrn geschieht, indem wir sein Fleisch essen und sein Blut trinken. »Mein Fleisch ist wirklich eine Speise, und mein Blut ist wirklich ein Trank. Wer mein Fleisch isst und mein Blut trinkt, der bleibt in mir, und ich bleibe in ihm.« (6,55f.) In der Eucharistie drückt sich der Glaube an Jesus, das Brot des Lebens, leibhaft aus, indem wir das Fleisch und das Blut des Herrn essen und trinken. Essen und Trinken sind in der Traumsymbolik immer Bilder für Integration. Wer Jesu Fleisch isst und sein Blut trinkt, der wird eins mit ihm, der integriert ihn in sein Bewusstsein. Johannes spricht davon, dass wir das Fleisch nicht nur essen, sondern kauen sollen (»trogein«). Wir sollen die Liebe Jesu, die sich in seiner Hingabe am Kreuz vollendet, kauen, damit sie nicht nur unser Herz, sondern auch unseren Leib durchdringt. Kauen meint nicht nur den äußeren Vorgang des Essens, sondern in der spirituellen Tradition immer auch das Meditieren, das innere Wiederkäuen des Wortes Gottes. In der Eucharistie hören wir nicht nur Jesu Worte, wir nehmen sie auch in uns auf, wir assimilieren sie, damit sie uns von innen heraus bestimmen. Im Brot essen wir die menschgewordene Liebe Gottes, damit sie uns durchdringt und verwandelt. Die Eucharistie bewirkt die intensivste personale Beziehung zu Jesus Christus, die man sich vorstellen kann. Die Beziehung wird zu einem Inne-Sein. Jesus ist in mir, und ich bin in ihm. In diesem Einswerden miteinander vollendet sich die Liebe Gottes zu uns. Da erfüllt sich, was Jesus in 3,16 gesagt hat: Gott gibt uns seinen Sohn in die Hand, damit wir ihn glaubend und essend in uns aufnehmen. Das ist ewiges Leben, göttliches Leben, göttliche Liebe, die uns verwandelt. Ignatius von Antiochien nennt daher die Eucharistie »pharmakon athanasias«, Arznei der Unsterblichkeit. In der Einleitung zur Brotvermehrung, die den Auftakt zur eucharistischen Brotrede bildet, hat Johannes erwähnt, dass die Menschen Jesus folgen, »weil sie die Zeichen sahen, die er an den Kranken tat«. (6,2) In der Eucharistie will Jesus meine Krankheit heilen. Eucharistie ist Arznei für Leib und Seele. Sie heilt den Menschen von seiner Todeswunde. Wer an der Eucharistie teilnimmt, hat Anteil am ewigen Leben. Er hat ein Leben in sich, das auch durch den Tod nicht mehr vernichtet werden kann.

Johannes entfaltet in der Brotrede ein eigenes Verständnis von Eucharistie. Die Brotrede wird uns nur verständlich, wenn wir andere Texte hinzunehmen, in denen Johannes sich auf die Eucharistie bezieht. Die Hochzeit zu Kana ist ein eucharistischer Text. Von diesem Text her haben die Kirchenväter die Eucharistie das Hochzeitsmahl genannt, das Jesus, der göttliche Bräutigam, mit uns hält. Darin reicht er uns, wie Irenäus sagt, den »compendii poculum« = den Kelch der Zusammenfassung, in dem alle Geheimnisse des Lebens und der Liebe Jesu enthalten sind. (Vgl. Dufour, S. 344f.) In der Bildrede vom Weinstock (15) erläutert Jesus, was das Bleiben in ihm bedeutet. Wer als Rebe am Weinstock bleibt, der bringt wahre Frucht. Es gibt keine wirkliche Eucharistie, ohne dass wir Frucht bringen, die Frucht der Liebe. Johannes schildert an der Stelle, an der die Synoptiker von der Einsetzung der Eucharistie sprechen, die Fußwaschung (13). So ist die Fußwaschung auch ein Bild für die Eucharistie. In der Eucharistie erweist uns Jesus seine Liebe bis zur Vollendung. Da reinigt er uns durch sein Wort und durch die Liebe, die in seinem Fleisch und Blut für uns erfahrbar wird. In der Fußwaschung geht es nicht nur um Reinigung, sondern auch um Heilung der Wunden. In der Eucharistie dürfen wir erfahren, dass wir durch Christus rein werden, dass wir ganz und gar angenommen werden, auch mit unseren Füßen, die die Erde berühren und sich täglich schmutzig machen. Jesus beugt sich in der Eucharistie bis zu unseren Füßen, um uns dort zu berühren, wo wir uns selbst nicht annehmen können, und wo wir verwundet sind. Er heilt unsere Wunden, indem er sich ihnen liebevoll zuwendet.

Die letzte Szene, in der sich Johannes auf die Eucharistie bezieht, ist das Frühmahl des Auferstandenen mit den Jüngern am See von Tiberias (21,9–13). Eucharistie heißt Begegnung mit dem Auferstandenen. In der Eucharistie tritt der Auferstandene vom anderen Ufer aus in unseren grauen Morgen, in die Nacht unserer Vergeblichkeit, und schafft eine Atmosphäre von Liebe und Heimat. Er reicht uns nicht nur Brot, sondern auch Fisch. Der Fisch gilt seit jeher als Speise des Paradieses, als Speise der Unsterblichkeit. In der Brotrede spricht Jesus davon, dass der, der sein Fleisch isst und sein Blut trinkt, ewiges Leben hat. Im Frühmahl mit dem Auferstandenen erzählt uns Johannes den Sinn dieses Wortes. Jesus reicht uns im Fisch die Speise des ewigen Lebens, die Speise, die uns Anteil gibt am göttlichen, unsterblichen, unvergänglichen und unverderblichen Leben des Auferstandenen.

Streit um Jesus (7,14–52)

Vom fünften bis zum zehnten Kapitel schildert uns Johannes die vielen Streitgespräche, die Jesus mit den Juden geführt hat. In diesen Streitgesprächen geht es nie nur um die damalige Auseinandersetzung, sondern immer auch um den Glauben der Leser. Der Leser wird mit seinen Zweifeln und Bedenken Jesus gegenüber angesprochen. Seine Zweifel werden von den Juden in Worte gefasst. Und Jesus selber antwortet auf diese Zweifel. Johannes lässt mitten in den Auseinandersetzungen um Jesus immer wieder glaubende Zeugen auftreten, die stellvertretend für die Gemeinde den Glauben an Jesus bekennen. Stellvertretend für die vielen Streitgespräche möchte ich nur eine Szene aus dem siebten Kapitel herausgreifen.

Jesus ist beim Laubhüttenfest in Jerusalem. Er lehrt im Tempel. Die Juden wundern sich über seine Lehre: »Wie kann der die Schrift verstehen, ohne dafür ausgebildet zu sein?« (7,15) Das ist ein Vorwurf, den die Christen damals von den gebildeten Juden öfter zu hören bekamen. Und es ist ein Vorwurf, der uns auch heute oft gemacht wird. Buddha und Laotse erscheinen den Asiaten gebildeter zu sein als Jesus. Manche Buddhisten fragen sich, wie man mit einer so einfachen Lehre leben könne. Auf all diese Zweifel antwortet Jesus: »Meine Lehre stammt nicht von mir, sondern von dem, der mich gesandt hat. Wer bereit ist, den Willen Gottes zu tun, wird erkennen, ob diese Lehre von Gott stammt oder ob ich in meinem eigenen Namen spreche.« (7,16f.) Jesu Lehre ist nicht irdische Weisheit. Sie stammt von Gott. In Jesus offenbart uns Gott, wer er selbst und was das Geheimnis des Menschen ist. In Jesu Worten wird nicht unsere menschliche Neugier gestillt. Wir werden den Sinn und die Tiefe seiner Worte nur erfassen, wenn wir auch bereit sind, uns auf die spirituelle Dimension seiner

Worte einzulassen, wenn wir uns dem Geheimnis Gottes öffnen.

Im ersten Teil der Rede geht es um die Weisheit und die Herkunft der Lehre Jesu. Im zweiten Teil geht es um die Frage, warum Jesus getötet wurde. Das war damals für die Christen die zentrale Frage, um die sie lange gerungen haben. Es ist auch heute für uns immer wieder die Frage: Warum musste der, der die Liebe Gottes verkündete, am Kreuz sterben? Jesus argumentiert den Juden gegenüber von ihrer eigenen Tradition her. Mose hat die Beschneidung angeordnet. Sie ist ein Zeichen des Bundes zwischen Gott und den Menschen. Die Beschneidung darf auch am Sabbat vollzogen werden. Jesus gibt nun die Heilung des Gelähmten, die er am Sabbat vollzogen hat, als Grund dafür an, dass ihn die Juden töten wollen. »Warum zürnt ihr mir, weil ich am Sabbat einen Menschen als Ganzen gesund gemacht habe? Urteilt nicht nach dem Augenschein, sondern urteilt gerecht!« (7,23f.) Jesus hat in der Heilung des Kranken den Sinn des Sabbats aufgezeigt, dass der Mensch heil und ganz wird, dass er so wiederhergestellt wird, wie er von Gott geschaffen worden ist. Das Paradox besteht darin, dass Jesus sterben musste, weil er das Leben brachte, dass Jesus im Namen Gottes getötet wurde, weil er die ursprüngliche Absicht Gottes verkündet und in der Heilung der Kranken offenbar gemacht hat. Jesu Tod wird so zum Gericht über eine Frömmigkeit, die die Absichten Gottes verfälscht. Jesu Tod offenbart Gott in seiner Wahrheit: als den Gott der Liebe und des Lichtes.

Nun schildert Johannes die Reaktion der Leute auf Jesus. Sie reden über ihn. »Ist das nicht der, den sie töten wollen?« (7,25) Wenn Jesus in der Öffentlichkeit predigen kann, dann hat vielleicht auch der Hohe Rat erkannt, dass er der Messias ist. Aber dann kommen wieder die Bedenken. Er kann ja nicht der Messias sein. Denn von

Jesus weiß man ja, woher er stammt. Vom Messias aber weiß man nicht, woher er kommt. Auf diese Überlegungen der Menschen und wohl auch der Leser antwortet Jesus: »Ihr kennt mich und wisst, woher ich bin; aber ich bin nicht in meinem eigenen Namen gekommen, sondern er, der mich gesandt hat, bürgt für die Wahrheit. Ihr kennt ihn nur nicht. Ich kenne ihn, weil ich von ihm komme und weil er mich gesandt hat.« (7,28) Jesu irdische Herkunft ist klar. Doch seine göttliche Herkunft erkennen die Juden nicht. Jesus macht ihnen den Vorwurf, dass sie Gott selber nicht kennen. Das ist ein scharfer Vorwurf gegen die, die glauben, dass sie mit Gott auf vertrautem Fuße stehen. Es ist auch ein Vorwurf an uns. Haben wir uns ein so festes Gottesbild gemacht, dass Jesus darin keinen Platz hat? Wenn wir Jesus und Gott nicht zusammenbringen, dann kennen wir letztlich auch Gott nicht. Wenn wir das Geheimnis der Menschwerdung nicht verstehen, verstehen wir Gott nicht.

Viele Leute kommen zum Glauben an Jesus. Das ist Ermutigung für die Leser. Es ist sinnvoll, an diesen Jesus als Messias zu glauben. Denn bei soviel Zeichen, die er gewirkt hat, darf man ruhigen Gewissens an ihn glauben. Doch nun schicken die Hohenpriester und die Pharisäer die Tempelpolizei, um Jesus festzunehmen. Ihnen sagt Jesus ein Rätselwort: »Ich bin nur noch kurze Zeit bei euch; dann gehe ich fort, zu dem, der mich gesandt hat. Ihr werdet mich suchen, und ihr werdet mich nicht finden; denn wo ich bin, dorthin könnt ihr nicht gelangen.« (7,33f.) Die Juden verstehen das Rätselwort nicht. Sie überlegen, ob er wohl zu den Griechen gehen wird, um sie zu belehren. Damit sprechen sie durchaus etwas Richtiges an. Den Juden, die nicht an Christus glauben, folgen Griechen, die wegen ihres Glaubens in die Gemeinschaft der Christen aufgenommen werden. Das Rätselwort Jesu gibt aber auch den Lesern zu denken: Gibt es auch für die

Christen ein Zu-Spät? Werden auch sie Jesus nach seiner Rückkehr zum Vater nicht mehr finden? (Vgl. Schenke, S. 163f.) Doch wenn sie glauben, dann haben sie ihn schon gefunden. Dann sind sie im Glauben schon bei ihm, dort, wo er jetzt beim Vater ist, in der ewigen Herrlichkeit. Dann haben sie jetzt schon teil an seiner Vollendung.

Am letzten Tag des Laubhüttenfestes zogen die Priester morgens zur Schiloachquelle, schöpften Wasser und brachten es in feierlicher Prozession zum Tempel, um es auf dem Brandopferaltar auszugießen. Dieser Ritus erinnerte an den Felsen, der zur Zeit des Mose Wasser spendete, und er verwies auf die Tempelquelle, die in der messianischen Zeit beständig frisches Wasser geben werde (Sach 13,1). Die Priester stießen in die Posaune. Dabei dachte man an die Verheißung aus Jesaja 12,3: »Wasser sollt ihr schöpfen mit Wonnen aus den Quellen des Heils.« Am siebten Tag, auf den sich Johannes bezieht, zog man siebenmal mit der Wasserspende zum Tempel. Im Hintergrund dieses siebenmaligen Umzugs stand die Vision des Ezechiel von der wunderbaren Quelle, die an der Schwelle des Tempels hervorströmt und zu einem großen Strom wird, der alles befruchtet. Auf diesen Ritus nimmt Jesus Bezug, wenn er den Leuten zuruft: »Wer Durst hat, komme zu mir, und es trinke, wer an mich glaubt. Wie die Schrift sagt: Aus seinem Inneren werden Ströme von lebendigem Wasser fließen.« (7,37f.) Es ist ein mutiges Wort, das Jesus den Menschen zusagt, und »eines der schönsten Bildworte des johanneischen Jesus« (Schnackenburg). Denn Jesus nimmt für sich in Anspruch, dass sich in ihm die Verheißungen des Alten Testaments erfüllen. Was das Fest eigentlich symbolisiert, vollendet sich in ihm. Johannes deutet das Wort Jesu für die Leser: »Damit meinte er den Geist, den alle empfangen sollten, die an ihn glauben; denn der Geist war noch nicht gegeben, weil Jesus noch nicht verherrlicht war.«

(7,39) Der Tod Jesu wird die Stunde sein, in der aus dem durchbohrten Herzen der Geist auf uns ausströmt und in uns zu einer Quelle von lebendigem Wasser wird. Jeder von uns wird zu einem Tempel, in dem die Quelle des Heiligen Geistes immer frisches Wasser hervorsprudelt. In diesem Wort Jesu erfüllt sich, was er der samaritischen Frau versprochen hat. Der Tod Jesu wird hier gedeutet auf dem Hintergrund des Laubhüttenfestes mit seinen Bräuchen. Jesu Leib ist der wahre Tempel. Und aus diesem Tempel wird die Quelle hervorsprudeln, die den Menschen ewiges Leben schenkt. Das Wasser, das aus dieser Quelle strömt, wird – wie es der Prophet Ezechiel beschreibt – das Vertrocknete in uns befruchten und das Kranke in uns heilen (das salzige Wasser gesund machen. (Ez 47,8) Es wird überall Leben wecken und frische Früchte bringen. (Ez 47,12)

Jesus deutet mit diesem Wort nicht nur seinen Tod, sondern auch den Gottesdienst der christlichen Gemeinde. Im Sinne Jesu Gottesdienst feiern heißt nicht, irgendwelche Riten zu vollziehen, sondern mit der inneren Quelle in Berührung zu kommen. Im ganzen Johannesevangelium lesen wir immer wieder kultkritische Worte. Johannes will die Liturgie der christlichen Gemeinde nicht abschaffen. Aber er weist seine Leser auf das Wesen des Gottesdienstes hin, auf die Anbetung, die in Geist und Wahrheit geschieht. Die christliche Gemeinde soll so Gottesdienst feiern, dass die Quelle des Geistes in ihr und in jedem Einzelnen zu sprudeln beginnt. Dieser Gottesdienst ist nicht an bestimmte Orte gebunden, sondern an die Person Jesu Christi. Er ist der eigentliche Tempel, in dem wir unseren Gottesdienst feiern. Und er möchte, dass wir durch den Gottesdienst zu jener Liebe befähigt werden, die er uns erwiesen und zu der er uns immer wieder aufgefordert hat.

Jesu Predigt macht Eindruck auf die Menschen. Es entsteht eine Spaltung, ein Schisma. Die einen glauben an

Jesus. Sie nennen ihn den Propheten. Er ist der Prophet, den Gott als zweiten Mose senden wird. Und er ist der Messias, nach dem sich Israel sehnt. Andere lehnen Jesus ab. Sie argumentieren damit, dass der Messias nicht aus Galiläa kommen kann. Die Spaltung setzt sich bei den Pharisäern und Hohenpriestern fort. Als das Polizeikommando unverrichteter Dinge zurückkehrt, antworten die Polizisten auf die Frage, warum sie Jesus nicht festgenommen haben: »Noch nie hat ein Mensch so gesprochen.« (7,46) So legen die, die ihn eigentlich festnehmen sollten, Zeugnis ab für Jesus. Jesus wirkt nur durch sein Wort. Doch sein Wort hat eine solche Macht, dass es selbst die, die sich dagegen wehren, berührt und überzeugt. Von Jesus geht etwas aus, dem man sich nicht entziehen kann. Als die Pharisäer über die Gerichtsdiener und über das ungebildete Volk schimpfen, ergreift Nikodemus Partei für Jesus: »Verurteilt etwa unser Gesetz einen Menschen, bevor man ihn verhört und festgestellt hat, was er tut?« (7,51) Die Diener und das Volk sind ein Bild für die ersten Christen, die aus unteren Schichten kommen und keine größere Bildung genossen haben. Nikodemus argumentiert aus der jüdischen Dogmatik heraus. Er möchte, dass der Rechtsweg eingehalten wird. Er steht für den Juden, der ehrlich darum ringt, Jesus zu verstehen und ihn richtig zu sehen. Nikodemus lädt die Juden ein, sich für Jesus zu entscheiden. Wer richtig in der Schrift liest, kann in ihr entdecken, dass Jesus die Erfüllung aller Verheißungen ist.

Jesus und die Ehebrecherin (7,53–8,11)

Die Perikope gehört nach dem Urteil der meisten Bibelwissenschaftler nicht zum Johannesevangelium. Dennoch ist sie ein authentischer Text, der das Verhalten Jesu gegenüber Sündern in wunderbarer Weise aufzeigt. Nach dem Zeugnis des Kirchenvaters Eusebius ist dieser Text schon dem Papias um das Jahr 130 bekannt. Die syrische Kirchenordnung »Didaskalia« bezieht sich auf diese Stelle. Vielleicht hat die Kirche Probleme mit diesem Text gehabt, weil sie ihrer eigenen rigiden Haltung gegenüber Ehebruch nicht entspricht. Sie hatte offensichtlich Angst, Jesu Verhalten gegenüber der Sünderin könne zu einer laxen Ehemoral führen. Umso wichtiger erscheint es mir, diesen Text auszulegen. Denn in ihm wird ein wunderbares Porträt von Jesus gezeichnet. Dieses Porträt entspricht zwar eher dem Jesusbild des Lukas. Doch wenn wir genauer hinschauen, hat zumindest der, der diesen Text genau an dieser Stelle einfügte, eine Theologie vertreten, die mit der des Johannesevangeliums im Einklang ist.

Schon der erste Vers bringt die Verbindung mit der vorhergehenden Szene. Auf die Predigt Jesu hin gehen alle nach Hause. Jesus geht zum Ölberg. Aber am nächsten Tag kommt er wieder in den Tempel. Da bringen die Schriftgelehrten und Pharisäer eine Frau, die beim Ehebruch ertappt worden ist. Auf Ehebruch steht nach dem jüdischen Gesetz die Todesstrafe. Wenn eine Ehefrau die Ehe brach, wurde sie erdrosselt. Wenn eine Verlobte mit einem anderen Mann schlief, wurde sie gesteinigt. Das jüdische Gesetz stand ganz auf Seiten des Mannes. Die Ehefrau war sein Besitz. Der Mann konnte nur die Ehe eines anderen Mannes brechen, nie die eigene. Jesus tritt hier für die Frau ein. Sie hat die gleiche Würde wie der Mann.

Die Pharisäer benützen die Frau, um Jesus eine Falle zu stellen. Das ist unmenschlich. Die Frau wird zum Spielball in ihren eigenen Plänen mit Jesus. Sie wollen Jesus in Schwierigkeiten bringen. Denn ganz gleich, wie Jesus antwortet, sie werden einen Grund finden, ihn anzuklagen. Wenn Jesus sich für die Frau ausspricht, dann ist er gegen das Gesetz. Dann haben sie einen Grund, ihn als Propheten und als Messias abzulehnen. Wenn er sich gegen die Frau wendet, dann würde das seiner eigenen Vergebungsbotschaft widersprechen. Und sie hätten einen Grund, ihn bei den Römern anzuklagen. Denn die Römer hatten allein das Recht auf die Todesstrafe. Doch gerade in sexuellen Dingen waren die Römer eher liberal. Jesus lässt sich nicht in die Enge treiben. Er handelt aus einer inneren Freiheit und Souveränität heraus. Diese Souveränität entspricht durchaus dem johanneischen Bild von Jesus.

Jesus lässt die Ankläger einfach stehen. Er überlässt sie ihren eigenen Gedanken. Er zwingt sie, dass sie sich ihrer eigenen Wahrheit stellen, dass sie zu sich stehen, anstatt ihre sexuellen Wünsche auf die Frau zu projizieren und dadurch von sich selbst abzulenken. Er bückt sich und schreibt mit dem Finger auf die Erde. Die Bibelwissenschaftler rätseln, was Jesus mit dieser Symbolhandlung ausdrücken wollte. Vielleicht hat Jesus oder der Autor den Vers aus dem Propheten Jeremia im Blick: »In den Staub wird geschrieben, wer von dir weicht; denn sie verließen den Herrn, den Quell des sprudelnden Wassers.« (Jer 17,13 f.) Dann ist es ein gleichnishaftes Handeln, das den Pharisäern aufzeigt, wie sehr sie Jahwe, den wahren Gott, den Quell sprudelnden Wassers, verlassen und sich auf den Buchstaben des Gesetzes verlegt haben. Das würde zum vorhergehenden Text gut passen, in dem Jesus von der Quelle lebendigen Wassers gesprochen hat, die in ihm selbst entspringt und in jedem, der an ihn glaubt. Wer nicht glaubt, der vertrocknet und wird hart und hartherzig. Weil in ihm nichts mehr strömt, braucht er andere Menschen, um an ihnen seine Härte abzureagieren. Solch harte Menschen spüren sich nur dann, wenn sie andere verurteilen. Weil sie in sich kein Leben haben, können sie die Lebendigkeit in anderen nicht ertragen und müssen sie töten. Jesus ist die Quelle des Lebens. An seiner Quelle kann auch der wieder lebendig werden, der sich in der Sünde von seiner eigenen Quelle abgeschnitten hat. Man kann das Schreiben Jesu aber auch als Versuch verstehen, Zeit zu gewinnen, damit sich in seinem Inneren eine kreative Antwort herausbildet. Jesus lässt sich nicht von den Pharisäern und ihren aufgeregten Worten bestimmen, sondern schweigend kommt er mit seiner inneren Mitte in Kontakt. Wer mit seiner Mitte, mit seinem Selbst in Berührung ist, der kann kreativ auf eine schier unlösbare Situation reagieren.

Wie immer man die Handlung Jesu versteht, auf jeden Fall verunsichert er damit die Schriftgelehrten. Er verweist sie auf ihre eigene Erdhaftigkeit. Auch sie sind von der Erde genommen, mit den gleichen Trieben und Begierden. Jesus zeichnet in den Staub ihre eigentliche Wahrheit. In seiner Zeichnung sollen sie einen Spiegel für die eigene Seele sehen. Doch sie weigern sich, in diesen Spiegel zu schauen, und fragen hartnäckig weiter. Sie wollen sich nicht verunsichern lassen. Da richtet sich Jesus auf. Er schaut sie an. Er stellt sich ihnen. Und er sagt einen Satz, der jeden ins Herz trifft: »Wer von euch ohne Sünde ist, werfe als erster einen Stein auf sie.« (8,7) Mit einem einzigen Satz gibt er eine kreative Antwort auf die vielen Worte der Pharisäer. Es ist ein souveräner Satz, ein Satz, aus dem die Weisheit Jesu und zugleich seine Milde und Barmherzigkeit spricht. Jesus sagt dieses Wort und bückt sich wieder. Er überlässt jeden seinem eigenen Gewissen. Er kontrolliert nicht. Jetzt geht einer nach dem anderen fort. Die Ältesten sind die Weisesten. Sie wissen, dass sie in ihrem langen Leben nicht ohne Sünde geblieben sind. Psychologisch handelt Jesus hier äußerst geschickt: Er verunsichert die, die so sicher daherkommen. Er konfrontiert die, die die Frau verurteilen wollen, mit sich selbst und ihrer Wahrheit. Und er überlässt das Nachdenken über die eigene Situation jedem Einzelnen.

Er schickt jeden in seine eigene Verantwortung. Das Wort, das Jesus jedem Einzelnen ins Angesicht gesprochen hat, brennt in den Herzen der Ankläger. Sie können der Wucht dieses einfachen Wortes nicht ausweichen. Man könnte meinen, hinter dem Rücken Jesu würden Einzelne heimlich doch zum Stein greifen und ihn gegen die Ehebrecherin schleudern. Doch keiner wagt es. Nach jüdischem Brauch mussten die ersten Zeugen auch den ersten Stein werfen. Damit übernahmen sie die volle Verantwortung für die Hinrichtung. Diese Verantwortung wollte niemand übernehmen. Denn Jesus bindet den jüdischen Brauch an die Voraussetzung, dass der Zeuge, der gegen einen andern zeugt, auch selbst frei von Sünde sein muss. So ehrlich sind die Ankläger offensichtlich, dass sie es nicht wagen, gegen die Kraft und Klarheit von Jesu Wort einen Stein in die Hand zu nehmen.

Jesus bleibt allein zurück mit der Sünderin. Augustinus sagt zu dieser Stelle: »Zurückgeblieben sind zwei, die Erbarmungswürdige und das Erbarmen (»misera et misericordia«), die Arme, und der, der ein Herz hat für die Arme.« Jetzt begegnet Jesus der Frau. Er »nimmt sie aus der Verlegenheit und Unsicherheit heraus, indem er die Schuldfrage gar nicht stellt und auch über die Anklage gegen die Frau kein einziges Wort verliert, sondern nur noch auf das Verhalten der Ankläger reflektiert.« (Blank, S. 119) Jesus verzichtet darauf, die Frau zum Eingeständnis ihrer Schuld zu drängen. Er fragt sie vielmehr nach dem Verhalten ihrer Ankläger: »Frau, wo sind sie geblieben? Hat dich keiner verurteilt?« (8,10) Man hört direkt den Stein, der der Frau vom Herzen fällt, wenn sie antwortet: »Keiner, Herr.« (8,11) Jesus sagt der Frau die Vergebung zu, und er ermutigt sie, fortan nicht mehr zu sündigen: »Auch ich verurteile dich nicht. Geh und sündige von jetzt an nicht mehr!« (8,11) Jesus entschuldigt ihr Verhalten nicht, sondern er vergibt ihr. Und er traut ihr zu, dass sie nicht mehr sündigt, dass sie ein anderes Leben führen kann, das ihr mehr entspricht. Er sieht auch in der Sünde ihre Würde. Sie kann auch anders leben. Er zwingt sie nicht zur Reue, nicht zur Aufgabe ihrer Selbstachtung, indem er sie beschuldigt und ihr die Größe ihrer Schuld aufzeigt, sondern er gibt ihr Vertrauen und Zuversicht in den künftigen Weg. Er befreit sie zu einem neuen Leben.

Die Wahrheit befreit (8,30–36)

Im Streitgespräch des achten Kapitels gibt es eine Stelle, die mich seit jeher fasziniert. Als Jesus davon spricht, dass der Vater, der ihn gesandt hat, immer bei ihm ist und ihn nicht allein lässt, glauben viele Juden an ihn. Hier wird das bisweilen so negative Bild der Juden im Johannesevangelium durchbrochen. Viele Juden schließen sich Jesus an. Die johanneische Gemeinde besteht ja zum großen Teil aus Juden. Die Juden, die nicht glauben, stehen bei Johannes für die Welt, die Jesus nicht aufnimmt. Die Tendenz, Jesus abzulehnen, steckt im Leser genauso wie in den Juden, die sich damals Jesus gegenüber verschlossen, weil sie meinten, sie hätten schon alles. Für Johannes nun dreht sich alles darum, an Jesus zu glauben oder ihn abzulehnen. Sünde ist für ihn nicht ein Übertreten von Geboten, sondern sich Jesus gegenüber zu verschließen. Am Glauben entscheidet sich alles. Glauben heißt, aus dieser Welt in die andere überzugehen, das Vordergründige zu durchbrechen und das Eigentliche zu sehen.

Johannes verwendet in seinem Evangelium nie das Substantiv »pistis« = Glaube, sondern immer nur »pisteuein = glauben« als Verb. Bei Paulus ist es gerade anders. Bei ihm kommt »pistis« mindestens hundertfünfzigmal vor. Doch »pisteuein = glauben« hat Johannes achtundneunzigmal gegenüber vierundfünfzigmal bei Paulus. (Martini, S. 108)

Der Glaube ist für Johannes kein Besitz, sondern ein Vorgang. Es geht nicht darum, ob ich den Glauben habe, sondern darum, ob ich immer anfange zu glauben, dass ich diese Welt übersteige und Jesus als den sehe, der die Welt überwindet, der mich in die jenseitige Welt Gottes einführt. Johannes verbindet den Glauben entweder direkt mit Jesus, oder aber er verwendet »glauben« ohne jeden Zusatz. Dann ist »glauben« eine eigene Weise der Existenz, ein Leben, das einen anderen Geschmack bekommen hat. Zum Glauben gehört das Schauen, Erkennen, Begreifen. Glauben heißt: Im Licht leben, Erhelltsein, Durchblicken, Erleuchtetsein. Wer glaubt, der ist von der Finsternis ins Licht übergegangen. Im Glauben hat er ewiges Leben in sich, da beginnt er erst, wirklich zu leben. Wenn Johannes davon spricht, dass Menschen an Jesus glauben, dann erläutert er es manchmal mit ähnlichen Worten wie: Jesus annehmen, zu Jesus kommen, ihn suchen, auf ihn hören, in ihm bleiben. Glauben drückt dann die persönliche Beziehung zu Jesus aus. (Vgl. Martini, S. 111)

In unserem Abschnitt spricht nun Jesus »zu den Juden, die an ihn glaubten« (8,31). Glauben heißt: in seinem Wort bleiben, von seinem Wort her leben, in seinem Wort wohnen. Was heißt das? Wir haben alle unsere inneren Worte, die uns bestimmen. Glauben heißt, sich von den Worten Jesu bestimmen zu lassen, von den Worten, die uns die Wirklichkeit aufschließen und sie für Gott öffnet. Wer im Wort Jesu bleibt, der erkennt die Wahrheit, er ist in der Wahrheit. Er ist in Berührung mit der Wirklichkeit. Glauben hat hier eine mystische Bedeutung: Aufwachen zur Wirklichkeit. Und dann sagt Jesus den wunderbaren Satz: »Die Wahrheit wird euch befreien.« (8,32) Wahrheit meint hier nicht Sätze, die wahr sind und an die man glauben muss, sondern die eigentliche Wirklichkeit, die Wirklichkeit Gottes. Die Wahrheit schenkt dem Menschen Klarheit über sich selbst. In der Wahrheit erkennt sich der Mensch selbst, wird sein Dasein erhellt. Und das bedeutet für ihn Freiheit. Freiheit ist hier nicht die politische Freiheit oder die Freiheit des Geistes. Vielmehr meint Johannes mit diesem Satz: Wer Jesus erkennt und durch ihn den wahren Gott schaut, der ist frei vom Verhaftetsein an den Schein dieser Welt. Er wird frei von den Illusionen, die er sich über sich selbst gemacht hat. Er wird frei von seiner Vergangenheit, von seinem Kreisen um sich selbst. Er muss nicht mehr für sich kämpfen. Er hat die Wirklichkeit berührt und ist darin zu sich selbst gekommen. Er ist ganz er selbst geworden und hat es nicht mehr nötig, für sich zu werben.

Die Juden hören aus diesem Satz Jesu den Vorwurf heraus, dass sie unfrei sind. So wehren sie sich dagegen. Als Nachkommen Abrahams haben sie sich nie als Sklaven gefühlt. Doch Jesus verweist sie auf ihre innere Unfreiheit: »Wer die Sünde tut, ist Sklave der Sünde.« (8,34) Die Sünde ist hier nicht das Übertreten von Geboten, sondern das Verhaftetsein an den Schein, an das Vordergründige, die Weigerung, sich für die Wahrheit zu öffnen, an den Sohn zu glauben. Wer im Schein lebt, der wird zum Sklaven. Er wird von außen gelebt. Er ist nicht in Kontakt mit sich selbst. Jesus erklärt die Freiheit nochmals mit dem Bild der Hausgemeinschaft. In der Hausgemeinschaft konnten die Sklaven jederzeit weggeschickt werden. Der Sohn dagegen bleibt immer im Haus. Daraus folgert er: »Wenn euch also der Sohn befreit, dann seid ihr wirklich frei.« (8,36) Jesus als der Sohn des Vaters ist der wahrhaft freie Mensch. Er bleibt immer im Haus des Vaters. Und er befähigt auch uns, dauernd im Haus des Vaters zu wohnen und so frei zu sein. Jesus allein kann wahre Freiheit schenken. Aber wie sollen wir diese Behauptung verstehen? Jesus ist für Johannes der, der den Menschen die Augen öffnet für die eigentliche Wirklichkeit, für die Wirklichkeit Gottes. Er befreit den Menschen aus dem Verhaftetsein an die äußere Wirklichkeit. Er bringt ihn in Berührung mit dem wahren Selbst. Und das wahre Selbst ist frei. Es ist nicht nur die Wahrheit, die uns frei macht, sondern letztlich auch der Glaube. Wer glaubt, der ist wahrhaft frei. Er ist unabhängig von der Meinung der Menschen. Er blickt durch. Er sieht das Eigentliche. Er ist einfach. Er ist ganz Sein. Und wer reines Dasein ist, muss sich nicht mehr festhalten an dem, was andere von ihm halten. Er hat es nicht nötig, sich am Besitz, am Ruhm, am Schein festzuklammern. Er hört auf, um die Vergangenheit, um seine Verletzungsgeschichte zu kreisen. Er ruht im Sein. Er ist im Augenblick, in der Wahrheit und in der Freiheit. Niemand bestimmt ihn. Er ist einfach da. Reines Sein ist Wahrheit und Freiheit zugleich.

Heilung des Blindgeborenen (9,1–12)

Die Heilung des Blindgeborenen ist eine so genannte Zeichen-Geschichte. Wir dürfen sie daher als Zeichen für uns auslegen. Wir sind die, die von Geburt an blind sind, die sich weigern, die Wirklichkeit so zu sehen, wie sie ist. Blind sein und Sehen entspricht dem Gegensatz von Licht und Dunkel. Jesus ist das wahre Licht, das in diese Welt kommt. Er erhellt unser Dasein. Er öffnet uns die Augen für die wahre Wirklichkeit. Der Geheilte wird in der Geschichte zum Zeugen für Jesus.

Jesus begegnet wohl am Ausgang des Tempels einem Blindgeborenen. Bei den Jüngern löst das gleich eine Diskussion aus: »Rabbi, wer hat gesündigt? Er selbst? Oder haben seine Eltern gesündigt, so dass er blind geboren wurde?« (9,2) Damit bringen sie die jüdische Auffassung von Krankheit zum Ausdruck. Krankheit ist immer Schuld des Menschen. Heute sehen wir die Krankheit zwar nicht mehr als Folge einer moralischen Schuld an. Aber viele möchten auch heute hinter jeder Krankheit eine psychische Ursache, eine psychische Schuld sehen. Damit aber vermitteln sie den Kranken zu ihrer Krankheit noch Schuldgefühle. Sie sind durch ihr Verhalten oder ihre innere Einstellung selbst schuld an ihrer Krankheit. Manche Therapeuten wecken in ihnen den Hass auf die anderen, auf die Eltern, auf die Geschwister, auf die Lehrer und Erzieher, die an ihrer Krankheit schuld sind. Doch damit helfen sie ihnen nicht weiter. Jesus durchbricht diesen Schuldzusammenhang. Er antwortet: »Weder er noch seine Eltern haben gesündigt, sondern das Wirken Gottes soll an ihm offenbar werden.« (9,3) Die Frage nach der Schuld ist nebensächlich. Entscheidend ist, dass an diesem Blinden das Werk Gottes offenbar wird. Wir sollen nicht nach der Ursache der Krankheit fragen, sondern danach, worauf uns die Krankheit hinweisen und wozu sie uns führen will. Die Krankheit kann der Ort sein, an dem Gott an uns handelt, an dem unsere Masken und Rollen zerbrechen und unser wahres Selbst hervorbrechen kann.

Am Blindgeborenen führt uns Jesus vor Augen, dass allein der Glaube wirklich zu sehen vermag. Wer Jesus im Glauben annimmt, dessen Augen öffnen sich, und er kann die eigene Wahrheit sehen. Er erkennt die Welt so, wie sie ist. Jesus verweist die Jünger auf sich selbst. Er wirkt, solange es Tag ist. Jesu Zeit ist begrenzt. Daher muss er seine Zeit ausnutzen und selbst am Sabbat heilen. Die Nacht, »in der niemand mehr etwas tun kann«, bezieht sich aber auch auf die Nacht des Unglaubens. Wenn ich mich im Unglauben von Jesus abwende, dann wird es für mich Nacht. Dann sehe ich nichts mehr. Dann bin ich ausgeschlossen vom heilenden Wirken Jesu. Johannes will mit dieser Heilungsgeschichte die Leser einladen, sich Jesus als dem Licht zuzuwenden. Auch unsere Zeit ist begrenzt. Wir können nicht bis zum Tode warten, um uns für das Licht zu entscheiden.

Nachdem Jesus seine Jünger auf seine eigentliche Sendung hingewiesen hat, Licht für die Welt zu sein, nimmt er in einfachen Gesten die Heilung vor. »Als er dies gesagt hatte, spuckte er auf die Erde; dann machte er mit dem Speichel einen Teig, strich ihn dem Blinden auf die Augen und sagte zu ihm: Geh und wasch dich in dem Teich Schiloach!« (9,6f.) Blindsein ist Ausdruck einer Haltung, die sich weigert, die eigene Wirklichkeit anzuschauen, die blinden Flecken wahrzunehmen, das Schmutzige und Unansehnliche anzusehen. Wer ein zu ideales Bild von sich hat, wird blind für seine Schattenseiten. Er erhebt sich über sein Menschsein. Er gerät in die Hybris, er verliert den Bodenkontakt. Jesus heilt den Blinden, indem er auf die Erde spuckt, auf den »humus«. Er will ihm zeigen, dass er von der Erde genommen ist, von Gott aus dem Lehm der Erde geformt. Und er streicht ihm den Dreck in die Augen, um ihn zu mahnen: Schau auch auf das Schmutzige in dir. Nur wenn du bereit bist, auch deine Schattenseiten anzuschauen, kannst du wieder sehen. Wer blind ist gegenüber seinen eigenen Schattenseiten, der wird vom Hochmut bestimmt. Jesus lehrt den Blinden Demut, humilitas. Er verbindet ihn wieder mit dem humus. Jesus, der sich zur Erde beugt, lädt den Kranken ein, sich selbst zur Erde zuzuwenden und die eigene Erdhaftigkeit anzunehmen. Der Speichel erinnert an die Mutter, die mit Speichel die Wunde des Kindes bestreicht. Jesus schlägt dem Blinden die Wahrheit nicht um die Ohren, sondern vermittelt ihm liebevoll wie eine Mutter, dass er Mensch unter Menschen ist, mit irdischen Bedürfnissen, mit erdhaften Seiten.

Zuletzt schickt Jesus ihn zum Teich Schiloach. Johannes deutet den Namen als »Gesandter«. Der Leser weiß, dass Jesus der Gesandte Gottes ist. Der Blinde muss mit all dem Dreck, den er an sich trägt, zu Jesus, dem Gesandten, gehen, und sich in seiner Liebe waschen. Dann wird er wieder sehen können. Die Kirchenväter haben diese Geschichte immer als Taufgeschichte gedeutet. Und dieses Evangelium wurde immer an Tauftagen verlesen. In der Taufe begegnen wir Jesus, dem Gesandten, und der Quelle, die in ihm für uns sprudelt. Jesu Worte sind wie eine Quelle, die uns Menschen von allem reinigt, was unser Menschsein trübt. Sie wäscht die Bilder ab, mit denen wir das ursprüngliche und unverfälschte Bild Gottes in uns trüben. Sie lässt das reine Urbild Gottes in uns aufstrahlen. Die frühe Kirche nannte die Taufe »photismos« = Erleuchtung. In der Taufe kommen wir ins Licht. Da hellt sich unser Dasein auf. Wir bekommen neue Augen und erkennen die Wirklichkeit, wie sie wahrhaft ist.

Der gute Hirte (10,1–18)

Manche Bibelwissenschaftler meinen, die Hirtenrede sei im Johannesevangelium nicht richtig überliefert. Sie stellen daher den Text völlig um. Doch mit Ludger Schenke gehe ich davon aus, dass der Text in sich stimmig ist. Jesus beginnt im Streitgespräch mit den Pharisäern seine Rede mit einem Rätselwort. (10,1–5) Er erzählt vom alltäglichen Tun der Hirten. Es ist selbstverständlich, dass der Hirte durch die Tür zum Schafstall geht und nicht über den Zaun steigt. Der Türhüter kennt den Hirten und öffnet ihm. Nur Diebe und Räuber steigen woanders in den Stall. Dieb bezeichnet den, der mit List und Täuschung stiehlt. Der Räuber dagegen wendet beim Stehlen Gewalt an. Diebe und Räuber sind Bilder für Menschen, die im Namen Gottes auftreten, aber nicht gut umgehen mit den Menschen, zu denen sie gesandt sind. Sie missbrauchen ihren Auftrag und unterdrücken die Menschen, denen sie die Botschaft Gottes verkünden sollten. Das war nicht nur in der Geschichte Israels und der frühen Kirche eine Gefahr. Das ist auch heute eine Versuchung. Solche Führer begehen geistlichen Missbrauch. Für Johannes wird alles Vordergründige zum Rätsel für etwas ganz anderes. Wer dieses Rätsel auflöst, der ist weise. Und dieses Rätsel löst sich nur durch das rechte Verständnis Jesu auf. Die Zuhörer damals und wohl auch viele Leser heute verstehen »nicht den Sinn dessen, was er ihnen gesagt hatte«. (10,6) Das Johannesevangelium kennt keine Gleichnisse, sondern nur Rätselreden und Bildworte. In Rätseln und Bildern weist Jesus auf das Geheimnis des Menschen und auf das Geheimnis Gottes hin. Die mystische Theologie des Johannes arbeitet nicht mit Erzählungen, wie sie der Grieche Lukas so wunderbar einsetzt, sondern mit Bildern, die das Hintergründige aufleuchten lassen.

Jesus selbst löst das Rätsel seiner Rede auf, indem er sich zuerst mit der Tür (10,7–10) und dann mit dem Hirten identifiziert (10,11–18). Die ganze Rede wird durch vier »Ich bin«-Worte gegliedert. Zweimal sagt Jesus von sich: »Ich bin die Tür.« Er ist die Tür zu den Schafen. (10,7) Jesus allein hat den legitimen Zugang zu den Schafen. Und Jesus ist die Tür für die Schafe. Durch die Tür Jesu können die Schafe ein- und ausgehen, gute Weide finden und so Leben in Fülle erfahren. (10,9–10) Die Tür ist seit jeher ein Ur-Symbol für den Menschen, sie ist Sinnbild für den Übergang von einem Bereich in den anderen, vom irdischen in den himmlischen Bereich. In vielen Kulturen gibt es das Bild der Himmelstür, die den Zugang zum göttlichen Bereich ermöglicht. Im Traum ist die Tür ein wichtiges Symbol. Manchmal träumen wir, dass wir die Tür zu unserem Haus nicht finden. Oder die Tür ist verschlossen. Wir sind ausgeschlossen vom inneren Bereich unserer Seele. Wir laufen nur außen in der Welt herum, haben aber keinen Zugang zu uns selbst. Jesus identifiziert sich mit der Tür. Er ist die Tür zu uns. Er hat Zugang zu unserem Herzen. Und durch Jesus kommen wir in Berührung zu uns selbst. Für mich ist die große Frage, welche Erfahrung dieses Bildwort bei den Jüngern ausgelöst hat oder welche Erfahrung Jesu es ausdrückt. Offensichtlich haben die frühen Christen Jesus und seine Worte als Tür zu sich selbst erfahren. Wenn sie Jesus meditierten, wussten sie auf einmal, wer sie selbst waren. Durch Jesus konnten sie wie durch eine Tür eintreten in das eigene innere Haus, um darin zu Hause zu sein. Jesus war für sie die Tür zu ihrem wahren Selbst. Und das ist die Herausforderung für mich heute: Indem ich Jesus verstehe, verstehe ich mich selbst, erkenne ich, wer ich in Wahrheit bin, bekomme ich Zugang zu mir selbst. Werner Huth, ein erfahrener Therapeut, sieht die Not des heutigen Menschen gerade darin, dass er sein geistiges Zentrum verloren hat und nicht mehr in Beziehung zu seiner eigenen Mitte steht. (Vgl. Huth, S. 474) Für mich kommt alles darauf an, die Bildrede Jesu von der Tür so auszulegen, dass sie den Menschen in seiner Sehnsucht nach seiner inneren Mitte anspricht und ihn in Berührung bringt mit seinem wahren Selbst.

Jesus ist die Tür, durch die ich aus- und eingehen kann. Durch ihn kann ich eine gute Weide finden. Hier wird ein anderer Aspekt der Tür sichtbar. Jesus ist für uns die Tür, durch die wir nicht nur Zugang finden zu uns, sondern auch Ausgang in die Welt. Ein- und Ausgehen, Introversion und Extraversion, beides gehört zusammen. Lebendig bleibt nur der, der durch Jesus in sein Inneres eingeht, aber durch Jesus auch ausgeht in die Welt. Jesus verheißt uns, dass wir durch die Tür, die er für uns ist, den Weg zur Weide finden, die uns nährt. Jesus ist der Hirte, von dem der Psalm sagt: »Er lässt mich lagern auf grünen Auen und führt mich zum Ruheplatz am Wasser. Er stillt mein Verlangen; er leitet mich auf rechten Pfaden, treu seinem Namen.« (Ps 23,2f.) Jesus sagt von sich, dass wir durch ihn Rettung finden und Leben in Fülle. Durch Jesus finden wir zu unserem wahren Wesen, zu unserer Ganzheit. Und in Jesus wird erst offenbar, was Leben heißt. Jesus ist die Tür zum Leben in Fülle, zum Leben im Überfluss. Es ist göttliches Leben, das nicht begrenzt wird durch die Enge unseres Leibes und unserer persönlichen Geschichte.

Wenn wir vorurteilslos an die Hirtenrede herangehen, spüren wir, wie gut Johannes diese Rede Jesu gliedert. Nach dem zweimaligen »Ich bin die Tür« folgt ein zweimaliges »Ich bin der gute Hirt«. Im Griechischen steht hier jeweils »kalos«. Das heißt wörtlich: »schön, richtig, zutreffend«. Jesus ist der einzig wahre Hirt, der Hirt, der das Wesen des Hirten erfüllt, wie es die Bibel etwa in Psalm 23 oder wie es der Prophet im so genannten Hirtenspiegel (Ez 34) beschrieben hat. Jedes Mal erläutert er mit anderen Bildern, wie er sich als guter Hirte versteht. In 10,11 erklärt er: »Der gute Hirt gibt sein Leben hin für die Schafe.« Die bezahlten Knechte dagegen fliehen, sobald ein Wolf sich naht. Die Lohnarbeiter treten erst auf, wenn Jesus sein Leben für seine Schafe hingegeben hat. Jesus hat hier also die Zukunft vor Augen. Johannes dürfte in den Lohnarbeitern christliche Gemeindeleiter gesehen haben, die die Gemeinde zwar leiten, denen es aber nur um das eigene Wohlergehen geht. Die Schafe folgen ihnen, weil sie ihre Stimme kennen. Aber sobald Gefahr kommt, weichen sie zurück und überlassen die Schafe den reißenden Wölfen. Mit dem Bild des guten Hirten deutet Jesus seinen Tod. Er gibt sein Leben für seine Schafe. Sein Tod ist nicht Sühne für unsere Sünden, sondern Ausdruck seiner Pro-Existenz, seines Für-Seins, seiner Liebe zu den Schafen. Jesus gibt sein Leben für die Schafe, damit sie geschützt sind vor den Wölfen, vor den Gefährdungen des Lebens. Wie ist das zu verstehen? Man kann die Gefährdungen natürlich geschichtlich deuten. Dann weisen sie hin auf den Ausschluss der Christen aus der jüdischen Gemeinde und um das Abwerben der Christen durch die Pharisäer. Doch eine Bildrede sagt immer mehr aus. Das Bild verweist auf das Geheimnis des Menschen und auf das Geheimnis Gottes. Wir sind gefährdet durch Selbstverachtung, durch das Leben hemmende seelische Muster, durch Verletzungen und Kränkungen, durch Haltlosigkeit und Orientierungslosigkeit. Wenn Jesus von sich sagt, dass er für seine Schafe sein Leben hingibt, dann ist das Ausdruck seiner bedingungslosen Liebe zu uns. Die tiefste Gefährdung des Menschen besteht im Mangel an Liebe und an den Folgen dieser kränkenden Erfahrung. Wer sich nicht geliebt weiß, lehnt sich selbst ab, verurteilt sich, wird hart, kalt und leer. Er ist unfähig, sich und andere zu lieben. Da braucht es eine Liebe, die sich nicht zurückhält, die bis zur Konsequenz des eigenen Todes durchgehalten wird, um uns von dieser tödlichen Wunde des Liebesmangels zu heilen.

Im zweiten Anlauf zeigt Jesus noch eine andere Qualität des guten Hirten auf: »Ich kenne die Meinen, und die Meinen kennen mich, wie mich der Vater kennt und ich den Vater kenne; und ich gebe mein Leben hin für die Schafe.« (10,14f.) Hier kommt die intime Beziehung zwischen Jesus und den Seinen zum Ausdruck. Jesus kennt seine Jünger und alle, die an ihn glauben. Er liebt jeden Einzelnen. Jeder ist für ihn so wichtig, dass er sein Leben für ihn einsetzt. Johannes hat eine eigene Formulierung dafür. Er spricht nicht davon, dass Jesus sein Leben hingibt, sondern dass er sein Leben einsetzt, es wagt, es aufs Spiel setzt (»tithemi«) »für die Seinen«. Das Wort »hyper« = für ist bei Johannes wichtig. Mit dieser Formel will Johannes ausdrücken, dass das eigentliche Motiv des Todes Jesu seine Liebe zu den Menschen ist. Weil Jesus die Seinen kennt, weil er jeden persönlich liebt, deshalb setzt er sein Leben für sie ein. Sie sind seine Freunde. In den Abschiedsreden wird Jesus sagen: »Es gibt keine größere Liebe, als wenn einer sein Leben für seine Freunde hingibt.« (15,13) Auch in diesem Vers benutzt Johannes das Wort »tithemi«. Die Vulgata übersetzt es mit »ponere« = stellen, zur Verfügung stellen. Jesus setzt sein Leben für seine Freunde ein. Er setzt sein Leben als Pfand für sie ein. Er stellt es ihnen zur Verfügung. Er hält nicht an sich fest, sondern lässt sich in der Liebe so weit los, dass er sein Leben preisgibt, dass er es einsetzt für seine Freunde.

Jesus ergänzt seine Deutung des guten Hirten noch mit dem Hinweis auf andere Schafe, die nicht aus dem Stall Israels sind. Hier weist er darauf hin, dass er sein Leben für alle Menschen hingegeben hat, dass sein Lebenseinsatz nicht nur für die Juden gilt, sondern für die ganze Welt. Und Jesus deutet seine Lebenshingabe, indem er die Freiwilligkeit betont. »Niemand entreißt es mir, sondern ich gebe es aus freiem Willen hin.« (10,18) Der johanneische Jesus ist souverän. Er ist nicht einfach den politischen Verhältnissen ausgeliefert, die ihn in den Tod treiben. Er gibt sein Leben hin, weil er die Seinen liebt. Das vermag Jesus, weil er sich vom Vater geliebt weiß, weil er auch durch den Tod nicht aus der Liebe des Vaters herausfällt. Und er vermag es, weil er nicht nur die Macht hat, das Leben zu geben, sondern es auch zu nehmen. Damit verweist er auf seine Auferstehung. Jesus gibt sein Leben für die Seinen. Aber in der Auferstehung nimmt er es wieder an sich, auf neue, unüberbietbare Weise. Die Auferstehung befähigt ihn, sich bedingungslos hinzugeben. Er weiß, dass die Liebe stärker ist als der Tod. So sieht Johannes im Tod Jesu nicht eine Sühne für unsere Sünden. Die Schuld kommt bei diesen Aussagen über den Tod Jesu gar nicht vor. Johannes sieht Tod und Auferstehung immer schon zusammen. Und beides ist Ausdruck der unendlichen und bedingungslosen Liebe Gottes zu den Menschen und der

Liebe, die Jesus zu den Seinen hat. Seine Liebe zu den Seinen gründet aber in der Liebe, die Jesus vom Vater erfährt: »Deshalb liebt mich der Vater, weil ich mein Leben hingebe, um es wieder zu nehmen.« (10,17)

Das Bild, das Jesus von sich als Tür und als guter Hirte zeichnet, ist auch eine Herausforderung an uns. Gott beruft auch uns, für andere zur Tür und zum guten Hirten zu werden. In der geistlichen Begleitung dürfen wir manchmal erleben, dass wir im Gespräch dem anderen den Schlüssel liefern, mit dem er die Tür zu seinem eigenen Geheimnis aufsperren kann. Das Bild des guten Hirten ist eine Gewissenserforschung, wie weit wir in unserer Pastoral (Seelsorge = Hirtenarbeit) oder überhaupt in unserer Sorge und Hilfe für andere eher den Lohnarbeitern gleichen, denen letztlich nicht am Schicksal der Schafe liegt, oder den Dieben und Räubern, die sie für sich selbst benutzen, die in der Seelsorge ihre eigenen Bedürfnisse befriedigen, oder dem Fremden, der mit Gewalt eindringt in das Innere des anderen und seine Seele verwüstet, indem er sie in Angst versetzt. Jeder, der sich in der Seelsorge, in der Therapie, in der Begleitung für andere einsetzt, kennt die Gefährdung des geistlichen Missbrauchs. Anstatt dem anderen zu helfen, benutzen wir ihn dann für uns selbst, um die eigenen Defizite auszugleichen. Die Menschen sehnen sich heute nach guten Hirten, die ihr Leben für sie einsetzen, anstatt sie finanziell und psychisch auszunutzen.

Jesus als der gute Hirte, der sein Leben gibt und es wieder nimmt, ist innerlich frei. Er ist nicht bestimmt durch das äußere Schicksal, sondern von seiner Liebe und Freiheit. Wie Jesus sind auch wir frei, unser Leben zu geben und es zu nehmen. Nur wenn das Geben und Nehmen ausgeglichen ist, erfahren wir Leben in Fülle. Wenn wir nur geben, sind wir bald verausgabt. Das Nehmen bezieht sich nicht nur auf die Auferstehung, in der wir für immer das Leben in Empfang nehmen, das Gott für uns bereitet hat. Schon hier in unserem Leben brauchen wir einen gesunden Ausgleich zwischen Geben und Nehmen. Wirkliche Liebe vermag, sich zu geben, sie setzt das Leben ein. Sie wagt das Leben für die, die sie liebt. Aber solche Liebe ist nur möglich, weil ich weiß, dass ich zuerst die Liebe genommen habe, die mir meine Eltern geschenkt haben und die mir in ihrer ganzen Fülle von Jesus entgegenströmt.

Die Auferweckung des Lazarus (11,1–44)

Die Auferweckung des Lazarus ist das siebte und letzte Zeichen, das Jesus wirkt. In ihm zeigt er, dass er der Herr ist über das Leben. Und in dieser Geschichte wird deutlich, dass der Christ jetzt schon auferstanden ist, dass er jetzt schon vom Tod zum Leben übergegangen ist. Dort, wo Jesus wirkt, hat der Tod keine Macht über uns. Vor der Passion Jesu beschreibt Johannes in der Auferweckung des Lazarus das Ziel von Jesu Sendung: Jesus führt uns vom Tod zum Leben. Er ist der Sieger über den Tod. In Jesus hat der Tod seine Macht über uns verloren. So leuchtet in der Auferweckung des Lazarus Gottes Herrlichkeit auf und überwindet das Dunkel des Todes.

Lazarus wird Freund Jesu genannt. Maria und Marta sind Freundinnen Jesu. In ihnen wird jeweils eine andere Weise des Glaubens und der Beziehung zu Jesus beschrieben, die auch für uns Christen heute noch gilt. Marta hört von Jesu Ankunft und geht ihm sofort entgegen. Im Gespräch mit Jesus bekennt sie ihren Glauben an die Auferstehung am Letzten Tag. Doch Jesus belehrt sie: »Ich bin die Auferstehung und das Leben. Wer an mich glaubt, wird leben, auch wenn er stirbt, und jeder, der lebt und an mich glaubt, wird auf ewig nicht sterben.« (11,25 f.)

Im Griechischen steht hier »eis eme«. Wörtlich heißt dies: »Wer an mich glaubt, wer in mich eingeht und in mir lebt.« Wer »in der unaussprechlichen Wirklichkeit Christi lebt, für den oder die gibt es keinen Tod.« (Sanford 2, S. 76) Natürlich wird sein physischer Leib sterben. Aber das Leben, das er in Christus erfährt, kann nicht zu Grunde gehen. Auferstehung kommt für Johannes nicht erst nach dem Tod. Sie ist hier schon eine ganz neue Existenzweise. Wer an Jesus glaubt, lebt, auch wenn sein Leib gestorben ist, auch wenn er wie Lazarus im Grab liegt. Der Glaube an Jesus führt dazu, dass wir nicht aus der Liebe zu ihm herausfallen können, auch durch den Tod nicht. Also hat der Tod keine Macht über uns. In Jesus ist der Tod entmachtet. In der Gemeinschaft mit Jesus erfahren wir hier und jetzt schon Auferstehung als eine neue Lebensqualität, als ein Leben, das nicht mehr totzukriegen ist.

Maria wird bereits in 11,2 charakterisiert als die, »die den Herrn mit Öl gesalbt und seine Füße mit ihrem Haar abgetrocknet hat«. Hier wird also schon vorausgenommen, was erst in Joh 12 erzählt wird. Marta ruft ihre Schwester Maria zu Jesus. Sofort steht diese auf und wirft sich ihm weinend zu Füßen. Maria wird hier als die Liebende charakterisiert. Sie führt keinen Dialog mit Jesus. Beide werden vielmehr eins im Weinen um den Freund Lazarus. Maria ist die, die wortlos glaubt. Sie fühlt die Liebe Jesu zu seinem Freund und ihrem Bruder. Weinend weiß sie sich eins mit Jesus und mit seinem bevorstehenden Schicksal des Todes.

Die Auferweckung des Lazarus ist ein Zeichen für die Herrlichkeit Gottes. Sie ist also auch ein Zeichen für das, was Gott an uns wirkt. Wir haben keinen Grund, an der Geschichtlichkeit der Auferweckung des Lazarus zu zweifeln. Aber es genügt nicht, sich nur zu fragen, was damals geschehen ist. Wichtiger ist, die Bildhaftigkeit der Szene so zu deuten, dass wir darin vorkommen. Lazarus ist schon vier Tage im Grab. Sein Leib ist schon in Verwesung übergegangen. Was im Grab liegt, verwest. Das gilt auch für uns. Wenn wir abgeschnitten sind von der Beziehung zu Jesus, dann verwesen wir, dann verlieren wir unser wahres Wesen. Marta weist darauf hin, dass der Verstorbene schon riecht. Die Beziehungslosigkeit führt zu einem üblen Geruch, zu einer destruktiven Ausstrahlung. Jesus hat durch seine Menschwerdung unserem Leben einen neuen Geschmack geschenkt, den Geschmack des Weines. Das wurde im ersten Zeichen Jesu bei der Hochzeit zu Kana deutlich. Durch seinen Tod und seine Auferstehung vertreibt er den Geruch der Verwesung aus unserem Leben. Wie beim ersten Zeichen, so lässt sich Jesus auch hier von einer Frau zu einem Wunder bewegen. Das erste Zeichen bezieht sich auf die Verwandlung des Menschen durch die Menschwerdung Gottes in Jesus. Das siebte Zeichen verweist auf die Verwandlung durch Tod und Auferstehung Jesu. Da wird der Tod selbst verwandelt. Jesus nennt gegenüber Marta den Glauben als die Bedingung, die Herrlichkeit Gottes zu sehen. Und er meint mit Marta auch den Leser. Wer glaubt, dem wird das Zeichen dazugegeben. Wer glaubt, der darf jetzt schon in der Erzählung von der Auferweckung des Lazarus die Herrlichkeit Gottes aufleuchten sehen.

Der erste Schritt der Auferweckung besteht darin, den Stein wegzuwälzen. Wer hinter dem Stein liegt, ist ausgeschlossen von jeder Beziehung. Als der Stein weggenommen ist, beginnt Jesus zu beten. Im Gebet dankt er Gott, dass er ihn immer erhört. Das Gebet zeigt, dass Jesus den Menschen die Herrlichkeit Gottes offenbaren möchte. Sie sollen durch dieses Zeichen fähig werden, an die Auferstehung zu glauben. Nach dem Gebet ruft Jesus mit lauter Stimme: »Lazarus, komm heraus!« (11,43) Er ruft den Freund. Sein Wort der Freundschaft und Liebe dringt selbst in das Grab hinein. Und es weckt den Toten auf und lockt ihn hervor, aus dem Grab zu treten. Das ist ein wunderbares Bild für das Geheimnis der Auferstehung: Jesu Wort der Freundschaft erreicht uns auch im Tod. Seine Liebe ist stärker als der Tod. Aus ihr können wir auch im Tod nicht fallen. Lazarus kommt heraus: »seine Füße und Hände waren mit Binden umwickelt, und sein Gesicht war mit einem Schweißtuch verhüllt«. (11,44) Er ist noch nicht frei. Er ist mit Binden gefesselt. Solche Binden können Abhängigkeiten von Menschen sein oder innere Blockaden, Lebensmuster, die uns gefangen halten. Und sein Gesicht ist verhüllt. Es ist versteckt hinter einer Maske. Man kann ihm nicht ins Antlitz schauen. Die Auferweckung wird erst vollendet, wenn man dem Toten die Binden löst und ihn frei herumgehen lässt. Wer von den Toten aufersteht, dem kann man ins Antlitz schauen. Der ist fähig für die Begegnung. Begegnung geschieht im Einander-Anschauen, im Einswerden des Schauens.

Mit der Auferweckung des Lazarus will uns Johannes zeigen, dass Jesus jetzt schon für uns Auferstehung und Leben ist. Wer an Jesus glaubt, für den spielen Leben und Tod, so wie wir sie kennen, keine Rolle. In Christus sind wir der Todesmacht entrissen. Die Welt, die im Tod zu Ende geht, hat über uns keine Macht mehr. Wir leben bereits hier in der Welt jenseits der Schwelle, in einer anderen Wirklichkeit, die durch den Tod nicht zerstört werden kann. Wer zum Glauben kommt, der steht jetzt schon auf, der findet in Jesus das wahre Leben. Glauben heißt Aufstehen aus dem Grab, Aufwachen aus dem Schlaf der Illusionen. Auferstehung heißt bewusst leben, mit offenen Augen, ohne Fesseln und Masken. Und Auferstehung heißt, dass wir am Ende unseres Lebens nicht in das Dunkel und in die Beziehungslosigkeit fallen, sondern in die Liebe Gottes, die uns für immer auferweckt, so dass wir ewig bei Gott und in Gott sein werden.

Salbung in Betanien (12,1–8)

Nach dem letzten Zeichen berichtet uns Johannes von einer symbolischen Handlung, die auf den Tod Jesu vorausweist. Es ist sechs Tage vor dem Paschafest. Sechs ist die Zahl der Unvollkommenheit und des Selbstgemachten. Das Unvollkommene wird durch den Tod und die Auferstehung Jesu vollkommen und ganz. Die Sechs verweist wieder auf die Sieben, die Zahl der Verwandlung und Vollendung. In der Auferstehung wird der Mensch neu geschaffen. Da ist wahres Pascha: Hinübergang in die Welt Gottes, Verwandlung und Vergöttlichung des Menschen. Da ist Sabbat: Neuschöpfung durch Gott.

Maria, Marta und Lazarus geben sechs Tage vor dem Pascha, also am Sonntagabend, für Jesus ein Abendessen. Vielleicht ist das Mahl hier ein Bild für die Eucharistie, die die Christen ja am Sonntagabend feierten. Maria nimmt ein Pfund echtes, kostbares Nardenöl und salbt damit Jesus die Füße. Es ist eine verschwenderisch große Menge Öl. Nardenöl galt in der Antike als eines der kostbarsten Öle. Judas schätzt den Wert auf dreihundert Denare. Das ist mehr als das Jahreseinkommen eines Tagelöhners. »Das Haus wurde vom Duft des Öls erfüllt.« (12,3) Die überschwengliche Fülle des Öls erinnert an die Fülle des Weines, den Jesus bei der Hochzeit zu Kana schenkt. Bei dieser Hochzeit ist vom neuen Geschmack des Lebens die Rede. Hier ist es der köstliche Duft, der in die Nase steigt. Gottes Liebe, die im Tod Jesu zur Vollendung kommt, verbreitet einen angenehmen Duft. Das ganze Haus, die ganze Kirche, die ganze Welt wird davon erfüllt und verwandelt. Die Kirchenväter deuten diese Szene so, dass der Wohlgeruch der Erkenntnis (der Gnosis) seit Jesu Tod und Auferstehung die ganze Welt erfüllt. Gegenüber dem üblen Geruch, den der tote Lazarus verbreitet, bedeutet Auferstehung, angenehm zu riechen.

Johannes zeigt in diesen Bildern, dass die Wirklichkeit Gottes mit allen Sinnen wahrzunehmen ist. Sie kann geschaut und gehört, geschmeckt und gerochen und betastet werden. Die mystische Tradition hat diese Sicht des Johannes weiter geführt in ihrer Theologie der »dulcedo« = Süßigkeit Gottes. Gott lässt sich erfahren und spüren. Gottes Spur in der menschlichen Seele ist der Wohlgeruch, der neue Geschmack, die Süßigkeit und Freude.

Die Salbung mit köstlichem Öl ist ein Bild für die Liebe. Am Beginn der Passion steht die Liebe einer Frau. Im Kapitel 13 wird Jesu Tun als Liebe beschrieben. Während bei Markus und Matthäus die Frau den Kopf Jesu salbt, spricht Johannes bewusst von der Salbung der Füße. Die Füße zu salben ist etwas sehr Persönliches und Erotisches, und nur der eigenen Ehefrau oder der Tochter erlaubt. Was Maria tut, hat ihre Parallele im Tun Jesu. Beim letzten Mahl wird Jesus die Füße der Jünger waschen. Da wird er nicht nur den männlichen Dienst des Sklaven, sondern auch den fraulichen Dienst der Ehefrau und Tochter an den Jüngern vollziehen. Am Kreuz wird Jesus diese Liebe vollenden, in der er sich selbst für uns gibt. Da wird sich das kostbare Gefäß seines Herzens öffnen, und seine Liebe wird auf uns ausgegossen. Judas versteht die verschwenderische Liebe Marias nicht. Er hat auch kein Gespür für das Geheimnis der Liebe Jesu, der sich für uns im Tod hingibt. Er sieht alles unter dem Aspekt der Zweckmäßigkeit. Das ist menschlich. Gottes Liebe ist etwas anderes. Jesu Offenbarung ist nicht zu vereinnahmen, auch nicht als soziales Programm. In Wirklichkeit stecken – so sagt Johannes – hinter dem sozialen Programm manchmal selbst Neid und Habgier. Hier geht es um das Geheimnis der Liebe, die sich verströmt. Hier ist es die Liebe einer Frau. Sie steht am Anfang der Passion und am Ende, als Maria von Magdala den sucht, den ihre Seele liebt. Die Mitte der Passion, der Tod Jesu am Kreuz, ist Vollendung der Liebe. Mit dem Bild von der Salbung Jesu drückt Johannes aus, dass sich die Liebe, die in Jesu Passion und Auferstehung zur Vollendung kommt, nicht berechnen lässt. Sie ist verschwenderisch und unvernünftig. Sie lässt sich von nüchternen Verstandesmenschen nicht begreifen. Sie ist nur zugänglich für den, der selbst zu lieben versteht.

Die letzte öffentliche Rede Jesu (12,20–36)

Die letzte öffentliche Rede hält Jesus vor den Griechen. Mit den Griechen sind vermutlich gottesfürchtige Heiden gemeint, die im Tempel den Gott Israels verehren wollen. Mit den Griechen ist hier aber auch die ganze griechische Kultur angesprochen. Die Griechen, Vertreter der griechischen Philosophie, Vertreter der hellenistischen Kultur, in der die Religionen des Iran, Ägyptens, Griechenlands und Roms vermischt sind, kommen zu Jesus. Es ist eine umständliche Prozedur, wie sie zu Jesus kommen. Doch Johannes schildert in ihrem Kommen die künftige Heidenmission. Ein Heide, der sich der Gemeinde anschließen wollte, musste durch zwei Gemeindemitglieder empfohlen werden. Hier wenden sie sich an die beiden Griechisch sprechenden Apostel, an Philippus und Andreas. Andreas sagt es Jesus. Manche Bibelwissenschaftler meinen, Jesus würde auf die Griechen gar nicht antworten. Andere meinen, die Griechen könnten Jesus erst sehen, wenn er für die ganze Welt gestorben ist. Doch ich verstehe die Rede Jesu anders. Für mich antwortet Jesus auf die tiefste Sehnsucht der Griechen.

Er beginnt seine Antwort mit dem Satz: »Die Stunde ist gekommen, dass der Menschensohn verherrlicht wird.« (12,23) Mit diesem Wort fasst Jesus das Ziel seines Weges zusammen. Im ganzen Evangelium ist immer wieder der

Hinweis auf die Stunde zu lesen, die noch nicht gekommen ist. Die Stunde, in der alles erfüllt wird, was Gott den Menschen durch seinen Sohn offenbaren wollte, ist die Stunde des Todes. Die Stunde des Todes ist auch die Bedingung, dass die Griechen das Heil erfahren. Denn Jesus stirbt für die ganze Welt. Das zentrale Wort, das hier anklingt und dann in den Abschiedsreden immer wieder auftaucht, ist: Herrlichkeit, Verherrlichtwerden: »doxa« und »doxasthai«. Doxa heißt: Gottes Herrlichkeit, göttlicher Lichtglanz, Gottes Wesen. Mit »doxa« drückt Johannes aus, dass Gottes Wesen sichtbar wird, dass Gott in dieser Welt mit seiner Schönheit und Pracht erscheint. Das deutsche Wort »Herrlichkeit« kommt nicht von Herr, wie manche meinen, sondern von »hehr = erhaben, vornehm, heilig, herrlich«. Und es hängt zusammen mit dem englischen »hoar«, das grau, altersgrau, ehrwürdig bedeutet. Herrlichkeit meint also etwas Heiliges, das über das Irdische hinausgehoben ist. Und es klingt in dem Wort die Weisheit des Alters mit.

Doxa ist nicht nur für Johannes ein wichtiger Begriff. Bei Lukas leuchtet die Herrlichkeit Gottes in Jesu Geburt und in seiner Verklärung auf, als er mit seinen Jüngern auf dem Berg betete (Lk 9,28–36). Die typisch johanneische Botschaft lautet: Jesu Herrlichkeit erstrahlt gerade im Kreuz. Das Kreuz ist der eigentliche Wendepunkt und der Gipfel aller Offenbarung. An ihm wird die Herrlichkeit Gottes allen Menschen sichtbar. Während des Lebens haben nur die Menschen seine Herrlichkeit gesehen, die ihn unmittelbar erlebt und die an ihn geglaubt haben. Am Kreuz, wo Jesus allen sichtbar von der Erde erhöht wird, erscheint die Herrlichkeit Gottes der ganzen Welt.

Mit diesem Wort von der Herrlichkeit, vom göttlichen Lichtglanz, der in einem irdischen Geschehen sichtbar wird, spricht Jesus die Sehnsucht der Griechen an. Diese waren vor allem schauende Menschen. Schauen, etwas einsehen, ein Schauspiel anschauen, um darin das Geheimnis des Lebens zu entdecken, das waren für sie zentrale Wege ihrer Philosophie und ihrer Religion. Am Kreuz dürfen sie all das schauen, wonach sie sich gesehnt haben: Da leuchtet Gottes Lichtglanz für sie auf. Aber Jesus korrigiert die Sichtweise der Griechen. Ausgerechnet in der Passion, in dem grausamen Sterben eines Menschen am Kreuz, werden sie Gottes Licht und Gottes Liebe schauen. Die Griechen brauchen neue Augen, um gerade am Kreuz Gottes Herrlichkeit erkennen zu können.

Mit dem zweiten Satz antwortet Jesus auf eine andere Sehnsucht der Griechen. Die Griechen kreisten um die Frage, wie das menschliche Leben gelingt und was das Geheimnis der Menschwerdung ist. Jesus zitiert ein in der Antike bekanntes Bildwort: »Wenn das Weizenkorn nicht in die Erde fällt und stirbt, bleibt es allein; wenn es aber stirbt, bringt es reiche Frucht.« (12,24) Das Korn ist an sich klein. Nur wenn es stirbt, bringt es Frucht. Mit diesem Wort erklärt Jesus die Wirkung seines Todes. In seinem Sterben am Kreuz werden große Kräfte freigesetzt, die die ganze Welt verwandeln. Es ist die Kraft der Liebe, die in seinem Tod aufbricht und in der Welt ein neues spirituelles Bewusstsein hervorruft. Die Liebe, die am Kreuz sichtbar wird, schlägt in den Seelen vieler Menschen Wurzeln. (Vgl. Sanford 2, S. 103) Durch seinen Tod am Kreuz wird Jesus auch für die Griechen zugänglich. Da bekommen sie teil an seiner Frucht. Mit diesem Wort beschreibt Jesus zudem den Weg unserer Menschwerdung. Unsere Selbstwerdung wird nur gelingen, wenn wir bereit sind, zu sterben, uns selbst loszulassen. Unser Leben wird nur fruchtbar, wenn wir uns nicht daran festklammern. Das erklärt Jesus in einem Satz, der in ähnlicher Weise auch bei den Synoptikern erscheint: »Wer an seinem Leben hängt, verliert es; wer aber sein Leben in dieser Welt gering achtet, wird es bewahren bis ins ewige Leben.« (12,25) Johannes spricht vom Leben in dieser Welt, das wir gering achten, oder, wie es wörtlich heißt, das wir hassen sollen. Das Leben in dieser Welt ist immer schon vom Tod gezeichnet. Es ist mehr Tod als Leben. Wer das Leben in dieser Welt liebt, der liebt letztlich den Tod und setzt »damit von vornherein auf die falsche Karte« (Blank, S. 311). »Wer neurotisch um seine Sicherheit besorgt ist (an seinem Leben hängt), kann nicht wirklich leben, weil er zum Sklaven seiner Angst geworden ist.« (Leong, S. 105) Die Grundfrage der Griechen, wie unser Leben gelingt, beantwortet Jesus mit Bildern, die auch die Griechen verstehen. Nur wenn das Ich stirbt, gelangt der Mensch zu seinem wahren Wesen, zu seinem Selbst. Das unerleuchtete Ich hält die vordergründige Welt für die eigentliche Wirklichkeit. Es muss sterben, damit wir die Herrlichkeit Gottes zu schauen vermögen. Und wir müssen das egozentrische Kreisen um uns loslassen, damit unser Leben fruchtbar wird. Nicht der äußere Erfolg zählt. Er ist oft Ausdruck einer »toten Seele«. Es kommt darauf an, dass wir wahrhaft Frucht bringen, dass Neues von uns ausgeht. Die wahre Frucht wächst aus unserer seelischen Mitte. Das Ich verstellt uns den Zugang zu dieser Mitte. Nur wenn es entmachtet wird, kommen wir in Berührung mit der fruchtbringenden Wirklichkeit unserer Seele.

In den nächsten Versen deutet Johannes das Ringen Jesu an, das die Synoptiker in der Ölbergszene beschreiben. »Jetzt ist meine Seele erschüttert. Was soll ich sagen: Vater, rette mich aus dieser Stunde?« (12,27) Jesus kennt die Erschütterung, die Verwirrung, die Angst, die ihn angesichts des Todes überfällt. Aber er bittet Gott nicht darum, ihn aus dieser Stunde zu retten. Vielmehr bittet er den Vater, er solle seinen Namen verherrlichen. Die Stunde der größten Anfechtung, die Stunde des scheinbaren Scheiterns ist zugleich die Stunde, in der der Lichtglanz Gottes sichtbar wird. Wie ist das zu verstehen? Johannes radikalisiert mit diesem Satz seine Auffassung von der Herrlichkeit Gottes. Wenn im Schlimmsten, das wir uns vorstellen können, in dem grausamen und gewaltsamen Sterben am Kreuz, Gottes Lichtglanz, Gottes Wesen, Gottes Liebe aufscheint, dann gibt es nichts, das vom Licht ausgeschlossen wäre, dann kann alles in uns verwandelt werden, dann ist alles, auch das scheinbar Gottfremde und Gottferne, in Gottes guter Hand. Wenn Jesus den Vater bittet, er solle seinen Namen verherrlichen, dann bittet er ihn letztlich darum, dass in dieser menschlich so bedrängenden Situation nicht menschliche Angst und Feigheit, sondern Gottes Kraft und Liebe die Oberhand gewinnen. Wenn mitten in meiner Angst Vertrauen aufleuchtet, mitten in der Bitterkeit die Liebe, mitten in der Verzweiflung die Hoffnung, dann leuchtet Gott in dieser Welt auf, dann wird Gottes Lichtglanz sichtbar. Dann geht uns auf, was Thomas Merton als das Wesen der Mystik bezeichnet hat: »Alles, was ist, ist heilig.« Das ist das Paradox, dass Jesus gerade am Kreuz verherrlicht wird. Alles ist heilig, alles kündet von Gott, alles ist voll von Gottes Licht.

Der Vater bestätigt Jesus: »Ich habe verherrlicht und werde wieder verherrlichen« (12,28). In den sieben Zeichen hat Gott seine Herrlichkeit in Jesus sichtbar werden lassen. Er wird ihn jetzt in seinem letzten und wichtigsten Zeichen, im Tod am Kreuz, nicht im Stich lassen. Die umstehenden Juden hören die Stimme Gottes, verstehen sie aber nicht. Sie meinen, es habe gedonnert oder ein Engel habe zu ihm gesprochen. Jesus nimmt dieses Missverständnis zum Anlass, über das eigentliche Geheimnis seiner Sendung zu sprechen, die nun im Tod am Kreuz enden wird. Es sind drei Aussagen, die Jesus über seinen Tod am Kreuz macht. Sein Tod ist Gericht über diese Welt: »Jetzt wird der Herrscher dieser Welt hinausgeworfen.« (12,31) Sein Tod erschüttert unsere Selbstsicherheit und stellt uns in die Entscheidung. Die Stunde Jesu ist für uns Krisis: Stunde des Gerichts und der Entscheidung. Im Tod Jesu verlieren die Maßstäbe dieser Welt ihre Bedeutung. Die Macht der Welt wird zerbrochen. Der, der diese Welt regiert, der Herrscher dieser Welt, wird hinausgeworfen. Das ist ein mythisches Bild für eine Wirklichkeit, die wir alle kennen. Wenn die Liebe so sichtbar wird wie im Tod Jesu, dann werden alle Mächte dieser Welt entmachtet, das Geld, der Sex, die Geltungssucht, das Streben nach Macht. Dann entsteht eine andere Welt, in der die Menschen zu Hause sind, in der sie menschlich miteinander zu leben vermögen.

Die zweite Antwort, die Jesus auf die Frage nach dem Sinn seines Todes gibt, lautet: »Ich, wenn ich über die Erde erhöht bin, werde alle zu mir ziehen.« (12,32) Hier taucht ein anderes wichtiges Wort des Johannesevangeliums auf: erhöhen und erhöht werden. Johannes verbindet mit diesem Wort zwei Verbindungen: Der Kreuzesstamm wird erhöht, und Jesus wird am Kreuz in die Höhe gezogen. Diesem äußeren Erhöhen entspricht die innere Bedeutung. Im Alten Testament bedeutet erhöhen, jemanden zu Macht, Ehre und Ansehen bringen, ihn zum Herrscher einsetzen. Indem Jesus am Kreuz erhöht wird, wird er über alle Erde hinaus erhöht. Er wird in Gottes Machtbereich hinaufgehoben. Es ist eine himmlische Erhöhung, die da in der äußeren Erhöhung am Kreuz geschieht. Jesus wird am Kreuz zum Herrn über Himmel und Erde eingesetzt. Er sitzt nun zur Rechten Gottes und tritt für uns ein. Das Erhöhen ist auch ein Bild für unsere christliche Existenz. Am Kreuz werden wir hinaufgehoben in den göttlichen Bereich. Wir werden der Macht dieser Welt entrissen und in das Licht Gottes erhoben. Wir gehören nicht mehr der Welt, sondern Gott. Die Welt hat keine Macht mehr über uns. Wir sind in Gott hinein erhöht.

Vom Kreuz herab wird Jesus alle zu sich ziehen. Die äußere Kreuzgebärde, da Jesus mit offenen Armen am Kreuz angenagelt ist, ist für Johannes eine Liebesgebärde. Jesus öffnet seine Arme, um alle Menschen einzuladen, zu ihm zu kommen. Er wird sie in seine liebenden Arme aufnehmen und sie umarmen. Sein Tod gilt allen Menschen. Die Liebe, die in diesem Tod offenbar wird, schließt niemanden aus. Jeder, der auf das Kreuz schaut, darf sich eingeladen fühlen, sich in diese Liebe zu flüchten. Dann ist er heil, dann ist er gerettet und ganz. In dem Wort »alle zu mir ziehen« klingt das Motiv der Sammlung aller Völker an, die uns der Prophet Jesaja immer wieder verheißt. Am Kreuz sammelt Jesus die zerstreuten Schafe Israels, aber auch alle auf der Welt zerstreuten Menschen, die sich nach Einssein, Heilsein und Ganzsein sehnen. Das griechische Wort »helko« hat das Bild des Magneten vor Augen, der mit unsichtbarer Kraft alle Gegenstände an sich zieht. Die christliche Mystik sieht Jesus am Kreuz wie einen Magneten, der einen unsichtbaren, aber starken Einfluss auf die Seelen ausübt. (Vgl. Sanford 2, S. 109)

Die dritte Antwort greift nochmals das Motiv des Lichtes auf: »Nur noch kurze Zeit ist das Licht bei euch. Geht euren Weg, solange ihr das Licht habt, damit euch nicht die Finsternis überrascht. Wer in der Finsternis geht, weiß nicht, wohin er gerät. Solange ihr das Licht bei euch habt, glaubt an das Licht, damit ihr Söhne des Lichts werdet.« (12,35f.) Vor seinem Tod am Kreuz verweist Jesus auf das Motiv, das schon im Prolog aufklang. Jesus ist das Licht, das in diese Welt kommt. Sein Tod am Kreuz ist Mahnung, sich von diesem Licht erleuchten zu lassen und im Licht zu wandeln. Wer in der Finsternis wandelt, hat keine Orientierung. Er irrt planlos in dieser Welt herum. Jesu Tod am Kreuz ist wie eine Leuchte für alle, die im Dunkeln wandeln. Durch den Tod Jesu werden wir der Finsternis entrissen. Ziel des Sterbens Jesu ist, dass wir

Kinder des Lichtes werden. Wer an das Licht glaubt, das am Kreuz in seinem Glanz am deutlichsten aufstrahlt, der wird Sohn und Tochter des Lichtes, der hat teil an der Herrlichkeit Gottes, dessen Leben wird verwandelt. Auch diese dritte Deutung des Todes bezieht sich auf die Sehnsucht der Griechen: teilzuhaben am Wesen Gottes, im Lichte Gottes wandeln, selber zum Licht werden. Die Griechen sprechen vom Menschen, der »kalos k'agathos« ist, gut und schön, herrlich und in sich stimmig. Jesus erfüllt ihre Sehnsucht, jedoch an einem Ort, an dem sie es am wenigsten erwartet hätten: am Kreuz.

Die Fußwaschung (13,1–15)

Mit Kapitel 13 ändern sich die Situation und die Stimmung im Johannesevangelium. Jetzt ist Jesus allein mit den Seinen. Die Seinen, idioi, das sind wir. Die Abschiedsreden sind geprägt von einer Atmosphäre des Vertrautseins und der Intimität. Jetzt geht es nicht mehr um den Kampf gegen die Finsternis der Welt, sondern um die Liebe. Das ganze Tun Jesu wird als Liebe bezeichnet. Jesus ist gekommen, um uns seine Liebe zu zeigen. Im ersten Teil hat uns Johannes beschrieben, wie die Liebe kämpft, wie sie um die Welt wirbt und für sie schließlich zum Gericht wird, weil die Welt sie nicht annimmt. Jesus hat sich der Welt zugewandt. Aber sie hat ihn abgelehnt. So hat sein Wirken zur Krisis geführt, zum Gericht, zur Spaltung und zur Entscheidung. Jetzt offenbart Jesus den Seinen seine Liebe bis zur Vollendung, zunächst im Tun der Fußwaschung, dann in den Worten der Abschiedsreden und schließlich in der Passion und in der Auferstehung. Die Fußwaschung ist wie ein Portal zur Leidensgeschichte. Sie eröffnet die Geschichte der vollendeten Liebe.

Hier wird das dritte Mal gesagt: »Es war vor dem Paschafest.« (13,1) In der Passion vollendet sich das, was die Juden am Paschafest feiern. Da befreit Gott sein Volk aus der Gefangenschaft, da führt er es in das Land, das er ihm verheißen hat. Das erste Mal erwähnt Johannes das Paschafest vor der Vertreibung der Händler aus dem Tempel. In der Passion und Auferstehung reinigt Jesus das Volk und schafft in seinem Leib den neuen Tempel, in dem Gott angebetet wird. Das zweite Mal wird das Paschafest vor der Brotvermehrung genannt. Die Eucharistie ist das wahre Paschamahl, das Mahl, in dem wir der Befreiung und Erlösung durch Jesus Christus gedenken. Jetzt deutet Johannes das Geheimnis des Paschafestes mit der Bemerkung: »Jesus wusste, dass seine Stunde gekommen war, um aus dieser Welt zum Vater hinüberzugehen.« (13,1) Pascha heißt: Hinübergehen. Der wahre Hinübergang ist der Tod Jesu. Am Kreuz geht Jesus hinüber in die Herrlichkeit Gottes. Das ist ein Bild für unsere christliche Existenz. In Jesus gehen auch wir schon jetzt hinüber in den Bereich Gottes. Wir sind noch in der Welt, aber in ihr haben wir schon teil an der jenseitigen Welt, am göttlichen Lichtglanz, in den Jesus am Kreuz eingegangen ist. Glauben heißt für Johannes, dass wir jetzt schon hinübergehen in die Welt Gottes. Nur von daher können wir wahrhaft leben, als freie, schauende, liebende, aufgeweckte und aufgewachte Menschen.

Johannes fasst nun in einem Satz das ganze Wirken Jesu zusammen: »Da er die Seinen, die in der Welt waren, liebte, erwies er ihnen seine Liebe bis zur Vollendung.« (13,1) Diese Liebe bis zur Vollendung erweist Jesus den Jüngern nicht nur, indem er ihnen die Füße wäscht, sondern indem er für sie am Kreuz sein Leben hingibt. Diese Liebe war der Urgrund seines Wirkens und seiner Worte, die er zu den Menschen sprach. Diese Liebe prägt jetzt auch die Abschiedsreden. Sie sind letztlich Vermächtnis seiner Liebe. Jesus liebt uns bedingungslos und bis zur letzten Konsequenz, bis zur Konsequenz des Todes. Johannes will uns in der Fußwaschung und in der Passion die Geschichte der vollendeten Liebe Gottes erzählen. Die Stunde, auf die Johannes immer wieder hinweist, ist die Stunde der höchsten Vollendung der Liebe Jesu zu den Seinen. Das griechische Wort »telos« heißt: Ziel, Vollendung, Erfüllung. Es ist auch ein Wort der Mysteriensprache und bedeutet: »Einweihung in das Geheimnis«. In seinem Tod am Kreuz weiht uns Jesus in das Geheimnis seiner vollkommenen, seiner göttlichen Liebe ein. »Telos« kann auch für Hochzeit stehen. In seinem Tod am Kreuz vollendet Jesus die Hochzeit mit uns, die zu Beginn seines Wirkens in der Hochzeit zu Kana aufstrahlte.

Johannes gibt der Fußwaschung zwei Deutungen, eine symbolische und eine vorbildhafte. Die symbolische Bedeutung der Fußwaschung wird offenbar in den Worten: »Er legte sein Gewand ab und umgürtete sich mit einem Leinentuch.« (13,4) Das ist eine bildhafte Beschreibung der Menschwerdung Jesu. Er legt das Gewand seiner göttlichen Natur ab und erscheint mit dem Leinentuch wie ein Sklave. Die Symbolik der Fußwaschung wird auch in dem Gespräch Jesu mit Petrus sichtbar. Petrus will sich nicht die Füße waschen lassen. Er versteht es offensichtlich als Sklavendienst. Jesus antwortet ihm: »Was ich tue, verstehst du jetzt noch nicht; doch später wirst du es begreifen.« (13,7) Die Fußwaschung verweist auf ein anderes Geschehen, letztlich auf den Tod Jesu. Sie ist Bild für den letzten Dienst, den Jesus den Jüngern erweisen wird, für seinen Freundschaftstod am Kreuz. Wer diesen Dienst ablehnt, der hat keinen Anteil an der Erlösung, an Jesu Herrlichkeit: »Wenn ich dich nicht wasche, hast du keinen Anteil an mir.« (13,8) Petrus versteht wieder nicht, was Jesus sagen möchte. Er ahnt nur, dass ihm die Fußwaschung Anteil an Christus schenkt. So erbittet er von Jesus ein Vollbad. Jetzt erklärt ihm Jesus durch ein Bild, was er gemeint hat: »Wer vom Bad kommt, ist ganz rein und braucht sich nur noch die Füße zu waschen.« (13,10) Die Jünger sind durch das Wirken Jesu und durch seine Worte schon rein geworden. Bultmann versteht diese Reinheit als Freiheit von der Welt. Wer an Jesus glaubt, über den hat die Welt mit ihren Maßstäben keine Macht mehr. Er wird nicht mehr beschmutzt von weltlichen Machtspielen, Intrigen und Süchten. Die Fußwaschung ist für Jesus Zeichen für die noch ausstehende Liebestat seines Todes am Kreuz. In ihr vollendet sich seine Liebe. Zum Glauben gehört, dass der Jünger nicht nur den Worten Jesu glaubt, sondern vor allem seinem Sterben. Darin vollendet sich auch sein Glaube, dass er in diesem Tod am Kreuz den höchsten Erweis von Jesu Liebe sieht.

Wenn wir die Fußwaschung symbolisch verstehen, dann beschreibt sie das Wesen von Jesu Tod am Kreuz. Am Kreuz beugt sich Jesus am tiefsten hinab zu uns Menschen. Er beugt sich bis in den Staub des Todes. Am Kreuz berührt er unsere Füße und wäscht sie. Die Füße sind Bild für unsere Beziehung zur Welt. Mit ihnen betreten wir die Welt und machen uns schmutzig. Jesus berührt uns an der welthaften Stelle, um uns von der Macht der Welt zu befreien. Die Füße sind aber auch die verwundbarste Stelle. Die Griechen sprechen von der Achillesferse. Für die Gnostiker sind die Fersen von den Dämonen besetzt und von Trieben bestimmt, vor allem vom Sexualtrieb. Für andere Völker, etwa für die Indianer, ist der Fuß die Schnittstelle zwischen Geist und Körper. Durch die Füße gelangt der Geist in den Leib. Andere Völker bringen die Füße mit der Gabe des Heilens zusammen. (Vgl. Sanford 2, S. 115f.) Der antike Dienst des Fußwaschens war nie nur Reinigung, sondern immer auch Heilung. Da man normalerweise keine Sandalen trug, verletzte man sich beim Gehen häufig an den Füßen. Der

Sklave untersuchte die Füße nach ihren Wunden und rieb sie mit Öl ein, um sie zu heilen. Jesus berührt in seinem Tod am Kreuz unsere Wunden. Die verwundbarste Stelle ist für uns der Tod. Dass wir sterblich sind, hinfällig, vergänglich, das war für die Griechen die größte Beeinträchtigung der menschlichen Würde. Jesus heilt uns in seinem Tod am Kreuz von unserer Todeswunde. Und er reinigt uns von allem, was uns beschmutzt. Johannes deutet mit der Fußwaschung den Tod Jesu vor allem als Reinigung und Heilung. Und er deutet ihn als Vollendung der Liebe. Letztlich ist es die göttliche Liebe, die uns reinigt, die uns befreit vom Verhaftetsein an die Welt und unsere Wunden heilt.

Die vorbildhafte oder moralische Deutung der Fußwaschung kommt in den Versen 12–17 zum Ausdruck. Jesus verweist die Jünger auf sein Tun. Er ist ihr Herr und Meister. »Wenn nun ich, der Herr und Meister, euch die Füße gewaschen habe, dann müsst auch ihr einander die Füße waschen.« (13,14) Jesu Handeln ist Vorbild für uns Christen. Fußwaschung bedeutet dabei mehr, als nur einander zu dienen. Wie Jesus sollen wir uns hinabbeugen zu unseren Brüdern und Schwestern und sie dort berühren, wo sie schmutzig sind, wo sie sich selbst nicht annehmen können. Wir sollen sie durch unsere Liebe reinigen. Wer sich geliebt weiß, fühlt sich rein und lauter. Er hört auf, sich mit Schuldgefühlen zu zerfleischen. Die bedingungslose Liebe befreit ihn von seiner Selbstentwertung und Selbstverachtung. Und wir sollen einander an unseren Wunden berühren. Wer die eitrige Wunde des anderen berührt, macht sich die Hände schmutzig. Es braucht ein liebevolles und zärtliches Berühren, ein Salben mit dem Öl der Liebe, damit die Wunden heilen können. Jesus fordert seine Jünger zu einem neuen Verhalten auf. Er möchte eine Gemeinschaft von Freunden, die einander den Freundschaftsdienst der Fußwaschung erweisen. Er möchte eine Gemeinschaft von Brüdern und Schwestern, die einander bedingungslos annehmen und lieben, damit sich jeder in dieser Gemeinschaft rein und lauter fühlt, dass er sich wie nach einem Vollbad erlebt: erfrischt, gesalbt, seiner Schönheit sich bewusst, einen wohlriechenden Duft verströmend.

Die Abschiedsreden (14,1–14)

Die Abschiedsreden Jesu sind Worte des erhöhten Herrn an seine Gemeinde am Ende des ersten Jahrhunderts. Jesus, der zum Vater erhöht ist, spricht in ihnen auch uns heute an, um uns in unserem Glauben zu stärken. Den Forschern ist immer schon aufgefallen, dass die Abschiedsrede Jesu eigentlich bereits in 14,31 schließt. Da fordert Jesus die Jünger auf: »Steht auf, wir wollen weggehen von hier.« Doch das wird erst in 18,1 eingelöst. Die erste Abschiedrede 13,31–14,31 richtet sich vornehmlich an die um Jesus versammelten Jünger. Die Zielgruppe der zweiten Rede von 15,1–16,27 sind dagegen die späteren Jünger und die Leser des Evangeliums. Die Abschiedsreden schließen mit dem Gebet Jesu an den Vater, in dem er seine Anliegen und Wünsche betend zum Ausdruck bringt. Das Ziel des Wirkens Jesu ist, die Jünger zu heiligen, zu bewahren, zur Einheit zu führen und sie schließlich mit sich in Gottes Herrlichkeit zu vereinigen.

Die Abschiedsreden sind auch heute höchst aktuell. Denn Jesus behandelt darin entscheidende Themen, die unsere christliche Existenz betreffen. Da ist einmal das Thema Glaube und Unglaube, Fortgehen und Wiederkommen. Jesus spricht davon, dass er aus dieser Welt fortgeht und dass er zum Vater geht. Dieses Fortgehen ist ein wichtiges Bild auch für uns heutige Christen. Wir sind Menschen, die in dieser Welt sind, die aber im Aufbruch sind, aus dieser Welt in die andere Welt Gottes zu gehen. Wir gehen nicht erst im Tod in die göttliche Welt. Der Glaube ist vielmehr hier und heute schon Übergang aus der irdischen Existenz in die himmlische Existenz. Im Glauben haben wir in dieser Welt schon Anteil an der künftigen Welt, an der Welt Gottes. Die Szene des Abschieds Jesu von den Seinen beschreibt die für unser Leben typische Übergangssituation. Unser Leben ist ein dauernder Übergang von einer Welt zur anderen. Jesus begleitet uns auf unserem Übergang. Er ist durch den Beistand, den Heiligen Geist, bei uns gegenwärtig. Der Heilige Geist ist bei Johannes an die Person Jesu gebunden. Durch den Geist bleibt Jesus bei den Seinen. Der Geist ist die Gegenwart des erhöhten Herrn bei denen, die sich im Glauben von Jesus in die Welt Gottes einführen lassen.

Die wichtigste Botschaft der Abschiedsreden ist die Aufforderung zum Glauben. Der Glaube hilft, die Erschütterungen unseres Menschseins zu bestehen. Die Erschütterung entsteht aus dem Zusammenprall von Welt und Offenbarung, von innerem und äußerem Weg, von der inneren Ahnung Gottes und der äußeren Realität, die von Gott nichts wissen will. Der Hinübergang zum Vater ist nur im Glauben möglich. Die Verunsicherung ist durch die Abwesenheit Jesu bedingt. Glauben ist ein festes Vertrauen. Er schenkt die innere Ruhe und die Festigkeit eines Herzens, das von Gott weiß und sich in Gott gründet.

In 14,1–4 spricht Jesus von den Wohnungen im Hause seines Vaters. Mit diesen Worten antwortet er auf ein urmenschliches Bedürfnis nach Geborgenheit, nach Heimat, nach Sicherheit und Frieden. Jesus selbst bereitet uns beim Vater eine Wohnung. Dort gibt es viele Wohnungen, für jeden von uns die ihm angemessene. Es ist die ewige Wohnung beim Vater. Aber wir wohnen jetzt schon in dieser Welt dort, wo Gott ist. Jesus, der hinübergegangen ist in den göttlichen Bereich, kommt wieder zu uns, damit wir jetzt schon mit ihm hinübergehen in den Bereich des Vaters. Das gibt uns wahre Freiheit und Geborgenheit mitten in dem Unbehaustsein in dieser Welt. In unserem persönlichen Tod wird Jesus uns von den himmlischen Wohnungen aus entgegengehen, um uns abzuholen und einzuführen in die Wohnung, die er uns beim Vater bereitet hat. Dann werden wir für immer bei ihm sein. Dann wird sich bewahrheiten, dass die Liebe stärker ist als der Tod und dass wir auch im Tod nicht aus der Gemeinschaft mit Christus herausfallen werden.

Die Frage des Thomas in 14,5 verwendet wieder das Stilmittel des Missverständnisses, um uns noch tiefer aufzuzeigen, was das wahre Leben und was der Weg zu diesem Leben ist. Das Bild des Weges spricht die menschliche Sehnsucht nach Orientierung im Durcheinander dieser Welt an, nach Sinn in der Sinnlosigkeit. Es geht um den richtigen Weg bei den vielen Wegen, die damals wie heute angeboten werden. Die Frage nach dem Weg ist die Frage nach dem Sinn und dem Ziel unserer Existenz. Jesus antwortet mit der Formel »Ich bin« (»ego eimi«). Die »Ich bin«-Worte sind typisch für das Johannesevangelium. Sie erinnern an die Offenbarung Gottes am brennenden Dornbusch. Diese »Ich bin«-Worte haben im Gottesdienst eine wichtige Bedeutung. Sie zeigen die Gegenwart des Erhöhten für die Gemeinde an. Jesus verbindet das »Ich bin« acht Mal mit einem Bildwort: »Ich bin der gute Hirt, ich bin das Brot, das vom Himmel herabkommt.« In diesen Bildern zeigt uns Jesus, was er heute für uns bedeutet. Es sind archetypische Bilder, die unsere Sehnsucht nach gelingendem Menschsein ausdrücken. Jesus benützt hier Worte, wie sie in vielen Religionen als Ausdruck menschlicher Sehnsucht nach dem wahren und eigentlichen Leben vorkommen. Wenn Jesus die mythischen Bilder aller Religionen auf sich bezieht, dann will Johannes den Lesern seines Evangeliums sagen: »Ihr braucht weder in der

Gnosis, noch in der griechischen Philosophie, noch in den Mysterienkulten zu suchen. Jesus ist die Erfüllung all eurer Sehnsucht.«

Jesus ist der Weg. Neben ihm braucht man keinen anderen Weg, keinen Weg des Gesetzes oder spiritueller Methoden oder wachsender Erkenntnis. Jesus ist der mystische Weg, der uns zum Licht und zum Verstehen führt, zur Weisheit, zum wachsenden Bewusstsein und zu unserer ureigensten Bestimmung. Jesus ist der Weg und zugleich das Ziel. In ihm erfahren wir Gott als das Leben und als die Wahrheit. In ihm wird uns Gott offenbar. Da schauen wir den Vater. Auf Jesus schauen und sein Wort hören, das hält uns in Bewegung auf Gott hin. Glaube ist kein fester Besitz, sondern Weg, Bewegung, eine innere Dynamik auf Gott hin, die uns lebendig hält. Jesus ist das Leben. In ihm wird die Möglichkeit wirklichen Lebens sichtbar, eines Lebens, das Himmel und Erde, Gott und Mensch, Zeit und Ewigkeit miteinander verbindet. Jesus ist göttliches Leben, göttliche Wirklichkeit. In ihm haben wir teil an Gottes Lebendigkeit und Gottes Fülle. Und Jesus ist die Wahrheit. Er verkündet uns keine wahren Sätze, die wir getrost nach Hause tragen könnten. Er ist nicht die Wahrheit als Lehre, sondern als »offenbare Wirklichkeit Gottes« (Bultmann, S. 468). In Jesus ist der Schleier weggezogen, der uns Gott verhüllt. In ihm wird Gottes Licht sichtbar. Wer den Weg Jesu geht, der hat nicht die Wahrheit, sondern er lebt aus der Wahrheit, er lebt wahrhaftig. Er lebt in Kontakt mit der Wirklichkeit. Er ist aufgewacht zur Wirklichkeit. Er sieht die Welt so, wie sie ist. Er sieht im Antlitz Jesu Gottes Herrlichkeit aufleuchten. Für das Alte Testament heißt Wahrheit zugleich Treue und Verlässlichkeit. In Jesus haben wir einen sicheren Halt. Da stehen wir in der Wirklichkeit Gottes. Da verlassen wir den unsicheren Boden unserer eigenen Meinungen, unserer Vorstellungen von Wirklichkeit. Da sind wir in Berührung mit der Wahrheit Gottes. Und so kommen wir in Jesus auch in Berührung mit der eigenen Wahrheit, mit unserem wahren Selbst. Wahrheit befreit. Sie führt in die Freiheit.

Jesus nimmt für sich in Anspruch, dass niemand zum Vater kommt außer durch ihn. Das haben viele Christen oft so verstanden, dass nur die Menschen, die sich bewusst zu Jesus bekennen, in den Himmel kommen. Doch so einfach ist das Wort nicht zu deuten. Vielmehr möchte Jesus damit sagen, dass in ihm das Wesen des Vaters aufleuchtet. Er ist die wahre und vollkommene Offenbarung Gottes. Aber das heißt nicht, dass alle anderen Heilswege nicht zu Gott führen. Sie sind vielmehr Vorahnungen dessen, was in Jesus von Gott aufgeleuchtet ist. Jesus möchte uns Christen kein Argument dafür liefern, dass wir uns über die anderen stellen, sondern er möchte uns einladen, ihn mit den Augen des Glaubens anzuschauen, damit uns in seinem Antlitz Gottes Herrlichkeit aufleuchtet. Und er fordert uns heraus, dass wir Jesus den Andersgläubigen so verkünden, dass sie ihren Weg zum Leben und zur Wahrheit in ihm wiederfinden, dass sie in Jesus ihre eigenen Sehnsüchte erfüllt sehen.

Trostworte an die Jünger (14,15–23)

Johannes spricht in seinem Evangelium nicht nur von der Liebe Jesu zu uns, sondern auch von unserer Liebe zu Jesus. Christsein heißt also, Jesus zu lieben, eine persönliche Beziehung zu Jesus aufzubauen. Dieses Thema ist typisch johanneisch. Die Synoptiker und Paulus kennen es nicht. Die Verse 14,15–23 antworten uns auf die Frage, wie unsere Beziehung zu Jesus konkret aussehen kann. Jesus lieben, das heißt seine Gebote oder seine Worte halten. Das griechische Wort »terein« bedeutet: bewahren, achten auf, beobachten, halten. Es hat auch den Sinn von meditieren, sorgfältig beobachten. Johannes lädt uns ein, über Jesus zu meditieren, uns in seinen Geist hinein zu spüren und dadurch zur Liebe fähig zu werden. Wer Jesus liebt, der lebt bewusster, der folgt dem Licht. Das wird sich auch in seiner Lebensweise auswirken. Das neue Verhalten drückt sich im neuen Gebot aus, das Johannes nicht müde wird zu wiederholen: »Liebt einander!«

Jesu Gebot der Liebe ist nicht einfach eine moralische Forderung, die wir mit dem Willen erfüllen können. Es schickt uns vielmehr auf einen langen Entwicklungsweg, auf dem wir unseren tief verwurzelten Egozentrismus durchschauen und entmachten und dadurch in Berührung kommen mit unserer wahren Mitte, aus der heraus die Liebe strömt. Das Ziel unseres Reifungsweges ist die Liebe. Jesus befähigt uns durch seine Worte und durch sein Beispiel zu dieser Liebe, die nicht nur uns, sondern auch die menschliche Gesellschaft mehr und mehr verwandelt.

Die Beziehung zu Jesus ist die Quelle unserer Liebe zueinander. Damit wir in der persönlichen Beziehung zu Jesus bleiben können, sendet uns Jesus seinen Geist, den Paraklet. Nur bei Johannes wird der Heilige Geist mit »parakletos« bezeichnet. Parakletos ist der Fürsprecher, der Beistand bei Gericht, der Helfer und Mittler, der Anwalt und Berater. Es ist der Geist der Wahrheit, der uns die Augen öffnet für den gegenwärtigen Herrn und für Gott, den Vater, der uns in Jesus aufleuchtet. Der Geist hebt den Schleier auf, der über aller Wirklichkeit liegt, und lässt uns die Dinge so sehen, wie sie wirklich sind. Er unterstützt uns auf unserem Weg des Aufwachens und des wachsenden Bewusstwerdens. Durch den Beistand des Heiligen Geistes bleibt Jesus bei uns. Der Geist vergegenwärtigt uns Jesus. In ihm ist Jesus bei uns und in uns. Das größte Geheimnis des Heiligen Geistes ist, dass Jesus in uns wohnt. Unsere Liebe zu Jesus wird erst durch den Beistand möglich. Denn im Heiligen Geist ist Jesu Liebe in uns und in seiner Liebe der Vater, die Quelle aller Liebe: »Wenn jemand mich liebt, wird er an meinem Wort festhalten; mein Vater wird ihn lieben, und wir werden zu ihm kommen und bei ihm wohnen.« (14,23) In diesen Worten vollendet sich die persönliche Beziehung zu Jesus und durch und in ihm zu Gott. Johannes will hier keine Wesensaussage über den dreifaltigen Gott machen, sondern einfach die Wirklichkeit Jesu meditieren. Der Gipfel der Meditation ist die Erfahrung, dass Jesus, der jetzt beim Vater in der Herrlichkeit wohnt, zugleich im Heiligen Geist auch in uns wohnt. Er hat Wohnung bei uns genommen, eine Wohnung, die auch durch den Tod nicht mehr zerstört werden kann.

Der Geist ist die bleibende Gegenwart Jesu unter uns und in uns. Jesus lässt uns nicht als Waisen zurück. Er bleibt auf neue Weise in uns und bei uns. Er ist uns sogar näher als während seines Lebens auf Erden. Denn jetzt wohnt er in unseren Herzen. Wenn Jesus die Jünger nicht verlassen hätte, wären sie in Gefahr gewesen, ihr Selbst auf ihn zu projizieren. Dann wären sie nicht weiter gegangen auf ihrem Entwicklungsweg. Da Jesus sie verlässt, müssen sie ihr wahres Selbst im eigenen Innern finden. Der Heilige Geist führt die Jünger zu dem Christus, »der in der Seele wohnt und von dem sie niemals getrennt werden können.« (Sanford 2, S. 157) Das Verlassen Jesu befähigt uns zu einer tieferen Gemeinschaft mit ihm. Jetzt können wir nicht mehr von ihm getrennt werden. Er ist mit uns zusammengewachsen. Er ist uns innerlicher, als wir uns selbst sind. Der Geist drückt die neue, innige Gemeinschaft mit Jesus aus. Jesus verlässt uns nicht, wie etwa Sokrates seine Jünger verlassen und sie als Waisen zurückgelassen hat. Jesus lebt. Er ist auferstanden, und er gibt uns Anteil an diesem göttlichen Leben, das die Welt nicht versteht und nicht sieht. Ostern heißt, dass Jesus durch den Geist als Leben erweckende Macht unter und in uns ist. Der Auferstandene ist im Geist schon unter uns und wird uns nie mehr verlassen. Der Geist ist die göttliche Zukunft, die kein Ende haben wird. Die Gottesgemeinschaft, in die wir durch den Geist hineingeführt wurden, wird durch den Tod nicht zerbrochen, sondern in ihrer ganzen Fülle offenbar. Für Johannes besteht der Kern des Christentums im staunenswerten Wunder der Ankunft Gottes bei den Menschen. Gott ist durch Jesus in den Menschen eingegangen und ist und bleibt für alle Zukunft in ihm anwesend. Das zu meditieren, wird Johannes nicht müde. Die Abschiedsreden umkreisen dieses Thema von allen Seiten, damit der Leser immer mehr zu glauben vermag: Gott ist in ihm, und er ist in Gott. Jesus ist das Wunder der Gegenwart Gottes im Menschen. Der Beistand vermittelt uns diese bleibende Gegenwart. Er öffnet den Raum unseres Herzens, damit der Vater und der Sohn darin Wohnung nehmen können. Wenn Gott in uns wohnt, dann vermögen auch wir, in uns selbst zu wohnen, bei unserem wahren Selbst anzukommen und in uns selbst daheim zu sein.

Die Bildrede vom Weinstock (15,1–17)

Wie das Wohnen Gottes im Menschen unseren Leib und unsere Seele verwandelt, davon spricht Jesus in der Bildrede vom Weinstock. »Das Bild vom Weinstock ist reine Mystik.« (Sanford 2, S. 142) Es zeigt uns, wie unsere Seele verwandelt und befruchtet wird durch die Vereinigung mit Gott. Das Bild des Weinstocks ist in vielen Kulturen weit verbreitet. Im Alten Testament ist es ein Bild für das Volk Israel. Jesus nennt sich den wahren Weinstock. Er ist das wahre Israel. In ihm verwirklicht sich, was dem Volk

Israel verheißen war: dass Gott in seiner Mitte wohnt und dass das Volk Gottes Gebot erfüllt und auf diese Weise Frucht bringt. Der Weinstock ist aber auch ein Bild, das die Griechen lieben. Dionysos ist der Gott des Weines und der Ekstase. Wein ist das Blut des Dionysos. Ohne Ekstase verkümmert der Mensch. Da bleibt er in seiner »Ego-Schachtel« stecken. Sanford sieht es als eine Hauptaufgabe der Religion, »Menschen dabei zu helfen, die wahre Ekstase zu finden, das heißt, Wege anzubieten, auf denen jemand für den Moment die gewöhnlichen Grenzen und Strukturen verlassen konnte, durch die wir meist eingeschlossen sind.« (Sanford 2, S. 149) Johannes zeigt uns den christlichen Weg der Ekstase, der uns über uns hinausführt. Durch die Vereinigung mit Christus sprengen wir die engen Grenzen des Ich und kommen in Berührung mit »der unbegrenzten Kreativität der inneren Mitte«. Christus als der wahre Dionysos befreit uns von einer engen Gesetzesreligion und führt uns zur »Ethik der Kreativität« (Berdjajew). Schon Origines hat zu Beginn des dritten Jahrhunderts das Bild des Weinstocks so gedeutet. Für ihn ist das Wort Jesu wie der Wein, der »uns ein Gefühl der Inspiration verleiht und uns mit einem Rausch erfüllt, der nicht unvernünftig ist, sondern göttlich«. Für Origines sind es nicht moralische Übungen, sondern mystische Spekulationen, »die das Herz erfreuen und in denen, die sie in sich aufnehmen, ein Gefühl der Inspiration und der Freude im Herrn bewirken«. (Origines, 33) Das Bild des Weinstocks drückt die freudige Seite unseres spirituellen Weges aus. Das Ziel unseres Weges ist die Ekstase der Freude in der Vereinigung mit Gott.

Wenn Jesus sich den wahren (»he alethine«) Weinstock nennt, dann heißt das für mich auch: Wenn ich den Weinstock, den Baum, die Tür, das Brot anschaue, wenn ich allem Irdischen auf den Grund gehe, dann erkenne ich darin letztlich das Geheimnis Jesu, das Geheimnis Gottes und des Menschen. Alles wird zum Sinnbild für Gott, der in Jesus Mensch geworden ist. Bultmann sieht im Weinstock auch ein Bild für den Lebensbaum, von dem viele Mythen träumen. Jesus sagt nun: All das, was ihr erträumt, das bin ich in Wirklichkeit. In mir werden eure Träume wahr. Alles, was in der Welt euren Hunger, euren Durst, eure Sehnsucht nach Lebendigkeit zu erfüllen scheint, ist in Wirklichkeit Schein. Nur in mir wird eure Sehnsucht wirklich erfüllt. Ich bin der Ursprung wahren Lebens. Wenn ihr in mir bleibt, dann bringt ihr wirklich Frucht, dann wird euer Leben sinnvoll und fruchtbar.

Es geht um drei Themen: um das Bleiben im Weinstock, um das Fruchtbringen und um das Reinigen der Reben. Jesus sagt hier das denkwürdige Wort: »Ihr seid schon rein durch das Wort, das ich zu euch gesagt habe.« (15,3) Jesus hat offensichtlich so zu den Jüngern gesprochen, dass sie sich ganz und gar angenommen, rein, lauter, im Einklang mit sich und Gott fühlten. Das Wort Jesu hat alles Unreine aus ihnen herausgeworfen. Es hat sie in Berührung gebracht mit dem lauteren Kern ihrer Seele. Gott selbst hat sie durch Jesu Wort gereinigt. In diesem Wort wird die Ausstrahlung Jesu sichtbar. Jesus strahlte offensichtlich etwas aus, das den Menschen vermittelte: »Es ist gut, so wie du bist. Du bist rein. Du bist von Gott als gut erschaffen. Das Gute und Reine ist stärker als alle Sünde. Wenn du dich meiner Liebe öffnest, dann ist alles in dir rein, dann wird alles Unlautere geläutert und verwandelt.«

Die wichtigste Aufgabe des Jüngers ist, dass er in Jesus bleibt. Das Bleiben ist die Voraussetzung für das Fruchtbringen. Nur wenn die Rebe am Weinstock bleibt, kann sie Frucht bringen. In Jesus bleiben, bedeutet vom Bildwort her, dass wir von Jesu Geist und Liebe durchdrungen werden. So wie die Rebe ihren Saft aus dem Weinstock zieht, so durchströmt uns die Liebe Jesu, die in seinem Tod am Kreuz offenbar geworden ist. Es ist ein gegenseitiges Bleiben. Wir sollen in Jesus bleiben. Dann bleibt er in uns, dann durchdringt er uns mit seiner Liebe. Und diese Liebe lässt uns Frucht bringen. Die wahre Frucht besteht nicht in großen Leistungen nach außen, sondern in der Liebe, die nun von uns ausstrahlt. Alles, was wir tun, ist nur dann fruchtbar, wenn es von der Liebe geprägt ist. Die Worte, die wir sagen, bringen Frucht, wenn es Worte der Liebe sind. Die Bücher, die wir schreiben, helfen nur dann, wenn sie von Liebe durchdrungen sind. Die beruflichen Leistungen zählen nur dann, wenn sie aus Liebe geschehen. Sicher gibt es Menschen, die Geniales vollbringen. Doch wenn die Liebe fehlt, bleibt es unfruchtbar. Es zerfällt. Die Liebe ist jedoch keine moralische Forderung, die wir erfüllen müssen. Vielmehr strömt die fruchtbringende Liebe aus uns heraus, wenn wir mit unserer Mitte in Berührung sind, wenn Christus unsere Mitte, unser Selbst, geworden ist. Das Ego ist aus sich heraus unfruchtbar. Die Quelle unserer Vitalität und Kreativität liegt in unserer Mitte, in der wir eins sind mit Christus.

Das Thema der Liebe folgt unmittelbar auf die Bildrede vom Weinstock. Nun sagt es Jesus offen, worin das Bleiben in ihm besteht: »Bleibt in meiner Liebe!« (15,9) Die Liebe ist offensichtlich wie ein Raum, in den man eintritt und in dem man wohnen kann. Und die Liebe ist wie eine Quelle, an die man angeschlossen ist, ähnlich wie die Rebe am Weinstock hängt und von ihm ihre Kraft erhält. Der Grund unserer Liebe ist Jesu Liebe, mit der er uns bis zur Vollendung geliebt hat. Diese Liebe ist Grund der Freude. Die Kirchenväter interpretieren das Wort Jesu von der vollkommenen Freude, die er uns schenkt, als die Verheißung einer unzerstörbaren Freude, einer Freude, die uns niemand nehmen kann. Die Sehnsucht des Menschen zielt auf diese Freude, die nicht mehr abhängig ist von Erfolg und Zuwendung, sondern die aus einer inneren Erfahrung kommt. Es ist die Freude als Antwort auf die bedingungslose Liebe Jesu. Jesus bringt uns in Berührung mit der Freude, die eine innere Qualität unserer Seele ist. In ihr wird unsere Seele weit. Freude ist Ausdruck der Lebendigkeit, die in uns ist und mit der uns Jesus in Berührung bringt durch seine Liebe.

Jesus deutet seine Liebe als Liebe unter Freunden. Es ist keine Liebe, die von oben nach unten geht, sondern eine Liebe, die den anderen als gleichwertig sieht, Liebe unter Freunden. Und der Höhepunkt dieser Freundesliebe ist Jesu Sterben für uns als seine Freunde. »Es gibt keine größere Liebe, als wenn einer sein Leben für seine Freunde hingibt.« (15,13) Freundesliebe ist für Juden und Griechen gleicherweise höchstes Gut und Erfüllung ihrer tiefsten Sehnsucht. Jesus nennt seine Jünger Freunde. Sie sind nicht mehr Knechte, die nicht wissen, was der Herr tut, die keinen Zugang haben zum Herzen ihres Herrn. Der Knecht versteht seinen Herrn nicht, er steht im Dunkeln »und deshalb in ständiger Angst« (Bultmann, S. 418). Die Jünger sind Freunde, die von Jesus bedingungslos geliebt sind. Mit diesem Bild der Freundschaft beschreibt Johannes das Geheimnis der neuen Beziehung Gottes zu uns Menschen, wie sie durch Jesus Wirklichkeit geworden ist. Wir sind Gottes Freunde. Wir sind Jesu Freunde. Die Freundschaftsliebe ist reines Geschenk. Sie bewirkt in uns kein schlechtes Gewissen, dass wir sie erwidern müssen. Sie ist einfach da. Wenn wir zu Freunden geworden sind, dann strömt in uns die Liebe von selbst. Im Bild des Freundes zeigt uns Jesus, welche Würde wir haben. Wir sind auf der gleichen Ebene wie er. Wir sind seine Vertrauten geworden. Er hat uns sein Herz ausgeschüttet. Er hat uns alles geoffenbart, was er von seinem Vater gehört hat. Wir sind eingeweiht in alle Geheimnisse dieses göttlichen Freundes. Der Tod Jesu soll uns kein schlechtes Gewissen machen, als ob wir schuld seien am Tod Jesu wegen unserer Sünden. Im Tod kommt uns vielmehr Jesus als unser Freund besonders nahe. Da wird unsere Freundschaft für immer besiegelt. Da dürfen wir erfahren, wie wichtig wir Jesus sind, dass er sein Leben für uns hingibt.

Das Hohepriesterliche Gebet (17,1–5.20–26)

Wie Mose seine fiktive Abschiedsrede im Buch Deuteronomium mit einem Segensgebet beschließt, so fasst Jesus beim Abschied von seinen Jüngern sein ganzes Wirken in einem Gebet zusammen. Seit David Chytreus (1531–1600) nennt man dieses Gebet das Hohepriesterliche Gebet. In diesem Gebet erweist sich Jesus als Fürsprecher für die Seinen. Das Gebet ist das Gegenstück zum Prolog. Jesus zeigt betend noch einmal auf, worum es ihm in seinem Wirken geht. Nämlich darum, die Herrlichkeit Gottes in dieser Welt aufleuchten zu lassen in seiner Liebe, die sich im Tod am Kreuz vollendet. Und es geht ihm darum, dass wir jetzt schon ewiges Leben erhalten. Das Leben, das Jesus uns schenken möchte, wird in diesem persönlichen Gebet Jesu als intime Beziehung zum Vater und zum Sohn offenbar. Wir sind hineingenommen in die Liebe zwischen Vater und Sohn. Darin gipfelt die Botschaft Jesu.

Jesus freut sich offensichtlich, dass jetzt seine Stunde gekommen ist, auf die das ganze Johannesevangelium ausgerichtet ist. Es ist die Stunde, da er im Tod am Kreuz von Gott verherrlicht wird und Gottes Lichtglanz in seiner ganzen Fülle aufleuchten lässt. Er hat den Auftrag der Liebe durchgehalten. Er hat sich nicht selbst in den Mittelpunkt gestellt, sondern den Vater geoffenbart. Das ewige Leben, das Jesus uns schenkt, beschreibt er in dem Satz: »Das ist das ewige Leben: dich, den einzigen wahren

Gott, zu erkennen und Jesus Christus, den du gesandt hast.« (17,3) Das griechische Wort für erkennen (ginosko) wird auch für das Einswerden von Mann und Frau in der sexuellen Liebe gebraucht. Es steht für das mystische Wissen, in dem unser kleines Bewusstsein mit dem Bewusstsein Gottes eins wird. »Gott zu erkennen heißt also, ein gänzlich neues Bewusstsein zu erlangen.« (Sanford 2, S. 167) Dieses neue Bewusstsein nennt Jesus das ewige Leben. Es besteht in der Erkenntnis des wahren Gottes. Für C. G. Jung ist Gott der stärkste Archetyp. Wenn dieser Archetyp krank ist, wird der ganze Mensch krank. Daher ist es so entscheidend, den wahren Gott zu erkennen, frei zu werden von den Projektionen, die wir uns von Gott machen. Den Vater zu offenbaren, ist daher ein heilsames Werk Jesu, ein Werk, das unsere Seele gesund macht und das uns wirkliches Leben schenkt. Und es wird offenbar, dass Gott nur dort ist, wo das Leben ist. Nur wo wir Lebendigkeit erfahren, begegnen wir dem Gott Jesu. Wo wir nur Enge und Angst erleben, bleiben wir bei den Projektionen stehen, die wir uns von Gott gemacht haben.

Jesu Werk bestand darin, in seinem Leben Gott zu verherrlichen. Jetzt sehnt er sich danach, dass Gott ihn verherrlichen möge, dass er ihn wieder aufnehme in die Herrlichkeit, die er bei Gott hatte, »bevor die Welt war« (17,5). In diesem Wort wird das ganze Wirken Jesu zusammengefasst. Und es wird darin die Sehnsucht Jesu sichtbar, aus dieser Welt, in der er immer wieder Widerstand und Unverständnis der Menschen erfahren hat, zum Vater zu gehen. Sein Tod ist für ihn nichts Schreckliches, sondern ein Hinübergehen zum Vater. In ihm vollzieht sich das wahre Pascha, der Übergang aus dem Land der Entfremdung und Gefangenschaft in das Land der Verheißung, in das Land der Liebe und des göttlichen Glanzes. Als Christen sollen wir teilhaben an dieser Sehnsucht Jesu, aus dieser Welt zum Vater zu gehen. Im Glauben haben wir diesen Übergang schon vollzogen. Und immer, wenn wir beten, kommen wir in Berührung mit unserer Sehnsucht nach der wahren Heimat, wo wir für immer zu Hause sind, wo uns die Augen aufgehen und wir Gott schauen werden, wie er ist.

Am Schluss des Hohepriesterlichen Gebetes betet Jesus nicht nur für seine Jüngergemeinde, sondern für die kirchliche Gemeinschaft zu allen Zeiten. Dabei ist ihm die Einheit der Gemeinde ein wichtiges Anliegen. Es war schon in der frühen Kirche nicht selbstverständlich, dass die Jünger Jesu eine Einheit bildeten. Schon von Anfang an gab es Streitigkeiten und Konflikte. Und immer wieder gab es Spaltungen. Die Einheit der Gemeinde ist Jesus so wichtig, weil in ihr Gottes Herrlichkeit aufleuchtet. Im neuen Miteinander wird Gottes Liebe in dieser Welt sichtbar. Jesus will mit seinem Tod am Kreuz alle Christen inständig bitten, doch die eigenen Machtinteressen aufzugeben und in der Liebe Jesu eins zu werden, damit Gott auch durch sie verherrlicht werde.

Johannes hat mit der Bitte um die Einheit aber nicht nur die Kirche im Blick, sondern auch den Einzelnen. Die Griechen kannten eine eigene Philosophie der Einheit. Das »to hen« war die Ursehnsucht der Griechen, die sich als Menschen zerrissen erfuhren, zerrissen zwischen den verschiedenen Emotionen, zwischen Geist und Trieb, zwischen Einsamkeit und Gemeinschaft, zwischen Himmel und Erde. Das Kreuz als Ursymbol für die Einheit aller Gegensätze will den Menschen in ihrer Zerrissenheit als Hoffnungszeichen aufleuchten, dass Jesu Liebe all das in ihnen zusammenbringt, was sich so unerbittlich bekämpft. Jesus ist als der fleischgewordene Gott Bild dieser Einheit. In ihm ist die Einheit zwischen Himmel und Erde, zwischen Gott und Mensch, zwischen Licht und Dunkel, zwischen Geist und Materie verwirklicht. Jesus zeigt uns einen Weg, wie auch wir eins werden können.

Wir sollen so eins werden, wie der Vater und der Sohn eins sind. Jesus hat durch seinen Hinabstieg auf die Erde alles Zerstreute in die Einheit mit Gott hineingehoben. So sollen wir wie Jesus in Liebe hinabsteigen in alle Abgründe unserer Seele, um alles Dunkle, Chaotische, Kranke und Unheile hineinzuheben in Gott. Wenn alles in uns von Gottes Licht und Liebe durchdrungen wird, dann leuchtet überall in uns die Herrlichkeit Gottes auf, dann wird alles in uns eins mit Gott. Menschwerdung heißt für Johannes, dass wir wie Jesus hinabsteigen in den Staub dieser Erde und alles Schmutzige und Staubige in die Einheit mit Gott hineinnehmen. Dann gibt es nichts mehr, das nicht von Gottes Herrlichkeit künden würde, dann wird Gott in allem verherrlicht. Clemens von Alexandrien meint, der Mensch würde zu einer Einheit, »wenn er zu einem rein leidenschaftslosen Zustand vergottet ist«. (Clemens, 23) Die Einheit ist das Ziel unseres Weges der Selbstwerdung. Wir können dieses Ziel nicht aus eigener Kraft erreichen, sondern nur, wenn Gott alles in uns zur Einheit führt.

Wer mit sich eins geworden ist, der wird auch fähig, mit anderen Menschen eins zu werden. Umgekehrt gilt: Wir finden zu unserer eigenen Einzigartigkeit nur, wenn wir unsere innere Einheit mit anderen, mit Gott und mit dem ganzen Kosmos entdecken. Die Einheit ist nicht einfach da. Wir müssen uns immer wieder darum bemühen. Die Einheit der Kirche entsteht für Jesus nicht in erster Linie dadurch, dass sie die reine Lehre verkündet und nur eine Meinung gelten lässt. Sie entsteht vielmehr dadurch, dass die Kirche sich immer wieder auf das Wort Jesu einlässt und sich von Jesus die Augen öffnen lässt für die eigentliche Wirklichkeit, für die Herrlichkeit Gottes, die im Fleisch dieser Welt aufleuchtet. Im Wort Jesu erfährt die Kirche, dass sie zwar in der Welt ist und auch teilhat an all den Konflikten, die diese Welt prägen, an den Machtkämpfen, Rivalitäten, Eifersüchteleien und Intrigen, dass sie aber zugleich schon eingetaucht ist in die Welt Gottes. In der Welt ist sie dennoch nicht von dieser Welt. Sie atmet die Freiheit Gottes. Und diese Freiheit will immer wieder errungen werden, indem sich der einzelne Christ von der Welt des Hasses und der Entfremdung distanziert und eintaucht in den göttlichen Bereich der Liebe, des Friedens und des Lichtes.

In 17,23 bittet Jesus, dass wir in der Einheit vollendet seien. Hier erscheint wieder das Wort »telos«, das bei der Fußwaschung und später bei der Kreuzigung eine wichtige Rolle spielt. In der Einheit der Christen erfüllt sich die Liebe, mit der Jesus uns in der Fußwaschung und in seinem Tod am Kreuz bis zur Vollendung geliebt hat. Der Tod Jesu ist für Johannes nicht etwas Vergangenes, sondern ein Bild, das sich die Christen immer wieder vergegenwärtigen sollen, um an Jesu Liebe bis zur Vollendung teilzuhaben. Die Liebe Jesu kommt erst zur Vollendung, wenn sie die Christen verwandelt und zur Einheit befähigt hat. Hier wird deutlich, wie Johannes die Erlösung versteht, nicht als Sühne und Opfer, sondern als vollendete Liebe, in die sich die Christen immer wieder meditierend versenken sollen, damit sie durch sie Einheit, Frieden und Herrlichkeit erfahren. Das Johannesevangelium als Meditation der Worte und des Wirkens Jesu ist schon eine Weise, die Erlösung erfahrbar werden zu lassen. Das Johannesevangelium verzichtet auf moralische Appelle. Es vertraut der Kraft der Worte Jesu. Wenn wir die Worte Jesu meditieren, dann sind wir schon aus dieser Welt hinübergegangen in die Welt Gottes. Das Wort Jesu schafft eine neue Wirklichkeit. Wenn wir es meditieren, erfahren wir uns als neu, als verwandelt, als eingetaucht in Gottes Liebe. Das Wort Jesu enthebt uns jetzt schon der Welt des Todes. Der Tod hat keine Macht mehr über uns. Das wird deutlich in der Bitte Jesu: »Vater, ich will, dass alle, die du mir gegeben hast, dort bei mir sind, wo ich bin. Sie sollen meine Herrlichkeit sehen, die du mir gegeben hast, weil du mich schon geliebt hast vor der Erschaffung der Welt.« (17,24) Wenn wir Jesu Worte betrachten, haben wir hier schon Anteil an Gottes Herrlichkeit. Doch in unserem Tod wird dann offenbar, was bereits Wirklichkeit ist. Der Tod ist wesenlos geworden. Er kann uns nicht zerstören. Er wird nur aufdecken, was jetzt ist, dass wir jetzt schon eingetaucht sind in die vollendete Liebe Gottes. Darin gipfelt die befreiende und erlösende Botschaft des Johannesevangeliums. Der Tod ist entmachtet. Er ist der endgültige Übergang in die Herrlichkeit Gottes. Zugleich ist der Tod Jesu, in dem er uns bis zur Vollendung geliebt hat, auch für uns Christen Herausforderung, dass wir unseren Tod als Hingabe aus Liebe verstehen, dass wir nicht festhalten an uns, sondern uns wie Jesus hingeben für unsere Freunde.

Die Passionsgeschichte (18–19)

Am Karfreitag wird jedes Jahr die Passionsgeschichte nach Johannes verkündet. Offensichtlich passt die johanneische Theologie der Passion in die Liturgie des Karfreitags, in der das Kreuz als Zeichen des Sieges und der Erlösung gefeiert wird. In der Passionsgeschichte kommt die symbolische Art der johanneischen Berichterstattung zu ihrem Höhepunkt. Auf der einen Seite wird deutlich, dass Johannes der geschichtlichen Wahrheit am nächsten kommt, sei es in der Chronologie, sei es in der Angabe der konkreten Orte. Auf der anderen Seite hat alles, was Johannes berichtet, zugleich eine tiefere Bedeutung. Das Sichtbare ist Symbol für das Unsichtbare, für das Geheimnis der Liebe Gottes, die in der Passion zur Vollendung kommt.

Die Symbolik beginnt bereits bei der Gefangennahme Jesu. Das Verhaftungskommando, das Jesus gefangen nehmen will, stürzt vor Jesus zu Boden und betet in ihm den wahren König an. Mit Fackeln und Laternen kommen die Soldaten der Römer und die Gerichtsdiener der Juden, um dem König zu huldigen. Jesus offenbart sich ihnen mit dem Wort: »ego eimi« = Ich bin es (18,6). Jesus meint mit diesem »ego eimi« mehr als: »Ich bin der Mann, den ihr sucht.« Hier klingt vielmehr die Gottesoffenbarung am brennenden Dornbusch an: »Ich bin, der ich bin.« Es ist das absolute »Ich bin«, das den Soldaten Angst und Ehrfurcht einflößt. Es sind Römer und Juden, vor denen sich Jesus am Ende seines Lebens offenbart. Es ist historisch unwahrscheinlich, dass Juden und Römer ein gemeinsames Verhaftungskommando bildeten. Doch Johannes denkt hier weiter: Der Tod Jesu geschieht für die ganze Welt, für Juden und Römer. Alle Welt betet Jesus an. Jesus lässt sich von den Soldaten binden, damit die Jünger frei werden. Auch das ist Bild für das Geheimnis seines Todes: Durch ihn werden wir frei von aller inneren und äußeren Gefangenschaft.

Johannes hat die Passionsgeschichte kunstvoll gestaltet. Nach der großartigen Ouvertüre der Gefangennahme kommt der erste Akt: das Verhör vor Hannas, dem »Schwiegervater des Kajaphas, der in jenem Jahr Hoherpriester war« (18,13). Hannas hat auch nach seiner Absetzung im Jahr 15 den Hohenrat beherrscht. Johannes ist hier also historisch sehr genau. Doch zugleich zeigt er uns seine theologische Absicht. Es sind vier Szenen, die Johannes hier miteinander verbindet: Jesus wird zu Hannas gebracht; Petrus und ein anderer Jünger wärmen sich im Hof des hohepriesterlichen Palastes; das Verhör vor Hannas und die Verleugnung durch Petrus. Zwei theologische Gedanken sind in diesem Abschnitt wichtig: der Verweis auf Kajaphas, »der den Juden den Rat gegeben hatte: Es ist besser, dass ein einziger Mensch für das Volk stirbt.« (18,14) Hier wird der Tod Jesu gedeutet als Sterben für das Volk, als Hingabe für uns, damit wir das Leben haben und damit wir es in Fülle haben. Der andere Gedanke wird deutlich im Wort Jesu: »Ich habe offen vor aller Welt gesprochen. Ich habe immer in der Synagoge und im Tempel gelehrt, wo alle Juden zusammenkommen. Nichts habe ich im Geheimen gesprochen.« (18,20) Jesus legt nochmals Zeugnis ab vor den Juden. Doch ein großer Teil der Juden hat ihn nicht gehört. Die Juden stehen hier für die Welt, die sich Jesus gegenüber verschließt, damals genauso wie heute. Die Johannesgemeinde bestand zum großen Teil aus Judenchristen. Wenn die Juden in der Passion Jesu so schlecht wegkommen, so müssen wir die Aussagen des Evangeliums immer bildhaft auslegen, als Bild für Menschen, die in sich verschlossen sind und sich daher gegen die Verunsicherung durch Jesus verschließen, und außerdem die anfangs beschriebene historische Situation vor Augen haben. Die gegnerischen Juden sollen eine Mahnung an den Leser sein, sich nicht ihnen, sondern dem Lieblingsjünger anzuschließen, der bei Jesus bleibt und für seine Liebe Zeugnis ablegt.

Noch kunstvoller hat Johannes das Verhör vor Pilatus aufgebaut. Es sind sieben Szenen, die durch ein ständiges Hineingehen und Herausgehen geprägt sind. Pilatus war von den geschichtlichen Zeugnissen her ein brutaler Statthalter. Hier jedoch wird er als Bild für den Leser beschrieben: Wie Pilatus schwanken auch wir zwischen der Betroffenheit durch Jesus und der Angst vor der Reaktion der Welt, zwischen der Faszination durch das Göttliche in Jesus und den eigenen Zweifeln, zwischen Macht und Ohnmacht. Die Symbolik beginnt schon mit dem ersten Wort: »Es war früh am Morgen.« (18,28) Der Tag des Sieges Jesu über die Welt bricht an. Der Tag wird feierlich eingeleitet. Und dann schildert Johannes voller Ironie, dass die Juden nicht in das Gebäude hineingingen, um nicht unrein zu werden, »sondern das Paschalamm essen zu können«. (19,28) Die Juden halten sich genau an die Vorschriften ihres Gesetzes und verursachen gerade so den Tod des von Gott Gesandten. Die Pflichterfüllung, das Sichklammern an die Normen tötet den Messias, den Gott zur Befreiung seines Volkes gesandt hat. Die Juden wollen das Paschalamm essen. Doch sie übersehen, dass hier das wahre Paschalamm geschlachtet wird, das sie reinigt und heiligt. Wenn sie von diesem Paschalamm essen würden, wären sie gerüstet zum wahren Aufbruch in die Freiheit. In Jesus würden sie das wahre Pascha feiern, den Übergang von dieser Welt in die andere, jenseitige Welt Gottes, die erfüllt ist von Liebe, Freiheit und Weite.

Jesus ist der Angeklagte, aber zugleich ist er souverän. Er ist der eigentlich Handelnde. Er offenbart sich vor Pilatus als der wahre König. Doch: »Mein Königtum ist nicht von dieser Welt.« (18,36) Für mich ist dies der zentrale Satz der sieben Szenen vor Pilatus. Jesus kommt aus einer anderen Welt, aus der göttlichen Welt. Diese wirkliche Welt ist für Pilatus, der nur das Vordergründige sieht, verschlossen. Jesus ist der wahre König, der absolut frei ist und über sich selbst bestimmt. Über ihn hat diese Welt keine Macht. Was Jesus von sich sagt, das gilt auch für uns. Und darin besteht für mich das Geheimnis der Erlösung, das in Jesu Passion und Sterben offenbar wird. Jeder von uns ist ein König, eine Königin. Es ist in uns eine Würde, die nicht von dieser Welt ist. Daher hat die Welt keine Macht über uns. Das Paradox besteht für mich darin, dass diese Würde gerade in der Passion sichtbar wird, dort, wo wir schwach sind, wo wir bedrängt, verurteilt, gegeißelt, verletzt, gekränkt, hinausgestoßen, fallengelassen, festgenagelt, durchbohrt und gekreuzigt werden. Es gibt in uns einen Raum, in dem uns niemand verletzen kann. Meine königliche Würde kann mir niemand nehmen, auch wenn ich nach außen hin versage, schwach werde, verurteilt und gekränkt werde.

Johannes interpretiert das Bild des Königs, wie es den Juden und Griechen vor Augen steht. Das eigentliche Ziel des Königs ist es, für die Wahrheit Zeugnis abzulegen. Jesus deckt gerade in seiner Passion die eigentliche Wirklichkeit dieser Welt auf. Er zeigt, was hinter der scheinbaren Macht des Pilatus und aller in dieser Welt Mächtigen steht: Ohnmacht, Feigheit und Angst. Jesus offenbart das Geheimnis Gottes. Er gibt auch dem Pilatus, der in seine Macht verstrickt ist, die Chance, die Augen zu öffnen und sich für die Wahrheit zu entscheiden. Doch Pilatus weicht aus. Ihn interessiert die Frage nach der Wahrheit nicht. Ihm geht es nur um die Macht. Aber gerade indem er sich der Macht verschreibt, gerät er in eine tiefe Abhängigkeit, wird er zum ohnmächtigen Spielball der Menschen. Die Welt mit ihrer Lüge hat ihn im Griff, weil er sich der Wahrheit verschließt. Jesus stellt uns vor die Frage, ob wir uns wie Pilatus der Lüge und der Macht verschreiben, oder ob wir uns für die Wahrheit entscheiden, für das wahre Leben, die wahre Freiheit, das wahre Königtum.

Pilatus gibt dem Drängen der Juden nach und lässt Jesus geißeln. Als Jesus mit der Dornenkrone und dem purpurroten Mantel angetan heraustritt, stellt ihn Pilatus vor mit dem Wort: »Ecce homo: Seht, da ist der Mensch!« Oder: »Seht, welch ein Mensch!« (19,5) Hier wird der wahre Mensch sichtbar. Für Bultmann wird in diesem Satz des Pilatus die extremste Konsequenz der Fleischwerdung des Wortes sichtbar (vgl. Bultmann, S. 510): »Und das Wort ist Fleisch geworden« (1,14) zeigt sich hier als das geschundene, verwundete, verachtete Fleisch. Gerade in diesem Menschen leuchtet die Wahrheit Gottes auf. Zugleich wird mit diesem Wort der Welt das wahre Bild des Menschen vor Augen geführt. Jesus ist der wahre Mensch, weil er von Gott kommt. Erst durch Gott wird der Mensch zum wahren Menschen, zum Menschen, so wie Gott ihn gedacht hat. Selbst die tiefsten Wunden können die Wahrheit des Menschen nicht verstellen.

Pilatus und die Juden decken sich gegenseitig die Absurdität ihres Lebenskonzepts auf. Die Juden zeigen Pilatus, wie er, der Mächtige, in Wahrheit ohnmächtig ist. Er handelt nur aus Angst vor den Juden und aus Angst vor dem Kaiser. Er ist hin und her gerissen zwischen der Anerkennung und Bestätigung durch die Juden und durch den Kaiser. Pilatus deckt den Juden auf, dass sie sich im Tod Jesu letztlich von Gott als ihrem wahren König distanzieren und sich der Macht des Kaisers ausliefern. Es liegt eine tiefe Ironie in dem Satz: »Wir haben keinen König außer dem Kaiser.« (19,15) Damit zeigen sie, dass sie letztlich von Gott abgefallen sind. Sie haben sich der Welt verschrieben. Pilatus und Juden sind hier Bilder für uns. Jeder Leser schwankt zwischen Pilatus und den Juden, zwischen Macht und Ohnmacht, zwischen Gott und Welt, zwischen Freiheit und Abhängigkeit.

Genauso kunstvoll – wiederum in sieben Bildern – wie das Verhör vor Pilatus schildert uns Johannes die Kreuzigung Jesu. Auch hier wird die Geschichte berichtet. Aber alles Geschehene ist zugleich voller Symbolik. Jesus trägt selbst sein Kreuz. Er ist der eigentlich Handelnde. Er wird zwischen zwei anderen gekreuzigt: »in der Mitte Jesus« (19,18). Wie Jesus hängen wir in der Mitte zwischen zwei Schächern. Jesus ist auch unsere wahre Mitte. Nur von ihm aus können wir zusammenhalten, was in uns auseinanderstrebt. Pilatus lässt ein Schild anfertigen, auf dem in drei Sprachen geschrieben steht: »Jesus von Nazaret, der König der Juden.« (19,19) Pilatus wird wider Willen zum Missionar, der das Wesen Jesu der ganzen Welt verkündet. Die drei Sprachen symbolisieren die Weisheit der ganzen Welt. In den drei Weltsprachen wird die Botschaft von Jesus, dem wahren König, verkündet. Und zugleich erfüllt Jesus die Weisheit, die in diesen drei Sprachen und ihrer jeweiligen Philosophie zum Ausdruck kommt.

Voller Symbolik ist auch das Gewand Jesu. Zunächst sind es vier Soldaten, die vier Teile aus den Kleidern Jesu machen. Vier ist die Zahl des Kosmos, die Zahl der Elemente. Die Kleider Jesu sind Bilder für seinen Leib, der der ganzen Welt gegeben wird. Dadurch wird diese Welt heil und ganz. Und die vier Soldaten sind ein Bild dafür, dass die heilende Botschaft Jesu in alle vier Himmelsrichtungen getragen wird, nicht zuletzt durch römische Soldaten.

Dann wird das Untergewand genau beschrieben, »das von oben her ganz durchgewebt und ohne Naht war«. (19,23) Adam hatte – so weiß es die jüdische Tradition – einen ungenähten Rock, ähnlich Mose. Der Hohepriester hat einen Rock aus einem Stück. Jesus ist also der wahre Hohepriester. Er ist der wahre Adam, der wahre Mensch. Und er ist Mose, der das Volk aus der Gefangenschaft in das Gelobte Land führt. In ihm geschieht das wahre Pascha, der wahre Hinübergang aus dieser Welt in die jenseitige Welt Gottes. Dieser Rock ist von oben her durchwebt. Handwerklich ist das sicher falsch gesehen. Denn beim Weben muss man unten anfangen. Es ist eine symbolische Aussage. Jesu Leib kommt von oben her, von Gott her. Er ist ganz: Er vereinigt den ganzen Kosmos in sich. Und sein Leib ist ganz und gar vom göttlichen Sein durchdrungen. Am Kreuz vollendet sich die Menschwerdung und Fleischwerdung Gottes. Jesu Tod am Kreuz ist Heilung der ganzen Welt. Im Tod Jesu wird der ganze Kosmos von oben, von Gott her durchwebt, durchdrungen, verwandelt, geheilt. Da ergießt sich die Liebe, mit der uns Jesus bis zur Vollendung geliebt hat, in die ganze Welt.

Beim Kreuz sind nicht nur die vier Soldaten, sondern auch vier Frauen. Während die Männer bis auf den Jünger, den Jesus liebte, fehlen, harren die Frauen aus. Sie bleiben standhaft. Sie stehen zu Jesus. Die vier Frauen sind Bild für die Welt, die Jesus aufnimmt. Mit diesem Bild erneuert Johannes wieder die Aussage aus dem Prolog. »Allen aber, die ihn aufnahmen, gab er Macht, Kinder Gottes zu werden.« (1,12) Man könnte in diesen vier Frauen auch ein Symbol dafür sehen, dass wir gerade mit unserer anima-Seite offen sind für das Geheimnis Jesu, während unsere männliche Seite oft blind ist für die tiefere Wahrheit, die uns Jesus geoffenbart hat. Aber ein Mann harrt dennoch unter dem Kreuz aus: der Jünger, den Jesus liebte. Er ist durch die Liebe Jesu so verwandelt worden, dass er auch bei der Vollendung der Liebe am Kreuz zugegen ist. Er ist Zeuge für Jesu Erhöhung am Kreuz. In ihm ist Jesus selbst unter den Menschen gegenwärtig. Er übernimmt nach dem Tod Jesu sein Zeugnis, das er vor aller Welt abgelegt hat.

Dass die Szene, in der Jesus seine Mutter auf den Lieblingsjünger als auf ihren Sohn verweist und den Jünger auf Maria als seine Mutter, symbolisch auszulegen ist, haben alle Bibelwissenschaftler gesehen. Die Frage ist nur, welche Symbolik dahinter steht. Die einen meinen, Maria sei Bild für die jüdische Gemeinde, der Lieblingsjünger für die Gemeinde aus den Heiden. Andere sehen in Maria ein Bild für die Familie Jesu, die mit der Jüngergemeinde einen gemeinsamen Weg geht. Der amerikanische Theologe Raymond E. Brown meint, Jesus werte am Kreuz Marias Position derart auf, »dass ihre Autorität in der johanneischen Gemeinde der der männlichen Apostel gleich war«. (Sanford 1, S. 71) Man kann in dieser Szene auch die Vereinigung der Gegensätze sehen. Der Mann wird auf die Frau und die Frau auf den Mann verwiesen. Der Mann soll die Frau in sein Haus aufnehmen. Im Griechischen steht hier: »eis ta idia« = in das Seine (19,27). Am Kreuz werden die Gegensätze miteinander vereint: Gott und Mensch, Mann und Frau, Juden und Heiden.

Maria erscheint bei Johannes nur zu Beginn bei der Hochzeit zu Kana und am Ende unter dem Kreuz. Sie ist die Mutter der Verwandlung, die den Prozess der Verwandlung bei der Hochzeit zu Kana anstößt und nun die Vollendung der Verwandlung bezeugt. Der Tod am Kreuz ist auch die Vollendung der Hochzeit. Am Kreuz wird vollzogen, was bei der Hochzeit zu Kana als Herrlichkeit Gottes aufleuchtete: Da wird alles, selbst der Tod, selbst die Schuld, hineingenommen in die göttliche Liebe. Da werden alle Gegensätze dieser Welt eins. Bei der Hochzeit zu Kana ist Maria die Pforte, durch die Jesus in die Welt eintritt. Unter dem Kreuz ist sie die Pforte, durch die er in die Herrlichkeit des Vaters eingeht. Maria, die Mutter, ist zugleich Bild für die Neugeburt des Menschen, die durch den Tod Jesu geschieht. Die Männer stehen bei Johannes für die Auseinandersetzungen mit Jesus. Die Frauenszenen – etwa mit der Samariterin oder mit Maria und Martha – sind immer Szenen der Liebe. Wenn Jesus Maria, seine Mutter, dem Lieblingsjünger übergibt, dann wird darin seine Liebe allen Menschen gegenüber offenbar. Der Lieblingsjünger ist Bild für uns alle. Unsere Aufgabe ist es, die Liebe, die in Maria, der Quelle der Liebe, aufscheint, in unser Haus aufzunehmen, »in das Eigene«, in das Innerste, in das Herz, einzulassen.

Die kunstvolle Beschreibung der Passion gipfelt in den drei Versen, in denen Johannes den Tod Jesu schildert. Dreimal verwendet er in diesen drei Versen das Wort: »tetelestai« = es ist vollendet, vollbracht, ans Ziel gebracht, es ist ganz und rund geworden. Am Kreuz vollendet sich die Liebe, die Jesus den Seinen erwies. Da kommt die Liebe Gottes, die der Grund der Menschwerdung war (3,16), an ihr Ende. Alle Worte sind hier voller Symbolik. Das gilt auch für das Wort Jesu »Mich dürstet« (19,28).

Jesus dürstet danach, den Todeskelch zu trinken, damit alles vollendet werde und an sein Ziel komme. Der Durst erinnert an den Durst der Samariterin. Nicht nur der Mensch dürstet nach Gott, sondern Gott zeigt in Jesus seinen Durst nach dem Menschen, der seine Liebe erwidert. Doch Jesus erfährt, was der Psalmist erleiden musste: »Für den Durst reichten sie mir Essig.« (Ps 69,22) Jesus trinkt im Essig die Bitterkeit der Menschen bis zur Neige aus. Und gerade dadurch befreit er den Menschen vom Gift seiner verbitterten Gefühle.

Der Schwamm mit Essig wird hier auf einen Ysopzweig gesteckt und nicht auf ein Rohr, wie bei den Synoptikern. Der Ysop weist auf den Pascharitus. Am Kreuz wird Jesus als das wahre Paschalamm geschlachtet. Da wird vollendet, was die Schrift über das Pascha bezeugt. Da geschieht der wahre Übergang in die Welt Gottes. Da verliert die Welt endgültig ihre Macht über Jesus und über alle, die an ihn glauben. Mit dem Wort Jesu »Es ist vollbracht!« (19,30) drückt Jesus aus, dass er sein Werk vollbracht hat, dass seine Liebe nun vollendet ist. Das Wort »tetelestai« ist auch die Schlussformel bei Mysterienkulten. Am Kreuz hat Jesus die Menschen eingeweiht in das Geheimnis der göttlichen Liebe. Da hat er die Menschen, die zur Liebe unfähig waren, wieder liebesfähig gemacht. »Und er neigte das Haupt und gab seinen Geist auf.« (19,30) Jesus neigt sich in seinem Tod den Menschen liebend zu und übergibt uns seinen Geist. Er übergibt ihn nach unten, zu all den Menschen, die unten auf dieser Erde stehen, allen, die »down« sind, gebeugt, enttäuscht, resigniert. Am Kreuz schafft Jesus den Menschen neu. Die Erlösung durch das Kreuz versteht Johannes so, dass Christus seinen Geist der Liebe ausgießt auf alle Menschen. Die vollendete Liebe, die im Kreuz Jesu allen sichtbar geworden ist, breitet sich aus in die Welt und hat seither das menschliche Bewusstsein verändert. Sie ist eine Kraft, die den

Menschen in seiner Beziehung zu Gott wieder herstellt und seine Seele heilt. Man könnte sagen, das Kreuz hat wie kaum ein Ereignis zuvor oder danach das menschliche Bewusstsein verändert und verwandelt. Wenn die Liebe in einem Menschen so klar durchbricht wie in Jesus, dann verwandelt dies das allgemeine Bewusstsein der Menschheit. Von dieser Liebe geht eine Bewegung aus, die nicht mehr zu stoppen ist. Der Geist, den Jesus am Kreuz allen Menschen übergab, ergießt sich durch alle Bereiche menschlichen Denkens und Fühlens und wird so zu einer Quelle des Heils und der Heilung, der Transformation und der Bewusstseinserweiterung für alle.

Johannes deutet mit einer weiteren Szene das Geheimnis des Kreuzestodes Jesu. Die Soldaten sehen nach, ob die Gekreuzigten bereits gestorben sind. Ein Soldat sticht mit einer Lanze in die Seite Jesu. Das erinnert an den Felsen in der Wüste, an den Mose seinen Stab schlug. Sogleich floss eine Quelle frischen Wassers heraus. Aus der Seite Jesu fließen Blut und Wasser. Blut ist ein Bild für die Liebe Jesu, die aus ihm herausströmt. Wasser ist Bild für den Heiligen Geist. Aus dem Leib Jesu als dem wahren Tempel entströmt die Quelle des Heiligen Geistes, aus der wir trinken dürfen, um unseren tiefsten Durst nach Leben zu stillen. Hier ist der Brunnen, der uns das Wasser des ewigen Lebens spendet, nach dem sich die Samariterin so gesehnt hat. Hier ist der siebte Krug, aus dem das Blut strömt, das unser Leben mit göttlicher Liebe erfüllt, aus dem wir den wahren Wein des Heiles trinken. Im Tod Jesu wird der Geist Gottes über die ganze Welt ausgegossen. Sein Herz steht offen für alle. Das durchbohrte Herz wird aber auch zum Bild für den wahren Menschen. Nur der Mensch, der sein Herz für Gott öffnet, verwirklicht das Bild, das Gott sich von ihm gemacht hat. Gott wird offenbar im menschlichen Herzen, in der menschlichen Liebe.

Johannes deutet dieses geheimnisvolle Geschehen mit zwei Schriftworten: »Man soll an ihm kein Gebein zerbrechen.« (19,36 = Ex 12,46) Jesus wird vom Alten Testament als das wahre Paschalamm bezeugt. Wer von diesem Paschalamm isst, der geht hinüber in die Welt Gottes, der hat jetzt schon teil am ewigen Leben. Über ihn hat die Welt keine Macht mehr. Das andere Schriftwort stammt aus dem Propheten Sacharja: »Sie werden auf den blicken, den sie durchbohrt haben.« (19,37) Hier wird die typisch griechische Sehnsucht nach Verwandlung durch das Schauen erfüllt. Wer auf Jesus schaut, wer ihn schauend betrachtet (= Kontemplation), der wird verwandelt. In diesem Wort erfüllt sich auch die Sehnsucht der Gnostiker, die sich danach sehnen, das Heil Gottes zu schauen. Durch das Schauen kommen sie zur Einsicht. Und durch die Einsicht wird ihr Leben verwandelt und erneuert. Im Schauen haben sie teil am Geschauten, da werden sie eins mit dem, was sie schauen. Das Paradox des Johannesevangeliums besteht nun darin, dass wir auf den Durchbohrten schauen sollen. In der Wunde Jesu schauen wir unser Heil. Im Durchbohrten sehen wir die Liebe Gottes. Die unsichtbare Liebe Gottes schafft sich im durchbohrten Jesus ein Bild, um angeschaut, meditiert, verinnerlicht zu werden.

Wenn wir die Stelle beim Propheten Sacharja genauer anschauen, dann lesen wir dort, dass Gott über das Haus David »den Geist des Mitleids und des Gebets ausgießen« (Sach 12,10) wird. Der Heilige Geist, der aus dem Herzen Jesu strömt, bewirkt in uns Barmherzigkeit und Mitgefühl und befähigt uns zum Gebet. Ein paar Verse weiter heißt es, dass an jenem Tag eine Quelle fließen wird »zur Reinigung von Sünde und Unreinheit« (Sach 13,1). Das Herz Jesu ist die Quelle, die alle Unreinheit in und an uns beseitigt. Sie wäscht die Trübungen ab, die das ursprüngliche und unverfälschte Bild Gottes vom Menschen verstellen. Am Kreuz erfüllt sich die Zeichenhandlung der Vertreibung der Händler aus dem Tempel: »Kein Händler wird an jenem Tag mehr im Haus des Herrn der Heere sein«. (Sach 14,21) Da wird der Geist Jesu unser inneres Haus erfüllen. Da wird durch Jesu Geist in uns alles geheiligt sein und somit heil und ganz.

Die Deutung der Auferstehung (20)

Wie Johannes den Tod Jesu auf seine persönliche Weise deutet, so auch die Auferstehung. Die drei Szenen, die er im 20. Kapitel beschreibt, finden wir sonst bei keinem Evangelisten. Ich möchte diese Szenen nicht im Einzelnen auslegen, sondern nur die Grundzüge der johanneischen Theologie der Auferstehung andeuten. In der Auferstehung Jesu vollendet sich die Liebesgeschichte zwischen Gott und den Menschen. Das deutet Johannes in der Begegnung Jesu mit Maria von Magdala an. Schon die ersten Verse »frühmorgens, als es noch dunkel war« (20,1) erinnern an das Hohelied. Da steht die Braut auf, als es noch dunkel war, um den zu suchen, den ihre Seele liebt. (Vgl. Hld 3,1.) Maria von Magdala ist die große Liebende. Die Liebe treibt sie zum Grab, nicht um den Leichnam zu salben, sondern um bei ihm zu sein. Sie sucht, den ihre Seele liebt. Wenn sie nicht den Lebenden finden kann, so möchte sie doch wenigstens seinen toten Leib sehen und umfassen. Aber sie spricht nie vom Leichnam, sondern dreimal davon, dass man ihren Herrn weggenommen hat. Das ist nicht nur ein Ausdruck, dass Jesu Leib nicht mehr im Grab ist, sondern ein Bild dafür, dass man ihr im Tod den entrissen hat, den ihre Seele liebt. Wer wie Maria von Magdala in seiner Liebe nicht nachlässt, sondern sich auf den Weg macht, um Jesus zu suchen, der wird ihn finden. Die Voraussetzung ist jedoch einmal das Weinen der Trauer, in der sich die Sehnsucht nach dem Geliebten ausdrückt. Zum anderen bedarf es der Umkehr. Zweimal wendet sich Maria um. Als sie sich das erste Mal umdreht (im Lateinischen steht hier: conversa est), sieht sie Jesus. Als dieser sie anspricht, kehrt sie sich nochmals um. Jetzt erst ist Begegnung möglich. Die eigentliche Ostererfahrung geschieht in der Begegnung zwischen dem Auferstandenen und Maria. Jesus spricht sie mir ihrem Namen an: »Maria«. Wie jemand meinen Namen ausspricht, darin erkenne ich seine Beziehung zu mir. Wenn der Geliebte den Namen sagt, hören wir im Namen seine Liebe mit. So ist es Maria von Magdala ergangen. Sie hat in ihrem Namen die Liebe herausgehört, die sie zum Leben geweckt hat. In der Stimme Jesu hörte sie die Gefühle mit, die Jesus ihr gegenüber gezeigt hat. Da war die heilende und reinigende Kraft Jesu für sie erfahrbar. Die Stimme Jesu bewirkt in ihr völlige Umkehr. Nun kann sie antworten: »Rabbuni« = mein Meister. In diesem Wort bekennt sie, wer Jesus für sie ist. Sie greift auf, was die Jünger bei der ersten Berufung gesagt haben: »Meister« (1,38). Doch nun sagt sie: »Mein Meister«. Dies ist nicht ein Bekenntnis, wer Jesus ist, sondern ein Ausdruck dafür, wer Jesus für sie ist. Er ist ihr ganz persönlicher Meister und Lehrer geworden. Ihm verdankt sie ihr Leben.

Maria berührt Jesus. Sie umarmt ihn. Sie spürt seine Liebe, die im Tod Jesu nicht zerbrochen ist, sondern für immer weitergeht. Sie möchte ihn festhalten wie die Braut im Hohenlied: »Ich packte ihn, ließ ihn nicht mehr los, bis ich ihn ins Haus meiner Mutter brachte.« (Hld 3,4) Die Braut des Hohenliedes möchte ihren Geliebten in das Haus ihrer Mutter holen. Doch Jesus will in das Haus seines Vaters gehen. Er sagt zu Maria: »Halte mich nicht fest. Denn ich bin noch nicht zu meinem Vater aufgestiegen« (20,17). Wenn wir etwas begreifen wollen, dann greifen wir nach dem, was wir verstehen möchten. Anfassen und Begreifen sind unsere Weisen des Verstehens. Doch der Auferstandene kann so nicht verstanden werden. Es geht nicht um eine welthafte Weise des Begreifens, sondern um die Einsicht des Glaubens. Der Auferstandene ist unverfügbar. Wir können ihn nicht in den Griff bekommen. Er verweist uns auf den Vater, zu dem er aufgestiegen ist. Der Aufstieg Jesu zum Vater wird zum Grund der wahren Gemeinschaft mit Jesus.

Johannes schildert uns die Begegnung zwischen dem Auferstandenen und Maria von Magdala als eine idealtypische Szene. Er lädt uns ein, sie zu meditieren, sie zu verinnerlichen. Durch die Meditation dieser Ostererfahrung der ersten Zeugin der Auferstehung kann sich unser persönliches Vertrauens- und Liebesverhältnis zu Jesus vertiefen. Unsere Liebe zu Jesus bekommt durch die Auferstehung ewigen und endgültigen Bestand. Zugleich zeigt uns diese Szene, dass die unverfügbare Welt Gottes sich in der vertrauten Welt menschlicher Begegnung offenbart und ereignet. Auferstehung ist keine Welt der Phantasie, sondern eine Erfahrung, die mitten in unserem Leben geschieht. Die Begegnung zwischen Maria und Jesus ist voller Poesie. Sie ist erotisch gefärbt. In der Liebe, die uns verzaubert, kann uns das Geheimnis der Auferstehung aufleuchten. Doch wir können den Auferstandenen nicht festhalten. Der Auferstandene leuchtet auf und entzieht sich wieder unserem Zugriff und Begreifen. Auch von der Liebe zwischen zwei Menschen gilt: Ich kann den anderen nicht festhalten. Etwas im anderen muss aufsteigen zum Vater. Etwas im anderen ist unverfügbar. Es entzieht sich meinem Zugriff.

In der Auferstehung – so meint Johannes – kommen wir in eine neue Beziehung zu Jesus. Auferstehung heißt: Jesus so zu begegnen, dass er mein persönlicher Meister wird, der, der mich zum Leben führt, der mich in Liebe anspricht. Auferstehung heißt, dass die Lieber stärker ist als der Tod. Jesus ist nicht im Tod geblieben. Seine Liebe hat den Tod überwunden. Wir können nicht mehr aus der Liebe Jesu herausfallen, auch nicht durch den Tod. Auferstehung heißt aber auch, dass wir Jesus nicht festhalten können, sondern uns von ihm auf den Vater verweisen lassen. Der Auferstandene, der zum Vater aufgestiegen ist, nimmt uns in seiner Auferstehung schon mit in das Haus des Vaters, in dem wir wahrhaft zu Hause sind. Auferstehung ist daher nicht Wiederherstellung des alten Zustandes, sondern spirituelles Erwachen und Erneuerung des Lebens. Die alten Strukturen des egozentrischen Festhaltenwollens werden aufgebrochen, und unsere eigentliche Mitte wird sichtbar, die in Gott gründet.

Für Johannes ist die Auferstehung die Vollendung der Liebesgeschichte zwischen Gott und den Menschen. Und Auferstehung ist Vollendung unseres Glaubens. Das wird deutlich in der Begegnung des Auferstandenen mit Thomas. Thomas war nicht dabei, als Jesus am Abend des Ostertages den Jüngern erschienen war und ihnen seinen Geist einhauchte. In der Szene am Osterabend hatte Johannes die Auferstehung als Vollendung des Kreuzesgeschehens beschrieben. Am Kreuz hat uns Jesus seinen Geist übergeben. An Ostern haucht er uns diesen Geist ein, damit wir nun als seine Boten in der Welt die Vergebung der Sünden verkünden. Die Mitteilung des göttlichen Lebens ist zugleich Sündenvergebung, Bereinigung des Lebens, Chance eines neuen Beginns. Die Vergebung ist die Konkretisierung der Liebe, die uns der Auferstandene mitteilt. Es ist eine Liebe, die im alltäglichen Miteinander immer wieder einen neuen Anfang ermöglicht.

Die Jünger freuten sich, »dass sie den Herrn sahen« (20,20). Johannes versteht die Auferstehung als Überwindung der Angst und als Aufschließen unserer Verschlossenheit. Jesus tritt bei verschlossenen Türen ein. Die

Szene am Osterabend erinnert die Leser an die sonntägliche Eucharistie. Der Bischof begrüßte die Christen zu Beginn jeder Eucharistiefeier mit dem Friedensgruß, den Johannes dem Auferstandenen in dieser Szene zweimal in den Mund legt. Wenn die Christen den Gruß des Bischofs hörten, wussten sie den Auferstandenen selbst in ihrer Mitte, der sie auf seine Wunden verwies als Bild für seine Liebe, die ihre Wunden zu heilen vermag. Da erfuhren die Christen, wie die Jünger hinter verschlossenen Türen, dass ihre Enge weit wurde und ihre Angst sich in Freude verwandelte. Und sie wussten sich gesandt als Zeugen der Auferstehung, als Zeugen für die todüberwindende Liebe Gottes, die in Jesus Christus offenbar geworden ist.

Als die Jünger dem Thomas von ihrer Begegnung mit dem Auferstandenen erzählen, glaubt er ihnen nicht: »Wenn ich nicht die Male der Nägel an seinen Händen sehe und wenn ich meinen Finger nicht in die Male der Nägel und meine Hand nicht in seine Seite lege, glaube ich nicht.« (20,25) Thomas steht für uns, die wir nur von Jesus gehört, ihn aber nicht gesehen und berührt haben. In Thomas dürfen wir zu unserer Sehnsucht stehen, Jesus zu erfahren und zu berühren. Wir möchten nicht nur glauben, sondern auch spüren. Jesus bestätigt das Anliegen des Thomas und die Art und Weise, wie er den Zugang zum Auferstandenen finden möchte. Er fordert ihn auf, seine Finger in die Wunde seiner Hände und seine Hand in seine Seite zu legen. Er lässt sich von ihm berühren. Das Sehen und Betasten Jesu bringt Thomas zum klarsten und liebevollsten Bekenntnis, das ein Christ von Jesus ablegen kann: »Mein Herr und mein Gott!« (20,28) In diesem Wort des Thomas wird das Bekenntnis des anderen Zweiflers aufgegriffen, das Bekenntnis des Natanael bei seiner ersten Berufung: »Du bist der Sohn Gottes, du bist der König Israels.« (1,49) Doch wie Maria von Magdala fügt Thomas hinzu: »Mein Herr und mein

Gott.« Das ist nicht ein abstraktes Bekenntnis. Durch die Auferstehung ist Jesus für Thomas zu seinem Herrn und zu seinem Gott geworden. Da ist eine persönliche Beziehung entstanden. Jesus, der Auferstandene, lässt sich nicht objektiv erfahren, sondern nur in der persönlichen Begegnung, im Angerührtwerden und Geliebtwerden. Im anbetenden Bekennen des Thomas gipfelt das Johannesevangelium. Wer wie Thomas sagen kann »Mein Herr und mein Gott«, hat die Botschaft Jesu verstanden. Für den sind nicht mehr Menschen Herren, für den sind nicht mehr Geld und Erfolg sein Gott. Wer in Jesus seinen Herrn und seinen Gott bekennt, der ist auferstanden zum wahren Leben. Ihm gehen die Augen auf, und er erfährt, worin wirkliches Leben besteht.

Jesus bestätigt den Thomas und in ihm auch uns. In der sonntäglichen Eucharistiefeier dürfen wir wie Thomas unsere Hand in Jesu Seite legen und seine Wunden berühren. Indem wir sein Fleisch in die Hand nehmen und sein Blut trinken, legen wir unsere Finger in die Male der Nägel und unsere Hand in seine Seite, aus der uns seine Liebe entgegenströmt. Auch nach der Auferstehung bleiben die Wunden Jesu wichtig. Die Wunden sind der Ort, an dem das Wunder des Glaubens geschieht. Die Wunden Jesu sind Verheißung, dass auch unsere Wunden verwandelt werden. Diese Erfahrung dürfen wir mit Thomas »acht Tage darauf« machen. Der achte Tag weist hin auf die Welt der Ewigkeit. Acht ist die Zahl der Transzendenz. In der Acht bricht die Ewigkeit ein in unsere Zeit, die göttliche Welt in unsere irdische Welt. Nur wenn wir ein Gespür bekommen für das Geheimnis der Acht, für das Geheimnis der Ewigkeit mitten in der Zeit, des göttlichen Lebens mitten in unserem irdischen Leben, vermögen wir wie Thomas den Auferstandenen in der Eucharistiefeier zu berühren. Doch Jesus verweist uns zugleich auf einen anderen Weg, wenn er zu Thomas spricht: »Weil du mich gesehen hast, glaubst du. Selig sind, die nicht sehen und doch glauben.« (20,29) Manchmal dürfen wir Jesus sehen und betasten. Aber es gibt immer auch Zeiten, in denen wir nichts sehen. Dann muss uns der Glaube genügen. Der Glaube ist für Johannes eine tiefere Sehweise, eine neue Art zu sehen. Wir sehen das Eigentliche. Wir sehen Jesus nicht so wie die Augenzeugen, die uns das Evangelium geschrieben haben. Sie haben die Zeichen gesehen, die Jesus gewirkt hat. Wir lesen, was sie geschrieben haben. Die Zeichen führen nicht aus sich zum Leben, und das Lesen allein genügt nicht. Allein der Glaube lässt uns teilhaben an der göttlichen Wirklichkeit. So fasst Johannes das Ziel seines Evangeliums zusammen in dem Wort: »Diese (Zeichen) aber sind aufgeschrieben, damit ihr glaubt, dass Jesus der Messias ist, der Sohn Gottes, und damit ihr durch den Glauben (als Glaubende) das Leben habt in seinem Namen.« (20,31) Wenn wir mit glaubenden Augen lesen, was uns Johannes aufgeschrieben hat, dann haben wir teil am wirklichen Leben, am Leben Gottes, dann erkennen wir die Wahrheit allen Seins, dann leben wir wirklich, dann erneuert sich unser Bewusstsein, und wir leben aus der Mitte unseres Selbst, aus der Beziehung zu Gott heraus als neue und verwandelte, als auferstandene Menschen.

Die Erfahrung der Auferstehung mitten im Alltag (21,1–14)

Das 21. Kapitel gilt als Nachtragskapitel. Aber von seinem Gesamtduktus her gehört es untrennbar zu dem Evangelium. Es greift wichtige Themen auf und bringt sie zur Vollendung. Schon die Einleitung nimmt Bezug auf das Vorhergehende. Jesus offenbart sich nach seiner Auferstehung den Jüngern noch ein drittes Mal. Das dritte

Mal ist symbolisch gemeint. Alle Bereiche des Menschen werden durch die Auferstehung verwandelt. Auferstehung ist Vollendung der Liebe (Maria von Magdala) und des Glaubens (Thomas), und Auferstehung ist Verwandlung unseres Alltags. Das kommt in der Szene vom morgendlichen Fischfang zum Ausdruck. Die Jünger sind bei ihrer Alltagsbeschäftigung, beim Fischen. Doch ihre Arbeit ist vergeblich. Ihre Situation ist die Nacht der Vergeblichkeit, eine Situation, die wir wohl alle kennen. Alles ist umsonst. Nichts kommt heraus bei all unserem Bemühen. Wir sind enttäuscht, frustriert. Alle Anstrengung ist vergebens. Es sind sieben Jünger, die vergeblich gefischt haben. Sie sind Bild für die kirchliche Gemeinschaft. Das Miteinander gelingt nicht. Es geht nichts mehr zusammen. In diese Nacht der Vergeblichkeit tritt Jesus vom Ufer aus. Der Auferstandene tritt aus einer anderen, aus der göttlichen Welt in unsere alltägliche Welt. Und wenn er kommt, dann wandelt sich der graue Morgen, dann wandelt sich die Nacht der Vergeblichkeit. Der Auferstandene spricht die Jünger an und fragt sie nach dem, was sie nährt: »Meine Kinder, habt ihr nicht etwas zu essen?« (21,5) Jesus redet seine Jünger liebevoll als Kinder an. Doch sie sind es auch dem Begreifen nach. Sie verstehen immer noch nicht, wer dieser Jesus ist. Im Griechischen fragt Jesus die Jünger nach dem »prosphagion«, nach dem Zubrot. Das Zubrot hat oft die Bedeutung von Fisch, den man zum Brot aß. Man könnte es aber auch verstehen als das, was das Leben versüßt, was ihm Geschmack gibt, was mehr ist als das tägliche Brot. Jesus fragt die Jünger nach dem, was sie wirklich nährt, was ihnen wahrhaft Leben schenkt. Und sie müssen bekennen, dass sie nichts haben, dass ihre Hände leer sind.

Nun zeigt ihnen Jesus, wie ihr Leben gelingen kann. Er fordert sie auf, das Netz auf der rechten Seite des Bootes auszuwerfen. Jesus verlangt von den Jüngern nichts Besonderes. Sie sollen das Gleiche tun, was sie immer tun: ihr Netz auswerfen. Aber sie sollen es auf sein Geheiß hin tun und auf der rechten, auf der bewussten Seite. Sie sollen auf das Wort Jesu hören und bewusst und achtsam ihr alltägliches Handeln vollziehen. Dann wird es Früchte tragen. Fischen ist im Traum immer Symbol für das Erforschen der eigenen Tiefe, der eigenen Innenwelt. Die Jünger sollen nicht unbewusst in der Tiefe ihres Bewusstseins stochern, sondern auf das Wort Jesu hin. Das Wort Jesu führt sie in den Grund des inneren Meeres, in den eigenen Seelengrund.

Die Jünger fangen 153 große Fische. Die Zahl ist sicher symbolisch gemeint. Dabei ist es nicht ganz klar, was die Zahl bedeutet. Evagrius Ponticus (345–399) legt die Zahl so aus: 100 ist das Quadrat, 28 das Dreieck und 25 die Kugel. Dann würde Auferstehung bedeuten, dass alle Gegensätze dieser Welt in uns zusammenfallen, dass alles eins wird. Das, was sich in uns widerstreitet, was wir nicht zusammenbringen, das kommt durch die Auferstehung zur Einheit zusammen. Auferstehung rundet unser oft zerrissenes Leben ab. Sobald sich das Netz füllt, erkennt der Jünger, den Jesus liebte, dass es der Auferstandene ist, der da am Ufer steht. Und er bekennt vor den anderen Jüngern: »Es ist der Herr.« (21,7) Die Liebe erkennt den Auferstandenen mitten im alltäglichen Tun, mitten in der Arbeit, am Schreibtisch, am Schraubstock, an der Hobelbank. Der Auferstandene ist gegenwärtig. Doch es braucht den Blick der Liebe, der seine Gegenwart wahrnimmt. Der Lieblingsjünger als Zeuge für den Auferstandenen möchte uns die Augen öffnen, damit auch wir in der Nacht unserer Vergeblichkeit und in der Banalität unseres Alltags den Auferstandenen erkennen. Er ist dort, wo wir sind. Und wo er ist, gelingt unser Leben, da kommen wir in Berührung mit unserer Mitte, die die sich widerstrebenden Bereiche unserer Seele zur Einheit zusammenführt.

Nach dem reichen Fischfang schildert Johannes eine eigenartige und geheimnisvolle Szene: das Frühmahl am Kohlenfeuer. Keiner wagt Jesus zu fragen, wer er sei. »Denn sie wussten, dass es der Herr war.« (21,12) Es ist die Situation der Eucharistie. Die Christen wissen, dass der Herr selbst in ihrer Mitte ist. Sie fragen nicht danach. Sie glauben es. Und weil der Herr unter ihnen ist, verwandelt sich der graue Morgen in eine Atmosphäre der Intimität und Liebe. Da entsteht mitten in der Fremde Heimat, mitten in der Vergeblichkeit Erfüllung. Wie bei der Eucharistie tritt Jesus heran, nimmt das Brot und gibt es den Jüngern. Doch hier ist es neben dem Brot nicht Wein, den Jesus reicht, sondern Fisch. Fisch ist für die Alten die Speise der Unsterblichkeit. Auferstehung erfahren wir in der Eucharistiefeier. Da reicht uns Jesus die Speise der Unsterblichkeit. Da wird unsere Sterblichkeit mit seiner Unsterblichkeit vermischt, da haben wir teil am ewigen, unvergänglichen, unzerstörbaren Leben Gottes. Auferstehung geschieht für Johannes nicht dadurch, dass wunderbare Dinge geschehen. Im Einfachen und Alltäglichen, im Mahl um das Kohlenfeuer herum, da wird der Schleier weggezogen, da kommen die Jünger in Berührung mit der Wirklichkeit, da geschieht Einswerden mit dem Grund allen Seins, mit dem Gott der Liebe.

Unsere Antwort auf das Geschehen Jesu (21,15–25)

Den Schluss des Johannesevangeliums bildet die dreifache Frage Jesu an Petrus: »Liebst du mich?« Die dreifache Frage gilt auch uns. Sie will die geheimsten Gedanken in uns offenbaren, uns aber auch auf die Liebe hinweisen, die in uns verborgen liegt. Jesus lockt mit seinen Fragen aus Petrus das Eigentliche heraus, das, warum es im Leben eigentlich geht. Doch zunächst konfrontiert er uns wie den Petrus mit unserem Verrat. Wir nehmen wie Petrus den Mund oft zu voll. Wir versprechen Jesus allerlei und verraten ihn dann feige. Petrus ist hier Bild des Christen, der in seinem Leben immer wieder an Jesus vorbei lebt, der aus Angst vor der Reaktion anderer seine Beziehung zu Jesus verleugnet. Die Szene mit Petrus lädt uns ein, sehr behutsam und bescheiden von unserer Liebe zu Christus zu sprechen. Denn wir erleben ja immer wieder, wie brüchig unsere Liebe ist, wie schnell wir sie verraten.

Im griechischen Text fragt Jesus die ersten beiden Male den Petrus nach seiner Agape, nach der reinen und absichtslosen Liebe, nach der Liebe, die frei ist vom Ego, von der Absicht, den anderen für sich zu besitzen. Petrus antwortet beide Male mit: »Herr, du weißt, dass ich dich liebe (philo se).« Philia ist die Freundesliebe. Petrus möchte gar nicht behaupten, dass er Jesus mit lauterer Liebe liebt. Aber er kann von sich sagen, dass er ihn als Freund liebt, dass er sich von ihm angezogen weiß, dass er seine Freundschaft sucht. Bei der dritten Frage wechselt Jesus das Wort. Nun fragt er: »Phileis me« = liebst du mich als Freund? Bist du mein Freund? Petrus wird nicht nur traurig, weil er bei der dritten Frage an seinen Verrat erinnert wird, sondern auch, weil Jesus mit diesen Worten seine Freundschaft in Frage stellt. Jesus fordert mit dieser Frage den Petrus auf, seine freundschaftlichen Gefühle genauer anzuschauen. Haben sich da nicht andere Absichten in diese Freundschaft eingeschlichen, etwa das Motiv, als Freund Jesu etwas Besonderes zu sein, mich über die anderen erheben zu können. Petrus antwortet: »Herr, du weißt alles; du weißt, dass ich dich lieb habe (philo se).« (21,17) Petrus lässt Jesus in sein offenes Herz blicken. Jesus sieht alles. Er sieht die Feigheit, die Angst, das egozentrische Vereinnahmen. Aber er schaut durch den Unrat auch hindurch auf den Grund des Herzens. Und dort erkennt er seine Liebe. Jesus erkennt die Liebe auch in unserem Verrat, auch in unserer Feigheit, in unseren Aggressionen, in unserer oft vordergründigen Begeisterung. Petrus fühlt sich von Jesus durchschaut. Er kann ihm nichts vormachen. Er weiß, wie sehr seine Freundschaft durch andere Motive getrübt ist. Aber er hält dennoch daran fest, dass etwas an seiner Liebe ganz echt und lauter ist. Zumindest ist seine Sehnsucht nach dieser Liebe echt. Die Sehnsucht nach der Liebe zu Jesus kann nicht verfälscht werden. Und zu dieser lauteren Liebe auf dem Grund seines Herzens steht Petrus. Auferstehung heißt deshalb auch für uns, Christus die ganze Wahrheit hinzuhalten und dennoch an die lautere Liebe zu glauben, die in der Tiefe unseres Herzens ist.

Am Ende des Evangeliums möchte uns Johannes in der Gestalt des Petrus vor die Frage stellen, wie weit unsere Liebe zu Jesus echt ist. Und er möchte uns an unsere Sehnsucht nach der lauteren und absichtslosen Liebe erinnern. Die angemessene Reaktion auf Jesu Worte, auf die Zeichen, die er unter uns gewirkt hat, auf seinen Tod und seine Auferstehung, ist unsere Liebe zu Jesus. Diese Liebe ist die Voraussetzung für den Auftrag Jesu an Petrus: »Weide meine Schafe!« (21,17) Der griechische Text erinnert in dem Wort »poimaine«, »weide«, an den Hirten (»poimen«) aus Joh 10. Nur wer auf die Offenbarung Jesu mit Liebe antwortet, ist fähig, für andere zum Hirten zu werden, zu einem Hirten, der bereit ist, wie Jesus sein Leben hinzugeben. Die Liebe ist die Tür, durch die wir treten müssen, um das Geheimnis Jesu zu verstehen und in ihm das wahre Leben zu finden, das Leben in Fülle.

Wer mit Petrus von sich sagen kann, dass er Jesus liebe, für den wird es unwichtig, wie sein Leben weiter geht. Der hat es nicht mehr nötig, sich mit dem Schicksal anderer zu vergleichen. Er ist bereit, Jesus auf seine persönliche Weise zu folgen, ohne nach den anderen zu blicken, wie deren Weise der Nachfolge aussieht. Auf diesem Weg werden auch wir das Kreuz erfahren. Das Leben wird uns durchkreuzen. Wir werden unsere Hände ausstrecken, und ein anderer wird uns gürten und führen, wohin wir nicht wollen. (21,18) Gott wird uns den Weg führen, den er für uns bereit hält. Wer liebt, wird sich auf den Weg einlassen, den Gott ihm zugedacht hat. Und wie Petrus Gott durch seinen Tod am Kreuz verherrlicht hat (21,19), so ist es auch unser Ziel: Gott in unserem Leben und Sterben zu verherrlichen. Petrus möchte gerne wissen, wie die Zukunft des Jüngers aussieht, den Jesus liebt. Doch Jesus antwortet ihm: »Was geht das dich an?« (21,22) Es hat keinen Zweck, über die Länge meines Lebens zu spekulieren, über Erfolg oder Nichterfolg zu grübeln. Es kommt nur darauf an, dass ich Jesus nachfolge und seine Liebe lebe. Alles andere ist unwichtig. Das Gelingen des Lebens hängt davon ab, dass ich mir von Jesus die Augen öffnen lasse für das Geheimnis der Liebe.

In der Einheitsübersetzung lautet das Wort Jesu in 21,22: »Wenn ich will, dass er bis zu meinem Kommen bleibt, was geht das dich an?« Wenn wir das griechische Wort »heos erchomai« aber genauer übersetzen, bedeutet es nicht »bis ich komme«, sondern »solange ich komme«. (Vgl. Sanford 2, S. 211f.) Dann würde der Lieblingsjünger für eine andere Art der Nachfolge stehen. Petrus ist der Aktivist, der aktiv die Botschaft Jesu verkünden möchte. Der Lieblingsjünger ist der, der einfach bleibt, solange Christus auf mystische Weise zu ihm kommt. Der Lieblingsjünger verändert die Welt nicht durch seine Taten, sondern durch sein Sein, indem er offen bleibt für Christus, der in jedem Augenblick zu ihm kommt, um bei ihm zu wohnen. Sanford zitiert Allan Anderson, der von solchen Menschen sagt: »Ein solcher Mensch tut nichts, aber alles wird getan.« (Ebd., S. 212) Wenn diese Übersetzung zutrifft – und nach der griechischen Grammatik müsste sie es –, dann steht der Lieblingsjünger für den

Mystiker, der ganz im Augenblick lebt und in jedem Augenblick das Kommen Christi in seine Seele erfährt.

Das 21. Kapitel hat einen eigenartigen Schluss: »Dieser ist der Jünger, der über all das Zeugnis ablegt und der dieses hier geschrieben hat, und wir wissen, dass sein Zeugnis wahr ist. Es gibt aber noch vieles andere, was Jesus getan hat. Wenn es der Reihe nach aufgeschrieben würde, so könnte, glaube ich, die Welt die Bücher nicht fassen, die dann zu schreiben wären.« (21,25, Übersetzung von Ludger Schenke) Wir brauchen nicht alles zu lesen, was über Jesus geschrieben wurde. Es genügt, immer wieder die Worte zu meditieren, die der Lieblingsjünger uns im Johannesevangelium überliefert hat. Sie wollen uns die Augen für das Eigentliche öffnen. Es geht nicht darum, viel zu wissen, sondern durchzublicken. Es geht nicht darum, der Reihe nach die Geschichte Jesu zu erzählen. Entscheidend ist, dass wir in ihm den Offenbarer sehen, der uns den Schleier wegzieht, der über allem liegt, damit wir eins werden mit der Wirklichkeit, damit wir – wie Peter Schellenbaum es ausdrückt – einverstanden sind mit dem Wunderbaren. Einswerden mit der Wirklichkeit, im Einverständnis sein mit dem Wirklichen, das, so meint Schellenbaum, führt zu einem neuen Lebensgefühl, zu einer neuen Unmittelbarkeit des Erlebens, das bringt uns, die wir oft genug tot sind, gefangen in Wiederholungszwängen, zum wirklichen Leben. (Schellenbaum, S. 306f.)

Der letzte Satz des Johannesevangeliums weist nach Gregor von Nyssa darauf hin, dass der göttliche Geist alles menschliche Begreifen übersteigt. Daher kann er in keinem Buch festgehalten werden. Die ganze Welt kann die Fülle der Lehre Christi nicht aufnehmen. »Denn da Gott alle Dinge in Weisheit erschaffen hat und da es für Seine Weisheit keine Grenze gibt, kann die Welt, die durch ihre eigenen Grenzen gebunden ist, das Ausmaß unbegrenzter Weisheit nicht in sich aufnehmen.« (zitiert bei Sanford 2, S. 213) Jedes Buch, das geschrieben wird, hat nur den Sinn, das Geheimnis des Lebens und der Liebe zu verstehen, das uns Jesus geoffenbart und für das der Lieblingsjünger Zeugnis abgelegt hat. Auch dieses Buch ist nur ein Versuch, das, was uns das Johannesevangelium verkündet, für uns zu entschlüsseln. Am Ende dieses Buches weiß ich, dass alles Ringen um die richtigen Worte zurückbleibt hinter den unergründlichen Worten, die uns der Lieblingsjünger hinterlassen hat. Mit diesem Buch möchte alle einladen, immer wieder neu die Worte des Johannesevangeliums zu meditieren, bis sie ins Herz fallen und im Herzen das Licht aufstrahlt, das in Jesus Christus erschienen ist. Jesus ist als Licht in diese Welt gekommen, um unser Leben zu erhellen, damit es wirkliches Leben wird, wahrhaftes Leben, ewiges Leben, Leben in Fülle. (10,10)

Literatur

Blank, Josef: Das Evangelium nach Johannes. Geistliche Schriftlesung, 4 Bände, Düsseldorf 1977–1981.

Beutler, Johannes: Studien zu den johanneischen Schriften, Stuttgart 1998.

Bouyer, Louis: Das Vierte Evangelium, Salzburg 1968.

Bultmann, Rudolf: Das Evangelium nach Johannes, 11. durchgesehene Auflage, Göttingen 1950.

Grün, Anselm/Riedl, Gerhard: Mystik und Eros, Münsterschwarzach 1993.

Hess, Irmgard: Mann und Frau in der Bibel, Münsterschwarzach 1998.

Huth, Werner: Sinnfindung und meditative Praxis in der Psychotherapie, in: Integrative Therapie 4–2000, S. 471–492.

Léon-Dufour, Xavier: Abendmahl und Abschiedsrede im Neuen Testament, Stuttgart 1983.

Leong, Kenneth S.: Jesus – der Zenlehrer. Das Herz seiner Lehre, Freiburg 2000.

Martini, Carlo M.: Damit ihr Frieden habt. Geistliches Leben nach dem Johannesevangelium, Freiburg 1982.

Sanford, John: Das Johannesevangelium. Eine tiefenpsychologische Auslegung, 2 Bände, München 1997f.

Schellenbaum, Peter: Im Einverständnis mit dem Wunderbaren, in: Couch oder Kirche, hrsg. von Lothar Riedel, Riehen 2001, 305–323.

Schenke, Ludger: Johannes. Kommentar, Düsseldorf 1998.

Schnackenburg, Rudolf: Das Johannesevangelium, 4 Bände, Freiburg 1965ff.

Schneider, Johannes: Das Evangelium nach Johannes, Berlin 1985.

Schwank, Benedikt: Evangelium nach Johannes, St. Ottilien 1996.

Bibelstellenregister

Altes Testament

Johannes